中国经济哲学评论

Chinese Economic Philosophy Review

2017 · 社会主义与市场经济专辑

● 主编 / 张雄　鲁品越

主编寄语

在“全国经济哲学研究会”正式成立四周年之际，《中国经济哲学评论·社会主义与市场经济专辑》问世了！这是一个标志性事件，因为它表明：作为我国经济哲学界共同的学术园地的《中国经济哲学评论》，从此步入了新阶段——正式以“全国经济哲学研究会会刊”的身份呈现在中国学术界。从兹时起，全国经济哲学研究会有了自己的学术话语平台，而《中国经济哲学评论》也终于有了自己归属的家园。这是一件值得庆贺的事情。

一

在这样的时刻，我们不禁抚今追昔。回首本刊走过的岁月，至今已十载有余。在此期间，负载着同仁们的满腔勖望，蒙幸于全国学界的鼎力支持（包括社会科学文献出版社的持续支持），《中国经济哲学评论》相继出版了《货币哲学专辑》、《资本哲学专辑》、《财富哲学专辑》和《政治经济学批判专辑》，以及此刻付梓的《社会主义与市场经济专辑》。面对这凝聚着全国学界同仁心血的、层层垒叠的系列专辑，我们想起了高尔基的名言：“书籍是人类进步的阶梯。”可以说，这系列专辑正是中国学者们探索马克思主义经济哲学的思想阶梯，记录着中国经济哲学探索真理的一道道学术足迹。而在这一篇篇论著的字里行间，我们依稀聆听到各位学者们的心灵和热血与我们所处伟大时代相互激荡的回响。一句话，这系列专辑，在一定程度上铭刻着中国的经济哲学在当代中国改革开放的伟大实践中不断成长的记录。

古希腊神话中有个传说，大地女神盖亚的儿子安泰俄斯力大无穷，天下无敌。他的力量到底从何而来？他的对手终于发现了一个秘密：只要安泰俄斯的身体不离开大地，便可以源源不断地从大地母亲身上汲取无穷无尽的力量，击败任何强大的对手。于是这个对手便设计让安泰俄斯离地升空，这个巨人便立刻失去力量，其生命也趋于枯竭。马克思主义经济哲学何尝不是如此！它必须在当代实践中才能获得不尽的鲜活的生命力。《中国经济哲学评论》能够不断成长的生命力来自当代中国的伟大实践。理论联系实际，经济哲学的学术探索为当代实践服务，是《中国经济哲学评论》系列专辑的最显著特征和持之以恒的办刊原则。回顾过去，人们会发现：每一专辑都是随着时代的发展及其引起的理论旨趣的进展而发生的——市场化改革中货币日益取代行政权力来配置资源，由此引发了一系列社会的巨大而深刻的变化。货币作为市场中商品的劳动价值的一般等价物，其勾连的不仅是物与物的关系，更根本的是它作为市场经济中人与人的经济关系的纽带，结成了人与人之间庞大的千丝万缕的联系，将全中国乃至全世界的人们交织成作为整体的市场，交织起人间分工合作的社会秩序与纷争，交织成人间的爱恨情仇，交织出人间万象。一方面，它在生活领域中消解着传统社会留存下来的等级制资源分配方式，而建立了一种在货币面前人人平等的体制与观念；同时在生产领域中消解着僵化的计划经济体制而建立一种用“看不见的手”配置资源的富有活力的市场机制，这样的变化促进社会的进步与生产力的发展。另一方面，货币权力在配置资源上的越界，它向政治权力、伦理道德等领域的侵蚀，使马克思所批判的“商品拜物教”、“货币拜物教”动摇着社会主义社会的根基，腐蚀着人们的灵魂。货币到底是天使还是魔鬼？它将生成怎样的社会结构？面对这样的现实及其引发的问题，正是作为创刊号的《中国经济哲学评论·货币哲学专辑》从深层的哲学角度所讨论的问题。

而随着市场化改革的不断深入，中国出现了资本不断积累和扩张的运动，民营资本蓬勃发展，国有企业也在改革中逐步实行资本化，资本力量在社会中越来越拥有决定地位。资本力量一方面不断将各种社会资源吸收到其自身的扩张运动中，从而形成推动社会生产力发展的强大动力；另一方面，以追求利润和自身扩张为其唯一目标的资本，不断吞噬自然资源，污染生态环境，压低劳动者工资，甚至出现了血汗工厂。金融资本与资本金融则通过虚拟经济，一方面为实体经济（特别是科技创新型实体经济）融资助力，另一方面则成为搜括民众手中的剩余价值的工具，形形色色的金融创新产品甚至制造了席卷全球的金融危机。21世纪历史偏斜运动集中地体现在，全球社会财富的增长率远远不及资本的收益率，劳动报酬的增长率远远低于资本的收益率。资本收益率的狂奔为什么能如此偏离全球经济正义的轨道？资本收益率的任性为什么能如此脱离劳动价值论的科学规制？资本收益率的肆意高涨为什么能如此不断地产生地球上的生态危机？资本到底是天使还是恶魔？中国的资本应当如何运作？如何对待国际资本？如何看待金融资本？《中国经济哲学评论·资本哲学专辑》从哲学与经济学相结合的角度，讨论了这一系列尖锐地摆在我们面前的社会现实问题。

资本一旦成为配置资源的重要力量，市场一旦成为社会财富的主要分配方式，必然会产生社会财富的创造与分配的一系列问题。于是，什么样的机制能够促进社会财富创造？如何看待社会财富分配的公平与不公？如何处理财富的分配和创造上的公平与效率的关系问题？它需要学界给出明晰的答案。更为重要的是，财富扩张的哲学教条是如何通过政治谱系的历史解构，将资本主义制度加以证伪的。应当看到，21世纪财富幻象的达成有三个维度值得研究。一是经济学与财富范围的任何数量估价的分析范式的脱离，它提出了财富的心理因素、精神因素的渗透问题。二是由传统的思辨逻辑而禁闭的主体、主体化和主体位置的形而上学，转向当下的超越论的、现象学所预设的纯粹先验的意识哲学。从一个被理性逻辑锁定了的禁闭的自我，即利己主义行为的“原子”式自我，转向一个向意志主义、生命哲学、主观构造论开放的“超人”式自我，即经济理性与精神非理性相结合的自我。三是技术理性过程的真实性、精确性往往遮蔽了技术前提预设——“理性狡计”的虚假性和有害性。它深层次地提出如此问题：财富创造的工具理性与构建财富体系的存在者之间的本质关系是什么？这是《中国经济哲学评论·财富哲学专辑》从哲学、经济学和社会学相融合的高度所讨论的问题。

在讨论了当代市场经济的三大主题——货币、资本与财富之后，《中国经济哲学评论》转向综合性的理论批判与探索。随着国际资本主义的发展变化和中国改革开放的不断深入，特别是2008年发端于美国的席卷全球的金融风暴，使西方主流经济学理论传统受到广泛质疑。在中国，越来越多的人认识到新自由主义思潮对改革开放事业的危害性。因此，对资本主义的批判不能止于对它的道德伦理批判，最根本的批判是对其经济制度以及维护这种制度的理论的深度批判。于是，《中国经济哲学评论·政治经济学批判专辑》出版，让哲学界与经济学界听到了这个问题上的马克思主义经济哲学界的声音。应当指出，政治经济学批判，始终固守哲学、政治学与经济学互动的传统，对经济所关涉的思想维度、政治维度以及历史价值维度的偏重，使得单一的经济学分析的视角，直接被转入综合系统分析的哲学社会科学的优势学术资源中，从而使思想家、理论家、政治家在考量物质生产力的发展、社会财富运动的同时，对追求历史进步的原则和人类自由与解放给予高度关注。今天，在中国进一步确立《资本论》所唤醒的政治经济学批判的重要性主要表现在以下两个方面。一方面，对中国哲学社会科学话语权的构建，对中国特色马克思主义政治经济学的构建，政治经济学批判的复活是这一过程的一部分。哲学、政治学与经济学互动的牵引，旨在寻求全面深化改革的话语权。另一方面，中国的经济改革进入攻坚期、深水区，利益多元化、诉求多元化引起的诸多深层次矛盾凸显，更为复杂的问题被提出，经济社会发展的各种不确定性超常规涌现，用什么样的理论智慧来导入如此重大的历史变革实践，用什么样的哲学社会科学来支撑如此重大的市场制度创新，用什么样的中国学术、中国文化精神来提升整个国家经济社会发展的平台，它关涉的不是某一学科学理的运用，而是诉求着首先是哲学、经济学和政治学的联盟与互动，诉求着当代中国马克思主义政治经济学的出场。联系当下中国道路、中国精神的反思与实践，马克思主义政治经济学批判的中国化推进势在必行、意义久远。

二

在今天，中国已经和平崛起成为世界第二大经济体，同时面临着修昔底德陷阱、中等收入陷阱等一系列严峻的挑战。正是在这样的时刻，党的第十八次代表大会开启了中国改革开放的新的历史篇章。以习近平为核心的中国共产党的新的领导集体，正在领导中国人民攻坚克难，努力实现中华民族伟大复兴的中国梦。中国共产党第十九次代表大会又将在今年召开，它必将带领中国人民克服各种艰难险阻，走向新的辉煌。在这新的时代里，如何建设中国特色社会主义市场经济？这是关系中华民族和每个中国人的前途与命运的重大问题。正是背负这样强烈的问题意识与时代责任，这一期《中国经济哲学评论·社会主义与市场经济专辑》问世了，它以“全国经济哲学研究会会刊”的名义将《中国经济哲学评论》带入了这个新时代。不可否认，社会主义与市场经济关系问题的讨论，是一个常讲常新的话题。但是，十八届三中全会后再来讨论它，主要关涉改革开放近四十年的历史实践和反思成果所沉淀的各个方面内容：社会主义市场经济与资本主义市场经济究竟有何异同？中国正在走“市场社会主义”的道路吗？为什么社会主义市场经济模式比资本主义市场经济模式更容易受到指责？社会主义的本质与市场配置资源的“决定性作用”相悖吗？社会主义社会应当加快哪些领域的市场化改革？社会主义与市场经济内生关系如何理解？社会主义与资本的内生关系如何认知？中国资本发展独特的制度优势、精神资源优势是什么？大力促进社会主义资本发展在何种意义上是积极的、有效的、正能量的？让资本在社会主义阳光下最大化运行，重要的要解决哪些深层次的制度问题和改革实践问题？大力发展社会主义市场经济如何消除人的异化现象？社会主义如何从经济理性上升到政治理性，即把追求经济最大化效应扩延为追求社会发展的最优化效应，把经济人的财富论提升到人民的财富论？这是十分重要的制度创新，也是中国为世界做出最重要贡献的历史期待。上述问题的回答，离不开三个依据：一是经典作家的思想及原理，二是社会主义社会与资本主义社会、计划经济与市场经济历史发展实践的图像比较，三是中国特色社会主义改革开放理论与实践的创新。因此，深度讨论这些问题的焦点，应是新时代背景下如何正确评价社会主义制度优越性的重大历史哲学问题。

正像古希腊神话中的安泰俄斯的力量源于大地一样，我们这个小刊在过去的岁月里所取得的微薄的成绩，当然来源于大地。在成为“全国经济哲学研究会会刊”之后，它的生命力必然只能来源于大地——这个大地不是别的，正是中国改革开放的伟大实践。一旦离开这样的大地，马克思主义理论必将失去生命力，而我们的《中国经济哲学评论》也必将枯萎。正是本着这种精神，我们将继续《创刊辞》中所声言的办刊思路：本刊作为“中国哲学界与经济学界进行对话的一个论坛”，“选择那些具有时代性、前沿性和基础性的学术问题，作为每一辑的专题”，这些专题应当是中国改革开放的伟大实践中出现的新问题、新焦点，是当代中国学者对我们时代伟大实践的哲学探讨的结晶，是当代中国学者对社会理性反思的心灵的记录。在今后的岁月里，我们应当不忘初心，继续沿着这条理论联系实际的办刊思路走下去。作为学术讨论，应该追求用最新的思想理论来解释中国当下最新的经济现象，运用最新的思想理论来解决中国当下最新的经济问题。我们将围绕着改革开放实践中不断出现的新问题、新焦点，在学界同仁的支持下，陆续推出相应的专辑。我们在此也诚邀全国学者惠赐智慧。

我们的时代，既是一个人间奇迹不断涌现的创造性时代，也是一个各种问题与危机层出不穷的挑战性时代。我们相信，以如此伟大而丰富的改革开放实践为基础，有马克思主义及其最新发展成果——中国特色社会主义理论——的引领，有全国学界的持续支持，作为“全国经济哲学研究会会刊”的《中国经济哲学评论》，必将开创自己的更加美好的新的未来。

与我们在办刊之初所怀抱的初衷一样，我们真诚地希望：本刊已经推出和将要推出的密切结合当代现实的理论文章，虽然不具有所谓“轰动效应”，但是应当能够具有持久魅力；虽然不追求哗众取宠的摩登与时髦，但是应当能够紧扣时代的脉搏与人类精神的根基；它们应当不像晨露般的灿烂而短暂，不像流星般的闪烁而稍纵即逝，而是能够具有较为持久的文献价值，在人类学术的星空中久远地闪烁着它们那智慧的光芒。

让我们朝着这个目标不断努力前行！

目　　录

重新认识市场经济模式

社会主义与市场经济的内生关系

社会主义市场经济制度创新及实践

重新认识市场经济模式

社会主义市场经济的哲学思考

袁贵仁

市场经济及其机制，是社会化大生产发展的成果。社会主义社会建立在发达的社会化大生产的基础上，没有理由认为它不能容纳与社会化大生产相联系的市场经济。但是在传统的社会主义理论中，以为只有资本主义社会才能实行市场经济，以为实行市场经济就必然是资本主义。这种观念为几代马克思主义者所维护，而且西方资产阶级舆论界、学术界也这样认为。是邓小平同志根据当代世界经济发展特点和历史经验，第一次肯定社会主义社会可以利用市场经济这种手段，把社会主义制度和市场经济结合起来。“社会主义市场经济”命题的提出，是邓小平对社会主义理论的一个极重要的贡献，需要我们很好地从哲学的高度去理解和掌握。

一

计划和市场作为两种经济手段，社会主义都得要。但计划和市场作为两种不同的经济体制，则不可能并存。以这种资源配置方式为主就不可能又以另一种资源配置方式为主，两种经济体制之中，只能选择一种。党的十四大报告明确提出，我国经济体制改革的目标，就是建立社会主义市场经济体制，以替代不适应我国社会主义生产力发展的计划经济体制。现在的问题是，我们为什么要摒弃实行多年的计划经济体制而采用我们比较陌生的市场经济体制呢？彻底回答这个问题，就必须找到计划经济和市场经济体制背后的哲学理论基础，从哲学理论上理解和说明从计划经济体制转变到市场经济体制的必要性和可能性。从哲学理论上看，计划经济体制之所以被市场经济体制所代替，是由于支撑它的三个理论假设根据不足。

第一，传统社会主义理论认为，社会主义只能是计划经济，市场经济与社会主义是不相容的。这个认识来自对马克思主义创始人一个假设的误解。马克思、恩格斯在运用唯物史观揭示资本主义生产方式的基本矛盾及其发展趋势的基础上，提出了对“未来社会”的设想。这个设想的主要内容可以概括为：通过无产阶级革命建立社会主义公有制，解决生产的社会化和资本主义私有制的矛盾；由国家有计划地组织生产和分配，消除资本主义竞争和社会生产的无政府状态，促进生产力不断发展；在这样的社会条件下，商品交换与货币关系将不存在，与此相应，价值规律对资源配置的调节作用，将被社会对劳动时间的直接分配所代替。1882 年，马克思在《论土地国有化》中写道：在公有制条件下，“生产资料的全国性的集中将成为由自由平等的生产者的联合体所构成的社会的全国性基础，这些生产者将按照共同的合理的计划自觉地从事社会劳动”。[①] 1880 年，恩格斯在《社会主义从空想到科学的发展》中指出：“一旦社会占有了生产资料，商品生产就将被取消，而产品对生产者的统治也将随之消除。社会生产内部的无政府状态将为有计划的组织所代替。”[②]

理论上说，马克思、恩格斯关于“未来社会”的设想本身并没有错。商品、货币、市场，不是从来就有的，也不会永恒地存在下去。它们将随着社会生产的充分发展，物质财富的极大丰富，以及按需分配的真正实行而退出历史舞台。在“自由人的联合体”、“有计划的自觉的组织”中，人们的社会经济活动以及其他活动是应当也可能“按照共同的合理的计划自觉地”进行的。但问题出在，马克思主义创始人讲的是“未来社会”的事情，我们现在还做不到，至少在社会主义初级阶段做不到。把马克思、恩格斯对人类社会发展的未来设想不顾主客观条件硬搬到今天的现实社会中来实行，便发生了“时代的错位”，自然在实践中难以取得成效。

按理，由于时代的错位，马克思主义创始人的未来设想会很快在现实中被证实为是行不通的。可是这个证实却前后花去了近一个世纪的时间，20

① 《马克思恩格斯选集》第 2 卷，人民出版社，1995，第 454 页。

② 《马克思恩格斯选集》第 3 卷，人民出版社，1995，第 441 页。

世纪可以说是对于计划经济进行实践检验并做出历史结论的世纪。这是由实行社会主义的主要国家的特殊社会历史条件决定的。这些国家都没有经过发达的资本主义。在革命以前，市场经济没有覆盖全社会，市场经济各种体制也不成熟。在革命初期的紧急状态下以及战后恢复时期，人民群众革命热情高涨，国家目标居于绝对领先地位；再加上当时经济发展水平低，建设规模也不大，经济结构简单，所以计划经济可以为公众所接受。在客观上也有利于动员资源，集中用于国家指定的用途，能够取得相当大的成果。例如苏联，在战争时期和战后恢复时期，都保持了较之资本主义各国为高的增长率。据美国经济学家伯格森估计，1928～1955 年苏联 GNP 的年均增长率为 4.4%～6.3%，超过大多数资本主义国家，这一时期社会主义各国的实践，不仅没有否定计划经济，反而大大强化了它。这样，在特定历史条件下形成并发挥过积极作用的计划经济，就被视为社会主义固有模式而僵化、凝固起来。由于马克思主义创始人理论的“支持”，由于社会主义实践的“证实”，于是，计划经济等同于社会主义的观念便得到巩固和强化。但是，当社会主义进入和平建设时期以后，特别是进入集约增长阶段，这种集中计划体制的弊端便日益显露：否定物质利益的差别，实行平均主义的分配制度，排斥竞争和价值规律；片面强调集中统一，国家对经济管得太多、统得过死，企业和劳动者的积极性、创造性被严重压抑，使本来应当生机勃勃的社会主义经济长期缺乏活力。50 年代中期，人们开始对计划经济的弊端有所觉察，但始终没有突破。直到 1979 年，邓小平才第一次提出：社会主义也可以搞市场经济。

第二，传统社会主义理论认为，在社会主义经济中，生产资料的全民所有制代替了生产资料私有制，社会及其代表——国家可以把社会资源全部集中在自己手中。在这样的情况下，人类具有高度的自觉性和无限的认识能力，能够预先知道一切生产和经济活动应如何进行的细节，包括物资资源和人力资源的状态、技术可行性、需求结构等全部信息，并把它反映在计划中。这个假设在内容上是一种“完全信息”假设。

这其实是不可能的。人的高度自觉性、认识的能动性，主要表现在宏观上掌握社会发展的规律性和科学地了解社会发展的方向。而在微观上要预知一切社会经济活动的细节是不可能的。硬要制定这样的计划，并赋予它以支配一切的权利，这就必然成为主观主义、官僚主义。列宁早就指出：“在资本主义的世界经济中，即使有 70 个马克思也不能够把握住所有这些错综复杂的变化的总和。”[①] 信息是决策、计划的根据，在我们这个时代，由于人的需要极其复杂，生产结构极其复杂，生产方案、工艺流程极其复杂，因此信息量急剧增大，而且瞬息万变。在这种情况下，要把在社会的各个方面分散发生的信息收集起来，及时传输到中央计划机关去，是很难做到的。再加上由于体制方面的原因和利害关系，中央计划部门获得的信息，可能发生扭曲、失真和滞后。至于巨量信息的处理和反馈，那就更为复杂了。有人曾设想，运用现代的计算技术可以解决全国统一的指令性计划在信息收集和处理方面遇到的困难。这也是一种不切实际的设想。单就价格的决定而言，至今没有一台高速运转的电子计算机能够及时地解开众多变量决定的价格方程，等其解开时，情况早就变化了。而市场机制则能够比较迅速地传递信息，从而为资源流向提供可靠的决策依据。因为在市场经济体制下，市场的主体是企业，产需直接见面，各个行为主体均可平等地享用市场信息。特别是由于对自身利益的精确计算和周密考虑，可以有效地保证信息选择的可靠性和信息传递的迅速性。

第三，传统社会主义认为，在社会主义经济中，公有制的实现使全社会利益一体化，各个经济单位并不具有自身的独立的利益，社会不存在相互分离的利益主体。它把全社会设想为一个大工厂，甚至一架大机器，各个单位犹如工厂的一个个车间、机器的一个个零件，在统一的指令性计划下运作。这里，市场对资源配置没有调节作用，经济利益对各个经济单位不具有激励和约束作用，不存在也不需要各经济单位在各自利益支配下开展的竞争。

然而，这个假设在几十年的社会主义经济发展中没有得到证实。社会成员利益多元化而不是一元化，这是一个无论如何也不能抹杀的事实。且不说在社会主义经济中由于各种原因还不能形成单一的全民所有制，而且即使在全民所有制内部，各经济单位之间除经济利益的共同性外，集体和集体之间、集体和国家之间也还存在经济利益的差别性。就是在同一单位内部，由于社会大生产、大分工，形成了众多不同的职业群体；在同一职业群体中，由于人们体力、智力的差距，必然形成贡献的不同。于是，个人和集体之间、个人和个人之间，也时时发生着利益的分化，产生各自不同的特殊利益的主体。总之，在社会主义经济生活中，个人利益、集体利益、国家利益之间经常出现矛盾，这是不可避免的。人们在提供信息、编制计划和执行计划

① 《列宁全集》第 18 卷，人民出版社，1988，第 340 页。

的过程中，都免不了有意识或无意识地受到自身利益的影响而发生偏差。传统的经济体制由于过分强调不同经济行为主体利益的共同性，忽略利益的差别性；过分突出根本利益、长远利益的一致性，忽视具体利益、现实利益的不同性，形成了平均主义、大锅饭的弊病。社会经济发展本需要调动各个方面的积极性，而计划经济体制下的平均主义、大锅饭，却无法使激励机制启动，无法充分调动和发挥广大劳动者的社会主义积极性。

市场经济的特点是，它承认市场上一切生产者和经营者，都作为独立的利益主体参与经济活动，按照市场供求决定的价格在市场上进行交易活动。出于对自身利益的考虑，他们根据市场价格的变动不断调节自己的生产和经营。在市场竞争环境形成的巨大压力和追求自身物质利益的内驱力的推动下，他们有效地发挥其积极性和创造性，改进技术，提高效率，降低成本，将生产要素由亏损的、获利少的部门转入获利的或获利多的部门，从而达到资源配置的优化。

二

由于社会化的经济只有两种可供选择的资源配置方式，除了计划经济体制就是市场经济体制，二者只选其一。因此，以上关于计划经济体制理论根据的否证，已经从反面说明了建立市场经济体制的必要性。下面我们再着重从马克思主义唯物史观的角度，谈谈建立社会主义市场经济体制的哲学依据和现实可能性。

第一，马克思的社会发展“三形态”理论，说明市场经济是不可超越的。

过去，人们否认社会主义和市场经济的联系，除上面已经提到的理论原因外，从更深刻的哲学历史观的角度看，它涉及马克思的社会形态理论，在马克思的论著中，对社会形态演进问题有两种不同的表述：一种是“五形态”理论，另一种是“三形态”理论。前者是人们所熟知的，我们的哲学书籍普遍采用它；后者在长时期里，却被人们所忽视。

所谓五种社会形态理论，即根据生产关系的不同性质，把人类历史发展过程划分为原始社会、奴隶社会、封建社会、资本主义社会、共产主义社会（社会主义社会是它的第一阶段）五种依次更替的社会形态。这个理论有两个明显的特点，直接影响着对于市场经济的认识和看法。首先，在理论上

“五形态”理论中的社会主义和资本主义，是两个性质完全不同的社会形态，一个公有制，一个私有制，二者泾渭分明。从这个特点看市场经济，人们觉得：既然市场经济是在资本主义私有制条件下完善、发展起来的，因此以公有制为特征的社会主义必须坚决抛弃它，否则就会混淆社会主义和资本主义的界限，犯方向、路线性的错误。其次，在现实中，并不是所有民族、国家都依照这个次序、遵循这个道路发展的，都是经由封建社会发展到资本主义社会，然后再发展到社会主义。美国没有经过典型的封建社会，就直接发展成为资本主义社会；中国没有经过独立的资本主义阶段，就走上了社会主义道路。这说明封建社会和资本主义社会之间、资本主义社会和社会主义社会之间不存在直接衔接的必然性。马克思在论述东方民族发展道路时曾经提示过，在那里有可能跨越资本主义的“卡夫丁峡谷”，避开资本主义发展阶段而选择社会主义的发展道路。从这个特点看市场经济，人们觉得：既然资本主义可以跨越，因此资本主义社会的市场经济在社会主义就不具有必然性，它也是可以跨越的。社会主义拒绝、排斥市场经济，是理所当然的、天经地义的。

应当肯定，马克思根据生产关系划分五种社会形态，这是正确的，不应否认“五形态”理论的科学性。问题在于，以往人们把“五形态”理论当作马克思的唯一的社会形态理论，并把社会主义和资本主义简单地对立起来，最后引申出市场经济属于资本主义，要保持社会主义的纯粹性就要反对市场经济，坚持计划经济。

实际上，马克思除“五形态”理论之外，还根据作为社会主体的人的发展状况把人类历史划分为“人的依赖关系”的社会、“物的依赖关系”的社会和“个人全面发展”的社会三种依次交替的社会形态。马克思在 1857 ~ 1858 年写的《经济学手稿》中说：“人的依赖关系（起初完全是自然发生的），是最初的社会；以物的依赖性为基础的人的独立性，是第二大形态，在这种形态下，才形成普遍的社会物质交换，全面的关系，多方面的需求以及全面的能力的体系。建立在个人全面发展和他们共同的社会生产力能力成为他们的社会财富这一基础上的自由个性，是第三个阶段。第二个阶段为第三个阶段创造条件。”[①] 在这里，马克思把人的发展建立在生产力发展的基础上，“三形态”理论是依据人的发展状况划分的，也可以说是依据生产

---

① 《马克思恩格斯全集》第 46 卷（上），人民出版社，1980，第 104 页。

力发展水平划分的，人的发展、生产力的发展和社会的发展具有内在的一致性。与人的依赖关系、物的依赖关系、个人全面发展相对应，社会宏观经济可划分为自然经济、商品经济、产品经济（或称时间经济）三种形式，人类历史发展可分为自然经济社会、商品经济社会、产品经济社会三种形态。

“三形态”理论同“五形态”理论相比，较好地体现了社会生产力发展的顺序，同时也体现了人们社会关系依次更替的历史和人类自身发展的历史。从“三形态”理论看市场经济，我们可以得到如下启示。首先，商品经济、市场经济是人类文明的成果，并不专属于资本主义；它在人类历史进程中起着巨大的进步作用。市场经济是商品经济存在和发展的客观要求，既然是商品经济，就应当有市场调节。其次，市场经济不可逾越。马克思用序数词第一、第二、第三来表示自然经济、商品经济（市场经济）、产品经济是意味深长的，它说明人类历史发展具有自身的客观逻辑，即客观必然性；它表示商品经济是社会经济发展的必经阶段，商品经济社会是人类历史发展不可逾越的形态，从自然经济社会到产品经济社会，企图超越或跳过商品经济社会是不可能的。因为按照历史唯物主义观点，社会生产力不可选择。“历史的每一阶段都遇到有一定的物资结果、一定数量的生产力总和，人和自然以及人与人之间从历史上的形成的关系，都遇到有前一代传给后一代的大量生产力、资金和环境，尽管一方面这些生产力、资金和环境为新的一代所改变，但另一方面，它们也预先规定新的一代的生活条件，使它得到一定的发展和具有特殊的性质。”① 由此，生产力落后的东方国家虽然因建立社会主义制度而呈现出历史发展的跳跃性，从某种程度上可以说是跨越了“卡夫丁峡谷”，但并不因此而把生产力的发展一下子提高到一个很高的水平。发展生产力，使之高于或达到资本主义社会的生产力水平，还是一个相当艰巨、需要相当长时间才能完成的历史任务。再次，按照“三形态”理论，社会主义特别是社会主义的初级阶段，从总体上说还处于商品经济（市场经济）这第二大社会形态。这是因为，就时代特征来说，在我们这个时代，资本主义居于主导地位，全人类还属于人类社会发展的第二阶段。这还因为，我国目前还是一个“不合格”的社会主义，生产力很不发达，不仅存在着复杂和细致的社会分工，而且劳动者以及劳动者集体具有

---

① 《马克思恩格斯全集》第3卷，人民出版社，1974，第43页。

独立的经济利益，劳动仍然是人们的谋生手段。现阶段必须实行按劳分配，人们的劳动成果必须通过商品的等价交换形式加以实现。在社会主义条件下，仍然广泛存在着商品货币关系，社会主义经济仍然是商品经济。所有这些，离第三阶段的“产品经济”和人的“自由个性”的全面发展，都还相距甚远。

第二，市场经济能更有力地发展社会生产力。人类社会发展是自然选择过程，也是人的能动选择过程，是合规律性和合目的性的统一。建立社会主义市场经济新体制，是合乎规律的历史必然，也是中国人民按照自己的目的做出的能动性选择。我们之所以选择社会主义市场经济有千条理由、万条理由，但说到底还是邓小平的那句话：问题是用什么方法才能更有力地发展社会生产力。有利于发展社会主义生产力，这是我们选择市场经济的最根本的理由。

党的十一届三中全会后，邓小平通过深刻总结我国经济建设的经验教训，一针见血地指出：“我们过去一直搞计划经济，但多年的实践证明，在某种意义上说，只搞计划经济会束缚生产力的发展。”他指出，在经济建设中，计划经济建设能够做到集中力量、保证重点，这是它的优越性，“缺点在于市场运用得不好，经济搞得不活”。因此，社会主义也要搞市场经济，“把计划经济和市场经济结合起来，就更能解放生产力，加速经济发展”。① 邓小平同志的这一思想，抓住了计划经济体制的主要弊端，从彻底的马克思主义唯物论出发，对我们为什么选择市场经济体制做了科学的回答。

我国社会主义经济建设的实践也说明，什么时候市场机制运用得好，生产力发展就比较快，经济发展就比较协调；什么时候运用得不好，生产力的发展就比较慢，经济发展就会出现失调和起落。从 1956 年进入社会主义建设以后的二十多年间，我们基本上是抱着排斥市场经济的态度实行计划经济的。这二十多年的经验表明，企图缩小商品生产的范围，限制市场调节的作用，都是做不到的，而且只能意味着倒退，不仅造成经济上的萎缩，甚至可能形成政治上的不安定。在新的历史时期，通过对经济体制的改革，在农村和城市的经济生活中不断扩大市场调节的范围，增强市场机制的功能。事实证明，这样的结果，无论在农村和城市中，广大劳动人民的积极性、主动性

---

① 《邓小平文选》第 3 卷，人民出版社，1993，第 148 ~ 149、17、148 页。

更加充分地发挥出来，在计划经济下没有做到的许多事情现在都实现了。在建立市场经济体制的过程中，无疑还会发生许多困难，但人们已经看到了市场经济的优越性，方向已经明确，道路已经打开，经过正反两方面比较的中国人民不会再走计划经济的老路。

三

市场经济的作用是多方面的，从哲学的角度看，它的最大、最直接的作用是充分调动劳动者的主体性。市场经济其他方面的作用可以说都是通过调动劳动者的主体性而实现的。例如，市场可以优化资源配置，但优化资源配置与调动人的积极性是一致的。因为配置资源是由人进行的，只有把人的积极性调动起来，他们才可能以最佳方式配置各种资源。又如，市场经济可以推动生产力发展，而劳动者是首要的生产力。所谓推动生产力发展，最主要的就是通过权利、责任、利益和风险的结合，调动企业和个人的劳动积极性和创造精神。

过去的计划经济体制当然不能说丝毫没有发挥人的主体性。计划本是人的活动特点之一，活动是有目的、有计划的而不是盲目的，这本身就是人的能动性的表现，就属于相对于动物的本能活动、物质世界的自然活动的人的主体性的内容。而且在社会主义革命取得胜利后的一段时间内，劳动者当家做主的自豪感也曾激发过劳动者主体性的发挥，推动经济建设的发展。这是有目共睹的事实。但是也应当承认，在计划经济体制下，真正的经济主体只有一个，即国家经济管理部门。一切经济和生产单位，一切参与经济活动的个人，都被要求按国家统一规定的计划而行动，劳动者的积极性被压制了。这很明显的是和社会主义的本质要求相违背的。社会主义现代化是亿万人民群众的伟大事业。不调动广大人民群众的建设热情，社会主义就不能最终战胜资本主义。传统体制不重视广大群众的物质利益，不给企业以充分的生产经营权，因而也可以说是不符合党的群众路线的。邓小平充分看到计划经济的这种缺点，认为改革就是要调动各方面的积极性。他说："鉴于过去的教训，必须改革闭关自守的状况，必须调动人民的积极性，这样才制定了开放和改革的政策。"他还说："我们的经济改革，概括一点说，就是对内搞活，对外开放。对内搞活，也是对内开放，通过开放调动全国人民的积极性。农村经济一开放，八亿农民的积极性就起来了。城市经济开放，同样要调动企业和社会各方面的积极性。”①

毛泽东在 1956 年已看出苏联的计划经济压抑了劳动者的积极性，他当时提出了要把国内外一切积极因素调动起来，为社会主义事业服务这样一个基本方针。这一看法无疑是正确的。可是毛泽东却企图用政治的方法来调动劳动者的生产积极性，于是就有了“以阶级斗争为纲”，大搞群众运动这一套做法，结果没有达到预期目的。接受这一教训，邓小平在改革的一开始就提出“学会用经济方法管理经济”，寻求解决经济问题的方法。这个方法就是人类文明发展史已经提供并被实践证实了的市场经济的方法。这个方法，就是在社会主义经济建设中，让亿万从事生产、经营活动的干部、群众，利用各种各样的经济信息，承担责任和风险，有效地调动他们生产经营的主动性、积极性和创造性，把过去主要由少数人作经济抉择，变为广大群众普遍参与抉择。发挥市场机制的作用，实际上是充分调动一切经济活动主体的主体性，发挥广大劳动群众在经济建设中的作用。

市场经济之所以能够提高和发挥人的主体性，在于市场经济以承认企业是现代经济活动的主体为前提，认为产品的生产者、经营者、购买者都是自主的主体，有自己的独立的物质利益，形成自己的独立的意志，按照自己的利益和意志自主经营、自负盈亏。没有千千万万自主经营、自负盈亏、自我发展、自我约束的企业和个人作为市场活动主体，就没有市场经济，反之，也正是由于市场经济体制的确立和运行，才保证了这些企业和个人有可能获得和实现其主体性。

市场经济之所以能够提高和发挥人的主体性，具体地说是通过市场机制实现的。

首先是市场经济的价值决定机制。由于资源产权和利益主体多元化，由于每个市场主体的行为都以自身利益的最大化为宗旨，资源和产品的实物形态即使用价值必须转化为价值形态，但能否转化以及转化价值的大小，只能由市场竞争和供求来决定。如果活动者的主体性不强，对市场反应迟钝，他的产品对他人没有使用价值，那么他花费在产品生产上的资源和劳动就是无效的，形不成价值。也许他的产品对他人有使用价值，但如果他信息不灵，产品数量超过了社会需求，那么他的资源价格就会打折扣，低于边际成本。更主要的是，价值取决于劳动技术，如果劳动者技术先进、效率高，他生产

① 《邓小平文选》第 3 卷，人民出版社，1993，第 224、135 页。

的产品所消耗的资源或付出的劳动明显低于其他生产者，他就会得到平均利润以上的利润，就会赚钱；反之他主体性差，达不到平均利润，他就要亏本，被淘汰。商品是天生的平等派。任何人要在市场交换中站得住脚，都必须丢掉幻想，横下心来，苦练内功，提高主体素质和主体性，在激烈的市场中奋力拼搏，成为强者。这里讲出身没有用，讲权力没有用，投机取巧终究也靠不住。

其次是市场经济的动力机制。利益是激励和支配人的活动的能动因素和主要动力。马克思说："人们奋斗所争取的一切，都同他们的利益有关。"①市场经济坚持利益主体多元化，认为市场活动主体各自都有独立的利益，对自身的利益的考虑和关切是市场提高和发挥人的主体性的真正契机。在市场体制中，人们的利益是通过市场的中介实现的。他们按照市场供求决定的价格在市场上进行交换，市场上商品和劳动的价格的涨落、高低，都同他们收入的多少息息相关。正是出于自身利益的考虑，或者说在经济利益的激励和约束下，他们不得不根据市场价格的变动来调节自己的生产和经营。这表现为两个方面。一方面他们提高劳动的熟练程度和劳动能力，改进技术，降低成本。这是人们都熟悉的方式。另一方面是劳动者重新择业，或者流向获利多的部门，或者转入适合自己能力、宜于发挥其主体性的单位。人都有长处和短处，应当扬长避短。在某个部门、单位，他可能显示不出才华，发挥不了主体性，换一个工种、职业，他可能就如鱼得水、胜任愉快。而在旧体制下，企业没有自主权，工人没有择业的自由和流动的自由，压抑人的主体性的发挥。这是对人才的最大浪费。

再次是市场经济的竞争机制。竞争是市场经济的突出特点。市场如战场。在市场经济的体制下，每个主体都力图在市场交换中实现自身利益最大化。但市场奉行等价交换原则，把这一平等原则运用于不平等的生产者身上，就如同赛跑，虽然每个人的体质不同，但起点、终点都一样，谁先跑到终点谁就获胜。在市场经济这只"看不见的手"的指挥下，众多的商品生产者、经营者、购买者进行尖锐、复杂的竞争。市场交换过程实际上是择优淘劣的选择过程，机遇和风险并存。在"生存危机"的逼迫下，市场主体必然花大力量改善自身素质，提高自己的主体性，增强对市场的适应能力和驾驭能力。

---

① 《马克思恩格斯全集》第1卷，人民出版社，1995，第82页。

而在传统体制下，整个社会都被纳入统一计划，每个企业和个人都按照它来活动，因此各个企业、个人之间的任何竞争都成为不可能和不必要的了。而一旦没有竞争，既无利益也无责任，干好干坏一个样，企业就会丧失为了生存和发展而拼搏的冲动，个人也可能由此而变得松懈、懒散，最终失去主体性。市场经济的竞争机制，是人的主体性提高和发挥的强大推动力。

（作者单位：北京师范大学）

重新认识市场经济模式

张　雄

社会主义与市场的关系问题的讨论，是一个常讲常新的话题。十八届三中全会后再来讨论它，主要关涉六个方面内容：社会主义市场经济与资本主义市场经济有何异同？中国正在走“市场社会主义”的道路吗？为什么社会主义市场经济模式比资本主义市场经济模式更容易受到指责？社会主义的本质与市场的“决定性作用”相悖吗？社会主义社会应当加快哪些领域的市场化改革？大力发展社会主义市场经济如何消除人的异化现象？上述问题的回答，离不开三个依据：一是经典作家的文本，二是社会主义社会与资本主义社会、计划经济与市场经济历史发展实践的图像，三是中国特色社会主义改革开放理论与实践的创新。深度讨论此问题的焦点，应是新时代背景下如何正确评价市场经济模式问题。有三个观点需要阐释。

一

把社会主义社会、资本主义社会、市场经济模式与计划经济模式这四个概念混杂在一起，既把它们视为同一辈分的概念群体，又把它们按照某种必然性原则加以分类：资本主义社会必然与市场经济模式相勾连，社会主义社会必然与计划经济模式相勾连。这是概念认识的模糊。

殊不知，社会主义社会与资本主义社会同属社会制度范畴，而市场经济与计划经济同属经济运行模式范畴。尽管马克思强调，社会制度通常指社会基本的经济制度以及与之相适应的政治制度。但我们不可以把社会经济制度直接等同于具体的经济运行模式。经济运行模式主要关涉资源配置的路径与方式问题。无论在何种社会经济制度下，不同国家所推行的经济运行模式，都会存在着共同的基本特征，这些特征构成了市场经济与计划经济的根本区别。作为一般的市场经济运行模式主要包括：独立的企业制度、完善的市场体系、开放的市场空间、健全的法制基础等要件。它与经济制度虽有相通之处，但经济制度本身有着一定的政治性内在规定，经济运行模式在没有与特定的社会经济制度相结合的情况下，它是无阶级属性的工具。市场经济运行的一般模式，一旦被资本主义制度所选择，就构成了资本主义市场经济运行模式的特有形态；一旦被社会主义制度所选择，就构成了社会主义市场经济运行模式的特有形态。这两种特有形态，既有共同性（如市场的技术层面），又有不同的政治倾向。从学理上分析，社会制度范畴侧重于表达人类社会活动的规范体系。它是由一组相关的社会规范构成的，也是相对持久的社会关系的定型化。总体社会制度决定着该社会形态的性质，并具有行为导向功能、社会整合功能、传递与创造文化功能等。而经济运行模式范畴侧重于表达经济主体运行中带有总体性的本质性的特征及内涵，通常具有概括性：高度概括经济中的基本性质；具有整体性：描述对象是具有普遍性的整体，而非其局部；具有联系性：表示内容之间是有机联系的，而不是孤立的。可见，社会制度范畴与经济运行范畴尽管有垂直的互渗关系，但不归属同一序列的范畴体系。

值得强调的是，社会制度和经济运行模式虽然作为范畴不可等同，但两者在现实社会中关系甚密。在资本主义社会，它本质地反映在权力与资本的关系中。什么样的权力组建方式是合理合法的，社会主体应是谁？资本主义社会制度决定了：资本是社会的轴心，资本的利益集团是社会的主体，多党派选举的背后是资本利益的角逐，因此，政治和经济的勾连是内在的、经常的、核心的。政治和经济的关系鲜明地表现为权力和资本的互动原理上：权力达不到的资本解决，资本达不到的权力解决。有时资本在特定条件下可直接转化为权力，反之亦然。

二

市场经济模式并不是资本主义制度的专利。社会主义与资本主义同属于马克思所说的“人对物”的依赖阶段，两种社会制度对市场经济运行模式的选择具有必然性。

这个问题首先要搞清楚，否则人们都带着很僵化的脑袋，一想到市场就想到资本主义，社会主义要搞市场，为什么会有那么多的批评甚至否定，因为人们大脑已经定型在这个思维模式中。作为学术讨论，应该追求用最新的思想理论来解释中国当下最新的经济现象，运用最新的思想理论来解决中国当下最新的经济问题。

海尔布罗纳和米尔博格在《经济社会的起源》一书中指出，市场的起源十分古老，它可以追溯到冰川时代后期，但由于古代市场并不是那些社会解决基本经济问题的手段，社会既没有完全融入重要的生产和分配过程，更没有将经济机制由社会的表层扎根到社会内部，因此，它们与真正的现代市场经济相差甚远。“从中世纪社会转型到市场社会，需要三个深远变化：对孜孜赚钱的新的态度（作为一种合法行为），必须取代中世纪对逐利行为的怀疑态度。货币化网络必须扩张，超出其狭隘的范围——即买卖活动必须控制所有产品的产出，以及几乎所有工作的绩效。必须容许‘需求’和‘供给’的变化取代领主的指令和习俗，由前者而不是后者来指挥经济活动。”[①]显然，随着货币化网络的形成，一种以交换价值为轴心的新型市场社会开始发育，它具备了如此条件：社会加速由神性向俗性的转变、传统货币向现代资本的转变、自然法观念向理性观念的转变、血亲关系的人群共同体向以地域关系为纽带的以个人为基本单位的社会存在形式的转变。其积极意义在于：它客观上带来了“包含着一切狭隘的生产前提的解体，而且它还创造和建立无条件的生产前提，从而为个人生产力的全面的、普遍的发展创造和建立充分的物质条件。”[②] 这种以货币化网络为特征的市场社会的建立，本质上就是一场具有社会进化意义的深刻革命。

社会主义与资本主义同属于马克思所说的“人对物”的依赖阶段，商品经济、市场规律、货币化生存世界的属性不可回避。两种社会制度对市场经济运行模式的选择具有必然性。古代社会，是“人对人的依赖关系”的社会，人们不关心社会制度与经济运行模式的关系，少数人的权力意志直接配置了整个社会资源，权力是这种社会之神。随着近代历史帷幕的拉开，西

① 海尔布罗纳、米尔博格：《经济社会的起源》，李陈华、许敏兰译，格致出版社、上海三联书店、上海人民出版社，2010，第35页。

② 《马克思恩格斯全集》第30卷，人民出版社，1995，第512页。

方社会早期资产者掀起的“圈地运动”和机器大工业生产的出现，尤其是国与国之间外贸的联动，国家职能被放大了，现代意义的市场经济运行模式开始有了诉求，其逻辑预设有了显现：一是由少数人的权利配置社会资源变成由货币来配置社会资源。二是货币功能的放大，从传统的集体无意识的货币交换形式变成具有高度自觉意识的现代货币交换形式（最重要的是货币功能向资本功能的转换）。三是一种商业精神和精算意识的开启。四是由交换原则产生异质化社会。交换最有价值的就是个性存在论的充盈。个性的确立和发展，已成为不可替代、不可复制的历史进化的主题。社会要包容不同的人的文化和信仰，交换异质性也就是交换个性化的社会关系。随着历史变革实践的深入，市场经济运行模式的特征及教条也逐渐被框定：资源配置方式、经济竞争、价格机制、经济利益最大化原则、法治体系以及政府职能的定位，等等。这种模式的逐步推进实际上形成了市场有机体的骨骼。马克思所说的“以物的依赖性为基础的人的独立性”的社会形态，意指社会各个层面都锁定在市场经济的网络之中，都渗透着买卖双方的商品交换属性，追逐货币报酬充斥其间。既然社会主义与资本主义都同属于这种“人对物的依赖”的社会形态阶段，社会主义与市场经济运行模式的勾连不可避免，市场经济运行模式是资本主义社会的专利也是不成立的。

我们今天要认真反思一下，究竟是资本主义制度在先，呼唤着设计一个自由发展的市场经济运行模式还是资本主义制度与市场经济运行模式两者都是自然的历史演化结果？这个问题要搞清楚。我以为市场经济运行模式，应该归属到人类制度文明的价值判断上，而不可简单地还原到资本主义制度的“理性狡计”上。人民群众是历史创造的主体，人民群众的实践是推动市场经济运行模式形成、发展的动力。从历史的发展过程来看，该模式是劳动人民实践创造的结果，反映了人类智慧的结晶。统治阶级对这种模式虽然有着某些定义、修正、补充乃至积极的推进作用，但这不可替代劳动人民实践创造的地位和作用。我觉得市场经济运行模式的理论构建，充满着诸多自然科学、社会科学规律的运用，其中不乏公理性、客观性、科学性的渗入。它与一批知识分子的劳作分不开，最早是马基雅维里，他从政治哲学上提出了“欲望动力论”，接着亚当·斯密抛出了市场宏大叙事的总体构想，随后一代一代的经济学家、哲学家、政治学家、社会学家等都对市场经济运行模式的思考做出了不可磨灭的贡献。

马克思的“社会三形态理论”是非常深刻的，这是我们今天理解社会主义市场的一个最重要的理论根据，从这里理解，资本主义也好，社会主义也好，都回避不了人对物的依赖属性。该属性决定了在现实的历史实践活动中，国家对市场经济运行模式的一种选择、一种发展、一种创新。所以，我们不可把市场经济运行模式简单地表述为“它是资本主义的专利”。人类历史发展一旦进入“第二大形态”，就会出现如此变化趋势：把虚幻的信仰，把那个传统社会、前现代社会的习俗，改换为以欲望为驱动的货币化生存世界。这既是人性的解放——形成普遍的人的社会交往、社会物质交换、全面的关系、多方面的需求以及全面的能力的体系；又是对人性的约束——作为“生产者的人类”，终究在任何局面下都忠实地服从于“物的要求”进行思考并行动。笔者觉得从这个角度来理解，我们似乎在心理上比较坦然了一点，所以笔者感觉到要重新认识市场经济模式，既不能“极左”看，又不能“极右”看，而应当辩证地看。

列宁在晚期作品里大量涉及重新认识社会主义问题。笔者以为，他是想把马克思恩格斯经典著作里关于社会主义的理论预设，做一个新的实践方面的修正，为什么要修正？列宁经历了实体意义上的社会主义实践，感到马克思恩格斯逻辑推理的观点在苏联的实践中有些地方对不上号，尤其是社会主义政权与社会主义经济建设的关系，实际上，就是社会主义社会与市场经济的关系。列宁觉得，社会主义必须要重视商品问题、货币问题、金融问题、市场问题。列宁后来讲共产党人要学会做红色金融家，不能让老百姓只觉得你是帮助他们翻身做主的“大救星”，而如何帮助他们脱贫致富却无能为力。列宁晚期关于市场经济方面的重要观点，正是构成我们今天反思社会主义与市场经济关系的重要经典依据。

社会主义社会之所以要重视市场经济运行模式的作用，关键是要解决社会主义经济效率如何提高的问题。早在 1902 年，卡尔·皮尔逊在其题为《社会主义的价值问题》的论稿中就认为，社会主义取消价值现象无法解决两个问题。一是国际贸易的中心问题。如果贸易双方供需价格不以货币结算，而以各种产品的劳动量为结算尺度，就会把高效率的劳动与低效率的劳动混为一谈。二是在国内对净收入的分配，如果按照劳动时间为尺度的价值评估，就会把一切劳动等同起来，导致高效率的劳动无权得到高收入。皮尔逊的分析是深刻的。传统的计划经济实存着三个方面的效率问题。第一，单靠劳动时间作为收入分配的依据，这样的分配肯定是上下一般粗，人人一个样，普遍的平均主义，既调动不了积极性，又缺乏发展的活力。第二，单靠指令性计划，不能把上亿人的不同需求、几十个不同省份发展的需要、几十万家企业生产的目标统统协调起来。第三，经济发展缺乏竞争机制，整个社会效益无从谈起，个体的效益也是乌有。不可否认，20 世纪 60 年代“市场社会主义”在南斯拉夫、匈牙利实行以后，有些问题得到了解决，但是更多的问题又出来了。市场社会主义也称自由的社会主义，是一种使社会主义的计划与自由的企业相协调的经济制度，企业属于公有，但生产和消费不受政府计划的控制，而是受市场力量的支配。最终证明，两个国家的这种探索仍然没有从根本上解决问题。或许有人会问：为什么当年马克思和恩格斯没有提及社会主义与市场经济运行模式的关系？当时马克思的主要精力是，从对资本主义生产关系的解剖上升到对整个资本主义现代性的批判。当时资本主义社会的发展都处在现代性发育和发展的环境里，西方自由放任的市场经济带来的后果都与现代性自身发展的内在矛盾有密切的关系，所以马克思推论出未来的社会主义更注重“计划”的功能。实际上，19 世纪是西方整个自由发展的市场经济和整个社会的运转二律背反凸显的时候。两大阶级劳资关系的对立也在此时，所以笔者感觉到，马克思设计未来理想的社会，为什么不放在市场概念思考，而放在计划概念，就在于其出发点认为，这个现代性货币化、资本化的社会有严重的问题。他依托现代性概念要扬弃现代性，就必然在未来社会设计上，没有考虑到市场的问题，这一点我们应当理解。

社会主义市场经济和资本主义市场经济的不同点在哪？资本主义市场经济的特征为：自由放任的市场制度、政府在市场中扮演“守夜人”的角色、法制推行“试错法”。在这些方面，西方社会是否定主义的美学，中国是绝对主义美学；资本主义市场经济的社会轴心是资本，中国的社会主义市场经济的社会轴心是“人民性”。对于国家来说，一切财富都要转化为人民性的财富。这是最大的不同。

三

市场经济运行模式与社会主义关联更能够发挥市场优势。

社会主义社会最初与计划经济运行模式相关联，它有着特定的优点和缺点。优点是：①可以集中力量办大事；②国家资源的静态保护；③社会尚未出现两极分化。缺点是：①计划最大的问题就是商品拿什么定价，是中央规定的还是按市场供求关系来确定，计划经济的产品定价具有一定的强制性和命令式，它不是通过市场货币关系、竞争关系来确定。②过分强调集中，客观上压抑了个性，尤其把多样性、异质化的人的需求变成大一统的刚性计划。这必然带来对人性的约束和压抑，哈耶克专门从个人主义因素批判了计划经济，认为人民公社、生产大队，实际是低层次的劳动状态，市场的本质是产权的让渡，产权让渡背后是生产关系和社会关系交换，深处是个人自由度的交换，为了拥有个人解放的活力，市场总是迫使人们不断创造带有创新性的产品。③全国计划的生产配置很少做到根本意义上的创新，计划经济配置下，为什么很少创新？因为缺乏竞争力，微观系统里缺乏竞争的机制。黑格尔说过，矛盾是推动世界的动力，是世界存在的本质。微观领域没有矛盾竞争的氛围。整体经济极易出现“腐臭”现象。如古希腊哲人所言，战争的作用可以把“腐臭的水变成活水”。④计划经济最容易养成形式主义，计划经济与形式主义有内在联系，计划的显现要有标志性的存在。形式主义是极大的资源配置的浪费。社会主义社会对计划经济运行模式的选择，有些学者认为这是“不得已而为之”。兰格曾经把苏联的计划经济制度比作战时经济特殊形式，严格的中央控制，实现资源分配的计划性，必然产生与苏联式计划经济相同的官僚机构，但是，这些被人们视为在那种情况下为赢得战争不得不付出的代价。

中国在20世纪80~90年代，彻底告别了计划经济运行模式，最初对它的选择既来自书本，更来自于社会主义国家阵营的集体理论与实践。后来的告别，既来自于世界历史发展的进程所迫，又来自于执政党对新形势下社会主义发展规律的认知，更来自于亿万人民群众对改革开放的诉求。35年改革开放的历史，证明了走向世界第二大经济体的中国，必须由经济大国变成经济强国。为此，充分利用社会主义市场经济的运行模式，乃是让一切劳动、知识、技术、管理、资本的活力竞相迸发，让一切创造社会财富的源泉充分涌流，让发展成果更多、更公平地惠及全体人民的关键所在。在今天的新形势下，社会主义社会能够更好地发挥市场优势，一方面靠制度优势，另一方面靠阳光下资本的最大化运行效益。党的十八届三中全会《关于全面深化改革若干重大问题的决定》的意义很多，但最特殊的意义是资本的解放问题，而十一届三中全会最特殊的意义是思想解放问题。十八届三中全会《决定》强调，我国的基本国情、现阶段社会主要矛盾、我国属发展中国家的国际地位这三个没有变，重申以经济建设为中心是解决我国所有问题的关键。社会主义绝不是一个空壳的政治实体，作为现代社会发展的重要市场工具——资本，必须给予高度重视。资本对当代中国共产党人来说，其积极作用主要表现在两个方面：一是中国当下的社会主义市场经济与现代资本有着客观的内生关系。中国市场经济的构建，不是传统的习俗经济的预设，而是具有现代性的市场经济制度创新，因此它必须要由传统的计划配置资源转向充分发挥资本要素对市场资源的配置作用。二是资本是现代经济体的血液，经济发展的量度从某种意义上就意味着资本积聚多寡的量度，经济发展的速度从某种意义上意味着资本流动的速度，乃是一个大国必须摆放在经济生命线上的重要视域。资本的强大意味着一个国家在世界拥有话语权的底气，占有世界市场份额的能力，控制全球经济财富积累和发展命脉。从这一点上说，共产党人在与资本主义的相处中，如果不持有资本最大化的资本实力，社会主义的一切政治都将变为空谈，社会主义的政权存在都会出现危机。这是数百年世界历史发展给我们最深刻的启示。共产党并不惧怕资本的最大化，关键是要有一个合理的市场运行机制，合理的法制环境，合理的分配制度，让资本在阳光下最大化运行。这就是十八届三中全会《决定》中最具有特殊意义的思想深度。

（作者系全国经济哲学研究会会长、上海财经大学人文学院经济哲学系教授）

社会主义市场经济与资本主义市场经济的本质区别

鲁品越

社会主义并非某种为了实现“平等、正义”的普遍价值，而是为了克服资本主义的根本矛盾而来到世间的，这是空想社会主义与科学社会主义的根本区别。前者根据“平等、正义”等价值而规定社会主义的固有本质，而后者根据克服资本主义的根本矛盾的历史实践的需要来不断生成社会主义的本质。社会主义所要克服的资本主义根本矛盾，说到底就是“资本积累”与“贫困积累”之间的矛盾。在资本追求自身积累的扩张过程中，竞争性地最大化地吮吸三种自然力——人的自然力、自然界的自然力和社会劳动的自然力，必然导致另一种积累——劳动者、资源生态环境与人的社会发展空间的贫困的不断积累。那么如何克服资本主义追求其自身积累而产生的内在矛盾？在不同的历史阶段需要不同的路径。在社会主义国家还不能自立的历史初期，应当实行独立自主的计划经济。而在已经具有独立的工业与农业体系之后，则需要对国际资本主义体系开放，其路径不是消灭资本本身而“消灭矛盾”，而是利用资本发展生产力的巨大动力作用的同时，克服资本为自身增值而盲目扩张所产生的矛盾。这就是社会主义市场经济的主旨。

因此，社会主义国家要资本，但不要资本主义。

“资本”（capital）并不等于“资本主义”（capitalism），正像“社会”（society）并不等于“社会主义”（socialism），“物质”（material）并不等于“物质主义”（materialism，通常译为“唯物主义”）、“观念”（ideal）并不等于“观念主义”（idealism，通常译为“唯心主义”）一样。它们之间的区别在于以何为本位。资本主义市场经济以资本为本位，一切服从资本积累的需要。而社会主义的主旨是以全社会的根本利益为本位，也即人民的生存与发展的需要为本位。有人说是追求公平、正义的社会制度。这并不正确。因为虽然人们都以“公平”、“正义”为其追求的“普世价值”，但是一旦具体到社会现实，每个人、每个阶级与阶层就会给“公平”、“正义”完全不同的内涵。资本主义从来都认为资本主导的利伯维尔场对资源配置的结果就是“公平”、“正义”。所以，所谓“社会主义”，其根本含义是以社会公共利益、全社会绝大多数人的利益为本位。这种原始内涵在逻辑上要求社会主义市场经济在以下六个方面与资本主义相区别。

第一，生产目的是社会主义与资本主义生产方式的最基本的区别之所在

社会主义市场经济下的社会生产，应当以人为本，即以人民和国家的生存与发展的需要为根本目的，以资本增值为配置资源以进行扩大再生产的手段。这是社会主义的主旨，它产生了社会主义的本质：“解放生产力，发展生产力，消灭剥削，消除两极分化，最终达到共同富裕。”资本主义市场经济中企业的生产目的是为了资本自身增值，即为了赚钱，并且把所赚的钱（剩余价值）尽可能转化为资本，从而实现资本积累最大化，从而拥有越来越多的支配社会资源的权力。商品的使用价值不过是获取货币以实现资本增值的手段。这种纯粹为钱而生产的极端形式，在实体经济领域里表现为：为了赚钱而采用形形色色的手段欺骗消费者，疯狂破坏生态环境，制造两极分化；在虚拟经济领域内表现为用欺骗性的“金融创新产品”搜刮全世界的金钱，由此绑架整个社会。社会主义市场经济必须将这种颠倒了的目的与手段再颠倒过来。社会主义生产目的不是为了赚钱（追求作为社会权力的价值），而是为了使用价值，即恩格斯所说的“按照社会总体和每个成员的需要”进行生产。而它在当代中国的现实体现，正是邓小平提出的“三个有利于”：“社会总体需要”具体化为“有利于提高社会主义国家的综合国力”，“每个成员的需要”则具体化为“提高人民的生活水平”和“共同富裕”，而“有利于发展社会主义社会的生产力”则是满足这些需要的基础。因此，“三个有利于”继承与发展了马克思恩格斯的科学社会主义思想。正是通过以“三个有利于”为目的，才能实现社会主义的本质：“解放生产力，发展生产力，消灭剥削，消除两极分化，最终达到共同富裕。”一旦离开“三个有利于”这个目标，或者把“三个有利于”的目标混同于盲目追求 GDP 的以“唯钱论”为目标，社会主义就不复存在，中国将会重蹈中国和世界的资本主义的历史覆辙，社会主义本质就无从实现。

第二，社会主义与资本主义在所有制结构上的根本区别

为了实现社会主义的生产目的，必须将追求自身积累的资本置于某种更强大的社会主义力量的驾驭与导控之下。那么，社会主义市场经济如何具有这种能够驾驭与导控资本的力量呢？这就需要以下方面的条件。

在生产资料所有制结构上，社会主义市场经济必须坚持以公有制为主体，各种所有制形式共同发展的基本经济制度。这是社会主义市场经济的根本前提。

任何社会的市场权力结构，都是金融资本支配实体资本、垄断资本支配中小资本、关键产业资本支配附属产业资本的结构。在私有制为主体的条件下，居于支配地位的资本掌握在个人手中，会形成社会经济领域中少数资本家对全社会经济体系的支配权。经济基础不可避免地反映在社会政治上层建筑领域，最终造成少数资本寡头对全社会的政治统治。因此，"自由放任"的结果只能是资本寡头对人民的专制统治。因此，社会主义市场经济绝对不能允许私人资本占主导地位，必须坚持以公有制为主体。

公有制的主体作用主要体现在对全社会经济运行的控制力上，体现在以下几个方面。一是在影响国计民生的关键产业与关键领域包括军工、电网电力、石油石化、电信、煤炭、民航、航运等七大行业，国有资本必须掌握绝对控制力；对基础性和支柱产业领域的重要骨干企业要保持较强控制力，包括装备制造、汽车、电子信息、建筑、钢铁、有色金属、化工、勘察设计等行业。承担行业共性技术和科研成果转化等重要任务的科研、设计型中央企业，国有资本保持控股。除此之外，国资委监管范围之外的金融、铁路、邮政等领域，国有企业也应当绝对控股。二是影响民族未来发展空间与命运的资源，特别是土地、矿藏、海洋、大河、湖泊和生态关键地带的资源必须由国家牢牢控制，划定资本活动的边界与禁区，私有资本必须进行资源与生态的补偿才能使用相应的资源。我们的 18 亿亩耕地红线，稀土矿藏和三江源生态区的国家管理是其典型例子。三是建立公有制为主体的交叉持股的混合所有制，它使各种经济成分在市场经济运行过程中命运相连。国有资本投资项目吸收非国有资本参股，不仅不会削弱公有制经济，而且放大了国有资本所能够控制的资本量，放大了对全社会经济的影响力与控制力，同时也能在混合资本内部吸收民间资本的活力，提高效率。

第三，社会主义与资本主义在社会政治制度上的根本区别

为了上述目标，社会主义必然要求建立代表最广大人民利益的社会主义国家，为此必须使国家的政治权力掌握在代表人民利益的政党手中，在中国即掌握在中国共产党手中。这是社会主义市场经济的根本保证。

我们强调公有制，特别是国有制为主体，并不意味着国有制就是社会主义。资本主义市场经济也存在国有企业，但这并不能改变其总体的资本主义性质。恩格斯指出，“无论向股份公司和托拉斯的转变，还是向国家财产的转变，都没有消除生产力的资本属性。”国有制不一定是社会主义。既有社会主义国有制，也有资本主义国有制，二者的区别在于国家的性质。资本主义国家是代表资本家阶级总体利益的社会机器，而社会主义国家是代表以工人阶级为主体的绝大多数劳动者利益的国家。恩格斯指出，“现代国家也只是资产阶级社会为了维护资本主义生产方式的一般外部条件使之不受工人和个别资本家的侵犯而建立的组织。现代国家，不管它的形式如何，本质上都是资本主义的机器，资本家的国家，理想的总资本家。……资本关系并没有被消灭，反而被推到了顶点。”他严厉批评那种把资本主义国有化说成是“社会主义”的论调。他说：“但是最近，自从俾斯麦致力于国有化以来，出现了一种冒牌的社会主义，它有时甚至堕落为某些奴才气，无条件地把任何一种国有化，甚至俾斯麦的国有化，都说成是社会主义的。显然，如果烟草国营是社会主义的，那么拿破仑和梅特涅也应该算入社会主义创始人之列了。……甚至陆军被服厂，以致在 30 年代弗里德里希——威廉三世时期由一个聪明人一本正经地建议过的妓院国营，也都是社会主义的设施了。”2008 年金融风暴中，为了挽救由金融资本一手炮制的金融危机，西方国家把万亿美元投放到金融寡头手中，或者直接把一些金融机构收归国有，有人说这意味着美国在推行“社会主义”。实际上，这绝对不是什么“社会主义”，而是地地道道的拿全社会的血汗不经过生产过程而直接为资本家集团服务的国家资本主义，这是比那些通过实体经济生产和占有剩余价值的古典资本主义，还要无耻得多的资本主义。正因如此，这些措施遭到了劳动者的激烈反抗，终于酿成了 2011 年资本主义世界的声势浩大的“占领华尔街”的抗议活动。

我国市场经济的社会主义性质的根本保证，是我们国家政权是代表以工人阶级为主体的绝大多数劳动者利益的社会主义国家。而要使我国成为社会主义国家的根本保证，是历史地代表人民利益的中国共产党是执政党。中国共产党不仅以代表人民的最根本利益作为其最高宗旨，而且以反映我们时代真理的马克思主义为指导思想，在近百年的艰苦卓绝的奋斗中，形成了扎根于全中国广大人民群众之中的政治网络体系，能够领导和团结全国人民，遵循历史发展规律为实现中国梦而奋斗。没有任何其他政党具有这样的能力。所以邓小平说，“多搞点‘三资’企业，不要怕。只要我们头脑清醒，就不怕。我们有优势，有国营大中型企业，有乡镇企业，更重要的是政权在我们手里。……‘三资’企业受到我国整个政治、经济条件的制约，是社会主义经济的有益补充，归根到底是有利于社会主义的。”

第四，社会主义与资本主义对全社会经济的宏观调控能力的根本性差异

社会主义市场经济不仅具有进行有效的总量调控能力（这是现代各国市场经济的共同点），而且能够发挥社会主义优势，具有深层的结构性调控的能力。这是社会主义市场经济的显著特质。

主要表现在：①在实体经济领域，为了实现可持续发展，我国必须进行产业结构的升级，而落后产能的私有资本则只顾眼前利益而盲目扩张，因此在社会主义市场经济结构中，政府必须有能力进行有效的结构性调控，淘汰落后产能，鼓励产业结构升级；②必须严格管理虚拟经济，使其为实体经济服务。政府不仅通过货币发行、利率、储蓄的法定准备金、公开市场操作等金融手段控制货币总体流量，而且严格根据国家长期发展需要确定货币投入实体经济领域，严密监视货币流向，用铁的纪律防止货币投入囤地、炒股、期货等投机性领域，提高货币投入在创造就业机会、促进科技创新、促进产业结构升级、促进民生改善方面的效率。只有这样才能真正发挥社会主义制度的优越性。

第五，社会主义与资本主义在社会收入分配上的根本差异

社会主义市场经济必须坚持劳动性收入是国民收入的主要来源，对资本性收入进行适度干预，引导其投向再生产领域以及公益事业。严格限制投机性收入，以防止收入分配上的两极分化。这是我国市场经济的社会主义性质的具体体现。

马克思主义确信，财富是由劳动与自然界共同创造的，资本作为一种社会力量，只是为劳动创造财富创造前提条件。而在资本主义市场经济中，资本通过掌控劳动者的劳动条件（生产资料）而支配劳动者，使劳动者只获得生产劳动力的必要劳动价值，由此形成资本性收入占主导地位、劳动性收入居于附属地位的分配格局。现代金融资本主义进一步扩大了这种社会收入不合理现象，通过对股市、房市、期货市场的投机来作为收入的来源，加剧了财富快速流转与集中的速度。这不仅造成社会贫富两极分化，从而形成社会道义缺陷和社会秩序失衡，而且由于资本积累与社会消费之间的差距不断增大，从而造成经济危机。

资本主义市场经济对社会收入的不公平分配，由其权力结构所造成。在这样的市场权力结构中，集中的资本天然占据强势，分散的劳动天然处于弱势。因此，要使劳动者的利益能够制约资本力量，社会主义国家的政府应当代表组织起来的劳动者的长远利益，同时给资本创造实现“三个有利于”的发展空间。为此必须建立新型劳动关系，这是我国基本经济制度的本质要求。在所有制上“允许混合所有制经济实行企业员工持股，形成资本所有者和劳动者利益共同体”。在对劳动者能力的培育上，“完善城乡均等的公共就业创业服务体系，构建劳动者终身职业培训体系。增强失业保险制度预防失业、促进就业功能，完善就业失业监测统计制度。创新劳动关系协调机制，畅通职工表达合理诉求渠道”。在维护劳动者利益上，要“形成合理有序的收入分配格局。着重保护劳动所得，努力实现劳动报酬增长和劳动生产率提高同步，提高劳动报酬在初次分配中的比重。……多渠道增加居民财产性收入”。同时，应当采取各种手段，鼓励劳动者通过劳动，尤其是创新性劳动、创造资源的劳动来创造财富，增加劳动收入在整个收入分配中的比重，建立以劳动收入为主的社会制度，将资本性收入、投机性收入引导到服务于社会劳动的轨道上来。这不仅能够减少两极分化而实现社会正义，而且能够创造内需以扩大经济发展空间。

第六，社会主义与资本主义在生态观上的根本差异

资本主义市场经济不仅直接表现在人与人的关系上，而且将这种人与人的关系投射于自然界，形成了人们在与自然关系上的不平等。资本力量不断挤压人类生存空间，不仅在生态环境总量上造成生态危机，而且在生态环境分配上形成不对称结构。这突出表现在发达国家和先进地区把重污染、能耗大的产业移植到落后国家与落后地区，转嫁其面临的生态危机，而且在生活领域还表现为少数富人拥有广阔的生态空间，由此挤压穷人的生存空间。产生这种不公平现象的直接原因是生态空间配置的资本化，按照资本增值效率，而不是按照人类生活的需要来分配生态空间。因此必然形成空前的生态危机。

为了克服由资本主义生产方式造成的生态危机，社会主义市场经济应当尽可能地克服生态空间分配上的这种不均衡状态。这就要求对生态空间的使用上，在保证人类生存基本需要的基础上，对奢侈性生态空间消费与占有课以累进税，以在生态空间上实行社会主义价值原则。社会主义市场经济不仅通过行政权力与产业结构调整来保护生态环境，而且通过资源与环境的再生产，努力实现环境正义与公平，防止生态环境剥削及生态环境领域的两极分化。这是社会主义市场经济发展的资源环境红线。

习近平同志最近指出：“我国实行的是社会主义市场经济体制，我们仍然要坚持发挥我国社会主义制度的优越性、发挥党和政府的积极作用。市场在资源配置中起决定性作用，并不是起全部作用。”党和政府的积极作用，不是表现为在更多的领域中直接配置资源，而是用社会主义基本原则来建设和监管市场本身，建设与塑造社会主义市场，确保我国市场本身的社会主义性质。

（作者系上海财经大学现代经济哲学研究中心教授）

社会主义政治经济学的“中国特色”问题

杨春学

习近平总书记在2016年5月17日哲学社会科学工作座谈会上的讲话中指出：“这是一个需要理论而且一定能够产生理论的时代，也是一个需要思想而且一定能够产生思想的时代。”具体化到经济学界，那就是要建立能充分解释中国经济发展道路的中国特色社会主义政治经济学。

如何建立一种具有中国特色的、适应社会生产力发展的社会主义市场经济体制，是一项前无古人的伟大事业，是一件十分复杂和艰难的工作。在这一过程中，我们必须有一种中国化的马克思主义政治经济学作为理论指导。学界似乎达成了一个共识，即中国经济充满难以用现有理论解释的现象。① 但是“现有理论”无法解释的究竟是哪些现象呢？我们只是笼统地说不能解释中国增长奇迹，却没有对不能得到解释的现象给出一种清晰的“典型事实”。② 中国特色社会主义政治经济学要解决的关键问题，正是借助于现有理论无法解释的中国道路的某些理论问题。它的中心任务，当然要根据60多年特别是改革开放以来的中国社会主义经济建设实践，总结其中的经验与教训，从中提炼出带有规律性的经验认识，把这些经验认识上升到理论层面。但是，在这种上升到理论层面的过程中，要立足于中国现实，直面怀疑者的质疑，走在学术之前沿。本文对“中国特色”问题的讨论，正是基于这样的考虑，侧重于提出还需要进一步细致讨论的一些理论问题。

---

① 《中国经济学如何走向世界》，《光明日报》2016年3月2日。

② 本文的主要任务不在于此。

一 以动态的观点看待社会主义

社会主义是一种永远值得追求的形态，也是实践中尚未完形也不可能完形的形态，因为这一形态一直处于不断优化的过程。在思想观念上，中国特色社会主义政治经济学首先是要以动态的观点看待社会主义。什么是社会主义？不同的时代给出的答案是不完全的，且都可能有部分是正确的。在实践中，社会主义历史的各个时代有其自身的法则。我们必须遵循经典的教导，以与时俱进的创新精神，不断地进行理论的探索和实践的发展。

早在社会主义尚未成为一种实践中的社会形态之前，恩格斯就指出："所谓‘社会主义’不是一种一成不变的东西，而应当和任何其他社会制度一样，把它看成是经常变化和改革的社会。"[①] 之后，对苏联的建设者来说，社会主义是前无古人的崭新事业，没有任何现成的方案可资借鉴。因此，十月革命以后，列宁多次强调，一定要以实践而不是以书本作为认识社会主义的标准。其中，最有名的也许是这样一句："对俄国来说，根据书本争论社会主义纲领的时代也已经过去了，我深信已经一去不复返了。今天只能根据经验来谈社会主义。"[②] 的确，正如列宁所言，在实践中，社会主义经济制度的形态是在不断发展的。因此，我们也只能根据这种实践的发展来不断更新我们对社会主义的理解。

第一种典型的社会主义经济形态是苏联模式，即公有制 + 中央集权的计划经济。苏维埃政权建立后，它所面临的压倒一切的任务是在社会主义条件不成熟的情况下消除经济、社会和文化的落后状态。之所以选择这种经济制度形态，它的思想基础是“运用国家力量来摆脱经济落后状态，达到社会主义所要求的水平”。[③] 在一定的意义上，这种模式被证明是可行的。到“二战”前夕，在内忧外患的环境中，苏联的社会经济发展取得了巨大的成就，拥有较完备的工业体系，达到世界先进国家的水平。[④] 1937 年，它的工

---

① 《马克思恩格斯全集》第 37 卷，人民出版社，1971，第 443 页。

② 《列宁全集》第 34 卷，人民出版社，1985，第 466 页。

③ W. 布鲁斯、K. 拉斯基：《从马克思到市场：社会主义对经济体制的求索》，银温泉译，上海人民出版社、上海三联书店，1998，第 30 页。

④ 在外部，遭到 14 个资本主义国家武装干涉，西方列强长期对其存有敌意，必欲灭之而后快，处在全世界资本主义国家的包围和封锁中；在内部，动乱长期存在，先是各种暴动包括无条件强迫加入“集体农庄”引起的暴动，后是肃反和肃反扩大化带来的混乱等。

业总产值已经超过德、英、法三国，跃居欧洲第一，世界第二位；在工农业比重中，工业占到 77.4%。“二战”后，它迅速恢复了受到战争严重破坏的国民经济并获得进一步的发展。到 1960 年，苏联的空间技术、高能物理水平位于世界前列；拥有完备的工业体系，在一些传统重工业如冶炼业、石油及天然气产业和传统制造业上保持着世界领先水平，经济总量达到了美国的 60%；军事上拥有强大的核力量和常规力量，能够和美国抗衡，成为仅次于美国的世界第二超级大国。①

以苏联模式对社会主义国家曾经有过的影响力来说，称之为实践中的“社会主义经济经典模式”并不为过。前东欧国家也都不同程度地呈现出了类似苏联的经济发展。根据官方数据，1950 ~ 1980 年间，东欧国家国民收入年均增长率如下：罗马尼亚 9%，保加利亚 8%，波兰、德意志民主共和国、南斯拉夫约为 6%，匈牙利、捷克斯洛伐克 5% 左右。②

但是，历史证明，这种模式没有通过长时段的时间检验。这种近乎“为生产而生产”的粗放增长模式，让社会付出了高昂的资源成本从而阻碍了社会生产力的发展，与此同时，人民的生活水平却没有获得预期的那种动态提高。这引发了对体制模式进行改革的不断努力。这类改革的基本思路是：以利用某种形式的市场机制来完善计划经济的效率，且原则上把市场力量的作用范围局限于产品市场，把要素市场（尤其是资本市场）排除在外。但是，这些改革并没有带来多少值得称颂的成绩。于是，在 20 世纪 80 年代的东欧国家，改革观念发生了质的变化，渐趋激进，原来“那种认为社会主义制度在推动经济发展方面比其对立面资本主义制度优越、至少具有潜在的优越性的信仰，最终失去作用”，代之而起的是认为“社会主义已经走进历史死胡同”的悲观主义。③ 当这些国家走向市场经济的时候，它们已经放弃了社会主义。④

虽然苏联模式由于存在某些根本性的缺陷而在实践和改革中被扬弃，但我们不能否认它的社会主义性质。那是前无古人的一场伟大社会试验，虽然

① 丘吉尔曾这样评价斯大林“他接过的是一个扶木犁的穷国，他留下的是一个有核武器的强国”。这是对苏联模式的一个很好注解。

② W. 布鲁斯、K. 拉斯基：《从马克思到市场：社会主义对经济体制的求索》，银温泉译，上海人民出版社、上海三联书店，1998，第 37 页。

③ 贝尔纳 · 夏旺斯：《东方的经济改革——从 50 年代到 90 年代》，吴波龙译，社会科学文献出版社，1999，第 131 ~ 133 页。

④ 虽然有些国家自认为实行的是民主社会主义。

其结果带有悲剧的色彩。在这里，我想套用普京对苏联的一个评价：[①] 把苏联模式说得一无是处，那是没有良心；但是，如果还想回到那种体制，那就是大脑进水了。我们不能否定这种模式带来的成就，也不能否定这些成就的取得是付出了巨大的各类成本的。

中国曾经选择了苏联模式。但是，只有中国，在反思和放弃苏联模式的过程中，提出了“社会主义初级阶段”这一清醒和科学的判断，在坚持社会主义道路的基础上走向市场经济，形成了新形态的社会主义经济体制：“以公有制为主体，多种所有制经济共同发展” + 市场经济。这是中国经济“增长奇迹”的制度基础。这是中国的伟大创举，也是中国对社会主义形态发展的最重大贡献。在社会主义的历史谱系中，我们可以自豪地把它称为社会主义在经济体制上的第二种重要实践形态。[②]

作为这一伟大的实践创举的重要理论基石，“初级阶段理论”让我们获得了改革最迫切需要的历史方位感，也为中国特色社会主义政治经济学提供了理论底色。但是，这一实践创举也给我们带来了一些理论上的难题，提出了一个理论发展的内在新要求。社会主义，作为一种社会经济的实践，未来必然会出现新的形态。不过，政治经济学的首要任务是讨论“初级阶段形态”的社会主义。在这里，我想预先强调一点看法。那就是：“政治经济学”与“经济学”这两个概念是有差别的。在我看来，政治经济学要解决的是指导社会经济制度和改革的基本理念问题，因而也需要研究生产力与生产关系、经济基础与上层建筑之间关系的某些具体体制问题；而通常所说的经济学，重点讨论的是市场经济的一般运行，要解决的是具体政策的设计和实施问题。

二　对“中国特色”的中华文明基因之挖掘和理论化问题

从政治经济学的角度看“中国特色”，除了“社会主义初级阶段”这一底色特征之外，还应包括存在于中华文明之中而且仍然对当今有着重大正面

---

① 普京说：“谁要是不为苏联的解体感到遗憾，他就是没有良心；而谁要是希望恢复苏联，他就是没有头脑。”

② 越南、古巴等国的经济改革也带有这种形态特征。

影响的思想基因。这是马克思主义政治经济学“本土化”或“中国化”的重要基础。

君不见，习近平总书记经常引用中国古典名言来表达自己的思想吗？那是在挖掘这类基因！他明确地指出：“中华文明历史悠久，从先秦子学、两汉经学、魏晋玄学，到隋唐佛学、儒释道合流、宋明理学，经历了数个学术思想繁荣时期。……中国古代大量鸿篇巨制中包含着丰富的哲学社会科学内容、治国理政智慧，为古人认识世界、改造世界提供了重要依据，也为中华文明提供了重要内容，为人类文明做出了重大贡献。”① 又言：‘独特的文化传统、独特的历史命运、独特的国情，注定了中国必然走适合自己特点的发展道路。我们走出了这样一条道路，并且取得了成功。”② 这条道路就是中国特色的社会主义道路。

作为中国特色社会主义理论体系的重要组成部分，中国特色社会主义政治经济学自然也就必须承担起在中华思想文明库中挖掘相关优秀基因的工作。这将是经济学人的时代课题。作为学者，我们在挖掘这类思想基因时，要注意在返本开新的动态过程之中重建这些优秀思想基因，给它们提供一种科学的分析基础。因为，中华文明的主流思维模式是感性思维（形象思维）。这使中国学者的思维变得较为敏锐，使他们擅长于词句的雕琢，特别关注文学（诗歌、绘画）特点的细微差别，在情趣和技巧上都达到很高的境界。但是，这种思维的根本缺陷是：只是粗略地认识思维对象，不追求对感性材料的深层思考和对事物的精确分析，仅满足于对经验的总结及对事物粗浅和笼统的描述，对思维的工具性缺乏自觉的认识。

为了说明这一问题，让我们从“李约瑟之谜”说起，回顾某些历史。中国古代的灿烂辉煌科技成就，除了“四大发明”外，在天文历法、物理、医术、算术、农业、地理、建筑等领域，也有大量领先于世界的技术发明和发现。英国著名生物化学家李约瑟提出了一个疑问：中国古代对人类科技发展做出了很多重要贡献，但是，为什么近代之后却远远落后于西方世界？对此，学界有众多争论。

笔者认为，最重要的一点是缺乏近代的科学思维方法。西方学界在近代完成了从感性思维到理性思维的质的飞跃，发展出一套以分析归纳为主要内

① 习近平 2016 年 5 月 17 日在哲学社会科学工作座谈会上的讲话。

② 习近平 2014 年 4 月 1 日在比利时布鲁日欧洲学院发表的重要演讲。

容的求“真”的科学思维方法。正是在这种科学思维方式的引导下，16世纪以来，欧美社会发生了两次重大的科学革命和三次技术革命，即近代物理学的诞生、蒸汽机和机械革命、电力和运输革命、相对论和量子论革命、电子和信息革命，走上了科学革命和技术革命相互促进的路径。与此不同，中国古代创造出的科技成果基本上是基于经验的积累，至多也就是基于直觉推理。即使是成就极高的中医，虽然也有“试验”，但它的解释却是建立在道家哲学所谓的“五行”（金、木、水、火、土）之上的。在这种解释中，人体结构本身就是宇宙的象征，肾脏代表水，胃代表土，肝代表火，肺代表金，心脏代表木。从这种语言模式中，我们可以看到中国学者缺乏近代科学方法的典型痕迹。

因此，我们在中华文明中挖掘有关中国特色社会主义政治经济学的相关思想基因时，还存在一个如何将它们理论化的问题。在这里，笔者将以“国家观”[①] 为案例来说明这种理论化问题。之所以选择“国家观”，是因为国家在中国社会经济中所起到的作用决然不同于西方社会，且让西方人士感到不解。

中西方文明对国家的态度是决然不同的。在近代西方文明（特别是英美模式）中，国家被视为是一种必不可少的“恶”。在英美文化中，所谓的“恶”，是指，作为“合法的暴力”权力的唯一垄断者，国家本身就不是什么“善”的存在，因为它会利用手中的这种权力作恶；所谓“必不可少”，是因为它是维持社会秩序所必需的。与这种观念不同，对于中国人来说，国家被赋予了近乎神圣的意义。中华文明至少把国家视为一种必不可少的“善”，并通过“选贤任能”来实现这种“善”治。在中华文明中，所谓的“善”，是指，国家不仅仅是社会秩序的维持者，还是社会经济发展的直接组织者、推动者和管理者。

从逻辑上，如果说国家的行为是一种“必不少的恶”，自然要把它限制在最低程度内，而推导出来的必然是“守夜者”政府的概念：管理最少的政府是最好的。如果说国家是必不可少的“善”，那么，虽然对它的活动也应有所限制，但范围肯定是要超越“最小政府”的概念。

如何把这两种不同的国家观念理论化呢？笔者认为，方法论的主要分界线是整体主义观点与个人主义观点相对立的分界线。近代英美文化中的国家

---

① 部分的国家和政府是同义语。

观念是以社会契约论为基础的。它的方法论是个人主义。它认为，每个人都把一部分权力让渡给国家；国家不过是 N 个人的集合体。如果说存在“整体或集体的利益”，那么，衡量这种利益的标准只能是个人偏好的反映，唯一重要的问题是，赋予每个人的偏好的权重问题（就如功利主义的社会福利形式那样）。在这种近代英美文化中，国家被视为个人为了共同的安全和保障而联合起来的“自足的个人”之创造。与此不同，中华文明把国家（政府）视为所有社会群体的自然、永恒的属性。它的思想基础是整体主义。在这种整体主义观中，国家被视为一个独立的现实，一个“集体存在者”。它被认为是在追求客观上可确定的、高于个人偏好且与某个人的特定偏好没有必然联系的公共利益。

如果沿着这样一种思路的论证是正确的，我们就可以把英美的国家观称为“个人主义国家观”，把中华文明的国家观称为“整体主义国家观”。这就意味着，我们必须用整体主义国家观来解释在中国经济中政府与市场之间的关系。如果用西方国家（或政府）与市场之间的理论框架来解释中国市场经济的某些问题，必然会得出似是而非的观点。

当然，我在这里所说的中华文明的“整体主义（或有机主义）国家观”是基于对某些历史基因的、理论上的“理性的再现”，而不是说我们可以在历史典籍中直接找到对它的明确表述。[①]

自然地，在中华文明中寻找“中国特色”的基因时，我们要注意扬弃其中的糟粕。历史之教训告诉我们：在封建社会时代，这些优秀的文化基因，通常会被专制政治制度所异化，并最终导致历史周期律现象的出现。就以前述的国家观念来说，最根本的缺陷是对国家的权力几乎没有明显的或明确的限制。这就要求生活于当代的中国立法者和政府官员能够以实现“中国梦”的精神，拒绝无限扩张政府权力的诱惑。

三　社会主义与市场经济之间的相容性问题

从政治经济学的角度来看，在改革开放之前，社会主义与资本主义之间的本质区别似乎是相当清晰的：社会主义是以公有制为基础的计划经济，资本主义是以私有制为基础的市场经济。今天，面对中国改革开放的最伟大实

① 我们至少可以从“父母官”之类的说法中看到它的影子。

践创举（即社会主义与市场经济体制的结合），我们再也不能用这种粗浅的公式作为分析的基础了。作为这种实践创举的一个重要思想基础，邓小平同志指出：“计划经济不等于社会主义，资本主义也有计划；市场经济不等于资本主义，社会主义也有市场。计划和市场都是经济手段。”①

但是，我们必须认识到，邓小平南方讲话只是在思想和意识形态上解决了这一问题，并没有在理论上完全解决问题。在与早期市场社会主义者的争论中，哈耶克曾经断言，市场与社会主义的结合必然是一件赝品。米塞斯在《人类行动》中也断言：“一个有市场和有市场价格的社会主义体制这一观念，如同一个有‘三角的四方形’的观念一样是自相矛盾的。”在他们看来，如果市场与社会主义结合在一起，必然的结果是，既无法实现市场的效率，更不可能实现社会主义对社会公平和正义的追求。虽然我们不同意哈耶克和米塞斯的断言，但却必须正视其中可能存在的某些理论难题。如果我们不正视这类理论难题并做出科学的回答，就会给是否存在通向社会主义的市场经济道路持怀疑态度的观点留下很大的生存空间。

要在理论上解决这类认识上的问题，我们需要特别关注如下两个具体的理论问题。①市场中性论，用此证明，市场只是配置资源的一种有效机制，并不决定一个社会的性质。②市场经济的社会主义形态与市场经济的资本主义形态之间的本质区别是什么。

四　市场中性论

习近平总书记在对十八届三中全会决定做出的说明中指出：“理论和实践都证明，市场配置资源是最有效率的形式。市场决定资源配置是市场经济的一般规律，市场经济本质上就是市场决定资源配置的经济。”作为一种资源配置的方式，为什么市场经济是一种有效率的机制？对这一问题的回答，我们可以称为“市场中性论”。

第一，市场经济是一种以个人对自身利益的追求作为基础的交换共同体。这种经济体制的健康运行必然要求以法治为基础的一组自由选择权利：经济契约自由、交换自由、职业选择自由、迁移自由，等等。

① 邓小平：《在武昌、深圳、珠海、上海等地的谈话要点》，《邓小平文选》第3卷，人民出版社，1993，第373页。

第二，作为市场经济的核心机制，价格体系是一种有效率的信息交流和传递机制。作为市场交换过程的指南针——价格，一方面反映出生产的机会成本和商品的稀缺程度；另一方面反映个人的支付意愿，表明需求方对商品的估价。通过这些特性，价格在市场上充当着两大功能：在商品市场上，引导着市场参与者解决“生产什么，生产多少，如何生产”的方向问题（协调功能）；在要素市场上，价格成为对各种生产要素在生产过程中贡献大小的一种评估，决定着初次收入分配（分配功能）。在每一个市场上，买方和卖方都根据相对价格的变化做出自己的决策。买卖双方的决策组合决定着价格的结构。价格的变化引导着买卖双方行为的改变，从而使市场具有了一种走向均衡的趋势。市场配置资源的效率就是用这种趋势来度量的。

第三，作为市场动态效率的一种发动机，竞争可以通过多种渠道提供激励。其中，最重要的激励是对创新的激励。在这种意义上．竞争是一种发现市场的过程。它迫使市场参与者努力寻求与其他生产者差异化的创造性行动，以更低廉的成本进行生产（工艺创新），或者在已有的价格上改善产品或者开发新产品（产品创新），从而，一方面成功者将获得更大的市场份额和盈利空间，另一方面将推动着社会技术的进步。

在市场经济的社会主义形态与资本主义形态之间的本质区别是什么？

主流的观点是，社会主义市场经济形态区别于资本主义的制度性特征，表现在三个方面。第一，在所有制结构上，以公有制为主体，多种所有制经济平等竞争，共同发展。第二，在分配制度上，实行以按劳分配为主体，多种分配方式并存，效率优先、兼顾公平。第三，在宏观调控上，国家能够把人民的当前利益与长远利益、局部利益与整体利益结合起来，更好地发挥政府与市场的相对长处。有学者再加上一条，即“社会主义市场经济运行的根本目标是实现共同富裕”。

笔者认为，上述主流观点并没有真正说清楚市场经济的社会主义形态与市场经济的资本主义形态的根本差别。特别是“公有制为主体”、“按劳分配为主”的说辞，依然是在沿袭计划经济时代的理论逻辑。例如，“公有制为主体”如何成为社会主义市场经济形态区别于资本主义市场经济形态的标志呢？主流观点的解释是，公有制使得生产资料与生产者直接相结合，消灭了剥削，消除了人的异化，等等。但是，作为公有制的最重要实现形式，国有企业是否实现了生产资料与生产者直接相结合？且不论社会主义市场经济条件下的国有企业，即使是在社会主义计划经济时代，对这一问题也是有争议的，最典型的争论发生在社会主义时代的南斯拉夫。① 再说“按劳分配为主体”，也是含义模糊的，是说在分配中劳动拥有获取收入的优先权吗？如果说这种优先权确实存在于计划经济时代，那么，它现在还存在于社会主义市场经济之中吗？这些问题都是有待进一步分析和证明的。

笔者认为，要说明市场经济的社会主义形态和资本主义形态之间的差异，需要另辟蹊径。正如前所述，市场中性论只需假定市场仅仅是资源配置的一种工具（以工具理性来判断市场的价值和意义）。更深入地观察，我们就很容易发现，市场的发展有着远远比它的资源配置功能更为广泛得多的复杂影响。在这种复杂的影响中，公平交易背后隐藏着深层次的社会经济关系的特殊性，经济的不平等很容易转化为社会的不平等和政治的不平等。这正是政治经济学要重点研究的问题。市场经济的社会主义形态和资本主义形态之间的关键差异，必须在这一层次上来寻找答案。

正是在这些方面，马克思主义的经典著作可以给我们提供明确的指导。例如，在剥离了资本所有者与劳动者之间在劳动市场上自由交换的“市场中性”的层面之后，我们在“资本雇佣劳动”背后看到的将是资本对劳动的统治权力。这种眼界是马克思主义政治经济学远胜于西方主流经济学的精髓所在。让我们来温习一下马克思是如何在市场自由交换表象的公平之中发现了资本主义市场经济形态的真相。在市场交易中，每个人只需承认对方是所有者，就可以进行平等自由的交换，每个人的家庭出身、受教育程度、机会等等方面的差别似乎都失去了存在的现实基础。于是乎，资产阶级国家高举“自由平等”的旗帜，告诉它的人民：“如果一个人变穷了，另一个人变富了，那么这是他们的自由意志，而绝不是由经济关系即他们彼此发生的经济联系本身所造成的。甚至遗产继承以及使由此引起的不平等永久化的类似的法律关系，都丝毫无损于这种天然的自由和平等。”然而“在现存的资产阶级社会的总体上，商品表现为价格以及商品的流通等，只是表面的过程，而在这一过程的背后，在深处，进行的完全是不同的另外一些过程，在这些过程中个人之间表面上的平等与自由就消失了。”②

这“另外一些过程”是什么呢？我们必须从“资本雇佣劳动”这一政

① 参见爱德华·卡德尔《公有制在当代社会主义实践中的矛盾》，王森译，中国社会科学出版社，1980。

② 《马克思恩格斯全集》第46卷（上），人民出版社，1980，第213、200页。

治经济学的基本命题出发来探讨马克思所说的“另外一些过程”。只有从这一命题出发，我们才能重新发现市场中性论中消匿不见的资本之权力。仅仅是出于理解市场配置资源的功能，我们把资本视为一种生产要素即可。

但是，要理解由此而带来的不平等，我们就需要把资本理解为一种社会关系。

在马克思的分析中，资本主义社会是一种以资本制度为核心的社会。作为市场经济的资本主义形态，其核心结构是建立在劳动力与生产资料相分离基础上的“资本雇佣劳动”。在这种社会中，资本以各种渠道统治着社会。资本的本质就是其对劳动的统治。“资本雇佣劳动”至少授予资本行使了下述两种类型的权力。

资本所有者及其代表所行使的第一种权力是组织生产本身的权力。在这种权力的行使中，虽然我们看不到赤裸裸的胁迫和勒索，但资本所有者所行使的仍然是一种特权。对此《资本论》有精彩的分析：“劳动力的买和卖是在流通领域或商品交换领域的界限以内进行的，这个领域确实是天赋人权的真正乐园。那里占统治地位的只是自由、平等、所有权和边沁。自由！因为商品例如劳动力的买者和卖者，只取决于自己的自由意志。他们是作为自由的、在法律上平等的人缔结契约的。契约是他们的意志借以得到共同的法律表现的最后结果，平等！因为他们彼此只是作为商品所有者发生关系，用等价物交换等价物。所有权！因为他们都只支配自己的东西。边沁！因为双方都只顾自己。使他们连在一起并发生关系的唯一力量，是他们的利己心，是他们的特殊利益，是他们的私人利益。正因为人人只顾自己，谁也不管别人，所以大家都是在事物的预定的和谐下，或者说，在全能的神的保佑下，完成着互惠互利、共同有益、全体有利的事业。”但是，一旦离开了这一简单的交换领域，“我们的剧中人物的面貌已经起了某些变化。原来的货币占有者作为资本家，昂首前行；劳动力占有者作为他的工人，尾随于后。一个笑容满面，雄心勃勃；一个战战兢兢，畏缩不前，像在市场上出卖了自己的皮一样，只有一个前途——让人家来鞣。”①

在这里“让人家来鞣”，指的就是资本组织生产过程的特权。这种特权使生产的过程和工人的安排都将完全服从于资本追求利润最大化的利益。诚如塞缪尔 · 鲍尔斯和赫伯特 · 金蒂斯所说的：“资本主义甚至在其最纯粹的

① 《马克思恩格斯全集》第 23 卷，人民出版社，1972，第 199、200 页。

形式上也不简单地是一种交换体系；它始终也是一种雇佣体系。资本主义与简单的商品生产或一般的市场经济相反，包含着这样一种企业的存在，在这些企业里，生产是根据工资－劳动关系进行的。在这个基础上，资本主义始终不渝地赋予特定的少数（资本拥有者及其代表）以一种有效的控制形式，以用于满足他们的私人目的。”[①] 或者说，资本主义企业恰恰是作为市场体系内部的权威体系而存在的。在这种权威体系中，资本家与工人之间的交换关系，不能简化为一种纯粹的商品交换关系。在这种交换关系中，雇主对工人的权力大于店主对顾客的权力，或者说，买方的权力大于卖方的权力。资本的这种权力源于生产资料与劳动的分离，以及工人无法与他所提供的服务分离开来。于是乎，企业不仅把为雇主提供的劳动服务，而且也把提供这种服务的劳动者本身置于社会互动作用过程之中。

资本所行使的第二种权力是，通过对国家的制度安排和政策施加的影响，让国家屈从于资本的意志。对于“资本雇佣劳动”在资本主义制度之下的这种影响，马克思深刻地指出：“国家不外是资产者为了在国内外相互保障自己的财产和利益所必然要采取的一种组织形式。”“资产者不允许国家干预他们的私人利益，资产者赋予国家的权力的多少只限于为保证他们自身的安全和维持竞争所必需的范围之内；因为资产者一般以国家公民的姿态出现只限于他们的私人利益要他们这样做的范围之内。”[②]

笔者认为，资本行使的第二种权力是市场经济的资本主义形态与市场经济的社会主义形态之间的最重要区别。在资本主义社会中，国家屈从于资本的意志。作为一个具体的例证，我们可以援引一个分析：“在美国，虽然钱多不一定就能当总统，但资本的意志却真的在决定、主导美国的一切。美国政权要符合资本及大资本家的利益，甚至为它们（他们）服务，这并非政治宣传。”[③] 也许，正是在这类意义上，在讨论市场经济的社会主义形态与资本主义形态时，习近平同志指出：“高度资本化的市场经济就是资本主义市场经济。”[④]

① 塞缪尔·鲍尔斯和赫伯特·金蒂斯：《民主与资本主义》，韩水法译，商务印书馆，2003，第95页。

② 《马克思恩格斯全集》第3卷，人民出版社，1960，第88、412页。

③ 《美国大选富豪决斗凸显“资本”主义》，《环球时报》2016年1月25日。

④ 习近平：《社会主义市场经济和马克思主义政治经济学的发展与完善》，《经济学动态》1998年第7期。

“资本雇佣劳动”是市场经济中的一种必然现象。在中国特色的社会主义市场经济中，虽然在公有制经济和非公有制经济中都不同程度地存在着资本的第一种权力，但是，资本的第二种权力却受到了严格的控制。正是在这里，某种形式的“公有制为主体”，才能最充分地凸显出其保障市场经济形态的社会主义性质的功能。因为，至少在我们的理论认识上“公有制为主体”是作为保障社会整体利益的基础而存在的，使得资本不可能迫使国家屈从于其意志。例如“公有制为主体”的制度安排，使得国家得以摆脱资本的逐利本性的制约，动员相当一部分资源，从长远和整体的角度，谋划社会经济的发展，通过有意识的努力，发展社会基础设施，缩小地区之间的发展差距等，正是我们在实践中正在进行的努力。

因此，市场经济的社会主义形态与资本主义形态之间的关键性差异，就在于国家与资本之间的关系。以市场为基础发展的资本主义的特征，不是由资本布局来决定的，而是由国家与资本之间的关系来决定的。社会主义社会不允许资本把其利益以社会利益的名义强加于社会。在这里“公有制为主体”为国家摆脱资本对社会的全面统治提供了一个重要的制度基础。资本的存在无疑是市场经济的核心要素之一。但是，除非国家以资本利益作为所有重大制度的出发点，否则，这种市场经济仍然是非资本主义性质的经济，在中国社会主义初级阶段，这还将通过不断完善人民民主制度来保障。社会主义利用市场经济体制，仅仅只是把它作为一种发展社会生产力的手段，最终要让它服从于社会主义的价值追求。那就是，在社会公平的基础上，逐步实现“共同富裕”。

五　所有制结构问题

“公有制为主体，多种所有制经济共同发展”，是中国特色社会主义市场经济最典型的制度特征。把它定义为社会主义初级阶段基本经济制度，是基于国情的正确选择，是反思历史经验和教训的必然结果，是具体灵活地运用马克思下述经典论断精神的具体体现。

“无论哪一种社会形态，在它所能容纳的全部生产力发挥出来以前，是决不会灭亡的；而新的更高的生产关系，在它的物质存在条件在旧社会的胎胞里成熟以前，是决不会出现的。所以人类始终只提出自己能够解决的任务，因为只要仔细考察就可以发现，任务本身，只有在解决它的物质条件已经存在或者至少是在生成过程中的时候，才会产生。”① 这就是为什么我们在跨越了“卡夫丁峡谷”后，重新改革经济体制，将市场经济和非公有制引入社会主义制度框架的思想基础。

对于这一基本经济制度，我们已经提供了一些理论上的解释，核心是用“三个有利于”来评判所有制的改革。不过，这些理论更多的是对所有制的实践发展提供一种合理性的解释。因此，我们还需要一种综合性的所有制理论。这种理论，必须基于市场经济体制的语境，一方面对传统的公有制理论进行改造，使之能对公有制形态的崭新发展做出系统化的解释，另一方面还要承认和吸纳私有制理论的合理部分，从而对“非公有制”提供更好的理论说明。

第一，这种基本经济制度的价值基础是什么呢?

所有制关系是由社会生产力的发展水平所决定的，绝不取决于人们好恶的主观选择，“多种所有制经济共同发展”（包括私有制经济），旨在充分利用各种所有制形态的优势，发展社会生产力。这是基本经济制度的工具价值。而“公有制为主体”意在保证市场经济发展方向的社会主义性质，更多的是体现基本经济制度的内在价值——对社会公平的追求。当然“多种所有制经济共同发展”也具有内在的价值，那就是为个人的自由发展提供了更广阔的空间。“公有制为主体”也具有工具价值，主要体现在宏观调控效率方面。

计划经济时代的公有制理论认为，社会主义的道德和经济优越性植根于生产资料的公有制。公有制向每一位社会成员提供同等的权利，用以决定生产资料的使用方式和生产成果的分配方式。特别地，生产资料的公有制，通过生产资料与劳动的直接结合，把劳动转化为“直接社会性的劳动”（即以直接的方式满足社会需要），一方面结束了私有制所固有的那种人对人的压迫和剥削，确立了人际间平等的社会经济关系，另一方面为合理组织社会化的大生产开辟了道路。显然，我们不能死板地套用这种观点来说明公有制的内在价值。因为，在市场体制中，在劳动力和生产要素的使用与社会需要的满足之间楔入了盈利的考虑。

我们也不能用“市场失灵”理论来论证这一问题。欧洲社会曾经存在相当数量的国有企业形态的公有制经济。但是，在它们那里，这种公有制经

① 《马克思恩格斯全集》第37卷，人民出版社，1971，第443页。

济形态基本上是一种弥补市场失灵的工具，只具有工具理性的价值。例如，欧洲社会民主党在阐述它们的社会主义思想、公有制生产方式和分配制度时，这些东西只具有工具性价值。在它们看来，在这些制度的背后还有更深层的价值，那就是对福利、社会公正和自由的追求；如果私人所有权能够比国有化或集体化更好地服务于这些内在价值，那么未必一定要消灭私有制。按照这种逻辑，公有制经济的生存空间势必会被大幅度压缩。[①]

在中国特色社会主义市场经济体制中，公有制经济不仅仅具有工具价值（即发展社会生产力和弥补市场失灵），而且还具有不完全等同于计划经济时代的内在价值，即在市场体制下，建设一种不同于资本主义的社会经济关系，保障国家能够摆脱资本统治的意志，实现对社会公平和整体利益的追求。

这种公有制的内在价值，赋予了公有制不同于私有制的含义，那就是实现社会均衡的制度基础。这种含义在由公有制企业提供的公共物品领域得到了充分的体现，即“公平优先，兼顾效率”。以公用事业性产业领域为案例来看，它具有两个内在的特性，即公共物品的属性和自然垄断的规模经济效应。如果让一家追求利润最大化的私人企业来垄断经营，那么，在它所选择产量和价格最优组合中，价格必将高于边际成本（因为在自然垄断情形中平均总成本总是高于边际成本），产量则低于社会最优水平。因此，这种产量和价格组合并不是社会的最优组合。在这种案例中，只有不以追求利润最大化为目标的公有制企业，才可能根据社会的要求，把价格维持在边际成本上（以实现效率）且使产量等于社会最优产量。虽然由此而可能产生的亏损将由社会用财政收入来弥补，但是，对社会来说，这种公有制企业的选择，至少已经是在公平与效率之间的一种最优权衡。

第二，是否存在一种基于中国国情的公有制经济与非公有制经济之间的最适度结构？

20 世纪末和 21 世纪初，是我国公有制经济与非公有制经济之间数量比重转换的分水岭，此后，非公有制经济在重要经济指标上超过了公有制经济（公有资产指标除外）。与此同时，这两种所有制经济在主要经济领域中基本上形成了一种分工协作、优势互补，却也存在着竞争关系的包容性格局。

① 参见裴长洪、杨春学、杨新铭《中国基本经济制度——基于量化分析的视角》第二章，中国社会科学出版社，2015。

如果对近年的数据进行综合性的判断，两类所有制经济在主要经济指标的相对比重方面已呈现了相对稳定的趋势或迹象。[①] 从另一方面，从效率与公平之间权衡的角度来看，我们也需要公有制经济与非公有制经济之间保持一种合理的比例关系。因此，从理论上看，就存在一个求解最适度所有制结构的问题，虽然这一结构会依据经济发展而处于动态调整过程中。

在市场经济体制下，所有制结构的动态演变，取决于这两类所有制经济在市场中互相竞争的过程。影响这种竞争的因素包括相对经济效率、竞争的公平程度、社会的意识形态（包括对社会公平的追求）、与某一经济发展阶段相适应的国家发展战略等一系列复杂的因素。根据十八届三中全会《决定》“让市场在资源配置中起决定性作用”的指导精神，我们可以预期，效率因素将会在未来一段时期内成为影响所有制结构调整方向的最重要因素。但是，我们也必须重视意识形态的因素。从我们的估算[②]可知，目前阶段公有制经济主要指标（就业、产出以及税收等综合情况）占国民经济25%～30%是比较恰当的。[③]

另外，在这种调整过程中，我们还要特别注意对作为公有制经济的最重要实现形式——国有企业的改革，使之能够充分实现对公平与效率的追求的某种均衡。这种改革要解决的问题包括企业治理结构中的委托-代理问题（如何促使代理人致力于提高效率，真正为委托人负责）、国企行为是否符合其代表全民和国家利益的形象、国有企业经营成果如何让全民共享等问题。这类问题最终归结为能否真正体现公有制的优越性问题。

第三，在理论上应当从什么样的角度承认现实中存在的私有制经济？

这在政策和思想层面本来已经没有什么问题了。党和国家一再强调“两个坚定不移”，认可非公有制对“中国奇迹”的重大意义，并强调“非公有制经济是社会主义市场经济的重要组成部分”。这就在思想上实现了对非公有制经济的“价值转换”，即对它所带来的社会经济发展的充分肯定。但是，我们在理论上还没有完成对这种“价值转换”提供一种学理基础的

① 杨春学、杨新铭：《关于“国进民退”的思考》，《经济纵横》2015年第10期。

② 杨新铭、杨春学：《对中国经济所有制结构现状的一种定量估算》，《经济学动态》2012年第10期。

③ （在欧洲）国有企业发展的鼎盛时期，国有企业占比最高的国家为法国，其就业、产出和资本占比的平均值为24%（1985年）。参见 Pier Angelo Toninelli, *The Rise and Fall of State-owned Enterprise in the Western World*, Camhridge University Press, 2000, p. 21。

工作。具体的表现是："多种所有制经济"包含着私有制经济，但是，在政策层面和讨论中上，我们仍然在使用"民营企业"、"非公有制经济"这类的概念，回避使用"私有制"这一概念，对私有制理论持批判态度。笔者猜想，我们之所以回避使用"私有制"这一概念，是因为我们还没有搞清楚马克思在《资本论》对资本主义的批判中，哪些是针对私有制本身，哪些是针对市场经济可能带来的不良后果。进一步地，我们还没有对如下的问题做出一种很好的判断：在现实的市场经济中，哪些类型的不公平是私有制度带来的，哪些又是市场机制的必然产物。这些都是有待我们进一步讨论的问题。

如果"非公有制经济"在制度上既不是公有制，也不是私有制，那是一种什么性质的所有制形态呢？这就给我们提出了一个重大的理论问题：或者承认非公有制经济就是私有制经济，并在这种认识的基础上吸收私有制理论的合理部分；或者就是力证"非公有制经济"在性质上就是不同于私有制。这是建立一种综合性所有制理论所必然面对的问题。在学术界，似乎主流的观点是：非公有制经济虽然是社会主义市场经济的组成部分，但并不属于社会主义经济，因为只有公有制经济才具有社会主义的性质。另有一种不同的声音是：在社会主义初级阶段，非公有制经济也属于社会主义经济。这种观点通常引用的是马克思在《政治经济学批判导言》中的下述论点："在一切社会形式中都有一种一定的生产支配着其他一切生产的地位和影响，因而它的关系也支配着其他一切关系的地位和影响。这是一种普照的光，一切其他色彩都隐没其中，它使它们的特点变了样。这是一种特殊的以太，它决定着它里面显露出来的一切存在的比重。"① 有学者以此为据，认为在公有制为主体的形态中，公有制经济的普照之光必然会使非公有制经济也带有了社会主义的性质，至少是"初级阶段"形态的社会主义性质。

六　中国式经济治理问题

经济治理是治国理政的一个重要方面，也是一个复杂的问题，其中所涉及的一个议题是政府与市场之间的关系问题。关于这一问题，经济学似乎有了共识，那就是政府只能进行市场无法有效承担的经济活动。至于市场无法

① 《马克思恩格斯选集》第 2 卷，人民出版社，1977，第 109 页。

承担的是哪些活动的问题，是借助于“市场失灵”的概念来回答的，而且，在这种回答中，以帕累托最优定义的效率是唯一的衡量标准。在这种分析框架中，每当市场出现“失灵”时，政府干涉就有了合理性。但是，它的假设是：国家能够通过这种干涉实现一种完全竞争市场状态下的帕累托最优。因此，这种分析框架让我们确定一个政府干涉的最低门槛。其实，在这一系列的推理环节中，还存在着不少措辞模糊的地方，从而为政府和市场的行为边界留下了很大的伸缩空间。具体地说，要确定政府行为和市场的最优混合程度，就意味着必须背离福利经济学的理想化定理，并承认这样一种逻辑：如果说市场失灵可以论证政府干涉的合理性，那么，政府失灵则可以用来说明保持竞争性市场的必要性（即便市场机制是不完全的）。最终，是选择政府还是市场，或者是二者的某种组合，将取决于每种行为的成本和优势的比较。在这里，我们不想讨论这些一般理论问题，只想讨论在中国语境中（即“条条块块”）的两个相关的问题。只有在这种语境中，我们才能更有效地理解和讨论中国政府与市场的关系问题。

第一，中央－地方政府结构与市场之间的关系。

至少从秦汉以来，中国一直是典型的单一制国家，地方政府的权力来源于中央政府的授权，因而，中央与地方关系构成经济社会发展的一般政治框架。因此，在中国语境中，讨论政府与市场之间的关系，不能纯粹套用有关方面的一般理论，而是要进一步深入中国政府结构的特色。那就是不能撇开中央与地方之间的关系结构来泛泛地讨论政府与市场之间的关系。只有在这种中央－地方的政府结构中，在中央与地方之间的利益博弈中，我们才能更好地解释和解决政府与市场的关系问题。

科学地总结和分析当代中国的中央与地方关系，是政治经济学“中国特色”的一个重要方面。在从计划经济走向市场化体制的改革中，这种关系始终在进行着动态的调整，总体的趋势是中央向地方的分权，在经济方面，主要表现为国有资产和资源控制权地方化、财政收支责任地方化、固定资产投资主导的地方化。在这种分权化改革中，地方政府特别是县级政府，利用纵向分权所获得的资源支配权，在横向上彼此之间展开“增长竞争”。正是这种竞争，成为创造中国增长奇迹的一种重要机制。这种竞争之所以得以展开，在体制上源于不同层级的政府在分权化改革中获得的自主权，既有制定具体政策的自主权，又有执行政策的自由裁量权，从而使地方政府在某种程度上享有很大的改革空间，进行不同的尝试。这是中国社会经济治理最突出的特征。

但是，在这一过程中，地方政府之间的竞争也变成了一把“双刃剑”。这种竞争和地方与中央之间的博弈交织在一起，在对推动经济高速增长做出显著贡献的同时，也带来一些严重的副作用和后遗症，既有放纵市场的某些行为，也有对市场干涉过多的问题。例如，地方政府对投资的过分依赖，使得它们在招商引资中形成一种过分“亲资本”的倾向，放纵企业大规模消耗资源、污染环境，甚至在劳资发生利益冲突时偏袒资方，造成一系列社会矛盾。在这种竞争过程中，地方政府逐渐形成相对独立的利益主体，并与中央政府展开博弈，有违中央分权的初衷，甚至出现“政令不出中南海”的现象。近年来，中央与地方的利益冲突和政策博弈已经愈演愈烈，甚至在保护耕地、调整房市、规范招商引资等一系列事关国家经济安全的重大问题上，因地方政府的抵触，中央的宏观调控政策陷入失灵的尴尬境地。不仅如此，在这种博弈中，地方政府只承担有限责任、中央政府却承担着无限责任。[①]

这些问题影响着政府权力的运作和价值取向。要走出这种利益博弈的困局，必须从制度建设着眼，构建激励和约束地方政府竞争行为的新机制，清晰地界定中央和地方在权、责、利三个方面的关系，从而形成制度化的、利益博弈的相对均衡。但是，不论如何调整中央与地方的关系，中央政府的“中性”是至关重要的。只有中央政府保持“中性”，国家才有能力抵御来自各种利益集团的压力，以国家的整体利益为标准来制定政策，从而消除地方政府放纵或过度干涉市场的行为倾向。

第二，官商之间关系问题。

这里所说的“官商关系”特指公务员特别是官员，与商人、企业家之间的关系。虽然这种关系与政企关系、政府与市场商界关系等存在交集和共振关系，但却是不同的问题。在中国走向市场经济的改革过程中，商人开始扮演着一种前所未有的角色；政府官员在这种经济转型中的角色也远比欧美社会重要得多。有两类因素影响着官员的角色。一类因素涉及官僚体制因素，官员代表政府机构，控制着大量的经济和行政资源，本身就处于拥有权力的有利位置，是商人拉拢官员办事，而不是相反。另一类因素涉及制度转轨过程。在这一过程中，官员手中握有指挥权、控制权、决策权和政策执行

① 铁军、计晗、张俊娜：《中央风险与地方竞争》，《国家行政学院学报》2015 年第 7 期。

的自由裁量权。在这种意义上，官商关系映射的是权力和资本之间的关系。

社会经济的发展，离不开各级官员的决策与引导，也离不开广大商人的积极参与。因此，官商之间存在密切的互动关系，在中国，是必然的现象。但是，如果制度安排出问题，那么，官商勾结现象的出现也是必然的。总体而言，官商关系的主流是好的，但也存在官商关系的局部异化问题，主要表现为官员以权逐“利”，商人以利围“权”，双方利用这些权力获得商机和利益，从而出现官商勾结现象。

随着政府职能转变以及全面依法治国战略布局的深入推进，重塑透明、公平、公正的新型政商关系渐渐成为政府、社会和公众的基本共识。

以习近平总书记的话来说，正常的新型官商关系就在于要在“清”和“亲”之间建立起一种良性的互动关系。何为“亲”？虽然各司其职，双方要彼此尊重对方。何为“清”？所有的交往都以制度为基础。这二者之间能否建立起良性的互动关系，关键就在于我们如何建立一种“清”的制度：在简政放权的同时，不断健全“权力清单”、“责任清单”与“负面清单”制度，充分厘清政府行为和企业行为的边界。这是划定行为边界的制度保障。

七　结束语

中国特色社会主义道路是一条前人没有走过的道路。在沿着这条道路前进的过程中，需要我们在实践和理论两个方面的不断探索。在实践上，社会主义市场经济的根本目的，是要创造一种既超越传统社会主义又超越发达资本主义，集人类社会一切文明成果于一体的中国特色社会主义经济体。在理论上，这就要求我们以马克思主义政治经济学为指导，不断发展和丰富中国特色社会主义政治经济学这一“中国化”的理论成果。

在理论上，如何检视这种“中国化”？第一，要找到“中国特色”的理论参照系，且这种参照系会因为讨论的具体问题不同而存在差异。这就要求我们通过细微的逻辑修饰来进行辨识。社会主义初级阶段和中华文明基因是“中国特色”的底色。要理性地看待“中国特色”实践中的各类制度安排，思考其中哪些是具有过渡性质的，哪些是具有长期性质的，不能简单地用政策思路来替代对这些问题的理论思考。第二，以开放的心态，走在学术的前沿。强调中国特色，并不意味着市场经济学的一般原理不适用于中国，不能把相同的经济学原理与不同的政策处方混为一谈。改革没有完成式。马克思主义政治经济学的“中国化”也没有完成式，必须保持一种包容性和开放性的态度。在这一方面，我们要吸取苏联《政治经济学教科书》的教训。虽然它很好地总结了指导苏联模式的经济思想，但是，却缺乏对这种体制存在的矛盾和问题的深入检讨，以至于没有能够对体制的改革提供前瞻性的指导。第三，要以理论自信的精神，直面怀疑者的批评。对其中不合理的论点的反批评，我们要注重现实逻辑和理论逻辑的一致性。只有这样，我们的反批评才能体现出对“道路自信”和“理论自信”的统一，避免陷入被自己的批判逻辑反批判的地步。不合逻辑的事情是可能发生的。但是，无论早晚，总会出现另一条路，引导它回到逻辑的起点，被逻辑负反馈。

（作者系中国社会科学院经济研究所研究员）

社会主义市场经济与人的塑造

韩庆祥

社会主义市场经济体制建设，是当今我国的伟大社会实践，人是这一实践的承担者和实现者。一方面，人的素质如何，直接影响社会主义市场经济体制建设的状况；另一方面，社会主义市场经济体制建设也必然对人产生影响。从我国的现实来看，正是在这两方面存在着严重问题：国民素质不高影响着市场经济体制建设的顺利进行；市场经济体制不健全给人的发展也带来一定的消极影响。在这种情况下，如何在社会主义市场经济体制建设过程中自觉加强人的塑造，就成为当今我国的一个重大而迫切的现实问题。本文着重从哲学角度对这一问题作一初步分析，以求教于读者。

一　人的塑造是社会主义市场经济体制建设的一项基础工程

人是社会主义市场经济体制建设的主体，社会主义市场经济体制是通过人来建设、运作和发挥作用的，因而，人的素质状况直接影响社会主义市场经济体制建设的状况。“社会主义市场经济体制的建立和现代化的实现，最终取决于国民素质的提高和人才的培养。”①《中共中央关于建立社会主义市场经济体制若干问题的决定》一语道破了人的素质的提高即人的塑造，对社会主义市场经济体制建设所具有的根本性意义。

① 《中共中央关于建立社会主义市场经济体制若干问题的决定》，人民出版社，1993，第28页。

社会主义市场经济体制建设内在要求其主体——现实的中国人——经受市场经济的锻炼，并具备与社会主义市场经济体制建设相适合的素质。市场经济首先在资本主义社会得以运用和发展。现在我国搞社会主义市场经济，把市场经济从资本主义社会引过来，不仅有一个同社会主义结合的问题，而且还有同现实的人相结合的问题，即它内在包含着一套有关现代人的设计。这里就有一个人的塑造问题。因为国民的现代素质是不能引进的，而没有经受市场经济洗礼和锻炼的中国人对市场经济有一个从陌生到适应的过程。具体说，社会主义市场经济体制建设要取得成功，就必须要求人具有与其相适应的素质．就必须形成这样一种新人——他的价值观念、能力水平、道德人格、精神状态、社会心理和思维方式成为适应和推动社会主义市场经济发展的文化、精神动力。如果人的这些方面还束缚在旧体制中，其思想行为与社会主义市场经济体制建设的要求存在着距离和矛盾，要么会使社会主义市场经济体制建设发生扭曲，建立不起来，要么使体制建设总停留在一个水平上。在现实生活中，改革及市场经济体制建设之所以遇到一些障碍，就在于一些人的思想行为仍停留在旧体制的范畴之内，在于现实人的素质与社会主义市场经济体制的内在本质要求还存在着矛盾。首先是新经济体制建设先行与大多数国民的思想观念变革相对滞后的矛盾。社会主义市场经济要求树立个人的能力本位观念、自主观念、平等竞争观念、团结合作观念、开拓进取观念、尊重人才的观念、民主观念、法制观念和责任观念等，但在现实生活中，权本位观念、依附观念、特权观念、等级观念、保守观念、“人情”观念和平均观念等，在一些人的头脑中还不同程度地存在。其次是新体制在客观上赋予某些人以一定的自主权与他们的能力有限而难以行使其权利的矛盾。最后是新体制赋予从事经济活动的人在经济运营中以主体地位与他们的主体素养相对不高之间的矛盾。这些矛盾提示我们：既要抓体制建设，又要抓人的塑造，使人自觉经受市场经济的洗礼、培育和锻炼。这里，从一定意义上可以说，体制的转型取决于人格的转型，人的塑造程度影响社会主义市场经济体制的发育程度。

社会主义市场经济建设的任务非常艰巨，它实际上是一项主要包括制度建设、体制建设、组织建设和人的建设的系统工程，而人的建设则是其中一项基础工程。一定的制度要求一定的体制与之相适应，而体制是否完善，对制度有一定影响；体制通过组织结构表现出来，组织结构是体制的功能执行机构，它是否完善和有效，在一定意义上取决于体制并影响体制；组织是由具体个人构成的，是通过人来运作和发挥作用的，组织是否有效，取决于组织中每个人的素质。正是制度、体制、组织和人的这种内在有机联系，构成一种社会运作系统。其中，人是这一系统运作的基础。因此，只有加强人的塑造，制度建设、体制建设和组织建设才能更好地运作起来并发挥作用，舍此，后三种建设将流于形式。社会主义市场经济建设的任务越艰巨，对人的要求就越高，因而人的塑造就越迫切、越重要。

社会主义市场经济体制建设中的任何一项目标、方案、政策、措施的落实和实现，都取决于人的素质。邓小平在总结我国现代化建设的经验教训时指出，仅有现代化的目标是不够的，还必须有人才，没有大批人才，我们的事业就不能成功，我们的目标就会落空。因此，要保障体制建设中的一些目标、方案、政策和措施的顺利落实和实现，就必须在市场经济体制的建设中注重人的塑造。

当然，人和社会主义市场经济体制是一种双向建构过程。社会主义市场经济体制只能由高素质的人建立起来，高素质的人又必须在建设社会主义市场经济体制的实践活动中得到培养和塑造，所以，人的塑造和社会主义市场经济体制建设是同一过程的两个方面。但是，就人是社会主义市场经济体制建设的能动主体而言，就人在市场经济环境中的自我塑造具有自觉能动性而言，就市场经济的环境对人的塑造需要通过人来实现而言，自觉地进行人的塑造是十分迫切而重要的。

二　社会主义市场经济对人的发展具有正负效应

在阐述人的塑造对社会主义市场经济体制建设的重要意义之后，我们再从另一方面来分析社会主义市场经济对现实人的发展的影响。

首先涉及一个前提问题，即市场经济的一般本质和社会主义市场经济的特殊本质是什么。有人从经济学角度认为市场经济是资源配置的一种方式。有人从法学角度认为市场经济是法制经济。有人从社会学角度指出市场经济是生产的社会化。这些有代表性的看法在其特定意义上都有其合理性，但并不能揭示市场经济的一般本质。关键是要从哲学的历史唯物主义高度揭示市场经济的一般本质。从这一高度看，市场经济的本质就是：人通过物来表现和实现，人和人的社会关系通过物和物的交换关系来表现与实现，它揭示的是人对物的依赖关系[①]。从历史唯物主义角度分析考察市场经济，首先着眼的是物质经济关系的承担者——人，是市场经济的内在基本矛盾；它既力图揭示出人的经济活动的社会实现形式（主要是物质的经济关系），又力图揭示出经济关系的主体实现方式（主要是人的自主劳动）。由此来看，出现在我们视野中的市场经济，首要是其中的人和物的矛盾关系。具体来说，在市场经济中，每个人的生产依赖其他一切人的生产，依赖于生产者互相进行交换的社会关系，个人的活动及产品只有通过交换转变为交换价值和货币的形式，从而被社会所接受，即只有通过“物”的方式，才能实现和取得自己的社会权利。因为只有在交换价值和货币上，在生产者之间的社会关系中，个人的活动及产品的价值才能得到实现和确证。人的生产活动及产品的这种社会性进一步表明：①人只能在一定的社会关系中进行生产，因而人依赖于社会生产和社会关系；②人的劳动产品只有通过交换被社会接受，才能转化为社会劳动的一部分，才能实现自身，因而物质产品的普遍交换已成为劳动者个人生存和发展的一种方式、条件；③无论是生产者之间形成的社会关系，还是人的劳动产品，抑或是交换价值及货币，都表现为物的东西（或都具有物化的性质），表现为人对物的依赖，它使个人需要、能力等必须通过劳动产品的交换——表现在交换价值上——来实现和确证[②]。马克思曾明确分析了商品经济的一般特征，指出其一般本质是“以物的依赖性为基础的人的独立性”[③]。这里实际上说的就是人对物的依赖关系。

市场经济的这种一般本质，在不同形式的市场经济中有不同表现。

在近代资本主义市场经济中，人对物的依赖关系主要表现为物对人的支配关系，即它把人对物的依赖变成人受物的统治。因为资本主义制度中的一切经济活动都围绕利润和经济效益旋转。在资本家看来，只有在获得利润和经济效益的情况下，一切经济活动才是有意义的，而人不过是生产物质财富的一种工具。马克思在谈到资本主义商品经济的本质特征时指出：资本主义商品经济中的“基本经济事实”表明，物的世界的增值以人的世界的贬值为代价（“物”的地位高于人的地位）[④]；社会物质财富的增长以牺牲人的

① 这里的“物”，主要指商品、货币、交换价值和商品交换关系等。

② 参见《马克思恩格斯全集》第46卷（上），人民出版社，1979，第103～119、194页等。

③ 参见《马克思恩格斯全集》第46卷（上），人民出版社，1979，第104页。

④ 参见《马克思恩格斯全集》第42卷，人民出版社，1979，第90页。

全面发展为代价（物质财富高于人本身的财富）[①]。现代西方人本主义流派的多数代表人物，如萨特、马尔库塞、哈贝马斯等，在分析资本主义商品经济的本质特征时，大都得出如同弗洛姆所给出的结论：资本主义商品经济得以立足的原则，就是物对人的统治[②]。

社会主义市场经济以特殊方式表现市场经济的一般本质。理解社会主义市场经济的特殊本质，就是要弄清人对物的依赖关系在我国社会主义条件下的特殊表现方式。为此应基于对如下一个前提问题的理解：相对于资本主义市场经济中的物对人的统治，社会主义市场经济中的“社会主义”这一限定对实现“人对物的依赖”有什么特殊实质的意义。我们以为，其意义在于：它使市场经济中的人对物的依赖关系向积极方向发展，限制其消极作用，因此它既坚持人对物的依赖——人通过物来实现和确证自己，又向积极方向发展人对物的依赖——自觉地把物变成实现其内在本质力量的有效方式和有机条件，使人不完全盲目受物的支配，人依赖于物是为了使物更好地服务于人，使物由于对人的关系而显示其意义，因而应在人对物的依赖关系中揭示出人的独立存在的意义和价值，揭示出人的主体地位；它使每个人必须积极自觉地通过发挥其能力和独创个性来创造社会物质财富，通过联合的方式来占有“物”，使物成为每个人发展的物质基础，因此，它坚持人对物的自主创造、联合占有和每个人自由而平等发展相统一的原则[③]。由此出发，可以把社会主义市场经济的特殊本质规定为：人应以独立自主的方式依赖于物，自觉地通过物来表现和实现自己，也应以联合的方式来共同创造和占有物，从中表现和实现每个人的能力和独创个性，而物应以合乎人性的方式来表现和实现人，它揭示的是人对物具有的自觉依赖关系、合乎社会主义原则的依赖关系和合乎人性的依赖关系。具体讲有三层含义：①它把人对物的依赖变成自觉的依赖——人积极自觉地通过物来表现和实现自己，人对这种依赖具有独立自主性；②它把人对物的依赖变成合乎社会主义原则的依赖——“人依赖物”既是为了使人把注意力首先集中在创造社会物质财富上，以便为每个人的自由发展提供雄厚的社会物质基础，又是为人们联合从而共同占有社会物质生活条件奠定基础；③它把人对物的依赖变成合乎人性的依

① 参见《马克思恩格斯全集》第12卷，人民出版社，1998，第4页。

② 参见埃利希·弗洛姆《健全的社会》，孙恺祥、王大庆等译，中国文联出版公司，1988，第219～234页。

③ 资本主义私有制造成个人间的孤立状态，而社会主义的公有制要求个人之间的团结、联合。

赖——人把这种依赖作为每个人存在和发展的有效条件与保护力量，力图把物对人的支配限制在合理的限度，并在人对物的依赖关系中看到人的独立自存的价值。显然，社会主义市场经济的上述特殊本质，既体现了市场经济的一般本质，又体现了社会主义市场经济的特殊性，它与资本主义市场经济的“物对人的统治”有本质区别。

从社会主义市场经济的特殊本质入手，可以看到社会主义市场经济对现实人的发展的影响，有积极的和消极的两个方面。

（一）社会主义市场经济对人的发展的积极影响

社会主义市场经济的本质内容之一，是人以独立自主的方式依赖于物，并积极自觉地通过物来表现和实现自己。这一本质使社会主义市场经济体制对人的发展产生的首要和最大的积极影响，是逐步冲破旧体制中固定的、狭隘的人格依附关系，从经济关系上促进独立的个人的形成。这里的“独立个人”，指的是在经济关系上具有独立人格的个人，确切些说，是具有自主性、自由自觉性、自立性、自律性和主体自我意识的个人。

社会主义市场经济体制为个人主体地位的确立提供了经济形式。由于社会主义市场经济内在要求人积极自觉地通过物来表现、实现和确证自己，所以它的确立，实质上是把从事经济活动的个人从对指令性计划、行政命令和长官意志的人格依附中解放出来，使其走向市场，并成为经济运营的自主的主体。由此便使从事经济活动的个人不再成为他人可以随意支配之物，而是在经济关系（如劳务市场、人才市场）上成为具有主体地位的个人。社会主义市场经济体制之所以在对人的发展的作用方面优于旧体制，从哲学角度看，首先在于从事经济活动的个人成了经济运行的一个主体，在经济关系中具有独立自主性。社会主义市场经济体制孕育出的这种独立自主性，有助于社会中独立个人的形成。

社会主义市场经济体制为实现个人自由、个人平等提供一定的经济基础。在旧体制中，由于个人在社会经济运行中不具有独立自主的地位，所以，个人自由受到限制，个人间存在着等级特权关系。在社会主义市场经济体制中，个人自由和个人间平等获得了历史性进步。在人的关系表现为物的关系的商品生产和商品交换中，两个商品持有者在处理自己商品方面必须有自由，他既有把自己的意志对象化到产品中去的自由，又有处理自己的产品的自由。要进行交换，交换双方无论在人格及实现个人劳动方面，还是在交换劳动量及遵循价值规律方面，都应当是平等的。所以马克思指出：自由和平等既在交换行为中受到尊重，又以交换为现实基础[①]。社会主义市场经济还将破除个人之间的等级特权关系，给每个人提供一个自由和平等竞争的环境，使人在优胜劣汰规则面前一律平等，因而使人意识到个人之间具有平等的人格。社会主义市场经济孕育出的自由和平等意识升华为观念形态，要求个人树立自由、平等观念。这就为独立个人的形成提供了前提。

社会主义市场经济体制为个人能力发挥提供了舞台。在旧体制中，由于个人缺乏一定的自由和平等，所以人的能力得不到充分发挥。社会主义市场经济体制的确立，使劳动者个人成为具有一定独立自主性的主体，也使劳动者通过创造交换价值来确证、实现。这必然促使人凭其能力从事经济活动，参与市场竞争，创造更多的交换价值，获得经济选择的自由并发展自己。社会主义市场经济的平等竞争原则和追求利益最大化的效益原则，也将冲破种种“人情关系”和“权力本位”观念，促使个人在市场经济中充分发挥其能力。在社会主义市场经济体制中，虽然价值规律在影响人的命运，但这种影响不是先定和固定不变的，人们可以通过市场经济的培育和锻炼，提高其掌握自己命运的能力，以使其逐步走向自立，成为独立自主的个人。

社会主义市场经济体制改变着适应于旧体制的旧观念，增强个人主体自我意识。这主要表现在：它使权位观念向能力观念转变；个人依附观念向个人独立自主观念转变；自给自足观念向开拓创新观念转变；等级特权观念向平等民主观念转变；守旧保守观念向革新进取观念转变；平均观念向竞争观念转变；人情观念向规范观念转变；小农观念向交往观念转变；应付观念向责任观念转变，如此等等。这些转变将进一步增强个人的主体自我意识，促进独立个人的形成。

社会主义市场经济孕育出的这种主体自我意识和独立个人的形成，将使个人发展的方式发生历史性变化，并对我国经济体制建设、政治体制建设、文化建设和社会发展，具有重大推动作用。

（二）社会主义市场经济对人的发展的消极影响

社会主义市场经济虽以特殊的方式表现市场经济的一般本质，但却不可能取消市场经济的一般本质，后者还在社会主义市场经济中存在。这就是

① 见《马克思恩格斯全集》第46卷（上），人民出版社，1997，第197页。

说，在社会主义市场经济中，人对物的依赖关系依然存在，只是表现程度、表现方式和性质不同而已。社会主义市场经济对人的发展的许多负效应，就根源于这种人对物的依赖关系之中。尽管社会主义会积极限制这些负效应，但并不能完全避免它。由人对物的依赖关系产生的对人的发展方面的负效应，在当今我国现实生活中主要表现为以下几个方面。

拜金主义的泛起。在市场经济中，人的关系通过商品关系表现出来。正如马克思指出的，商品形式在人们面前把人们本身劳动的社会性质反映成劳动产品本身的物的性质，反映成这些物的天然的社会属性，从而把生产者同总劳动的社会关系反映成物与物之间的交换关系。市场经济中劳动所特有的这种社会性质，必然会在一部分人中产生商品拜物教，而其在流通领域必然发展为货币拜物教。因为货币作为固定充当一般等价物的商品，直接体现为物化的社会劳动，是交换价值的一般代表。由此它可以无差别地同一切商品相交换。谁拥有它，就等于拥有一种社会权力，就可以凭这种权力占有他所需要的东西。这就使它在商品流通领域的作用（魔力）越来越大，同时也使具有金钱欲的人把货币的力量看得如此神秘，以致产生拜金主义。当今中国社会出现的权钱交易、滥制假冒伪劣产品等消极丑恶现象，都表现了一种对金钱的不择手段的疯狂追求，社会上也确实有一部分人成了金钱的奴隶。

个人利己主义的盛行。追求利益最大化，是商品生产者的基本动机。这种追求表现在交换领域，必然使交换双方追求平等互利。一方面，由于商品交换把交换双方的关系主要表现为经济利益关系，因而在交换中双方都追求对方所能给自己带来的经济利益（对自己的有用性），至于对方作为“人”的其他方面并不予以注重。同时，交换双方的利益是相对独立和分离的，双方为追求更高的交换价值，便展开竞争。这种情况往往导致个人之间的冷漠，只关心自己的利益。另一方面，由于人的关系采取商品交换形式所带来的等价交换原则会对社会生活各领域产生强大影响，所以会把传统的温情脉脉的人伦关系淹没在利己打算的冰水之中。如果交换行为失去强有力的规范，利己主义就有可能泛滥。

个人的片面发展。在追求经济效率的一定历史过程中，由于人的存在和发展对物有一定的依赖性，商品生产把每一个生产者纳入商品交换的社会关系中，使他必须在这种关系中活动，受这种关系制约，这样就会有一些人把获取物质生活条件或物质财富当作首要的、直接的目的，通过充当获取经济利润的工具来片面发展自己，而忽视其能力、个性和创造精神的全面发展。

同时，由于价值规律和竞争法则的运作，也会使一些人的发展以牺牲另一些人的发展为代价。

由人对物的依赖关系所产生的上述消极现象，在整个社会主义市场经济发展过程中将会继续存在，但随着社会主义市场经济体制的逐步健全和完善，这些消极现象也将逐步受到削弱。

社会主义市场经济对现实人的发展所产生的正负效应，有内在的关系。这就是：个人的独立以人对物的依赖为代价。如何看待这种现象呢？从我国社会主义市场经济体制的历史发展过程来看，这是一种带有规律性的历史必然现象。因为在旧体制中，物支配人的现象虽不会发生，但个人和社会得以发展的物质基础却难以有效解决，个人更多地依附于“外在”的东西，缺乏人格独立。社会主义市场经济体制建设的首要目的，便是解决这一问题。在解决“物质基础”这一历史过程中，必然会出现人对物的依赖。但是，只有把旧体制中的“人格依附”转变为市场经济体制中对“物的依赖”，才能使个人从对外在事物的“人格依附”中解放出来，使个人逐步获得人格独立。社会主义不同于资本主义的地方，就在于它力图自觉地为克服“人对物的依赖”所带来的消极现象进而使个人真正成为有独创个性的个人创造条件。因此，现在的问题是：究竟如何才能把由人对物的依赖所产生的消极影响限制到最低限度？如何形成现代人格？如何使个人在社会主义市场经济体制建设中得到自由而充分的发展？根据人是社会主义市场经济建设的主体以及人的可塑性原理，我认为，解决这些问题的一种最有效办法，就是针对社会现实生活中存在的问题，全面加强人的塑造。

三　按照社会主义市场经济体制的积极要求塑造人

人在生物和文化意义上是永远处在发展中的存在物，他永远处在自我塑造的历史发展过程中，并随着环境的变化而发展变化。当代中国社会环境的一个最大变化，就是社会主义市场经济体制的建立。它的建立，使当前我国现实人的发展呈现出“人格分离”。人格分离容易引发许多社会问题。我们应针对社会主义市场经济体制对人的发展的正负影响以及人的现实存在状况进行人的塑造。概括来讲，人的塑造的一般含义有两个基本方面：一是根据社会主义市场经济体制对人的发展的内在本质要求改变旧体制中的人，培育与社会主义市场经济体制相适应的人，实现由现代人对传统人的扬弃；二是针对市场经济体制对人的发展的消极影响改造人，使人从消极影响中解放出来，实现由病态的人向健全的人转变。

社会主义市场经济体制建设最终是为了人，它内在预设了人的塑造的目标。那么，应把人塑造成什么样的人？人的塑造应达到怎样的目标，才能与社会主义市场经济体制的内在本质要求相适应？笔者以为在方法上至少要依据以下几个因素：从我国现实人的存在状况出发，为人的塑造寻找一个现实的基点；正确反映社会主义市场经济体制的内在积极要求，为人的塑造寻找切实可依的根据和方向；充分吸纳中西文化中的积极因素，为人的塑造寻找有效的方式，全面正确理解人的本质及人格，为弄清人的塑造的基本内容提供前提。据此，笔者认为，人的塑造的完整的基本内容（或一般目标）具体可从以下六个方面入手加以考察①。

（一）确立正确的价值观念

一定的价值观念反映人的一定思想立场（倾向）、信念、信仰和理想，因而对人的行为具有重要作用。人们具有不同的价值观念，便会有不同的行为倾向、行为态度、行为方式和行为状态，所以，人的价值观念是人格的一个根本内容。在社会主义市场经济条件下，确立正确的价值观念，首先要正确对待个人和集体、创造和索取（个人和社会）、人和物三方面的关系，从中确立一种既反映社会主义市场经济体制和现代化发展的本质要求，也为大多数人共同接受的核心价值。从哲学高度看，笔者认为，社会主义市场经济的核心价值观念是，以人的能力充分正确发挥为本位（简称“能力本位”）。理由是：①以人的能力正确发挥为价值取向，有利于协调并处理个人和集体、创造和索取、人和物三方面的关系。集体的最大功能在于使每个人的能力得到充分正确发挥，集中每个人的力量于一个人无法干的事，而个人对集体的贡献首要依赖于他的能力，并且，个人能力的充分正确发挥也有益于确立个人的主体地位。所以，协调个人和集体的关系，首先要正确发挥人的能力。个人对社会的创造首先依靠其能力，而个人从社会中索取的份额，应取决于他的能力及贡献大小。这里，协调创造与索取的关系，首要在于正确对

① 这里谈的是人的塑造的一般目标，对不同社会阶层的人来说，人的塑造目标还要具体化、层次化。这里所谓的“人格”，主要指的是与社会主义市场经济体制建设的内在本质要求相适应的人应具有的品质、素质的总和，故人的塑造亦称人格塑造。

待和充分发挥人的能力。社会物质财富是人的能力对象化的产物，按照马克思的思想，人的能力是最大的、真正的社会财富，也是个人之最大、最高的价值。如何在物质财富的深层揭示出人的能力本质，是正确对待人和物的关系的关键。②平等竞争是社会主义市场经济的基本原则，市场竞争本质上要求充分正确发挥人的能力。③把人的能力本位作为社会主义市场经济条件下人的核心价值观念，既能弱化权本位和钱本位观念，同时有助于引导人们克服官僚主义及利己主义、享乐主义，有益于人们真正尊重知识、尊重人才，也符合社会主义关于“每个人能力充分而自由发展”的基本原则。④马克思及现代西方一些思想家针对近代资本主义社会中人对物的过分崇拜（商品拜物教、货币拜物教、资本拜物教）之消极危害，明确主张把人的创造能力作为人的主导价值取向。⑤把人的能力正确发挥作为人们的价值取向，大多数人都可以接受，也是社会主义力求倡导的。因为人的能力的发挥，既利于个人，又利于集体、社会和国家的发展。以“能力本位”为取向的价值观念，指的是：与社会主义市场经济体制内在本质要求相适合的价值观，应建立在注重人的能力充分正确发挥这一基础之上，人的一切活动、一切关系和一切追求都要围绕如何正确发挥人的能力旋转。这里的“能力”，除人的一般能力外，主要包括人的创造能力、专业技术能力、合理交往能力、实践操作能力和相互合作能力等。能力本位，不是片面推崇个人自我而忽视德行，而是要求人通过充分正确发挥其创造能力，为社会多做贡献，因而它在本质上与集体主义是一致的。以往，旧体制对人的能力不够重视，现在我们搞社会主义市场经济，应把这一问题突出出来。为此，在目标上，应把人塑造成以“能力本位”为价值取向的人，实现由权本位、钱本位向能力本位的转变。

（二）提高和充分发挥人的专业才能

前一内容着眼于对人的活动（行为）方向和目标的引导、激励和调节，它强调“应该”以人的能力正确发挥为价值取向。这一内容则着眼于人驾驭和掌握某一具体活动的实际本领，它强调“如何现实地”提高和发挥人的专业才能。一定实践活动中的个人才能体现他的专业素质，它是人格的一个重要内容。从当前看，造就一大批适合社会主义市场经济体制建设的专门人才或专家，是人的塑造的一个必须加以重视的内容。在社会主义市场经济体制建设过程中，劳动分工必将越来越细，各种活动领域对科学技术的需求必然越来越高。这就内在要求每个人应首先提高和充分发挥其专业才能，力求成为本部门、本领域、本行业的专家。这在我国尤为迫切。然而在现实生活中，我们缺少许多懂行的专业人才，不懂专业的“万金油”人员倒有很多。原因之一在于许多人囿于日常经验习惯，忽视专业才能的提高和发挥，缺乏“专家意识”。因此，提高和充分发挥人的专业才能的任务是艰巨的。为此，应该在人的塑造的战略目标中，包含对人的专业才能的设计；在政策策略上，敢于选拔、培养和启用能人，即专业技术人才、专家和奇才；在具体措施上，着力提高人的专业素质；在思想上，树立专才意识和专家意识。其目标是把人塑造成具有专业才能的人，实现由囿于日常经验习惯向注重专业才能的转变。

（三）完善人的道德品质

人的道德品质是人格的一个重要内容。完善人的道德品质，在人的塑造中具有重要地位。从社会主义市场经济体制建设的现实来看，道德出现了某种历史进步和历史退步并存的现象：从人格依附走向个人的某种独立，个人成了独立的道德主体，这无疑是一种历史进步；但在走向“独立个人”的一定历史过程中，必然以集体主义道德的某种丧失为代价，用静止的眼光看，这无疑又是一种历史退步。目前所谓的道德爬坡和道德滑坡之争，皆缘于此。如果全面而历史地看待这种现象，那么就会看到任何一种进步都是以某种退步为代价的。在旧的计划经济体制下，个人自我价值主要通过个人对集体的依赖来实现，确立集体主义道德是题中应有之义。但在市场经济体制中，市场经济的本质决定了从事经济活动的个人不再主要通过集体而是主要通过创造和占有社会物质财富来实现其价值。个人自我价值之实现方式的这种变化，必然会使从事经济活动的人注重物质财富而在一定方面疏远集体。在这种情况下，集体主义道德的某种丧失就具有历史的必然性。然而，以集体主义道德的某种丧失为代价必然换来个人道德的某种历史进步，这就是个人作为独立的道德主体的逐步形成。因为从事经济活动的个人在通过创造和占有社会物质财富来实现其价值的过程中，旧体制下的人格依附将逐渐变为人格独立，并成为在经济运营中具有一定主体地位的独立自主的个人。这在道德上必然要求个人成为独立的道德主体。这里，关键是要完善个人道德素质，避免集体主义道德失落的扩大。具体来说，要注意发挥道德自身的矫正功能，针对市场经济体制建设过程中出现的集体主义道德失落的状况，引导人们深刻认识到社会主义市场经济体制的运作内在要求扬弃与传统计划经济体制相适应的传统集体主义（即忽视个人的独立人格，过多强调个人服从集体），确立与新的市场经济体制相适应的新集体主义[①]，以此来矫正当前市场经济体制建设过程中出现的个人利己主义、享乐主义以及对社会不负责任的行为等。其实质目的是把人塑造成具有现代道德品质的人，实现新集体主义对传统集体主义的扬弃。

（四）培养良好的精神状态

人的良好精神状态，指的是个人具有从事活动的激情、热情、意志及积极进取的主体性精神。马克思指出："激情、热情是人强烈追求自己的对象的本质力量。"[②] 爱因斯坦强调：对一个人来说，钢铁般的意志比智慧和博学更重要。这表明：人的精神状态对人的活动有强烈影响，并关系到活动效果，因而它是人格中不可忽视的一个内容。社会主义市场经济体制建设在我国是一场全新的实践，对此，我们既缺乏经验，又缺乏足够的基础准备，在素质上也不完全适应，许多问题有待我们去解决。由此，确立个人在市场经济体制建设中的主体地位，使其以创业精神、开拓进取精神、竞争精神积极参与和支持市场经济体制建设，是非常必要的。时下之所以会出现社会不正之风、行业不正之风、工作不负责任、腐败及企业缺乏活力等消极现象，固然有许多原因，但也与人的消极惰性的精神状态有关。所以要重塑国民精神，其目标是把人塑造成具有积极进取精神的人，实现由消极惰性向积极进取的转变。

（五）健全人的社会性格

这里的社会性格，指的是同一文化－社会情境中社会绝大多数人所共同具有的行为定式。它着眼于人的社会行为的心理倾向。人的行为方式受社会性格支配，社会性格状况影响人的行为的社会效果，制约人的发展。所以，社会性格是人格的一个重要内容。从人性一般来讲，人的社会性格有两种基

① 这种新集体主义得以确立的经济基础，是社会主义市场经济体制运作系统中的国家宏观调控、生产单位之间的经济合作、劳动者和企业的共同的经济利益等，其含义与马克思所说的"真实的集体"相一致，即指个人和集体互为目的以及以每个人的能力充分发挥为最高目的的集体主义。

② 《马克思恩格斯全集》第 42 卷，人民出版社，1982，第 169 页。

本倾向：依附盲目和自主创造[①]。这两种社会性格在我国社会主义市场经济体制建设中都有表现。确有一些人有社会责任感，为社会创造性地工作。但也不乏一些人的依附、占有行为严重，这集中表现为以下三种较为普遍的社会性格：用“人情攻势”向一切领域渗透，利用人情办事，破坏工作原则和规范；盲目附和别人，缺乏独立思考、独立分析和独立判断；不积极参与竞争，不敢为天下先。从总结历史经验的角度看，我国社会经济发展缓慢的一个重要原因，就在于人们在日常生活中过于注重人情，漠视原则规范。而社会主义市场经济体制建设既追求个人利益和社会经济效益最大化，又内在要求人们发挥创造性，恪守原则规范。因此，必须把改造人的依附“人情”的病态性格，塑造人的自主创造、恪守原则规范的健全性格作为人的塑造的一个基本内容。其目标是把人塑造成为具有独创个性并恪守原则规范的社会性格的人，实现由注重“人情关系”向恪守原则规范的转变。

（六）改变人的思维方式

人的思维方式对人的活动有重要影响，思维方式不同，人的行为方式会有所不同，其认识和行为的结果也会有所不同。在现实生活中，感性思维方式和教条演绎型思维方式支配着许多人的头脑。一些人要么只局限于感性直觉、感官享受、感情用事和感觉经验，因而往往跟着感觉走，要么只从既定的前提出发推出结论，前提是既定的，结论也是既定的。这两种思维方式使人陷入狭隘经验主义和教条主义的泥坑，阻碍市场经济的建设和发展。社会主义市场经济体制和现代化建设需要具有健康理性思维的人。近现代西方商品经济发展的历史经验教训证明，搞商品经济的人必须具有健康理性，理性原则成了近现代西方文化发展的一个主题。邓小平建设有中国特色社会主义理论的精髓，是“解放思想，实事求是”。它在思维方式上，就是倡导人们既要冲破教条演绎型思维方式的束缚（解放思想），又要从实际出发去科学认识事物的本质，反对从感觉主观出发的主观主义（实事求是）。因此，在人的塑造中，应注重对人的思维方式的改造和培养，克服感情用事、主观臆断和盲目信仰，树立健康完善的理性思维方式，倡导人们从市场经济建设的实际出发，对市场经济进行理性思考、理性分析和理性判断，透过其表象科学地认识其本质和规律。这里，人的塑造的目标是把人塑造成具有健康理性

---

① 参见埃里希·弗洛姆《占有还是生存》，关山译，三联书店，1989，第 73 ~ 139 页。

思维方式的人，实现由注重感性思维、教条演绎型思维向注重健康理性思维的转变。

四 把“人的原则”贯彻到市场经济体制建设之中

社会主义市场经济内在要求把“人的原则”作为一个基本原则，即把人看作一切经济活动、经济关系的主体、基础、前提、动力和目的，在经济活动和经济关系中尊重人，关心人，依靠人。“人的原则”在社会主义市场经济体制建设中的具体贯彻，主要表现在以下几个方面。

（一）在发展生产力过程中要注重发挥“人的能力”

发展生产力是社会主义市场经济建设的一个中心任务，而当今最关键的问题是用什么方式才能更有效地发展生产力。在马克思那里，发展生产力主要有两条基本思路：一是以社会的方式发展生产力，其途径和方式主要是调整和变革生产关系，发展科学技术，加强管理，完善劳动方式；二是以人的方式发展生产力，即把重心放在个人能力全面而充分的发展上，如马克思所说：“个人的充分发展又作为最大的生产力反作用于劳动生产力。”① 在现实中，人们更多地注意了前一种思路，而没有充分认识到：个人能力的充分发展是最大的生产力。个人能力的充分发展是生产力发展的基石；个人能力通过一定的劳动方式、协作和分工而构成社会生产力；个人能力可对象化为产品和财富，它本身是最大的、真正的社会财富，社会物质财富的深层本质是人的能力②；个人能力是科学技术现实地对生产力发挥作用的媒介、条件和基础。因此，在发展生产力时，我们要注重充分发挥和合理使用每个人的能力。

（二）在注重生产效率的同时注重生产的“人道化”

人是生产的主体，使生产人道化，有利于调动人的生产积极性，从而有助于提高生产效率。生产的人道化集中表现在：改善劳动环境和条件；不断

① 《马克思恩格斯全集》第46卷（下），人民出版社，1980，第225页。

② 参见《马克思恩格斯全集》第49卷，人民出版社，1982，第120页；第46卷（下），人民出版社，1980，第222页。

提高劳动者的福利；尊重职工个人的主人翁地位和作用；尽力消除生产和分配领域中的不公平；尊重劳动者个人的目标和价值；充分发挥和合理使用劳动者的能力，等等。其实质是，不能把人当作获取利润的工具，而应把生产当作直接满足人的需要和自我实现的手段。

（三）在开发资源时注重开发“人力资源”

有效开发、配置和利用人力资源，对我国经济发展具有十分重要的作用；人力资源是自然资源得以开发、利用和发挥作用的根本条件；劳动者的知识和技能的提高是经济增长的主要因素。开发人力资源是我国一项带有根本性的战略任务。我国是世界上的人口大国，人力资源开发得好，人口多就会变成人力优势，人口阻力就会变成人口动力。世界银行曾在对中国进行全面考察之后指出：在今后几十年内保持快速增长，对中国来说将是一项艰巨复杂的任务；中国的经济前景将取决于成功地调动和有效地使用一切资源，特别是人力资源。这应引起我们的充分重视。

（四）在理顺产权关系时注重协调国家、经营者和职工个人的关系，以有利于人的能力的充分发挥

产权制度是所有制的实现形式。从马克思的有关论述来看，所有制可从其主体本质和客体本质两方面考察。所有制的客体本质，指的是人对客观存在物主要是生产资料的占有方式；所有制的主体本质，是指劳动者对劳动的占有方式和劳动者同生产资料的结合方式。这二者的合理关系应是：生产资料所有制形式应有利于劳动者和生产资料的直接结合，有利于使劳动者的劳动成为自主劳动，从而适合、促进劳动者能力的充分发挥。因此，我们在进行产权制度改革时，必须把建立一种能够保证劳动者的主体地位、促进劳动者能力及积极性充分发挥的新型产权制度作为目标，把是否有利于劳动者能力及积极性充分发挥作为衡量产权制度是否合理的尺度。

（五）在企业经营管理中要注重“以人为中心的管理”

现代企业经营管理，正经历一个从过去着重行政控制和物质刺激的管理方式，向着重以人为中心的管理方式转变的过程，这种转变旨在克服旧的管理方式“见物不见人”的缺陷，把人看作企业的主体和灵魂。实行“以人为中心的管理”，要求我们：①把“人的塑造”作为企业思想政治工作和经

济工作的结合点。建立现代企业制度，使企业的思想政治工作面临如何同经济建设结合这一新课题。解决这一课题的关键在于把思想政治工作的重心放在“人的塑造”上，理解人、尊重人和关心人，充分提高和发挥每个人的个性和能力，培养人的整体素质，从人的价值观念、能力水平、道德品质、精神状态、社会性格和思维方式中，寻找企业发展的动力源和启动器。②在对职工个人的理解上，不能仅把职工看作追求经济利益的劳动者，还要把职工看作追求自我价值实现的人，看作企业活动的主体，充分发挥企业职工的主人翁精神。③注重培养和正确使用人才。④尊重、关心和平等对待每一个职工，营造一种使职工感到温暖和谐、能力得到充分发挥的企业环境。⑤建设以人为中心的企业文化。

（作者系中共中央党校哲学教研部副教授）

中国社会主义市场经济新形态的再认识

颜鹏飞

中国作为最大的社会主义发展中国家，在国际共运史上第一次执着地从理论和实践上，探索公有制与市场经济的对接、结合、磨合、兼容、融合和亲和这一世纪性和世界级的难题，并构筑和首创新型的社会主义市场经济体制及其理论体系。

一　公有制与市场经济结合的原因和条件

中国社会主义市场经济新形态有它产生和发展的原因和条件或者历史必然性和现实可行性。其历史必然性可从公有制与市场经济如何结合的机理和原因，以及两者与生产方式的相互关系中得到说明；其现实可行性见之于这两者如何结合的操作思路及其充分条件的孕育成熟程度，但归根结底均根源于社会主义生产方式的本质要求和生产关系与生产力的矛盾运动。

首先，一方面，无论是所有制形式还是资源配置形式，它们都是社会发展到一定历史阶段的产物，这是两者结合的大前提和基础。另一方面，社会主义生产方式自身运动的动力在于：具有能动性质的生产关系力图不断地适应和推动生产力的发展。位于本质层次上的生产方式的辩证运动，既制约表象层次上的具体矛盾群，同时又通过它们予以体现。而处于经济运行层面上的公有制形式和市场经济的矛盾就是这样的一对具体矛盾，它们是对处于本质层次的生产方式辩证运动的解读和具体化。公有制是这一具体矛盾的主要方面，是社会主义生产关系的核心和基础，决定社会制度的性质；而自身具有二重性的市场经济在生产关系力图不断适应生产力发展的过程中，扮演协调和中介的角色，它因其资源配置的优化性及高效率与生产力相联系。同时又因体现各个微观主体和商品生产者的利益关系和产权关系，又与生产关系相联系，并在各不相同的所有制、生产方式和社会制度的制约下，呈现出丰富的“色层”、个性和特殊逻辑。实践证明：公有制、市场经济及其结合体即社会主义市场经济形态新的品质，有力地促进了社会主义生产力、生产方式和社会形态的发展。

其次，也应从马克思的理论社会主义与“现实的社会主义”（Socialism in existence）的差异中寻找社会主义市场经济产生的原因。马克思原来设想，全社会直接地共同占有生产资料的一元化公有制即自由人联合体和产品经济形态，其产生的条件较之资本主义私有制和商品经济，更需要先进和发达的社会生产力水平，并以私人劳动已转化为社会劳动为前提，从而无须著名的价值插手其间，商品货币关系或市场经济结束其历史使命。但是，现实的公有制不是生产力内在的纯自然发展过程的产物，而更大程度上是来自于在落后生产力和不甚发达的商品经济的基础上（但又以一定的生产力发展水平为必要的历史前提）的生产关系的革命。尽管决定社会制度性质的生产关系和所有制形式可以跨越，允许出现历史的“错位”，但是属于生产力和交往范畴的商品经济及其发达形式即市场经济是不能逾越的。这是社会主义公有制与市场经济赖以结合的特定历史环境和具体条件。

再次，现实的中国初级阶段的社会主义在实际上已具备两者初步对接的必要条件和基本条件，即一定程度的社会化大生产水平和市场经济关系；公有制为主体，多种所有制成分、多种公有制成分并存，按劳分配为主体，并与按要素分配形式并存，以及与经济全球化接轨的开放型经济格局等。学术界还从理论上把它归结为独立的商品生产者，劳动力自由流动和交换，多元的利益主体，以及等量劳动互换与商品等价交换的对立统一，等等，但这还不是实行有效结合和真正兼容的充分条件。难点在于：如何拓宽必要条件，创造充分条件，寻找、培育和规范能与社会主义公有制相对接和兼容的新型市场经济体系，寻找和构筑与之相对接和兼容的新型公有制形式；这也是切实解决在社会主义初级阶段的转轨时期出现的，市场经济与公有制不相适应互不兼容这一现实矛盾，并如何使这两者真正结合的对策和思路。详而言之，一方面是改造传统的公有制关系，寻找和构筑体现公有制的本质和要求（能够极大地促进生产力发展，劳动者同生产资料直接结合和共同富裕等），又同市场经济相适应的公有制有效的具体实现形式，充分发挥出这种社会主义新型公有制形态的优越性。另一方面是培育能与公有制相适应的新型现代市场经济，它不仅有其适用于多个社会经济形态的共性（一定的生产力水平和交往关系，以及各自独立的商品或财产或产权或利益的所有者、法人实体或竞争主体是其存在和发展的前提；依靠市场和价格高效率配置资源、产品和服务等），而且在不同社会形态中又各有其特殊性。应因势利导，塑造出中国初级阶段公有制和市场经济新的品性。

作为公有制和市场经济结合体的中国社会主义市场经济形态，已由理论家关于历史必然性和现实可能性的论证以及政治家的方案和政策设计转化成活生生的现实。我们已经完成了实践探索——理论论证——实践检验的两次大飞跃。

二 中国社会主义市场经济形态的内容和新品质

这一新经济形态业已体制化，其基本内容和规定性是：坚持以公有制为主体，多种经济成分共同发展的方针，进一步转换国有企业经营机制，建立适应市场经济要求，产权清晰、权责明确、政企分开、管理科学的现代企业制度；建立全国统一开放的市场体系，实现城乡市场紧密结合，国内市场与国际市场相互衔接，促进资源的优化配置；转变政府管理经济的职能，建立以间接手段为主的完善的宏观调控体系，保证国民经济的健康运行；这也是社会主义的本质特征和内在要求：建立以按劳分配为主体，并与按要素分配相结合的效率优先、兼顾公平的收入分配制度；鼓励一部分地区一部分人先富起来，走共同富裕的道路，以及建立多层次的社会保障制度。这一架构已基本定型，并趋于稳定，能够不断再生产出与生产力相适应的社会主义市场体制和社会主义生产关系，而不是退化、异化和蜕化为资本主义市场经济制度。

这体现了中国朴素的辩证法思想——“和实生物，同则不继”、“兼相爱，交相利”和“有容乃大”——的真谛①。这也正如马克思所指出的那样，“两个矛盾方面的共存、斗争以及融合成一个新范畴，就是辩证运动的

① 参见《国语》卷6，“郑语”；墨子：《兼爱中》。

实质”。[①] 我们要力图把握这个新“生”之“物”和“新范畴”即社会主义市场经济体制这个“特殊对象的特殊逻辑”，揭示其新的品质，其中包括以下方面。

（1）以公有制为主体的多元多层次的所有制结构及企业组织形式群落，有利于与现实中的不同层次不同程度的生产社会化水平相匹配，有利于培育众多相互独立的微观经济主体，因而同市场经济存在着深刻的互补关系。

（2）在开放型市场经济下新的宏观（总量经济范围）和中观（区域经济范围）调控形式，这既是公有制本质在生产领域的体现和实现方式，同时因其削弱市场机制的滞后性、盲目性和负面效应的功能而达到与市场经济的互补。

（3）按劳分配（这是公有制的要求，但存在公平优于效率的倾向）和按要素分配（这是市场经济的要求，但存在效率优于公平的倾向）相结合的新分配形式，其操作思路是微观经济运行领域的初始分配注重效率，宏观经济运行领域再次分配注重社会公正和公平，可以改变人们对剩余产品的非公平占有关系，实现效率与公平的对立统一，最终达到共同富裕的目标。这是公有制本质在分配领域的要求和实现方式。

（4）值得强调的是，股份制、股份合作制及其现代企业制度，是迄今为止实现公有制与市场经济兼容从而赋予其新质的最好选择。这种制度是在资本主义市场经济内部孕育而生的，具有社会化性质的财产形式、企业组织形式、产权制度和混合所有制形式，是对资本主义财产私人占有制的一种积极的扬弃，因而被马克思称为通向一种新的生产形式的单纯过渡点。市场经济的客观要求和满足条件（如产权主体多元化、明晰化、产权结构分散化，资本和资本的所有权的二重化，产权商品化、证券化、市场化，生产要素流动化，市场信号灵活化和公开化），在股份制形式中大体都能得到满足；此外，股份制还具有开放性和渗透性，因此能够兼容不同性质的所有制关系和各种利益共同体。因此，作为公有制实现形式之一的股份制、股份合作制和现代企业制度，可以顺理成章地与市场经济实现对接和兼容。

总而言之，社会主义市场经济体制的新品质，在于既能发挥公有制的优越性以及市场机制高效率配置资源的优化性，又能克服各自的弊端；它所焕发的巨大制度潜能已被中国改革开放的成果所证实。应该强调指出，属于主

① 《马克思恩格斯全集》第4卷，人民出版社，1958，第146页。

观范畴的经济体制，毕竟不能等同于具有客观属性的生产关系范畴。社会主义市场经济体制和经济制度的主观辩证法运动能否与社会主义生产关系和生产方式的客观辩证法运动相一致，一切取决于实践。各地不断涌现的实践成果和理论成果将进一步充实、验证和完善这个新体制。

三　对马克思商品经济思想的新认识

马克思所设想的科学社会主义和共产主义是取消商品货币关系的产品经济形态，因而他是反市场的“抵触论”者；与这种传统的观点截然相反，马克思又被打扮成市场社会主义者或“半截子”市场社会主义者。美国学者劳勒（J. Lawler）强调，市场社会主义是马克思关于共产主义发展六大阶段中的一个“长期的‘市场社会主义’的新时期”，马克思本人实际上承认存在着“一个处于中间的市场方向的社会主义阶段”①。穆尔（S. Moore）则把马克思打扮成半截子市场社会主义者，即在《共产党宣言》中是赞成市场社会主义的，但后来在《资本论》和《哥达纲领批判》中提出了非市场社会主义思想②。

这是把马克思理论体系片面化和凝固化。必须从整体、总和、体系及其方法论或发展观上把握马克思的学说。马克思的经济理论体系囊括两种不同演进路径的子体系。前期以英国为典型，主要创建旨在揭示发达资本主义生产方式及其市场经济运动规律的狭义政治经济学体系，这是马克思经济理论研究的重点或主要路径。虽然马克思在这里否认未来新社会即后资本主义的社会主义，存在商品货币关系和市场经济；且在实际上它们构成了中国社会主义市场经济理论的重要内容，可以从中剔除具有“历史痕迹”即“独特资本主义性质”的“旧社会形式”，借鉴和吸纳其“物质内容”即“为几个时代共有的”有关生产力和市场经济一般的“共同规定”、“共同标志”和“共有的基础”③ 再与社会主义基本制度相嫁接。

马克思在后期重点研究落后的前资本主义国家和社会经济发展道路问题，实际上绽露了关于在特定条件和历史环境下发展商品经济和市场关系的

---

① 参见 Lawler, J. , “Marx's Theory of Socialisms; Nihilistic and Dialectical”, In L. Pastouorsa, ed. , *Debating Marx*, Edward Mellon Press, 1994。

② 参见 Moore, S. , *Marx Versus Markets*, Pennsylvania State University Press. 1993。

③ 《资本论》第 3 卷，人民出版社，1975，第 925 ~926、990 页。

思想萌芽，呈现了另一条演进路径和理论轨迹。由此形成的另一子体系即广义政治经济学理论框架，包括世界历史及世界市场理论、社会经济形态三阶段论、东方社会理论、亚细亚理论、原始氏族和农村公社理论，等等。马克思在这里强调：以只具有落后生产力水平的发展中国家为历史起点的，跳过资本主义“卡夫丁峡谷”的社会主义社会应该同世界市场相联系，吸收人类社会尤其资本主义社会创造出来的文明成果。马克思晚年关于俄国发展道路笔记，对俄国民粹派“农民社会主义”思潮进行批判，后者实质上是一种依恋具有“原始的丰富”的自然经济色彩浓厚的俄国村社，拒绝吸收人类文明创造出来的成果、脱离生产力的发展，割断与市场尤其是世界市场的联系的空谈社会主义性质和特征的“农村公社”社会主义模式。马克思的“卡夫丁峡谷”跨越论+世界市场联系论+吸收资本主义文明成果论，生动体现了跨越（属生产力和交往范畴的资本主义制度可以逾越）与非跨越（属生产力和交往范畴的商品经济阶段不能逾越）的辩证法。尽管它未被后来的实践（例如19世纪末期的俄国）所证实，但体现了马克思理论与时俱进的理论品质，是当代马克思主义经济理论最重要的生长点之一。可见，马克思理论体系有两条演进路径和模式：一条是发达国家搞社会主义、共产主义，其特征是用以人的全面发展为标志的产品经济形态取代商品经济形态；另一条演进路线和模式的实质，是发展中国家利用世界市场利用商业机构亦即利用市场关系和市场机制发展社会主义生产力总量。因此，把马克思封为反市场的“抵触论者”或者打扮为市场社会主义者，都是对马克思理论体系的肢解。这种看法，人为地堵塞了中国特色社会主义市场经济理论与马克思学说的内在联系，否定了马克思主义的原创性和生命力。

四　我们在搞中国特色市场社会主义的大试验吗

美国学者施韦卡特（David Schweickart）是“特色市场社会主义”的倡导者。以他为代表的市场社会主义者认为，南斯拉夫搞的“自治的市场社会主义”是一场失败的试验：“国家管理的、多种经济成分的、以社会主义为导向的市场经济”是越南特色的市场社会主义；东欧各国而且发达资本主义国家的工人阶级也力图建立本国特色的市场社会主义；中国正在重建一种民主的、有效率的市场社会主义秩序，在搞中国特色的市场社会主义的大试验，“如果有中国特色的市场社会主义的大胆创新实验是成功的，那么21

世纪必将是中国的世纪。”① 把中国初级阶段的社会主义市场经济的理论和实践完全等同于市场社会主义，这是需要着重澄清的一种误解。

国际上流行的市场社会主义思潮经历了六代和三大发展阶段，即萌芽阶段（19 世纪后到期到 20 世纪初），逐步形成阶段（20 世纪 20 ~ 50 年代）以及理论定型和进一步发展的阶段（60 年代至今），因而市场社会主义是一个半世纪以来国外学者对社会主义为何和如何与市场经济结合及兼容这一重大主题进行探讨的产物②。他们大多把市场社会主义视为一种兼顾效率和公平，既区别于计划社会主义又区别于市场资本主义的关于“经济体制的理论概念或模式”③；或泛指一种凸显市场机制的社会主义新经济组织形式、经济运行方式和经济制度。

穆勒（John Stuart Mill，1806 ~ 1873 年）是“原始市场社会主义”（D. Belkin 语）的创始人，其所处年代是空想社会主义狂飙突起的时期，各种思想交锋十分激烈。他是经济思想史上第二次大综合的完成者，在资本主义私有制和共产主义公有制、保守派和激进派、经济自由主义和国家干预主义、政府缺陷论和市场缺陷论之间徘徊不定，并且十分担心计划经济将成为社会压制个人的一大根源，因而成为空想社会主义的同情者和资产阶级改良派。实际上，他所设想的“人类社会最终形式”是具有市场自由竞争机制而不干预个人权利——他视其为应该保留的资本主义的“最佳特征”——但又能保障所有人分享集体劳动利益的所谓共产主义“新型财产公有制”④。此外，霍奇斯金（T. Hodgskin）、蒲鲁东（P. Proudhon）和伊利（Ely）一类早期欧洲工人运动的支持者也持类似观念。

市场社会主义在历史上至少经历了三次主要的大论战。第一次分析性大论战的导火线，是瑞士洛桑学派的巴罗内（Enrico Barone）于 1908 年发表的论文《集体主义国家的生产部》。这招致了米塞斯（L. Mises）和哈耶克（F. Hayek）的诘问，从而引发 20 ~ 30 年代的大论战。兰格（O. Lange）、勒纳（A. Lerner）以及泰勒（F. Taylor）和迪金森（H. Didhinson）等人提出了著名的“兰格模式”、“兰格 - 勒纳方案”和“竞争解决社会主义”，表明社会主义可以有多种经济模式，并可在公有制基础上，运用试错法（trial

① 施韦卡特：《反对资本主义》中文版“序”，李智译，中国人民大学出版社，2002。

② 颜鹏飞：《市场社会主义思潮发展阶段的划分》，《经济研究资料》1994 年第 2 期

③ 参见《新帕尔格雷夫经济学大辞典》，经济科学出版社，1992。

④ 参见 J. S. 穆勒《政治经济学原理》第 4 编第 7 章，伦敦朗门斯 · 格林公司，1911。

and error）模拟资本主义私有制经济下的完全竞争市场来合理配置资源，但从总体来看，兰格模式并未突破计划体制的框架。

第二次大论战在20世纪70～80年代，并分成两个战场。苏联经济学界着重批判“非商品派”和“市场社会主义派”，斥之为反社会主义、反马克思主义、修正主义的社会主义。西伯利亚学派的崛起解除了对市场社会主义的围剿，这一学派批评社会主义商品货币关系“外部论”和“暂时论”，以及计划机制和市场机制“对立论”，但因苏联的解体而偃旗息鼓。而英国经济学界在80年代初期展开了自第二次世界大战以来最为激烈的一场论战，其突出代表是英国的市场社会主义者埃斯特林（S. Estrin）、米勒（D. Miller）、普兰特（R. Plant）、霍奇森（G. Hodgson）等人，其代表性理论有社会主义+市场的联姻论、“中性机制”（Neutral Mechanism）论、社会主义市场主导机制论。这种市场导向的市场社会主义（Market－Oriented Socialism）克服了折中主义的二元机制论。市场社会主义由此获得了完备的理论形态。

第三次大论战发生在90年代，虽然断断续续，但共同的主题是探讨包括市场社会主义在内的社会主义新具体模式和设计方案，从而把市场社会主义政策化和实证化，其中有美国约翰·罗默（John Roemer）和巴德汉（Pranab Bardhan）设计的，以银行和证券为中心的市场社会主义如“息票社会主义”（Coupon Socialism）、“蛤壳社会主义”（Clamshell Socialism）模式，英国米勒的“合作制市场社会主义的纯模式”，澳大利亚阿切尔（Robin Archer）的“以经济民主为基础的社会主义经济”模式，法国弗莱贝（Marc Flearbaey）倡导以间接融资为特征的“平等主义的民主经济”模式，美国施韦卡特（D. Schweichart）宣传“经济民主”的市场社会主义，扬克（James A. Yuncker）鼓吹以利润导向为特征的“实用的市场社会主义”，韦斯科普夫（Thomas Weisskopf）推出的“民主自治的市场社会主义”或“以民主企业为基础的社会主义”，布洛克（Fled Bluck）则钟情“没有阶级权力的市场社会主义”模式，比利时的德里兹（Jacques H. Dreze）十分器重以外部直接融资为特征的劳动者管理的企业模式[①]。尤其是工党社会主义新模式，从“决不支持私有制的复兴”、扩大国有化的政策，发展到与其初衷相背离的所谓私有制加“奠定在效率和公共基础上的公有制”的混

① 参见吕薇洲《市场社会主义化》，河南人民出版社，2002。

合经济体制或“社会所有制”①，即“第三条道路”模式，从而把市场社会主义模式推向成熟阶段。市场社会主义者十分推崇既有国有经济又有私有经济的混合经济体制和“第三条道路”理论，世界各主要资本主义国家都不同程度地予以采纳，并涌现了诸种新模式以及相互交替的国有化与私有化运动浪潮。

总的来说，市场社会主义理论的积极意义，是大胆否定关于市场只能依附于资本主义私有制度这一西方主流派市场经济理论赖以成立的制度假设和既定前提，大胆突破市场与社会主义水火不容的思维定式和传统见解，并且为中国社会主义市场经济体制改革提供了富于启迪的理论资料。但是，毋庸置疑，这一理论有许多缺陷和弊端，并且在一系列根本问题上与中国社会主义市场经济理论大相径庭，其中包括对待公有制的态度，以及在理论基础和最终目标上的差异。

首先是对公有制的态度。我们坚持以公有制为主体。市场社会主义理论有一个从注重公有制到淡化乃至否定公有制的衰变过程，现阶段市场社会主义不仅把公有制从社会主义本质中剔除出来（罗默把社会主义的本质视为平等），甚至把公有制视为阿基里斯（指社会主义市场经济）的“脚”，因而现阶段市场社会主义又被称为“修正的市场社会主义”。② 其次，市场社会主义理论基础是西方经济理论以及西方伦理思想，而中国社会主义市场经济的理论基础是与时俱进的马克思主义。再次，市场社会主义是空想的乌托邦。虽然它揭示了传统社会主义的缺陷以及相对于现代资本主义所显示出来的优越性，并在其后期发展阶段大力构筑各种市场社会主义新模式和新体系，但其理论或模式大多是脱离具体环境的、一味奢谈中性机制论的、纯粹理念的“构造物”。众所周知，皮之不存，毛将焉附，在具体经济问题的研究中，市场机制这一经济范畴是带有一定历史痕迹的，并依附于一定的经济关系及社会制度，并非仅仅涉及资源配置形式的孤立的“纯粹”范畴。虽然“一切生产阶段所共有的、被思维当作一般规定而确定下来的规定，是存在的，但是所谓一切生产的一般条件，不过是这些抽象要素，用这些要素

---

① 刘建飞：《英国两党政治的发展及 1997 年大选分析》，《欧洲》1997 年第 2 期，第 84 页。

② 参见 Pierson C. , *Socialism Arter Communism*, the New Market Socialism Polity Press 1995; Kornai, J. , “Market Socialism Revisited”, In P. Bardhan and J. Roemer (eds) . *Market Socialism: The Current Debate*, New York: Oxford University Press. 1993。

不可能理解任何一个现实的历史的生产阶段。”①。最后，市场社会主义者始终没有找到实现这一理想社会的主体力量。因而市场社会主义从某种意义上讲，要么是一种乌托邦，要么是社会民主主义或改良的社会主义，例如英国工党市场社会主义模式则是资本主义私有制框架下的混合所有制模式。我们是活生生的具有实践品性的体制化的中国社会主义市场经济形态。

五 中国社会主义市场经济理论的三大来源

从前述所谓中国特色市场社会主义“实验论”和马克思反市场的“抵触论”中得出的逻辑结论无疑是：中国社会主义市场经济理论来源于市场社会主义思潮。这是需要正本清源的重大问题。

中国特色社会主义市场经济理论并非是“舶来品”，它与马克思主义同根同源、同脉同祖，薪火相传。两者关系既是不断深化和发展的关系，即中国现实社会主义是对马克思的理论社会主义的深化和发展，同时也是一种渊源和继承的关系。如前所述，必须从整体、总和、体系及其方法论（发展观）上把握马克思的学说尤其是社会机体发展规律和辩证的新世界历史观，以及关于两种理论（狭义及广义政治经济学）演进、两种社会经济形态（五形态说和三形态说）并存的学说，从中不难得出肯定的答案：中国社会主义市场经济理论的源头活水和理论基石无疑是马克思的学说，后者构成了前者的第一来源即基础性来源。国内外发展社会主义市场经济的实践探索和经验材料，是中国特色社会主义市场经济理论赖以产生的实践性来源。而毛泽东思想尤其是关于社会主义建设的理论（这是突破斯大林模式，寻找适合中国国情的社会主义经济建设实践及理论探索的产物），是中国特色社会主义市场经济理论赖以产生的直接的实践性来源和实践起点。这是第二来源。但应强调指出，市场社会主义思潮以及国外发展社会主义市场经济的宝贵探索和理论资料，为我们提供了富于启迪的思想资料，从这个意义上讲，它构成了中国社会主义市场经济理论的第三来源即补充性来源。

基于基础性、实践性和补充性的这三大来源，从一个侧面反映了新生事物形成和发展的规律：“新的生产力和生产关系不是从无中发展起来的，也不是从空中，又不是从自己产生自己的那种观念的母胎中发展起来的，而是

① 《马克思恩格斯全集》第30卷，人民出版社，1995，第29页。

在现有的生产发展过程内部和流传下来的、传统的所有制关系内部，并且与它们相对立而发展起来的。……而它向总体的发展过程就在于，使社会的一切要素从属于自己，或者把自己还缺乏的器官从社会中创造出来。有机体制在历史上就是这样向总体发展的”，可见，“社会不是坚实的结晶体，而是一个能够变化并且经常处于变化过程中的机体”。① 所谓基础性来源强调新生事物的本源性和始基性，源远才能流长，根深方能叶茂；实践性来源或直接性来源着眼于新生事物的开拓性和创新性，“把自己还缺乏的器官从社会中创造出来”；补充性来源具有非本源性、从属性和兼容性，强调新生事物的开放性和包容性，借鉴和吸收人类社会创造出来的一切文明成果，“使社会的一切要素从属于自己”。中国特色的社会主义及其市场经济体制这一新社会机体的产生和发展，正反映了新生事物的运动规律。

六 对市场经济作用和历史地位的再认识

20 世纪 80 年代以来，“回归斯密”（Return to Adam Smith）成了国外经济学发展的一个新动向，其代表性学派有新保守主义、新古典主义和新政治经济学。这股甚嚣尘上的思潮也波及市场社会主义和兼容理论（Compatibility Theory）领域，出现“市场原教旨主义”回潮。一是主张从空间上排他化。在他们看来，市场导向就是唯市场独尊，市场搞定一切；应该淡化、贬低、排斥和驱除计划机制及国家的宏观调控职能，凸显市场功能；并为此不惜淡化公有制乃至请回私有制，旨在确立市场经济至高至尊的地位。波兰学者沙夫（Adam Sharf）坚决反对自 20 世纪 80 年代以来社会主义国家的市场经济崇拜“新浪潮”，批判“把西方经济的成就都归功于市场经济”以及“把市场经济看作是唯一神圣武器，能够解决社会主义经济问题”的观点，主张“经济计划的力量和市场的力量必须在其各自的范围内，在每个国家的经济生活中共同有效地发挥作用”，“当今经济的正常发展需要计划与市场这两种推动力量的合作”。② 二是主张从时间上凝固化。在他们看来，市场经济在未来社会主义中也占有重要地位，并且用它来取代共产

① 《马克思恩格斯全集》第 46 卷，人民出版社，1970，第 235 ~ 236 页；《资本论》第 1 卷，人民出版社，1975，第 12 页。

② 戈尔巴乔夫等：《未来的社会主义》，中央编译出版社，1994，第 101 ~ 102 页。

主义产品经济形态。美国学者谢尔曼还提出“市场（非集中的）共产主义”和“可行性共产主义政治经济学”。

中国社会主义市场经济就是一种具有宏观计划的新型市场经济，市场和计划都是资源配置的有效形式；它们都是中国社会主义市场经济体制的组成部分，并体现了这种体制的本质要求；宏观调控应该是纳入现代市场经济的内生变量，是题中应有之义，此其一。其二，“市场搞定一切”论无疑是“市场万能”神话的翻版，在欧美经济学界早已遭到它的“克星”市场缺陷论和国家干预论的围剿，其原因在于：市场经济自身既具有二重性（资源配置方式是其自然属性而利益分配方式又是其社会属性），同时又存在着下述矛盾：平等原则与经济不平等的矛盾；经济主体追求自身利益与社会利益的矛盾；资源配置的优化性即推动交往（源于分工交换体系的发散性）、推动生产率（源于需求和价值的增殖性）与自发性、盲目性、滞后性的矛盾；人的独立性与人的物化或异化的矛盾。其三，这一观点又是市场万岁神话的翻版。从历史发展来看，人类社会经济形式的演变路径，就是基于人的依赖性的自然经济——基于物的依赖性的商品经济——基于人的全面发展的产品经济。商品经济或市场经济形态是人的发展第二历史形式，按照马克思关于“三个有利于”的标准，商品经济较之自然经济更加“有利于生产力的发展，有利于社会关系的发展，有利于更高级的新形态的各种要素的创造”。[①] 这是它取代自然经济的原因，同时也是必将被产品经济所取代的原因。共产主义社会的经济运行方式、劳动、劳动过程及其成果分配，势必摒弃商品经济和市场经济形式而采取新的更高级的形式。详而言之，市场经济与资本主义私有制的结合，在资本主义基本矛盾处于潜伏状态时期极大地促进了生产力的发展，两者呈现出相对适应性或兼容性。因此，资本主义私有制市场经济迄今为止尚有一定的生命力，它所容纳的生产力还未释放殆尽，具有较大的制度弹性、区域弹性或兼容性，因而绝大多数国家和民族都走上市场经济之路。资本主义基本矛盾处于激化状态时期，这两者呈现出对抗性或非兼容性。当代市场经济无论在理论上还是在实践上，都正越来越显示出一种对原来意义上的纯粹的私有制度即私人所有权的弱化、扬弃、脱离和否定的倾向。最终，私有制市场经济必将被能克服上述缺陷和矛盾的公有制市场经济所替代，并且后者也必将被在生产力发展的更高阶段上出现的公有制产品经

① 《马克思恩格斯全集》第25卷，人民出版社，1974，第926页。

济所取代。私有制市场经济——公有制市场经济——公有制产品经济，是社会经济形态的历史路标和运动路径。

社会主义公有制与市场经济如何结合，是一个带有开拓性的世纪性、世界级难题。关于这方面的研究极具理论挑战性，学术界在许多具体问题上尚无定论。但不可否认的是，新型的社会主义市场经济体制宛若一轮喷薄而出的朝阳，已屹立在东方地平线上。它初步焕发出来的制度潜能已被我们所铸造的战略起飞经济平台（GDP 10.2 万亿元、人均 GDP 1000 美元、经济规模居世界第二位）所证实。马克思当年在《共产党宣言》中赞叹被资本主义市场经济召唤出来的生产力起飞"奇迹"，即资本主义生产力不到一百年的发展已超过历史上全部生产力发展的总和，但与中国改革开放 30 余年的成就相比已相形见绌。要遵循马克思的社会机体发展规律，通过借鉴和吸纳尤其是中国共产党人和人民群众的实践和创新，我们一定能解决好在社会主义公有制与市场经济磨合过程中所产生的矛盾和问题，并在理论和实践的结合上完善、巩固和发展这一新生的经济形态，这是时代赋予的历史重任。

（作者系武汉大学经济思想史研究所所长，教授）

参考文献

伯特尔·奥尔曼：《市场社会主义——社会主义者之间的争论》，段忠桥译，新华出版社，2000。

约翰·罗默：《社会主义的未来》，余文烈等译，重庆出版社，1997。

阿兰·格鲁奇：《比较经济制度》，徐节文等译，中国社会科学出版社，1987。

颜鹏飞：《中国社会主义市场经济理论溯源》，湖北人民出版社，2001。

Roemer, J., P. Bardan, (eds.), *Market Socialism: The Current Debat*, Oxford University Press, 1993.

Yunker J. E., " Posy-Lange Market Socialism: An Evaluation of Profit-Oriented Proposals." *Journal of Economic Perpective*. 29 (3). September, 1995.

Ollman, B., *Market Socialism: The Debate Among Socialist*. New York and London: Routledge. 1998.

关于社会主义市场经济的几个理论问题

——在市场经济问题上马克思主义与新自由主义的原则分歧

周新城

改革开放以来，新自由主义思潮对我国改革开放和经济建设产生了严重干扰，当前仍然有一定的市场。关于社会主义市场经济的理论与实践一直是马克思主义与新自由主义斗争的焦点之一。

习近平总书记指出："西方经济学关于金融、价格、货币、市场、竞争、贸易、汇率、产业、企业、增长、管理等方面的知识，有反映社会化大生产和市场经济一般规律的一面，要注意借鉴。同时，对国外特别是西方经济学，我们要坚持去粗取精、去伪存真，坚持以我为主、为我所用，对其中反映资本主义制度属性、价值观念的内容，对其中具有西方意识形态色彩的内容，不能照抄照搬。"这一科学论述为研究和建设社会主义市场经济指明了方向。

一　建立社会主义市场经济体制是中国共产党的伟大创举

1992 年，党的十四大明确提出，我国经济体制改革的目标是建立社会主义市场经济体制。自此我国经济体制改革进入了一个新的阶段。回顾我国建立和完善社会主义市场经济体制的历程，我们可以看到，建立社会主义市场经济体制，是社会主义政治经济学史上一个伟大的创举，它提出并解决了一系列重大理论问题和实际问题，为我国经济的发展开辟了广阔的前景。近三十年来我国经济迅速发展，证明了社会主义市场经济体制的正确性。但是，不可否认，在建立和完善这一经济体制的过程中，我们不断受到各种错误思潮尤其是新自由主义的干扰，这种干扰至今还没有完全排除。在社会主义市场经济体制问题上，划清马克思主义与新自由主义的界限，仍是经济学界的一项重要任务，更是保证在社会主义的方向上坚持以经济建设为中心的重要政治任务。

马克思、恩格斯曾经提出，随着资本主义私有制的消灭，生产资料归全社会所有，商品货币关系将不再存在，市场也将消失，让位于计划。“一旦社会占有了生产资料，商品生产就将被消除，而产品对生产者的统治也将随之被消除。社会生产的无政府状态将为有计划的自觉的组织所代替。”① 社会主义革命是在经济文化比较落后的国家里首先发生的。现实的社会主义国家面临着要不要利用商品生产和商品交换、要不要利用市场机制的问题。在世界社会主义范围内一度占统治地位的观点是，计划经济、市场经济是社会基本制度的范畴，认为市场经济是资本主义的本质，计划经济才是社会主义的基本特征，在这种情况下，就不可能提出在社会主义条件下发展市场经济。自党的十一届三中全会以来，我国在改革开放过程中，通过不断总结改革实践的经验，逐步扩大市场调节的范围，加强市场机制的作用，最后党的十四大明确提出，我国经济体制改革的目标是建立社会主义市场经济体制。在世界社会主义事业中，提出建立社会主义市场经济体制的问题，是一个理论创新。

提出社会主义市场经济体制，并不是像某些学者想象的那样是照搬新自由主义的结果。有人认为，我国的市场取向改革是在新自由主义指导下提出来的，说我国的经济体制改革一直在黑暗中摸索，只是受到西方经济学（尤其是新自由主义）的启迪，并运用它来分析中国的问题后，才提出了应当发挥市场作用的思想。这种说法不符合实际。

关于在社会主义条件下，要不要和如何利用商品生产、价值规律和市场的问题，马克思主义者曾经进行过艰苦的探索。随着社会主义制度的建立，现实社会主义面临着要不要保留商品生产、要不要利用市场机制的问题。在这个问题上，列宁的思想经历了一个变化的过程。在战时共产主义时期，列宁主张消灭商品生产、消灭市场。但列宁是一个伟大的彻底的唯物主义者，真正做到了一切从实际出发，实事求是地总结经验、纠正错误。战时共产主

① 《马克思恩格斯选集》第 3 卷，人民出版社，1995，第 633 页。

义时期结束，面对极其困难的经济形势和复杂的矛盾，列宁得出结论，在小农占优势的经济落后的国家里，不能企图消灭商品生产和商品流转，必须利用商品货币关系和市场来建设社会主义。他把商品交换提到首位，把它作为新经济政策的主要杠杆，认为工农业之间的商品交换是社会主义的真正牢固的经济基础，而且是建设社会主义的唯一可能的形式。他提出要“按商业化原则办事”，学会“做文明商人的本领”。列宁是社会主义商品经济和市场理论的奠基人。在马克思主义发展史上，他最早肯定社会主义社会还存在着商品货币关系，还存在着商品生产和商品交换的“社会体系”，并把社会主义商品经济看作是一种特殊的商品经济。他明确指出，社会主义条件下的商品、货币的性质，既具有商品货币的一般性，又具有与资本主义商品货币不同的新的特点，即它是建立在生产资料公有制基础上的，这种商品货币关系不是任其自流的，而是处于国家计划指导、监督之下的。

20 世纪 20 年代末 30 年代初，苏联生产资料的所有制社会主义改造基本完成，一度否认社会主义社会存在商品货币关系的思想有所抬头。在 1934 年联共（布）十七大上，斯大林严厉批评了消除商品关系和消灭货币的思想，强调必须巩固苏联卢布和通过商品交换发展城乡之间的经济联系。1952 年斯大林在《苏联社会主义经济问题》一书中，系统地阐述了他对社会主义制度下商品生产与价值规律的看法。他指出，在全民所有制与集体所有制两种所有制并存的条件下，商品生产是不可避免的，“为了保证城市和乡村、工业和农业的经济结合，要在一定时期内保持商品生产（通过买卖的交换）这个为农民唯一可以接受的与城市进行经济联系的形式，并且要全力发展苏维埃商业”。[①] 他说，并不是任何时候、任何条件下商品生产都会引导到资本主义的，不能把商品生产与资本主义生产混为一谈，这是两种不同的东西。他认为，在苏联只有消费品是商品，生产资料不是商品，它只保留着商品的“外壳”。他提出，在社会主义制度下，价值规律是存在的，并发生着作用。但价值规律作用的范围受到了严格的限制，价值规律在个人消费品的商品交换领域保持着调节者的作用，而对生产领域则没有调节的意义，只是具有影响。“价值规律只是在资本主义制度下，在存在着竞争、生产无政府状态、生产过剩危机的情况下，才能是生产的调节者。”[②] 这表明，

① 《斯大林文选》（下），人民出版社，1962，第 590 页。

② 《斯大林文选》（下），人民出版社，1962，第 589 页。

斯大林虽然承认社会主义社会存在商品生产和价值规律，但反对市场对生产的调节作用，他只是要求在计划工作中考虑价值规律的影响。在苏联，这种承认商品生产但反对市场的观点，直到 1980 年代初，一直是占统治地位的观点。1960 年代围绕着“利别尔曼建议”开展的有关经济改革的讨论，还专门对“市场社会主义”进行了批判。

斯大林在《苏联社会主义经济问题》中阐述的关于社会主义商品生产和价值规律的观点，应该放到马克思主义经济思想发展的历史进程中，结合当时的条件进行评价，而不能用现在的认识对历史上的观点加以苛求。毛泽东在 1960 年代初指出，这本书“正确的方面是主要的……也有一些写得不妥当，再有一些恐怕他自己也没有搞清楚。不要轻易否定这本书”。[①]

新中国成立后，毛泽东对社会主义制度下商品生产和价值规律进行了探索。1958 年，他针对有些人急于消灭商品货币关系的观点，明确指出：“现在要利用商品生产、商品交换和价值法则，作为有用的工具，为社会主义服务。”“必须肯定社会主义的商品生产和商品交换还有积极作用。调拨的产品只是一部分，多数产品是通过买卖进行商品变换。”[②] 他批评有人把商品生产同资本主义生产混为一谈，说他们“没有分清社会主义商品生产和资本主义商品生产的区别，不懂得在社会主义条件下利用商品生产的作用和重要性。这是不承认客观法则的表现，是不认识五亿农民的问题”。他提出，“要有计划地大力发展社会主义商品生产”。[③] 他认为，不仅消费品，而且一部分生产资料也是商品。他强调要利用价值规律为社会主义建设服务，提出“价值法则是一个伟大的学校”的名言，认为只有利用价值规律，“才有可能教会我们的几千万干部和几万万人民，才有可能建设我们的社会主义和共产主义。否则一切都不可能”。[④] 他主张在制定和实施计划时充分考虑和利用价值规律的作用，但不赞成市场的自发调节。

在我国党和国家的领导人中，长期主管财政经济领导工作的陈云同志，在社会主义条件下计划与市场的关系以及利用市场调节的问题上，提出了精辟的、富有创见的论点。早在 1956 年，陈云在党的八大上就提出了著

① 毛泽东：《读社会主义政治经济学批注和谈话》，中华人民共和国国史学会，1998，第 25 页。

② 《毛泽东文集》第 7 卷，人民出版社，1999，第 435、436 页。

③ 《毛泽东文集》第 7 卷，人民出版社，1999，第 437、438 页。

④ 《毛泽东文集》第 8 卷，人民出版社，1999，第 34 页。

名的“三个主体、三个补充”的经济体制构想，即在工商业经营方面，以国家经营为主体，个体经营为辅；在生产计划方面，以计划生产为主体，自由生产为辅；在统一的市场中，以国家市场为主体，自由市场为辅。他指出，“全国的工农业产品的主要部分是按照计划生产的，但是同时有一部分产品是按照市场变化而在国家计划许可的范围内自由生产。计划生产是工农业生产的主体，按照市场变化而在国家计划许可的范围内的自由生产是计划生产的补充。因此，我国的市场，绝不会是资本主义的自由市场，而是社会主义的统一市场。在社会主义的统一市场里，国家市场是它的主体，但是附有一定范围内国家领导的自由市场。这种自由市场，是在国家领导之下，作为国家市场的补充，因此它是社会主义统一市场的组成部分。”① 这一构想得到毛泽东的肯定，并受到与会代表和一些外国人士的赞扬。

党的十一届三中全会以后，在改革开放的形势下，陈云根据社会主义经济建设正反两方面的经验，补充、完善和发展了原有的观点，为我国探索计划与市场相结合的问题提供了新的认识。1979 年 3 月，他专门写了一份《计划与市场》问题的提纲，指出：“六十年来，无论苏联或中国的计划工作制度中出现的主要缺点，只有‘有计划按比例’这一条，没有在社会主义制度下还必须有市场调节这一条。”② 由于这个原因，我们的计划太死，缺少市场自动调节部分，因而“生产不能丰富多彩，人民所需日用品十分单调”。他认为“整个社会主义时期”必须有两种经济：计划经济部分和市场调节部分。他所说的“市场调节”，是指“按价值规律调节，在经济生活的某些方面可以用‘无政府’、‘盲目’生产的办法来加以调节”。他认为，这种市场调节是在国家总体调控下起作用的，它“只能是有益的补充”，而不会导致整个社会生产的无政府状态。陈云指出：“问题的关键是，直到现在我们还不是有意识地认识到这两种经济同时并存的必然性和必要性，还没有弄清这两种经济在不同部门应占的比例。”③ 他把市场与计划的关系比作鸟和笼子的关系。他说：“搞活经济是在计划指导下搞活，不是离开计划指导的搞活。这就像鸟和笼子的关系一样，鸟不能捏在手里，捏在手里会死，

① 《陈云文选》第 3 卷，人民出版社，1995，第 13 页。

② 《陈云文选》第 3 卷，人民出版社，1995，第 244、245 页。

③ 《陈云文选》第 3 卷，人民出版社，1995，第 245 页。

要让它飞，但只能让它在笼子里飞。没有笼子，它就飞跑了。如果说鸟是搞活经济的话，那么，笼子就是国家计划。”[①] “当然，‘笼子’大小要适当，该多大就多大。”“‘笼子’本身也要经常调整，比如对五年计划进行修改。但无论如何，总得有个‘笼子’。”[②]

改革开放后，邓小平同志全面地、系统地提出了社会主义市场经济理论。这里需要特别强调的问题是，邓小平同志及我国其他马克思主义学者关于市场经济的思想成果证明，市场经济不是新自由主义的“专利”，马克思主义者在这个问题上一直在进行探索，我们今天在市场经济问题上的认识正是在继承和发展历史上探索成果的基础上得出来的。我国改革的历史也表明，提出建立社会主义市场经济体制，并不是以新自由主义为指导思想的。第一，建立社会主义市场经济体制的理论基础，是邓小平关于计划与市场的思想，这一思想是他运用马克思主义基本原理观察、分析现实经济生活得出的。邓小平指出，计划经济、市场经济都是发展生产的方法、调节经济的手段，它们属于运行机制的范畴。运用什么方法、手段，应该根据生产力发展的需要进行选择，这一论断，从根本上解除了把计划经济和市场经济看作是社会基本制度范畴的思想束缚，为建立社会主义市场经济创造了前提条件。第二，建立社会主义市场经济，是以我国改革开放的实际经验为实践基础的。把社会主义市场经济体制确定为我国经济体制改革的目标，是党的十四大根据邓小平理论，总结我国改革的实践提出来的。十四大指出，改革十多年来的实践表明，“市场作用发挥比较充分的地方，经济活力就比较强，发展态势也比较好。我国经济要优化结构，提高效益，加快发展，参与国际竞争，就必须继续强化市场机制的作用”。[③] 可见，建立社会主义市场经济体制是我们党把马克思主义基本原理同中国实际相结合进行探索的成果，是对马克思主义的丰富和发展。这同新自由主义是不相干的。

把市场经济同资本主义制度结合起来，即搞资本主义市场经济，人类已经有了几百年的历史了；把计划经济同社会主义制度结合起来，即搞社会主义计划经济，自社会主义社会建立以来，也有了几十年的经验。这些都是人

---

① 《陈云文选》第 3 卷，人民出版社，1995，第 320 页。

② 《陈云文选》第 3 卷，人民出版社，1995，第 320 页。

③ 《十四大以来的重要文献选编》（上），人民出版社，1995，第 18 页。

们熟悉的。把社会主义基本制度同市场经济这种运行机制结合起来，在社会主义条件下发挥市场机制对资源配置的决定性作用，这是前无古人的，是中国共产党人的创造。改革开放三十多年的实践表明，这一创造是成功的（尽管还存在许多问题需要从理论上和实践上进一步解决）。党的十七大指出，“把坚持社会主义基本制度同发展市场经济结合起来”，是我国加快实现现代化、巩固和发展社会主义的一项宝贵经验。

但是，围绕着社会主义市场经济问题存在着许多分歧，有的还属于原则性的分歧，需要运用马克思主义的立场和方法加以分析，以明辨是非。大体上有以下几个问题。第一，市场经济有没有社会制度属性？要不要在市场经济前面加“社会主义”四个字？第二，市场经济与社会主义基本经济制度是什么关系？是基本经济制度决定市场经济的运转，还是相反？市场经济要不要为社会主义基本经济制度服务？第三，社会主义基本制度能不能同市场经济相结合，即公有制同市场经济是否相容？第四，社会主义基本制度如何同市场经济相结合，建立社会主义市场经济是不是可以照搬西方的市场经济？第五，社会主义市场经济体制是否排斥计划，即要不要把市场经济同国家宏观调控结合起来？围绕着这些问题，马克思主义与新自由主义进行着激烈的斗争。

二　邓小平理论是讨论我国社会主义市场经济的理论原点

党的十八届三中全会通过的《关于全面深化改革若干重大问题的决定》提出，要“使市场在资源配置中起决定性作用”。这一提法，引发了关于市场经济的性质、地位和作用的新一轮热烈讨论。

有人从新自由主义的市场经济万能论出发来理解这一论断，他们把“使市场在资源配置中起决定性作用”中的“资源配置”四个字删去，改成“市场起决定性作用”，仿佛市场在一切领域都应该起决定性作用。有一篇解读党的十八届三中全会精神的文章说：“提出市场起决定性作用，就是改革的突破口和路线图，基本经济制度、市场体系、政府职能和宏观调控、财税金融、土地制度、生态文明等方面的改革，都要以此为标尺，需要摸着石头过河的改革也有了原则和检验尺度。”这是“深化经济体制改革以及引领其他领域改革的基本方针”。并且此文还明确地指出，政府应该放弃调节经济的职能。[①] 按照此观点，“市场起决定性作用”是全面的、无所不包的，任何经济领域都要由市场来决定。同时，也有一部分人担心市场作用大了、起决定性作用了，会导致资本主义。他们的思想深处仍旧认为市场经济是资本主义的东西，市场经济不能搞多了，搞多了就会变成资本主义。

为了正确理解我国市场取向改革的问题，包括党的十八届三中全会提出的“使市场在资源配置中起决定性作用”的问题，我们必须依据邓小平理论，尤其是他关于市场经济的理论来进行分析。邓小平关于市场经济的思想是我国建立社会主义市场经济体制的理论基础。

改革开放前，我国的政治经济学教科书都以为，市场经济、计划经济都是基本制度的范畴，它们反映了社会制度的本质。市场经济是资本主义特有的东西，计划经济才是社会主义的本质特征。这种思想严重束缚了我国经济建设，使得我们不敢运用市场机制来调节经济活动，怕多用了市场机制，就走上了资本主义道路。邓小平对社会主义政治经济学的一大贡献就是，他明确指出，市场经济、计划经济不是基本制度的范畴，而是属于运行机制的范畴，是资本主义、社会主义都可以运用的发展生产的方法、调节经济的手段。

1979 年，邓小平指出：“说市场经济只存在于资本主义社会，只有资本主义的市场经济，这肯定是不正确的。社会主义为什么不可以搞市场经济，这个不能说是资本主义。”“社会主义也可以搞市场经济”，这是社会主义利用这种方法来发展社会生产力，不会影响整个社会主义，不会回到资本主义。社会主义市场经济“虽然方法上基本上和资本主义社会相似，但也有不同”，它“归根结底是社会主义的，是社会主义社会的”。[②] 1985 年邓小平又鲜明地指出：“社会主义和市场经济之间不存在根本矛盾。问题是用什么方法才能有力地发展社会生产力。我们过去一直搞计划经济，但多年的实践证明，在某种意义上说，只搞计划经济会束缚生产力的发展。把计划经济和市场经济结合起来，就更能解放生产力，加速经济发展。”“要发展生产力，靠过去的经济体制不能解决问题。所以，我们吸收资本主义中一些有用的方法来发展生产力。现在看得很清楚，实行对外开放政策，搞计划经济和市场经济相结合，进行一系列的体制改革，这个路子是对的。”“我们发挥

① 杨伟民：《句句是改革，字字有力度》，《人民日报》2013 年 11 月 5 日。

② 《邓小平文选》第 2 卷，人民出版社，1994，第 236 页。

社会主义固有的特点，也采用资本主义的一些方法（是当作方法来用的），目的就是要加速发展生产力。”① 1987 年党的十三大召开前夕，邓小平进一步指出：“为什么一谈市场就说是资本主义，只有计划经济才是社会主义呢？计划和市场都是方法嘛。只要对发展生产力有好处，就可以利用。它为社会主义服务，就是社会主义的；为资本主义服务，就是资本主义的。”②根据邓小平的意见，党的十三大报告明确了社会主义的经济体制应该是计划与市场内在统一的体制。1990 年底，他在同几位中央领导的谈话中强调，“我们必须从理论上搞懂，资本主义与社会主义的区分不在于是计划还是市场这样的问题。社会主义也有市场经济，资本主义也有计划控制。……计划和市场都得要。”③ 1991 年初，他在视察上海时的谈话中再一次强调：“不要以为，一说计划就是社会主义，一说市场就是资本主义，不是那么回事，两者都是手段，市场也可以为社会主义服务。”④ 1992 年初，邓小平在南方谈话中，更加明确地指出：“计划多一点还是市场多一点，不是社会主义与资本主义的本质区别。计划经济不等于社会主义，资本主义也有计划；市场经济不等于资本主义，社会主义也有市场。计划和市场都是经济手段。”⑤

邓小平这一系列讲话，把市场经济的有关问题说得非常清楚了。这些讲话，在 1990 年代是耳熟能详的。我们之所以不嫌其烦地引用这些话，是因为时至今日，每当讨论到有关市场经济的具体问题，人们往往把邓小平这些话置诸脑后，忘记运用他关于市场经济的基本思想来分析问题了。看来，重新学习邓小平这些思想是很有必要的。

把邓小平有关市场经济的思想概括起来，就是要牢牢把握住一点，即市场经济是发展生产的方法、调节经济的手段。既然是方法、手段，那么，资本主义可以用，社会主义也可以用，这就同把市场经济看作是资本主义本质特征的传统观念区别开来了；既然是方法、手段，那么，能够促进生产力发展，我们就用，不能促进生产力发展，我们就不用，这就同新自由主义的市场经济万能论区别开来了；既然是方法、手段，那么决定性的是谁来运用，为什么目的来运用这种方法、手段，这就可以明确市场经济是从属于基本经

---

① 《邓小平文选》第 3 卷，人民出版社，1993，第 148、149 页。
② 《邓小平文选》第 3 卷，人民出版社，1993，第 203 页。
③ 《邓小平文选》第 3 卷，人民出版社，1993，第 364 页。
④ 《邓小平文选》第 3 卷，人民出版社，1993，第 367 页。
⑤ 《邓小平文选》第 3 卷，人民出版社，1993，第 376 页。

济制度的，从而与新自由主义把市场经济的地位抬高到第一位的错误观点区别开来了。

三　市场经济必然要同一定的社会基本经济制度结合在一起，因而有姓“社”姓“资”的区别

市场经济是发展生产的方法、调节经济的手段，那么它有没有社会制度的属性呢？有没有社会主义市场经济、资本主义市场经济的区别呢？记得1992年党的十四大前夕，在讨论十四大报告稿时，就有人给中央写信，反对“社会主义市场经济体制”的提法，说什么“市场经济就是市场经济，市场经济没有社会主义、资本主义的区别。没有什么‘社会主义市场经济体制’。如果一定要加个形容词，那就叫现代市场经济体制好了”。现在这样公开反对“社会主义市场经济体制”提法的人不多了，但这种看法，至今仍或隐或显地存在。比如，有的经济学家开口闭口讲市场经济，就是不提“社会主义”四个字，不讲社会主义市场经济。回顾二十多年来关于社会主义市场经济的讨论，正如刘国光同志批评的，有一种倾向，即把市场经济同社会主义割裂开来，市场经济讲多了，社会主义讲少了，甚至不讲了。

毫无疑问，市场经济作为发达商品经济基础上的一种经济运行机制，有它自己固有的内容。例如，进入市场的主体（企业）应该是拥有自主经营权、自负盈亏的经济实体，它能够根据市场上供求关系的变化自主地做出经营决策，并对决策的后果负责；绝大多数产品的价格由市场供求关系来决定，而不是由国家来规定；有比较完整的市场体系，包括商品市场、资本市场、技术市场、劳动力市场，各个经济领域市场都能发挥作用；有一系列与市场经济相配套的法律、规章制度和社会保障体系，等等。没有这些内容，市场经济就无法正常运行；没有这些内容，也就不成其为市场经济了。这是各种社会制度下的市场经济的共性，也就是邓小平所说的社会主义市场经济“在方法上基本上和资本主义社会相似”的含义。

但是，任何经济运行机制都是在一定生产资料所有制基础上运转的，它不可能脱离所有制独立地存在、孤立地运转。市场经济作为发展生产的方法、调节经济的手段，必然要有一个行为主体来使用它，它必然要为使用它的行为主体的利益服务。离开行为主体，方法、手段是不可能存在的。这个行为主体就是占有生产资料的经济单位。概括地说，市场经济不是在公有制

基础上运转，就是在私有制基础上运转；不是为公有制服务，就是为私有制服务。而所有制是一个社会的基本经济制度，生产资料公有制是社会主义社会的基本经济制度；生产资料资产阶级私有制是资本主义社会的基本经济制度。所以，换句话说，在当今历史条件下，市场经济不是同社会主义基本经济制度相结合，就是同资本主义基本经济制度相结合；不是为社会主义基本经济制度服务，就是为资本主义基本经济制度服务。市场经济是离不开所有制（即基本经济制度）的。

从哲学上讲，共性寓于特殊性之中。我们在理论上可以把同类事物中共同的东西抽象出来进行认识和分析，但在现实生活中，没有脱离特殊性而独立存在的共性。打个比方说，我们可以把各种具体水果（苹果、橘子、梨、香蕉，等等）中共性的东西抽象出来，把它概括为水果，但在市场上能够买到的，只能是关于社会主义市场经济的几个理论问题具体的水果。脱离具体的苹果、橘子、梨、香蕉等的抽象水果，在实际生活中是不可能存在的，是买不到的。同样，我们可以把在资本主义、社会主义等不同社会里运行的市场机制的共同的东西抽象出来，认识它运行的共同规律性，但在现实生活中，能够实际存在的市场经济总是同一定的所有制、一定的社会基本经济制度结合在一起的。世界上没有脱离基本经济制度而独立存在的抽象的市场经济。

市场经济同社会基本经济制度的结合，并不是简单地拼装在一起，而是相互之间存在着从属关系的有机结合。其中基本经济制度是第一位的、决定性的，市场经济是第二位的、从属的，它要反映基本经济制度的特点和要求，它的运行要为巩固和发展基本经济制度服务。从这个意义上讲，市场经济是有社会制度属性的。市场经济同资本主义基本制度相结合，为资本主义基本制度服务，它就是资本主义市场经济；市场经济同社会主义基本制度相结合，为社会主义基本制度服务，它就是社会主义市场经济。在现实生活中，市场经济的“社会主义”、“资本主义”这类前置词是不可或缺的。从这个角度说，市场经济是有姓“社”姓“资”区别的。

1994 年江泽民在天津考察时明确指出：“我国搞的市场经济是同社会主义基本制度紧密结合在一起的。如果离开了社会主义基本制度，就会走向资本主义。”他针对有些人提出的为什么市场经济前面要加“社会主义”四个字的疑问，特地强调：“我们搞的是社会主义市场经济，‘社会主义’这几个字是不能没有的，这并非多余，并非画蛇添足，而恰恰相反，这是画龙点睛。所谓‘点睛’，就是点明了我们的市场经济的性质。西方市场经济符合社会化生产、符合市场一般规律的东西，毫无疑义，我们要积极学习和借鉴，这是共同点。但西方市场经济是在资本主义制度下搞的，我们的市场经济是在社会主义制度下搞的，这是不同点。而我们的创造性和特色也就体现在这里。”①

邓小平同志晚年提出“社会主义市场经济的优越性在哪里？就在四个坚持”，“四个坚持是成套设备。”所以，我们在研究市场经济问题时，不仅要研究市场经济这种方法、手段的一般特征，更重要的是要研究社会主义条件下市场经济运行的特殊性，即研究市场经济这种运行机制是如何同社会主义基本制度相结合的，研究它的运行如何反映基本经济制度的特点和要求、如何为巩固和发展社会主义基本经济制度服务的。而这一点，恰恰是当前经济学研究的薄弱环节。

四 公有制是可以搞市场经济的

在讨论市场经济问题时，经常听到一种说法：市场经济同公有制（尤其是国有经济）不相容，要搞市场经济，必须实行私有化。有一位学者曾提出：“市场经济增长一分，国有经济就萎缩一分；市场经济建成之日，就是国有经济消亡之时。”这是一些经济学家反对公有制、鼓吹私有化的一个重要论据。在中央召开专门研究国有企业改革的十五届四中全会前夕，《中国改革》杂志接连发表了三篇评论员文章，宣传“国有企业不能构成市场经济的主体”，把国有经济与市场经济的结合称为“悖论”，提出改革必须走出“悖论”，结论是：“按照市场经济的根本要求，（国有企业）改革的出路只能是非国有化。”所谓“非国有化”，就是把国有资产量化到个人，实行私有化。这几篇评论员文章理所当然遭到中央领导人的批评。

遗憾的是，我国实际负责经济改革工作的一些领导干部，也持有这样的观点。例如，“讨论国有企业、央企的边界，其实多年前已经形成共识，只有市场做不了或者不经济的领域，国有企业才可以参与，要大力发展民营经

① 江泽民：《论社会主义市场经济》，人民出版社，2006，第 202、203 页。

济，民本经济是基础和主体。”① 他们的逻辑是这样的：大前提，我们的改革是要把计划经济体制改成市场经济体制；小前提，公有制经济（尤其是国有经济）同市场经济不能相容，两者是对立的；结论自然是，私有化势在必行。非常遗憾的是，这些经济学家从来不从理论上论证，为什么市场经济同公有制不相容？而只是把这一点当作不容争辩的公理来推销。

主张公有制同市场经济不相容的学者，在20世纪90年代的时候，总是标榜赞成邓小平理论的，甚至把邓小平理论称为马克思主义的“坐标”。然而，他们对邓小平理论采取的是实用主义的态度，有选择地摘取对他们有用的片言只语，对于不符合他们需要的理论则置之不理。说市场经济同公有制不相容，就是一个典型例子。

公有制同市场经济相结合的问题，实质是市场经济这种运行机制，对进入市场的行为主体提出的要求是什么，公有制能不能满足这种要求。在社会化生产的条件下，经济运行无非是两种方式：一是计划经济，二是市场经济。计划经济要求企业的生产经营活动完全听从国家统一安排，生产什么、生产多少，由国家下达指令性计划加以规定，企业只是计划执行单位，它既没有经营自主权，也没有经济责任，盈亏都由国家负责。市场经济这种经济运行方式则不同。市场经济是这样一种经济运行机制：企业生产什么、生产多少、怎样生产，不是由国家规定的，而是由企业从自身的经济利益出发，根据市场上商品供求关系，自主地做出经营决策。各种生产要素（包括生产资料、劳动力、技术等等）都通过市场进行配置。在市场经济这种运行机制中发挥作用的是价值规律、竞争规律、供求规律。建立市场经济有一个起码的前提，即进入市场交换的主体是独立的，拥有自主的经营决策权，并具有自己的经济利益，能够根据本身的利益对市场信号自主地做出反应。私有制是符合这一条件的，而且历史发展的事实是，在社会主义制度出现以前，市场经济一直是与私有制结合在一起、以私有制为基础的，这就给人们一种只有私有制才能搞市场经济的印象。社会主义革命在一些国家取得胜利以后，在相当长时期内，由于受国际国内形势的制约和人们思想认识上的局限，实行的是计划经济体制。在这种体制下，生产资料全民所有制一直采取“国家所有，国家直接经营、统负盈亏”这种实现形式。在生产上，企业生

① 徐以升：《经济刺激周年　意见领袖展望宏观政策未来》，《第一财经日报》2009年11月6日。

产什么、生产多少，由国家下达指令性计划加以规定，生产上需要的物资，由国家按照计划进行调拨，生产出来的产品，由国家统一包销；在财务上，生产所需要的资金，由国家拨给，企业获得的利润，基本上全部上交国家，而亏损则由国家补贴。这样，企业就成为国家机关的附属物，没有经营自主权，也没有独立的经济利益，一切生产经营活动都与市场无关。公有制这种实现形式显然是与市场经济运行机制相排斥的。由于在社会主义国家里计划经济体制实行了几十年时间，人们习惯了这种公有制实现形式，这也容易给人们一种公有制不能搞市场经济的印象。问题在于，公有制经济（尤其是国有经济）能不能塑造市场机制运行所需要的行为主体？如果公有制能够塑造这样的主体，它就可以同市场经济相结合；如果不能塑造这样的主体，它就同市场经济不相容了。

我国在改革开放以前，国有经济按照计划经济的要求，一直实行“国家所有，国家统一经营、统负盈亏”的体制。公有制的这种实现形式确实是同市场经济不相容的，它确实不能搞市场经济。但是，公有制可以有不同的实现形式。1984 年党的十二届三中全会通过的《中共中央关于经济体制改革的决定》就提出，以往的观念往往把全民所有同国家机构直接管理混为一谈，“根据马克思主义的理论和社会主义国家的实践，所有权同经营权是可以适当分开的。”《决定》要求国有经济进行改革，目标是“使企业真正成为相对独立的经济实体，成为自主经营、自负盈亏的社会主义商品生产者和经营者，具有自我改造和自我发展的能力，成为具有一定权利和义务的法人”。[①] 这就是说，国有经济的改革是在保持生产资料归国家所有的前提下，由“国家统一经营、统负盈亏”改为“企业自主经营、自负盈亏”。国家所有制的实现形式实行这样的改革，就可以塑造市场机制运行的行为主体，就可以为建立市场经济体制创造前提条件。所以，理解公有制（国家所有制）能不能同市场经济相容的问题，从认识上说，关键是要把公有制本身与它的实现形式分开。我国的实践表明，同市场经济不相容的，不是公有制本身，而是在特殊历史条件下形成的“国家统一经营、统负盈亏”这种实现形式，只要通过改革，改变公有制的实现形式，改为“企业自主经营、自负盈亏”，公有制（国家所有制）就可以搞市场经济。

我国国有企业的改革正是按照这个思路进行的。经过三十多年的改革，

① 《十二大以来重要文献选编》（中），人民出版社，1986，第 565 ~ 566 页。

我国已经有一大批国有企业按照市场经济的需要，改革了经营方式、管理方法、组织结构、领导制度、资本组织形式，在市场经济的大潮中不断壮大、发展，有的还跻身世界500强。这方面的典型很多，例如中国建材集团、中国医药集团就是很好的例子。它们用实践证明了，公有制不仅可以同市场经济相结合，而且可以结合得很好。

并且，公有制可以搞市场经济，这是一些西方经济学家也承认的事实。在1994年中央经济工作会议前夕，中央曾派记者采访西方12个诺贝尔经济学奖获得者，听取他们对中国经济改革的意见。在采访中，萨缪尔逊就从理论上论证了公有制也可以实行市场经济，他说："市场主体的最基本特征是自负盈亏，只要分清了企业的所有权和管理权，实现真正的自负盈亏，就可以形成一个正常的市场主体，而与其所有制性质并无直接关系，公有与私有都是没有区别的。"连国内主张私有化的经济学家最崇拜的科斯也说："由于西方经济学的整个理论体系是以私有制已经存在为假定前提的，这就很容易推出私有制是市场经济唯一前提的结论。而我们现在所看到的市场经济的制度基础也只有私有制一种。但历史并没有对公有制基础上的市场经济做出证伪。"他还说，"如果中国能做到把公有制同市场经济结合起来，这才是真正的中国特色"。

理论与实践都表明，公有制与市场经济不相容、公有制不能搞市场经济的观点是站不住脚的。这种观点，从理论上说，是退回到改革开放前的把市场经济看作是基本制度范畴的传统观念上去了，仿佛市场经济是资本主义制度的本质，只有资本主义才能实行市场经济；从政治上说，是直接反对党的十四大关于建立社会主义市场经济体制的决策，因为公有制与市场经济不相容，那等于说，不可能有社会主义市场经济体制。一些经济学家至今还在使劲鼓吹这个观点，不过是为他们推行私有化制造舆论罢了。

新自由主义者鼓吹搞市场经济必须实行私有化，往往还有一个依据，那就是公有制产权不明晰，必须把产权落实到个人，才能实行市场经济。他们引用党的十四届三中全会决议关于现代企业制度"产权清晰、权责明确、政企分开、管理科学"的相关阐述，提出国有企业产权不清晰，全民所有制名为"人人所有"，实为"人人皆无"，只有实行产权私有化，把全民资产量化到个人，产权才能清晰，才能建立现代企业制度，形成市场的主体，才能搞市场经济。一段时间里，经济学家把国有企业的改革，归结为产权改革，而把产权归结为所有权，进而把改革归结为私有化，仿佛市场取向改革的关键是公有制的私有化。这也是一个被新自由主义者搞得混乱不堪的问题。

应如何正确理解决议中所说的“产权清晰”的含义呢？按照马克思主义的观点，产权就是人们对财产的权利。权利是法律概念，产权是有关生产资料所有制的各种经济关系的法律表现。财产权利，不是单一的权利，而是多种权利的综合体。如果从我国国有企业改革的角度来考察，产权这一概念至少可以包含两组权利，即财产的所有权（这是根本的、具有决定意义的权利）和财产的使用权、支配权，也就是经营权（这是由所有权决定的，但又具有相对独立性的权利）。此外，还有收益权，这是从所有权、使用权派生出来的。

从财产所有权这一层次上来考察，我国国有企业的产权是明晰的。我国国有企业的财产是属于全体劳动人民的，无产阶级专政的国家代表全体劳动人民并基于全体劳动人民的根本利益对国有企业的财产行使所有权，所以，国家所有制就是全民所有制。我国的法律对全民所有制企业财产的所有权有十分明确的规定。例如，《国有企业财产监督管理条例》指出：“企业财产属于全民所有，即国家所有。国务院代表国家统一行使对企业财产的所有权。”当然，在具体工作中，这种所有权仍需要落实，不仅要清产核资，从数量上界定产权，而且要明确哪一个具体的国家机关代表国家来行使所有权。从这个意义上讲，财产所有权要进一步具体化，但不能由此笼统地得出结论说国有企业的所有权是不明晰的。

就财产的使用权、支配权，即经营权这一层次来说，从当时情况看，国有企业在这方面确实需要明晰化。在高度集中的计划经济体制条件下，企业基本上没有经营自主权，国家不仅拥有全民所有制财产的所有权，而且拥有其使用权、支配权。全民所有制采取的是国家所有、国家统一经营、统负盈亏的实现形式。这种体制虽然有它历史的由来，曾经起过历史的积极作用，但随着形势的变化，已经不适应，甚至束缚了生产力的发展，必须进行改革，相应地财产权利也应改变。1984 年党的十二届三中全会通过的《中共中央关于经济体制改革的决定》就指出，必须把所有权与使用权分开，把经营权交给企业。这一思路是符合建立社会主义市场经济体制要求的，因为它既坚持了社会主义的本质特征——公有制，又为市场经济创造了基本前提——自主经营、自负盈亏的市场主体。然而，直到 1993 年党的十四届三中全会的时候，这个问题仍没有完全得到解决。我国国有企业并没有真正成为自主经营、自负盈亏的经济实体，《全民所有制工业企业转换经营机制条例》规定的企业应该拥有的14项权力，没有得到完全落实，国家机关直接干预企业日常经营活动的状况依然大量存在。也就是说，国有企业的财产使用权和支配权即经营权仍不明晰。这表明市场主体还没有完全形成，这种状况是与建立市场经济的要求不相适应的。因此，建立现代企业制度中“产权清晰”的重点应该是确定国有企业应该拥有的财产使用权和支配权，把企业的各项权利和责任不折不扣地落到实处。所以，“产权清晰”的含义，是指所有权与经营权分开，国家掌握生产资料的所有权，而把生产资料的使用权（也就是经营权）交给企业。这一含义同“政企分开”是完全一致的，而与私有化是风马牛不相及的。

五　市场经济应该服从于、服务于基本经济制度

在讨论市场经济问题时，有人把市场经济抬高到决定一切的地位，一切都得听从市场的要求，进而提出市场经济应该成为基本经济制度改革的“标尺”、“原则”、“检验尺度”。这就涉及经济学的一个基本理论问题。市场经济、所有制都是人与人之间的经济关系。作为一种经济运行机制的市场经济和作为基本经济制度的所有制结构，它们在经济关系体系中各自的位置是什么？它们之间是什么关系？是市场经济决定所有制结构，还是所有制决定市场经济这种方法、手段的运用？

在任何社会里，人与人之间的经济关系（也就是生产关系）的内容是多种多样的，它是一个多层次的、具有隶属关系的系统。概括来说，经济关系至少有两个层次的内容。第一，是反映社会经济形态本质的人与人之间的经济关系。这类经济关系决定了生产的目的，决定了社会的阶级结构。每一种社会制度都有它自己固有的、与其他社会制度相区别的社会经济关系，这种社会经济关系构成了该社会制度的质的规定性，决定了它的特点和历史特殊性。所有制关系是这类经济关系的最重要部分，它体现在制度上，就是基本经济制度。第二，是在具体组织生产、交换、分配、消费过程中发生的人与人之间的经济关系。这类经济关系反映在经济运行、资源配置的过程中，它说明的是各种生产要素相互结合的具体形式和特点，例如企业的经营形式和管理方法，调节经济运行的计划手段和市场手段，等等。这类经济关系，体现在制度上，就是具体的经济体制、运行机制。在经济关系（即生产关

系）这一系统中，前者是决定性的、第一位的，因为它决定着社会制度的性质；后者是从属的、第二位的，因为它虽有其相对独立的一面，但归根结底是前者的具体实现形式，是从属于前者的，必须反映前者的特点和要求。所有制关系属于前者的内容，而且是其基础；市场经济则属于后者的内容。所有制与市场经济的关系是清楚的：所有制决定市场经济的性质和运行特点，而不是相反。

邓小平关于市场经济的思想包含了对这个问题的答案。他提出市场经济是发展生产的方法、调节经济的手段。既然市场经济是方法、手段，而方法、手段是不可能独立存在的，必然要由某个行为主体来运用它，怎么运用市场经济这种方法、手段，要由行为主体根据需要来定。行为主体从自己的利益出发，决定采用什么方法、手段，而不是方法、手段决定行为的主体。

再来看一看我们的基本经济制度（所有制结构）是怎么提出来的。我国正处在社会主义初级阶段，这包含了两个含义：第一，我们已经进入社会主义社会，而社会主义的经济基础是生产资料公有制，因而必须坚持公有制；第二，我国的社会主义还处于初级阶段，生产力不够发达，而且发展又不平衡，不可能实行单一的公有制，与多层次生产力水平相适应，我们还需要有非公有制经济作为社会主义经济的补充。正是把马克思主义关于生产力与生产关系相互关系的原理同我国社会主义初级阶段的实际相结合，我们党才提出并建立公有制为主体、多种所有制经济共同发展的基本经济制度。只要是处于社会主义初级阶段，就必须实行这样的基本经济制度，这是具有必然性的客观规律。

六　社会主义市场经济体制不能照搬西方的市场经济

讨论社会主义市场经济问题，不仅要回答公有制能不能同市场经济相结合，还需要回答社会主义基本制度如何同市场经济相结合。

应该承认，自从党的十四大提出我国经济体制改革的目标是建立社会主义市场经济体制以来，对社会主义制度与市场经济如何结合这个问题，学术界还缺乏深入的研究。人们经常是采用“拼装”法，把社会主义制度与市场经济运行机制当作两个独立的零件拼在一起。例如，当人们谈到社会主义市场经济与资本主义市场经济的区别时，往往只是指出，社会主义市场经济是以公有制为主体，以按劳分配为主体，国家实行宏观调控把人民的长远利益与眼前利益、整体利益与局部利益结合起来。这实际上仅仅指出了社会主义制度与资本主义制度的区别，而没有指出社会主义条件下的市场经济与资本主义条件下的市场经济有什么区别，仿佛市场经济本身并没有发生什么变化，仿佛不管在什么社会制度下，市场经济都没有什么区别，也不会有区别。有的经济学家则明确指出，市场经济就是资本主义国家里搞的市场经济，社会主义市场经济就是在社会主义国家里把资本主义市场经济那一套搬过来。他们从来不研究，也不想研究市场经济这种运行机制同社会主义制度相结合，它的具体实现形式会发生什么变化，即市场经济是如何适应和服从社会主义制度的本质要求的。然而，资本主义市场经济本质上是反映和体现了资本主义基本制度的要求，是为资产阶级的利益服务的，照搬资本主义市场经济体制，长此以往，是会销蚀社会主义制度的。例如，在社会主义公有制企业里，照搬资本主义市场经济条件下的企业管理方法，慢慢地就会把工人当作雇佣劳动者，削弱以致否定工人阶级的主人翁地位，否定全心全意依靠工人阶级的必要性，进而根本改变企业的社会主义性质。

基本制度和运行机制是一个社会经济体系的两个层面的内容，它们都具有自己的固有的质的规定性。如果丧失了这种规定性，也就不成其为这个事物本身。但是，无论是社会基本制度还是经济运行机制，也都有自己本质的具体实现形式。一种事物的表现形式，适应外部环境的需要，可以是多种多样的。当基本制度与运行机制相结合时，这两个层面的质的内容并不会改变，但它们的具体实现形式却不能不适应对方的需要而发生一定的变化。没有这种适应对方需要的变化，它们就不可能有机地结合在一起。

社会主义市场经济是一个统一的有机整体，它是社会主义基本制度与市场经济运行机制的有机结合。在这个整体中，社会主义基本制度和市场经济机制的本质内容并没有变化，但两者在结合过程中，无论是社会主义制度还是市场经济机制，它们的具体实现形式都会发生一定的变化，从而相互渗透、相互影响、相互融合成为一个整体。社会主义的本质特征，如公有制、按劳分配，是不会改变的，改变了就不是社会主义制度了；但这些本质特征的具体实现形式，却会随着它是与计划经济相结合还是与市场经济相结合而发生变化，没有这种变化两者就不可能相结合。同样，市场经济也有它自身的质的内容，例如，市场的主体是自主经营、自负盈亏的企业，企业根据市场的变化自行做出经营决策，商品价格要根据市场供求关系来确定，市场对资源配置起决定性作用，等等，这些内容是不能改变的，否定了这些内容，就不成为市场经济了；但是，在社会主义条件下和在资本主义条件下，市场经济的这些本质的具体实现形式，会受到基本制度的影响并适应基本制度的要求而显示出不同的特点。社会主义基本制度和市场经济运行机制各自在坚持自身的本质特征的情况下，在具体实现形式方面相互适应对方的需要做出调整，才能形成作为一个有机整体的社会主义市场经济体制。

社会主义基本制度，从经济上说，最重要的就是生产资料公有制和按劳分配。这在整个社会主义时期是不会变化的。但是，社会主义这些本质特征的具体实现形式，在计划经济条件下和在市场经济条件下，显然会有一定的差别。在实行计划经济时，全民所有制采取的实现形式是国家所有，国家统一经营、统负盈亏。企业仅仅是计划执行单位，而没有经营自主权，也没有自己的独立的经济利益，因而它不可能成为市场的主体。当经济运行机制由计划经济转变为市场经济时，这种具体实现形式显然就不适应了，需要进行改革，与市场经济相适应的公有制具体实现形式是国家所有，企业自主经营、自负盈亏。在这种实现形式下，企业是一个相对独立的经济实体，可以成为进入市场运行的经济主体。有人看到国家统一经营、统负盈亏这种实现形式同市场经济的矛盾，就认为公有制与市场经济不相容，要搞市场经济就必须抛弃公有制，实行私有化，这种观点从理论上说，就是把公有制本身与它的具体实现形式混为一谈了。其实，与市场经济不相容的，不是公有制本身，而是它的国家统一经营、统负盈亏这种具体实现形式。只要把公有制的具体实现形式改为企业自主经营、自负盈亏，就可以与市场经济这种运行机制相适应了。这正是我们在由传统的计划经济体制转变为社会主义市场经济体制过程中，对公有制进行改革的任务所在。

社会主义公有制在分配领域必须实行按劳分配原则，这是由公有制的性质以及目前的经济条件决定的，具有客观必然性。但是，按劳分配的具体实现形式，会由于经济运行机制的不同而发生一定的变化。在计划经济条件下，整个国民经济好像一个大工厂，各个企业只是它的下属车间，按劳分配是在全社会范围内统一进行的，国家根据劳动的数量和质量，对所有企业的工人统一规定每个行业、每个工种的工资。在市场经济条件下，由于企业具有独立性，是相对独立的商品生产者和经营者，所以按劳分配是分两阶段进行的。第一步，企业以自己的生产经营活动从市场上获得收入，即社会通过市场将收入分配给企业。各个企业生产经营活动的效果不一样，反映了企业个别劳动耗费转化为社会必要劳动耗费的程度不一样，因而，各个企业根据按劳分配原则获得的总收入也会有差别。第二步，再由企业按照每个劳动者的劳动数量和质量，将获得的总收入（作了必要的扣除以后）分配给个人。按劳分配的原则是一样的，但随着运行机制由计划经济转为市场经济，按劳分配的具体实现形式显然是有差别的。

如果说社会主义基本制度在采用不同的运行机制时，它的具体实现形式必须做出相应的调整，否则无法同这种运行机制相结合的话，那么，同一运行机制在与不同的社会基本制度相结合时，它的具体实现形式更应该而且必然发生相应的变化。如前所述，在社会经济关系体系中，社会基本制度是第一位的、决定性的，经济运行机制是第二位的、从属的。经济运行机制必须反映和体现基本制度的特点与要求，为巩固和发展社会基本制度服务。我们在建立社会主义市场经济体制的时候，必须认真研究市场经济这种运行机制如何适应社会主义基本制度的需要，即必须探索符合社会主义基本制度需要的、与资本主义条件下不相同的市场经济具体实现形式，而不是简单地照搬资本主义市场经济。只有找到适应社会主义制度的市场经济具体实现形式，才能把社会主义制度与市场经济真正结合起来，才能真正建立起社会主义市场经济。

同一个经济运行机制，当它与不同社会基本制度相结合的时候，为了适应这种基本制度的需要，它的具体实现形式必然要发生一定的变化。比如，商品经济是几个社会制度共有的经济形式，它可以与不同生产方式相结合。但当商品经济与不同生产方式结合时，它的具体实现形式必然要根据生产方式的本质要求发生一定的变化，否则两者不能融合在一起。在简单商品经济条件下，商品是按价值进行交换的；到了资本主义社会，资本家要求等量资本获得等量利润，这时商品就不能简单地按价值交换了，价值必须转换成生产价格，在市场上商品只能按生产价格进行交换。商品经济的等价交换原则是一样的，但它的具体实现形式必须随着资本主义生产方式取代简单商品经济而发生变化。与此相类似，市场经济固有的本质内容（如价值规律、竞争规律、供求规律，等等）在不同社会制度下是相同的，但它的具体实现形式却会随着社会基本制度的不同也应该而且必然发生变化，否则它不能实现与社会基本制度的结合。

在社会主义条件下，市场经济应该采取什么样的具体实现形式，即与资本主义市场经济相比较，它的实现形式应该发生什么样的变化，才能反映和体现社会主义制度的特点和要求，这个问题，在学术界还没有认真开展研究，更没有形成完整的理论体系，在实践上也还没有完全充分发展。但这是一个十分重要的问题，因为这个问题不解决，社会主义市场经济只能是把社会主义与市场经济作为两个互不影响的独立零件组装在一起，而不是一个有机整体。下面我们就几个问题提出一些看法。

1. 关于竞争问题

市场经济是竞争经济，无论是在社会主义条件下，还是在资本主义条件下，只要实行市场经济，企业之间必然是竞争关系。但是，私有制企业之间与公有制企业之间的竞争应该是有区别的。在私有制条件下，企业之间的竞争是你死我活的，资本的本性是最大限度地追逐剩余价值，资本家绝不会顾及其他资本家的利益。公有制企业之间，情况应该有所不同。在市场经济中，公有制企业是一个具有自己经济利益的独立实体，企业之间当然是竞争关系，但是由于都是国家所有，所有者是同一的，企业经营都是为全体人民谋利益，因而企业之间除了竞争关系外，还有合作的关系。社会主义市场经济应该建立一种机制，保证公有制企业之间实现既竞争又合作的关系，不应该把公有制企业之间的竞争搞成“你死我活”的关系。

2. 关于知识产权保护问题

市场经济必须保护知识产权，否则会影响企业研发新技术的积极性，阻碍技术进步。资本家是唯利是图的，占领技术上游的企业必然严格封锁先进技术，利用知识产权保护，以便获得最大限度利润。在社会主义市场经济条件下，公有制企业也应该保护知识产权，但是，它们还面临一项共同的任务：尽快推广新技术，提高整个国民经济的效率，更好地满足人民的物质文化需要。不允许借口保护知识产权，妨碍新技术推广和应用的现象存在。只有建立既保护知识产权又积极推广新技术这样的机制，才能反映公有制的特点和要求。

3. 关于劳动力流动问题

在市场经济条件下，劳动力是按市场原则配置的，可以自由流动。但公有制基础上的劳动力流动机制应该与私有制基础上的劳动力流动有所区别。私有制企业里，人们只是追求个人的经济利益，而在社会主义公有制企业里，个人利益与国家利益、集体利益应该统筹兼顾，而且当两者发生矛盾时，个人利益应该服从国家利益、集体利益。这是由公有制经济的基础性地位决定的新型利益关系。建立社会主义市场经济过程中，应该按照这种利益原则建立劳动力流动机制，而不能简单照搬资本主义国家里的劳动力流动机制。

4. 关于分配机制问题

与马克思在《哥达纲领批判》中的设想不同，目前社会主义国家都存在商品生产，价值规律仍起调节作用，因此分配要通过市场进行。在这种情况下，分配的具体形式即具体的工资制度、奖励制度，等等，公有制企业与私有制企业有着许多相同之处。但是，分配方式的性质是由生产方式（首先是由所有制性质）决定的，因而在公有制企业里和私有制企业里分配方式有着根本的区别。公有制企业实行按劳分配，私有制企业实行按要素分配。这不能不对分配的具体形式产生影响。我们需要探索在市场经济条件下公有制企业里按劳分配原则的具体实现形式，而不能简单地照抄照搬资本主义企业里的工资制度。

5. 关于企业管理问题

公有制企业的管理制度必须符合全民所有制的性质，因而同私有制企业有着原则的区别。首先，作为全民所有制的国有企业，企业管理必须坚持和加强党的领导，国有企业的领导成员在管理中必须贯彻党的方针政策；国有企业领导层是受党和政府的委派到这里来工作，其工作能力既有个人努力的结果，更有党组织长期培养的因素，他们像其他党的干部一样，都是党的事业的宝贵财富，只有分工的不同，只有术业专攻的不同，在个人待遇问题上不应该搞特殊化，不应向资本主义的企业家、资本家看齐，而应向一个普通党员干部的标准看齐。其次，国有企业的管理制度必须体现工人阶级的主人翁地位，全心全意依靠工人阶级来搞好企业，企业内部建立平等互助合作的关系，排除雇佣与被雇佣的关系。最后，企业内部的分配制度必须体现按劳分配的原则，多劳多得，反对不劳而获，排除剥削关系，同时反对平均主义。在学习、借鉴资本主义企业管理制度时，不能照搬，必须注意扬弃体现资本家雇佣、剥削工人的内容。如果简单地照搬，反过来会影响、销蚀国有企业的全民所有制的性质。

6. 关于投资机制问题

在市场经济下，市场是资本这种生产要素配置的决定性机制。但在社会主义条件下的资本配置方式与资本主义条件下的资本配置方式是有原则区别的。资本主义国家里，私人企业的投资决策完全由资本家根据自己对市场情况的判断做出，因而就全社会来说，资本的配置完全是由市场自发地、盲目地调节，处于无政府状态。社会主义社会则不同。由于公有制的生产资料是全民的财产，国家作为所有者必须对所有国有资产的保值增值负责，因而国有企业的投资决策不能完全听任市场自发地摆布，国家应该根据人民的整体利益和长远利益，对资本的配置进行宏观调控。国有企业不仅要根据市场的变化，而且要根据国家的产业政策和宏观调控的政策来决定投资的方向，使各个部门的比例关系保持平衡，避免重复建设，防止无政府状态。

总之，市场经济这种运行机制，当它同社会主义制度相结合的时候，它的具体实现形式应该也必然发生一定的变化。研究市场经济在社会主义条件下的特殊的实现形式（而不是简单地照搬资本主义市场经济那一套），是当前理论界和实际经济工作者的一项重要的、迫切的任务，也是建立社会主义市场经济体制的一个关键问题。

我们的结论是，建立社会主义市场经济，绝不是社会主义基本制度与市场经济两者简单地拼装在一起，社会主义基本制度的具体实现形式必须适应市场经济的要求，而市场经济的具体实现形式也必须适应社会主义基本制度的要求，也就是说，社会主义制度与市场经济在各自坚持自身的本质内容的同时，它们的具体实现形式必须做出适应对方需要的调整。这样，社会主义市场经济才能作为一个有机的整体建立起来。

当前特别需要防止的是，把西方的资本主义市场经济的各种制度、做法照搬到我国来，一说市场经济就是资本主义市场经济那一套。仿佛只要坚持社会主义基本制度，再把资本主义市场经济运行机制搬过来，就是社会主义市场经济了，而不对资本主义市场经济中适应资本主义制度的东西进行扬弃，不根据社会主义制度的本质特征来探讨市场经济的具体实现形式。这样做，不仅不能建立社会主义市场经济体制，而且由于运行机制对社会基本制度的反作用，这种市场经济体制会与社会主义制度产生矛盾，甚至会最终毁坏社会主义制度。目前在某些地方，这种情况已经出现了征兆，必须引起重视。

七　必须把市场的作用与政府的作用结合起来

新自由主义有一个特点：迷信市场的自发作用，主张经济活动完全交给市场进行调节，排斥国家的经济职能，即所谓“大市场、小政府”，要求彻底的市场化。在新自由主义看来，只要还有一点政府干预，那就是改革还不彻底。党的十八届三中全会的《决定》公布以后，有的人就是按照新自由主义来解读的。《决定》说的是要“使市场在资源配置中起决定性作用”，他们把它篡改为“市场起决定性作用”，进而解读成政府应该放弃经济职能。如此推理，就把《决定》解读得面目全非了。

邓小平科学地界定了市场经济的作用。他把计划经济、市场经济当作发展生产的方法、调节经济的手段，合适就用，不合适就不用。哪个时期、哪个地方适合用计划经济，就用计划经济；哪个时期、哪个地方适合用市场经济，就用市场经济。他从来没有说过，只能用一种手段，绝对不能用另一种手段。例如，邓小平多次指出：“计划和市场都是方法嘛。只要对发展生产力有好处，就可以利用。”① 他主张“计划和市场都得要。”② 他说过“不要再讲计划经济为主”了，但从来没有讲过不要计划经济。在 1989 年政治风波以后，他仍然强调：“我们要继续坚持计划经济与市场经济相结合，这个不能改。”③

可见，邓小平是主张计划经济与市场经济这两种方法、两种手段都应该用，一切从发展生产力这一实际需要出发，而不拘泥于某一种方法、某一种手段。他认为计划经济的优点是可以做到全国一盘棋，集中力量，保证重点，但只搞计划经济，就“把经济搞得死死的”。市场经济的优点是经济可以搞活，“不搞市场经济、连世界上的信息都不知道，是自甘落后”④，但是，市场经济也有自身的弱点和消极方面。邓小平在总结多年经验后指出，“实际工作中，在调整时期，我们可以加强或者多一点计划性，而在另一个时候多一点市场调节，搞得更灵活一些。以后还是计划经济与市场调节相结合。”⑤ 根据邓小平这些重要意见，党的十四大明确指出：社会主义市场经济体制，要注意发挥计划与市场两种手段的长处，“计划与市场两种手段相结合的范围、程度和形式，在不同时期、不同领域和不同地区可以有所不同”。⑥

党的十八大报告根据我国经济建设面临的新形势，提出要全面深化经济体制改革，指出“经济体制改革的核心问题是处理好政府和市场的关系。

① 《邓小平文选》第 3 卷，人民出版社，1993，第 203 页。
② 《邓小平文选》第 3 卷，人民出版社，1993，第 364 页。
③ 《邓小平文选》第 3 卷，人民出版社，1993，第 306 页。
④ 《邓小平文选》第 3 卷，人民出版社，1993，第 364 页。
⑤ 《邓小平文选》第 3 卷，人民出版社，1993，第 306 页。
⑥ 江泽民：《论社会主义市场经济》，人民出版社，2006，第 12 页。

必须更加尊重市场规律，更好地发挥政府作用。”① 党的十八届三中全会的《决定》，在强调要“使市场在资源配置中起决定性作用”的同时，明确指出：“我国实行的是社会主义市场经济体制，我们仍然要坚持发挥我国社会主义制度的优越性、发挥党和政府的积极作用。市场在资源配置中起决定作用，并不是起全部作用。发展社会主义市场经济，既要发挥市场作用，也要发挥政府作用，但市场作用和政府作用的职能是不同的。”② 这就是说，市场作用与政府作用不是对立的、相互排斥的，而是相辅相成的。应该把“尊重市场规律”与“发挥政府作用”两句话一起说，不能有片面性，只讲一个方面，不讲另一个方面。

我们强调既要重视市场的作用又要重视政府的作用，是因为作为调节经济的两种手段，两者各自有优点，也有不足之处，因此各自有其发挥作用的最佳范围。世界经济发展的历史证明，在商品经济的条件下，市场对微观领域的资源配置是最有效的。市场机制，第一，可以在价值规律支配下，促使企业不断改善经营管理，提高劳动生产率，降低物资消耗，提高资源使用效率；第二，可以在供求规律的支配下，把有限的社会资源配置到社会所需要的部门中去，做到产销对路；第三，可以在竞争规律的支配下，促使资源流向经济效益高的企业中去，从而提高整个社会资源的配置效益。市场配置资源的这些优点，已被我国经济体制改革的实践所证明。我国的改革一再证明：凡是市场在配置资源方面的作用发挥得比较充分的地方，经济发展速度就快，经济效益就好，经济实力就强，只有让市场在资源配置中起决定作用，才能真正做到经济增长率高、经济效益好。

但是，我们在强调充分发挥市场在资源配置中的作用的同时，也要清醒地看到市场本身也有其弱点和不足之处，这主要表现在以下几个方面。第一，市场调节具有短期性。市场通过价格的涨落所反映的社会需求是近期的社会需求，因而它不能进行长期的调节。第二，市场调节具有滞后性。只有某个部门出现了供过于求或供不应求的情况，才能促使企业退出或进入这个部门，这就不可避免地会造成资源的浪费。第三，市场调节具有不确定性。市场只能通过价格的涨落为企业指明社会需求的方向，价格涨落具有一定的

① 《中国共产党第十八次全国代表大会文件汇编》，人民出版社，2012，第 19 页。

② 习近平：《关于〈中共中央关于全面深化改革若干重大问题的决定〉的说明》，《人民日报》2013 年 11 月 16 日。

偶然性，因而容易造成生产的盲目性。第四，市场调节缺乏全局性。市场调节是受企业的局部利益驱动的，难以协调局部利益和整体利益的关系。此外，在有些领域，市场调节是无效的，这就是西方经济学中所说的“市场失灵区”。例如，公共事业和基础设施建设等，市场是难以调节的。

那么应该怎样划分政府职能和市场作用两者的边界呢？大体上可以这么说：微观领域的资源配置，即企业的日常经营活动，应该由市场来调节。政府不应干预企业的经营活动。改革开放前，我们实行计划经济体制，国家直接从事经营活动，结果经济缺乏活力、效率不高。事实证明，微观领域的活动，由市场进行调节比较有利。政府在经济领域的职能，主要属于宏观领域，概括说来大体有以下三个方面：第一，控制和协调宏观经济，包括保持总需求与总供给的总量平衡、优化产业结构等，这一领域，依靠市场的自发作用来进行调节，不仅效率低下，而且往往会带来重大损失；第二，制定市场运转的规则，监管企业在市场中的活动；第三，保证公共服务，提供公共产品等。可见，政府与市场各自有自己的最佳作用范围，有所分工。从经济活动的角度讲，简单说来就是：微观领域应由市场进行调节，宏观领域应由政府调控。但是两者的作用又不是决然分开的，而是有着密切的联系。党的十八大以及十八届三中全会关于正确处理市场作用与政府作用关系的论述，是对邓小平关于计划与市场关系思想的继承和发展，也是对新自由主义只要市场作用、不要政府作用的市场经济万能论的有力批判。

（作者系中国人民大学马克思主义学院教授、博士生导师）

社会主义市场经济观念形态*

——一个被不断反思的命题

王　程

全面深化改革既需要实践的不断牵引，还需要理论的不断跟进与指导，尤其在党的十八届三中全会提出“让市场在资源配置中起决定性作用”之后，许多问题难以回避，单纯的“社会主义与市场经济可以结合”的理论判断显得“力不从心”，理论的模糊性造成了实践的盲目性，处在历史转折时代的我们，需要用一种新的视角去解读历史的自白。自现代性发育以来，科技、机器、工业乃至金融化的背后隐藏着这样一个核心命题：现代性社会是“卷入市场中的人的社会”,① 现代性的核心程式正是嵌合在现代市场经济发育的完整链条之上，市场经济的发育促使人类原始的“共同体”概念逐渐从偶然性的体验中不断扬弃自身的抽象性与纯粹主观性，孕育出两种现代性社会制度——社会主义与资本主义，市场经济与社会主义本身就是一种内生关系，在此基础上形成特殊的观念形态，唯有以追问的形式对观念形态加以反思，通过历史时间和空间的还原，将百年来社会主义市场经济探索背景下人类实践行为样态用思想性的表述和概念的运动进行本体论追问，通过形而上与形而下的契合透析其深层本质，才能使问题得以澄明、困惑得以消解。

* 本文系上海财经大学研究生创新基金项目“社会主义与市场经济”（项目编号：CXJJ-2014-426）和上海市社会科学创新研究基地项目“民族复兴中国梦”的阶段性成果。

① 大卫·库尔珀：《纯粹现代性批判》，臧佩洪译，商务印书馆，2006，第51页。

一 社会主义与市场经济内生关系的生成

社会主义制度与现代性发育密不可分，以欲望驱动为原点的现代性发育造就了“人对物的依赖”社会历史形态，人类告别了以宗法血亲关系为纽带、以抽象的道德信仰为动力的前现代社会，社会主义制度正是在这个人类历史转折的过程中内生出来，它理应代表一种更为进步的人类整体主义精神。而现代性社会则是以市场经济为经济组织方式的社会，其原因有三：一是从经济角度分析，市场经济是指以市场为资源配置手段的经济运行机制，其中价格机制、供求机制、竞争机制作为市场经济的核心要素，是资本得以正常运行的依托；二是从社会学角度观察，在市场经济下，社会成员可以通过劳动和交换来满足其需求，此外还必须有一套必要的现代社会制度加以维系，比如各类市场、法庭、科层体制、公共保障体系、福利制度等；三是从哲学角度透析，以市场经济体系为核心的现代社会是“各个成员作为独立的单个人的联合体，它存在于一种普遍性之中，这种普遍性由于其成员的独立性的缘故仅仅是形式化的。他们的联合是通过成员的需要，通过保障人身和财产的法律体系，和通过维护他们的特殊利益和公共利益的外部秩序而建立起来的”。[①] 毫无疑问，市场经济是人类社会第二大历史形态的核心要素，是告别“人对人的依赖”走向“人对物的依赖”的经济运行基础。一段时期内，计划经济、单一的公有制作为社会主义的“基督性”，被寄予许多美好的理想与愿望，社会主义属于“人对物的依赖”阶段的实质被抽象的意志所遮蔽，尤其是在不发达国家建设社会主义，人为地过分拔高生产关系，试图越过“第二大社会形态”直接进入“第三大社会形态”的做法曾给社会主义带来了严重的挫折。历史哲学辩证法启示我们，在“人对物的依赖”阶段，计划经济因其对“特殊性”的抑制而无法作为理想的经济运行模式实现社会主义的价值目标，社会主义必须通过市场经济的发育来告别自身的抽象性，如果统一性和个人的差异性同时在社会制度内得到设定，真实的社会共同体就会出现，社会主义制度优势的实在性才能真正彰显，因此，社会主义市场经济并非简单的社会主义与市场经济相结合，而是一种双向选择的内生关系。

① 黑格尔：《法哲学原理》，范扬、张企泰译，商务印书馆，2013，第174页。

（一）社会主义制度是对资本主义制度的扬弃

作为人类第二大社会历史形态中的社会主义制度，商品－交换－货币－资本－财富生成的完整链条理应在社会主义制度中内生，没有宏大的物质基础根本无法体现社会主义的本质，社会主义制度的优越性的显现离不开具有活力驱动的经济运行模式的支撑。其一，黑格尔历史哲学给马克思最大的启示在于辩证法的运用，扬弃特殊性上升到普遍性，“自我意识”成为真实的意志即“自在自为的意志”。而扬弃掉“自然的直接性”和“沾染的特异性”这个阶段以一种被扬弃的方式完成了回归，它们本身不是真理，但作为被扬弃了的东西被包含在真理的环节中。在现实世界中，这个阶段表现为市民社会的下一个阶段——国家，因此，黑格尔把国家称为自由的现实化，是绝对自在自为的理性、是“伦理理念的现实”，[①] 自由的实现正是个体自由与国家实体的统一，这也成为马克思“自由人联合体”一个重要的“遗传基因”。马克思无疑继承了黑格尔的思想精华，无论是对劳动的二重性、商品的二重性、交换的二重性的还是生产力和生产关系的矛盾运动的阐释，都深刻地体现出由特殊向一般转化的辩证法思维，因而，社会主义制度必须建立在个体充分发育、生产力水平高度发达、资本运动所带来的财富效应最大化之基础上，虽然现实的社会主义革命没有发生在发达的资本主义国家，但商品－货币－资本以及与之相伴的市场经济运行模式必须仍然内包在社会主义制度中，否则，空洞的社会主义不能被称为现代社会制度形态。其二，资本促使现代社会形成的一个重要历史作用还在于加速了工人阶级的产生。马克思恩格斯指出，资本推动工业力量的发展，不仅使无产阶级人数大幅增长，“而且结合成更大的集体，它的力量日益增长，而且它越来越感觉到自己的力量”[②]，因此，无产阶级只有在资本高度发达的环境下才能逐渐意识到自身的“本质力量”，进而成为自觉的革命阶级。列宁也认为，辩证法的核心在于向对立面转化，资本主义发展到帝国主义阶段后，就会萌发出社会主义的某些特征，资本主义开始向社会主义转化。现代社会的生成摧毁了以农业自然经济为核心的社会基础，农民、小手工业者逐步成为工人阶级，资本家和工人确立了形式上的平等，另外，工人在劳动异化的过程中逐步认清

① 黑格尔：《法哲学原理》，范扬、张企泰译，商务印书馆，2013，第 253 页。

② 《马克思恩格斯文集》第 2 卷，人民出版社，2009，第 40 页。

资本主义生产关系的性质，真正萌发出社会主义革命的觉悟。但由于社会主义革命与实践首先是在资本主义没有充分发育的东方国家开始，没有经过产业革命砥砺的农民和小手工业者直接转化为社会主义公有制下的工人和农民，这中间欠缺了现代工人阶级形成环节中的核心因素，人为拔高的生产关系造成广大社会主义建设者难以理解社会主义脱胎于发达资本主义的真正含义。因此，货币－资本－市场经济的发育是造就成熟的社会主义阶级基础的关键环节。

（二）社会主义与市场经济的内生关系体现为人民性的政治制度与人民财富论的内在统一性

其一，市场经济作为广大人民在社会主义制度下追求物质和精神财富的经济运行模式，将人民与社会主义制度紧密结合。①在计划经济后期，社会主义制度的优越性更多地存在于人们的观念中，个人生活依赖抽象信仰的指引，抽象的平均主义逐渐代替了平等的本真含义，社会主义追求比资本主义更为富足的物质和精神生活的本质逐渐被遗忘。而市场经济则把每个创造财富主体的特殊需求和欲望与社会整体联系在一起，“在这一基地上，一切癖性、一切禀赋、一切有关出生和幸运的偶然性都自由地活跃着”。[①] 广大人民通过市场经济的运行实现了欲望和需求的满足，真切感受到社会主义制度给生活带来的巨大变化，通过这种“世俗化”的改造，社会主义的优越性从遥不可及的梦想变为具有实在性的物质和精神力量显现在每个人的日常生活中。②市场经济的准则体现为一种不被特殊内容左右的普遍形式化规范，无论特殊的内容是什么，都可以经过形式化的准则选择利益最大化的实现方式，这为实现人的欲望与需求提供了各种选择的可能性，每个个人因此可以在一个合理联结的社会整体中获得适合自身的一个位置，这个社会整体就是社会主义制度，因此，经过市场经济的沟通，不但每个人的欲望与需求得到了满足，还使社会主义体现为一种规范地接纳着、包含着各种特殊需求与欲望的整体。表现出蓬勃向上的生机与活力，为“各个人在自己的联合中并通过这种联合获得自己的自由”[②] 创造了条件。

---

① 黑格尔：《法哲学原理》，范扬、张企泰译，商务印书馆，2013，第197页。

② 《马克思恩格斯文集》第1卷，人民出版社，2009，第571页。

其二，人民是社会主义制度与市场经济相连接的核心要素。在不同历史阶段，人民的概念有着不同的考量，在现阶段的社会主义制度中，“人民”并非抽象和空洞的概念，而是现实的、具体的、活生生的人民群众，它既有着差异化的利益与需求，又在最根本利益上有着高度的一致性，因此，凡是对社会主义有贡献的人，都可以归属到“人民”的范围里。在社会主义市场经济条件下，人民群众参与经济社会变革活动的主动性更为高涨，市场经济在人民群众主体地位的推动下获得了比资本主义制度下更大的发展。①按照市场经济学原理，市场过程的启动由市场主体基于欲望而对获取利益机会的把握和选择行为来实现，“市场过程是一个系统性的协调过程，是因为市场协调中产生的每个缺口都以纯利润的方式表现出来，是因为这些纯利润机会的存在”[①] 吸引了市场主体的注意，主体试图抓住利润的行为导致了市场过程的开始。因此，市场经济在社会主义制度中的运行离不开每个个人的偏好及选择，当社会中所有人根据自己的需求和欲望做出各种决定时，他的决定不但成为市场经济运行链条中的一环，也成为社会主义整体意志的一个部分，市场经济通过全体人民这个核心驱动与社会主义整体意志之间实现了沟通。②在社会主义制度下，每个个人通过制度性的安排使选择行为不但体现为满足个人的需求，还体现出社会整体意志，这使市场经济的启动与运行具有了方向性的规定，“每个人通过寻求他的特殊善来寻求所有人的共同善，因为他知道，他的特殊善是与所有人的共同善合理地联系在一起”。[②] 市场经济正是通过广大人民在实践中所追求的“共同的善”的渗透——利益的根本一致性，从而具有了服务人民性的特征，因而，作为主体的人民群众的历史实践活动既是市场经济的核心驱动，又是社会主义建设伟大事业的根本力量。

其三，社会主义追求和谐市场、和谐中国、和谐世界。虽然市场经济由市场主体的行为所驱动，但市场经济“实现个人利益最大化”的行为准则的无限放大反而导致了市场行为的任性与盲目性，成为广大人民追求自由与平等目标的障碍。因此，社会主义制度必须通过制度优势的作用，使市场经济发展和人民群众的利益处在同一性的轨道中。①市场经济仅仅给每个个人

---

① 伊斯雷尔·柯兹纳：《市场过程的含义》，冯兴元等译，中国社会科学出版社，2012，第13页。

② 大卫·库尔珀：《纯粹现代性批判》，臧佩洪译，商务印书馆，2006，第165页。

提供了一种生活空间，而要实现黑格尔意义上的“生活理性的建筑结构”，必须依赖社会主义制度所提供的更为丰富与完整的生活空间，即通过“公共生活的各个不同领域和它们的权能的明确划分，……从各部分的和谐中产生出整体的力量”。[①] 因此，市场经济是否能够和谐运转并非单纯由市场经济本身所能解决，它必须依赖社会主义制度所体现出的整体力量加以规范和实现，这种规范表现为两个方面。一是对市场经济中人与人的关系进行自觉的引导、调控和整合，要求个人从“利己”走向“利他”，构建和谐的人际关系；二是从市场经济竞争的角度来说，通过社会主义制度规范市场秩序，使市场从盲目竞争走向“和合”共赢，即在差异性与竞争性中寻求共同的利益目标，构建和谐的市场关系。②从国家角度分析，作为现代社会制度，社会主义国家体现为由人民群众基于相互承认的形式化模式所构成的空间，在这个空间内，每个人都可以通过市场经济满足他们的特殊需要，发生彼此间的相互作用，而社会主义制度则对这种行为加以指引、鼓励和相应的约束，使每个人对内心的欲望和冲动进行合理的排序，通过社会主义制度的引导，每个人可以在市场经济中同时追求“自己的善”和“共同的善”，使市场逐利行为趋于合理，个人的特殊性“受到向它们放射光芒的理性的节制。受到普遍性限制的特殊性是衡量一切特殊性是否促进它的福利的唯一尺度”。[②] 这个“共同的善”就是通过制度调节使广大人民走向共同富裕，促进“和谐中国”的实现。③从世界历史进程分析，通过对信息化时代背景下资本扩张路径的合理运用，中国的社会主义市场经济已经融入世界经济体系之中，这导致了三方面的结果：从经济理性层面分析，作为全球第二大经济体，中国社会主义市场经济的走势深层次影响着世界经济形势；从金融理性分析，21 世纪的社会主义金融资本已成为追求普遍理性意义上的人性自由发展的重要象征，中国的金融制度创新将为资本范畴内涵的刷新增添更为实质性的理论价值和实践意义；从政治理性分析，全球经济一体化导致政治“人类命运共同体”的形成，中国倡导建立和谐世界的理念深度影响着世界政治格局的变化，社会主义制度的价值目标潜移默化地改变着国际资本主义体系的价值属性。

---

① 黑格尔：《法哲学原理》，范扬、张企泰译，商务印书馆，2013，第 6 页。

② 黑格尔：《法哲学原理》，范扬、张企泰译，商务印书馆，2013，第 198 页。

（三）社会主义市场经济的发展动力源自社会主义制度内生的自我辩证否定的推动力量，体现一种具有内在否定性的不断生成的辩证运动，即不断地进行自我反思、自我批判、自我革命、自我建构、自我超越

其一，社会主义发展的内在否定性原理解读。斯宾诺莎有一个著名的命题："规定即否定"，这个命题被休谟、康德、谢林、费希特等人不断开掘，最终被黑格尔用"精神的反思"加以完成。哲学上的否定就是确定事物的边界，边界乃是事物终止的地方，而边界内则属于事物的本质王国，否定既意味着事物的终止也意味着事物的本质得以确立，否定亦即肯定，它们是硬币的两个面。黑格尔历史哲学辩证法认为，精神在运动过程中不断地给自己划定界限，规范其自身，设定自身的本质，又不断地突破界限，打碎自身所设定的规范，将自己解放到新的阶段，在这个新的阶段，精神依然表达着自己追求无限自由的本质，在这种精神的圆周运动里，绝对精神的实现就是完全自由的实现。这个思维被马克思的唯物史观完整地加以继承并体现为人类社会历史进程的矛盾运动。社会主义制度 150 年的发展历程向我们展现了这样一个图景：社会主义从最初文本的表达，到现实社会实践的不断反思，再到从反思中不断向社会主义本质回溯的运动过程，深刻地印证了否定性辩证法的动力论原理。无论是列宁主义的产生、东欧"市场社会主义"理论与实践，还是毛泽东思想、邓小平理论和当代中国共产党人的伟大探索，都是社会主义本质不断显现进程中的辩证否定环节，社会主义只有在这些环节中进行分解，在人类社会实践的每个历史阶段设定自身的"定在"，才能在"定在"中逐步使自身的本质得以澄明，从而超越界限提升到下一个辩证否定环节，社会主义制度正是在这个过程中实现螺旋式的攀升。

其二，社会主义与市场经济的同构也体现为内在而辩证的否定性运动。作为从社会主义制度中内生出的市场经济运行模式，其在产生、发展、显现与成熟的过程中无疑体现出内在辩证的否定性原理。列宁在社会主义实践中逐步认识到东方落后国度建设社会主义必须向"国家资本主义"退缩，因此，"新经济政策"的理论与实践体现了列宁这位伟大革命导师勇于自我否定、大胆创新的马克思主义精神；东欧的"市场社会主义"探索标志着社会主义与市场经济同构的实践进入了实质性的阶段，虽然形形色色的"市场社会主义"最终走向失败，但失败本身就以一种否定性的方式为中国的

社会主义市场经济体制改革提供了宝贵的经验和值得警醒的教训；以毛泽东为核心的中国共产党第一代领导集体在对“苏联模式”的反思中提出了独具中国特色的商品经济思想，为后来的改革开放和邓小平理论的形成提供了扎实的理论准备；“改革是中国的第二次革命”。[①] 是当代中国共产党人提出自我改革、自我革命的经典判断，它显现的正是内在的辩证否定性原理：通过执政党的领导，有步骤地对社会结构和社会体制进行改革和完善，一切不适应激活广大劳动者创造性的经济体制、社会体制乃至政治体制，都要进行自我调整、自我否定、自我变革。从党的十一届三中全会的召开到“邓小平理论”的确立，中国共产党在建设社会主义市场经济的伟大创举中不断反思着社会主义的本质、如何建设社会主义等一系列重大的理论与现实问题，社会主义市场经济也在改革开放30余年的伟大实践中不断实现着自我发展与完善；党的十八届三中全会的召开，以习近平同志为总书记的新一届党的领导集体提出了“让市场在资源配置中起决定性作用”的命题，不但表明了中国共产党对传统体制大胆地进行自我否定和自我改革的决心，还适时地、科学地提出了构建现代国家管理职能、管理体系的宏伟目标和“五大发展理念”，这在深层次上表征着社会主义市场经济理应有更高的发展追求：更加呵护理性，更加呵护文明，更加追求人与自然、人与人、人与社会高度一致的生存状态和生命质量。它标志着中国的改革开放与市场经济发育进入了全新的历史阶段——改革成为自觉的理论建构与大胆的自我超越，党对社会主义本质的认识也达到了崭新的理论高度。由此可见，社会主义市场经济作为一个完整的概念，其产生、发展、运动和不断趋于完善始终处于辩证的否定运动过程中，这个过程本身也有力地证明了社会主义与市场经济是一种内生关系。

二 “社会主义市场经济观念形态”的特征

黑格尔认为，观念和实存之间正如灵魂与肉体，有区别又合一，观念在现实化的过程中所采取的各种形态，在对观念本身的认识上是必需的，因此，每一种现实形态构成了观念本质的一个环节，“它同单单作为概念而存

① 《邓小平文选》第3卷，人民出版社，1993，第113页。

在的形式是有区别的”[①]，区别点就在于观念的形成必须经历对象化世界的反思才能完成。马克思则深刻地指出：“从前的一切唯物主义（包括费尔巴哈的唯物主义）的主要缺点是：对对象、现实、感性，只是从客体的或者直观的形式去理解，而不是把它们当作感性的人的活动，当作实践去理解，不是从主体方面去理解。”[②] 在《德意志意识形态》中，马克思更为清晰地表明：“思想、观念、意识的生产最初是直接与人们的物质生活，与人们的物质交往，与现实生活的语言交织在一起的。”[③] 可见，马克思对观念形成的理解更为合理，它是指人们对事物的主观与客观认识的系统化之集合体，人们在改造世界的不同阶段形成了各种观念形态体系，人们根据自身形成的观念体系指导各种活动，对事物进行决策、计划、实践、总结等，从而不断提高生产实践水平、丰富物质精神生活，因此，观念具有实践性、历史性、主观性、发展性等特点。既然社会主义与市场经济是一种内生关系，那么社会主义市场经济在其孕育、实践、发展、完善的过程中就会形成独特的观念形态——“社会主义市场经济观念形态”，它是社会主义与市场经济内生关系的结果，其特征主要表现在三个方面。

（一）“社会主义市场经济观念形态”的形成是现代性发育背景下的产物，它包含现代性生成链条的完整环节

其一，欲望动力论是其存在的核心推动。所谓欲望动力论，是指从根本上把人的历史发展动力求助于人自身的因素而非人以外的因素，尤其是人的欲望和禀赋与历史驱动密切关联，“人性注定人类会喜爱财富和权势，而这些永不知足的欲望正是推动历史的基本矢量……它造就了市场，是市场经济发育的重要内驱力”。[④] 摩尔根认为：“对财产的欲望超乎其他一切欲望之上，这就是文明伊始的标志。”[⑤] 而欲望动力论在唯物史观中则体现为以“现实的个人”的需要与满足需要的劳动为原点，逐步展开人类历史进程的宏大叙事，人类的“第一个历史活动就是生产满足这些需要的资料，即生

① 〔德〕黑格尔：《法哲学原理》，范扬、张企泰译，商务印书馆，2013，第 1 页。

② 《马克思恩格斯文集》第 1 卷，人民出版社，2009，第 499 页。

③ 《马克思恩格斯文集》第 1 卷，人民出版社，2009，第 524 页。

④ 张雄：《现代性逻辑预设何以生成》，《哲学研究》2006 年第 1 期。

⑤ 〔美〕路易斯·亨利·摩尔根：《古代社会》（上），杨东莼、马雍、马巨译，商务印书馆，2012，第 6 页。

产物质生活本身”。[①] 因此，商品、交换、货币、资本等一系列范畴都可以从欲望动力论中找到生成的起点，由此可见，“社会主义市场经济观念形态”的形成与发展，意味着这些现代性的核心范畴的不断生成与显现，尤其是对资本的认识和运用，是理解“社会主义市场经济观念”生成的核心钥匙。

其二，既然社会主义与资本主义同属于人类第二大社会形态，那么“社会主义市场经济观念形态”同时也包含着现代性发育的矛盾与困境，因而，不能接直接认定它是完全克服资本主义危机的产物或与资本主义市场经济完全对立的观念形态，而应理解为人类在面对资本主义困境时对更高的“善”的追求与探索的结晶，其本身的开放性意味着它可以借鉴人类一切制度文明，包括资本主义制度在内的优秀成果来完善自身。同时，它自身所呈现的矛盾与困境恰恰是其不断进行自我否定与自我提升的内在动力，因此，它并非一个永恒的范畴，而是人类在实现自由与解放过程中的一个环节，最终通过扬弃的方式包含在更高一级的社会形态中。

（二）“社会主义市场经济观念形态”表征着社会主义与市场经济之间的一种新的关联方式

这种关联方式表现为社会主义与市场经济具有同一性的特征，在现实层面体现为社会主义价值取向与市场经济普遍规律内在结合的新机制。其一，在这种新的关联方式中，社会主义本质的目的因与市场经济的形式因和谐地加以结合。社会主义人民性的本质构成了最高的目的因，市场经济运行模式构成了最佳的形式因，但最高目的因并不意味着一种“凌驾一切”的封闭态度，因为社会主义的本质自身也是随着实践的推进而不断深化的，尤其是市场经济的运行对于社会主义本质的澄明具有重要的意义。因此，市场经济的普遍规律同样是必须遵守的准则。其二，这种新的关联方式还标志着社会主义灵魂在市场经济中的觉醒，可以视为社会主义在实践中的一次“再启蒙”。虽然社会主义的本质决定了市场经济的价值向与最终目的，但社会主义的本质必须通过对象化的世界才能显现，因而，社会主义的价值目标必须依托市场经济组织方式现实化在经济运行过程中。正因如此，社会主义告别了“自我定义”的抽象运动，其优越性才能够真正体现出来：在现实的实

① 《马克思恩格斯文集》第1卷，人民出版社，2009，第531页。

践中不断自我反思、不断自我超越。其三，这种新的关联方式实现了一种双重解放。一方面表现为把社会主义从以僵化的、单一的公有制为基础的计划经济体制的"基督性"中解放出来，厘清了社会制度范畴与经济运行模式范畴之间的关系，使社会主义制度获得了巨大的推动力量；另一方面表现为对市场经济的社会主义属性改造，将其提升为一种真正体现"人是目的"的经济运行模式，这是对资本主义市场经济制度下形成的拜物教逻辑的否定与超越，有助于消除资本主义制度下通过市场的"理性的狡计"造成的"市场万能论"与"财富幻象"。因此，对于市场经济本身来说，这也意味着一种制度解放。

（三）"社会主义市场经济观念形态"并非是对某种状态的终极确认，而是代表了一种新的社会主义实践方式和一种新的市场经济的运行模式，因此，它是一种具有方向性的历史进步运动

其一，无论是黑格尔还是马克思，都把观念形态看作一种运动，"社会主义市场经济观念形态"本身就是一种开放的、流动的发展过程，它在不同的历史阶段有着不同的变化与显现，它是现代性发育背景下对社会主义本质实践探索的理论结晶，无论是列宁、东欧社会主义者还是毛泽东、邓小平和当代中国共产党人，都为此做出了历史性贡献，在当代，"社会主义市场经济观念形态"的理论成果集中体现在党的十八大以及之后的历次中央全会决议或公报中，以习近平同志为总书记的党的新一届领导集体在全面总结历史经验、深度把握世界历史进程规律的基础上提出了"让市场在资源配置中起决定性作用"，这成为"社会主义市场经济观念形态"最新的理论表达。

其二，"社会主义市场经济观念形态"体现出历史整体主义特征。整体主义精神是人类与生俱来的禀赋，而社会主义的本质与人类追求整体主义精神密不可分，"社会"概念的本身就体现出整体的维度。柏拉图"理想国"中的人类完美的共同体预设代表了人类追求整体主义的最初向往，古罗马"多神教"向"一神教"的凝聚则反映了人类开始自觉地向"整体主义"过渡的趋势。现代性发育以来，形而上学的发展提供了这样一条原理：个体在分裂过程中不断地向整体凝聚，在精神的反思中寻找整体主义精神的聚合，康德用"世界公民观点下的普遍历史观念"做出深刻的揭示："大自然使人类的全部禀赋得以发展，所采用的手段就是人类在社会中的对抗性，但

仅以这种对抗性终将成为人类合法秩序的原因为限。”① 因此，人类追求整体主义的倾向总是和威胁分裂社会的阻力结合在一起。黑格尔在《法哲学原理》中系统地论述了市民社会形式化的普遍性与内容特殊性之间的矛盾运动，揭示了人类最终走向国家实体统一的历史进程，因此，市场经济的发展最终必须走出资本主义意识形态下经济个人主义的狭隘通道，提升到人类整体主义的高度，历史的特殊性必须由历史的普遍性加以整合，社会主义正是这个过程中的关键一环。由此可见，“社会主义市场经济观念形态”的产生与发展是通过历史时间坐标注入特定的价值观与运动方向，是社会主义探索与市场经济实践同构的历史沉淀物，它既是这种沉淀物的继承者和承担者，又是历史目的和意志方向的执行者，表现为过程与过程之间逻辑的勾连，前一阶段是后一阶段的逻辑预设，后一阶段是前一阶段的逻辑展开，不断显现内容的丰富性。这个方向性就是社会主义本质的呈现过程，因而所有的存在、质料又都具有了这个方向性的特征，无论是成功的经验还是失败的挫折，无论是前进中的跳跃还是实践中的反复，都成为这个方向性运动的载体，“社会主义市场经济观念形态”的形成过程在整体上也呈现出历史进步的趋势。

三　反思“社会主义市场经济观念形态”的历史意义

“社会主义市场经济观念”形态的历史反思，并非对杂多的历史原料和当下生活状态的直觉主义陈述，而是体现为一种“用历史来创造历史”② 的思维品格。反思的过程是用逻辑与原理框定历史材料，在范畴的运动与变化之间发现“过去 - 当下 - 未来”之历史进步轴心原理，因此，被反思所发现的历史行为、人物关系和理论成果，不能仅被理解为欠缺活力的客体和历史质料，而必须通过对社会主体在反思中进行自我变革的行为对其做出合理的历史判断与澄明，因而，这种历史反思并非平行线式的模式，而是必须通过双向追问才能加以理解。一方面，反思依赖于社会主义实践者在不同历史阶段对市场经济不同的理解与实践行为产生结果，另一方面，在每一个阶段所形成的理论特质和实践成果又通过下一个实践者的行为回溯到社会主义本

① 康德：《历史理性批判文集》，何兆武译，商务印书馆，2013，第 6 页。

② 吉登斯：《现代性的后果》，田禾译，译林出版社，2011，第 13 页。

质之中，在这个过程中，它既重构着对社会主义本质的整体理解，又重构着对作为该过程整体的一个部分理论和实践的理解。由此可见，反思的目的在于将观念形成的叙事完整地置于历史逻辑的甬道中加以考辨，分辨出哪些是必须承袭的，哪些是加以扬弃的，从而透析观念形态的本质特征，准确地描绘出“社会主义市场经济观念形态”与社会主义本质同构的逻辑进路，为中国的社会主义市场经济改革提供合理的理论依据和实践参考。

（作者系安徽财经大学思政部讲师，上海财经大学人文学院博士研究生）

社会主义市场经济再认识

林金忠

一　关于“社会主义市场经济”的主流认识

我国经济体制改革过程常被喻为“摸着石头过河”。笔者的理解是，在起始阶段虽然改革有一个大致的方向，但并没有一个预先明确的总体目标。所谓大致的方向，是指基于认识到了计划经济体制已难以为继这一基本事实（因为在此体制下国民经济已“濒临崩溃的边缘”），因而也就认识到了引入“市场”乃势在必行。就此而言，称改革进程乃沿着“市场化”取向迈进，这一说法符合实际情况。但有了一个大致的方向，并不意味着同时也有了一个总体目标。事实上，改革的总体目标是随着改革进程的渐进摸索而逐渐明确起来的。在最初的十余年里，改革的总体目标一直纠缠于“计划”与“市场”的关系问题，体现于从20世纪80年代初期提出的“计划经济为主，市场调节为辅”（俗称“鸟笼经济”体制），到20世纪80年代中后期提出的“计划与市场相结合”乃至“有计划的商品经济”（“十三大”模式）；从1992年中共“十四大”明确提出了经济体制改革的目标是建立社会主义市场经济体制，到1993年中共十四届三中全会通过的《中共中央关于建立社会主义市场经济体制若干问题的决定》，改革总体目标才得以确立。

改革总体目标的确立，体现在关于“社会主义市场经济”的一套主流认识的形成。这一套主流认识本身只是一个概念性框架，但它已成为过去十几年来理论界关于“社会主义市场经济”的基本观点和主导性观念。在《中共中央关于建立社会主义市场经济体制若干问题的决定》这份纲领性文件中，其基本要点的描述如下。

建立社会主义市场经济体制，就是要使市场在国家宏观调控下对资源配置起基础性作用。为实现这个目标，必须坚持以公有制为主体、多种经济成分共同发展的方针，进一步转换国有企业经营机制，建立适应市场经济要求，产权清晰、权责明确、政企分开、管理科学的现代企业制度；建立全国统一开放的市场体系，实现城乡市场紧密结合，国内市场与国际市场相互衔接，促进资源的优化配置；转变政府管理经济的职能，建立以间接手段为主的完善的宏观调控体系，保证国民经济的健康运行；建立以按劳分配为主体，效率优先、兼顾公平的收入分配制度，鼓励一部分地区一部分人先富起来，走共同富裕的道路；建立多层次的社会保障制度，为城乡居民提供同我国国情相适应的社会保障，促进经济发展和社会稳定。这些主要环节是相互联系和相互制约的有机整体，构成社会主义市场经济体制的基本框架。

在上述这段话里，要点包括："社会主义市场经济"被视为一种经济体制，其本质规定性被归结为"市场在国家宏观调控下对资源配置起基础性作用"。其中，"市场经济"被理解为"资源配置"（"市场……对资源配置起基础性作用"），体现于"现代企业制度"和"统一开放的市场体系"；而市场经济的"社会主义"属性则被理解为国家主导，体现于"公有制为主体"、"按劳分配为主体"、"宏观调控体系"及"社会保障制度"等。这些背后的逻辑是这样的："市场经济"只是资源配置的一种方式，而将"市场经济"嫁接上若干体现"社会主义"的"因素"，便构成了"社会主义市场经济"。

这一套主流认识，随即就被"理论化"了，体现于随后（1992 年之后）纷纷出版的教科书。领先者是《什么是社会主义市场经济》（马洪主编）一书，这是一本在全国同类教科书中出版时间最早、发行量最大、影响面最广的关于社会主义市场经济的教材。在该书第一章，首先就把"社会主义市场经济"这个概念切割为两块，即"社会主义"与"市场经济"，并宣布这两块之间是互不相干的。用该书的话来说："市场经济不具有社会制度的属性"，"社会主义市场经济"只是"社会主义条件下的市场经济"的简称。照此说法，"社会主义市场经济"等于在"市场经济"头上戴一顶"社会主义"的帽子；或者说，"社会主义市场经济"这个概念是由"社会主义"和"市场经济"这两项彼此外在的或互不相干的内容接合而成的。

那么，究竟何谓"社会主义"或"社会主义条件下"呢？《什么是社会主义市场经济》一书列出三项规定性，即："在以公有制为主体、包括私人经济在内的多种经济成分共同发展的条件下"、"在实现共同富裕的社会主义原则下"、"在社会主义国家的宏观调控下"。该书还将这三项规定性进一步明确为："社会主义条件下"意味着"政权的性质是社会主义，有共产党领导，有公有制为主体，有共同富裕的目标"。究竟何谓"市场经济"呢？该书遵循《中共中央关于建立社会主义市场经济体制若干问题的决定》，将市场经济界定为资源配置的一种方式，相对于作为资源配置的另一种方式的计划经济；换言之，市场经济与计划经济是相互对应的一对概念，它们的区分仅在于资源配置方式上的不同。在该书的率先示范和高调引导之下，随后国内出版的同类教科书都没有突破该书的上述基本观点。① 于是，关于"社会主义市场经济"的一套主流认识便在我国学界得到了广泛传播和深入扎根。

在上述这种主流认识中，其实隐含着一些理论问题，其中一个根本性的理论问题是："社会主义"与"市场经济"这两块被视为互不相干的内容何以能够接合成"社会主义市场经济"的概念呢？或者说，何以能够给"市场经济"戴上"社会主义"的帽子呢？《什么是社会主义市场经济》一书并没有对此做出必要的合乎逻辑的正面论证。但从该书对"市场经济"的理解中，我们还是看出了作者的思维逻辑：市场经济作为资源配置的一种方式仅仅是手段，正如计划经济也只是资源配置的一种方式，因而也仅仅是手段一样。手段即是工具，而工具是不具有社会制度属性的，当然是"人人皆可用之"。因此，资本主义可以使用市场这个工具，社会主义自然也可以用，正如社会主义可以用计划这个工具，资本主义也在使用计划这个工具一样。在《什么是社会主义市场经济》一书中，这种思维逻辑似乎被当作不成问题的或理所当然的。"社会主义市场经济"这一概念就是在这样的思维逻辑下被"合成"出来的。

显而易见，这种思维逻辑涉及的一个关键和核心的命题，即市场只是工具。正因为市场只是工具，所以才断言市场经济与社会制度是不相干的，或曰"市场经济不具有社会制度的属性"；也正因为市场只是工具，所以不管

---

① 1992 年后国内编写出版的有关社会主义市场经济或政治经济学社会主义部分的教科书，都可以看到类似的说法。例如魏杰主编《建立社会主义市场经济体制》，企业管理出版社，1995，第 1 页；叶德勋主编《社会主义市场经济理论教程》，立信会计出版社，1994，第 28～29 页；卫兴华等编《政治经济学原理》，经济科学出版社，1998，第 297 页；袁木主笔：《社会主义市场经济论纲》，中共中央党校出版社，1994，第 33 页。

在什么样的社会制度之下都能搞成市场经济。这个命题，我曾经称之为“市场工具论”。它是对市场经济的一种片面的和狭隘的认识，却构成了当前我国普遍流行的关于“社会主义市场经济”的主流认识的核心内涵。

二　主流认识的思想来源

上述主流认识有两个思想来源：一是新古典经济学的市场经济理论——“资源配置中心论”，二是作为东欧原社会主义国家经济改革的目标模式之指导理论——“市场社会主义模式”。这两种思想来源本身的固有缺陷，使得我国关于“社会主义市场经济”的主流认识难以避免地也具有了与生俱来的片面性和误导性。

先谈新古典经济学及其“资源配置中心论”。新古典经济学把经济理论研究的中心问题定位于资源配置问题，此即“资源配置中心论”，体现新古典经济学所理解的市场经济。在新古典经济学那里，市场经济被归结为资源配置，核心问题是稀缺资源如何通过市场本身的自发作用而在社会范围内得到最优配置。而资源配置又被归结为自由竞争下价格与供求关系的自发的相互作用，即所谓市场机制，其核心问题是市场均衡价格的生成及其决定条件问题，而新古典经济理论体系也正是围绕着这一核心问题而构筑起来的。[①]这一理论体系的主体框架是由消费者理论、厂商理论、市场均衡理论及福利经济理论这几个彼此联系的基本板块所组成。所谓消费者理论，目的是推导出一个需求函数；所谓厂商理论，目的是推导出一个供给函数；而推导出需求函数和供给函数的目的，则是确定供给和需求恰好相等（俗称市场出清）时的所谓市场均衡价格；而确定市场均衡价格的目的，则是为了论证资源最优配置的条件，进而得出经济行为的效率评价，亦即以所谓帕累托效率为核心概念的社会福利评价。在这一理论体系中，社会经济现象和经济关系都被简约化为资源配置问题，而经济理论研究的中心问题归根结底就是在最大化条件下求解均衡价格及均衡条件问题，亦即被还原为一组技术层面的问题，似乎与社会制度没什么内在相干。

---

① 正因如此，新古典经济理论曾被乔治 · 斯蒂格勒贴切地归结为“价格理论”。斯蒂格勒与鲍尔丁在 20 世纪 50 年代合编的关于微观经济学最新研究进展的论文集被题名为《价格理论文选》，See G. J. Stigler et al. （ed.）. *Readings in Price Theory*. Homewood（Ill.）, Richard D. Irwin, Inc., 1952。这个文集已成为研究新古典经济理论所必读的经典文献。

新古典经济学及其“资源配置中心论”一直是居于主流地位的现代西方经济理论，迄今为止依然作为西方经济学标准教科书的主体理论框架，而目前流行的其他经济理论（如交易成本经济学、新制度经济学、新古典宏观经济学、机制设计理论，如此等等）则只是对它的部分修正和局部拓展而已。基于这种背景，新古典经济学及其“资源配置中心论”大致在20世纪80年代开始被引入刚实行改革开放的中国，也算是自然而然的事。而它一旦被引入，很快地便渗入我国经济学界关于“市场”、“市场机制”乃至“市场经济”的“心智模式”中，并且直接地影响我国改革模式之理论设计中关于“社会主义市场经济”的概念认识，形成了上文所述的那一套主流认识。从上文提到的“市场工具论”，不难看到这种影响，其基本标志就是把经济体制（无论是计划经济体制还是市场经济体制）都归结为“资源配置”问题，因而与社会制度是不相干的。可以说，就思想渊源而论，我国关于“社会主义市场经济”的主流认识与西方新古典经济学的“资源配置中心论”是内在一致的。

再说“市场社会主义模式”。它曾经盛行于东欧原社会主义国家，成为那些国家经济体制改革之指导理论。而它最初则源于20世纪20~30年代的那一场关于社会主义计算问题的大论战，以及在论战中诞生的所谓“兰格模式”。在那一场大论战中，奥地利学派的米塞斯等人提出了社会主义经济制度下不可能实现资源有效配置的论断。作为回应，兰格（Oskar Lange）和勒纳（Abba Lerner）提出了著名的“兰格-勒纳答案”（the Lange-Lerner solution），后人统而称之为“兰格模式”。这个模式在兰格和勒纳那里已奠定理论基础，后经东欧社会主义诸国的经济改革理论家们的拓展和修正，形成了各种版本的所谓“市场社会主义模式”。

基于“兰格模式”的“市场社会主义模式”，其内涵可以用一个等式来加以概括，即：“市场社会主义模式”=“国家所有制”+“市场”。国家所有制在“兰格模式”中代表着社会主义的本质规定性，但又是一个外生给定的因素，直接加之于“市场”，亦即在“市场”的头上戴上了“国家所有制”的帽子。“兰格模式”中的“市场”，其实并不是本来意义上的市场，它只是一种在中央计划控制下的“模拟的”市场，即中央计划委员会通过“试错法”，不断地调整价格体系的参数，亦即不断地矫正计划当局的“核算价格”与市场“需求价格”之间的偏差，从而起到了“模拟”市场机制的职能。用兰格的话来说，“（错了再试的）价格决定过程与竞争市场中的过程很相似。中央计划当局（也能）起到市场的作用”。① 或用布鲁斯的话来说，“中央计划委员会在没有本来意义的市场的情况下执行了一些市场的功能”。② 为什么需要如此去“试错”、去“模拟”市场呢？目的在于利用市场机制，以解决所谓资源配置问题。由此可见，“兰格模式”背后的思想渊源和理论逻辑依然还是新古典经济学的“资源配置中心论”。

自 20 世纪 50 年代起，东欧社会主义改革的经济理论家们在“兰格模式”的基础上发展出多种版本的“市场社会主义模式”，诸如“里斯卡模式”、“布鲁斯的分权模式”、“锡克的中立资本模式”、卡德尔等人的“南斯拉夫自治模式”等。这些模式从不同侧面修正了“兰格模式”，但都没有摆脱“兰格模式”所包含的思维范式，即在外在给定的某种形式的公有制下引入市场机制，以实现资源有效配置。或许我们可以说，这些模式是以不同方式将“兰格模式”的上述等式扩展为：“市场社会主义” = “某种形式的公有制” + “市场”。③

笔者认为，不论哪种版本的“市场社会主义模式”，都与新古典经济学及其“资源配置中心论”内在一致。它们内在一致的共同点是：都把市场经济理解为资源配置，再把资源配置理解为市场机制的作用，而市场机制本身则被理解为价格与供求关系相互作用过程的纯粹技术性关系。换言之，在“市场经济”这一概念中，已经抽掉了一切社会关系和社会基础，只剩下纯粹的技术性关系问题（可以通过数学工具求解明确答案）。如此理解的“市场经济”，犹如某种“机械装置”，它是可以被设计、被模拟、被搬用的工具或手段；④ 它是且仅仅是工具或手段，与社会制度无关，因而便可以与任意一种社会制度外在地相结合。无论是“资源配置中心论”，还是“市场社会主义模式”，其理论背后都是遵循着同一种思维逻辑。关于这一点，斯蒂格利茨属于能够洞察个中旨趣的极少数西方学者之一，他曾一针见血地

① 兰格：《社会主义经济理论》，王宏昌译，中国社会科学出版社，1981，第 15 页。

② 布鲁斯 · W：《市场社会主义》，《外国学者论社会主义市场经济》，社会科学文献出版社，1993，第 29 页。

③ 在这个等式中，右边第一项“某种形式的公有制”比前一个等式的“国家所有制”等更具一般性，故言该等式拓展了前一个等式。

④ 事实上，兰格晚年曾沉迷于把市场视为类似于计算机的机械装置。这一点可以从他在 20 世纪 60 年代发表的论著中很清楚地看到，See Lange, Oskar, *Introduction to Economic Cybernetics*, Warsaw: Panstwowe Wydawnictwo Naukowe, 1965; “The Computer and the Market”, in M. Dobb (ed.): *Socialist, Capitalist and Economic Growth*, Cambridge: Cambridge University Press, 1967。

写道：

经济学中的新古典模型在传播和延续市场社会主义思想方面起到了关键作用。……如果说新古典模型（或者其前身）对经济本身的描述是正确的，那么市场社会主义确实有机会获得成功。由此看来，市场社会主义的失败，不仅使市场社会主义的理想化为泡影，同时也对标准新古典模型提出了质疑。①

毫无疑问，“资源配置中心论”和“市场社会主义模式”是上述提到的关于“社会主义市场经济”的主流认识的主要的和直接的思想来源。将“市场经济”的本质归结为市场对资源配置的作用，再延伸到将“社会主义市场经济”的本质归结为“市场在国家宏观调控下对资源配置起基础性作用”，所谓“社会主义”与“市场经济”的外在连接和组合，所谓“市场经济不具有社会制度的属性”，从这些都可以明显地看出这一点。

三　作为一种经济组织形式的市场经济

考察市场经济，首先进入我们视野的是最为表层的表象——交换。在市场经济下，一切社会关系均可表现为交换关系，这是因为市场经济本来就是通过市场交换来组织经济活动的。对交换本身的考察，往往会把注意力过度集中于价格与供求关系的相互作用，亦即所谓市场机制以及资源配置问题。然而，倘仅限于此，那就只是看到市场经济的表象，并不足以把握市场经济的本质，而“资源配置中心论”和“市场社会主义模式”恰恰正是停留在这个层面上去认识市场经济。笔者认为，将市场经济与资源配置联系起来，这只是对市场经济的狭隘的、片面的乃至肤浅的认识，因为它只是抓住了市场经济的最为表层的内容，却忽略诸多深层的内涵；“资源配置中心论”和“市场社会主义模式”，以及以这两种理论为主要思想来源的我国关于“社会主义市场经济”的主流认识，都是将“市场经济”片面和狭隘地理解为资源配置问题，因而它们都未能把握市场经济的本质。

笔者也认为，将市场经济理解为一种经济体制，并与计划经济（也被视为一种经济体制）相对应，这种说法还远远不够到位。实际上，更为确切地说，市场经济是对经济活动的一种社会组织形式，而这种组织形式是嵌

① 斯蒂格利茨：《社会主义向何处去》，周立祥等译，吉林人民出版社，1998，第2页。

入于或根植于特定的社会系统的，并以这种社会系统作为其运行之基础。并不存在单纯的所谓“经济体制”，正如并不存在单纯的所谓经济行为一样；所谓“经济体制”这一概念，其实只是从制度这一侧面对经济活动的社会组织形式所做的一种不太确切的理论抽象。事实上，支撑着交换和市场机制的背后，起着基础性作用的乃是一个由诸多因素构成的多层次结构的复杂系统，它可以被解析为三个层面的建构，即表层结构、中间层结构和深层结构。

表层结构即是以交换为中心的一系列经济活动及由此而衍生出的各种社会关系。与交换直接内在联系的是劳动分工。分工和交换是互为条件的，二者是在彼此互动中演进的，其原动力来自于个体追逐私利以及由此而产生的社会竞争关系，因而其先决条件当然是私有财产制度。劳动分工由生产过程延伸到社会领域，便有了社会分工，以及由此而衍生出的社会地位差异和错综复杂的社会关系。因此，在交换关系的背后，蕴涵着一幅社会关系的丰富多彩的画面，它曾经是亚当·斯密等古典经济学家们所关注的领域。然而，在新古典经济学及其“资源配置中心论”那里，由于以理性经济人作为其基本行为假设和理论分析之逻辑出发点，所有的人都被简化为两种“原子式”的个体——消费者和生产者，而人的所有行为则被高度简化为两项完全脱离了社会历史具体的抽象“人性”——利己动机和理性选择。于是，所有的社会关系都被舍象掉了，理论分析所关注的仅仅是所谓资源配置问题，而资源配置问题又被简化为最大化问题。如此，新古典经济学所抓住的，仅仅是交换关系的属于技术性关系的侧面（尤其是属于数量关系的侧面），却舍弃了社会关系的丰富内容，诸如劳动分工、社会各阶级关系、利益群体之间的冲突等，统统被排斥在经济学研究的视野之外。概而言之，新古典经济学视野下的市场交换，是欠缺社会基础的纯粹技术性关系。由于这种纯粹技术性关系在理论叙述上十分方便于采用数学工具表达，这就使得这种理论在形式上似乎显得逻辑严谨。然而在思想内涵上，它却是相当贫乏的。

中间层结构即是在交换活动背后并支撑着交换活动的权利关系和信任关系。经济学者们更多地谈论权利关系之作为交换的基础，而对信任关系则较少予以关注。其实，权利关系和信任关系都是交换活动。权利关系是交换得以发生和维系之先决条件，用马克思的话来说，交换关系是以“彼此承认对方是所有者”为前提的,① 或借用科斯的话来说，“权利的界限是市场交

① 《资本论》第 1 卷，人民出版社，1975，第 102 页。

易的基本前提”。[①] 信任关系，以及由信任关系联结而成的信任系统，也是交换从而市场机制得以运行的重要基础之一。[②] 信任在交换中所起的作用是多方面的，如它使得原本不可能发生的交换关系成为可能，如信任的中介连锁关系所起的作用即是典型例证；[③] 它也弥补了交易合同的不完备性对交换所造成的障碍，从而甚至使得口头承诺（“君子之约”）都能成为施行交换活动的依据。这些作用归根结底是节省了交易成本。

权利与信任之间是密切相关、互为条件的。权利乃是信任关系得以扩展的外在必要条件，而信任则是权利得以实现的内在基础条件。如果一个社会不存在普遍承认的权利以及尊重他人权利的观念，那么可以想象，信任关系将仅限于家族成员或亲友之间。在这样一种社会中，交换范围将是十分狭窄的，交易成本也将是十分昂贵的。反过来说，如果仅仅强调权利而忽视信任关系，那么权利关系将面临机会主义行为动机的严重威胁，因而就需要一个庞大的外部监督制度设置（如动不动就打官司、律师满天飞）；而这种外部监督制度设置本身又会诱发更多的机会主义行为动机（如果人人都仅仅只是依法办事，而不受其他行为规范的约束，那么钻法律空子便成为有利可图且合情合理的行为了），于是就形成了一种恶性循环，它导致了交易成本高昂以及社会交换系统从而市场经济运行的低效率。

不难看出，支撑着权利关系和信任关系的是一系列正式和非正式的社会制度设置。其中，正式的制度以法律为主体，而非正式的制度则以社会伦理道德为主体。法律和道德是权利关系和信任关系得以生成和维系之制度基础，从而也是交换活动及其由此而衍生出的各种社会关系得以维持之制度基础。法律秩序和道德秩序构成社会秩序的主体构架。从个体的角度来看，社会秩序意味着客观上的种种行为约束，它意味着个人行为的可选择范围的缩小；但从社会整体来看，社会秩序却能实现社会经济活动处于某种有序状态，也使得个体行为变得可预期，因而消除或减少了交换活动中因无序和不确定性而导致的额外交易成本，从而实现经济行为的社会整体优化。我们可以设想，倘若没有这些社会秩序，那么个体行为将处于无节制的私欲驱动之

① 科斯：《企业、市场与法律》，盛洪等译，上海三联书店，1990，第51页。

② 关于信任在经济社会系统中的作用及其机理，参见詹姆斯·科尔曼《社会理论的基础》上册，第8、12章，邓方译，社会科学文献出版社，1992；弗兰西斯·福山：《信任——社会道德与繁荣的创造》，李宛蓉译，远方出版社，1998。

③ 林金忠：《信用制度的微观基础——信用行为分析》，《经济管理》2007年第15期。

下，市场交换也就必将充斥着诸如公然的巧取豪夺、欺行霸市、坑蒙拐骗、假冒伪劣等为所欲为、不择手段的违规无序行为，根本就不存在权利关系和信任关系，谈不上什么市场机制，因而也谈不上什么资源优化配置，社会经济活动在整体上将处于低效率状态。

至于深层结构，指的是在社会秩序背后并作为社会秩序之基础的更深层次的社会建构，其核心内容是国家政治。如果说社会秩序的“软的”支撑是道德的话，那么社会秩序的“硬的”支撑则是法律。而一切法律之总纲即为宪法。以宪法为基础而生发出的法律系统及其相应的社会设置（司法机关等），即是通常所说的法制。法制，在其最大限度上也只能为社会提供一个形式上符合程序正义的社会秩序，却无法保证实质上符合实体正义的社会秩序。这是因为，在任何一种统治形式之下，均能产生一套符合统治者利益的法制，由统治者按照其意志而制定、修订和实施，因而法制依然可沦为统治利益集团的工具。因此，法制并不等同于法治。由法制而法治，意味着作为一切法律之总纲的宪法本身需要某种更深层次的基础和支撑，即民主政治。民主政治意味着人民掌握统治权，因而它是保证宪法合乎实体正义的必要条件，也是确保国家权力能够依照宪法来行使的坚实基础。以民主政治为基础的宪法，以及以宪法为依据的施政，合而称之为宪政民主。依照本文前面的逻辑可以看出，宪政民主作为一种国家政治，乃是在维系市场经济所需的社会秩序，并作为社会秩序之基础的更深层次的社会建构。简而言之，宪政民主乃是市场经济之内在要求，也是市场经济的政治基础；正是以宪政民主为基础，市场经济才有可能成为法治经济（亦即吴敬琏先生所称的“好的市场经济”[①]），而不仅仅是法制经济。

完整意义上的市场经济应包含上述三个层面的建构，它是一个极其复杂的社会系统，经济活动正是通过这一社会系统而被组织起来。“社会主义市场经济”需要更全面的理解，并在改革开放实践中不断丰富完善。

（作者系厦门大学经济研究所教授、博士生导师）

① 吴敬琏：《呼唤法治的市场经济》，三联书店，2007。

探寻社会主义市场经济特殊规律

——重温邓小平关于“市场经济”论述之感悟

杨承训

今年是伟大的马克思主义者、中国改革开放的总设计师邓小平诞生110周年。最好的纪念，就是重新深入学习他的著作，联系中国特色社会主义实践，从中感悟其思想精髓。邓小平理论博大精深，创立了中国特色社会主义理论体系，其中关于社会主义市场经济的论述，可谓独创性最显著的马克思主义中国化的经济理论。我们系统领会他的论述，应当在深度和广度上把握经济规律，从深化认识市场经济的一般规律提升到把握社会主义市场经济的特殊规律，进而学会驾驭社会主义市场经济的艺术。毛泽东特别强调，在研究事物矛盾运动时必须着力研究矛盾的特殊性，把握共性与个性的关系。如今，人们对于市场经济一般规律已有较深的认识，而对社会主义市场经济特殊规律尚需进一步探索。在理论与实践的结合上尤其是在改革治理与发展中，认识和驾驭社会主义市场经济的特殊规律更为重要。经过35年改革开放的实践，我们系统重读邓小平的论述，便会有新的感悟。在此基础上，方可深化理解习近平的一系列论述和当前改革发展、治理国家的方略。

实践探寻：市场经济是现阶段发展生产力最有效的方法、手段

邓小平提出社会主义可以搞市场经济的命题，不是从书本文献中找出的现成答案，而是从实践中探索出的规律。以往马克思主义经典著作认为，社会主义与市场经济是不相容的，进入社会主义必须消灭商品、市场的“祸

害”，消除自发性、盲目性，有计划地发展经济方可避免、杜绝经济危机和社会浪费（这当然也包含一定的相对真理）。换句话说，对社会主义时期的市场经济基本持否定态度。从西方经济著作中却看到另一个极端的观点，认为市场经济等于资本主义本身，它一切皆好乃至万能（特别是新自由主义），而同社会主义绝对不相容。邓小平未停留在前人本本的结论上，而是用马克思主义立场、观点、方法，依靠实践勇敢地实事求是地发现真理。

邓小平的根本出发点是社会主义优势在于发展生产力，唯有生产力高度发展和人民生活水平提高，社会主义才能巩固和发展。他多次申述：“马克思主义的基本原则就是要发展生产力”，[①]“社会主义的任务很多，但根本一条就是发展生产力”。[②]“根据我们自己的经验，讲社会主义，首先就要使生产力发展，这是主要的。只有这样，才能表明社会主义的优越性。社会主义经济政策对不对，归根到底要看生产力是否发展，人民收入是否增加。这是压倒一切的标准。”[③] 可以说，发展是硬道理，像一根红线贯穿于他所领导的改革开放始终。正是在这个立足点上，他找到了社会主义利用发展生产力的新方法、新手段。他第一次提“社会主义也可以搞市场经济”这一观点时，完全是从有利于发展生产力的大视角来回答社会主义与市场经济关系的。用他的话说：“这是社会主义利用这种方法来发展社会生产力。”[④]

恩格斯说：“政治经济学本质上是一门历史的科学。”[⑤] 列宁则明确提出：“政治经济学的基础是事实，而不是教条。”[⑥] 邓小平之所以选择社会主义市场经济之路，还是建立在广泛深入总结国内外历史实践经验的基础上。

邓小平首先总结世界第一个社会主义国家的经验教训。他说：“社会主义究竟是个什么样子，苏联搞了很多年，也并没有完全搞清楚。可能列宁的思路比较好，搞了个新经济政策，但是后来苏联的模式僵化了。”[⑦] 这个分析表明，苏联发展社会主义生产力的路子既有教训也有经验。教训主要是对企业卡得太死，体制僵化，排斥市场经济。“我们有些经济制度，特别是企

① 《邓小平文选》第 3 卷，人民出版社，1993，第 116 页。
② 《邓小平文选》第 3 卷，人民出版社，1993，第 137 页。
③ 《邓小平文选》第 2 卷，人民出版社，1994，第 314 页。
④ 《邓小平文选》第 2 卷，人民出版社，1994，第 236 页。
⑤ 《马克思恩格斯选集》第 3 卷，人民出版社，1995，第 489 页。
⑥ 《列宁全集》第 58 卷，人民出版社，1990，第 86 页。
⑦ 《邓小平文选》第 3 卷，人民出版社，1993，第 139 页。

业的管理、企业的组织这些方面，受苏联影响比较大。"[①] 实际上，早在毛泽东讲《论十大关系》时就发现了，但没有上升到利用市场经济的高度。邓小平高明之处，就在于发现了这个"新大陆"，其中他又比较了解整个苏联体制与列宁的新经济政策。1926 年他到苏联学习，正处在新经济政策后期，对当时的商品、市场、货币关系有切身感受。这也是他对市场经济具有敏锐感的历史基础。

其次，他对中国经济发展的历程更有亲身感受。当过财政部长，主管经济工作，参与党的第一代中央领导集体，有着亲身的实践。新中国成立之初市场比较活跃，社会主义改造之后有所反复，"大跃进"冲击很大，之后又有几年的繁荣，但"文化大革命"期间则受到大的破坏，他一一作过总结。1982 年，他在《前十年为后十年做好准备》谈话中，做了这样的概括："社会主义同资本主义比较，它的优越性就在于能做到全国一盘棋，集中力量，保证重点。缺点在于市场运用得不好，经济搞得不活。计划与市场的关系问题如何解决？解决得好，对经济的发展就很有利，解决不好，就会糟。"[②]

最后，他也全面研究了发达资本主义国家的经验。十一届三中全会之后，他周游列国，着力研究它们实现现代化的经验。接着，他从世界经济发展规律的高度，提出对外开放的大战略和与此相连的吸收国外发展的有益成果。他说："我们实现四个现代化主要依靠自己的努力，自己的资源，自己的基础，但是，离开了国际的合作是不可能的。应该充分利用世界的先进的成果"，[③]"市场经济不能说只是资本主义的……社会主义也可以搞市场经济"。[④] 也可以说，社会主义搞市场经济是从资本主义世界取来的"经"，是辩证地扬弃。

同时，社会主义市场经济理论也是在中国改革开放的实践中逐步完善和深化的。1979 年邓小平开始提出社会主义搞市场经济时，还强调"计划经济为主"；后来逐步形成计划调节与市场调节相结合的思路，并肯定了"农村的社会分工和商品经济的发展"[⑤]，接着提出"有计划的商品经济"的概

① 《邓小平文选》第 2 卷，人民出版社，1994，第 235 页。
② 《邓小平文选》第 3 卷，人民出版社，1993，第 16 ~ 17 页。
③ 《邓小平文选》第 2 卷，人民出版社，1994，第 233 ~ 234 页。
④ 《邓小平文选》第 2 卷，人民出版社，1994，第 236 页。
⑤ 《邓小平文选》第 2 卷，人民出版社，1994，第 315 页。

念；到 1987 年，邓小平强调不要再讲“计划经济为主”；[①] 1992 年党的十四大根据他的理论确定了“社会主义市场经济体制”和“社会主义市场经济改革方向”。邓小平当时予以充分肯定，并说：“实际上我们是在这样做，深圳就是社会主义市场经济。”[②] 换句话说，整个改革开放是逐渐试行社会主义市场经济的过程，而当时的深圳成为它的雏形。可见，他一直坚持着社会主义市场经济的改革方向。所以，从十一届三中全会到党的十八届三中全会，提出由发挥市场经济“基础性作用”上升为“充分发挥市场在配置资源中的决定性作用和更好地发挥政府作用”，并不奇怪，不是突然冒出来的观点，而是一个实践、认识、再实践、再认识的过程。

邓小平为什么敢于冲破社会主义与市场经济不可兼容的传统观念？就在于他实事求是地把市场经济当作发展生产力的一种方法和手段，而同社会根本经济制度区别开来。1979 年，他解释说：“同样地，学习资本主义国家的某些好东西，包括经营管理方法，也不等于实行资本主义。这是社会主义利用这种方法来发展社会生产力。把这当作方法，不会影响整个社会主义，不会重新回到资本主义。”[③] 以后他多次阐释这个观点。1985 年 10 月 23 日，他对外国记者说：“社会主义和市场经济之间不存在根本矛盾。问题是用什么方法才能更有力地发展社会生产力。我们过去一直搞计划经济，但多年的实践证明，在某种意义上说，只搞计划经济会束缚生产力的发展。把计划经济和市场经济结合起来，就更能解放生产力，加速经济发展。”[④] 1987 年 2 月 6 日，他专门找中央领导谈话，破除传统认识：“为什么一谈市场就说是资本主义，只有计划才是社会主义呢？计划和市场都是方法嘛。只要对发展生产力有好处，就可以利用。它为社会主义服务，就是社会主义的；为资本主义服务，就是资本主义的。好像一谈计划就是社会主义，这也是不对的，日本就有一个企划厅嘛，美国也有计划嘛。我们以前是学苏联的，搞计划经济。”[⑤]

邓小平的基本观点之一，是把市场经济当作发展生产力的方法、手段，而与根本制度区别开来，是认识社会主义与市场关系的一把钥匙，也符合马

① 《邓小平文选》第 3 卷，人民出版社，1993，第 203 页。
② 《邓小平年谱（1975 ~ 1997）》下，中央文献出版社，2004，第 1347 页。
③ 《邓小平文选》第 2 卷，人民出版社，1994，第 236 页。
④ 《邓小平文选》第 3 卷，人民出版社，1993，第 148 ~ 149 页。
⑤ 《邓小平文选》第 3 卷，人民出版社，1993，第 203 页。

克思的基本观点。马克思在《资本论》中指出："商品生产和商品流通是极不相同的生产方式都具有的现象，尽管它们在范围和作用方面各不相同。因此，只知道这些生产方式所共有的、抽象的商品流通的范畴，还是根本不能了解这些生产方式的本质区别，也不能对这些生产方式作出判断。"[①] 实质上这是生产方式与交换方式的关系问题。邓小平的创新，在于把这种关系延伸到社会主义。他作了这样的历史分析："市场经济不能说只是资本主义的。市场经济，在封建社会时期就有了萌芽。社会主义也可以搞市场经济。"[②] 我们研究社会主义市场经济理论，必须领会、把握邓小平把市场经济当作发展生产力的方法、手段的重要观点，不能与基本经济制度相混淆。否则，就会陷入泥潭，上了新自由主义的当。

深化认识：市场经济一般规律及其同社会主义的融通

市场经济作为方法、手段并不是纯主观的东西，而是由客观规律所决定的，是客观见之于主观的方式。市场经济作为一种交换方式附着于并服务于一定的生产方式，并非随意的、简单的小手法。它是高层次的方法、手段，其载体为"体制"，即第二层次的"制度"。类似于内容与形式，不同的内容可以表现为不同的形式，而同一种形式也可以为不同的内容服务。但它们之间存在着一定的内在联系。就市场经济而论，它能够萌芽于封建社会末期（乃至奴隶社会末期），但不能全面为之服务；只有到生产社会化发达的社会形态，才能充分形成并运用市场经济。这就需要进一步认识其中的规律性。邓小平一再强调按经济规律办事，就在于引导人们认识市场经济内在的规律性并要学会运用市场经济一般规律。

关于市场的本质，他认为市场经济是一种交换关系。他说：社会主义的市场经济，"虽然方法上基本上和资本主义社会的相似，但也有不同，是全民所有制之间的关系，当然也有同集体所有制之间的关系，也有同外国资本主义的关系，但是归根到底是社会主义的，是社会主义社会的。"[③] 这显然是把市场经济视为所有制实体之间的交换关系，包括相同所有制实体之间的

① 《资本论》第 1 卷，人民出版社，2004，第 136 页。
② 《邓小平文选》第 2 卷，人民出版社，1994，第 236 页。
③ 《邓小平文选》第 2 卷，人民出版社，1994，第 236 页。

交换和不同的所有制之间的交换。也就是说，市场经济是交换关系的总和，用恩格斯的话说，就是“交换方式”。这是市场经济最原本的含义。由此我们可以理解，市场经济不是什么神秘莫测的悬天之物，它不过是交换关系的总和，是商品经济交换的高级形式。它的一切功效、机制概源于此。离开了这个原本，就使市场变成了无本之物、无源之水的怪物，必然陷入唯心论。这恰好是新自由主义市场万能论的一个认识根源。

那么，人类社会为什么存在和利用市场经济这种发达的交换关系？邓小平是把它与生产社会化联系起来的。他论述社会主义必须多方面运用市场经济这种“经济手段”之后接着说：“社会主义要赢得与资本主义相比较的优势，就必须大胆吸收和借鉴人类社会创造的一切文明成果，吸收和借鉴当今世界各国包括资本主义发达国家的一切反映现代社会化生产规律的先进经营方式、管理方法。”[①] 虽然市场经济与经营方式、管理方法不属于同一层次，但总归起来都属于方法、手段的大范畴（他一直把它们联在一起提出来），都与生产社会化直接相关。而生产社会化的自然基础是社会分工，生产力愈发达愈凸显社会分工细化、专业化，而社会分工愈发达愈要求社会经济联系的强化与深化；市场经济建立在社会分工基础上，它是联系社会分工的基本形式之一，于是把许多分散的生产过程通过广泛多样的交换关系联系成为一个社会生产的过程。邓小平讲农村联产责任制时就是把“农村的社会分工和商品经济发展”联系起来。这表明，市场经济在人类社会相当长的历史时期同生产社会化有着不可分割的联系，或者说市场经济是生产社会化的一种必要的表现形式。这符合列宁的把市场视为一种“联系”的思想：“商品交换表现着各个生产者之间通过市场发生的联系”，[②] 市场是商品经济“生产者之间的联系”。[③] 因此，以生产社会化为基础的资本主义社会与社会主义社会（至少一定时期）都可以而且必须利用市场经济这种“联系”形式。

不管市场经济附着的社会制度如何，它作为一个交换关系的总体必定具有共同的一般规律。邓小平多次强调要按经济规律办事，“要实现经济发展接近发达国家水平的目标，就要尊重经济社会发展规律，搞两个开放”。[④] 这主要就是按市场经济运行规律办事。按照他的思想，主要有以下几条经济

---

① 《邓小平文选》第 3 卷，人民出版社，1993，第 373 页。

② 《列宁全集》第 46 卷，人民出版社，1990，第 46 页。

③ 《列宁全集》第 2 卷，人民出版社，1990，第 182 页。

④ 《邓小平年谱（1975～1997）》下，中央文献出版社，2004，第 1038 页。

规律。

（1）价值规律。这是市场经济一般的基本规律。邓小平多次强调尊重和运用价值规律。他说：通过经济整体改革，“要理顺各种经济关系”，“我们要按价值规律办事，按经济规律办事”。[①] 价值规律又有两重含义（此处从略）。

（2）供求规律。即把市场视为一种“联系”。他认为，扩大企业自主权出现的矛盾“主要从价值法则、供求关系（产品质量）来调节”。[②] “改革就是搞活，对内搞活也是开放”。[③] 开放实际上是打通国内外联系，市场经济广义的联系要有“两个开放”。他还强调，企业生产要适应国内外市场的供求关系，也为此义。

（3）竞争规律。从 20 世纪 70 年代，他就强调市场竞争，以后多次提出参与竞争，才有活力。“不搞市场经济，没有竞争，没有比较，连科学技术都发展不起来。产品总是落后，影响到对外贸易和出口。”[④] 各个企业、各个生产单位必须互相竞争，“吃大锅饭，就是干不干一个样”，“没有比较哪里有积极性？现在一比较，竞争，就必然要淘汰一些落后部门”。[⑤]

（4）价格规律。价格是价值的货币表现，又受供求关系、竞争关系的直接影响，出现波动，体现各个生产者、经营者的直接利益，是市场配置资源的信号和动力。所以他十分重视价格改革。20 世纪 80 年代明确提出：“按照价值规律调整价格，取消‘双轨制’，取消妨碍商品流通的‘关卡、杂税’。”[⑥] “价格没有理顺，就谈不上经济改革的真正成功。”[⑦]

（5）以追求最大效益为目标优化配置资源的规律。邓小平十分重视经济效益，把效益作为选择市场经济的标准。在党的十二大上，他要求在不断提高经济效益的前提下实现经济总量翻两番。多次强调，哪个地方只要经济效益好就可以发展快一些，实质上，是优化配置资源。

（6）发展不平衡规律。比如让一部分人、一部分地区依靠勤劳和正当经营先富起来，再带动全体共同富裕，就是利用了不平衡规律。“要承认不

---

① 《邓小平文选》第 3 卷，人民出版社，1993，第 130 页。
② 《邓小平年谱（1975～1997）》上，中央文献出版社，2004，第 445～446 页。
③ 《邓小平年谱（1975～1997）》下，中央文献出版社，2004，第 1012 页。
④ 《邓小平年谱（1975～1997）》下，中央文献出版社，2004，第 1347 页。
⑤ 《邓小平年谱（1975～1997）》下，中央文献出版社，2004，第 673 页。
⑥ 《邓小平年谱（1975～1997）》下，中央文献出版社，2004，第 1348 页。
⑦ 《邓小平文选》第 3 卷，人民出版社，1993，第 278 页。

平衡，搞平均主义没有希望。一部分地区先富起来，国家才有余力帮助落后地区。不仅全国，一个省、一个社、一个队也是这样。百分之二十先富起来，会把其他的带动起来。不能什么都靠上级推动，而应当运用经济杠杆。"① 宏观上把我国区分为东、中、西三个地带，实行梯度推移，待东部发展起来后再支持中西部大发展，即利用不平衡再实现相对平衡。这也是资源配置的功效。

市场的优势在哪里？按照邓小平的说法，在于"活力"。他多次要求："改革的基本任务是建立起具有中国特色的充满生机和活力的社会主义经济体制。"② 就是能调动各个层次的积极性、创造性，推动生产力的发展。

然而，市场经济也存在着十分突出、十分严重的缺陷，这正是马克思、恩格斯否定社会主义社会存在市场经济的主要依据。对此，邓小平也并没有忽视。一是产生两极分化，这是他最关心的："我们讲要防止两极分化，实际上两极分化自然出现"，③ 如果形成两极分化，产生新资产阶级，改革就失败了。二是秩序混乱，包括通货膨胀："改革要成功，就必须有领导有秩序地进行。没有这一条，就是乱哄哄，各行其是，怎么行呢？"④ "如果乱起来，中国什么事情也做不了。"⑤ 三是资产阶级自由化泛滥："搞资产阶级自由化就是走资本主义道路"，⑥ "风气如果坏下去，经济搞成功又有什么意义？"⑦ 四是社会变质，社会风气一坏"反过来影响整个经济变质，发展下去会形成贪污、盗窃、贿赂横行的世界"。⑧ 五是放纵犯罪活动："刑事案件、恶性案件大幅度增加，这种情况很不得人心"，⑨ "整个改革开放过程中都要反对腐败"。⑩ 六是国际上资本主义国家趁机"对社会主义国家搞和平演变"，"打一场无硝烟的世界大战"。⑪ 所以，他反复强调坚持四项基本原则，需要政府的调控功能。

---

① 《邓小平年谱（1975～1997）》上，中央文献出版社，2004，第 657 页。
② 《邓小平年谱（1975～1997）》下，中央文献出版社，2004，第 1006 页。
③ 《邓小平年谱（1975～1997）》下，中央文献出版社，2004，第 1364 页。
④ 《邓小平文选》第 3 卷，人民出版社，1993，第 277 页。
⑤ 《邓小平年谱（1975～1997）》下，中央文献出版社，2004，第 1316 页。
⑥ 《邓小平文选》第 3 卷，人民出版社，1993，第 142 页。
⑦ 《邓小平文选》第 3 卷，人民出版社，1993，第 154 页。
⑧ 《邓小平文选》第 3 卷，人民出版社，1993，第 154 页。
⑨ 《邓小平文选》第 3 卷，人民出版社，1993，第 33 页。
⑩ 《邓小平文选》第 3 卷，人民出版社，1993，第 327 页。
⑪ 《邓小平文选》第 3 卷，人民出版社，1993，第 325～326 页。

总体上，邓小平权衡利弊，认定利大于弊，社会主义要发展生产力有极大的必要而且必然与市场经济结合（至少在相当长的历史时期），因为：①社会主义本质之一（物质基础）及其优越性在于高度发达的生产力；②市场经济、社会主义、发达的生产力三者之间存在着共同的内在联系，就是生产社会化规律；③社会主义社会可以利用综合制度优势对市场经济扬利除弊，创造出市场经济的新形态，即更高一级的市场经济，这就是高于资本主义市场经济的社会主义市场经济。所以，社会主义与市场经济的结合带有规律性。

理论升华：研究和驾驭社会主义市场经济的特殊规律

毛泽东说过："关于共性个性、绝对相对的道理，是事物矛盾的问题的精髓。"[①] 我们不仅要把握市场经济的一般规律（共性），还应进而把握社会主义市场经济的特殊规律（个性）。以便更好地发挥市场经济的优势，又克服它的重大缺陷。到目前为止，我们还没有做出对社会主义市场经济特殊规律的最经典概括。相比之下，还是邓小平概括得比较精辟。

邓小平晚年，经过长时间的观察、思考，做了下面的表述："社会主义市场经济优越性在哪里？就在四个坚持。四个坚持集中表现在党的领导。这个问题可以敞开来说，我那个讲话没有什么输理的地方，没有什么见不得人的地方。当时我讲的无产阶级专政，就是人民民主专政，讲人民民主专政，比较容易为人所接受。现在经济发展这么快，没有四个坚持，究竟会是个什么局面？提出四个坚持，以后怎么做，还有文章，还有一大堆的事情，还有没有理清楚的东西。党的领导是个优越性。没有人民民主专政，党的领导怎么实现啊？四个坚持是'成套设备'。在改革开放的同时，搞好四个坚持，我是打下个基础。"

这实际上是对社会主义市场经济的性质做了明确的界定，也可视为社会主义市场经济特殊规律的内涵。就是说，市场经济必须在四项基本原则（"成套设备"）的框架下运行，即坚持社会主义制度，坚持人民民主专政，坚持党的领导，坚持马克思列宁主义、毛泽东思想、中国特色社会主义理论体系的指导。这可概括为四个结合。

---

① 《毛泽东选集》第1卷，人民出版社，1991，第330页。

第一，市场经济必须与社会主义基本制度结合。邓小平多次强调必须坚持公有制为主体，多种经济成分并存，坚持共同富裕，不能搞两极分化。离开了公有制主体地位单纯而笼统地讲市场经济，必然走向私有化，势必改变基本经济制度，滑向资本主义经济制度。我们发挥市场经济在配置资源中的决定作用，不能偏离这个根本方向。

第二，市场经济必须同人民民主政权结合。一是政治方向、社会治理以及生态环境等，受人民政权的全局规导；二是经济上受人民政府的宏观调控。邓小平所说的计划与市场都得用，这就是十八届三中全会要求的“更好地发挥政府的作用”。社会主义应当把宏观调控放在导向地位，防止和克服市场经济的种种缺陷，使市场有序进行，而不能搞乱。多年来的实践证明（特别是应对世界性经济危机），我国经济的计划性和科学的宏观调控是保证社会主义市场经济顺利发展和运行的基本条件。

第三，市场经济必须和党的领导结合。党领导一切，同样也要领导市场经济，把握它的方向。邓小平在论证社会主义市场经济时，就明确地说：“我们在改革开放初期就提出‘四个坚持’。没有这‘四个坚持’，特别是党的领导，什么事情也搞不好，会出问题。出问题就不是小问题。”①

第四，市场经济和社会主义精神文明的结合。市场经济作为一种经济运行体，它也会产生强大的精神力量，因为参加市场活动的人是有精神的。资本主义市场经济是金钱挂帅，追逐利益的最大化；社会主义市场经济则把个人利益同社会利益、集体利益结合起来，受马克思列宁主义、毛泽东思想、中国特色社会主义理论体系指导，形成社会主义价值观、新型的市场文明和新型伦理。新自由主义者们打着超意识形态的旗号研究经济问题，用意在于纵容商品拜物教、货币拜物教、金钱拜物教泛滥流行，伤害社会主义体制下人们的灵魂。

进一步考量，如果仅限于用一般市场化去取代社会主义市场经济的概念，否定了社会主义市场经济的特殊性，那就势必把社会主义市场经济蜕变为资本主义市场经济。在理论上，有这样一种内在联系需要解释：资本主义市场经济和社会主义市场经济既有共性又各有个性，而个性恰恰是决定市场经济性质的东西。正是这两性的矛盾统一，就产生了通融性和排异性。现阶段两种市场的共性主要有 5 点：①机制相同、“方法相似”；②手段工具相

① 《邓小平年谱（1975～1997）》下，中央文献出版社，2004，第 1346 页。

同；③存在大量私人资本（社会主义初级阶段）；④强大的国际市场影响力；⑤意识形态的某些融通。社会主义市场经济的个性则是排异性的基础：①制度优势的主导作用；②利益的抗衡力量（社会主义国家具有人民共同利益的强势）；③日益雄厚的物质基础，主要是公有经济的实力；④执政党和人民政权的坚强与主观能动性。二者共性形成的融通性往往是自发的，排异性则主要靠“自觉”的动力。目前融通性暂时占优势。如果中国的市场经济忘记了“社会主义”，就必然滑向资本主义市场经济。党的十八大再次强调，共产党人要受“市场经济的考验”，就是因为资本主义市场经济的一些消极因素会借机挥发出来，侵蚀我国的基本经济制度、基本政治制度和党的肌体，那是非常危险的，是“和平演变”的酵母。

在经济运行上邓小平的基本思路是发挥社会主义和市场经济两种优势的合力：“一个是宏观要调控得好，一是微观要真正放得开。”[①] 又要“发挥社会主义制度能够集中力量办大事的优势”。[②] 宏观调控的主要手段为税收、金融和法制。“边改革、边治理环境整顿秩序”，“中央要有权威”。所以，在强调充分发挥市场作用的同时，还要求强化政府的功效。他说：“我们社会主义的国家机器是强有力的。一旦发现偏离社会主义方向的情况，国家机器就会出面干预，把它纠正过来。开放政策是有风险的，会带来一些资本主义的腐朽东西。但是，我们的社会主义政策和国家机器有力量去克服这些东西。所以事情并不可怕。”[③]

有人提出，党的十八届三中全会《决定》与邓小平的论述是有出入的。这是一种误读。邓小平说得很清楚：“计划多一点还是市场多一点，不是社会主义与资本主义的本质区别。”[④] 这属于“经济手段”和方法。在此范畴的划界内，提高市场在资源配置中的地位，更符合生产社会化的规律，更有利于社会主义制度壮大经济力量，而不会改变经济制度。这也是从实际出发的。经过几十年的考察，从实践中暴露了市场与政府的关系成为现实的主要矛盾，而政府职能越位、错位问题成为矛盾的主要方面，制约了各种积极因素的发挥。怎样才能解决这一矛盾呢？必须把改革的重点放在政府转变职能与端正干部作风以及更深层次的吏治上。在此大背景下形成了一个新的理

---

① 《邓小平年谱（1975～1997）》下，中央文献出版社，2004，第1346页。

② 《邓小平文选》第3卷，人民出版社，1993，第377页。

③ 《邓小平文选》第3卷，人民出版社，1993，第139页。

④ 《邓小平文选》第3卷，人民出版社，1993，第373页。

念，也符合实践论的认识规律。

习近平在说明党的十八届三中全会《决定》时有两句话说得很清楚。一是：“市场作用与政府作用的职能是不同的。”市场作用的职能主要在资源配置，政府作用的职能主要在宏观调控。资源配置与宏观调控两个概念既有交叉又有不同，资源配置主要是微观上生产条件的分配与组合，是由市场主体根据市场价格信号、供求关系主动争取、运用资源组合，争取效益效率最大化；宏观调控主要规导整体经济运行，掌管着生产力发展组合的总方向、市场运行的总规则，矫正市场缺陷，促进共同富裕，实现宏观综合经济效益和可持续发展（尤其是生态环境优化）。市场虽能为宏观调控提供平台与信息，但没有宏观调控的职能；政府也有配置资源的一些功能，但不能取代微观的活力发挥。两种职能在新水平上的耦合，有利于发挥微观主体的主观能动性又不逾矩。在把握总方向上政府整体治理还是起决定作用的。二是：“市场在资源配置中起决定作用，但不是起全部作用”。这就划清“决定性”与“全部”（新自由主义的主张）的界限。市场的“决定性”作用主要是在竞争行业，在一些子系统；政府则在总体上和最关键领域能够配置资源，即保持总量平衡、促进重大经济结构协调和生产力布局优化，推进国际经济治理结构完善，从国内总体到国际大局，它都起决定作用。比如，西部大开发、生态环境优化、农业的政策实施、分配格局的优化、对外开放格局的治理等，虽然要充分利用市场机制，但主要靠政府作用。即使有些微观部门的资源配置（特别是科技含量较高的新兴产业），在很大程度上得靠政府配置（如扶持政策）。

从实质上理解，十八届三中全会《决定》并未削弱政府在治国理政（包括经济职能）方面的作用，重点在于转变和优化它的职能，不是简单的加减法。然而，社会主义政府并非从天而降的神物，它也必然会受到社会消极因素的影响和官员素质的制约，出现这样那样的弊端。现在有许多问题出自政府本身，所以必须推进政府在群众监督之下自觉革自己的命，深化自身的改革。这是社会主义市场经济的内在要求。正如习近平所说：充分发挥市场在配置资源中的决定性作用，“有利于在全党全社会树立关于政府和市场关系的正确观念，有利于转变经济发展方式，有利于转变政府职能，有利于抑制消极腐败现象”。①

---

① 习近平：《关于〈中共中央关于全面深化改革若干重大问题的决定〉的说明》，《人民日报》2013 年 11 月 16 日。

综上所述，在市场经济一般规律的基础上对社会主义市场经济的特殊规律可做这样的概括：在社会主义全面治理的框架内和公有制为主体的基础上，充分发挥市场配置资源的决定性作用和更好地发挥政府的作用，最大限度地利用市场正能量、抑制其负能量，使之协调、稳定地运行，获取最大的综合效益，为发展社会主义生产力、实现共同富裕服务。这里好似在市场经济一般规律上面加上了“主观”因素，事实上总体仍是客观存在的条件，只是在社会主义条件下需要通过人的“自觉”加以实现和运用，不能任凭“自发性”泛滥。而这种运用又不能带有随意性，必须遵循它的客观行程，正确处理毛泽东所讲的“自发性”、“自流性”与“自觉性”的关系，因为“计划是意识形态。意识是实际的反映，又对实际起反作用”。[①] 在哲学视阈，乃是“第一性”与“第二性”的关系。单从经济运行上看，宏观调控（或“计划”）与市场的关系，可谓“从市场中来，到市场中去”。政府要尊重市场规律，又指导市场运行方向，并受市场实际的检验。当然，人们的认识会不断深化，上述概括是否恰当、准确，需要进一步研究。

重读邓小平的论述中可以领悟到，他对社会主义市场经济的认识乃是“特殊－一般－特殊”的过程，逐步深化。我们应当沿着这条线索依靠实践继续深化把握对这一特殊规律的认识，领会习近平一系列论述的要领，全面深化社会主义市场经济体制改革，推进国家治理体系和治理能力现代化。

（作者单位：河南财经政法大学）

① 《毛泽东文集》第 8 卷，人民出版社，1999，第 118～119 页。

社会主义与市场经济的内生关系

从人性结构到市场权力结构*

——市场机制深层结构的再发现

鲁品越

亚当·斯密被公认为近代经济学的创始人，他在经济学中的地位类似于牛顿在力学中的地位。虽然在他之前已经产生了重商主义与重农主义经济学理论，但正像牛顿用物质本性（万有引力）来解释天上地下一切物质的机械运动规律一样，亚当·斯密用人的本性（Human Nature）来解释被喻为"看不见的手"的市场自动调节机制，从而使经济学真正成为立足于基本假设而演绎出来的科学体系。"看不见的手"由此成为斯密对人类思想的巨大贡献。而马克思则是政治经济学的爱因斯坦：正像爱因斯坦发现了万有引力背后的复杂的物质－时空结构一样，马克思发现了市场的"看不见的手"的背后的资本－劳动结构，由此揭开了复杂的市场权力结构之谜。从人性结构到深层市场权力结构的发现，于是成为政治经济学思想发展的历史脉络。

那么，这种作为社会经济现象产生之源的人性，到底是怎样的人性？这些人性如何能够转化为"看不见的手"？在这个问题上，存在着广泛流行的严重误解：将利己主义作为基本人性，认为社会只要放任人们的自私本性，就会自动产生出增进社会公共福利的"看不见的手"，由此自由放任人们在市场上的逐利行为，将会产生市场对资源的优化配置状态。这是自由主义和新自由主义对亚当·斯密"看不见的手"的解释。这一观念不仅深深地影响着经济学理论界，而且也影响着我国社会主义市场经济的实践。那么，斯

---

* 本文系教育部项目"经济虚拟化时代的资本逻辑与精神现象"（编号09YJA720021）的阶段性研究成果。

密的“看不见的手”的伦理基础究竟是什么？它的实现条件是什么？斯密在这个问题上的巨大贡献及其局限性何在？是值得我们深入研究的问题。

一 自利与同情：斯密的“看不见的手”的伦理基础

（一）“霍布斯丛林”与斯密“看不见的手”

从直观的表层事实来看，人之所以作为人，有作为共性的人性，而这种人性既有利己的一面，也有利他的一面；既有追求自我享受的欲望，又有追求自由、平等、公正的正义感。于是人性到底是恶还是善的问题，成为古今中外先哲们争论不休的话题。一般认为，自私产生社会的邪恶与混乱，利他产生社会的善举与正义。那么，亚当·斯密在此问题上有何独特见解与贡献呢？这应当追溯他所提出的“看不见的手”的伦理基础。虽然《国富论》中此词仅出现一次，但却是斯密思想的主轴。

“由于每个个人都努力把他的资本尽可能用来支持国内产业，都努力管理国内产业，使其生产物的价值能达到最高程度，他就必然竭力使社会的年收入尽量增大起来。确实，他通常既不打算促进公共的利益，也不知道他自己是在什么程度上促进那种利益。由于宁愿投资支持国内产业而不支持国外产业，他只是盘算他自己的安全；由于他管理产业的方式目的在于使其生产物的价值能达到最大程度，他盘算的也只是他自己的利益。在这场合，像在其他许多场合一样，他受着一只看不见的手（an invisible hand）的指导，去尽力达到一个并非他本意想要达到的目的。也并不因为事非出于本意，就对社会有害。他追求自己的利益，往往使他能比在真正出于本意的情况下更有效地促进社会的利益。我从来没有听说过，那些假装为公众幸福而经营贸易的人做了多少好事。”①

这一思想可谓惊世骇俗，震惊了整个西方思想界。因为这是关于“利己”与“利他”的关系的全新理论。因为在此之前，17 世纪英国思想家托马斯·霍布斯（Thomas Hobbes，1588－1679）在其名著《利维坦》中曾经指出：人的“自利本性”会导致弱肉强食的“丛林法则”（Hobbes'

① 亚当·斯密：《国民财富的性质和原因的研究》（下），郭大力、王亚南译，商务印书馆，1983，第 27 页。

Jungle），“暴力与欺诈在战争中是两种主要的美德”，由此形成“每一个人对每个人的战争”状态，这才是由人的“自私”本性所形成的社会的“自然状态”。[①] 而亚当·斯密主张人的自利本性却会形成“看不见的手”，它将个人的“自利”行为转化为“利他”的社会公共利益，因此建立的“自然秩序”是最能增进人类福利的制度。那么，同一“自私”本性，为什么会得到完全不同的结果呢？这是一个笼罩在人类思想史上的迷雾。

实际上，从人性论的理论角度来看，亚当·斯密之所以提出了与“霍布斯丛林”完全不同的自然秩序，是因为他对“人性”的理解不同于霍布斯。那么，“看不见的手”是建立在怎样的人性的基础上？这种人性论包含着怎样的思想前提？

（二）“自利”与“同情”：斯密人性论的双翼

亚当·斯密的学术生涯的确从研究人性开始，并贯穿于他的整个人生。当斯密还是个16岁的少年时，德高望重的道德哲学教授哈奇森发现了他的不寻常的天资，引荐他拜识了当时正在写作《人性论》的大哲学家大卫·休谟。从此之后，他几乎用他一生的时间，交替写作两本建立在他的人性论基础上的著作——《道德情操论》（*The Theory of Moral Sentiments*）和《国民财富的性质和原因的研究》（*An Inquiry Into The Nature and Causes of the Wealth on Nature*，简称《国富论》）。前者阐述以“同情”为基本人性所建立的社会道德秩序，后者阐述以“自利”为基本人性建立的经济秩序。19世纪中叶德国历史学派的经济学家曾经认为，亚当·斯密的这两种思想是相互矛盾的：《道德情操论》把人们的行为归结于“同情”，《国富论》中却把人们的行为归结于“自私”。这是因为他受到法国“唯物主义”思想家的影响，其理论取向发生了变化：从《道德情操论》“利他论”转向《国富论》的“利己论”，而“看不见的手”建立在人类“自私自利”的本性之上。[②] 这是对亚当·斯密思想的彻底误解，它也导致了对市场经济本性的彻底误解。

首先，正如蒋自强等在《道德情操论》中译本的《译者序言》中所说，《道德情操论》与《国富论》并非斯密一生两个不同发展阶段的思想，而是斯密一生同时交替创作与修订的思想结晶，至少成熟版的《道德情操论》

---

① 霍布斯：《利维坦》，黎思复、黎廷弼译，商务印书馆，1985，第94～96页。

② 亚当·斯密：《道德情操论》译者序言，蒋自强等译，胡企林校，商务印书馆，2003。

与《国富论》都是斯密晚年的统一思想成果：斯密最后审订《国富论》第四版出版于 1786 年。此后他对《道德情操论》进行了规模最大的修订而写成该书第六版，于 1790 年付梓，同年斯密逝世。[①] 把这两部著作的思想对立起来，不符合斯密的思想发展实际。我们只有将这两部巨著作为整体，分析斯密关于人性基本结构的理论，才能真正理解“看不见的手”的含义及其产生条件。

人的自利本性之所以没有导致“霍布斯丛林法则”，而是产生了将“自利”转化为“公益”的“看不见的手”，是因为“自利”（self-interest）[②] 不同于“自私”（selfishness）。“自利”是人们对自己的态度，而不是对他人的态度：每一个“个人”都具有追求其自身利益的“自爱”（self - love）的本性，这种本性要求人类珍惜自己的生命，尊重自身生存与发展的需要。而“自私”则是某人对他人的态度，即以满足自己利益作为对待他人的行为的伦理出发点，因而人们为了满足自己的利益而不必顾及他人的利益。这是两种性质根本不同的伦理态度，将会导致两种完全不同的伦理后果。

秉持这种对己“自爱”本性的人应当如何对待他人呢？这就涉及人类所特有的一种基本能力，这就是建立在想象力基础上的“同情”。所谓“同情”（sympathy），指的是人都有一种特殊的能力：靠自己的想象而置身于他人的情境中，“感同身受”地想象和体验他人所处的幸福或不幸的状态。斯密说：“凭借想象，我们把自己放在他的处境中，设想自己忍受着同样的痛苦，我们似乎进入了他的躯体，并在某种程度上同他融为一体，因而知道他的某些感觉，甚至还会体会到某种与他相同的感受，虽然只是轻微的。”[③]

① 《道德情操论》与《国富论》是在斯密头脑中交替形成、同时发展起来的思想观念。见亚当·斯密《道德情操论》，蒋自强等译，胡企林校，商务印书馆，2003，译者序言，第 10 ~ 12 页。

② “自利”可译为“self-interest”，意即“pursuing his own interest”，是个人对自己的伦理态度，它完全不同于个人对待他人的态度“自私”（selfishness），这种理解是符合亚当·斯密原意的。斯密原文是：“he intends only his own security; ... led by an invisible hand to promote an end which was no part of his intention. ... By pursuing his own interest he frequently promotes that of the society more effectually than when he really intends to promote it.”（Adam Smith, *An Inquiry into the Nature and Causes of THE WEALTH OF NATIONS*, The Electric Book Co 1998, The Electric Book Company Ltd, 20 Cambridge Drive, London SE12 8AJ, UK, www.elecbook.com, pp. 593 – 594.）

③ 亚当·斯密：《道德情操论》（一）（英汉对照），吕宏波，杨江涛译，九州出版社，2007，第 5 页。我认为此译文与英文原文最贴近，且有英汉对照，读者可查证英文原文。同段文字的汉译可参见亚当·斯密《道德情操论》，蒋自强等译，胡企林校，商务印书馆，2003，第 6 页。

因此，每个人对自己的本性是“自利”，即追求自身的幸福；而对他人的本性是“同情”，即理解他人也是追求自身幸福的人。这就意味着：每个人在承认自己具有争取自身利益的权利的同时，必须同时承认并尊重他人也有争取自身利益的权利，由此形成全社会所有个体都有平等地争取其利益的权利的“个人主义”社会秩序。这里的“个人”（individual）既指“自我”（own），也包括“他人”（others），即包括社会的每一个体。正是以“同情”为纽带，使每个人能够像对待“我的自利”一样地承认与对待“他人的自利”，由此形成了人类的道德情操（moral sentiment），形成了人类社会的道德秩序。如果没有这种能力，就意味着人性不全，意味着人仍然停留在动物阶段：因为动物不具有这种置于他人情境中的想象力。在这种缺乏“同情”的情况下，每个人只知道要满足自身利益，为此根本不顾及他人利益，因为他根本不会知道别人也要满足其自身利益。这种状态必将导致“霍布斯丛林”，人类社会重新回到动物界，而不会形成增进公共利益的“看不见的手”。

（三）“看不见的手”的伦理基础

如上所述，要使人的“自利”不导致“一切人对一切人的战争”的“霍布斯丛林法则”，而产生出促进公共利益的亚当·斯密的“看不见的手”，其伦理前提要使人们在追求自身利益的同时，也通过“同情”而尊重他人追求自身利益的权利。例如要使商家追求自身利润的欲望能够经过“看不见的手”而转化为对社会公共利益的促进，其最直接的心理环节是：商家能够通过“同情”置身于买方处境，理解买方所追求的“幸福”究竟是什么，从而由此创造出满足消费者需要的各种商品性能，努力降低商品价格，由此通过利益交换而获得自身的利润，也即通过“利他”来实现“利我”。这样一来，商家之间的竞争就成为“看谁最能利他”的竞争，“看不见的手”由此形成。因此，即使从人性论角度来看，市场的“看不见的手”也不是由人们自由放任其“自私本性”所形成，而必须通过“同情”才能实现。

相反，如果每个经济行为者在承认自己争取自身利益的正当性与合法性的同时，不能通过“同情”来感受他人所处的状态，并根据这种同情来引导自己的行为，那么这种“自利”就会蜕变为动物性的“损人利己”，“看不见的手”将不复存在，社会将会陷入霍布斯所说的混乱的“自然状态”。只有当人们能够通过设身处地感受他人所处的利益状态，承认与尊重他人获取自身利益的正当性与合法性，才会形成社会所有个人的自利行为的边界，由此形成“看不见的手”，个人的自利行为才能转化为公共利益。在这里，基于“同情”的道德情操恰恰是“看不见的手”的前提条件。现在一些新自由主义者曲解了斯密的“看不见的手”，认为只要允许个人追求自身利益，就会无条件地对社会有益。这种误解恰恰是割裂了斯密《道德情操论》与《国富论》之间的统一。因此，将“看不见的手”归结为人的“自私”，既不符合亚当·斯密的本意，也不符合逻辑。

由此得到下述结论：“个人主义”不同于“利己主义”，“自爱”或“自利”不同于“自私”。“自爱”与“自利”指的是每个人对待自己生命的态度，每个人都应当珍惜自己的生命及其利益。而“自私”指的是每个人对待他人的态度，是无视乃至损害他人利益以图一己之私的心态与行为，这是一种非道德行为。“个人主义”要求每个人在自爱的同时，必须通过“同情”而尊重作为个人的他人的自爱的权利，而“利己主义”则要求他人的利益服从于“我的利益”。按照人性论的说法，由“自私”与“利己主义”所产生的是动物式的“霍布斯丛林”社会，而由建立在“同情”基础上的自爱（自利）的“个人主义”所产生的是斯密式的“看不见的手”。

由此可见，亚当·斯密的人性论是由《道德情操论》与《国富论》组成的统一体，前者阐述以对他人的同情为基础建立的社会道德秩序，后者阐述以对自己的幸福的追求为基础建立的社会经济秩序。如果说单纯的自私——失去了“同情”的制约的“自利”（也即无论对自己还是对他人都只考虑自己利益）——是“霍布斯法则”的伦理基础，那么由“自利”与对他人自利尊重的“同情”所组成的道德情操，是“看不见的手”的伦理基础。这就是我们对亚当·斯密的思想基因的第一个理解。

二 劳动支配权结构：决定商品交换价值的社会关系力量

然而，仅仅以“人的本性”——自利与同情——来解释市场“看不见的手”的产生根源，是缺乏说服力的空想。人类的确具有想象地体验他人所处状况的心理能力，从而使人类具有动物所不具有的“伦理情感”。然而这只是一种潜在的自然能力，未必会必然地成为同情他人的现实行为。一旦“对他人的同情”与“对自己的自利”发生冲突之时，在这两种力量的心理较量中，许多人可能会为了“自利”而牺牲对他人的“同情”。因此，这种由“人的本性”所建立的社会关系，将不是斯密的“看不见的手”，而很可能成为“霍布斯丛林”。只有当市场环境——市场中的社会关系结构——能够形成一种强大的约束力，迫使人们必须通过“同情”（通过尊重他人利益）才能实现“自利”之时，而且由此产生的对社会所做的贡献大于或等于其私利之时，才会产生“看不见的手”，使个人的“自利”转化为同等程度或更大程度对公共利益的促进。因此，“看不见的手”的现实来源，并非人的自然本性，而是这种迫使人们通过“同情”来实现“自利”的社会关系结构。只有在这种社会关系结构下，具有“自利”与“同情”的天然能力的人，才可能将其自利行为转化为对公共利益的促进。

（一）分工与交换：通过“同情”来实现“自利”的社会机制

那么这种社会关系结构是什么呢？亚当·斯密虽然总体上说是个人性论者，然而在这个问题上也做出了他的巨大贡献：他指出，由商品交换所形成的市场结构使人们能够而且必须通过对他人的“同情”来实现自己的利益。

市场结构的最主要特征是：一个人要获得利益（自利）必须通过与他人进行交换。交换包括两个方面：一是从他人那里获得产品以实现自身利益（自利），二是将自己拥有的产品交付他人（利他），而“自利”必须通过“利他”来实现。由此就有可能将对“自利”的追求转化为“利他”的行为。这种“双向交换”的行为与“单向索取”完全不同。如果说，“单向索取”的行为及其形成的社会结构将产生出“霍布斯丛林”，那么，“双向交换”实现的将是斯密的“看不见的手”。至于人们为什么会通过“双向交换”而不是“单向索取”来实现自利？亚当·斯密的思想仍然不能摆脱人性论的思想框架，用人类的天然本性来回答，把“交换”也作为人类的天然倾向。他说：“由于我们所需要的相互帮忙，大部分是通过契约、交换和买卖取得的，所以当初产生分工的也正是人类要求互相交换这个倾向。”①其实，在马克思的唯物史观看来，交换行为只能是一定生产力与生产关系条件下的产物，而非所谓“人类本性”。亚当·斯密当然不可能达到这样的认识水平。

① 亚当·斯密：《国民财富的性质和原因的研究》（上），郭大力、王亚南译，商务印书馆，1983，第14页。

（二）效用、资源稀缺性与成本并非交换价值的决定因素

不管交换是怎样产生的，只要进行交换，就必须对所交换的物品进行价值评估，以确定被交换商品的数量比值，这就是商品的交换价值。这种交换价值成为市场中人们经济关系的纽带，现实地形成了“看不见的手”，其在具体情况下的货币表现则是商品的价格。那么，交换价值及其形成的价格是由什么东西决定的？这成为进一步解开“看不见的手”之谜的关键。斯密分析了影响交换价值和价格的各种因素，最后得到了结论——这就是斯密的劳动价值论，它成为马克思劳动价值论的思想前驱。

1. 斯密通过对“使用价值”与“价值”的区分，否定了效用价值决定交换价值的主张

交换本来是双方为了获得自身利益而进行的行为，这种利益即获得商品的效用价值（效用价值是对使用价值的主观感受，在目前的讨论中我们暂且不对这二者进行区分）。因此表面看来，效用价值（或使用价值）是交换价值的直接决定因素。如果按此理解，所谓交换即是：用“自己的商品对他人的效用”来交换“他人的商品对自己的效用”，因此最简单的效用价值论是认为这两种被交换的效用相等，它决定商品之间的交换价值。这种理论似乎有道理，但实际上是不可能存在的，因为任何两个交换者之间虽然可以通过“同情”，知道自己商品对别人可能有用，但无法感受到对别人的效用，因为同一商品对不同的人的效用是不同的。而且被交换的商品是不同商品，其效用也是不同质的、不同通约的，无法衡量上述两种效用是否相等。我用五斤米换一件衣服，我们无法判断“一件衣服对我的效用”与“五斤米对对方的效用”是否相等。即使能够判断是否相等，也没有任何途径通过市场机制使其从不相等状态趋向于相等状态。正因如此，持此主张的效用价值论总是失败的。边际革命之后，人们用边际效用来解释交换价值，实际上也面临着同样的困难。因此效用只是价格的影响因素，而不是决定商品交换价值的因素。

亚当·斯密批评了商品的效用决定交换价值的观念，指出商品的使用价值（或效用价值）与交换价值是完全不同的概念。他说：“应当注意，价值一词有二个不同的意义。它有时表示特定物品的效用，有时又表示由于占有某物而取得的对他种货物的购买力。前者可叫作使用价值，后者可叫作交换价值。使用价值很大的东西，往往具有极小的交换价值，甚或没有；反之，

交换价值很大的东西，往往具有极小的使用价值，甚或没有。例如，水的用途最大，但我们不能以水购买任何物品，也不会拿任何物品与水交换。反之，钻石虽几乎无使用价值可言，但须有大量其他货物才能与之交换。”[①]这就是对效用价值论的否定。

商品的交换价值既然不能由被交易商品效用价值（或使用价值）所决定，那么它由什么决定呢？如果说效用是商品所产生的结果，那么，自然资源与劳动就是商品的来源。既然作为结果的效用不是交换价值的衡量尺度，那么就要从商品的来源中寻找。由此逻辑上出现下述可能决定交换价值的因素：自然资源的稀缺性和劳动，以及获得商品所花费的成本（包括自然资源与劳动在内）。那么，它们是否为交换价值的决定因素呢？

2. 斯密把稀缺性与商品价格之间的关系归结为商品的供求关系，进而用劳动价值论来解释商品的交换价值

“物以稀为贵”是古已知之的常识，但亚当·斯密没有采用“稀缺性”作为交换价值尺度。斯密论为，自然资源的价格是地租（他分析了当时生产力条件下的农田、牧场、煤矿等自然资源的地租），但地租并不决定商品价格，与此相反，正是商品的价格决定地租：“地租的高低，则是价格高低的结果。”[②] 而商品价格则是社会投入该商品的劳动量多寡的结果。为什么会如此？斯密就下述两种情况来证明：其一是能够通过增加劳动来增加产量的商品，其二是不能靠增加劳动来增加产量的商品。这两种情况所产生的自然资源的价格（地租）都被斯密用劳动价值论来解释：

其一，对于那些能够由投入的劳动的多少而改变产量的商品，其稀缺性程度（供求关系）是由社会投入该商品生产的劳动量所决定的。投入该商品的劳动量越少，产量就越少，从而价格越高，其价格高出投入相等劳动量所生产的其他商品的部分，产生了地租。这种自然资源的价格归根结底用社会各商品的劳动价值不平衡来解释，也即用劳动价值论来解释，而不是用自然资源的稀缺性来解释。

其二，对于那些不能靠人类的勤劳去增加数量的商品，其交换价值表面看来纯粹是由其自然资源的稀缺性决定的，与劳动无关。但斯密同样用劳动

① 亚当·斯密：《国民财富的性质和原因的研究》（上），郭大力、王亚南译，商务印书馆，1983，第25页。

② 亚当·斯密：《国民财富的性质和原因的研究》（上），郭大力、王亚南译，商务印书馆，1983，第138页。

价值论来解释。他认为，生产这类商品的自然资源的拥有者也要求有与上述第一类资源中的类似资源一样的地租，因而其自然资源的价格是由第一类商品所依赖的自然资源价格决定的，因而归根结底是由劳动价值决定的。斯密写道：可用于制造玻璃、肥皂及其他用途的一种名叫 Kelp 的海草，生于潮汐高潮能达到的海岸的岩石上。所以它的产量“绝不是通过人力而增多的。但是，对于以生产这种海草的海岸为界的所有地，地主也要求地租，像他们对谷田要求地租一样。”① 因而这类自然资源的交换价值最终也是由社会投入的劳动量（例如投入谷田中生产粮食的劳动量）决定的。

3. 斯密也没有采用成本决定交换价值的观念

表面看来，商品的交换价值是由商品获取者所付出的成本决定的。然而，斯密在《国富论》中分析了同一商品在不同地方的不同成本（包括运输成本等）和利润，从而形成了不同的价格。但在这里，成本只是作为影响价格的因素之一，但并非交换价值的决定因素。② 实际上，用商品成本解释价格存在重要逻辑缺陷。因为成本也是由价格决定的，即由劳动力的价格与生产资料的价格决定的，而价格本身又需要用交换价值来解释的。因此用成本解释交换价值必然形成“用交换价值决定交换价值”的逻辑循环。

（三）交换价值的决定性因素：对劳动的支配权结构

那么，亚当·斯密从哪里去寻找商品（或财富）的交换价值呢？令人惊叹的是：斯密将“人的利益交换”归结为产生这种交换的社会关系根源：这就是商品关系背后的社会权力关系，再从这种权力关系中寻找衡量交换价值的尺度：商品的交换价值等于该商品占有者所支配的创造财富的社会劳动量。斯密是这样来论证他的劳动价值论的：

“霍布斯说：财富就是权力。……财产对他（所有者——引者）直接提供的权力，是购买力，是对于当时市场上各种劳动或各种劳动生产物的支配权。他的财产的大小与这种支配权的大小恰成比例，换言之，财产的大小，与他所能购买或所能支配的他人劳动量或他人劳动生产物数量的大小恰成比

① 亚当·斯密：《国民财富的性质和原因的研究》（上），郭大力、王亚南译，商务印书馆，1983，第 137～138 页。

② 亚当·斯密通过对商品在农村杂货店与大城市的零售价的比较，说明成本是影响价格的因素，但并非决定因素。参见亚当·斯密《国民财富的性质和原因的研究》（上），郭大力、王亚南译，商务印书馆，1983，第 118～119 页。

例。一种物品的交换价值，必然恰等于这物品对其所有者所提供的劳动支配权。”

因此，斯密认为，一个人拥有的财富量，“要看他能够支配多少劳动，换言之，要看他能够购买多少劳动。一个人占有某货物，但不愿自己消费，而愿用以交换他物，对他说来，这货物的价值，等于使他能购买或能支配的劳动量。因此，劳动是衡量一切商品交换价值的真实尺度”。

斯密由此得到结论：“世间一切财富，原来都是用劳动购买而不是用金银购买的。所以，对于占有财富并愿用以交换一些新产品的人来说，它的价值，恰恰等于它使他们能够购买或支配的劳动量。”①

由此可见，交换行为虽然受到交换双方的利益或效用价值的驱使，但交换价值却并非由所交换的利益直接决定，而由一种特殊的社会权力——该商品所有者拥有的对创造财富的劳动量的支配权所决定。因此社会商品的交换价值体系，本质上是一种对创造财富的劳动的支配权体系。这是斯密极其深刻的理论发现，它指出交换价值实质上是一种社会经济上的权力关系。这一深刻的思想蕴含着唯物史观的萌芽。对于以斯密为代表的古典经济学的这一发现，马克思曾经高度评价，他说：“我所说的古典政治经济学，是指从威·配第以来的一切这样的经济学，这种经济学与庸俗经济学相反，研究了资产阶级生产关系的内部联系。而庸俗经济学却只是在表面的联系内兜圈子，它为了对可以说是最粗浅的现象做出似是而非的解释，……”② 马克思正是从这个思想萌芽出发，把物与物的关系归结为人与人的关系，把商品中所蕴含的权力归源于人类的社会劳动，由此打开了用唯物史观剖析社会经济结构的思想之门。

劳动量能够决定交换价值的另一理由是，在完全平等的自由竞争市场模型中，各种商品不同质的劳动之间的自由转换，能够使被交换的商品内部蕴含的劳动量趋向于相等：因为在平等的市场交换中，当某种商品所交换的劳动量多于其他被交换的劳动量时，从事该商品劳动的人数就会减少，他们转行从事被交换的劳动量少的劳动。通过这个过程，改变市场上的供给与需求结构，最后使被交换的商品的劳动量趋向于相等。斯密在《国富论》第十

① 亚当·斯密：《国民财富的性质和原因的研究》（上），郭大力、王亚南译，商务印书馆，1983，第27、26页。

② 马克思：《资本论》第1卷，人民出版社，2004，第99页注释。

章《论工资与利润随劳动和资本的用途不同而不同》中，详细讨论了各种不同职业的工资收入的差异及其产生原因，并指出各种职业之间的流动的基本趋势是使单位时间里付出的劳动量与其工资收入相当。当然，斯密的缺点是没有考虑到工资加上剩余价值才等于劳动者所生产的商品的价值。

大卫·李嘉图是亚当·斯密的“劳动价值论”的继承者。但是，李嘉图的劳动价值论却没有充分考虑到斯密关于商品交换的本质是支配劳动的权力的相互交换的思想，而是将其简化为“劳动成本决定交换价值”的理论。李嘉图说：“有些商品的价位是由其稀缺性所决定的。劳动不能增加它们的数量，……然而，这些商品仅占市场正常交换商品的很小部分。迄今为止，人类所需要的商品中的绝大部分都是由劳动获得的。”因此“每件物品的实际价格，每件物品对于那些想得到它的人的实际成本，就是获取它时所耗费的辛劳。”[①] 正因此故，李嘉图认为绝大多数商品的价值由劳动所决定。这样一来，斯密的作为权力的劳动价值论，就变成了李嘉图的作为辛劳成本的“价值论”。劳动价值论中最珍贵的思想被庸俗化了。

三　马克思对劳动力支配权的发现

（一）看不见的手与财富增溢机制

因此，斯密虽然没有明言，但他实际上把商品交换过程分解为两个层次：驱使人们进行商品交换的“利益交换层次”，以及决定交换价值（被交换商品的数量比值）的“对劳动的支配权力层次”。而支配创造财富的劳动的权力的大小由该权力所支配的劳动量来衡量，正是这种被支配的劳动量决定了商品的交换价值。那么，这种交换价值如何能够形成“看不见的手”，将每个人的自利转变为对他人与全社会的利益贡献呢？综观斯密的思想，可以作如下概述：

原来，在市场结构中，某人为了自身利益想获得他人财富对于自己的利益，必须将自己拥有的对劳动的支配权让渡给他人，并从他人那里获得相等的对劳动的支配权。因此在利益（使用价值）的交换的背后存在着对财富支配权（交换价值）的交换。被交换的两种使用价值的利益不存在相等与

---

① 大卫·李嘉图：《政治经济学及赋税原理》，周洁译，华夏出版社，2005，第 2 页。

否的问题，因为不同人所感受的、与不同质的使用价值无法进行比较。但自由交换的结果要求被交换的对劳动的支配权相等，这种支配权可以通过生产商品所耗费的劳动量来衡量。这意味着被交换的创造财富的劳动量相等，因而一个获得他人创造财富所耗费的劳动恰好等于自己为他人创造财富所耗费的劳动，由此从对财富创造的劳动的支配权的层次来说，通过"利他"的权力让渡而得到同等的"利己"的权力，由此形成公平的交换。这种公平交换是市场竞争的结果：每个商品生产者都希望自己的劳动产品能够尽可能交换到最多的社会劳动支配权，造成社会劳动量在各种商品中的分布不断调整，最终必将趋向于"对社会劳动的支配权"的公平交换状态。

对劳动的支配权的交换层次，恰恰产生了利益交换层次的社会公共利益的增长。由于每个商品生产者都希望自己的劳动产品能够尽可能交换到最多的社会劳动支配权，所以他总是尽己所能地选择和训练自己最擅长、社会最需要的劳动。由此造成了社会劳动的日益精细的分工和日益激烈的竞争，导致各种技术的不断革新与改良。由此产生的结果是交换双方的双赢：由于社会分工与专业技能的不断提高，所交换的财富越来越成为自己没有专业能力创造的财富，从而从他人那里得到的利益越来越大于自己的劳动为自己所能创造的利益。这样的"利益盈余"随着分工与革新而不断增长。与此同时，他人也从自己那里得到了超过其自我劳动能创造的利益。因此被交换的总利益将越来越大于各自为自己劳动所能创造的总利益。由此，就对劳动支配权层次来说，为了"利己"而平等地"利他"，不存在"舍己为他"的行为；但在作为结果的利益层次上，却使社会总利益不断增长，这就是"看不见的手"的含义。因此，斯密的"看不见的手"是人的"自利"与"同情"的本性在下述社会关系结构中产生的：社会分工结构，以及由财富所有权构成的支配社会劳动的权力结构，在此基础上形成的交换活动与交换价值结构。在这样的社会结构下，人们必须通过"利他"的"同情"经过交换过程而实现其自身利益，而这种分工和交换所产生的总利益大于各自为自己劳动所能产生的总利益。

（二）市场深层权力结构的发现：从"劳动支配权"到"劳动力支配权"

斯密的这一思想是十分深刻的，他将交换价值归结为对劳动的支配权力体系来决定。但是，斯密仍然以抽象人性论作为其思想的根本，同时有些关键概念还有某种程度的含糊不清，其中最重要的是不理解“劳动”与“劳动力”的区别。斯密不知道，在资本来到世间，从而劳动力成为商品以后，“对劳动的支配权”是通过“对劳动力的支配权”来实现的。而劳动力本身也是由人类劳动所生产出来的商品，它所耗费的资本家的“购买力”是劳动力的价格 v。用斯密的话语系统来说，这就是劳动力商品中包含的对劳动的支配权。而资本通过支配劳动力进行生产，其生产出的商品中所包含的“对劳动的支配权”是 U。由此出现了一种魔法，一种能够放大“对劳动的支配权”的杠杆：资本家通过原先自己能支配的 v 来购买劳动力，就能通过对劳动力使用过程的支配权生产出商品，将自己对劳动的支配权倍数地扩大为 U，这就是资本价值的增值，其增加的部分被称为“剩余价值”，其“对劳动的支配权”（价值）也就因此而成倍地放大了。而进行这种市场权力的放大机制的深层市场结构，正是马克思发现的“资本 – 劳动结构”。亚当·斯密不能区分“对劳动力的支配权”与“对劳动的支配权”，因而也就不能发现这一深层结构以理解这种放大效应了。

这种对劳动的支配权的放大效应，也放大并改变了亚当·斯密的“看不见的手”的效应，使之更加复杂化。资本既可放大“看不见的手”的正效应，也会产生出负效应。资本通过对劳动力的支配，可以用小的代价生产出具有大量劳动价值的财富，从而放大了“看不见的手”对社会的正效应，同时也同等地放大了自己从社会得到的回报，从而更加有利于自己。然而这种对社会财富与资本家个人财富增长的正效应的放大，是建立在对劳动者所拥有的劳动力支配的基础上的。在同样的生产力水平上，这种作为“看不见的手”的正效应放大率越大，意味着对劳动力的支配力越强，从而其负效应也越强。因此，资本为了追求自身增值而通过产品市场的“看不见的手”增进公共福利的同时，也在支配与剥削劳动力，从而产生出负效应。这是斯密所未能看到的。

正是这个最主要的历史局限性，使斯密的理论中包含一系列的错误，例如没有认识到不变资本的价值转移的“斯密教条”等等。此外，斯密的“看不见的手”是建立在对劳动的支配权的等价交换基础上的，而要实现这种权力上的“等价交换”，必须是一种买卖双方信息对称、权力对等的社会结构，然而实际市场结构并不能完全满足这些条件，因此“看不见的手”的形成是受到严重限制的。

由此得到结论：现代市场结构既会以放大的效应来使人们的自利在

“看不见的手”的制约下形成公共利益，也会以放大的效应实现着“霍布斯丛林”，将个人的自利转变为对他人利益与社会集体利益的损害。之所以如此，是由于人本身具有“自利”与“同情”这两种伦理能力在不同的社会关系结构中得到不同的表现形态，从而产生出不同的结果。人的本质成为社会关系结构的产物，其在一定社会关系下的表现形态成为市场经济的伦理基础。在今天建设社会主义市场经济的过程中，必须通过社会关系结构上的调整，扼制“霍布斯丛林”的发生，尽可能为“看不见的手”的正效应创造实现条件。而这必须对各种社会关系结构下的生产与交换行为进行深入具体的分析研究，才能做到。

通过上述分析，我们既看到了亚当·斯密“看不见的手”的发现与作为权力关系的“交换价值”的发现的深刻性与划时代性，也看到其思想的缺陷与局限性。这些发现是人类思想史上的一个伟大丰碑。是人类发现的市场经济的第一个重大的客观规律。这项发现开创了人类经济学理论研究的新纪元，揭示由人的经济行为所形成的客观经济规律。

（三）斯密思想基因的历史演变

斯密创立的经济学理论被称为“古典经济学”（Classical Economics）。这一理论遗产中包含的不同理论基因，朝着不同的方向和层次发展，从而产生了两种取向相反的理论：一是对“看不见的手”的形成原因进行深层的探寻，从社会关系结构上找到它的起源；二是对“看不见的手”所产生的社会经济现象进行描述和研究。这两个方向上的发展，产生了两种本质上不同的理论体系。

其一是马克思主义经济学理论体系。亚当·斯密关于市场经济的“看不见的手”是不以人的意志为转移的客观规律。那么这一客观规律是怎样产生的？在这“看不见的手”的背后掩藏着怎样的历史发展的客观逻辑？成为马克思毕生探索的课题。亚当·斯密将“看不见的手”的产生原因归结为人的本质或本性（Human Nature），并且进一步得到了迫使人们必须通过“同情”来实现“自利”的社会关系结构。但是斯密所发现的社会关系结构只是平等的劳动关系结构，而没有发现支配劳动力的社会关系结构。而马克思对德国古典哲学的批判中已经发现，“人的本质不是单个人所固有的抽象物，在其现实性上，它是一切社会关系的总和。”[①] 以此作为新的哲学

① 《马克思恩格斯选集》第1卷，人民出版社，1995，第56页。

出发点，深化了斯密的这一思想，从劳动关系结构的背后寻求更深层的支配劳动力的资本权力结构，从而克服了斯密的理论缺陷，将作为社会关系的资本引入经济学理论中，解剖资本主义市场经济的社会关系，由此创立了建立在劳动价值论基础上的规模宏大的新型经济学。

其二是“新古典经济学”理论体系。它以个人主义为立足点，继承并简化了亚当·斯密对“看不见的手”的人性论解释，将其产生根源简单地归结为人的“自私”或“自利”的本能。更撇开了“看不见的手”背后的社会关系，撇开了本质层次的剖析，只从现象上分析“看不见的手”的表现形式及其结果。由此得到了理论体系是关于自私的“理性经济人”的边际利益分析理论，此称“新古典经济学”（Neoclassical Economics）。

因此，从经济思想史的渊源上看，马克思主义经济学与新古典经济学都是从“看不见的手”出发而得到的理论。马克思的分析是深层的和“后向”的，分析“看不见的手”的本质与来源，发现了现象背后的深层的社会关系——先从商品关系中发现劳动价值关系，再从劳动价值关系中发现资本对劳动力的支配权。而新古典经济学是表层的和“前向”的，分析“看不见的手”所产生的现象与结果。这两种理论发展方向正好相反，所以历来有巨大的分歧与纷争。然而正因如此，二者可以在理论上相互补充。这两种不同层次理论，以及后来在二者之间产生的凯恩斯经济学理论，构成了当代经济学思想谱系的主要流派。

劳动价值本体论：社会主义与市场经济的原点

姜义华

社会主义与市场本质的联系究竟在哪里？劳动价值是社会主义的本质，也是市场的本质。马克思主义理论的原点其实就在这里，马克思跟亚当·斯密、李嘉图的差异或者飞跃也在这里。劳动价值论及在此基础上创立的剩余价值学说，正是整个《资本论》的核心理论。马克思研究整个资本主义经济，或者建立其科学社会主义学说，最根本的、最核心的理论依据是什么？我觉得就是这里要说的劳动价值本体论。

社会主义和资本主义的根本差异，说到底就是：究竟是资本在起决定作用，还是劳动在起决定作用？我们今天社会主义和市场经济要统一起来，怎么建立自己的理论？我以为，跟着人家现成的各种理论跑，永远跑不出真正能够说明和解决中国问题的理论来。那些理论总归没有办法自圆其说。如果我们坚持劳动价值本体论，从这个制高点上来研究，对于中国的社会主义和中国市场经济，倒可能找到真正的统一点，也可以建立起自己的理论来。

在前资本主义时代，最主要的生产资料是土地，资本与劳动都从属于土地；资本主义时代，土地与劳动都从属于资本；社会主义时代，基本生产资料归全社会共同所有，劳动第一次成为真正的主导者。所以，社会主义的最高价值，或最核心的观念，就是劳动神圣，劳动者神圣！

劳动最初与资本的原始积累联系在一起，工业化、城市化时代农民被迫离开乡村，进入工厂，成为机器大工业生产的一部分。那时的劳动更多的是指体力劳动。《资本论》中讨论劳动价值时也不例外。今天，由于科学技术逐渐成为第一生产力，科学技术突飞猛进，对生产力发展的贡献越来越大，越来越具有大型化、智能化、网络化、全球化的特点，科学技术劳动因此成为相对独立的劳动形态，成为现代社会化生产中最重要的劳动，创造更高价值的劳动。与此同时，经营管理、信息咨询、头脑风暴、发展战略的制定与实施，也成为非常重要的专门的劳动形态。脑力劳动在生产劳动中所占的比例已越来越大。所有这些，都需要我们在《资本论》研究的基础上，对现今的劳动及劳动价值的形成、交换，做出新的概括、新的总结。

我们讲社会主义本质，就是真正让社会回归到以劳动作为我们社会主义的原点。社会主义与市场经济怎么交接？说到底，就在这里交接。我想，我们这些年来出现的许多问题，都与是不是真正坚持了劳动价值的本质性相关。新中国成立初期我们搞社会主义，最大的问题是没有真正尊重劳动，我们对农民一再进行了剥夺，对知识分子也进行了打压。真正的问题就出在违背了劳动价值的基本规律。今天我们大力发展市场经济以后，核心问题还是在这儿，即是不是真正坚持劳动价值论。真正靠劳动致富，老百姓不会有那么多意见。意见主要集中在利用了权力或与权力的关系，牟取暴利，而不是真正遵循市场经济的规律。为什么你可以无偿得到那么多的公共资源用于牟取私利？它完全违背了劳动价值论，也无法保护土地、资本在坚持劳动价值论前提下所应获得的利益。食品安全也好，房地产市场也好，各种土地租赁也好，还有各种各样垄断型企业出现的问题，大多数都从根本上违背了劳动价值论的基本原则。这些问题，大多是以市场经济为名，行近乎疯狂地破坏市场的掠夺式经济之实，根本不顾劳动价值规律。在这样纷繁复杂的现实面前，如何贯彻劳动创造价值这个基本的核心，并从这里出发，处理好土地、资本、劳动相互之间的各种关系？这是真正考验我们智慧的地方。而今我们已经有了条件，从劳动价值本体论切入，建立起我们自己新的社会主义与市场经济的理论体系。

因此，社会主义跟市场经济通过以下方式得到统一。

第一，要使每个人都获得同等的受教育的机会，从而同等地竞争劳动岗位。什么叫公平？什么叫正义？应当旗帜鲜明地说明，每个人通过自己的劳动创造社会财富，创造整个社会的生活，并最终把劳动真正变成享受。很多人条件不好，在劳动中处于劣势，从起点就无法公平。所以，必须解决公平教育问题，让他们有受同样教育的机会，让他们有同样进入城市参与就业、施展自己才华的机会等，这样才能够提供真正的公平。

第二，劳动创造价值。劳动是最高的价值，所以在核心价值观里面是必须要树立的。如果封建社会最高价值主要是土地，资本主义社会最高价值主要是资本，那么社会主义社会最高价值就是劳动。每个人都必须劳动，每个人都必须是劳动者。当然，残疾人、弱势群体不能同样要求。老人享受他过去成果，小孩是准备未来。实际上劳动毫无例外地是最高的价值。

这里核心的问题是让资本来支配劳动，还是让劳动来支配资本。这就是要保障所有劳动者的利益，保障所有劳动者得到他所应得的劳动成果，这是需要我们控制的。社会主义跟资本主义最大的差别就是，我们不能搞太多那种原罪式的资本，要严格防止那种充满血与火的原始积累式的资本。资本作为累积起来的劳动，同样有合法存在的权利，有获得应有回报的权利，但是都得坚持把保障劳动者利益放在第一位。资本不可能是完全干净的，但是我们要努力使资本的活动比较干净。这是社会主义基本的要求。无论体力型劳动，还是知识型劳动或经营管理型劳动，它们的权利都应得到有效的保护，而随着知识型劳动、经营管理型劳动越来越发展，地位越来越重要，劳动实际上首次有可能真正制约资本。

第三，社会的公共资源，包括全部国有资本，必须归整个社会所有，归全体社会成员共同所有。劳动和资本之外，还有大量的其他资源，那些资源都属于整个社会，土地、空气、水、森林、山地、地下矿物资源等，这些必须为整个社会所有，其成果必须服务于整个社会。十八届三中全会上谈到市场在资源配置上起决定性作用，关键是这些公共资源怎么运作？千万不能变成让等级权力支配公共资源。不能名义上是国有资本，实际上是等级权力资本，谁掌握权力谁就控制资本，这是我们今天坚持社会主义必须防止的。更不能利用手中的权力，作权力寻租。这些资源的配置必须遵循市场经济的等价劳动交换的原则。

第四，我们坚持社会主义，坚持社会主义市场经济，坚持劳动价值的本体论，最关键的一点，就是给全体社会成员以同样劳动的机会，同样创造劳动价值的机会，不仅可以让农民进城，更重要的是给每一个劳动者以同样的受教育机会、享有同样的社会保障，开辟让所有劳动者能够实现劳动价值的途径，开辟全体社会成员都能够尊严地生活和实现自身自由而全面发展的途径。这是社会主义的一个基本要求。所以上述公平、正义就表现在这上面。

第五，坚持社会主义，发展社会主义市场经济，必须坚持国家的权力以及那些非劳动产品，包括婚姻、家庭、道德、人性、人情，这些无论如何不要进入市场，这些绝对不能市场化。相反，因为市场导致个人本位，导致利益至上，导致追求利益最大化，所以确确实实上述这些领域，特别是国家权力和人性、人情这些领域必须坚持非市场关系。不能将道德、婚姻、家庭、人性、人情搞得全都只认钱不认人了。同样，基础教育、基本医疗、基本社会保障等领域，也不能统统交由市场支配。总之，国家权力在努力考虑社会主义跟市场经济关系的时候，用劳动价值本体论，我想是可以把这两个统一起来的。

（作者系复旦大学历史系教授、博士生导师）

资本、市场与社会主义

——关于国家制度创新的再思考

孙承叔

在改革开放初期，邓小平曾经主张对改革开放究竟是“姓资姓社”的社会属性采取“不争论”的态度，实践证明，邓小平的策略是正确的，因为在绝大多数人民思想依然受传统社会主义计划经济观念束缚的情况下，展开“姓资姓社”的争论，只能贻误战机，形成更大的思想混乱。检验真理的标准是实践，而不是口号和语录，因此，只有通过改革开放的实践，才能真正教育人民。三十多年的实践完全证明了建设中国特色社会主义道路的正确性。问题是经过三十多年实践以后，我们今天是否依然要采取“不争论”的态度呢？答案是否定的，因为三十多年后的今天，中国人民完全接受了市场经济的发展道路，现在面对的问题，不是要不要搞市场经济，而是在市场经济基础之上，社会如何发展？如果我们在这最根本的问题上依然语焉不详，是非不明，措施不力，我们有可能在实践上走的是资本主义道路，而不是社会主义道路。尤其是在新的社会矛盾初露端倪，而广大人民群众期望社会公平的时候，更是这样，它不仅关系到对前 60 年历史经验的总结，而且关系到后 60 年中国的历史命运，我们必须认真思考。

市场经济是人类的共同发展道路

中国改革开放前 30 年最大的历史教训是忽视了市场经济这一人类共同的发展道路。早在 1857 年，马克思在《资本论》第一手稿中就指出：“人的依赖关系（起初完全是自然发生的），是最初的社会形态，在这种形态下，人的生产能力只是在狭窄的范围内和孤立的地点上发展着；以物的依赖性为基础的人的独立性，是第二大形态，在这种形态下，才形成普遍的社会物质变换，全面的关系，多方面的需求以及全面的能力的体系；建立在个人全面发展和他们共同的社会生产能力成为他们的社会财富这一基础的自由个性，是第三个阶段。第二阶段为第三阶段创造条件。因此，家长制的，古代的（以及封建的）状态随着商业、奢侈、货币、交换价值的发展而没落下去，现代社会则随着这些东西一道发展起来。”[①] 这就告诉我们一切前资本主义社会必然“随着商业、奢侈、货币、交换价值的发展而没落下去”，而“现代社会则随着这些东西一道发展起来”。只有经过市场经济的洗礼，现代社会才能真正发展起来，这是对人类历史发展规律的深刻揭示，是对市场经济历史地位的最高概括。

然而在前 30 年，由于苏联社会主义计划经济模式的影响，我们走了很长一段时间的弯路，犯了教条主义的错误，也就是说，从书本出发，从苏联社会主义模式出发，而不是从中国的国情出发搞社会主义。社会主义按其本来含义，是资本主义高度发展的产物，它要解决的主要矛盾是社会化大生产与资本主义私人占有或两极分化之间的矛盾，然而现实存在的社会主义，都不是资本主义高度发达后的社会主义，而是普遍没有经过市场经济的前资本主义。因此，在这样的基点上搞社会主义，不能不从国情出发，然而现实的情况是，几乎所有的社会主义国家都搞了以计划经济为基础的社会主义，也就是说，社会化大生产与资本主义私人占有之间的矛盾都不是这些国家的基本矛盾，不仅不是，而且总体上还没有经历，其结果必然可想而知。因此，在一个落后的前资本主义基点上，要去解决别的发达资本主义国家的矛盾，这在实践上是不能成功的。正如恩格斯所说：要想在“较低的经济发展阶段解决只有高得多的发展阶段才产生了的和才能产生的问题和冲突，这在历史上是不可能的。……每一种特定的经济形态都应当解决它自己的、从它本身产生的问题；如果要去解决另一种完全不同的经济形态的问题，那是十分荒谬的。”[②] 不仅如此，恩格斯还告诫一切没有经过市场经济洗礼的国家不能盲然投入自上而下的国家社会主义的试验，恩格斯认为“在既成的条件

① 《马克思恩格斯全集》第 46 卷（上），人民出版社，1980，第 104 页。

② 《马克思恩格斯选集》第 4 卷，人民出版社，1995，第 442～443 页《〈论俄国的社会问题〉跋》。

下，没有别的选择可言。当法国正在第二帝国的时候，当英国的资本主义工业正繁荣昌盛的时候，实际上也不能够要求俄国在农民公社的基础上冒失地投入自上而下的国家社会主义的试验”，否则那里的“人们多半只是半自觉地或者完全机械地行动，而不知道他们做的是什么”。[①] 历史再一次证明了恩格斯的真知灼见，其实质是恩格斯充分估计到了东方落后国家社会主义道路的艰巨性，考虑到了落后国家与市场经济的关系。

邓小平的伟大就在于领导中国人民摆脱了这种脱离中国实际的社会主义努力，按照人类历史的普遍发展规律，走上了一条以市场经济为基础的社会主义发展道路。实践证明邓小平的理论是正确的，他的历史功绩怎么评价都不为过。

资本与社会主义

现在的问题是在市场经济基础之上，如何才能坚持社会主义。

从世界历史看，20 世纪是世界经济发展最快的世纪，但也是两极分化最严重的世纪。根据世界银行 1998/99 世界发展报告。20 世纪全世界 20% 的富人和 20% 的穷人人均占有 GNP 之比，1965 年为 30∶1。1990 年扩大为 60∶1，2000 年达到 74∶1。自改革开放以来，中国已实现了持续三十多年的经济高速增长，但同时也感受到资本原则所带来的严重社会问题：贫富分化、环境污染、贪污腐败、公德缺失、三农问题、弱势群体。社会不和谐的根源在什么地方？面对这些问题我们该怎么办？西方有良知的学者认为根源在科学技术对人的统治，在工具理性和形而上学思维方法，在思想的差异和文明的冲突，而马克思认为根源在资本的统治。因为在现代社会，不是科学决定资本，而是资本决定科学，资本既是推动现代社会最根本动力，资本原则的滥用也是造成现代社会不和谐的根源，因而对市场经济的认识必须上升到资本这一层面，而对资本的不同态度导致了社会主义与资本主义的根本分歧。

纵观人类近现代发展史，有三种基本的国家发展战略：第一种是强化资本，忽视社会和谐的资本主义发展战略，它追求资本与财富的高速增长，而把人的发展和社会公平、和谐放在次要地位；第二种是传统社会主义发展战

① 《马克思恩格斯全集》第 22 卷，人民出版社，1965，第 507 ~ 508 页。

略，它强调计划经济，把社会平等、和谐放在第一位，因而反对资本，忽视经济与市场的发展；第三种则是中国特色社会主义发展战略，把市场、资本与社会公平、社会和谐相结合，以经济的发展促进社会和谐的实现，其集中体现就是党的十七大提出的科学发展观。只有第三种发展战略才是真正的社会主义发展战略。

从经济上讲，中国必须走市场经济的发展道路，因而还必须承认资本，发展资本，这是任何一个想搞市场经济的国家都不能回避的基本理论问题和实践问题。因为资本是市场竞争的主体，是生产的源泉，离开了资本就无所谓市场经济。正如马克思所指出的："在货币市场上资本是以它的总体出现的；在这里它是决定价格、提供工作、调节生产的东西，一句话，它是生产的源泉。"① 而工人的劳动如果不被结合进资本则是非生产的，科学也是一样。"工人的联合……表现为资本的生产力。……劳动的集体力量，它作为社会劳动的性质，是资本的集体力量。科学也是这样。分工，当它表现为职业的划分和与之相应的交换时，也是这样。一切社会生产能力都是资本的生产力，因此，资本本身表现为一切社会生产能力的主体。"② 显然离开了这一主体，市场就没有活力。

但是资本的本性是剥削，如马克思所说，"资本来到世间，从头到脚，每个毛孔都滴着血和肮脏的东西"。③ 那么社会主义应如何正确认识资本呢？马克思认为资本是一个历史范畴，与前资本主义社会相比，资本具有它的文明面，"资本的文明面之一是，它榨取剩余劳动的方式和条件，同以前的奴隶制、农奴制等形式相比，都更有利于生产力的发展，有利于社会关系的发展，有利于更高级的新形态的各种要素的创造"。④ 由于资本通过市场购买劳动力，从而使一切人都必须占有货币才能生存，其结果则是打开了人类历史真正的财富源泉："由于劳动是雇佣劳动，劳动的目的直接就是货币，所以一般财富就成为劳动的目的和对象。作为目的的货币在这里成了普遍勤劳的手段。生产一般财富，就是为了占有一般财富的代表。这样，真正的财富源泉就打开了。" "因为每个人都想生产货币，所以致富欲望是所有人的欲望，这种欲望创造了一般财富。因此，只有一般的致富欲望才能成为不断重

---

① 《马克思恩格斯全集》第 46 卷（上），人民出版社，1979，第 233 页。

② 《马克思恩格斯全集》第 46 卷（下），人民出版社，1980，第 83 页。

③ 《马克思恩格斯选集》第 2 卷，人民出版社，1995，第 266 页。

④ 《马克思恩格斯全集》第 25 卷，人民出版社，1972，第 925 ~ 926 页。

新产生的一般财富的源泉。”“只有当每种劳动所生产的都是一般财富而不是特定形式的财富，从而个人的工资也都是货币时，普遍勤劳才是可能的。”并且“个人的勤劳是没有止境的……勤劳是富有发明才能的”。[①] 正是在这里，我们发现了现代社会发展的真正动力。因此要发展经济，激发每一个人的积极性是必要前提，资本通过市场购买劳动力，为这一前提形成提供了可能。

资本的本性是狭隘的，为什么狭隘的本性会产生出有利于社会的发展？这是因为这是一个以市场交换为基础的社会，虽然每一个资本家的目的都是狭隘的，但是他只有通过满足社会需要的方式，生产社会需要的东西才能获得利润，由此展开了资本家之间的竞争，谁越能发现社会的需要，谁越能生产出社会需要的产品，谁越能高效率地生产出社会需要的产品，谁就能获得最大的利润，正是这种在狭隘目的驱动下，以资本为主体的生产成为最有利于社会需求满足的方式，现代社会正是由此发展起来的。

因此为了追求财富，资本家成为历史上最自觉利用科学和社会生产力的人，如马克思所说：“生产过程中劳动的分工和结合，是不费资本家分文的机构。资本家支付报酬的，只是单个的劳动力，而不是他们的结合，不是劳动的社会力。科学的力量也是不费资本家分文的另一种生产力。其次，人口的增长，也是不费资本家分文的生产力。”[②] 正因为资本看到了财富的真正源泉，因此自有史以来，只有资本家才最重视科学，重视管理，重视人与人之间的社会结合。也正由此我们才能真正认识资本剥削的重心不在绝对剩余价值而在相对剩余价值。正像马克思所说：“与资本相适应的生产方式，只能有两种形式：工场手工业或大工业。在前一种情况下，占统治地位的是分工；在后一种情况下，占统治地位的是劳动力的结合（采用相同的劳动方式）和科学力量的应用。……在工场手工业中，占优势的是绝对剩余时间，而不是相对剩余时间。因此，这说明，‘真正由资本本身所造成的劳动生产力还不存在。’”[③] 资本正是凭借着科学、管理和社会力量的应用而发展起来的，而整个社会的发展也正是以此为基础的。

因此，从现代经济和现代社会的发展讲，资本是最有效的经济发展方

① 《马克思恩格斯全集》第46卷（上），人民出版社，1979，第173~174页。

② 《马克思恩格斯全集》第47卷，人民出版社，1979，第553页。

③ 《马克思恩格斯全集》第46卷（下），人民出版社，1980，第83~87页。

式，它以雇佣劳动为基础，使人摆脱政治的、地域的、宗教的人身束缚，通过交换而不是强制的方式，把一切人力、物力组合进社会化机器大生产，通过发展社会生产力的方式积累相对剩余价值，发展交通、通信、信贷，激励教育、科学为直接的生产过程服务，通过竞争，瓦解着一切传统的生产方式和生活方式，激发起一切人的致富欲望，并把市场交换推向全世界，自资本诞生以来，资本创造了无数人间奇迹。搞市场经济不能离开资本，不仅不能离开，而且要承认资本、发展资本。

但是如果有人要加以夸大，认为资本不仅是经济，而且是解决一切社会问题的最高原则，那么他同样会陷入谬误。因为资本的一切发展都是建立在工人贫困的基础上的，这种生产方式“是和构成整个这一发展基础的那一部分人口的利益相矛盾的”。[①] 工人在劳动中不是肯定自己，而是否定自己，因此马克思说：“资本主义生产比其他任何一种生产方式都更浪费人和活动，它不仅浪费人的血和肉，而且浪费人的智慧和神经。”[②] 资本在这里首先是和工人的全面生产相冲突的，因此要在资本原则的基础上实现人的全面发展是不可能的，也就是说，资本不能从根本上解决人的幸福问题。

不仅如此，资本也不能解决社会和谐问题。马克思认为社会是一个有机体，它同每一个活生生的个体一样，必须进行全面的生产，即除了物质生产，它还必须进行人的自身再生产、精神生产、社会关系再生产以及人与自然关系的再生产，任何一种生产的缺失，都会引起其他各种生产的停顿，从而引起整个社会有机体发展的中断。物质生产虽然重要，但它只是人类社会必需的一种生产，而且它的发展必须依赖于社会其他生产的发展。所谓社会和谐，在最根本的意义上讲，就是五种生产的内在平衡。这是更高层面的社会发展规律。资本的本性是财富，因而除了物质生产，它不会关心其他生产，因而不能解决社会和谐问题。现在流行的货币拜物教，资本形而上学，认为资本是解决一切社会问题的最高原则是根本错误的，它是与人类的最高生存目标相冲突的。

不仅如此，资本原则的滥用是当代社会不和谐的根源。马克思在《资本论》中曾作过极其生动的引证：“一旦有适当的利润，资本就胆大起来，如果有 10% 的利润，它就保证到处被使用；有 20% 的利润，它就活跃起

① 《马克思恩格斯全集》第 26 卷第 1 册，人民出版社，1973，第 287 页。

② 《马克思恩格斯全集》第 47 卷，人民出版社，1979，第 190 页。

来；有50%的利润，它就铤而走险；为了100%的利润，它就敢践踏一切人间法律；有300%的利润，他就敢犯任何罪行，甚至冒绞首架的危险。”“如果动乱和纷争能带来利润，它就会鼓励动乱和纷争。”① 因此，为了利润，资本不仅敢于冒险，而且具有违法和犯罪的内在冲动。作为资本主义形成史的资本原始积累、资本主义工场手工业时期对工人绝对剩余价值的榨取、定期发生的资本主义危机、资本主义争夺殖民地的战争、第一第二次世界大战，无不淋漓尽致地展现出资本的贪婪性一面。也就是说，资本为了自身的利益，是不会顾及社会和谐的，并且在相当程度上构成社会不和谐的根源。

除了具有违法的内在冲动，资本还具有扩张资本权力的要求，因为资本追求利润的欲望是无限的，为了追求无限的财富，它必然会进一步要求政治权力、文化权力、社会权力，必然会向这些领域渗透，用资本原则占领这些阵地，这是不以人的意志为转移的。改革开放以来，虽然中央三令五申，但为什么我们仍有那么多党政干部拜倒在资本脚下，成为金钱的奴隶，贪污腐败、唯利是图、结党营私、鱼肉百姓？为什么在许多地区会出现集体腐败事件？为什么假冒伪劣、偷工减料屡禁不止？为什么会出现严重的三农问题、生态问题、黑砖窑事件？为什么有的医院对穷人见死不救？为什么有的学者要违背学术尊严做虚假广告？为什么有的法院、律师不主持正义？理由可以有千万条，但基本的一条是资本原则的滥用，是资本、金钱向政治、文化、法律的主动进攻和越界，是这些身为父母官的领导干部对资本、金钱原则乞求和崇拜。权钱交易是社会不和谐的集合点。现实生活告诉我们，资本具有很强的渗透力：资本原则一旦侵占政治领域，其结果必然是政治腐败；资本原则侵占精神领域，其结果必然是精神堕落；资本原则侵占道德领域，其结果必然是道德沦丧；资本原则侵犯生活世界，其结果必然是生活世界殖民化，人民群众边缘化，整个社会极大的不和谐，这是政治腐败、道德堕落、法纪无纲、人民怨恨的根源。因此，必须为资本原则划界，必须把资本原则限定在经济领域内，防止资本原则的过度滥用，防止资本原则向政治、社会、道德领域的侵犯，使资本运行在法律、道德的基础上。同时也必须为人本原则重新定位，使人本原则成为社会和谐的最高指导原则，防止人本原则退化为资本原则。

① 《马克思恩格斯选集》第2卷，人民出版社，1995，第266页。

关键是国家制度创新

由此我们必须把社会生活分成两个方面，即经济方面和非经济方面或社会方面，在经济方面，由于市场经济，我们还必须承认财富原则、利润原则、竞争原则、资本原则，否则经济就发展不起来，从这方面讲，我们在现阶段还必须承认资本，发展资本。但是在非经济领域，尤其在社会和谐发展的总体方面，我们必须坚持以人为本的最高发展原则，是人本第一，而不是资本第一。也就是说，不是资本驾驭人，而是人驾驭资本，不是人为资本服务，而是资本为人的发展服务。如果二者错位，必将破坏社会最佳合力的形成，造成对整个社会机体的伤害，从而从根本上违背全体人民的生存利益。因此社会主义与资本主义的区别不是要不要搞市场经济，而是如何解决资本与社会和谐的关系问题，从理念上讲，把资本作为解决一切社会问题最高原则的，我们把它称为资本主义，而把社会和谐，把人本作为解决一切社会问题最高原则的，我们把它称为社会主义。在第一种情况下，国家站在资本的立场上，为资本服务，在第二种情况下，国家的最高原则是人本原则，不是国家为资本服务，而是资本为人的发展服务。因而社会主义与资本主义的区别从根本上讲是国家指导原则的区别，是国家机器的区别，是国家最高功能的区别。

在改革开放初期，邓小平告诫我们“贫穷不是社会主义”，那么在 38 年以后的今天，我们也必须坚持两极分化不是社会主义，生态破坏不是社会主义，官僚腐败不是社会主义。

有人讲只要按照资本原则，任何国家的人民早晚都会幸福，例如北欧的福利资本主义。这是对国家问题的形而上学思考，他忘记了北欧福利国家的现实不是资本原则的必然结果，而是北欧人民长期斗争的结果，是社会民主党 50 年执政的结果，资本是不会天然关心人民福利的。即使美国为首的发达资本主义国家福利比第三世界国家好，这也不是资本原则的必然结果，而是美国人民长期奋斗的结果，在这里，西方的政治制度对缓冲资本霸权起了一定的作用，但是如果把美国的发展与第三世界的状况联系在一起，我们必须看到，美国的财富又是长期建立在第三世界国家贫困的基础上的，从商品输出到资本输出，到金融资本统治世界，美国的每一步发展都离不开资本对世界的统治，也就是说，它都是以牺牲第三世界国家的福利为前提的，在这样的基点上，美国国内福利的提高只能看作资本统治世界的一种策略（防止后院起火），在世界范围内，资本依然是不相信眼泪的。

因此，以资为本还是以人为本，是两种根本不同的国家发展战略。以资为本，就是以资本作为解决国家一切问题的最高原则，其结果必然有利于资本，而不利于社会和谐，这是资本主义的国家发展战略，它追求的是资本与财富的高速增长，而把人的发展和社会公平、和谐放在次要地位，国家的直接功能是为市场服务，而不是为人服务。传统社会主义国家虽然形式上把社会平等、和谐放在第一位，但却忽视了经济与市场的发展，忽视了资本和人的积极性的发挥，国家的直接功能是为计划经济服务。这两种国家发展战略虽然各有长处，但是有一个共同的缺点，就是把国家直接建立在一种生产即物质生产的基础之上，而忽视了社会有机体的全面生产和五种生产之间的内在平衡，其结果就是国家功能的单一化，真正的人民需求并没有纳入国家的管理范围。只有第三种发展战略才是真正社会主义的发展战略。

第三种发展战略是把市场与社会和谐相结合并且以社会和谐为最高原则的发展战略，正如十七大所指出的："社会和谐是中国特色社会主义的本质属性。"也正如习近平总书记所说的"要坚持以人民为中心的发展思想，坚持把增进人民福祉、促进人的全面发展、朝着共同富裕方向稳步前进作为经济发展的出发点和落脚点"。也就是说，承认资本，并不是社会主义的本质特征，只有人民幸福、社会和谐才是社会主义的本质特征。与其他所有国家一样，社会主义国家必须把经济的发展放在第一位，这是科学发展观的第一要义。从这个意义讲，我们还必须坚持走市场经济的发展道路，承认资本和发展资本，承认财富原则、利润原则、资本原则是推动经济发展的基本原则，通过政策和法治，加速劳动力市场与资本市场的形成和发展，进一步改革开放，在与世界交往中发展自己。

但是我们是民本政府，除了物质生产，我们还必须把眼光转向非经济领域，转向人民群众的全面需求，转向整个社会的和谐发展。科学发展观的第一要义是发展，而核心是以人为本，因此国家的最高任务是人民幸福、社会和谐，这是社会主义能否战胜资本主义的关键所在。因为社会和谐的本质不是均贫富，而是形成最佳社会合力。

在市场经济条件下，任何个人都无法与资本抗衡，只有建立真正的人民国家，才能引导资本，驾驭资本，实现人民幸福、社会和谐。因此，国家是站在资本立场，还是站在人民立场，将决定整个社会的根本走向。由于国家在社会和谐中居于核心地位，因此，社会和谐问题本质上也是政治体制改革问题，是“国家制度的创新”问题，是民本政府建设问题。由于资本主义国家以资本为最高原则，因此社会主义国家不能照搬资产阶级国家机器，而必须进行国家制度的创新，建立真正的民主国家，而这一点在实践上是非常艰难的，因为在世界历史上曾经出现过不顾人民利益的集权国家或官僚国家，苏联社会主义最后瓦解的一个重要原因就是国家脱离人民。

因此，在改革开放 38 年后的今天，我们必须深刻认识社会主要矛盾的变化，划清资本的活动领域，振兴以人为本、社会和谐的最高理念，逐步把政治体制改革和国家制度创新作为社会主义建设的根本，有步骤、分阶段、创造性地推进社会主义建设。

资本是现代社会兴起的根源，也是现代社会矛盾和冲突的主要根源，它既为社会和谐创造财富，也从根基上破坏着社会和谐。任凭资本攻城略地，中国将告别社会主义，只有以人为本，社会和谐，中国才能自立于世界民族之林。在改革开放 38 年后，我们必须再一次强调什么是社会主义，只有真正弄清这一问题，我们才不至于迷失方向。为了社会和谐，我们的原则是：承认资本，发展资本，引导资本，驾驭资本。也就是说，在经济领域，必须承认资本，发展资本，这是市场经济一切活力的主体。而在社会领域，在非经济领域，我们必须坚持人本原则，防止资本原则向政治、文化、社会领域的侵犯，同时要驾驭资本，使资本更好地为人类的发展服务。市场经济、以人为本、社会和谐是我们必须坚持的核心价值原则，它既是 60 年社会主义建设的经验总结，也是中国走向世界的胜利之本，是社会主义的最本质内涵。

（作者系复旦大学哲学院教授）

论市场在资源配置中的决定性作用

——兼论中国特色社会主义的双重调节论

程恩富　高建昆

自商品经济产生以来，随着生产力的发展和交换方式的进步，市场在资源配置中的作用愈来愈重要。在简单商品经济向资本主义商品经济转化之后，资本主义市场在资源配置中就开始发挥决定性作用。在我国社会主义市场经济中，尽管市场发挥作用的条件与资本主义市场经济不同，但在一定范围内的资源配置中同样起决定性作用。

市场是通过价值规律的作用对用于生产和消费的各种资源加以配置的一种方式。在资源配置过程中，市场通过商品价格的波动而调节商品的供给和需求，进而影响商品生产者和消费者的经济行为，从而调节经济运行和发展。所谓市场决定性作用，就是指通过竞争机制、价格机制、供求机制等市场机制对资源配置发挥决定性影响。

一　在资本主义市场经济中的“市场决定性作用”

（一）在无国家干预的资本主义市场经济中的作用

1. “市场决定性作用”的表现

在自由竞争资本主义阶段，市场在资源配置中的作用主要表现为，在价值规律的自发作用下商品价格的波动对各种生产资源和消费资源进行自发配置。在这一阶段，市场中的商品交换主体处于自由竞争的地位。除税收以外，政府对交换主体的影响微乎其微。恩格斯指出，在大工业发展初期，自由竞争是必要的，“因为只有在这种社会状况下大工业才能成长起来”。[①] 历史上，随着工业革命在主要资本主义国家的展开，生产规模和市场规模不断扩大。在这一条件下，由于没有政府对商品交换的调节和干预，市场对资源配置的作用以商品价格的较大波动表现出来，从而导致商品的供给与需求失衡逐渐成为常态。生产相对过剩的经济危机周期性地爆发。例如，1842～1868 年，经济危机在主要资本主义国家每十年左右就爆发一次。[②] 商品供求失衡以及经济危机又反过来造成社会资源的浪费，表现为商品相对于消费者购买能力的过剩、劳动者失业、企业破产、生产设备闲置，等等。

在无国家干预的垄断资本主义阶段，市场在资源配置中的作用虽然仍然表现为价值规律的自发作用，但商品供求失衡以及经济危机对社会资源的浪费更加巨大，对生产力的破坏更加严重。随着自由竞争资本主义向垄断资本主义的过渡，社会大生产程度越来越高。市场交换主体之间的无规制自由竞争已不适应社会大生产的需要。在价值规律的自发作用下和私人垄断资本追求垄断利润的动机驱动下，垄断资本主义初期生产的社会化和金融市场规模的扩张，使得经济危机更加猛烈地爆发。而经济危机对社会资源配置的破坏和浪费程度最严重的典型案例，就是 1929～1933 年席卷资本主义世界的经济大危机。

2. “市场决定性作用”的原因

在无国家干预的资本主义市场经济中，“市场决定性作用”的上述表现，既有主观方面的原因，也有客观方面的原因。

在主观方面，自由放任的经济思想使得价值规律的盲目自发作用没有受到有效约束。从亚当·斯密在《国富论》中提出“看不见的手”的有误命题（即资本所有者受着市场这只看不见的手的指导追求自己的利益，往往比其本意更能有效地促进社会利益），直到 1929～1933 年经济大危机之前，主流经济学的基础是萨伊定律。萨伊定律避开货币交换媒介职能包含的危机可能性，从物物交换出发，宣称“供给能够创造自己的需求”，从而否定了资本主义经济危机发生的可能性。[③] 在垄断资本主义初期，形成于自由竞争资本主义阶段的自由放任经济思想在经济学界和政府管理者的头脑中仍然根

① 《马克思恩格斯选集》，人民出版社，2012，第 295～312 页。

② 《马克思恩格斯全集》，人民出版社，1972，第 316 页。

③ 高鸿业：《译者导读》，《就业、利息和货币通论》，商务印书馆，2004。

深蒂固。人们普遍认为，市场这只“无形的手”来自发决定，可以实现有效的资源配置，而政府只能充当“守夜人”的角色，不应该对市场活动进行任何干预。实际上，尽管《国富论》中阐述了市场机制这只“看不见的手”调节经济生活的优势，但斯密在《道德情操论》中还同时阐述了另一只“看不见的手”——伦理道德对于调节精神生活的重要性。不幸的是，他的这种思想由于将经济生活和社会生活作了割裂，因而并没有被后来者所重视。① 从总体上看，在自由资本主义时期，自由放任思想使得价值规律作用所带来的经济无序性和低效性没有受到任何限制。

在客观方面，价值规律和剩余价值规律的共同作用，使得“市场决定性作用”对于经济运行和社会发展既有积极的正面效应，又有消极的负面效应，市场两面性功能的表现如下。

第一，价值规律使市场的资源短期配置功能、微观均衡功能、信号传递功能具有两面性。价值规律通过商品价格的波动既调节着商品的需求，又调节生产要素在各生产部门的分配。这使得市场具有资源短期配置功能、微观均衡功能、信号传递功能等功能强点。但是，这些功能强点同时又形成了市场的调节目标偏差（即无法实现充分就业、物价稳定、经济持续稳定、国际收支平衡等经济发展目标）、调节速度缓慢、调节成本昂贵、调节程度有限等功能弱点。② 一方面，这种自发调节是具有滞后性的事后调节，往往造成社会资源的巨大浪费，可能引起经济的波动；另一方面，市场的资源短期配置功能使得商品生产者只关注短期利益，投资于短期能取得较大收益的产业，而不愿投资于回收资金周期较长，但具有长远战略意义的基础产业等。

第二，价值规律使市场的技术创新功能具有两面性。价值规律形成商品生产者之间的竞争，刺激商品生产者为了在竞争中获胜从而获得更多收益，不断改进技术和管理，这使得市场具有技术创新的功能强点。但是，已经具有竞争优势、在技术上获取垄断地位的商品生产者，为了保持自己的技术优势，就会阻碍技术的合理传播和使用，这使得市场又具有阻碍技术进步的功能弱点。

第三，价值规律使市场的局部利益驱动功能具有两面性。价值规律通过竞争机制调节商品生产者的利益分配。竞争中获胜的商品生产者获得利益较

① 李卉、陈承明：《论两只“看不见的手”及其相互关系》，《海派经济学》2010 年第 3 期。
② 程恩富：《构建以市场调节为基础、以国家调节为主导的新型调节机制》，《财经研究》1990 年第 12 期。

多，而竞争中失败的商品生产者获得利益较少甚至无利可图或亏损。这使得市场具有局部利益驱动的功能强点。但同时，这又使得市场的调节目标偏离国家调控目标这一功能弱点得以强化，一方面，市场的局部利益驱动功能导致两极分化：长期处于竞争优势的商品生产者由于获利多而得以不断扩大生产规模，而长期处于竞争劣势的商品生产者则由于获利少、无利可图或亏损而生产萎缩，甚至退出生产；另一方面，市场的局部利益驱动功能使商品生产者只追求自身的局部利益，忽视环境保护、文化保护、公共健康等社会整体利益，更不愿投资于教育、卫生、基础研究等非营利性或低营利性的部门，从而导致负外部效应。

私人剩余价值规律使市场的功能弱点得到强化和放大。私人剩余价值规律是资本主义市场经济的特殊规律。生产资料的资本主义私有制决定了追求剩余价值是私人资本唯一的生产目的。为了赚取尽可能多的剩余价值，私人资本所有者不断把剩余价值转化为资本，从而使资本积累规模和生产规模越来越大，以至于形成垄断并逐步向世界扩张。私人资本积累为强化和放大市场的功能弱点创造了条件。一方面，私人资本积累使资本有机构成不断提高，形成相对过剩人口，使失业成为资本主义的常态。另一方面，私人资本积累使社会两极分化不断加剧，“在一极是财富的积累，同时在另一极，即在把自己的产品作为资本来生产的阶级方面，是贫困、劳动折磨、受奴役、无知、粗野和道德堕落的积累”。[①] 因此，马克思指出，“资本的垄断成了与这种垄断一起并在这种垄断之下繁盛起来的生产方式的桎梏”。[②] 资本主义由自由竞争阶段过渡到垄断阶段以后，生产社会化与资本主义私人占有之间的矛盾更加尖锐。私人垄断资本对垄断利润的追逐使市场的功能弱点进一步被强化和放大，进而导致经济危机爆发烈度更大，破坏性更强，对社会资源造成的浪费更加严重。例如，在 1929～1933 年的经济大危机，整个资本主义世界的工业生产下降了 44%。危机期间，美、德、法、英的破产企业数量分别为 14 万、6 万、5.7 万和 3.2 万，美国全失业者和半失业者之和高达 1700 万人，而德、英、法的失业者人数分别高达 700 万、300 万和 300 万。在危机最严重阶段，美国和德国接近一半的工人失业。[③]

① 《资本论》，人民出版社，2004，第 743～744 页。

② 《资本论》，人民出版社，2004，第 874 页。

③ 郭吴新：《30 年代大危机历史回顾与思考》，《世界经济》1999 年第 5 期。

（二）在国家垄断资本主义经济中的作用

国家垄断资本主义产生于第一次世界大战期间主要参战国的战时国民经济管理，而1929~1933年经济大危机之后逐渐在主要资本主义国家的经济中占主导地位。在国家垄断资本主义经济中，市场在资源配置中仍然起决定性作用，但受到了政府的某种干预和调节。

1929~1933年经济大危机的严重性使人们意识到政府干预经济的必要性。对资本主义国家经济管理实践产生重要影响的主要有两大理论流派，即以凯恩斯为代表的凯恩斯主义、以哈耶克和弗里德曼为代表的新自由主义。

1. 凯恩斯主义[①]的思想、政策主张和实践

凯恩斯主义的核心观点是：由于市场的自发调节无法实现充分就业，政府可运用财政政策和货币政策（主要是财政政策）来弥补私人投资的不足，以实现充分就业的宏观经济目标。这一理论的本质是：在不改变生产资料资本主义私有制的前提下，通过政府对“市场决定性作用”的干预和调节来实现社会资源的有效配置，即充分就业。以萨缪尔森为代表的新古典综合派和以曼昆为代表的新凯恩斯主义在论证方法上不断加以修改和补充，但其核心观点与传统凯恩斯主义是一致的。例如，萨缪尔森提出，由于对经济完全的自由放任会导致个人之间不平等的扩大以及宏观经济的不稳定，有必要在个人的创造性与最优社会规则之间寻找一条中庸之道。[②] 这条中间道路的实质是将“市场决定性作用”与政府对经济的干预相结合。斯蒂格利茨认为，由于市场和政府干预在信息和激励方面各具长处与局限，有的市场失灵可以通过减少政府干预来解决，而有的市场失灵则需要政府干预来解决。[③]

在1929~1933年大危机期间，一些开明的政治家就开始采取政策措施来摆脱经济危机。如1929年英国首相劳合·乔治提出以公共工程解决失业问题的方案，以及1933年美国总统罗斯福上台后推行包括公共工程在内的一系列增加购买力的政策。这些政策对于经济的复苏发挥了重要作用。第二次世界大战以后，在不涉及资本主义私有制的条件下，主要资本主义国家的政府对经济加以干预，从而在一定程度上实现对“市场决定性作用”的矫

① 本文所提到的新自由主义仅指以哈耶克和弗里德曼为代表的狭义新自由主义。

② 保罗·萨缪尔森：《中间道路经济学》，何宝玉译，首都经济贸易大学出版社，2000。

③ Stiglitz, J. E., “Markets, Market Failures, and Devel - opment” [J]. *The American Economic Review*, 1989, Vol. 79, No. 2, pp. 197 - 203.

正。其政策措施主要有以下几方面。

首先，各国政府对经济进行宏观调节。一是需求管理，即根据经济周期而综合运用财政政策和货币政策调节总需求，以期熨平经济波动。但在实际政策操作上，为了刺激经济增长，各国主要采取了扩张的经济政策。二是产业促进政策，即通过产业政策来优化产业结构，使产业结构不断高级化。三是经济计划化，即通过经济计划来引导企业的投资和经营。四是福利政策，即通过在再分配领域改善低收入者的收入状况来增加总需求。①

其次，各国政府对经济实施一定程度的微观调节或规制。一是通过制定和执行法律和制度来维持经济秩序的正常运行。二是对私人垄断企业等（特别是自然垄断的企业）加以规制。其途径主要有反垄断法、限制垄断价格等。②

最后，各国政府通过直接参与社会生产过程来影，响市场的供给和需求。一方面，政府通过向私人企业订货、采购等活动来影响总需求。另一方面，政府通过国家独资或与私人合营的企业来生产和提供公共产品。③ 国有化现象在战后西欧各国较为突出。例如，1968 年，法国、意大利、联邦德国、荷兰、英国和比利时的国有企业资产占全国资产总额的百分比分别为 33.5%、28%、22.7%、21%、17%和 13.5%，④ 这些国家的国有资产主要集中于一些重要的生产部门。

作为改良资本主义的凯恩斯主义具有进步性，但其改良资本主义的局限性又导致政策主张在具体实施过程中形成了滞胀现象。在第二次世界大战后的二十多年中，主要资本主义国家的政府都在不同程度上采用了凯恩斯主义的政策主张，这使得主要资本主义国家的经济获得了二十多年较为稳定的增长。而在具体的政策实践中，这些国家长期实施的主要是扩张性的财政政策和货币政策，以刺激私人投资的增长，这既导致国家财政长期赤字，又导致货币供给量增长速度超过国民生产总值，从而形成越来越严重的通货膨胀。到了 20 世纪 70 年代，长期的固定资产投资已形成严重过剩的生产能力，而

---

① 熊性美、陈漓高：《战后资本主义国家干预与再生产周期》，《南开经济研究》1989 年第 2 期。

② 高鸿业：《西方经济学》，中国人民大学出版社，2007，第 376～378 页。

③ 程恩富：《现代政治经济学新编（完整版）》，上海财经大学出版社，2008，第 428～430 页。

④ 熊性美、陈漓高：《战后资本主义国家干预与再生产周期》，《南开经济研究》1989 年第 2 期。

这一时期的石油危机造成生产成本上升。扩张性政策已无法进一步刺激私人投资增加，经济增长陷入停滞之中，形成经济停滞与通货膨胀并存的“滞胀”现象。

2. 新自由主义的思想、政策和实践

新自由主义的核心观点是：在长期，市场的自发调节会使一国实际就业率趋向于与由该国技术水平、文化风俗和自然资源等因素决定的自然就业率相等，而政府干预经济的政策对于实现自然就业率是无效的。[①] 弗里德曼提出，以控制货币供给量为目标的货币政策是熨平资本主义短期经济波动的唯一有效的政策。[②] 新自由主义理论的本质是宣扬“市场万能论”的市场原教旨主义，其政策主张集中体现在1989年为解决拉美国家经济衰退而形成的华盛顿共识中。华盛顿共识既包含加强财经纪律、政府支出重点转向经济效益好的领域和促进收入分配改善的文教卫生和基础设施建设领域、降低边际税率和扩大税基等合理的政策主张，又包含很多脱离拉美国家实际的政策主张，如较快实施利率自由化、更具竞争性的汇率制度、贸易自由化和放松外国直接投资限制等市场开放原则，以及国有企业私有化、放松进入与退出的政府管制等减少或取消政府干预的主张。

新自由主义的政策主张在具体实践中为金融和经济危机的频繁发生埋下了祸根。20世纪70年代中期以后，凯恩斯主义对滞胀问题的束手无策使新自由主义的政策主张在主要发达资本主义国家得到不同程度的实施。例如，英国前首相玛格丽特·撒切尔和美国前总统罗纳德·里根在执政期间都采纳了新自由主义的政策主张。弗里德曼关于控制货币供给量的货币政策主张对于抑制通货膨胀，从而使经济摆脱滞胀，确实发挥了一定的作用。但是，新自由主义对“市场决定作用”的自由放任，也造成了严重的消极后果。首先，私有化政策使经济危机的根源，即生产社会化与资本主义私人占有之间的矛盾更加突出。例如，英国前首相撒切尔在三个任期内将国有企业私有化进程逐步推向深入，逐渐发展成为一个系统战略。[③] 私有化过程使社会财富分配向少数私人垄断资本所有者倾斜，加剧了贫富两极分化，导致社会生产的无限扩大与有支付能力的需求不断缩小之间的矛盾日益加深。其次，

① 高鸿业：《20世纪西方微观和宏观经济学的发展》，《中国人民大学学报》2000年第1期。

② 高鸿业、吴易风：《货币主义和供应学派》，《教学与研究》1986年第6期。

③ 毛锐：《从货币主义到私有化——论撒切尔政府私有化政策的提出》，《山东师范大学学报（人文社会科学版）》2004年第4期。

金融市场的管制放松导致金融风险不断积累，从而金融危机频繁发生。由于缺乏对金融市场的有效监管，金融机构可以不受约束地从事各种高风险业务以获取高额利润。金融机构的金融创新活动过度扩张，导致虚拟经济严重脱离实体经济，从而使经济运行风险不断积累。金融市场的风险积累使金融危机频繁发生，成为经济危机的引爆器。最后，对收入分配调节的缺乏使贫富分化现象加剧。在初次分配领域，垄断资本主义条件下的资本积累必然导致社会收入分配的两极分化。而在再分配领域，新自由主义的政策导向使政府对收入分配没有进行有效的调节，从而使贫富分化日益扩大。

3. 经济危机的新特点

由于政府对经济的反周期干预，加上科技进步等因素，二战后主要资本主义国家的经济经历了三四十年不断波动的正负增长。然而，国家垄断资本主义对“市场决定性作用”的干预和调节，并没有从根本上消除经济危机产生的根源，即生产社会化与生产资料资本主义私人占有之间的矛盾。因此，经过或长或短的时期之后，经济危机仍然不断爆发。与没有政府干预情况下的经济危机相比，这一阶段的经济危机因政府对“市场决定性作用”的调节表现出一些新特点。

首先，经济危机的周期性不明显。经济危机在这一阶段发生较为频繁。在二战前的资本主义经济中，由于经济危机的爆发间隔而形成的经济周期包含危机、萧条、复苏、繁荣等四个阶段，而在二战以后，经济周期的这四个阶段的界限一般并不十分明显，危机阶段对经济的破坏性一般比1929～1933 年大危机弱得多。但在特定历史条件下，经济周期的危机阶段也会较为明显，不仅持续时间较长，而且对经济的破坏也较为严重。例如，1973～1975 年的经济危机期间，美、日、西德、英、意大利的工业生产分别持续下降 16 个月、15 个月、23 个月、22 个月和 19 个月，下降幅度分别达到 15.1%、14.1%、12.2%、12% 和 22.3%。[①] 而 2008 年由美国次贷危机引爆的金融和经济危机对实体经济的负面影响，至今仍没有消除。

其次，经济危机主要以滞涨形式出现。在二战前的经济危机中，经济停滞的同时物价大幅下跌，例如，1929～1933 年经济大危机中，美国物价下

① 金声：《战后经济危机周期性质疑》，《温州师院学报（哲学社会科学版）》1988 年第 2 期。

跌 53.9%。[①] 但在二战后的经济危机中，经济停滞的同时物价持续上涨，即所谓“滞涨”现象。美、日、英、法、联邦德国和意大利的消费品物价指数分别上升了 15.3%、32.5%、43.9%、19.1%、11.1%和 24.6%。[②] 这一现象既使商品进一步滞销，又加重了低收入群体和失业者家庭的贫困状况。

最后，金融危机和债务危机相互交织。20 世纪 80 年代后，债务危机成为经济危机的一种新形态。例如，1982 年 8 月，从墨西哥开始，巴西、阿根廷、委内瑞拉、智利等拉美国家先后宣布暂停偿还到期外债，陷入严重的债务危机。此后，这些国家的债务问题长期存在，并多次成为金融危机的重要根源。[③] 2008 年国际金融危机之后，冰岛、希腊、爱尔兰、葡萄牙相继发生了主权债务危机。

20 世纪 90 年代以后，资本主义国家的金融危机又开始频繁发生。这些金融危机不仅发生在发达资本主义国家，而且发生在资本主义的发展中国家和地区。例如，墨西哥在 1994 年、泰国在 1997 年（波及日本、韩国、印尼、菲律宾、马来西亚以及新加坡和我国台湾等亚洲许多国家和地区）、俄罗斯在 1998 年、巴西在 1999 年、阿根廷在 2001 年都先后发生过金融危机。而 2008 年美国的次贷危机则引发了波及不少西方国家的金融和经济危机，这次金融和经济危机对实体经济的冲击和影响至今还在持续。

二　在社会主义市场经济中的“市场决定性作用”

在我国社会主义市场经济中，市场在某些资源配置中仍然起决定性作用，但是，这种“市场决定性作用”是以中国特色社会主义基本经济制度为基础，并受到国家宏观和微观调节的。

（一）发挥作用的经济基础

中国特色社会主义基本经济制度为“市场决定性作用”奠定了均衡导向的经济基础。这一制度的核心是：公有制为主体、多种所有制经济共同发

① 程恩富：《现代政治经济学新编（完整版）》，上海财经大学出版社，2008，第 428～430 页。

② 程恩富：《现代政治经济学新编（完整版）》，上海财经大学出版社，2008，第 428～430 页。

③ 王莉：《20 世纪 80 年代以来拉美债务问题分析》，《经营管理者》2012 年第 9 期。

展。宽泛意义上的公有制经济既包括全民所有制和集体所有制的独资形式，又包括以公有资本控股的不同所有制之间的相互持股形式和交叉持股形式。在中国特色社会主义经济制度下，以西方国家的国有经济比重为依据主张调整中国特色社会主义的国有经济所占比重，具有巨大的现实危害性，无助于提高国有企业的地位和竞争力。① 只有坚持公有制为主体，才能从根本上消除经济危机产生的根源，即生产社会化与生产资料资本主义私人占有之间的矛盾，从而使国民经济许多领域在“市场决定性作用”之下向总体均衡的方向持续发展。

首先，在市场活动中的公有制企业，通过确定积累与消费的适当比例和按劳分配，能够确保劳动报酬在初次分配中的合理比重，促进劳动报酬增长与劳动生产率等提高同步，从而能够避免贫富的严重分化，从根本上缓解生产的无限扩大与有支付能力的需求不断缩小之间的矛盾。

其次，公有制企业为政府高效调节“市场决定性作用”，提供了必要保障和财力支撑。与私有企业和私有垄断公司具有反国家调控的特点不同，公有制企业一般是愿意服从和配合国家调控的。政府为以熨平经济波动而对“市场决定性作用”的干预和调节需要大量的财力支持。改革以来，我国国有经济上缴利税一直占国家财政收入相当部分。2013 年前 11 个月仅央企就交税 1.8 万亿，同比增长 7.5%；利润 1.2 万亿，同比增长 7.5%。② 非公经济的偷税漏税情况比较严重，而这些利税本可以用于改善民生，并为国家高效调节市场奠定有力的保障和支撑。

最后，公有制经济通过填补其他所有制的投资空白，来弥补“市场决定性作用”的严重不足，促进经济全面而均衡地发展。“市场决定性作用”有效的投资领域主要是资金回收周期较短、风险较小、利润率较高的经济领域。在这些领域，公有制经济和其他所有制可以实现公平的商业竞争。而一些对国计民生极为重要，但因资金回收周期长、风险高、利润率低、涉及国家核心安全而不适合其他所有制的领域，只能由公有制经济来运营。

（二）双重作用的辩证理论和政策

与新自由主义理论的市场决定性作用论不同，中国特色社会主义理论的

① 程恩富、鄢杰：《评“国有经济退出竞争领域”论》，《管理学刊》2012 年第 3 期。

② 程恩富、侯为民：《准确认识社会主义初级阶段基本经济制度》，《光明日报》2011 年 9 月 28 日。

市场决定性作用论应具有统筹兼顾的系统性和高效性，其核心观点是："市场决定性作用"和政府的规划配置作用是一个有机的整体，两者在功能上能够实现良性互补、在效应上能够达到协同、在机制上力求实现背反（即政府和市场的资源配置机制背反式协调：市场通过价值规律来自发调节配置资源而实现短期利益和局部利益，而政府通过专业职能机构来主动规划配置资源以实现长远利益和整体利益）。这一经济理论和政策主张主要包含以下四个要点或特点。

一是国家的宏观调控和微观规制共同矫正某些"市场决定性作用"。在我国社会主义市场经济中，市场在资源配置中起决定性作用，并不是起全部作用。要"健全以国家发展战略和规划为导向、以财政政策和货币政策为主要手段的宏观调控体系"。[①] 价值规律的自发作用仍然会带来消极后果。而国家的宏观调控和微观规制能够避免或降低这些消极后果，从而矫正"市场决定性作用"的失灵和不足。宏观调控主要是根据经济运行状况，通过财政、货币等经济手段和政策，以及必要的行政手段对投资和消费等市场活动，事先或事后进行各种调节，以实现就业充分、物价稳定、结构合理和国际收支平衡等宏观经济目标。微观规制主要是综合运用经济、法律、行政等手段对微观经济主体的行为进行管理，以维护正常的市场竞争秩序、推动科技创新、发展自主知识产权、促进社会和谐以及保持生态良好，从而实现经济、政治、社会、文化和生态全面协调与可持续发展。

二是市场对一般资源的短期配置与政府对地藏资源等特殊资源的直接配置、与许多一般资源的长期配置相结合。"市场决定性作用"的有效性主要体现在价值规律通过短期利益的驱动对一般资源的短期配置，而政府配置资源的有效性主要体现在对许多一般资源的长期配置和对地藏资源等特殊资源的直接配置。因此，在一般资源的短期配置中，市场发挥决定性作用。在许多一般资源的长期配置中，政府通过统筹短期利益与长远利益来实现规划配置。而由于地藏资源等特殊资源的不可再生性，政府则通过统筹短期利益与长远利益、局部利益与整体利益来实现这些资源的直接配置。改革以来，曾经在稀土、煤炭等资源配置上实行市场决定性作用，结果导致资源的破坏性低效开采和低价在国际上销售，并造成暴富的"煤老板"和矿难频发，其

① 习近平：《关于〈中共中央关于全面深化改革若干重大问题的决定〉的说明》，《人民日报》2013 年 11 月 16 日。

教训是深刻的。

三是在教育、文化等非物质资源配置中，政府的主导性作用与市场的重要作用相结合。教育和文化大发展是经济社会发展的重要内容，是社会主义核心价值体系和核心价值观的主要载体，应把社会效益放在首位，并与经济效益相结合，因而通过市场作用来实现相关资源的配置作用要小一些。教育和文化中的许多项目对经济社会发展具有全局性、长期性的智力支持功能、文化传承功能、文化凝聚功能和文化导向功能，它只能通过政府发挥主导性作用，以实现非物质资源的高效配置。

四是市场和政府在财富和收入的分配领域各自发挥较大的调节作用。首先，在初次分配环节，市场通过价值规律的自发作用对收入和财富的分配发挥较大调节作用，政府则通过相关法律法规的制定和执行，对收入和财富的分配发挥较大调节作用。此外，国家通过公有制企业来确定积累与消费的适当比例和按劳分配，确保劳动报酬在初次分配中的合理比重，促进劳动报酬增长与劳动生产率等提高同步，从而能够避免贫富的严重分化。而私有制企业的初次分配还受到私人剩余价值规律的作用，导致初次分配中劳动报酬所占比重的提高具有一定的局限性，从而形成贫富分化的趋势。其次，在再分配环节，政府对初次分配造成的贫富过度分化的趋势进行矫正和调节，促进居民收入增长和经济发展同步，从而实现居民收入在国民收入分配中的较高比重。一方面，政府通过不断完善基础设施、基本公共服务、社会保障、资源要素和户籍等方面的制度来构建社会公平保障体系。另一方面，政府通过税收制度来调节高收入群体的过高收入，通过转移支付手段来提高低收入群体的收入，并通过法律手段来取缔非法收入。过去，在城市居民住房问题上强调市场的决定性作用，结果导致房价大涨，开发商暴富，老百姓意见极大，直到近几年才积极发挥政府的调节作用，使住房这一重要的民生保障问题出现转机，其教训是深刻的。

总之，商品经济或市场经济的基本规律是价值规律，市场将自发地起决定性作用，但在现代资本主义市场经济中已受到不同程度的约束，而在社会主义市场经济中，必然要以中国特色社会主义基本经济制度为基石，既要充分发挥市场在资源配置中应有的决定性或基础性作用，又要充分发挥国家在资源配置中应有的导向性或主导型作用，综合运用好价值规律、剩余价值规律、按比例发展规律、计划规律、节约规律、劳动生产率规律、非均衡发展规律等社会主义市场经济的经济规律系统，促使国民经济又好又快地持续发展。

政府与市场关系论

胡　钧

把建立社会主义市场经济体制作为经济体制改革的目标模式，是中国特色社会主义理论体系中的极重要组成部分。十八大报告再次把“加快完善社会主义市场经济体制”作为一个独立部分提出来，并且明确指出，要全面深化经济体制改革的核心问题是处理好政府与市场的关系，更加尊重市场规律，更好地发挥政府作用。这指明了当前完善社会主义市场经济体制的基本内容和根本目标。我认为这里包含着实践经验的新概括，我们应当对此在理论上加以阐释。

邓小平同志说，计划或政府与市场的关系问题，在今天的资本主义制度和社会主义制度下都存在，资本主义国家也有计划，社会主义制度下也有市场，计划多一点，还是市场多一点，不是社会主义与资本主义的本质区别。但这绝不是说资本主义市场经济与社会主义市场经济没有本质区别。这两种不同社会制度下的市场经济的本质区别在于：体现在政府与市场在国家资源配置上的地位和作用的不同。当前有一些人把市场看作是我国资源配置的根本的和主导的力量，把政府与市场的地位和作用弄颠倒了。我认为必须把颠倒了的关系再颠倒过来，不然，在贯彻社会主义市场经济体制的实践工作中会陷入盲目性，给实际工作带来重大损失，甚至有引向改旗易帜邪路的现实危险。

一　计划（政府）与市场关系问题的产生及二者关系

计划与市场的关系就其本质来说，是所有制关系派生出来的问题。在一个或大或小的集体中，如果生产资源是该集体成员共同所有，他们的共同需要是很清楚的，他们会按照共同需要有计划地配置资源，以满足该集体的各种需要。不管这个集体是一个氏族、一个奴隶主庄园、一个封建主庄园，或一个企业、一个家庭；都必然是如此。人类社会历史发展的实际表明了这一点。

1. 市场——“看不见的手”

如果生产资料属于分散的私人所有，他们又都处于互相依存的社会分工之中，那么，它们之间的经济联系都只能通过他们产品的交换，即把产品变为商品，来互相满足自己和他人的需要，以维系个人和社会的存在和发展。这就产生了市场这个事物。市场就是商品生产者交换关系的总和。是私人企业主为私利相互竞争的关系的总和。在这种关系中，人们的各种需要和需要多少，就不可能直接知道，只能通过商品市场价格的波动间接地了解。如果某种商品的市场价格低于其价值，即劳动花费，就表明该商品生产过多，必须对生产要素配置加以调整，分配到那些市场价格高于其价值的商品的生产方面。这样，市场成为社会资源配置的基础手段和方法。亚当·斯密把这种市场关系比喻为“看不见的手”。实际上，并没有这样一只独立存在的“手”，它只是私有商品生产者在市场上自发的盲目生产和相互竞争活动，实际存在的只是千百万只私有生产者的“手”，他们获取社会需要信息的唯一来源就是天天波动的市场价格。把这种私有生产者盲目竞争的活动比喻成一只“看不见的手”，是这种关系被物化，马克思把它称作“商品拜物教”。就像宗教一样，人们把自己活动的结果看作是由神决定的，拜倒在它面前。亚当·斯密把“看不见的手”称作“全能的神”。当有些人把市场说成是资源配置最优方法时，如同说由“神”、“上帝”来决定一样，实际是在说由分散的私有生产者根据市场价格自发生产是最好的资源配置方式，实际内容是在说由私人生产者为自己私利分散地从事生产是最好的生产方式。因此，对市场作用的评价就是对建立在生产资料私有制基础上的生产方式的评价。说市场最能高效率地配置资源，就是说私人企业主分散决策是最有效配置资源方式。

美国前总统小布什的一句话讲得非常明确，他攻击奥巴马的国家干预经济的主张时说，我深知私营企业才能带领美国走出目前我们所处的经济局面，“你们比政府更能花好自己的钱”。① 这就是为什么资产阶级崇尚市场的

① 《布什演讲抨击奥巴马　破不批评继任者规矩》，http：//news. sina. com. cn，2009 年 6 月 23 日。

根源，布什的话是在重复亚当·斯密的信条。它最明白不过地说明了，崇尚市场实质就是崇尚私有制。不过布什忘记了时代已经变化，斯密当时崇尚自由主义市场是符合实际的，是正确的。可是，当前已经进入金融垄断资本主义阶段，正是垄断资本企业主按自己的意志花钱，导致了当前空前严重的经济危机。

自发的市场盲目竞争对资本主义经济的发展起过巨大作用是确实的。追逐私利激励着企业主的活力，通过市场价格的波动调节着整个社会资源的配置。这种资源配置方式，尽管经历着不断的震荡，但毕竟实现着全社会的共同利益。这是当时唯一可能的，也是最好的资源配置方式。这正是为什么市场被赋予了“神”一般的作用的原因。

2. 市场与政府：“看不见的手”与“看得见的手”

资本主义国家为挽救市场盲目性产生的负面效应，都不得不违背意愿地采取国家干预的措施，从这里可以看出，所说的“看不见的手”与“看得见的手”之间的关系。这两只“手”有一个很大的区别，“看不见的手”并不是实在的有形存在，它没有任何自然的物质存在，它的存在纯粹是社会的，是一种社会关系，是私人生产者为私利的市场竞争关系的总体。如果说有具体存在的话，那就是分散的私人企业主的“手”，除此，它没有别的现实存在形态。斯密用“看不见的手”来表达这种自发竞争的关系，会给人一种幻觉，似乎有一个实在的手存在，像宗教中那样泥塑神像显示它确实存在，人们拜倒在它面前。与“看不见的手”不同，“看得见的手”，是指代表全社会的共同利益的国家机构——政府，这是一种实际的物质存在，看得见，摸得着的。

在资本主义私有制条件下，在资本主义私有制资源配置上“看不见的手”是基础性的，资产阶级国家这只“看得见的手”则是“看不见的手”的卫护者。正是由于政府的保护，市场这只手才得以发挥资源配置的正面作用。政府通过制定各种法规，像财产法、契约合同法、物权法、劳动法、工厂法、竞争法等游戏规则，以及完成那些私人企业主不愿做和做不了的生产职能，例如，初期修建铁路等活动。正是由于存在政府的保驾护航，才使这种分散的生产过程得以维持，使这只“看不见的手”的负面作用不至于在私人生产者的相互厮杀中导致整个资本主义制度的崩溃。所以“看不见的手”一开始就是在“看得见的手”的呵护下才得以发挥其配置资源的正面作用的。正如诺奖获得者美国经济学家约瑟夫·斯蒂格利茨所说，市场“如果没有政府的干预，就不能实现有效的资源配置”。①

二　社会主义市场经济是一个矛盾统一体

1. 社会主义公有制与市场经济的矛盾

（1）社会主义制度是建立在生产资料公有制的基础上，即全社会的生产资料属于全社会成员共同所有和共同支配，目的是全社会所有成员的物质和文化生活需要及其全面发展。而市场经济则是建立在生产资料私有制基础上的商品经济发展到一定阶段的产物，其生产目的是获取私人利益。私人生产者只是为了其私人利益，小商品生产者是为了个人及其家庭的生活需要从事生产活动。

（2）社会主义生产资料公有制决定了全社会生产摆脱了分散的私人生产者的盲目性支配，是按照预定的目标有计划地配置全社会资源为实现共同目的服务。私有制则决定了生产的动机和目的只能是由各个私人自发地进行，全社会生产资料在不同生产领域的合理配置只能借助于市场价格波动间接告诉私人生产什么，生产多少。这个过程不是平稳地进行的，而是充满了激烈的竞争、经济震荡和破坏，会有生产者的失败与成功、企业的兴起与破产、产品的不足与过剩，总之，如马克思所指出的全社会生产过程的均衡只能经历着不断的混乱才能得到实现。

（3）分配关系方面，社会主义公有制决定了人们只是以个人的劳动参与生产过程，所以，个人消费品分配只能是按每个人投入的劳动量，在社会总产品中对满足共同需要的部分扣除后，其余部分实行按劳分配。这是社会主义制度下，人们之间的最核心的利益关系。

在商品经济中，人们的分配关系是按照该私人生产者在生产某种商品所花费的劳动量创造的价值来交换，即等价交换，通过这种交换每个生产者获得与本人劳动所创造价值量相等的价值。形成商品价值的劳动，不是劳动者本身实际上花费的劳动时间，而只能是社会必要的劳动时间，或社会平均的劳动时间。所以，从分配关系上看，社会主义按劳分配与商品生产中按价值

① 约瑟夫·斯蒂格利茨：《社会主义向何处去》，周立群等译，吉林人民出版社，1998，第281页。

分配，有着本质的区别，体现着两种本质不同的所有制关系和经济利益关系。按劳分配只能是公有制范围内才会产生的分配关系；按形成的价值分配，等价交换则体现着私有制关系，它承认生产资料私有者获得由握有更优良的生产条件获取相应利益的权利。

2. 社会主义公有制与市场经济的结合

以上分析表明，社会主义与市场经济的结合不能是机械式地拼装，而是一种有机结合。依据马克思主义理论，商品经济、市场经济是处在社会分工中私有制的产物，它与社会主义公有制是对立的。但是，市场经济不等于资本主义经济，虽然它们都是以生产资料私有制为基础，但二者的根本区别在于：一般商品经济是以生产者个人的劳动为基础的，资本主义经济则是把货币转化为资本以无偿占有他人的剩余劳动为基础的。

在资本主义制度下，商品由按价值交换转化为按生产价格交换，解决了资本主义经济与一般商品经济之间的矛盾和对立，实现了资本主义与一般商品经济的有机统一，构成资本主义市场经济。资本主义利用市场这种手段、方法为资本增殖服务。

社会主义公有制与一般市场经济之间的对立和矛盾，必须得到解决，二者才能构成有机整体，建立起社会主义市场经济体制。矛盾解决的途径是：①从所有制方面来看，那就是公有制企业（国有企业）转变为相对独立的商品生产者，独立经营、自负盈亏，这实际上就是模拟私有制企业的经营方式，使企业成为独立的市场主体，在竞争的自发市场上从事经营，让他们在市场竞争中求得生存与发展。②从生产经营方面来看，企业必须根据市场需求状况，自己决定生产什么，生产多少，并获得盈利。与私有制企业不同的是，国有企业必须遵循政府依据科学发展观制定的发展规划从事经营活动，把实现规划作为根本目标。如果某种活动背离了规划目标则不能做，应自觉地接受政府的宏观调控，校正自己的经营方向。这样，就保证了整个国民经济符合科学发展观要求的以人为本和全面协调可持续发展的目标。③从分配方面来看，为了使社会主义公有制与一般市场经济有机结合，必须解决按劳分配关系与等价交换关系之间的矛盾，要通过一定的方式把按价值交换（实际上是按生产价格交换）的结果转化为按劳分配关系，剔除由于生产资料优良带来的同样劳动不能得到同样收入的因素。这是通过国有企业的利润上缴、政府的税收等方法加以调节。

解决了以上矛盾，社会主义公有制经济与一般市场经济的矛盾就会得到解决，才能构成社会主义市场经济。我们所要求的建立和完善社会主义市场经济体制，其内容就是正确解决好上述矛盾。

3. 社会主义市场经济矛盾统一体中谁是矛盾主要方面?

毛泽东指出，任何一个矛盾体中“矛盾着的两个方面中，必有一方面是主要的，他方面是次要的。其主要的方面，即所谓矛盾起主导作用的方面。事物的性质，主要地是由取得支配地位的矛盾的主要方面所规定的”。[①] 社会主义市场经济体制中社会主义与市场经济体制这一对矛盾，哪一个是矛盾的主要方面，哪一个是矛盾的次要方面呢？首先从基本理论上谈谈社会主义与政府规划、计划的关系。

从本质上说，社会主义公有制之所以必然要取代资本主义私有制，是因为市场的盲目竞争和生产无政府状态愈来愈带来对生产力的巨大破坏。马克思认为自觉地有计划组织社会生产是社会主义的本质特点，他说：问题的争论在于，“构成资产阶级政治经济学实质的供求规律的盲目统治和构成工人阶级政治经济学实质的由社会预见指导社会生产”。[②] 由社会预见指导，当然就是指代表全社会利益的政府制定的规划的指导和引导。恩格斯指出，社会主义国家作为整个社会的代表，将实行“对生产过程的领导”[③]。由国家代表全社会有计划地分配资源是社会资源配置的更高级的形式。在第一个社会主义国家苏联的建设实践中，其领导人斯大林依据马克思主义的基本理论，提出了国民经济有计划发展规律是社会主义特有的经济规律。不过，在实践中，由于缺乏经验，没有考虑从现实生产力状况出发，教条主义地对待马克思主义，在组织社会生产时，完全摒弃市场在资源配置中的作用，奢望在条件尚不具备时，建立高度集中的全面的计划经济体制。尽管其有计划经济发展和全国一盘棋的指导思想的优越性得到了发挥，推动了经济的高速发展，但由于超越了现实的客观条件，完全否定了在一定发展阶段上市场在资源配置方面的积极作用。高度集中的计划经济体制，大大挫伤了基本生产单位的积极性和创造性，问题日益积累，造成经济效益日趋低下，社会生产力的发展速度日趋下降，人民生活水平的提高也受到极大的影响。

我国社会主义革命取得胜利后，在经济建设方面基本是继承苏联时期的

① 《毛泽东选集》第 1 卷，人民出版社，1966，第 310 页。

② 《马克思恩格斯选集》第 2 卷，人民出版社，1995，第 605 页。

③ 《马克思恩格斯文集》第 3 卷，人民出版社，2009，第 562 页。

计划体制，不过也逐渐开始思考苏联计划体制过于集中的缺点问题，毛泽东在1956年《论十大关系》中，指出了苏联体制的缺陷。在这一基础上，邓小平对此进行了全面思考。

到1979年末，形成了对社会主义市场经济基本理论问题的全面认识。这包括：不能说市场经济是资本主义的，社会主义可以搞市场经济，社会主义可以利用这种方法来发展社会生产力。我们应注意到，邓小平在谈到发展社会主义市场经济时，论述非常严谨，这表现在他没有否定计划经济的优越性，且明确地指明了市场经济只是社会主义利用的一种方法、手段。按照马克思主义的基本理论和邓小平建立社会主义市场经济的理论，社会主义公有制当然是主要的矛盾方面，市场经济是次要的矛盾方面。

三　处理好政府与市场的关系是科学发展观的客观要求

由于市场经济有着它固有的缺陷，特别是新自由主义经济发展模式已经完全不适应已经极大提高了的社会生产力状况，其破坏性也愈来愈严重。更为关键的因素是，由于全世界的资源状况日益紧张，生态状况日趋恶化，社会矛盾日趋尖锐。这在20世纪还是不太明显的矛盾，现在解决它已成为全世界迫在眉睫的紧急任务。实现可持续发展已成为当务之急，在我国反映这种客观现实的理论成果就是科学发展观。

党的十八大报告指出："科学发展观是马克思主义同当代中国实际和时代特征相结合的产物，是马克思主义关于发展的世界观和方法论的集中体现。"[①] 这里准确表述了科学发展观形成、实践和理论根据。说它是马克思主义关于发展的世界观和方法论的体现，是因为它依据了马克思的构成工人阶级政治经济学实质是由社会预见指导社会生产。所说的中国实际，就是指自觉贯彻社会主义以人为本的核心思想和迫切要求，国民经济的全面协调可持续发展；时代特征是指与20世纪前一时期不同，当前资源紧张、环境破坏的状况已成为严重威胁人类生存的现实，要求必须建立资源节约型和环境友好型的社会。如任社会生产继续盲目扩大生产，将直接造成毁灭性后果。

为了切实贯彻科学发展观，十八大报告明确地指出要全面深化经济体制

① 胡锦涛：《坚定不移沿着中国特色社会主义道路前进为全面建成小康社会而奋斗》，人民出版社，2012。

改革，“经济体制改革的核心问题是处理好政府与市场的关系，必须更加尊重市场规律，更好发挥政府作用”。①“更加尊重市场规律”当然是非常重要的，因为不依照市场规律行事，就不可能利用市场机制为发展社会主义生产力服务。重要的是十八大强调了“更好发挥政府作用”。这有很强的针对性。例如，当前理论界和媒体的一种主流观点认为，“现在资源配置的基础性手段是市场，计划是弥补市场缺陷的必要手段”。这种理解和表述显然不适应贯彻科学发展观的要求，因为为了保证经济社会的科学发展，在资源配置上最根本的不能是依靠市场的自发性，而必须是对整个经济的有科学预见的计划的引导和强有力的实施。这只能靠发挥代表全社会利益的政府的指导作用。当然，在资源配置的大的目标和方向确定后，具体贯彻实施时，在现阶段还必须重视尊重市场规律，充分发挥市场机制的激励和一定范围的调节作用，以有利于整体目标的实现。

这是社会主义市场经济体制的特有经济发展模式，是与资本主义市场经济模式的根本区别所在。把政府的管理经济的职能只归结为弥补市场的缺陷，这显然是把矛盾的主要方面与矛盾的次要方面弄颠倒了。这是资本主义市场经济模式的特征。我们不应该把资本主义市场经济模式当作市场经济一般，更不能把它当作我们经济体制改革的目标。

四　把颠倒了的关系颠倒过来

尽管社会主义公有制和市场经济的关系在我们看来是很清楚的，但是，从理论界的状况看，不少人把二者的基本关系颠倒了，模糊了改革的主要方向，进而也就不能提出真正有利于科学发展的对策和措施。他们没有真正理解邓小平的建立社会主义市场经济体制的科学思想，错误地理解了经济体制的实质，没有把改革看作是一种创新，是创造一种新型的中国特色社会主义的管理经济的模式，而是理解为要在中国“复制”资本主义市场经济模式。

在关于社会主义与市场经济体制解释上，很多人只是抽象地说这是社会主义基本制度与市场经济相结合，但不明确这是怎样一种结合和对二者的地位做准确的规定，实际上存在着多元的解释。比较典型的一种说法是：把社

① 胡锦涛：《坚定不移沿着中国特色社会主义道路前进为全面建成小康社会而奋斗》，人民出版社，2012，第 20 页。

会主义基本制度同发展市场经济结合起来；发挥社会主义制度的优越性和市场配置资源的有效性，使全社会充满改革发展的创造活力。这里把二者的结合说成是社会主义优越性与市场经济有效性的结合。还有一种说法与此类似：社会主义解决公平问题，市场解决效率问题，这些说法无论从理论上还是从实践上看都是不能成立的。其一，表面上看起来这里似乎是在肯定社会主义制度，但是实际上否定了它的根本优越性，即它能按科学预见有计划地配置资源，以及全国一盘棋的巨大优越性。其二，把公平与效率分摊到不同的两个制度上的观点，是一种在理论上很幼稚的想法。任何一个历史上存在的社会经济制度，都必然是公平与效率的结合。如果一个制度只是有公平而无效率，这样的制度必将被抛弃，不可能存在；另外，现实也不可能存在一种只是有效率而无公平的制度，试想，如果没有等价交换这种公平关系，市场能有效率吗？哪种公平关系更优越，就看哪种类型的公平关系更适合生产力的性质。这是马克思主义的一个基本原理。

混淆矛盾主要方面和次要方面的另一个表现是论述中采取折中主义态度。例如，有位理论工作者说："社会主义与市场经济相结合，是社会主义和市场经济两个方面相互适应的过程。公有制要适应市场经济，市场经济则要适应社会主义共同富裕目标。这样，就能实现社会主义与市场经济的有机结合。"[①] 这种不分主次、不指明谁是起主导作用，只是抽象地讲二者"相结合"、"相互适应"，没有指明这种相结合的内容是社会主义把市场经济当作手段、方法来利用。这种抽象表述显然同样不符合邓小平关于社会主义利用市场经济发展自己的观点。当然，要利用市场，必须尊重市场规律，但从根本关系上说，二者不是"相互适应的过程"，而是社会主义把市场经济作为手段为自己发展生产力服务的过程。市场机制必须服从社会主义制度的发展目标，不利于这一目标的实现，则必须在政府的宏观调控中校正。

另一种不正确的看法是颠倒了主次矛盾，把市场作用看作是根本的，国家计划只看作是弥补市场缺陷，这种观点在理论界很为流行。实际上是典型的资本主义市场经济模式，也是今天美国经济的发展模式。由于一些人在理论上没有搞清楚社会主义与市场经济的基本关系，所以，无意地在照搬资本主义社会的模式，并把它当作我们改革是否到位的尺度。这表明，在这些人

① 张卓元：《把坚持社会主义基本制度同发展市场经济结合起来》，《人民日报》2008 年 10 月 6 日。

的思想里，没有建立起创造中国特色的社会主义市场经济模式的信念，缺乏理论自信、道路自信，被西方模式所迷惑。十八大报告强调指出："我们坚定不移高举中国特色社会主义伟大旗帜，既不走封闭僵化的老路、也不走改旗易帜的邪路。"① 这是在敲警钟。如果我们的改革沿着资本主义市场经济模式走的话，将有发生改旗易帜的现实危险。

还有一种倾向就是美化市场。一位记者在报道广东的行政审批体制改革时，要求"缔造小政府、大社会、好市场"。报道中特别强调"社会主义市场经济，归根结底依赖于一个'好市场'"。② 这里的"好市场"是指他们幻想的"理想"的市场，只有激励市场主体活力、配置资源的正面作用而没有必然导致一些企业破产、比例失调、危机、失业、假冒伪劣频出的负面作用。企望"好的市场"实际上就是企望有好的不追求私利的企业主。这显然是不了解市场本来意义的表现。追求私利的企业主的活动，没有好和坏的区别。在我国现阶段，私有企业主追求私利的生产活动有积极的一面，我们要鼓励支持其发展。但他的逐利性、盲目性也必然与这种积极方面同时并存。去掉"坏"的方面；也就没有了"好"的方面。只要"好"的，不要"坏"的，那也就不存在市场。真实的市场就是无数为私人利益的生产者互相竞争抢夺利润制高点的关系总体。把我们的改革建立在出现一个"好市场"虚幻的假定上是非常危险的，用它来指导实践必然会贻误经济的健康发展。

正确的思想应当是，不去幻想、期待一个"好市场"，而应当是探索怎样"把市场利用好"。怎样才能利用好呢？那就要通过加强政府运用规划和其他必要措施，尊重市场规律，扼制市场中的消极因素，支持它的正面作用。期待"好市场"只能是信教者的祈祷。

我国有些人执意否定政府对市场管理的必要性，由于对美国的市场经济模式的迷恋和受到现代西方经济学话语的影响，出现了对政府的经济职能妖魔化的倾向。有位教授这样说："政府日益强化的资源配置权力和对经济活动的干预，强化了寻租活动的制度基础，使腐败迅速蔓延和贫富差距日益扩大，一旦进入政府主导的路径，既得利益者会使'半统制、半市场'的经

① 胡锦涛：《坚定不移沿着中国特色社会主义道路前进为全面建成小康社会而奋斗》，人民出版社，2012，第 12 页。

② 《缔造"小政府、大社会、好市场"》，《人民日报》2013 年 3 月 9 日。

济体制向国家资本主义乃至权贵资本主义蜕变。”[①] 这里把一盆子脏水一股脑地都泼到政府管理经济体制上，而不顾这些丑恶现象产生的根源。在他眼睛里，政府制定国民经济科学发展规划指导和组织经济社会贯彻以人为本、全面协调可持续发展的根本性作用都是不存在和不正确的。这种敌视政府经济作用的思想继承了资产阶级的观点。美国开国时期的一位资产阶级民主派代表——时任美国的总统杰弗逊就把国家看作是“狼”，主张绝不允许它进入私人企业主“羊群”。

我们知道，马克思认为建立公有制就是为了从根本上消除生产无政府状态的盲目统治，进步到由社会预见指导社会生产，按照现代科学要求，自觉地有计划地发展经济。这里所说的社会预见指导，是指社会在取得社会革命胜利后的一定阶段上，当国家还必须存在的条件下，国家就是全社会利益的有形代表。恩格斯明确指出，这时，国家真正作为整个社会的代表所采取的第一个行动，即“以社会的名义占有生产资料，……对物的管理和生产过程的领导”。[②] 所以，社会主义公有制建立后，政府的最重要的职能就是管理经济，领导经济的发展。这里根本谈不到出现国家资本主义。

否定我们国家、政府管理经济的职能的观点至今还很有影响，这与十八大报告精神不符合。十八大报告要求更好地发挥政府的作用。发挥政府什么作用呢？一些人往往把政府职能局限在市场监管、社会管理和公共服务等方面，他们说：“当前更好地发挥政府作用，一方面需要弱化政府在微观方面的一些管理职能，从不该管的领域退出来，让市场真正发挥配置资源的基础性作用……另一方面需要强化政府在社会管理和服务方面的职能……弥补市场本身具有的不足和缺陷，为市场经济健康发展创造良好环境……需要由政府这只看得见的手通过制定政策加以弥补。”[③] 这篇文章给我们的印象，是把政府管理组织经济的职能完全取缔，政府的职能只是在市场配置资源的基础上，弥补市场之不足。这里社会主义基本制度的特色不见了，科学发展观指导整个国民经济的健康发展，国家制定的五年规划的主导作用，都从他们的视野中消失了。这就严重脱离了我国发展经济的现实，对现实资本主义处于严重经济危机中的状况也缺乏研究；思想束缚

① 陈雪娟：《近期政治经济学重大问题研究述评》，《经济学动态》2013 年第 5 期。

② 《马克思恩格斯选集》第 3 卷，人民出版社，1995，第 631 页。

③ 王天义：《正确处理政府和市场的关系》，《经济日报》2012 年 12 月 7 日。

在资本主义市场经济模式中，忽视马克思主义基本理论，是持这种观点的人的共同缺点。

最后，还有的人提出一些更偏激的观点，即神化市场。有的人今天还在说："在资源优化配置方面到目前为止人类还没有发现比市场经济更好的体制。"① 这种看法表明，他缺少马克思主义政治经济学理论知识，无视近百年的社会主义国家发展的历史；也没有吸取苏联一步到位的市场化改革的失败事实和拉丁美洲一些国家实行"华盛顿共识"的惨痛教训。当前的发达资本主义国家再次陷入长期的经济危机现实，也没有促使他们摆脱迷信市场的观点的束缚。

在十八大开会前后，一些人更为积极推崇市场经济的功能，有人颂扬市场经济能力说："市场经济的魅力就在于符合人类本性，有着超越政府的收集和处理信息的能力。"② 照此理解，市场经济是符合人类自私自利的本性的。但是，既然它是建立在追求私利的基础上，那就必然包含着侵占他人利益的追求。在市场上，每一个私有生产者都在追求占有更大的市场，你死我活地争夺市场的残酷竞争不也是符合人类本性吗？真实的市场绝不像那些把它抽象理想化的人所想象的具有田园诗般的情景。

有的人说，我们选择了市场经济，就应当按市场经济的要求设置政府职能部门，改变思维方式和行为方式，少干预就是真正尊重市场规律。这意思就是，应按照市场经济的要求，取消制定国家长远和近期发展规划职能，并组织贯彻和实施的部门。他们对十八大报告所说的"更加尊重市场规律"解释为"尊重市场规律就是政府少干预"，要"无为而治"。很明显，这些看法是不符合我们国家自己的实践经验，它只是对西方模式的复写。十七大报告明确地指出："完善国家规划体系。发挥国家发展规划、计划、产业政策在宏观调控中导向作用，综合运用财政、货币政策，提高宏观调控水平。"③ 这里明确指明了我们国家的宏观调控的特点，即它必须以发展规划、计划、产业政策为导向，而不是以自发的市场为导向。持上述观点的人与党的大政方针已经背离很远了。

---

① 常修泽：《新时期改革的战略思维》，《人民日报》2012 年 11 月 27 日。

② 李义平：《为什么必须选择市场经济》，http：//www. qstheory. cn，2012 年 5 月 9 日。

③ 胡锦涛：《高举中国特色社会主义伟大旗帜 为夺取全面建设小康社会新胜利而奋斗》，人民出版社，2007。

五 处理好政府与市场的关系，不走改旗易帜的邪路

政府与市场的关系，也可以称作计划与市场的关系，不过计划只是政府管理经济的职能之一，它还含有许多其他的职能。马克思主义的基本原理告诉我们，社会主义国家机构的主要职能应当是管理经济，而不是放弃对经济的管理，其他方面的管理职能都是为管理好经济服务的。社会主义国家管理经济是科学社会主义的基本原理。2013 年 1 月 5 日，习近平同志在中央党校的讲话中强调："中国特色社会主义是社会主义而不是其他什么主义，科学社会主义基本原理不能丢，丢了就不是社会主义。"要遵循十八大报告所强调的，我们要有道路自信、理论自信、制度自信，彻底摆脱资本主义市场经济模式的影响，从现代西方经济学的话语权束缚中解放出来，进而创新一种中国特色社会主义的经济运行模式。

邓小平关于市场经济是利用来发展经济的手段、方法的观点，是指导我们沿着正确方向进行完善社会主义市场经济体制的根本理论依据。在利用市场上，主体当然是社会主义的国家、政府，削弱政府管理经济职能的道路不是社会主义道路。当然，不当地对市场进行过多的干预必须坚决制止，这也是当前经济体制改革的重要任务。但绝不能用一些实践中政府工作上存在的缺陷，从根本上反对政府管理经济，要求削弱、取消政府管理经济的职能。

从总体上说，在当前的状况下，正确处理政府与市场关系，首先应当明确加强政府对经济发展过程管理的重要性。政府对经济发展最关键的、具有决定意义的功能，是市场根本不具备的。十八大报告指出，要"加快形成符合科学发展要求的发展方式和体制机制"，包括更加自觉地把以人为本作为深入贯彻科学发展观的核心立场，更加自觉地把全面协调可持续作为深入贯彻科学发展观的基本要求，更加自觉地把统筹兼顾作为深入贯彻落实科学发展观的根本方法。这些对国民经济发展最有决定意义的工作，都是依赖政府的宏观管理职能才能实现的。

（1）科学发展观的核心是以人为本，社会主义经济发展的根本目的，是为了人本身及其需要，是最大限度地满足全社会成员的物质文化生活和他们发展的需要。这一目的只能依靠代表全社会利益的政府统一组织和管理来引导分散的单个企业的经营活动去实现。这个根本目的不可能由市场

提出和主动贯彻，因为在市场经济条件下，即使撇开私营企业它们的唯一目的是利润，就以国有企业来说，也不可能把最大限度满足全社会需要作为经营的直接目的，在实行市场经济体制的条件下，国有企业是相对独立的商品生产者，它的直接目的也是获得盈利，这是国家赋予它的任务。由谁来贯彻以人为本的核心内容呢？只能是政府。政府通过对全国生产力数量的较全面的掌握，依据生产力的发展规律，制定长期、短期的经济发展规划和计划，确定积累与消费的正确比例，正确处理人民的长远利益和当前利益的关系，确定一定时期人民的物质文化生活水平，据此在对全国资源的现状研究的基础上，确定基本的发展战略和恰当的资源配置规划。依据经济发展规律制定长远规划并通过必要的手段措施组织实施，是社会主义政府的基本经济职能，这也是社会主义市场经济不同于资本主义市场经济的最根本的特点。

关于这一点，西方一些政治家、经济学家看得很清楚。一位美国学者对中国模式与美国模式进行了比较，他说，2008 年发生的经济危机，使得“美国模式……陷于困境”，“西方国家领导人、决策者和记者质疑自己的制度是否已经失败”，“在中国模式中，北京政府保持着对经济的高度控制，但它又没有重新回到社会主义指原苏联模式的社会主义……在一定程度上开放了本国经济，但也确保政府控制战略行业，精选高界获胜者，通过动用国有资金决定投资，并推动银行支持国家龙头企业”。[①] 美国《新观察系列》的主编加德尔斯说：“中国非常擅长达成共识、统一目标和执行长期政策，……美国已经从工业社会过渡到消费主义社会，短期效应凌驾于一切之上，催生追逐短期利益的行为，市场、政治和媒体无一例外。……我们需要进一步达成共识和长远的眼光。”[②] 这里讲的美国模式的缺陷正是资本主义市场经济模式的特点。

（2）政府制定规划自觉地建立合理的经济结构，并根据全局的发展状况，推进经济结构的战略调整。这是政府在资源配置方面所起的根本的重要功能。当前，必须强化这方面的职能，着力解决制约经济持续健康发展的重大结构性问题。牢牢把握扩大内需这一战略目标，加快建立扩大消费需求长效机制，保持投资合理增长，扩大国内市场规模，推动战略性新兴产业健康

---

① 美刊：《中国模式为何得以“流行”?》，《参考消息》2013 年 3 月 27 日。

② 外媒：《中美治理模式各有千秋不能互相照搬》，《参考消息》2013 年 3 月 27 日。

发展，合理布局建设基础设施和基础产业。依据政府的经济规划，不断增强基础保障能力，过去五年（2008～2012 年），在持续应对国际金融危机冲击下，两年新增投资 4 万亿元，进行了一系列重大基础建设，新增铁路里程 1.97 万公里，其中高速铁路 8951 公里，新增公路 60.9 万公里，其中高速公路 4.2 万公里。如果依靠市场配置资源，这些基本建设都是不可能实现的。另外，政府有力地组织和积极推进节能减排和环境保护，把生态文明理念和节能减排行动贯彻到经济结构调整的全过程和各方面，加快建设资源节约型、环境友好型社会。

（3）政府还要在组织经济发展中，坚决维护社会主义正义，保证人民平等参与、平等发展的权利，坚持共同富裕道路，使发展成果更多更公平惠及全体人民。不发挥政府的作用，这些方面也是难以实现的。2013 年《政府工作报告》强调："重要的是优化资源配置和产业布局，解决产能过剩、核心技术缺乏、产品附加值低的问题，解决低水平重复建设和地区产业结构趋同的问题。"① "要切实按照科学发展观的要求，引导各方面把工作重心放到加快转变经济发展方式和调整经济结构上，放到提高经济增长的质量和效益上，推动经济持续健康发展。"② 这里所讲的"引导"工作就是政府的重要经济职能。我国经济快速发展，已成为世界制造业大国，但是，产业结构很不合理，也就是资源配置方面没达到最优。当前，这一矛盾更加加剧，因为经济增长下行压力和产能相对过剩同时并存。产能过剩在多行业凸显的深层次原因在于产业结构不合理，发展方式落后。但是应当看到，这一矛盾就其发生原因来说，更多的恰恰在于市场的盲目性。特别是地方的分散的经济决策，由于其有更大的财力，因而大大强化了市场的盲目性。这表明，对全局性的优化整体资源配置的重要工作，正是政府的职能，要加强政府的组织职能，采取更加有力的措施，综合运用法律、经济、技术及必要的行政手段，进一步建立健全淘汰落后产能的长效机制，确保按期实现淘汰落后产能的各项目标。十八大要求更好地发挥政府作用，政府在发挥作用时应当像钢铁般的坚硬，增强政府的执行力，不能像胶泥那样可以随意拿捏。

① 温家宝：《政府工作报告——2013 年 3 月 5 日在第十二届全国人民代表大会第一次会议上》，人民出版社，2013。

② 温家宝：《政府工作报告——2013 年 3 月 5 日在第十二届全国人民代表大会第一次会议上》，人民出版社，2013。

有人提出产能过剩这个矛盾应主要靠市场来解决，通过“发挥市场作用，化解产能过剩”。这是南辕北辙，反其道而行。因为落后的产能所以还能顽强地存在，抵制中央政府的调控并在加深和发展这一矛盾，正是市场盲目性作用的结果，正是因为在当前的市场支配条件下，该产品的市场价格还使该类企业能获利。市场推动了矛盾的尖锐化，主要表现在，一些地方政府屈从市场盲目力量的支配，以土地优惠、税收优惠等公共资源，引导投资者进入本已过热的投资领域，导致产能过度无序扩张，强化了市场盲目性；一些地方政府追逐局部私利的动机强过政府规划和政策的引导力量，在这种条件下，认为依靠市场调节来解决产能过剩问题，显然是不切实际的幻想。当然，不是说在控制落后产能方面市场毫无作用。但指导思想必须改变，必须把市场作为可利用的手段、方法，使其服从政府规划的要求，政府可以利用一些市场方法，例如价格杠杆，迫使那些企业或改进技术、提高产品档次，或退出该领域，进入更符合资源配置优化的领域。一些人主张政府绝对不能干预微观经济，这是缺乏起码的实事求是精神，是被对市场作用的盲目迷信蒙住了眼睛。

上述情况充分表明，在社会主义制度下，不发挥政府的重要作用，不对市场经济正确利用，没有政府的强有力的引导和控制，我们就不可能实现把经济转到以人为本、全面协调可持续发展的科学发展的轨道上，就会发生极大的混乱，浪费大量的可贵资源，延缓发展速度。

有的人由于眼光的局限，视野只停留在东南沿海省区私人企业的发展和市场繁荣上，满足于私人企业的生机活力和市场机制配置资源的积极作用。本文认为，我们还应从科学发展的大局和全局出发，充分发挥社会主义市场经济体制的优势，政府通过科学规划的制定和实施，把市场自发的为私利生产的积极性，引导到服从全局的经济科学发展的道路上。

经济理论工作者肩负重任，要有宽阔的眼光，摆脱局限于单个厂商追求私利的积极作用的狭隘性，科学地阐明怎样正确处理政府与市场、宏观与微观、全局与个体的关系，使国家经济坚定地沿着科学发展的轨道前行。凡市场能做好的，必须交由市场。但也应当明白，所谓市场这只手，不是虚幻的，它的实在内容就是私有企业主的“手”，应充分肯定私有企业追求私利的生机和活力，及其判断市场需求的快捷反应，不过这只是在微观领域，而且主要是在与人们日常生活相联系的轻纺食品工业等方面。社会主义制度的最大优越性——全国一盘棋和科学发展观，这只能由政府来执行。这只

“手”无论如何不能削弱，更不能装到市场上，因为交给市场就是交给单个私人企业主。没有政府的宏观经济管理和组织的手，建立在追求私利基础上的市场的手的积极作用也发挥不出来。在当前的生产力已发展到极大规模的条件下，没有宏观管理市场的作用，恐怕负面作用会成为主要的，如当前的发达资本主义国家的情况。

论公有制与市场经济的有机结合

张　宇

改革开放以来，中国经济改革与发展取得了举世瞩目的巨大成就，“中国经验”和“中国道路”受到了全世界的广泛关注。总结中国的经验，认识中国的道路，构建中国特色社会主义政治经济学，最根本的一点就是在社会主义条件下发展市场经济，实现社会主义基本制度特别是公有制与市场经济的有机结合。能否实现公有制与市场经济的有机结合，事关中国特色社会主义的前途，事关经济体制改革的成败，需要我们认真思考、深入研究。

一　社会主义市场经济发展的两条主线

我们经济体制改革的目标是建立社会主义市场经济体制，发展社会主义市场经济，其主要内容概括起来有两个方面：一是计划与市场或政府与市场的关系，二是公有制与市场经济的兼容或结合。前者属于资源配置方式或经济运行机制的问题，是表层问题；后者属于所有制或基本经济制度的问题，是深层问题。二者既相互联系又相互区别，共同构成了社会主义市场经济的有机整体。

逻辑与历史是一致的。社会主义市场经济在理论和实践上的发展，就是围绕着上述两个方面、两条主线展开的，并经历了由表及里、由浅入深的过程。按照罗默等人的概括，市场社会主义理论的发展已经经历了五个大的发展阶段：第一阶段认识到了社会主义经济不能使用实物单位进行经济计算，而必须求助于价值符号，第二阶段意识到应当通过求解复杂的方程的方式来获得正确的均衡价格，第三阶段主张引入市场，用竞争的办法解决经济的平衡问题，第四阶段是社会主义国家出现的各种市场化的理论与实践，第五阶段则是在苏联东欧社会主义改革失败后产生的，核心思想是寻求把公平与效率统一起来的企业制度。① 市场社会主义理论发展的前四个阶段都主要围绕计划与市场的关系展开，20 世纪 60 年代至 80 年代，东欧经济学派提出的许多改革理论（兰格的试错模式、布鲁斯的分权模式、奥塔·锡克宏观收入计划协调下的自由市场模式、科尔内宏观间接控制下的自由市场模式）都是围绕社会主义经济中计划和市场的关系展开的。但是，随着理论和实践的发展，人们逐步认识到，对于构建完整的市场经济来说，仅仅关注计划和市场的关系是远远不够的，关键的问题在于公有制企业能不能以及如何适应市场机制，即公有制与市场经济的结合问题。科尔内等人发现，关于社会主义市场经济的一些设想，如奥斯卡·兰格著名的计划模拟市场的理论模型，假定社会主义企业家们在竞争市场上的实际行为与私人企业完全相同，但对这一假定的根据并未作充分说明，因而缺乏微观基础，以完全竞争市场为基础的改革方案，如果不能认真考虑传统国有制形式能否容纳这些改革措施的问题，那就只能是一种天真的幻想。② 针对这一问题，奥塔·锡克等人提出了资本中立化理论，设想在公有制企业中，劳动者是集体资本的所有者，以民主自治的方式管理企业，共同参与对利润的分享，以此克服劳动与资本的对立，实现经济的民主化与人道化。③ 布鲁斯另辟蹊径，提出了生产资料社会化的理论。他认为，社会主义的所有制不应当是国家所有制，而应当是社会所有制，它有两条基本标准，一是生产资料必须用于满足社会利益，二是社会必须对其占有的生产资料具有有效的支配权。其中，第二条标准具有决定性意义，其实质是政治的民主化问题。④ 总之，苏联东欧的学者们深入研究了社会主义经济中市场机制的作用问题，也认真思考了公有制与市场经济的结合问题，并取得了一些有益的成果。

在中国，对于社会主义经济中市场机制作用的探索从社会主义制度建立之初就开始了，并在 1956～1957 年和 1958～1959 年有过两次大的讨论。改

---

① John E. Roemer, *A Future for Socialism*, Harvard University Press, 1994.

② 亚诺什·科尔内：《理想与现实》，荣敬本等译，中国经济出版社，1987，第 61～71 页。

③ 奥塔·锡克：《一种未来的经济体制》，王锡君等译，中国社会主义科学出版社，1989；奥塔·锡克：《争取人道的经济民主》，高钴等译，华夏出版社，1989。

④ 布鲁斯：《社会主义所有制与政治体制》，郑秉文等译，华夏出版社，1989，第 58 页。

革开放以后，对于这一问题的研究取得了突破性进展，理论不断发展，认识不断深化：党的十一届三中全会提出重视价值规律的作用，中共十二大提出“计划经济为主，市场调节为辅”，十二届三中全会提出“有计划商品经济”，十三大提出“新的经济运行机制，总体上说应当是‘国家调节市场，市场引导企业’的机制”，十三届四中全会后提出“建立适应有计划商品经济发展的计划经济与市场调节相结合的经济体制和运行机制”。与此同时，社会主义市场经济的另一条主线，即公有制与商品经济和市场经济的结合问题也逐步被提出来了，特别是随着国有企业改革被确立为经济体制改革的中心环节，公有制的体制、机制和实现形式的改革日益受到重视。十二届三中全会已经提出，“增强企业的活力，特别是增强全民所有制的大、中型企业的活力，是以城市为重点的整个经济体制改革的中心环节”。“要使企业真正成为相对独立的经济实体，成为自主经营、自负盈亏的社会主义商品生产者和经营者”。十三大报告提出，“按照所有权经营权分离的原则，搞活全民所有制企业”，“围绕转变企业经营机制这个中心环节”，建立有计划商品经济新体制的基本框架。

中共十四大报告明确提出了社会主义市场经济的改革目标，使人们对社会主义市场经济的认识有了历史性的飞跃。十四大报告指出，我国经济改革的目标是社会主义市场经济体制，并从基本制度和资源配置两个方面，对社会主义市场经济的本质特征进行了概括。从基本制度上看，“社会主义市场经济是同社会主义基本制度结合在一起的”。从资源配置方式上看，“我们要建立的社会主义市场经济体制，就是要使市场在社会主义国家宏观调控下对资源配置起基础性作用”。这样，社会主义市场经济的两个方面和两条主线，即计划与市场的关系和公有制与市场经济的结合都被作为社会主义市场经济的本质特征而明确下来。中共十五届四中全会明确指出，“国有企业改革是整个经济体制改革的中心环节。建立和完善社会主义市场经济体制，实现公有制与市场经济的有效结合，最重要的是使国有企业形成适应市场经济要求的管理体制和经营机制”。

十八大以来，以加快完善社会主义市场经济体制为目标的新一轮改革全面展开，改革的两个方面和两条主线依然十分清晰。一方面，党中央提出，经济体制改革的核心问题是处理好政府和市场的关系，使市场在资源配置中起决定性作用和更好地发挥政府作用。另一方面，党中央强调，公有制为主体、多种所有制经济共同发展的基本经济制度，是中国特色社会主义制度的重要支柱，也是社会主义市场经济体制的根基。习近平总书记深刻地指出，要坚持社会主义市场经济改革方向，坚持辩证法、两点论，继续在社会主义基本制度与市场经济的结合上下功夫，把两方面优势都发挥好。[①] 习近平总书记的上述论述，充分体现了社会主义市场经济两个方面、两条主线的辩证关系本质。

但是，需要强调的是，社会主义市场经济的两个方面的地位和作用是不一样的。如前所述，计划与市场或政府与市场的关系属于资源配置方式或经济运行机制的问题，公有制与市场经济的兼容或结合则属于所有制或基本经济制度的问题。科学揭示社会主义市场经济的本质和发展规律，必须深入研究公有制与市场经济的关系。

二 进一步深化对公有制与市场经济关系的认识

在当前，深入研究公有制与市场经济的关系有什么特殊重要的意义呢？

首先，这是坚持和完善社会主义市场经济体制的需要。理论逻辑和实践经验都证明，公有制与市场经济的结合对于坚持和完善社会主义市场经济具有关键性的作用。其一，生产资料公有制是社会主义经济制度的基础，我国宪法明确指出“中华人民共和国的社会主义经济制度的基础是生产资料的社会主义公有制，即全民所有制和劳动群众集体所有制。”因此，离开了公有制与市场经济的结合，就不可能发展社会主义市场经济。其二，社会主义初级阶段实行的是以公有制为主体、多种所有制经济共同发展的基本经济制度，存在着多种性质的商品交换，如私有制与私有制、私有制与公有制以及公有制与公有制之间的商品交换等。作为基本经济制度主体的公有制与市场经济能否结合以及如何结合，在很大程度上决定着社会主义市场经济的性质、特点及其发展方向。其三，中国的经济体制改革虽然取得了巨大的成就，但是改革的任务还没有完成，还存在诸多的矛盾和问题。一方面，市场机制的调节作用还不够充分，还存在市场体系不健全、生产要素流动不畅等问题。另一方面，公有制经济的按劳分配和有计划发展等优越性没有充分体现，存在着财富和收入差距过大、劳动者主人翁地位缺失、产能过剩和腐败

① 习近平：《在中共中央政治局第23次集体学习会上的讲话》，《人民日报》2015年11月25日。

现象严重等问题，这些问题归根结底还在于公有制与市场经济的结合不成熟、不完善。

其次，这是总结中国实践经验的需要。2015 年 11 月 23 日，中共中央政治局就马克思主义政治经济学基本原理和方法论进行第二十八次集体学习，习近平总书记在主持学习时强调，要立足我国国情和我国发展实践，揭示新特点新规律，提炼和总结我国经济发展实践的规律性成果，把实践经验上升为系统化的经济学说，不断开拓当代中国马克思主义政治经济学新境界。那么，中国实践经验最根本的特点是什么？就是社会主义基本制度与市场经济的有机结合，特别是公有制与市场经济的有机结合。这种结合一方面要发挥市场机制信息灵敏、激励有效、调节灵活等优点，增强经济发展的活力；另一方面要发挥社会主义公有制经济中的人民为本、统筹兼顾、独立自主、共享共建等制度优势，克服资本主义市场经济固有的盲目性、自发性和滞后性以及经济危机、贫富分化等深刻的缺陷和弊病。一方面要坚持社会主义经济制度的公有制、按劳分配、计划调节、共同富裕、全面发展等基本原则，另一方面要适应市场经济基础的要求，发展多种所有制经济、多种分配方式，允许剥削现象的存在，扩大自发势力的作用，强化个人利益，鼓励自由竞争。如何把两种相互对立的因素有机结合起来，在相互冲突、相互改造、相互制约中实现有机结合，是中国经济体制改革的核心问题。“两个相互矛盾方面的共存、斗争以及融合成一个新范畴，就是辩证运动。”① 社会主义市场经济就是这种辩证运动的生动写照。在理论上总结社会主义市场经济的成功经验，超越了以私有制为基础的资本主义市场经济的流俗教条，对于科学社会主义的发展和人类进步都具有重大意义。

最后，这是中国特色社会主义政治经济学发展的需要。当前在理论界对于公有制与市场经济关系还存在不少模糊乃至混乱的认识。一个奇怪的现象是，经过三十多年的深入改革后，社会上关于深化经济体制改革的许多观点却又退回到了把公有制与市场经济相对立的旧思想上去了。比如，有观点认为国有企业应当从竞争的或营利性的部门退出，专门从事私有企业不愿意或无法经营的公共产品，也有观点认为国有企业规模过大、发展过快会造成“国进民退”“与民争利”，挤占私有企业的发展空间，还有观点认为国有企业的领导人不是真正的企业家，因而他们只能按照政府官员的标准领取报

① 《马克思恩格斯选集》第 1 卷，人民出版社，2012，第 225 页。

酬，而不能按照市场的标准获得收入，等等。另一些人虽然反对把公有制与市场经济相对立，主张在市场经济的条件下改革和发展公有制经济，但却盲目地认为，公有制与市场经济不存在任何矛盾，把公有制与市场经济的结合当作了一个自然而然、天经地义、无须论证的事情。

这两种对立的观点有一个共同的前提，即探讨公有制与市场经济的结合不再重要了。不同的是，前一种观点主张发展所谓真正的市场经济只能走全面私有化的道路，从根本上否定了社会主义经济制度。后一种观点则认为市场经济是中性的，没有“姓社姓资”的问题，公有制经济应当完全适应市场经济。这种观点看似合理，但却面临一系列无法解决的难题。比如，既然市场经济是中性的，为什么会有社会主义市场经济和资本主义市场经济的区别？在公有制条件下国有企业不是独立的所有者，它们如何能够实现完全自主经营和自负盈亏？公有制经济中劳动者是生产资料的主人，怎么会形成劳动市场或劳动力市场？市场竞争必然会导致两极分化的趋势，这一趋势与社会主义共同富裕的本质如何能够相容？如果利润最大化是企业追求的唯一目标，最大限度满足人民群众物质文化需要的社会主义生产目的如何实现？而这一系列难题都可以归结为一个根本问题，这个问题在兰格 1938 年发表的《社会主义经济理论》一文中已经明确地提出来了：“如果执行竞争的分配资源规则与一个有理性指导的社会主义经济必须接受的规则相同，考虑社会主义有何用？如果现有制度内能达到同样的结果，如果只要迫使它保持竞争标准，为什么要改变整个经济制度？”① 这里存在着一个悖论，即如果公有制与市场经济完全相融，公有制就失去了存在的意义；如果公有制与市场经济完全对立，社会主义市场经济就失去了存在的根据。如何解开这个悖论呢？问题与解决问题的方法同时产生，中国的社会主义市场经济就是在解决这一难题中产生和发展起来的，公有制与市场经济因此实现了从对立到统一的历史转变。

三 公有制与市场经济的对立统一

要想认识公有制与市场经济的关系，需要回到社会主义公有制经济中商品关系存在的原因和特点上来。一旦社会占有生产资料，商品生产就将消

① 兰格：《社会主义经济理论》，王宏昌译，中国社会科学出版社，1981，第 24 页。

除。这是马克思和恩格斯的一个经典思想。但是，在《哥达纲领批判》中马克思对这一问题的认识有了发展，他把共产主义社会区分为高级和低级两个阶段，并对二者的差别作了明确的阐述："在共产主义社会高级阶段，在迫使个人奴隶般地服从分工的情形已经消失，从而脑力劳动和体力劳动的对立也随之消失之后；在劳动已经不仅仅是谋生的手段，而且本身成了生活的第一需要之后；在随着个人的全面发展，他们的生产力也增长起来，而集体财富的一切源泉都充分涌流之后，——只有在那个时候，才能完全超出资产阶级权利的狭隘眼界，社会才能在自己的旗帜上写上：各尽所能，按需分配！"①

概括地说，社会主义社会的公有制与共产主义高级阶段的公有制是有区别的，最主要的区别在于，前者是建立在分工这种特殊的劳动技术组织形式上的，后者则是以消灭分工、个人实现自由全面发展为基础的。由于存在分工，社会主义社会的劳动者就不能像在消灭了分工的共产主义社会那样，单纯以生产资料共有者的身份与生产资料发生实际联系，还必须把劳动作为自己的谋生手段，以劳动者的身份实现与公共的生产资料的结合，以获得与自己付出的劳动相应的报酬。社会主义公有制关系的这种特殊结构，赋予其商品性与非商品性并存的二重属性，进而使公有制与市场经济之间呈现出了一种特殊的对立统一关系，这是理解公有制与市场经济关系的一把钥匙。

下面从社会主义公有制的产权结构、分配制度、调节方式等具体环节入手，对社会主义公有制的本质特征以及它与市场经济相互关系进行具体分析。

（一）社会主义公有制的二重属性

商品交换实质上是不同所有权的交换，"使用物作为商品，只是因为它们是彼此独立进行的私人劳动的产品"，② "他们必须彼此承认对方是私有者"。③ 正因为商品交换是以彼此独立的私人所有权为基础的，因而马克思恩格斯认为，社会一旦占有生产资料，商品生产就将消除。就公有制的一般属性来说，上述推论是完全合乎逻辑的，因为在公有制的条件下，生产资料

① 《马克思恩格斯选集》第3卷，人民出版社，2012，第364页。

② 《资本论》第1卷，人民出版社，2004，第90页。

③ 《资本论》第1卷，人民出版社，2004，第107页。

归全体劳动者共同所有，人们在生产资料的占有上处于完全平等的地位，任何个人或者集团都不能凭借对生产资料所有权而获得特殊的利益，满足人民群众的需要成为社会生产的唯一目的，这样的生产关系自然不可能产生出等价交换的商品关系。但是，如果从社会主义公有制的特殊结构出发考察问题，就会得出不同的结论。在社会主义公有制中，虽然生产资料是社会成员共同所有的，但是劳动者和企业之间实行等量劳动相交换，它们之间存在着明显的利益界限。因此，社会主义公有制并不像有的学者认为的那样，是一种任何人都可以免费使用的公共物品，相反，它也具有明显的排他性。其一，社会公有财产作为一个整体，对于每一个个别的社会成员是排他的，单个的社会成员并不因为他是公有财产所有者中的一员而自动享有所有权以及由此产生的派生权利，他对生产资料的占有和使用是有条件的，这个条件就是符合社会需要的劳动。其二，"生产者的权利是和他们提供的劳动成比例的"，"这里通行的是商品等价物的交换中通行的同一原则，即一种形式的一定量劳动同另一种形式的同量劳动相交换"。[①] 这种等量劳动相交换的原则和生产者所具有的按劳取酬的权利也是一种排他性的权利。与生产资料私有制不同的是，这种排他性就其本质来说不是所有权的排他性，而是等量劳动获得等量产品的排他性。社会主义公有制中的这种排他性要求公有制内部的不同企业之间的产品交换必须实行等价交换，要求公有制企业在生产和产品分配上必须具有相对的独立性，使国家所有权与企业经营权相分离，建立起明晰产权、保护严格、流转顺畅、保值增值的公有资产管理制度。公有产权的这种复杂结构不仅是社会主义公有的特殊要求，也符合产权制度发展的一般规律。实际上，一种所有制在建立以后，它内部的产权结构绝非一成不变的。它们的各项主体权能可集中、可分离、可拆细、可重组，并根据主体对利益的考虑实行各种不同的组合，出现各式各样的产权配置格局。[②] 这一点对社会主义公有制也是适用的。

然而，公有制企业的这种商品性只是一种局部的商品性，它与私有制生产者之间的完整意义上的商品交换存在着本质区别。用现代经济学的术语来说，生产资料公有制是一个宏观概念而不是微观概念，公有制企业的生产具有直接社会性，这种直接社会性虽然不像马克思设想的那样，可以通过直接

---

① 《马克思恩格斯选集》第 3 卷，人民出版社，2012，第 363 页。

② 吴宣恭：《论公有制实现形式及其多样化》，《中国经济问题》1998 年第 2 期。

的计划调节加以实现，但是也并没有因为实行了社会主义市场经济体制而完全丢失，而仍然用事实顽强证明着自己的存在。第一，公有企业生产的目的不能只追求私人利益，还必须满足社会的共同利益，不能只追求企业微观效率（利润最大化），还必须承担重要的社会责任，如保障民生需求、维护经济安全、实施宏观调控和推动自主创新等。第二，公有企业的管理不完全是企业内部的事情，还具有明显的公共性。作为公共所有权的代表，公有资产管理部门必然要享有对企业投资、分配和人事等方面重大决策的决定权，各相关利益主体也对企业经营活动享有监督权，以保证社会利益不被企业集团利益所压倒。第三，公有企业的分配中经济剩余不归任何个人和集团所有，它在本质上属于社会所有的公共积累，一部分以利税的形式上缴社会，一部分留给企业扩大再生产，经济剩余的这种公共性是生产资料公有制在分配关系上的集中体现。

在公有制与市场经济的结合过程中，股份制无疑是一种有效的实现形式，其作用如此重要，以至于有人认为，股份公司这种企业组织形式使所有权成了完全无用的东西，因而通过公有企业的股份化和建立法人治理结构便可以建立一种没有资本家的资本市场，使公有资本的运行完全建立在市场经济的基础上而与国家的调控完全脱离开。这样的认识有一定道理，也在一定程度上为国有企业股份改革的成功实践所证实。但是，这种观点有其片面性，只看到了公有资本的局部商品性，而忽视了公有资本的直接社会性。公有资本具有的直接社会性决定了公有资本的运行不可能完全建立在自发市场交易的基础之上。因为在公有制的产权关系中，不仅存在着企业与企业之间横向的商品交换关系，还存在着全体人民与国家、国家与国有资本的所有权代表以及这些所有权代表与企业经营权之间的多层次纵向委托代理关系，这些纵向委托代理关系并不是等价的商品交换关系。比如，就全体社会成员与国有资本管理机构的关系来说，是一个政治体制的设计问题；就国有资本管理机构与企业经营者的关系来说，是一个所有权与经营权的分离问题。处理好这些纵向的委托代理关系，需要建立合理的宏观调控体系和公有资产管理体制，需要政府行为的科学化和民主化，而市场机制对此却无能为力。一个简单的事实是，虽然以公有制为主体的社会主义基本经济制度在我国已经确立，并成为指导我国经济改革与发展的宪法准则，但在市场经济条件下，所有制结构的变动在很大程度上取决于市场机制的作用，受到市场竞争、全球化、资本流动等多种因素的影响。在此背景下，如果没有国家宏观上的有效调控作保障，以公有制为主体的社会主义基本制度就完全可能被自发的资本主义势力所瓦解，成为一种法学上的幻想，社会主义市场经济也就无从谈起。

（二）社会主义公有制经济中的计划与市场

在马克思恩格斯的经典理论中，社会主义生产是有计划的，计划性或计划调节是社会主义经济的本质特征。在《资本论》中，马克思指出："设想有一个自由人的联合体，他们用公共的生产资料进行劳动，并且自觉地把他们许多个人劳动力当作一个社会劳动力来使用。"[①] 在《反杜林论》中，恩格斯指出："一旦社会占有了生产资料，商品生产就将被消除，而产品对生产者的统治也将随之消除。社会生产内部的无政府状态将为有计划的自觉的组织所代替。""这是人类从必然王国进入自由王国的飞跃。"[②] 以经典作家的上述理论为依据，并结合当时的实际情况，社会主义制度形成了最初的经济体制模式，即高度集中的计划经济模式。高度集中的计划经济体制对于巩固新生的社会主义制度和进行快速的大规模的工业化发挥了至关重要的作用，其历史贡献不容抹杀。但事实证明，高度集中的计划经济体制存在政企不分、忽视商品生产和市场作用等弊端，严重束缚了生产力的发展。从高度集中的计划经济体制向充满活力的社会主义市场经济的转变，是历史的必然。

但是，能否把这种转变简单地理解为自发性对自觉性、市场对计划的胜利呢？回答是否定的。计划与市场虽然不是区别社会主义与资本主义的根本标志，但也不是与社会制度完全无关的一种工具。在不同的社会制度下，计划与市场的性质、地位和作用是不一样的，计划经济不等于社会主义，但计划性对于社会主义来说却不是可有可无的东西，而是公有制经济的本质属性之一。[③] 这是因为，在公有制中全体社会成员是生产资料的共同主人，社会生产的目的是满足他们共同的利益，但是如果没有社会的统一计划而任凭追求各自利益的经济主体之间盲目进行市场竞争，则不仅不能实现社会的共同利益，还有可能使社会主义公有制蜕化为集团所有制，最后被私有制的汪洋

① 马克思：《资本论》第 1 卷，人民出版社，1975，第 95 页。

② 《马克思恩格斯选集》第 3 卷，人民出版社，2012，第 671 页。

③ 刘国光：《中国社会主义政治经济学若干问题》，《政治经济学评论》2010 年第 4 期。

大海所淹没。因此，公有制经济的发展不可能完全建立在自发市场的基础上，而必须依靠集体理性或社会的计划作为自己的实现形式。或许有人会说，资本主义国家也有国家干预，有的资本主义国家甚至还实施过经济计划，因此计划性并不是社会主义的本质。但是，资本主义国家对经济的干预是以私有制为基础的，始终面临着一个无法解决的矛盾：如果国家干预程度过轻，则难以解决资本主义市场经济所固有的失业、经济危机和贫富分化等严重问题；如果国家干预程度过重，则会损害私有制神圣不可侵犯的原则，损害资本主义经济的活力。市场失灵与政府失效交织，是资本主义基本矛盾发展不可避免的后果。事实一再证明，以私有制为基础的资本主义市场经济，不可能实行真正有效的计划调节，诚如马克思早就指出的那样，“资产阶级社会的症结正是在于，对生产自始就不存在有意识的调节”，对社会生产过程的任何有意识的社会监督和调节，都被说成是侵犯资本家的财产权、自由和自决的“独创性”。而在公有制条件下，全部生产的联系是“作为由他们的集体的理性所把握、从而受这种理性支配的规律来使生产过程服从于他们的共同的控制”。[①] 这种对社会生产共同的控制就是社会主义经济中计划性的本质所在，社会主义市场经济中国家的宏观调控，就是以这种计划性为基础的，它与资本主义经济中的国家干预存在着本质区别。

第一，社会主义国家实行宏观调控的主要依据不是所谓的市场失灵，而是生产资料的公有制以及在此基础上产生的有计划按比例发展规律。无论存不存在所谓的市场失灵，只要公有制占据主体地位，国家作为生产资料公共所有权和社会公共利益的总代表，都需要并且能够在全社会的范围内按照社会需要有计划地调节社会再生产过程，合理地配置社会资源。第二，社会主义国家宏观调控的主要目标不是保持总量的短期均衡，为市场机制的运行创造宏观条件，而是从经济社会发展的全局和长远利益出发制定和实施正确的经济发展战略，统筹兼顾各方面的重大比例关系，促进经济社会的持续稳定发展，满足人民日益增长的物质文化需要。第三，社会主义国家计划调节的手段不局限于间接的需求管理，即财政政策和货币政策，还包括许多由国家直接掌握和实施的调节手段，如制订发展计划、协调区域关系、创建战略性产业、监管国有资本、投资基础设施、推动科技创新、调整产业结构、调节收入分配等。

---

① 《马克思恩格斯选集》第 2 卷，人民出版社，2012，第 510 页。

（三）等量劳动互换与等价交换

在社会主义公有制经济中，个人消费品实行的是按劳分配，社会产品在作了各项扣除之后，根据劳动者所提供的劳动量分配个人消费品，实行等量劳动相交换的原则。马克思认为，“这里通行的是商品等价物的交换中通行的同一原则，即一种形式的一定量劳动同另一种形式的同量劳动相交换”。[①]这一论断意味深长，对这一论断稍作推演，我们就会发现其中蕴含的革命性思想。首先，等量劳动相交换实际上默认了“劳动者的不同等的个人天赋，从而不同等的工作能力，是天然特权”[②]，这就是说劳动力是个人所有的。其次，这种等量劳动交换也需要某种社会尺度和标准，以便使不同具体形态的劳动转化为社会的一般劳动，使不同复杂程度和强度的劳动转化为社会的平均劳动，这种社会尺度只能是抽象的一般的社会平均劳动，这一点已经类似于商品价值了。第三，抽象的社会一般劳动在一个企业内部还可以直接加以计算，但现阶段在全社会的范围内，要把纷繁复杂和变化莫测的个别劳动转化为一般的社会平均劳动，除了市场机制可能没有其他更好的办法。这样，按劳分配的实现与市场经济之间就发生了一种深刻的内在联系。

问题是，既然马克思当年已经看到了等量劳动互换与等价交换之间的共同性，为什么他仍然坚持认为“在一个集体的、以生产资料公有为基础的社会中，生产者不交换自己的产品；用在产品上的劳动，在这里也不表现为这些产品的价值”？[③] 对此，马克思的说明是，因为内容和形式都改变了。从形式上看，在商品交换中，等价物的交换只是平均来说是存在的，不是存在于每个个别场合；而在公有制的等量劳动互换中，个人的劳动不再经过迂回曲折的道路，而是直接作为总劳动的组成部分存在着。从内容上看，商品交换是以私有制为基础的，交换的是全部的劳动产品；而在公有制经济中，除了自己的劳动，谁都不能提供其他任何东西，除了个人的消费资料，没有任何东西可以转为个人的财产。此外，作为等量劳动交换尺度的抽象一般劳动，它一般只受劳动者主观条件的影响，而不像形成价值的社会必要劳动那样，还受生产资料优劣等客观条件的影响。也就是说，按劳动分配只承认劳

① 《马克思恩格斯选集》第3卷，人民出版社，2012，第363页。

② 《马克思恩格斯选集》第3卷，人民出版社，2012，第364页。

③ 《马克思恩格斯选集》第3卷，人民出版社，2012，第363页。

动者劳动质量差别对收入分配的影响，而不承认生产资料优劣对收入分配的影响，这样才能做到劳动的平等和报酬的平等。[①] 因此，按劳分配中体现等量劳动相交换与商品交换中体现的等价交换的原则并不相同。

等量劳动互换与等价交换关系之间的这种矛盾如何解决呢？即如何才能既大力发展商品货币关系和市场经济，又能实现社会主义的按劳分配原则呢？在现实生活中，按劳分配的实现首先必须借助于市场机制。一方面，让企业之间的联系建立在商品交换的基础之上，交换趋向于按照由社会必要劳动时间决定的价值量进行，发挥市场机制的作用，使企业经济效益在竞争中不断提高。企业所创造和实现的经济效益，就是社会对企业的劳动进行评价的依据。另一方面，使不同形态的具体劳动和不同劳动者的个别劳动可以相互比较。然而，通过市场机制进行的分配只是按劳分配的前提，而不是按劳分配的结束。在市场经济中，按劳分配的实现至少还需要经过三个环节。第一，国家除了以公共权力的身份向企业征税之外，还要以所有者的身份向国有企业收取资本收益，这种收益不仅是公有资本所有权在经济上的实现，还在一定程度上消除了企业在生产资料占有上的差别对企业收入分配的影响，为劳动平等和报酬平等创造条件。第二，在公有企业中，积累和消费比例关系事关国家、集体和个人三者的利益，是国家宏观决策和企业微观决策的结合点。如果没有国家对企业收入分配过程的调节，就可能出现工资侵蚀利润、消费挤占积累、集体利益损害社会利益等问题。第三，企业个人收入的分配包括工资、奖金、福利等，这是按劳分配的最后环节，这一环节同样也离不开国家调节。国家调节的主要目标是规范企业内部经营者与劳动者之间的收入比例关系，防止经营者与劳动者收入过分悬殊和企业管理者阶层以权谋私、损公肥私等问题。

因此，等量劳动相交换的实现既在市场中又不在市场中，既依赖于市场调节，又依赖于国家调节，如同资本增值既在流通中又不在流通中一样，只有进入生产过程之后，事情的真相才能看清。

（四）劳动者的主人翁地位与劳动力市场

生产资料与劳动者相分离，劳动力成为商品，资本雇佣劳动并占有工人创造的剩余价值，是资本主义生产方式的本质特征。在公有制中，劳动与资

① 胡钧：《社会主义商品货币的理论与现实》，《教学与研究》1982 年第 5 期。

本的对立消灭了，劳动者是生产资料的共同主人，而不是为资本生产剩余价值的生产要素。这意味着，劳动力已经失去了商品属性。但是，我们不能就此断定，公有制经济中劳动力只能采取计划调节的方式进行配置。事实上，在社会主义公有制经济中，劳动力采取市场化的方式进行配置既有技术根据，又有制度基础。第一，从生产力的要求看，在社会化大生产的条件下，技术结构和经济结构的不断变化，要求劳动者在不同部门和不同企业之间进行经常性的流动。第二，从公有制的一般属性来看，它是以消灭分工和实现人的全面发展为目的的，劳动者自由地从一个部门流动到另外一个部门，从一个地区流动到另外一个地区，是实现这一目的的一个重要条件。第三，从社会主义公有制的特殊属性来看，企业和劳动者都是相对独立的经济主体，具有不同的经济利益，因而需要按照各自的利益进行双向选择，自由结合。从形式上看，劳动者与企业之间的这种自由结合也是一种平等的契约关系，也具有工资这种劳动力的价格形式，也要在一定程度上受劳动力供求关系的调节。

但是，透过现象看本质，在公有制经济中，劳动力不是商品，也不能完全按照市场化的原则进行配置。首先，在公有制经济中，管理者和劳动者在生产资料占有上是平等的，企业的劳动者有权对生产经营活动进行民主管理，选择并监督企业的管理者，形成了平等互利、互助合作的新型关系，因此，这里并不存在真正意义上的雇佣关系。其次，在公有制经济中，劳动者根据按劳分配原则共同分享企业的经营成果，其收入高低主要取决于他们的劳动贡献和企业的经济效益，而不完全取决于劳动力的供求关系。最后，在公有制经济中，劳动者一旦进入企业与生产资料相结合，就享有了作为生产资料的共有者中的一员应当具有的权益，承担着保障人民共同利益的社会责任。此外，从宏观上看，实现充分就业在公有制经济中具有了更加重要的意义。在资本主义经济中，相对过剩人口作为资本主义生产的产业后备军，是调节劳动力市场蓄水池和保证资本对劳动控制的重要机制。而在公有制经济中，劳动者的主人翁地位以及劳动平等和报酬平等的生产关系，是以劳动者与生产资料的直接结合并“各尽所能”为前提的，否则对生产资料的共同占有就成为空话。从这个意义上说，充分就业是公有制经济的一个本质要求。总之，资本主义经济中劳动力的商品化是以资本和劳动的对立以及劳动对资本的隶属为基础的，而社会主义公有制经济中劳动力的商品形式则是劳动者作为劳动力所有者与社会所有的生产资料相结合的实现形式，是劳动者在共同占有生产资料基础上平等劳动的生产关系，这种生产关系的本质就是要摆脱劳动对资本的隶属，实现人的自由全面发展。

（五）市场经济与共同富裕

公有制与市场经济能否结合以及如何结合的问题，实际上是社会主义的本质能否通过市场经济得到实现的问题。而社会主义的本质可以从两个方面加以认识，一是所有制或基本经济制度，二是生产目的或价值标准。从所有制或基本经济制度的角度看，社会主义制度是以生产资料公有制为基础的。从生产目的或价值标准的角度看，社会主义的本质就是满足人民日益增长的物质文化需要、实现共同富裕。那么，社会主义的本质与市场经济又是什么样的关系呢？一方面，社会主义本质的实现离不开市场经济，因为只有通过市场经济的发展，才能形成马克思所说的普遍的物质变换、全面的关系、多方面的需求以及全面的能力体系，才能使财富的源泉充分涌流出来，从而为个人自由全面发展和社会的共同富裕奠定物质基础。另一方面，社会主义本质的实现又不能依赖于市场经济，因为市场竞争所遵循的是弱肉强食的“丛林法则”，特别是在资本主义市场经济中，资本积累的一般规律导致财富占有的两极分化，一极是财富在少数人手中的不断积累和增大，另一极则是大多数人生活的相对贫困，与之相伴随的则必然是劳动与资本的对抗、阶级矛盾的加剧、生产过剩的经济危机和资本的集中与垄断。面对市场经济的严重弊病，以自由至上为教义的资本主义国家也不得不转向国家干预主义，承担起调节收入分配和建立社会保障与福利制度的职能。以私有制为基础、以资本雇佣劳动为目的的资本主义社会尚且如此，以公有制为基础、以满足人民需要和实现共同富裕为目的的社会主义怎么可能完全依赖于市场经济呢？实现社会的共同富裕，必须加大收入再分配调节的力度，包括完善社会保障制度、增加公共支出、加大转移支付力度等措施，加快健全以税收、社会保障、转移支付为主要手段的再分配调节机制等。但是，与资本主义国家不同的是，社会主义经济中共同富裕的实现不仅依赖于国家对国民收入再分配，更要有社会主义的基本制度和分配制度为基础的初次分配的保障。正如邓小平指出的：“只要我国经济中公有制占主体地位，就可以避免两极分化。”[①]

① 《邓小平文选》第 3 卷，人民出版社，1993，第 149 页。

“坚持社会主义，实行按劳分配的原则，就不会产生贫富过大的差距”。①

以上几个方面的分析从不同侧面说明，社会主义公有制经济具有商品性与非商品性的二重属性，从这一点出发必然会得出这样的结论：公有制与市场经济之间的关系是一种“对立统一”的关系，它们之间的有机结合既要遵循市场经济的规律，又要体现公有制的要求；既要发挥市场经济的长处，又要彰显社会主义制度的优越性，公有制与市场经济之间的这种对立统一，正是社会主义市场经济的精髓所在。以分工和等量劳动相交换为特征的社会主义公有制，天然具有了商品关系的属性，从这个方面看，社会主义公有制与市场经济之间存在着内在的一致性。另一方面，建立公有制的目的就是要克服生产社会化与生产资料资本主义私人占有制之间的基本矛盾，按照社会的需要计划组织生产，满足社会成员的共同利益，实现人的全面发展和社会的共同富裕。从这一方面看，社会主义公有制又具有超越市场经济的直接社会性。商品性与非商品性这两个方面都是公有制的内在属性，都是社会主义公有制的本质要求。传统的社会主义理论只看到了公有制与市场经济对立的一面，而没有看到公有制与市场经济相容的一面，从而严重排斥商品货币关系的发展和市场的作用，束缚了社会主义经济的活力。在改革开放和发展社会主义市场经济的过程中，一些人则往往只看到公有制与市场经济相容的一面，而忽视了公有制与市场经济之间存在的矛盾和冲突，有意无意地削弱和淡化社会主义制度特殊的目标和要求。只有深刻把握公有制与市场经济在对立统一中实现有机结合的内在逻辑，才能真正把握社会主义市场经济的精髓。

四 对全面深化经济体制改革的若干启示

党的十八届三中全会开启了深化改革的新阶段，新一轮的改革热潮正在兴起。正确认识公有制与市场经济的对立统一关系，对于全面深化经济体制改革和加快完善社会主义市场经济体制具有重要启示。

（一）正确认识社会主义市场经济的改革方向

如前所述，社会主义市场经济的改革主要包括两个方面的内容：一是资

① 《邓小平文选》第3卷，人民出版社，1993，第64页。

源配置中计划与市场或政府与市场的关系；二是基本制度中公有制与市场经济的兼容或结合。这两个方面放在一起才能充分体现社会主义市场经济的本质，进而实现完善和发展中国特色社会主义制度这一改革总目标。从前一个方面的内容看，全面深化经济体制改革的目标是使市场在资源配置中发挥决定性作用和更好发挥政府的作用。从后一个方面的内容看，全面深化经济体制改革的目标是坚持完善中国特色社会主义制度，更好发挥社会主义制度的优越性。

全面深化经济体制改革面临的主要问题是什么？通常的回答是，旧的计划经济的残余或者市场化改革不彻底，政府对微观经济活动管得过多、市场作用不够充分。比如，行政审批范围过大，一些重要资源和生产要素的价格还未理顺，城乡体制分割等。因此，必须围绕着发挥市场的决定性作用推进相关领域的改革，大幅度减少政府对资源的直接配置，加快完善现代市场体系，进一步增强市场活力。但上述回答只是问题的一个方面。还有些问题，如产能过剩、贫富差距、金融风险、环境污染和食品药品安全、民生建设和社会保障不足等，显然不能简单地归因于旧的计划经济残余或市场化改革不彻底。这些问题在很大程度上属于市场经济固有的弊端，即使在发达资本主义市场经济中也不可避免。寄希望于用所谓彻底市场化的办法解决市场化固有的缺陷是不现实的。克服这些弊端的根本途径在于坚持完善中国特色社会主义制度，更好发挥社会主义制度的优越性。最重要的是，坚持和完善公有制为主体多种所有制共同发展的基本经济制度，坚持完善以按劳分配为主体多种分配方式并存的基本分配制度，有效发挥社会主义国家的宏观调控的作用，保障社会的公平正义，实现社会成员的共同富裕。

（二）正确认识社会主义经济发展的目的

社会经济发展是生产力与生产关系有机统一的过程，社会主义的经济发展包括两个方面的内容：一是解放和发展生产力，不断提高劳动生产率，创造更多的社会财富；二是满足人民日益增长的物质文化需要，促进人的全面发展。前者是手段，后者是目的，才能充分体现社会主义经济的基本规律，即用在高度技术基础上使社会主义生产不断增长和不断完善的办法来保证最大限度地满足整个社会经常增长的物质文化需要。邓小平指出，社会主义的本质是解放生产力，发展生产力，消灭剥削，消除两极分化，最终达到共同富裕，也体现了这两个方面的要求。

改革开放以来，我国的社会生产力获得了巨大的发展，人民生活水平不断提高，但同时也面临着一些属于制度层面的深层问题。比如，一些地方和部门只注重追求物质财富的数量和GDP，而忽视教育、医疗、社会保障事业的发展。在收入总量大幅增加的同时，财富和收入分配上的差距也明显扩大。一些企业为了追求利润最大化，损害工人合法权益，生产劣质假冒产品，破坏资源和环境，损害消费者利益。一些干部官僚主义和腐败盛行，大肆谋取私利，脱离人民群众。这些问题的存在和发展都违背了社会主义制度的本质。为什么人的问题是根本的问题，正如习近平强调的，要坚持以人民为中心的发展思想，这是马克思主义政治经济学的根本立场，要坚持把增进人民福祉、促进人的全面发展、朝着共同富裕方向稳步前进作为经济发展的出发点和落脚点，要做出更有效的制度安排，使全体人民在共建共享发展中有更多获得感，朝着共同富裕方向稳步前进。[①]

（三）正确认识国有企业的改革方向

国企改革事关我国的基本经济制度，事关国家安全和党的执政基础，必须搞好，而正确认识和充分体现国企的性质，则是改革能否获得成功的关键。国企的根本性质归结为一句话就是“全民所有、为民服务”。十八届三中全会强调“国有企业属于全民所有，是推进国家现代化、保障人民共同利益的重要力量”。明确这一根本性质，才能深刻理解为什么必须毫不动摇地巩固和发展公有制经济，理直气壮地发展壮大国企，而绝不能走私有化的道路，才能准确把握国企改革的正确方向。从根本上说，深化国企改革的目的就是要形成更加完善的体制机制，充分体现国有企业的根本属性和内在要求，发挥社会主义制度的优越性，使其更好地为全体人民的利益服务。

作为一种企业，国有企业也具有和其他类型企业相同的一般属性，如产权独立、自主经营、保值增值等。因此，必须使国有企业成为独立的商品生产者，在市场竞争中发展壮大，必须坚持市场化的方向，健全协调运转、有效制衡的公司法人治理结构，建立有效的激励约束机制，规范经营决策、资产保值增值、公平参与竞争、提高企业效率、增强企业活力。

但这只是问题的一个方面。对国企来说，仅仅体现企业的一般属性和市

---

① 习近平：《在中共中央政治局第23次集体学习会上的讲话》，《人民日报》2015年11月25日。

场化的一般要求，是远远不够的，必须更好地体现全民所有、为民服务的性质和要求。其一，国有资本的收益属于全体人民，现阶段要提高国有资本收益上缴公共财政的比例，更多用于保障和改善民生。其二，国有资本投资运营要服务于国家战略目标，重点提供公共服务、发展重要前瞻性战略性产业、保护生态环境、支持科技进步、保障国家安全。其三，发扬经济民主，完善各级人民代表大会、国有资产监督管理机构和社会各界对国有资本管理过程的监督机制，完善劳动者参与企业民主管理的机制。其四，国企的收入分配要体现按劳分配和共同富裕的原则，保障公平正义，不搞两极分化。其五，有效履行社会责任，自觉贯彻党的路线方针政策，兼顾国家、集体、个人和各方面的利益关系。做好以上几个方面的工作，国企就能够充分发挥其制度优势，更好地为人民服务，得到全体人民的衷心拥护。

（四）正确认识政府与市场的关系

市场经济是通过市场机制，即以供求、价格和竞争的作用来调节资源配置的经济体系，但是，在不同的社会制度下，市场机制发生作用的范围和条件是不完全相同的。在简单商品经济中，市场机制的作用主要局限在狭小的范围，血缘、等级、权力等非市场的原则支配着经济生活。而在资本主义市场经济中，市场的机制作用不仅体现在商品生产和商品交换中，而且体现在资本、劳动力和自然资源等生产要素的配置中；不仅体现在微观层面，即市场对生产者和消费者经济活动的调节，而且体现在宏观层面，即对整个社会各部门和各种经济关系的调节；不仅体现在经济领域，而且体现在社会生活的各个领域。而市场的决定作用归根结底又是资本的决定作用，资本由此成为支配社会经济、政治、文化等各个领域的“普照之光”，资本主义经济的特殊规律如剩余价值规律、资本积累规律、利润平均化规律等成为市场经济的一般规律，资本主义的基本矛盾及其表现形式，如阶级对立、经济危机、贫富化分等随着资本主义的发展而日益加剧。

在社会主义市场经济中，从微观经济的角度看，无论是私有企业还是公有企业，都要追求利润最大化，都要接受市场机制的调节，也就是说，市场在资源配置中起着决定性作用。但是，从社会发展和宏观经济的层面看，生产发展或资源配置的目的已经不是利润的最大化，而是最大限度地满足人民群众的物质文化需要，实现人的全面发展和社会的共同富裕；起主导作用的力量已经不是自发的市场调节，而是党的领导和国家的宏观调控。从这一点出发，深化经济体制改革、正确处理政府与市场的关系，必须从两个方面入手。一方面，要围绕着更加尊重市场规律和增强市场的活力推进相关领域的改革，进一步简政放权，健全市场体系。另一方面，要围绕更好地发挥政府作用和提高政府效率推进相关领域改革，有效履行政府的职责和作用，加强计划、规划和战略指导，保持宏观经济稳定，加强和优化公共服务，保障公平竞争，加强市场监管，维护市场秩序，推动可持续发展，促进共同富裕，弥补市场失灵，提高国家的经济治理能力，发挥社会主义市场经济的制度优势，推动经济更有效率、更加公平、更可持续发展。

五 结束语

在以上分析中我们抛开了多种所有制并存的现实因素，对现阶段社会主义公有制的内部结构以及与市场经济的关系作了具体考察，这对于把握社会主义市场经济的本质和规律来说是至关重要的，但也是不完整的。我们仍然处于并将长期处于社会主义初级阶段，实行的是以公有制为主体多种所有制经济共同发展的基本经济制度，在公有制经济中还存在集体经济和合作经济等多种形式。而在公有制经济之间的商品关系外，还存在公有制与非公有制之间以及非公有制与非公有制之间的商品关系，这些不同性质的商品关系交织在一起，形成了现实的社会主义市场经济体制。这样一种体制在科学社会主义发展的历史谱系和经典文献中其实也是可以找到其理论渊源的。

在马克思恩格斯经典理论中，实际上存在着先后继起的处于不同发展阶段的两种社会主义经济模式。一种模式是成熟的完善的社会主义模式，以生产资料公有制、按劳分配和计划经济为主要特征，消灭了阶级和国家，不存在公有制之外的其他所有制形式和商品货币关系，这是共产主义的第一阶段。这一模式的代表性文献是《哥达纲领批判》。另一种模式是关于过渡时期的社会主义模式，在这种模式中国家已经掌握在无产阶级手中，国有经济控制了国民经济的关键部门，但农业生产中实行的是合作制，此外还存在大量私有制经济，商品货币关系市场机制还发挥着重要的作用，保留了利润、利息、地租等商品经济形式，《共产党宣言》提出的向共产主义过渡的十项措施体现了这一模式的轮廓。不难发现，马克思对于过渡时期经济模式的描述与我们当前实行的社会主义市场经济是相当吻合、颇为相似的。最重要的一点是，其中既有社会主义公有制的因素，也有资本主义私有制的因素，而且在相当长的一个历史时期，它们之间需要相互包容共同发展，当然也不可避免地存在着矛盾和冲突。这样就产生了一个对社会主义来说生死攸关的问题，即在多种所有制经济并存的社会主义市场经济中，谁是市场经济的主体，市场经济的社会主义性质如何得到保证？社会主义制度的优势如何才能发挥？这个问题就是本文所讨论的主题。

显然，所有制结构的多元化并没有使公有制与市场经济的结合问题失去其在社会主义市场经济中核心或枢纽的关键意义，恰恰相反，皮之不存，毛将焉附。在深化经济体制改革的过程中，如果不能坚持完善公有制的主体地位，充分体现公有制的要求和特点，发挥社会主义制度的优越性，坚持社会主义市场经济的改革方向就只能成为空洞的口号，中国特色社会主义的共同理想和远大的共产主义目标自然也就成为空话。正是在这个意义上我们可以说，能否实现公有制与市场经济的对立统一，把社会主义制度的优势与市场经济的长处更好地结合起来，在很大程度上决定着社会主义市场经济的前途和命运。

（作者系中国人民大学经济学院教授，博士生导师）

社会主义市场经济必须继续回答并解决好十个问题

权　衡

关于社会主义与市场经济的这个老话题，现在大家为什么又提出来讨论呢？我个人觉得有一个背景，就是理论上提出的社会主义市场经济与现实中的社会主义市场经济仍然存在一定差距，或者是理论与现实的困惑，使得人们仍然有必要讨论这个并不算是新的“命题”。当年小平同志提出搞社会主义市场经济，之所以在社会主义里面把市场经济拉进来，或者到最后叫社会主义市场经济，实际上想回答，并解决怎么更好地发挥社会主义制度的优越性；当初肯定是这样一个考虑，我们在发展现实的生产力方面，确实比资本主义发展生产力落后，并且在社会主义建设事业中出了很多问题，因此就必然要考虑如何才能够发挥出社会主义制度的优越性。在这样的背景下，小平同志提出搞市场经济，并从资源配置手段和方式视角提出建设市场经济体制。三十年搞下来，尽管我们经济建设、政治建设、文化建设以及社会建设等各方面都取得了举世瞩目的伟大成就，堪称中国奇迹。但是，从发展面临的问题来看，我们发现如何更好地发挥社会主义制度优越性，如何更好地发挥社会主义市场经济体制的优越性，我们仍然没有十分完美地解决或者说回答这个问题。换句话说，社会主义市场经济应如何比资本主义市场经济更好地解决好经济稳定增长、收入分配公平正义、消除社会腐败、推动环境治理等等。因此，今天我们来讨论社会主义与市场经济，不是要从头开始讨论，也不再是讨论社会主义能否与市场经济相结合的问题，而是讨论在今天中国经济改革和开放发展的新阶段和新的背景下，社会主义市场经济模式如何更好地通过深化改革加以完善，从而使社会主义制度优越性更好地发挥出来。

因此我认为必须在这样一个背景下思考这个问题，而不是重新开始讨论社会主义与市场经济的结合问题，显然这个问题已经被中国改革开放的伟大实践和成就回答并解决了。换句话说，不应当从三十多年以前的老问题开始，不应当再回到原点上来思考这个问题。

在这个问题上，已经取得了四个理论创新。众所周知，马克思讲资本主义进入社会主义特别是共产主义阶段，货品关系会消亡，人们面临的将是一个产品经济时代，因此不可能搞市场经济。也是在这样的思想和理论指导下，社会主义苏联，不顾经济社会发展阶段和实际要求，推行计划经济模式。应该说计划经济确实在它发展的初期阶段发挥了国家动员资源配置、集中资源办大项目、搞大建设等优势。中国在新中国成立初期也同样照搬苏联模式，搞了二十多年的计划经济模式。事实证明，计划经济往往造成低效和短缺，导致社会主义生产力发展水平长期落后，使得社会主义制度优越性没有更好地发挥出来。在此情况下，我们只能通过一系列思想观念创新和理论创新，推动社会主义与市场经济有机结合。这方面我个人认为，主要通过以下四个理论创新解决社会主义市场经济创新发展问题。

第一，是提出了社会主义初级阶段理论，通过这个理论来回答和解释社会主义为什么可以搞市场经济问题，即通过市场经济这个资源配置机制实现社会主义经济高效率增长；这一点在改革开放三十多年来的实践中已经证明，这是一条顺应中国发展大势和世界经济潮流的正确选择，正是这样的选择和道路，造就了中国发展奇迹，创造了举世瞩目的伟大成就。第二，是在回答公有制和市场经济有机结合这个问题上，我们创新性地提出公有制实现形式应当而且必须多样化，通过公有制实现形式的多样化解决市场经济与社会主义公有制有机结合，进而实现了社会主义与市场经济有机结合的制度基础和现实条件问题。在此过程中，我们通过改革公有制经济，特别是国有企业体制机制，发展股份制经济和各种所有制经济，逐渐引入竞争机制，进一步从实践上奠定了社会主义市场经济的现实基础。第三，是提出社会主义本质论，即社会主义本质就是解放生产力，发展生产力，消灭剥削，消除两极分化，最终达到共同富裕。从进一步解放和发展社会生产力以及实现共同富裕的目标出发，提出发展社会主义市场经济的重大战略意义，进一步增加了人们对通过发展社会主义市场经济，解放和发展社会主义生产力，实现社会主义共同富裕的根本目标的信心和信念。这应当说是过去三十多年来中国特色社会主义改革发展的动力和活力所在。第四，是提出中国特色社会主义道路、中国特色社会主义制度和中国特色社会主义理论体系，进一步明确回答了社会主义市场经济的创新发展，必须坚持走中国特色社会主义道路，而不是其他什么道路或者方向；社会主义市场经济作为一种经济体制，是完善和巩固中国特色社会主义制度的重要保障，在建设社会主义市场经济体制过程中，必须坚持中国特色社会主义的道路自信、制度自信和理论自信。三个自信进一步奠定了社会主义与市场经济有机结合的基础。

由此可以说，我们通过以上四个基本的也是重大的理论创新，来回答社会主义与市场经济有机结合问题，回答为什么社会主义初级阶段的中国需要搞市场经济，回答怎么样才能够使社会主义制度优越性得到进一步发挥。

社会主义与市场经济的关系仍然需要解决十个问题。现在回过头来看，社会主义市场经济要显示出其进一步的优越性，特别是进而发挥出社会主义制度的内在优越性，仍然需要正视、解决如下十个方面的问题，只有高度正视并继续努力解决这些问题，才能够真正体现出社会主义制度的优越性，这种优越性在本质上就是社会主义市场经济应当比资本主义市场经济更要有效率，也更加公平；这样，也才能体现中国特色社会主义的生命力和活力，也才能真正提升和增加人们对中国特色社会主义道路、制度和理论的自信。

第一个问题是社会主义市场经济如何更好地体现出社会主义本质和社会主义制度优越性问题。社会主义之所以需要市场经济，之所以需要和市场经济结合，就是为了更好地体现出社会主义价值观和信念；至少社会主义市场经济在解放和发展社会主义生产力方面更应当具有内在的动力和优势。如果社会主义市场经济不能够很好地体现社会主义制度的优越性，无法体现社会主义价值观，则一定会动摇人们对社会主义市场经济体制的信心，甚至令人心存怀疑。

第二个问题是中国特色社会主义制度如何更好地体现国家治理体系和治理能力现代化问题。中国特色社会主义制度和社会主义市场经济体制必须充分体现出国家治理结构和体系的科学化，体现出国家治理能力的现代化。问题的关键在于如何使得中国特色社会主义制度更好地体现国家治理能力现代化；这个制度很好很完善，但是制度背后的治理体系或者治理能力还是这么落后，手段也这么落后，或者没有达到现代化；这个问题如何解决呢？社会主义制度建立了，但是不完善，再好的制度，如果不体现出你治理体系的现代化，表明这个制度需要进一步完善。这个问题过去也没有回答好，现在仍然需要继续回答好。

第三个问题是社会主义市场经济与公有制如何更好更有效地结合的问题，这个问题至今仍然没有解决好。我们大致可以梳理一下，开始是一大二公，后来公有制、私有制、外资都可以搞；现在提出混合所有制，中间还有股份制，股份制其实就是混合所有制的一种形式；最初强调国有资本控股，强调国有企业概念；现在认为也可以不控股，但是可以参股，民营也可以参与进来，形成混合所有制经济，这里面也面临很多问题需要认真解决，比如说我们现在大企业集团的股权怎么进一步多元化，现在的垄断还不是市场意义上的垄断；从我们进入世界 500 强数据看，背后都是强大政府的垄断，政府垄断里面更重要的是国有企业领导人行政级别；这样的混合所有制怎么搞，因为国资、外资和民资仍然存在机会不均等，规则不均等，权利不均等。因此需要进一步通过改革加以解决这个问题。

第四个问题是社会主义市场经济怎么样更好地实现公平正义的价值观问题。社会主义似乎天然地与公平正义价值观紧密联系在一起，这也是人们之所以能够接受社会主义的一个原因所在。但是实际上社会主义市场经济改革发展进程中，这个问题没有解决好，而且收入分配差距和分配不公有愈演愈烈之势。城乡差距、地区发展不平衡、部门行业收入差距、分配不公、垄断甚至腐败滋生等问题，严重动摇了社会主义公平正义价值观。这个问题仍然需要继续高度重视和解决。

第五个问题是如何正确处理好政府与市场的关系问题。其实就是如何营造公平竞争的市场经济环境问题。这个问题至今还是没有解决好，原来计划经济有惯性政府干预，后来说政府重在宏观调控；现在则是怎么更好地在建设公平竞争的环境建设上下功夫。三中全会提到机会均等，权利均等，制度规则均等，能不能实现这个目标事关重大。我们现在三个方面都不均等，使得社会主义市场经济中本来很好的东西，现在大家觉得有问题，有不公。这里面核心的问题其实就是没有明确界定和清晰社会主义市场经济体制下政府与市场的边界，政府越位、错位和缺位导致微观市场机制扭曲，公共服务滞后和短缺。

第六个问题是处理富民和强国的关系问题。怎么处理好富民与强国，到底富民强国还是强国富民？是藏富于国还是藏富于民？我们初次分配上没有反映出来，显然政府所得这一块多了一点，居民收入占比不断下降，富民与强国之间其实有经济学的逻辑在里面，社会主义市场经济应当体现富民强国的内在逻辑。显然这是一个需要继续得到解决的问题。特别是如何通过发展经济，实现富民与国强的有机统一。

第七个问题是全球化和中国特色社会主义的关系问题，即国际化和本土化的关系问题。我们这三十多年的发展进程实际上被卷入了全球化过程，确实分享了全球化的红利和比较优势，我们迅速缩短了与发达国家的差距。但是也要看到，这个过程当中出现了社会价值认同的问题，出现了社会秩序和价值认同的混乱；社会主义市场化和全球化过程中，如何坚守我们的价值认同、民族认同、国家认同、理论认同、历史文化传统认同等问题；我们需要一个从不自信到自信的过程，自信的过程是对本土化和国际化关系的重新认识；哪些要坚持，哪些是我自己的东西，处理好全球化与本土化关系，是社会主义市场经济建设中应该加以重视和解决的问题。

第八个问题是社会主市场经济下的工业化和城市化问题。社会主义市场经济走什么样的工业化、城市化和现代化的道路？我们的城市化速度很快，但是是一个城乡差别不断扩大，进而伴随进城农民无法实现社会融合的新的二元结构的城市化；后面的城市化道路如何走？社会主义市场经济下的工业化，由于人口结构等因素，我们其实一直以加工业贸易主导的工业化，两头在外，加工在外；因此仅仅是一个加工厂，而不是一个真正的强大的世界工厂。随着人口结构的变化，劳工成本增加等，将来怎么来推进工业化，这也是未来我们需要思考和解决的问题。

第九个问题是社会主义市场经济如何处理好竞争与垄断的关系问题。社会主义市场经济本身就提出了一个新的市场模式问题，这个市场模式不同于经济学上讲的完全竞争、完全垄断，也不同于垄断竞争和寡头垄断模式。经济学上关于垄断竞争等市场结构理论是很清晰的，但是社会主义市场经济下垄断与竞争的关系如何界定，这是一个新的理论概念，这个概念与西方经济理论中完全竞争、完全垄断、垄断竞争、寡头垄断等等确实不一样；今天我们提出市场决定作用和更好地发挥政府的作用，这到底是什么含义，需要有新的理论建树，形成自己的市场理论模式。

第十个问题是关于社会主义市场经济的理论依据问题。其实就是社会主义市场经济的理论模式和总结创新问题。核心问题就是如何处理好马克思基本经济理论、西方经济理论与中国特色社会主义市场经济实践三者之间的关系问题。这个也要深入思考，我们一直以来有一个感觉，搞市场经济，基本的市场经济理论要有遵循，应该加强在宏观经济学、微观经济学等方面的考虑，主流经济学三十多年来就是这么做的。但是容易引起争论的就是社会主义市场经济理论依据是什么？如何考虑中国本土化的经济学建设或者是中国经验的理论总结问题？如何构建基于中国经济发展实践基础之上的中国经济学的话语权和影响力？这其实是一个中国经济发展经验和实践对经济理论创新，对国际经济学、发展经济学做出新的贡献问题。

也正是由于社会主义市场经济模式不完善，社会主义市场经济体制改革目标尚未完成，社会主义制度优越性还有进一步发挥的潜力和空间，所以党的十八届三中全会做出全面深化改革的总目标，就是通过进一步深化经济体制、政治体制、文化体制、社会体制、生态体制等一系列体制改革，进一步完善中国特色社会主义制度，完善国家治理体系和治理能力现代化。同时也明确提出，发挥市场机制在资源配置中的决定作用，更好地发挥政府作用，这才是社会主义市场经济体制的应有之义，也是完全释放和发挥社会主义制度优越性的重要保障。

（作者系上海社会科学院经济学研究所研究员）

市场自由、政府干预与“中国模式”

陈　宪

2008年的金融危机在引发虚拟经济和实体经济的深刻调整的同时，也促使人们重新认识若干经济学的重大理论问题，其中，市场失灵与政府失灵、市场自由与政府干预的问题再次成为热点问题被提了出来。围绕金融危机的成因和治理，可以发现分析和研究这些问题的新视角。本文以美国金融危机为背景，并结合美国政府和中国政府在危机后的作为，对政府干预出现的新综合以及与此相关的“中国模式”的讨论作一梳理和阐述。

一　在金融危机及其治理中发现问题

从理论层面分析这场金融危机的成因时，人们比较集中地将目光投向了新自由主义。金融危机是新自由主义之过吗？与此相关的问题是，在金融危机的成因中，哪些是市场失灵，哪些是政府失灵？在对金融危机的治理中，我们又看到了哪些潜在的问题？

（一）危机终结了市场自由吗？

美国金融危机爆发后，对新自由主义的批判不绝于耳。一种颇有市场的观点是，新自由主义是自里根-撒切尔时代以来，美英等国政府经济政策的理论基础，进而是导致这场金融危机的罪魁祸首。事实上，这一观点是不能成立的。我们可以这样设问，中国和苏联等一批国家在实行计划经济的年代，以马克思主义为其经济政策的理论基础，但最终都以效率低下而不得不放弃计划经济，进而向市场经济转轨，那么，我们是否可以将这一实践的失误归咎于马克思主义呢？答案显然是否定的。

类似的问题还有，怎样看待凯恩斯主义。凯恩斯经济学成功的年代是被称为“黄金时代”的 20 世纪 50 年代到 70 年代初，当时西方国家“混合经济”创造的经济稳定和增长速度是经济史上前所未有的。此后，经济机制再次出现故障，繁荣 - 萧条周期又开始了。“黄金时代”以“滞胀”结束，这是一种通胀上升和失业上升同时并行的现象。人们把这场灾难归罪于凯恩斯革命本身。有人要求，“回到市场自由”和“维多利亚时代的价值观”。以哈耶克为代表的新自由主义就是在这一背景下卷土重来的。然而，包括凯恩斯本人和以后的经济学家都认为，凯恩斯经济学是萧条经济学，它说明萧条是怎样发生的，以及提出应对萧条的政策主张。如果越出了这个范围，滥用凯恩斯主义的理论和政策主张，导致出现其他什么问题，那是不能把账算在凯恩斯主义身上的。

任何理论都是在一组假设条件下，解释某种现象的结论。马克思主义、凯恩斯主义和新自由主义的理论都概莫能外。我们来看看新自由主义的主要假设是什么。它的第一个假设是经济人假设，即每个人都会根据自己的经验，利用捕捉到的信息，有能力使他的经济决策和经济行为达到最优。它的第二个假设是完全竞争假设，即各类市场内部都能实现充分竞争，一旦市场出现供求失衡，价格和工资就会迅速做出调整，进而认为，市场机制具有自动调节功能，可以使经济总是在充分就业的均衡状态下运行。

在经济人假设中内在着完全信息假设，也就是说，经济人能够达到最优结果，是以获得“完全信息”为前提的。如果说放松经济人假设还存在较大争议，那么，完全信息假设已被彻底放松，信息不对称是现实经济的常态。市场制度（简称“市场”）能够使信息自动对称吗？这当然是不可能的。由此就提出了非市场制度（简称“制度”）的问题。新制度经济学经常这样解释“制度”：制度是信息不对称条件下委托人和代理人之间的一种合同安排。这些合同安排的重要作用就是使信息对称，或者是，当信息不对称存在时，制度规范委托人和代理人的行为。

完全竞争假设也同样存在条件过于苛刻的问题，如产品无差别，因此，现实的市场都是不完全竞争的。不完全竞争市场的竞争是不充分的，价格和工资的调整经常是滞后的，经济经常是偏离充分就业的均衡状态。这也提出了通过制度安排解决非均衡状态的问题，尤其当非均衡状态比较严重时，一如当下的金融危机和经济危机，就更是如此。

在一组基本假设的基础上，新自由主义解释经济现象的主要结论是，自由选择是经济活动最基本的原则。应当自由地拥有私人财产，自由地交易、消费和自由地就业，自由选择的程度越高，经济活动的效率越高；市场的自动调节是最优越和最完善的机制，通过市场进行自由竞争，是实现资源最佳配置和充分就业均衡的唯一途径；只要有可能，私人活动都应该取代公共行为，政府不要干预，即使不得不干预，也是愈少愈好。然而，这些结论是建立在这些假设都成立的条件下的，如果这些假设不成立或需要放松，那么，情形当然要发生变化。由此可见，市场自由在于给出了市场机制和市场运行的基准。基准的作用并不仅仅是理论上的，在现实经济生活中，它也可以作为目标、标准，或者是经济运行效率的一个参照系。从这个意义上说，危机并不可能，也不应该终结市场自由。事实上，凯恩斯经济学就是在放松上述假设，如市场的常态是不完全竞争，价格的常态是不完全弹性（即凯恩斯的价格黏性），以至于修改某些结论的基础上，形成自己的理论体系的。现在我们所说的现代经济学，就是新自由主义和凯恩斯主义的结合，前者更多的是微观经济学的思想来源，后者则主要是宏观经济学的思想来源。

还要强调，新自由主义关于政府不要干预的结论，是指政府一般不要干预市场，而且，对市场主体和市场结构都有严格的假设。这里至少有两个问题，第一，当这些假设不成立时，政府是否需要干预？事实上，我们现在看到的许多政府干预，是基于信息不对称的。尽管这里也有政府干预效果的问题，政府本身也有信息不对称的问题，但这毕竟提出了必要性，至于充分性，又要在另一个框架中讨论。第二，市场总是存在于特定的社会之中的，即便市场有自动调节的能力，但是，有些市场不均衡的问题，在未能达到自动调节的目标时，就会对社会造成伤害，使社会难以承受，如过高的通胀率和失业率对穷人的伤害，此时，与其说政府是干预市场，倒不如说政府是干预社会。在现实的经济生活中，经济和社会是不可分割的。

（二）金融危机：市场失灵抑或政府失灵

经济学以往讲的市场失灵，主要是指这样几种情形。[1]

---

① 陈宪、韩太祥：《经济学原理与应用》，高等教育出版社，2006。

其一，根据福利经济学第一定理，竞争性市场的均衡一定是帕累托有效的。但是，垄断厂商的行为及其结果，意味着价格引导厂商实现资源配置机制的失灵，从而需要政府的干预，即对垄断进行管制。

其二，在现实的市场上，除了存在通过价格体系使任何一个参与者的利益和成本都得到相应评价的情形，还存在另一种情形，即不通过价格体系，或无法通过价格体系，使市场参与者的利益或成本得到评价的情形。在后者的情形下，经济当事人的活动对未参与市场交易的其他当事人产生了直接影响，但这种影响又无法反映在市场价格中，这就是出现了市场价格机制失灵的外部性。对此，有时可以通过“私了”，即通过创造出市场来解决外部性。但是，在更多的情况下，要通过制度安排来解决外部性。

其三，在现实的经济生活中，大多数物品或服务是通过市场买卖才能享用的，买者为得到物品而付钱，卖者通过提供物品而得到钱，价格是引导他们买卖的信号。但是，当个人能够免费得到物品或服务时，价格就不再具有信号作用了，也就是说市场机制不能有效调节没有市场价格的公共物品的配置。这就是为什么公共物品要由政府提供，或要由政府参与提供的理由。

其四，经济学对竞争市场均衡的分析，均假定“信息是完全的”，即消费者作为产品买者或要素卖者，厂商作为要素买者或产品卖者，对相关市场上的价格、客观环境、交易对手行为特征等，均有准确的了解。但是，现实情况是，消费者和厂商并不能对价格、市场环境和交易对手行为特征等具有完全的了解。并且，不同市场主体获取信息的能力存在差异，因此，信息分布是不均匀的。这都表明，信息不对称是市场的常态。由于信息不对称导致的市场失灵，斯蒂格利茨称之为“新的市场失灵”，与传统的由垄断、外部性和公共物品导致的“旧的市场失灵”相对应。经验表明，可以通过适当的政府干预，减少由信息不对称造成的效率损失。不过，经济学的研究发现，在很大程度上，市场可以演化出相应的方法和机制，解决信息不对称造成的问题。

在 2008 年的这场金融危机中，我们也看到上述的市场失灵，如信息不对称。在资本市场上，不同市场主体获取信息能力的差异是很大的，进而导致信息分布的严重不均匀，金融资产的买者和卖者之间、市场主体和监管主体之间，存在着程度不一的信息不对称。这场金融危机所表现出来的市场失灵，主要是资本市场不能定价的失灵。许小年认为：“（资本）市场可以分散风险，但前提是投资者知道如何为风险定价。CDO（债务抵押债券）这类的产品过于复杂了，在 CDO 的基础上又做出了 CDO 平方，层层切块组合，直到今天也没人知道怎么定价。市场如果不能定价，当然就是失灵了。”[①] 这里的市场不能定价，显然不同于垄断、外部性和公共物品条件下的市场不能定价。

“在表述只要存在公共物品、外部性和其他类型的有害私人物品就需要政府来纠正这些市场失灵的观点的过程中，经济学文献常常暗地假设：纠正这些市场失灵的成本为零。政府被视为是一种万能的、仁慈的机构，它控制着赋税、津贴和各种数量，以实现一种帕累托最优的资源配置。在 60 年代，大量的公共选择文献开始对政府的这种‘天堂模型’提出了挑战。”[②] 由此就引出了政府失灵的问题，即政府在试图解决市场失灵问题时，自己也同样没有效率。这场金融危机对此做了最好的注脚。

美国政府在 2008 年的这场金融危机中表现出的失灵，集中在三个方面。

其一，利率失灵。美联储扭曲了市场经济中一个非常重要的价格——利率。美联储长期执行低利率政策，超发货币，引起商业银行信贷失控，金融机构的杠杆率即负债率不断攀升。

其二，监管失灵。美联储放弃了对资本市场的监管。这次金融危机究竟在多大程度上是由放松监管和监管失灵所造成的，还需要更加深入的研究。但是，这场金融危机暴露了美国和国际监管体系的诸多漏洞和问题，是毋庸置疑的。

其三，货币政策失灵。在今天的经济生活中，流通中过多的货币，不仅会影响商品价格，同样会影响资产价格。在产能过剩的情况下，对后者的影响会更大。目前，各国的货币政策只盯住消费价格指数（CPI），而没有将资产价格水平的变动作为制定货币政策的依据。这里的“没有考虑”有两种情形：一是无法考虑，即缺乏评价资产价格过高或过低的标准。我们知道，当 CPI 走高或走低时，我们用当时的名义利率与其对比，可得出反映价格总水平（通胀水平）的评价。对于资产价格的波动，则没有类似的评价标准。所谓这场金融危机也有“天灾”的说法，就与此有关。二是不愿考

---

① 许小年：《华尔街金融危机的根源》（2009－01－23）［2009－08－10］，http：//hi. baidu. com/yjr2007/blog/item/a4b7f906eb58bf7c030881f2. html。

② 丹尼斯·C. 缪勒：《公共选择理论》，杨春学等译，中国社会科学出版社，1999，第 7 页。

虑。在 2008 年的这场金融危机爆发前，当资产价格及其相关指标高涨时，从监管当局到有关机构都宁可自欺欺人，将此视为效率的表现，而不认为其间存在巨大的泡沫和风险。这就是为什么人们也认为，金融危机源于道德风险失控，主体的行为趋于逆向选择。

至于在导致 2008 年金融危机的原因中，市场失灵和政府失灵孰轻孰重，许小年强调指出，对这两类失灵，不是各打五十大板，政府失灵是本与源，市场失灵是末与流。

金融危机的事实还清楚地表明，仅仅美国政府在上述三个方面的失灵，还不足以造成如此巨大的危机，国际货币体系的失灵才是压垮美国经济乃至全球经济的“最后一根稻草”，尽管美国政府不愿意承认这一事实。国际货币体系失灵，是放大的政府失灵，是政府间关系的失灵。寻求解决这一失灵的途径和方法，是国际社会在这场金融危机后面临的重要任务。

（三）政府拯救危机的行为及其分析

通过讨论美国政府和中国政府在这场金融危机后的作为，我们可以发现其中的两难选择，以及需要进一步研究和改进的问题。

1. 美国政府的行为及其分析

2008 年 9 月，金融危机爆发后，美国政府采取了一系列干预市场的措施：向濒临破产的房地美和房利美两家房地产公司分别注资 1000 亿美元，并接管两房；美联储向全球最大的保险公司——美国国际集团（AIG）注资 850 亿美元，收管 AIG；美国政府提出了 7000 亿美元的金融市场救援方案，再加上 1000 亿美元减税和其他政策性措施，救援方案总价值 8500 亿美元，为 20 世纪 30 年代经济大萧条以来美国政府最大的市场救援行动；作为 7000 亿美元救市计划的具体举措，美国政府动用其中的 2500 亿美元直接购买金融机构股权，走向了将私营企业“国有化”的救市之路，等等。

奥巴马政府上台后公布的经济振兴计划，主要内容集中在五个方面：①集中对每年要耗费 1200 亿美元的电路损耗和故障维修的电网系统进行升级换代，建立美国横跨四个时区的统一电网。由于美国是联邦制度，这个统一电网的营造在非危机时代很难进行，由此也将引发国际电网体系升级的革命。②全面发展节能汽车和电动车。③最大限度发挥美国国家电网的价值和效率，将逐步实现美国太阳能、风能、地热能的统一入网管理。

④创造世界上最高的能源使用效率。⑤建立美国独特的新能源经济。目前大规模运转能源体系革命计划的主要经济体只有美国，而且，目前执行这个计划的也只有美国。如果美国借此发展智能电网产业，8～10 年内这个产业将超过 10 万亿美元；如果美国借此发展大陆超导电网产业，8～10 年内这个产业将超过 30 万亿美元。在这个计划中，一半以上涉及能源产业，每一项都与能源有关，因此，能源产业转型和发展是奥巴马经济复兴计划的核心。

在美国政府下一财年的预算中，直接刺激经济的投资主要集中在三个领域，能源和环保、医疗改革和教育。在能源和环保方面，除了启动碳减排工作之外，还包括在未来 10 年建立一个 6450 亿美元的能源基金，用于减少温室气体排放、清洁环境和推广可再生能源，以及改进低收入家庭住房的能源使用效率和提高联邦政府的能源使用效率。在医疗保障方面，奥巴马政府将一方面减少医疗开支，另一方面扩大医保覆盖面。美国政府计划在未来 10 年内拿出 6340 亿美金作为医疗改革的启动资金，改革的最终目标是全民享有医保。在教育上，奥巴马政府将拿出 25 亿美元用于帮助家庭贫困的孩子念大学。

与 20 世纪 30 年代大萧条时期的政府干预相比，在 2008 年的这场金融危机中，美国政府干预的“不变”表现在：利用积极的财政政策和宽松的货币政策刺激经济。这首先是“罗斯福新政”的作为，然后是凯恩斯主义的政策主张。到目前为止，这一政策主张仍然是世界各国政府在经济下滑或衰退时的“常用药”。“变”表现在：其一，政府投入的领域发生了变化，从主要投入基础设施，到投入能源和环保、医疗改革和教育。这一变化是顺应时代发展的，尤其是绿色能源新政，不仅对拉动当前经济增长将产生实质性的作用，而且，对转变人类社会的生产方式和生活方式有着深远的影响。其二，政府对一些“大到不能倒”或“太关联不能倒”的银行和公司实行“国有化”的救助措施。这一变化在很大程度上也是由这场危机的严重程度决定的，其影响是什么，还有待观察。

美国政府在如此大规模干预经济中，遇到了来自理念和操作两个方面的挑战。对于长期崇尚市场自由的美国政府来说，为了挽狂澜于既倒，不惜采取包括“国有化”在内的微观干预措施，这一方面表明其经济政策的现实主义，另一方面再次体现了美国政府的双重标准。10 年前，东南亚金融危机时，时任美联储主席的格林斯潘说，亚洲应意识到“西方特别是美国运行的资本市场是一种优越的模式”。所以，当时美国开出的药方是，停止政府援助、实施紧缩性财政货币政策。前马来西亚总理马哈蒂尔在网络日志上说：“我还记得，他们当年如何告诉我们永不要为濒临倒闭的企业包底。”韩国经济学家容哲朴透露，当年 IMF 承诺以 200 亿美元协助韩国度过危机时，条件之一是韩国须让垂死的银行和企业倒闭。在政策操作上，美国政府遇到的两难选择是，巨大的当年财政赤字（2009 年将超过 1 万亿美元）和历年债务余额（已接近一年的 GDP）与救市所需资金的矛盾。继续大规模举债，释放流动性，无疑将带来新一轮通胀和美元的持续贬值。但是，为了解决短期的问题，美国政府似乎已经身不由己。

2. 中国政府的行为及其分析

美国金融危机爆发两个月后，中国政府出台了进一步扩大内需、促进经济增长的十项措施：一是加快建设保障性安居工程。加大对廉租住房建设支持力度，加快棚户区改造，实施游牧民定居工程，扩大农村危房改造试点。二是加快农村基础设施建设。加大农村沼气、饮水安全工程和农村公路建设力度，完善农村电网，加快南水北调等重大水利工程建设和病险水库除险加固，加强大型灌区节水改造。加大扶贫开发力度。三是加快铁路、公路和机场等重大基础设施建设。重点建设一批客运专线、煤运通道项目和西部干线铁路，完善高速公路网，安排中西部干线机场和支线机场建设，加快城市电网改造。四是加快医疗卫生、文化教育事业发展。加强基层医疗卫生服务体系建设，加快中西部农村初中校舍改造，推进中西部地区特殊教育学校和乡镇综合文化站建设。五是加强生态环境建设。加快城镇污水、垃圾处理设施建设和重点流域水污染防治，加强重点防护林和天然林资源保护工程建设，支持重点节能减排工程建设。六是加快自主创新和结构调整。支持高技术产业化建设和产业技术进步，支持服务业发展。七是加快地震灾区灾后重建各项工作。八是提高城乡居民收入。提高明年粮食最低收购价格，提高农资综合直补、良种补贴、农机具补贴等标准，增加农民收入。提高低收入群体等社保对象待遇水平，增加城市和农村低保补助，继续提高企业退休人员基本养老金水平和优抚对象生活补助标准。九是在全国所有地区、所有行业全面实施增值税转型改革，鼓励企业技术改造，减轻企业负担 1200 亿元。十是加大金融对经济增长的支持力度。取消对商业银行的信贷规模限制，合理扩大信贷规模，加大对重点工程、“三农”、中小企业和技术改造、兼并重组的信贷支持，有针对性地培育和巩固消费信贷增长点。在这十项措施中，我们既可以看到政府职能转变，也可以体会到其中的改革深意。初步匡算，实施上述各项措施，到2010年底约需投资4万亿元。所谓“中国政府4万亿元救市”的说法，就由此而来。

在上述措施的带动下，2009年上半年，我国信贷投放达7万亿元，是有史以来最快的信贷增长。这一轮信贷投放的特点是：①投放时间和投放量相对较集中。②贷款的投向集中，主要在城建、轨道交通、高速公路、工程机械等行业，且主要投向有政府背景的项目（主要是“铁、公、基”）和国有企业。③单一客户贷款较集中。银行同业竞争激烈，多家银行对同一客户授信，导致重复授信、多头授信、交叉授信。④票据业务占比较高。⑤中长期贷款增幅高于短期贷款。固定资产投资增长，导致信贷需求旺盛，而且主要是政府融资平台的贷款。在信贷投放高速增长的背后，有着不少的隐忧：①中小企业融资难相对突出。②中小企业信贷支持比例很小，只占7万亿元的5%左右。③信贷资金未得到有效使用。由于项目贷款有工程进度问题，用款也有进度问题，地方政府和企业担心国家的宏观调控，有些项目还未开工就向银行提款，结果造成银行大量的派生存款。④潜在风险加大。在新增贷款中，大部分是中长期贷款，并且是信用放款。

根据对中国经济和全球经济态势的分析，中国政府目前的基本指导思想是，坚定不移地实施积极的财政政策和适度宽松的货币政策，全面贯彻落实应对国际金融危机的一揽子计划，并根据形势变化不断丰富和完善。近一年来，中国政府采取的应对这场金融危机的政策措施取得了积极成效，这是必须肯定的。但是，一方面，这些政策措施本身就是“双刃剑”，在解决问题的同时，难免造成新的问题；另一方面，面对这场前所未有的大危机，政策措施为了矫枉过正，进而力度过大，抑或对一些困难估计不足，政策措施不尽到位，都是正常的。然而，问题在于，调控者的头脑要清醒，对方向的判断不能发生偏差。

必须看到，中国经济之所以率先回升，是因为中国金融体系在这场金融危机中所受影响较小，同时，中国经济在现阶段有着较大的成长空间和调整空间。当下有关“中国模式”（本文第三部分专门讨论）带动中国经济率先复苏的言论是值得警惕的。特别是对近年来在竞争性领域出现的“国进民退”，以及如此短时间的大规模信贷投放可能产生的推高资产价格，引发新一轮通货膨胀的问题，都要给予高度的关注。

二　以市场自由为基准的政府干预的新综合

市场自由的经济学规定性，是供求决定价格，要素自由流动。新自由主义的基本主张就是以这一规定性为基础的。尽管这一基本主张是建立在一组近乎苛刻的假设下的，但是，其重要意义在于给出了市场机制和市场运行的基准，抑或参照系。基准或参照系的作用并不仅仅是理论上的，在现实经济生活中，它也可以作为目标、方向，或者是实际运作要达到的一种境界。因此，以市场自由为理念、为主体的资源配置，是任何经济体制的基础。在这个基准上，我们讨论政府干预的新综合。在这一新综合的合理补充下，市场经济的运行和发展也许将更加健康。

金融和经济危机一旦发生，政府干预上升为主导，市场自由就难免受到非议，对此，我们在上一节已有述及。然而，当我们在批评市场自由时，需要将经济学一般意义上的市场自由做一个澄清（上面已经做了这个工作），并在这个基础上探讨在现实经济生活中市场自由与政府干预的冲突。还必须指出的是，在每次危机发生后，国家的力量都得以加强，干预的边界都发生外移，进而形成新的政府干预经济的格局，这似乎已经成为趋势。因此，现在讨论要不要政府干预已经几乎没有实际意义，而是要将市场自由和政府干预视为经济生活的两极，中间则是并无定规的灰色地带，寻找和把握两者在其间的均衡点，是经济理论界和各国宏观经济当局的一项重要任务。显然，这些均衡点都具有新综合的特征。

凯恩斯的政府干预，是指当市场不能自动出清时，即有效需求不足时，政府通过财政政策和货币政策，增加和刺激有效需求，以帮助市场恢复均衡。凯恩斯将有效需求不足的原因归结为心理因素，即边际消费倾向递减、资本边际收益递减和流动性偏好。因此，政府干预是在增加需求的同时，帮助人们恢复对市场的信心。不过，也有观点认为，有效需求不足是政策的不当操作引起的，就像大萧条的起因，有研究指出，是货币政策不恰当的收缩，导致大萧条的爆发。而且，经验事实告诉我们，后续的政府干预似乎总是对上一轮政府干预的纠错。由此可以部分地反证，在其他条件不变的情况下，尽量少的政府干预是有道理的。但现在的问题是，其他条件的变化是很快的、复杂的，如全球化及全球化逆转的问题；又如社会公正的问题。因此，面对今天的世界，我们所说和所做的政府干预，无论从内涵和外延都已经超出了这个含义，所以，我们要从新综合的视角研究政府干预。

（一）凯恩斯政府干预的三个扩展

人们似乎在不经意间从三个方面扩展了凯恩斯的政府干预。这里，扩展就是一种综合。

第一个扩展是将凯恩斯的政府干预运用到有效供给不足时，即出现通货膨胀的情形。我们都知道，凯恩斯经济学是为经济衰退、萧条开药方的经济学。然而，后人将凯恩斯的政策主张用到经济繁荣时，进而交替地刺激或抑制经济，使之成为政府干预的两个方向。在现代宏观经济学的教科书中，综合这两个方向的政府干预被称作反周期。我们完全有理由怀疑，如此简单的相反操作，是不是可行的、有效的？在种种对凯恩斯主义的滥用中，我们可以得到对上述问题的否定回答。而且，经验事实还告诉我们，下一轮的政府干预在很大程度上，是在解决上一轮干预所导致和遗留的问题。面对如此的无奈，我们似乎可以用凯恩斯自己的话——长期我们都死了——解嘲。

第二个扩展是将仅用于短期的政府干预推广到长期，或者说，将干预经济波动扩展到干预经济增长和经济发展。从凯恩斯政府干预的目的和手段可见，其对经济的干预仅限于影响短期总需求，而不直接对经济增长起作用，亦即并不直接影响总供给。在早期的宏观经济学的著述中，是没有关于经济增长的内容的。现代经济增长理论表明，推动经济长期增长的因素主要是技术进步、人力资本和制度创新等。尽管这些因素的改善与政府的经济政策有关，如促进中小企业发展的政策，更重要的，是与政府的其他公共政策有关，如教育政策，技术政策等。因此，应当承认，现在我们所说的政府干预，包括针对短期波动和长期增长的政策措施。

第三个扩展是指相对于市场自由而言的政府干预，即在市场不能有效定价的地方，实行政府定价。例如，当垄断形成后，垄断厂商就会操纵价格，以谋取超额利润，政府则要通过某种规制决定或影响价格的形成；又如，具有非排他性、非竞争性的公共物品，或具有非排他性的共有资源，抑或具有非竞争性的自然垄断，都有市场不能定价的问题，政府要么提供没有价格的公共物品，要么如上所述，通过某种规制决定或影响与自然垄断、共有资源有关的价格的形成。这是因为，市场的基本功能就是定价。一旦当一种产品或服务不能由市场定价了，即出现市场失灵。此时，就需要一个外部的力量，通常是政府，来帮助市场定价，或者设计一个机制，来恢复市场定价的功能。在屡屡发现政府定价也存在失灵的情况后，人们发现，后者是一个更好的方法。

事实上，凯恩斯的政府干预也是通过价格调整起作用的。这里的价格就是利率。通过引入 LM 市场即货币市场，利率既定的假设被放松，通过利率的上升或下降，可以调节商品市场的供给与需求，进而影响商品价格的形成。不过，在一个成熟的市场经济国家，央行无法直接决定商业银行的存贷款利率，它将通过各种间接的手段，如央行的再贴现率、公开市场操作等，影响商业银行的存贷款利率。因此，从根本上说，政府干预的目标总是通过对市场定价机制的补充或替代而实现的。

（二）常态的政府干预与非常态的政府干预

“罗斯福新政”和凯恩斯的政策主张一经提出后，政府干预就逐步成为常态，亦即，一旦经济运行发生波动，政府就可以运用扩张的、稳健的或紧缩的财政政策和货币政策，以及不同的政策组合进行干预，以期达到相应的政策目标。尽管在 1970 年代发生“滞涨”后，凯恩斯主义遭遇了来自新自由主义的强烈挑战，但是，财政政策和货币政策已成为各国政府公共政策的一部分，是不争的事实。从这个意义上讲，财政政策和货币政策成为常态的政府干预。

这次金融和经济危机后，我们看到，即便在微观经济领域长期恪守市场自由的国家，如美国，也采取了重组企业债务和产权的干预措施，即所谓“国有化”的措施，哪怕这些措施是短期的。相对于常态的政府干预，这些措施就是非常态的政府干预。常态的政府干预和非常态的政府干预是政府干预的一次新综合。

随之而来的问题是，在什么情况下，采取常态的政府干预；在什么情况下，则要采取非常态的政府干预。在本文的第一节，我们认为，政府对一些“大到不能倒”或“太关联不能倒”的银行和公司实行“国有化”的救助措施，在很大程度上是由这场危机的严重程度决定的。那么，严重程度又如何度量呢？这样提出问题显然过于书生气了。这本来就是一个相机抉择的问题，而不是一个可以量化并给出标准的问题。我们观察小布什政府和奥巴马政府在面对这场危机的具体操作中，就看到凯恩斯主义相机抉择原则在微观干预中也得到了延续。

（三）商品市场的政府干预与资本市场的政府干预

如上所述，政府干预的一般含义是，当市场不能自动出清时，即有效需求不足时，政府通过财政政策和货币政策，增加和刺激有效需求，以帮助市场恢复均衡。显然，这里的市场是商品市场。也就是说，以往的政府干预，其对象是商品市场；干预的目的是试图帮助商品市场的总供给与总需求恢复均衡。财政政策的干预手段——政府投资和购买、减税、转移支付等——会直接影响商品市场的产出和需求，进而对恢复市场均衡起作用；货币政策的干预是通过货币市场进行的，即通过货币市场的利率或货币供应量的变化，影响商品市场的产出和需求，以恢复市场均衡。在这里，货币市场具有工具意义。

我们知道，资本市场并不存在商品市场意义上的出清问题，这是因为，资本市场产品的成本与收益受到风险、预期定价失灵的影响，是无法给出市场是否出清的标准的。然而，一旦风险过度、预期过高，就会出现这场金融危机所表现出来的问题。危机爆发前，在低利率等因素的推动下，美国有相当数量的家庭和企业，特别是投资银行，资产负债率（即杠杆率）高企，一旦宏观经济环境发生变化，具体地说，就是出现了通货膨胀的征兆，央行开始提高利率，系统性金融风险形成，高负债率中所隐含的资产估值过高即泡沫顷刻破灭。这是一个由资产市场和资本市场过度需求而引发的类似商品市场不能出清的问题。

我们目前观察到的一个现象是，由于资本市场是否出清没有一个或多个可供判断的宏观指标，因此，也就无法给出预警的信号，政府宏观经济当局就难以做出有针对性的应对。当资本市场一旦出现危机，即泡沫破灭时，社会直接面对的问题，就是资本市场上的大机构因不堪债务重负而面临破产，它们的破产将产生巨大的连锁反应，政府则面临救也不是不救也不是的两难选择。而且，金融危机迅速影响实体经济，一方面，导致实体经济的下滑或衰退，甚至陷入萧条；另一方面，使实体经济中业已存在的总量或结构问题变得更加严峻。此时，政府既要救实体经济，也要救虚拟经济，从而陷入十分被动的境地。

尽管以往也有因金融问题而引发的经济危机，但无论其规模和性质都与此次有很大不同。因此，以这次金融与经济危机为背景，研究政府对资本市场的有效干预，特别是与商品市场综合意义上的干预，这是一个全新的课题。需要指出的是，政府对资本市场的干预行为不同于监管行为，前者侧重从总量上预测和控制系统性风险，后者则从微观上防范和控制非系统性风险。

（四）宏观经济的政府干预与微观经济的政府干预

通常所说的政府干预，在没有特别说明时，都是指政府对宏观经济的干预。以往当中国政府进行宏观调控时，欧美的经济学家会批评中国政府的某些调控措施不是宏观调控，而是微观调控，即对微观经济进行政府干预。这场金融危机后，我们看到了美国政府的微观干预，也就是上面所说的非常态的政府干预。因为任何国家都会出现非常态。因此，尽管微观经济的政府干预弊端很多，要尽可能少用，但是，完全避免看来是不现实的。对于像中国这样的处于转轨经济中的国家来说，在进行宏观调控时，政府运用的行政手段都难免有微观干预之嫌，这些都还有待通过深化改革才可能逐步解决。

如果说反周期的政府干预是宏观干预的话，那么，相对于市场自由而言的政府干预也是微观干预。准确地说，相对于市场自由而言的政府干预，就是以克服市场缺陷为己任的政府干预。这里，政府干预主要是做规制、监管，或者为主体间的博弈和市场运作设计一个机制，从广义上说，这些政府行为也是政府的公共服务。而且，如果从公共服务的角度来考虑和提供政府对市场失灵的规制、监管以及设计机制，那么，在常态条件下，所谓微观经济的政府干预也就不存在了。

（五）两种意义的政府干预：经济学与经济社会学

仅仅限于经济学意义上讨论政府干预，其局限性是显而易见的。譬如，一旦经济进入下行通道，特别是当衰退甚至萧条出现时，政府干预的一个重要考虑，是防止失业加剧、低收入人群生活恶化等社会问题。又如，市场失灵所导致的问题，也有相当部分是社会问题和环境问题，如负外部性所导致的问题。基于这一现实，经济学在研究政府干预时，借助一些其他学科的研究，如经济社会学的研究，可能会做出一些具有新综合意义的研究。因此，这里重点讨论经济社会学意义上的政府（国家）和政府干预。

无论经济社会学的组织制度学派，还是历史制度学派，都是在政府与市场的互动中阐述政府作用的，这与主流经济学基本将政府作为经济运行的外在存在有着根本的不同。经济社会学的组织制度学派认为，“国家建设与市场建设是一个互动的、不可分割的过程。技术进步和竞争使得市场经常处于不稳定的状态，而企业面临的一个重大任务是，维护它在市场中与竞争对象、供应商以及雇员之间关系的稳定。……在这层意义上而言，市场建设离不开国家建设。国家在创造市场稳定性的作用时，少则体现在允许企业使用各种机制去处理竞争和冲突，多则通过直接干预市场行为以达到稳定的目的”。[①]“对于历史制度学派而言，国家通过直接或间接地影响治理机制的选择来构架经济。……国家既可以影响选择正式还是非正式的组织来治理经济，也可以影响双边和多边的交换形式。国家既可以影响经济生活中资源和信息的生产和配置，又可以通过操纵产权约束经济行动主体的行为。”[②]

对于中国来说，在社会转型和全球化的动态过程中，经济社会学关注的三个自变量即理性的社会建构、国家与非市场治理结构都会发生变化。

首先，“中国正在经历的转型不仅是经济本身的巨大变化，更是在认知层面上理性的社会建构方面发生的深刻转变。这种正在建构下的新理性的本质特征之一，就是打破过去主流经济学以效率作为唯一的视角来关注经济，以 GDP 的增长作为衡量经济发展的唯一指标。人们开始认识到经济的确是镶嵌在社会结构之中，在分析经济现象时必须引入社会的变量。和谐社会和自主创新等新的经济理念的提出，体现了中国政府对这些变化的全新认识”。[③]

其次，国家在经济治理中的作用，是目前经济社会学研究的重点。世界银行在 1997 年的《世界发展报告》里，列出一个国家的最低限度职能、中级职能以及积极职能。国家最低限度职能包括提供基本的公共物品和保护穷人。国家的中级职能包括支持教育，解决外部性问题和提供社会保障。国家的积极职能则包括培育市场和产业集群以及进行财产上的再分配。“按照这些标准，我们可以看出，中国政府在经济生活中扮演的角色与世界银行的标准相比处于一个倒置的状态。中国的各级政府在培育市场和产业集群等方面做得远远超过许多国家。这些在很大程度上恰恰是中国经济发展成功的重要原因之一。在全球化的上升期，这种依靠政府的产业政策进行干预，在西方被广泛认为是落后于时代的发展的。然而，到了今天，中国政府的这种干预

① 弗兰克·道宾：《经济社会学》，冯秋石、王星译，上海人民出版社，2008，第 9 页。
② 弗兰克·道宾：《经济社会学》，冯秋石、王星译，上海人民出版社，2008，第 9 页。
③ 弗兰克·道宾：《经济社会学》，冯秋石、王星译，上海人民出版社，2008，第 15 页。

使得中国在国际竞争压力下的产业升级换代取得了迅速的发展，打破了过去依附理论和世界系统理论时代的发展中国家在国际分工中必然被锁定在产业链低端的定论。另一方面，在 20 世纪 90 年代的改革过程中，政府在向社会提供公共物品的这个基本职能方面全面撤退，把提供住房、教育、医疗以及养老等方面的责任统统转嫁给个人。这种做法导致了中国社会的高储蓄与低消费的并存。……至今为止，中国政府在行使其中级职能方面，还处于比较被动的局面。”[①]

最后，“政府与非市场治理机制之间的关系是我们理解经济治理结构的一个关键。在西方协调市场经济中，政府一方面支持非市场治理机制，鼓励私人企业的自律性，并为这种自律提供一定的自治空间。政府也经常把这些非市场治理机制作为实施公共政策的工具。对解决市场失败的问题而言，非市场治理机制是政府进行直接管制的一个替代。另一方面，在协调市场经济里，政府也必须监督非市场治理机制，以便确保非市场治理机制不会侵犯公共利益”。[②] 非市场治理机制是中国人最不熟悉的一个领域，需要大力研究，并尝试利用非市场治理机制协调各种社会利益。

在全球化，尤其是全球化出现逆转的特殊时期，各国政府的作用已经在全新的层面展开，无法在原来的意义上讨论。与此同时，基于中国进入全球化的特殊时期，以及自身经济发展和改革模式，政府作用的价值和意义都需要重新认识。经济社会学能够为这种重新认识提供独特的分析视角。

三　基于经济发展的“中国模式”解读

在我们做这一“重新认识”时，遇到了一个似乎有着较强解释力的概念或提法，即“中国模式”。也就是说，要做这一“重新认识”，“中国模式”可以提供认识的视角和范式。尤其在这场金融危机后，“中国模式”成为一个热门的话题，并被赋予丰富的内涵。对于中国来说，未来要在正确的道路上继续推进改革和发展，就必须科学审视“中国模式”的内涵，以及它的现在和将来。

---

① 弗兰克 · 道宾：《经济社会学》，冯秋石、王星译，上海人民出版社，2008，第 16 页。

② 弗兰克 · 道宾：《经济社会学》，冯秋石、王星译，上海人民出版社，2008，第 17 页。

（一）一个有关“中国模式”的简述

目前，有关“中国模式”的表述，大多停留在“中国经验”的层面。布鲁塞尔当代中国研究所研究主任乔纳森·霍尔斯拉格经过潜心研究，总结出“中国模式”的四条成功经验。第一，邓小平在20世纪70年代末，通过将中国的廉价劳动力与东亚市场充裕的资本相结合，为中国打开了一扇独特的机遇之窗：一项被证明非常有效、足以将中国带出政治与经济危机的战略。第二，邓小平指引中国进入全球市场后，中国领导人显示了巨大的政治勇气，继续实行开放政策，尽管改革的过程有痛苦。工业化从来都不是一个容易的进程，然而，与许多19世纪的工业化国家相比，中国的过渡期治理相当成功。第三，是中国的外交。中国外交有效地使其他国家认可中国的发展。中国政府成功地让其他国家相信：中国的发展对世界是机遇而非挑战。第四，也是最为重要的，是中国人民巨大的创造力，正是许许多多中国企业家与工人日复一日的劳动，为中国的经济增长做出了不可磨灭的贡献。[①]

中国著名学者俞可平以比较的方法研究了“中国模式”。他认为，“中国模式”不同于改革开放前传统的社会主义模式，即“苏联模式”。但是，“中国模式”也不同于西方发达国家的社会发展模式。“中国模式”与西方社会发展模式的区别是极其明显的。在所有制方面，中国不实行全面私有化，而实行以公有经济为主导的混合所有制，公有经济仍然控制着国家的经济命脉，而且，土地和森林、矿山等资源也不实行私有化。在资源配置上，虽然我们采用了市场经济，但政府调节和干预的程度比西方国家要强大得多。在政治上的区别就更明显，中国不搞多党制和议会政治，不搞立法、行政、司法的“三权分立”。在意识形态上，中国仍然坚持马克思主义在政治意识形态领域中的主导地位，但已经允许不同思想流派的存在。这些都是与西方发展模式的基本区别。但这并不是说在社会发展战略方面，中国与其他国家没有任何共同之处。“中国模式”的成功之处，恰恰就在于它是立足于中国的具体国情，充分学习和借鉴人类文明的优秀结果。俞可平从成功的经验和鉴戒的教训两个方面来概括“中国模式”的基本要素：以经济发展为核心，追求社会和自然的协调发展和可持续发展；坚持市场导向的经济改

① 李永群：《中国模式举世瞩目》，http：//blog. 163. com/szzjw - 6688/blog/static/9864598420094744344760/。

革，同时辅之以强有力的政府调控；把效率和公平放在同等重要的地位，追求人与人、地区与地区、城市与乡村之间的平衡发展；将对国内的改革与对外部世界的开放有机地结合；根据自己的国情，主动积极地参与全球化进程，同时始终保持自己的特色和自主性；正确处理改革、发展与稳定的关系；推行增量的经济与政治改革，以渐进改革为主要的发展策略，同时进行必要的突破性改革；在全面推行经济改革和社会改革的同时，适时进行以民主治理和善政为目标的政府自身改革和治理改革。① 日内瓦外交与国际关系学院张维为教授对"中国模式"做了相对完整的阐述。他认为，"中国模式"主要是指，在改革开放 30 年中形成的比较独特的一种发展模式。当然，这个模式的背后有改革开放前 30 年的基础以及经验教训，还有中国文化的底蕴。因此，这个模式有独特的地方，他概括了八个方面的特质：有一个具有现代化导向的比较强势、比较有效的政府；实事求是，一切从实际出发；消除贫困，民生为大；较好地处理了稳定、改革与发展的关系；渐进改革；渐进过程是一个有轻重缓急，并逐步积累的过程；经济模式是社会主义市场经济；有一个非常开放的态度。强势政府、民生为大和渐进改革是"中国模式"的关键词。在这一概括的基础上，他还指出了"中国模式"的主要成就和理念。② 不难看出，这些表述主要还是经验层面的。

（二）经济发展模式的主要类型和特征

有关发展模式的研究，大多是从经济、政治（含狭义的社会）和文化三个角度展开的，进而有经济发展模式、政治发展模式和文化发展模式之分。这里，有关"中国模式"的讨论，仅限于经济发展模式意义上的讨论。到目前为止，能够被基本公认为经济发展模式的只有两种，一是"盎格鲁-撒克逊模式"，二是"东亚模式"。

"盎格鲁-撒克逊模式"源于"盎格鲁-撒克逊人"的说法。"盎格鲁-撒克逊人"一词，近代常被用来泛指英吉利人、苏格兰人以及他们在北美、澳大利亚、南非等地的移民。在"盎格鲁-撒克逊人"所在的国家，即今天的大部分欧美国家形成的市场经济模式，被称作"盎格鲁-撒克逊

---

① 俞可平：《"中国模式"并没有完全定型》，http：//ckxx. org. cn/comment/comment-2009-9-2-18397/。

② 张维为：《中国模式有八大特质、七个理念、四大成就》，http：//theory. people. com. cn/GB/40557/149513/。

模式”。“盎格鲁－撒克逊模式”又被称为“欧美模式”、“美国模式”。该模式的基本特征是，尽量少的政府干预、鼓励自由竞争、推动贸易自由化和资本流动的便利化。由此可见，“盎格鲁－撒克逊模式”就是人们现在所说的自由市场经济模式。

第二次世界大战以后，特别是20世纪70年代以来，东亚部分国家和地区经济迅速崛起，这一现象引起世人关注，进而有了“东亚模式”之称。“东亚模式”的特征是，较强的政府干预，建立行政引导与市场调节相结合的经济体制；实行以出口导向为主的外向型经济战略和政策；东亚地区经济呈互补性梯级发展，内部联系比较紧密，即所谓“雁行模式”，地区内部贸易比重较大。“东亚模式”的这些特征，主要是由发展阶段、资源条件和文化传统等因素决定的。相对于自由市场经济的“盎格鲁－撒克逊模式”，“东亚模式”也被称为政府主导的经济发展模式。不过，由于这两个模式的国家和地区都是以私有制为主体的，所以，在经济制度的基本面上，它们是相同大于相异。只是在政府作用这一点上，两者有着较大的差异。这恰恰与东亚国家和地区处于后发阶段、资源短缺以及历史上有政府集权倾向有关。

最后，我们还要提到“拉美模式”。一般认为，“拉美模式”的演化大致经历了三个阶段，它们分别是，初级产品出口型发展模式，进口替代型发展模式和后进口替代发展模式，也称为新自由发展模式。在前两个阶段尚有国家对经济生活的干预和对国内市场的保护，但实施一系列自由化政策后，这些干预和保护不复存在，拉美国家的技术创新对外依赖越发严重。自由市场经济以及对外资的严重依赖的一个结果，就是与大多数国家工业化发展过程中产业结构演进的路径不同，在拉美国家，技术密集型产业和劳动密集型产业占制造业产值的比重，在1980年以后的20年间一直都在下降，而农业以及矿业、能源等资源密集型工业的产值则明显增加。由此，一方面说明，“拉美模式”资源驱动型增长的本质始终没有改变，这对其经济发展的制约是不言而喻的；另一方面，“拉美模式”在进入第三阶段后所暴露出来的矛盾表明，如何认识和把握政府作用，是“拉美模式”没有很好解决的问题。

（三）经济发展模式：成也政府作用，败也政府作用

纵观经济发展的历史，以及经济发展模式的演变，不难发现，各种经济发展模式的异同主要由政府作用所起；各种经济发展模式的成败，也是由在不同发展阶段，对政府作用的“度”的把握决定的。

“盎格鲁－撒克逊模式”在很长时期中的成功，与“尽可能少的政府干预”有关。正是因为市场自由的作用，微观主体的活力和动力得到充分释放，这在很大程度上解释了在“盎格鲁－撒克逊模式”的国家，企业家精神即创业、创新精神彰显，使它们的企业在产业、产品和服务上都处于全球价值链的高端。然而，“盎格鲁－撒克逊模式”的失败，尤其是美国在这次金融危机中暴露出来的问题，在很大程度上是政府作用失灵所致。这里，政府作用失灵是指政府的不作为，如放弃对资本市场的监管，以及错误的作为，如低利率和只盯住商品价格的货币政策。

这个模式备受质疑的焦点，就是“尽量少的政府干预”，特别是在每次经济和金融危机时，更是遭遇来自现实的挑战。不过，值得注意的是，自研究 1929～1933 年大萧条时就有人提出，“大萧条的起因是货币政策不恰当的收缩”以来，人们可以明显地感觉到，后续的政府干预都是对上一轮政府干预的纠错。由此可以部分地反证，在其他条件不变的情况下，“尽量少的政府干预”是有道理的。当然，其他条件不是不变的，而是变化的。正是根据这些变化，“盎格鲁－撒克逊模式”有了诸如“北欧模式”的分支。“北欧模式”就是基于接受全球化，以及社会保障和社会公平公正的要求，并以“盎格鲁－撒克逊模式”的基本点为基础，形成了该地区的经济发展模式。在今天看来，全球化、逆全球化和社会公平公正已经成为政府干预的主要理由。

在“东亚模式”上，最为集中地反映了“成也政府作用，败也政府作用”的逻辑。“东亚模式”的崛起，与强势的政府作用有关，这一点毋庸置疑。但是，无论是日本在 20 世纪 90 年代以来的“迷失”，还是其他东亚国家和地区在 1997 年亚洲金融危机后出现的问题，都暴露了这一模式在高速成长时期，政府的过度作用或不当作用所种下的祸根。也许有人会说，如果没有政府的强势作用，就没有这些国家和地区的高速成长，连出现这些问题的机会都没有。此话听起来似乎很有道理，但是，不能忘记的是，“东亚模式”的国家和地区实行的都是市场经济体制，政府强势作用始终是在与市场机制的互动中起作用的。如果说在经济高速成长的初期，政府的强势作用有着边际递增的效应，那么，在市场机制逐步成熟的后续时期，政府作用就将呈现边际递减的效应。这是因为，与市场主体的决策机制相比，政府决策的信息不对称更加严重，决策失误的可能性大大增加。而且，公共权力、公共资源进入竞争性的经济活动，将不可避免地产生对私权的挤出或侵犯，以及寻租等问题。因此，对于“东亚模式”来说，进一步的成功就与政府作用在竞争性领域的适时退出有关。这一点同样适用于转型中的中国。

“北欧模式”给我们的两点启示是，其一，在一个开放的经济中，政府作用不仅限于在封闭经济中涉及的三个基本原因，即“①通过纠正市场失灵，改善经济效率；②通过改变市场的结果，追求公平和平等的社会价值；③通过强制消费某些商品（称为公益品）并禁止消费另一些商品（称为公害品），追求其他一些社会价值”,[①] 而是要在全球化进程中，代表和维护国家利益，处理和协调国家间经济关系，同时，要充分考虑国家战略优势的形成。在金融和经济危机的背景下，出现全球化逆转，如贸易和投资保护，以及区域化格局的重构，也会将政府作用推到更加重要的位置。事实上，当今的发达国家在全球化和全球化逆转意义上的政府作用都在不断得到强化。其二，经历经济较为迅速的发展后，社会都会出现程度不同的贫富差距问题，而且，仅仅依靠政府的再分配或抑制通货膨胀，已不足以解决这些问题。在更大范围和更高层次考虑社会公平公正问题，成为政府作用的重要组成部分。尽管北欧国家实行的高福利体制和政策，在本国有难以为继的问题，其他国家也难以效仿，但是，它们毕竟将人类社会的一些更为根本的命题，如以人为本，以更加正确的方式提了出来。对照当今的包括中国在内的发展中国家，不难看到，在提高公共资源利用效率和公共服务均等化水平方面，都还有着诸多亟待解决的问题。这显然与政府职能的合理性和政府作用的有效性密切相关。

“拉美模式”则告诉我们，处于后发地位的国家，在全球化背景中，政府的重要作用之一是正确地选择自身的发展模式，并根据外部环境的变化，适时地调整发展战略，进而通过有效的政策措施，以实现本国的发展模式和战略构想。

（四）今天我们应当怎样认识中国的经济发展模式

有人认为，“中国模式”是“东亚模式”的一种，对此，需要有所辨析。就经济制度的基本面，即国有经济地位而言，中国和东亚其他国家有着

① 约瑟夫·E. 斯蒂格利茨等：《经济学》上册，黄险峰、张帆译，中国人民大学出版社，2005，第 336 页。

根本性的区别。在人们通常概括的“东亚模式”的上述三个特征上，我们和“东亚模式”确实有着较大的相似性。但是，中国幅员辽阔，人口众多，还有从计划经济到市场经济的体制转型，这些就决定了“中国模式”有着自身的独特性。由中国经济的规模和这些独特性所决定，若干年以后，“中国模式”也许将是与“盎格鲁－撒克逊模式”、“东亚模式”并列的一种经济发展模式。

当然，到目前为止，我们不能认为已经存在一个经济发展的“中国模式”（如上所述，我们现在所说的“中国模式”，大多是“中国经验”，抑或是正在进行时的“中国道路”。本文在这个意义上使用“中国模式”的提法），尤其是对当下解析“中国模式”时，特别被强调的两个因素：较强的政府干预和较高的国有经济比重，我们更不能简单地认同为“中国模式”的特征。必须看到，1978 年以来，中国经济取得的成就，一方面是我们实行了改革开放和发展的正确政策，另一方面，与我们学习、借鉴欧美成熟市场经济国家，以及东亚国家的经验有关。这就足以说明，尽管各国的基本国情、发展阶段和文化传统都不尽相同，但是，在经济发展的体制、机制中，抑或在经济发展的模式中，还是存在着一般，存在着共性的。例如，市场机制对于资源配置都发挥着基础性作用。又如，在竞争性领域，民营经济都有着比国有经济更高的效率。鉴于经济发展模式和其他任何事物一样，都是普遍性与特殊性的统一，因此，过分地强调其中的任何一方，都会造成实践的偏差。以往的经验教训充分地说明了这一点。

正确认识“中国模式”的政府作用和国有经济地位，对于中国经济和社会发展有着现实的指导意义。用“盎格鲁－撒克逊模式”或“东亚模式”作为基准来讨论“中国模式”中的政府作用和国有经济地位，有一定的参考价值，但难免会有失简单和偏颇。我们必须在充分考虑当代背景和中国国情的基础上，做出自己的判断。就经济发展模式而言，有关中国政府作用的讨论，以下两个问题比较重要，其一，政府作用应当主要体现在哪里？其二，我们应当如何考虑当下转型的现实？

先回答第一个问题。除了经济学理论和经济活动实践已经告诉我们的政府作用外，在当今社会，在经济发展方面，政府作用有两个重要体现：根据科学技术发展和经济形态演变的趋势，政府制定长期发展战略，引领和把握发展方向。在战略性的发展部门和领域，适当地投入资源，以形成动态的比较优势；在当今世界，全球化是主流，逆全球化是浪花，在这一进程中，政府既代表国家参与全球化，同时也是国家利益的维护者，为此，政府是国家全球化战略的制定者和执行者。

从经济发展模式的角度看中国社会的转型，主要表现在三个方面，一是发展方式转型，以实现资源节约、环境友好的发展；二是产业结构转型，以实现以服务经济为主的产业结构；三是政府职能的转型，以实现建设服务型政府的改革目标。在转型背景下理解其三，在改革开放初期，我们向世人宣布，国家以经济建设为中心，至此，中国政府的职能实现了一次转型。这是到目前为止，“中国模式”之所以被认为是“政府主导发展型”的基本原因之一。具体地说，就是“中国模式”中政府作用和国有经济比重有着特殊性，政府作用进入的领域较广，除了宏观调控，政府在产业政策、市场准入等方面都有广泛的干预。现在的问题是，在商品市场和要素市场逐步成熟的背景下，以及高速增长时期资源环境、收入分配的矛盾凸显后，政府职能如何再次实现转型，成为一个服务型政府，即以提供公共服务和社会管理为主的政府。

有关国有经济比重，同样是一个中国社会主义市场经济体制条件下，具有特色的、特殊性的问题。尽管如此，我们目前仍然没有证据可以证明，在竞争性领域，国有经济有着比民营经济更高的效率。当然，我们可以说，国有经济的存在有着超经济的意义，譬如，解决就业问题；又如，提供公共物品，以及在某些特定时期、特定领域，帮助政府解决具有社会全局性的问题。不过，这些说法本身是不严密的，国有经济能够比民营经济更好地解决就业问题，并没有实证的支持。公共物品可以由国有的公共企业提供，也可以由政府向非国有企业购买。因此，我们对这场金融危机后，在竞争性领域出现的“国进民退”表示忧虑。但愿它们都是临时性的措施，而不是实质性的行为。

在质疑竞争性领域“国进民退”的同时，我们也看到了在非竞争性领域发生的另一类“国进民退”。对于这一类“国进民退”怎么看？舆论也有着不同的声音。有报道称，一场规模宏大却低调推进的“国进民退”行动，正在拥有 13 条干线、总长 634 公里的上海高速公路网展开。有市场传闻，继 2008 年沪杭、沪青平高速公路的民营股权相继为国资背景企业接管后，上海市政府有意将更多民营资本参与承建及运营的高速公路“收归国有”，最新目标是上海连接浙江的主动脉之一——莘（庄）奉（贤）金（山）高速公路。有人说，这是对民营企业参与公路建设的方向性调整。我们认为，政府公路投融资和建设管理体制做出这一重大调整，今后将不再对外招商或上市筹资建设经营性高速公路，而改为政府收费还贷方式，是符合长远将公路作为公共物品的改革方向的。就中国的实际情况而言，通过银行贷款或发行专项债券，完全可以解决高速公路建设资金的问题；通过设立非营利的收费机构，解决收费还贷的问题，也是最经济的。以目前的方式（指上市筹资、经营权转让和 BOT）解决建设资金，是将一个具有公共服务性质的问题过度市场化了。

另有一些来自非竞争性领域的“国进民退”，发生在义务教育和基本医疗领域。2000 年前后，国内不少城市在义务教育阶段（主要在初中）形成产业化的“小高潮”，通过新建或转让原有公办学校，建立了一批民办学校。近年来，由于这些学校高收费、占用优质教育资源等问题，受到各方诟病；与此同时，政府在推进基本公共服务均等化的过程中，加大了对义务教育的投入，使得越来越多的公办学校上了水平。因此，义务教育阶段的“国进民退”提上了议事日程，并在一些城市付诸推行。最近出台的《中共中央国务院关于深化医药卫生体制改革的意见》提出，坚持公共医疗卫生的公益性质，把基本医疗卫生制度作为公共产品向全民提供，逐步实现人人享有基本医疗卫生服务的目标。这是一项大规模的、典型的“国进民退”。当然，因为基本医疗服务可以采取需求方补贴的形式，因此，允许民营医院和国营医院同时提供这项服务，并不会影响其公共服务的性质。在义务教育和基本医疗领域采取这些措施，都是符合广大人民群众根本利益的“国进民退”。

我的基本看法是，在竞争性领域，现在的基本矛盾是市场化、民营化不足，我们要加大改革力度，继续加快市场化、民营化进程。应当承认，在非竞争性领域，即提供公共物品的领域，前些年有市场化、民营化过度的问题，我们也要做出相应调整，使之回到公益性、非营利性的方向。当然，在处理这方面具体问题时，要保护原先进入的民营企业和相关人员的正当利益。

为什么要用一定的篇幅强调后一类的“国进民退”？因为这个问题与中国的社会主义市场经济体制有关，进而与“中国模式”有关。做好这些领域的“国进民退”，才能满足社会主义市场经济体制对“中国模式”的规定性。

（作者系上海交通大学安泰经济与管理学院教授、博士生导师，经济学院执行院长）

市场为何能与社会主义“联姻”

——20世纪80年代以来西方市场社会主义者的三个论证

段忠桥

20世纪80年代以来在西方发达资本主义国家出现的新市场社会主义思潮与此前在东欧国家出现的市场社会主义思潮相比有一个很大的不同，这就是，它彻底突破了社会主义只应在计划经济的框架内充分利用市场机制的看法，主张社会主义应完全建立在市场经济的基础上。为了使这一主张得以成立，新市场社会主义的倡导者提出市场可以同社会主义相结合，用他们一些人的话来讲就是市场可以同社会主义“联姻”。市场能同社会主义相结合吗？这是自马克思主义创立以来人们一直争论的问题。在持传统社会主义观点的人看来，市场是不能与社会主义相结合的。为了反驳这种看法，新市场社会主义者提出了市场可以同社会主义“联姻”的三个论证。

一　市场手段论

持传统社会主义观点的人一般认为，社会主义的目的包括实行生产资料的公有制（特别是国有制）和计划经济，而市场是同公有制和计划经济相对立的，因此，市场不能与社会主义相结合。为了论证市场可以与社会主义“联姻”，新市场社会主义者首先提出了“市场手段论”。

新市场社会主义者认为，社会主义的目的不在于实现公有制和计划经济，而在于实现公正、民主、自由等一系列价值目标。从这种意义上讲，公有制和计划经济至多只能视为实现社会主义目的的可供选择的手段。对此，英国的市场社会主义者索尔·埃斯特林和尤里安·勒·格兰德指出：“社会主义者在区分目的与手段方面时常是马虎疏忽的。社会主义有一整套界定完整、阐述精辟的目的，例如，其中有防止强者对弱者的剥削，实现收入、福利、地位和权力等方面的较大的平等，以及满足基本需要。然而，很多社会主义者却将上述目的与某些特定手段相混淆，例如生产资料公有制或资源配置中央计划等；这些手段变成了目的本身。因此，社会主义被认为是通过计划实现较大平等或通过工业国有化消灭剥削。”① 在他们看来，这种将目的与手段相混淆的做法是不合逻辑的，因为手段并不等于目的，手段的实现也不等于目的的实现。以苏联和东欧国家为例，在那里虽然曾实现了生产资料公有制，但剥削并没被消灭，虽然曾实现了计划经济，但较大的平等也没得以实现。

美国市场社会主义者约翰·罗默对上述问题也做了类似的论证。他在《社会主义的未来》一书中首先把社会主义定义为一种“平等主义”，认为社会主义者需要的是自我实现和福利、政治影响以及社会地位三个方面的机会平等。由此出发，他批判了把社会主义等同于公有制，特别是等同于国有制的观点。他说道：“社会主义者已经形成对公有制的崇拜：公有制已被看作社会主义的绝对必要条件，然而这种判断是建立在一种无根据的推论基础之上的。社会主义者需要的是我在第一章列举的三种平等；他们应虚心观察生产资料中什么类型的财产权会带来这三种平等。”② 这也就是说，社会主义的目的是实现他所说的那三种平等，而采取哪种类型的生产资料所有制形式只是实现社会主义目的的手段问题。因此，他强调指出，“公司和其他资源的财产权的选择完全是一个手段问题；建立这些权利的可能性应该由社会主义者根据这些权利产生社会主义者所关心的三种平等的可能性去评价”。③

在论证了社会主义的目的并不包括公有制和计划经济，以及公有制和计划经济在苏联和东欧国家的情况表明，它们没能很好地实现社会主义的目的以后，新市场社会主义者进一步问道：是否还有其他更好的手段可以用来实现社会主义的目的？他们对此的回答是：有！这就是市场。他们主张的市场

① 索尔·埃斯特林、尤里安·勒·格兰德编《市场社会主义》，邓正来等译，经济日报出版社，1993，第 2 页。

② 约翰·罗默：《社会主义的未来》，余文烈等译，重庆出版社，1997，第 18 页。

③ 约翰·罗默：《社会主义的未来》，余文烈等译，重庆出版社，1997，第 21 页。

社会主义，就是力图“运用市场来实现社会主义的目的”。①

把市场与公有制和计划经济都视为实现社会主义目的的手段，对于新市场社会主义者论证市场可以同社会主义“联姻”是至关重要的。这是因为，一旦把公有制和计划经济只看作实现社会主义目的的手段，那就意味着它们已不内在于社会主义之中，而是处于社会主义之外。这就消除了市场不能与社会主义相结合的第一个障碍。市场无疑是与计划相对立的，如果认为计划是社会主义的目的，是内在于社会主义之中，那必然会得出市场是与社会主义相对立的结论。如果认为计划是实现社会主义目的的手段，是处于社会主义之外的，那市场与计划的对立就不再是市场与社会主义的对立，而只是实现社会主义目的的一种手段与另一种手段的对立。这样一来，市场能否与社会主义相结合的问题，就变成了市场是否可以成为实现社会主义目的手段的问题，而这就包含了市场与社会主义相结合的可能性。这是因为，一种目的的实现并不限于一种手段，如果说社会主义的目的是既定的，那实现社会主义的手段则可以是多种的，计划是一种手段，市场也是一种手段。至于采取哪种手段，那可依人们的选择而定。

二　市场中性论

然而，仅从“市场手段论”还很难得出市场可以同社会主义“联姻”的结论，因为从历史和现实的情况来看，市场总是同资本主义一起出现的，所有的资本主义国家都实行的是市场经济。这就提出了一个问题：如果市场只是与资本主义相伴随的，那即使它是一种手段，它也不能同社会主义“联姻”。持传统的社会主义观点的人正是以此为由反对市场社会主义者的。为了论证市场可以同社会主义“联姻”，新市场社会主义者又进而提出了“市场中性论”。

英国的市场社会主义者戴维·米勒提出，“无疑，资本主义依赖的是市场，但资本主义的特点主要在于生产资料所有权集中在一小部分人手里，而其余大多数人只能作为领薪者被他们雇佣。人们完全可能既造成市场又反对资本主义，左派若跳不出人云亦云的框框，看不到这种可能性，那么该受责

① 索尔·埃斯特林、尤里安·勒·格兰德编《市场社会主义》，邓正来等译，经济日报出版社，1993，第1页。

备的就只能是他们自己。”[①] 这就是说，资本主义虽然依赖市场，但资本主义的特征却是生产资料的私有制和雇佣劳动，而不是市场经济。这意味着，资本主义与市场之间没有必然联系，它可以为资本主义服务，也可为反对资本主义而为社会主义服务。索尔·埃斯特林和尤里安·勒·格兰德则进而提出，市场不是与资本主义相连的，而是与工业制度相连的。无论是资本主义制度，社会主义制度，还是混合型制度，只要是工业制度就必定会运用这种市场或那种市场。由此他们推出，“资本主义和市场的联姻可以分解。尽管使资本主义完全脱离市场是不可能的，……然而使市场完全脱离资本主义则是极为可能的。”[②]

美国市场社会主义者戴维·施威卡特也指出，资本主义的本质特征在于生产资料私有制和雇佣劳动，而不在于市场经济，并认为“把资本主义等同于市场是保守的自由放任主义的辩护者和大多数市场改革的左翼反对者的致命错误”。[③] 他通过对资本主义与市场社会主义的比较，对这一问题做了这样的说明：“资本主义有三个限定的制度。它是一种以生产资料私有制和雇佣劳动为特征的市场经济。这也就是说，社会的绝大部分经济交易是由看不见的供求之手来掌握的；社会的绝大部分生产资料或直接属于作为私人的个人，或通过对私人公司股份的所有而属于作为私人的个人；绝大多数人工作是为了得到由他们为之工作的私人企业的所有者直接或间接支付的工资。市场社会主义经济取消或在很大程度上限制了生产资料的私有制，而以某种形式的国家所有制或工人的所有制取代私人所有制。它仍然保留作为协调绝大多数经济的机制的市场，尽管通常存在超出了资本主义下那些典型的对市场的限制。它也许以工厂的民主取代或不取代雇佣劳动，但工人的所得不是契约工资，而是一个企业纯收入的特定的份额。如果是这样的话，这一制度就是‘工人自我管理的’市场社会主义。”[④] 这段话表明，在他看来，资本主义制度的特征在于生产资料的私有制和雇佣劳动，社会主义制度的特征在

① 索尔·埃斯特林、尤里安·勒·格兰德编《市场社会主义》，邓正来等译，经济日报出版社，1993，第 27 ~ 28 页。

② 索尔·埃斯特林、尤里安·勒·格兰德编《市场社会主义》，邓正来等译，经济日报出版社，1993，第 1 页。

③ 伯特尔·奥尔曼编《市场社会主义——社会主义者之间的争论》，段忠桥译，新华出版社，2000，第 7 页。

④ 伯特尔·奥尔曼编《市场社会主义——社会主义者之间的争论》，段忠桥译，新华出版社，2000，第 6 ~ 7 页。

于某种形式的国家所有制或工人集体所有制和工人得到的是企业纯收入的特定份额。市场则既可存在于资本主义中，也可存在于社会主义中，它本身是中性的，与资本主义制度和社会主义制度无关。

罗默则从另一个角度论证了市场是中性的。他提出，苏联制度的失败不应归因于共产主义的平等目标，而应归因于取消市场因而失去随之而来的激励和竞争。当代资本主义在经济增长方面的成功则应归因于市场，而不应归因于私有财产的权利。这意味着，市场的存在并不与特定的社会制度相连，它既可存在于社会主义国家，也可存在于资本主义国家，既可为社会主义服务，也可为资本主义服务。说得更明确一点就是，市场只是一种能产生竞争的经济机制，它本身并不具有社会制度的属性。

“市场中性论”的提出为市场可以同社会主义“联姻”提供了又一个论证。这一论证并不否认迄今为止市场一直与资本主义相伴随这一事实，但却强调指出市场并非一定要与资本主义相伴随，相反，由于市场本身是中性的，它也可以同社会主义相伴随。这就进一步论证了市场可以与社会主义“联姻”。

三 市场优越论

从“市场手段论”和“市场中性论”还不能得出市场可以同社会主义“联姻”的结论，因为市场是手段，计划也是手段，既然如此，那为什么一定要提倡市场与社会主义的“联姻”，而反对计划与社会主义的“联姻”呢？为了说明这一问题，新市场社会主义者又提出了第三个论证——“市场优越论”。

戴维·米勒认为，在一个提供极为浩繁的商品和服务的工业化社会，如果采用全面取代市场的计划经济，那计划部门就必须为各个企业配置劳动力，规定产品的种类和数量，并为企业提供商品和服务定价以使供求相符。实践经验表明，计划经济在实际中是极难解决这些问题的。这是因为，随着产品范围的增加和产品本身变得越来越复杂，计划者们愈来愈难以将生产纳入满足消费者需求的轨道上，苏联和东欧国家的情况是众所周知的，在那里，“许多产品要么供给过剩，要么供给不足，产品质量又差，不一而足。”① 而市场则可以较好地解决上述问题。因为市场既是一种信息体系，

① 索尔·埃斯特林、尤里安·勒·格兰德编《市场社会主义》，邓正来等译，经济日报出版社，1993，第33页。

又是一种激励制度。价格机制向商品供应者发出信号，向他们表明消费者对不同商品的需求是什么，同时价格机制又给予商品供应者以某种激励，促使他们转向生产供不应求的商品。除了在效率方面市场优于计划以外，市场还促进了自由和民主。就促进自由而言，市场的存在意味着人们在购买什么和在哪儿购买有较大的选择自由，在何时和何地工作有较大的选择自由，此外还会有较大的言论自由。就促进民主而言，市场的存在使工业民主也成为可能，即企业将可能在生产什么，怎样生产等问题上拥有自主的决策权。

约翰·罗莫也认为，“任何复杂的社会都必须利用市场，以便生产和分配人们为自我实现和福利所需要的物品。”① 他以苏联型经济失败的原因为例论证了为什么市场优于计划。他指出，在 20 世纪 30 年代以及二战后的 1950～1970 年，苏联经济的运转非常出色，但是到了 80 年代，其经济的运转出了问题。这是因为，在二战后不久的时期，没有技术革新经济也能迅速增长，因为此时的经济活动大多是对二战中遭破坏的经济的重建，是粗放增长型经济。但到了 80 年代，或许比 80 年代更早，经济的增长开始更多地依赖经济革新的能力，即采用生产改进的商品的新技术的能力。在这一点上，“苏联型经济令人沮丧地失灵了”。② 这是因为，“没有市场提供的竞争——国内的和国际的——企业就没有进行革新的压力，而没有竞争的动力，革新就不会发生，至少达不到市场经济引发的那种程度”。③ 这无非是说，在当今的新技术革命时代，就对经济的发展而言，市场要大大优于计划。

施威卡特则通过对计划经济的回顾论证了市场要比计划优越。他首先指出，计划经济并非绝对不可行。在苏联、东欧、中国和其他地方，计划经济就搞了几十年，而且也取得过很大的成绩。以苏联的情况为例：尽管面临严酷的国际敌视和德国的入侵，苏联的计划经济仍持续了四分之三世纪，并设法在一个巨大的半封建的国家实现了工业化，解决了其公民的衣、食、住及教育的问题，而且还创造了世界级的科学机构。这样的经济制度不应说是“不可能的”。但他接着指出，“不可能的”反面并不是“最理想的”。苏联的经济以及以苏联经济为模式的经济总是遇到效率的问题，而且这一问题随着经济的发展变得越来越严重。这是因为，“当生产数量相对说来还不多的

① 约翰·罗默：《社会主义的未来》，余文烈等译，重庆出版社，1997，第 24 页。
② 约翰·罗默：《社会主义的未来》，余文烈等译，重庆出版社，1997，第 39 页。
③ 约翰·罗默：《社会主义的未来》，余文烈等译，重庆出版社，1997，第 39 页。

商品时候，当数量更重于质量的时候，信息问题还容易解决，当要求生产更多、更好的商品时候，信息问题就变得不好解决了。所有的中央计划经济一旦达到一定的发展水平就不得不引入市场的改革，这不是没有理由的”。[①]

“市场优越论”的提出使市场能与社会主义“联姻”的论证最终得以成立。

把以上三个论证联系起来，我们可以看到，新市场社会主义者是这样论证市场能与社会主义“联姻”的：社会主义的目的是实现平等、自由、民主等价值目标，计划和市场都是实现这些目标的手段；作为实现社会主义目标的手段的计划和市场都是中性的，它们既可以为资本主义服务，又可为社会主义服务；就实现社会主义的目标而言，市场比计划更优越。因此，市场与社会主义的“联姻”不但是可能的，而且是必要的。

当前我国仍处于由传统的计划经济向社会主义市场经济的转变过程中，要顺利完成这一转变，从理论上搞清楚市场与社会主义的关系是非常必要的。在这个问题上，我们曾很长时期受传统观念的束缚，把市场经济等同于资本主义，把计划经济等同于社会主义。邓小平同志在视察南方时虽然明确指出这种观念是错误的，但如何从理论上进一步对邓小平同志的论断做出深入系统的说明却还是一件没有真正完成的任务。80 年代以来西方市场社会主义者对市场为何能与社会主义“联姻”的论证虽然存在很多缺陷，但无疑会给我们一些新的启示。

（作者单位：中国人民大学马克思主义学院）

① 伯特尔·奥尔曼编《市场社会主义——社会主义者之间的争论》，段忠桥译，新华出版社，2000，第 10 页。

中国市场经济的“社会主义”底线*

马拥军

改革开放的成功，有多少应当归功于原有的“社会主义”因素，有多少应当归功于改革本身？这是在讨论“社会主义市场经济”时不容回避的问题。在有些人看来，改革本身就表明改革前社会主义已经彻底失败，因此改革的成功就是“资本主义”的成功；中国的市场经济打的虽然是“社会主义市场经济”的招牌，但骨子里是资本主义市场经济，因为从来就不存在“非资本主义”的市场经济，市场经济本身就是资本主义的，除了“社会主义”这面招牌，其余方面中国的市场经济与资本主义市场经济没有实质性的区别。用卢卡奇的说法，这很像一个被丈夫背弃的怨妇，不顾一切地坚持“世界上没有一个好男人”的观念。考虑到这种没脑子、容易上当的“怨妇”还不少，必须正面回应那些千方百计强化这种错误的企图。任何逃避都只会加深已经存在的理论混乱。

毋庸讳言，中国的社会主义市场经济本身包含了私有经济、外资经济等社会主义的异质成分。之所以如此，正如列宁指出的那样，是由于这些因素相对于社会主义是祸患，但相对于小生产来说是幸福。鉴于社会主义中国的生产力水平起点很低，不仅远远达不到马克思和恩格斯所设想的作为共产主义第一阶段的社会主义水平，而且比发达资本主义国家还要低，我们不得不利用资本主义因素战胜自身还残存的前资本主义生产方式，以提高自身的生产力水平，巩固和发展社会主义经济基础。资产阶级学者故意混淆是非，试

* 本文是国家社会科学基金项目“需要结构的生产和经济空间的扩张研究”（编号 14BZX014）的阶段性成果。

图把中国的前资本主义因素所造成的缺陷说成社会主义固有的本质，借机污蔑和攻击社会主义。有的人试图借新型城镇化之机搞土地私有化，有的以效率为名试图取消国有经济，总之，他们是试图取消社会主义的经济基础。对此，我们不得不高声宣布：够了，对社会主义的侵蚀和蚕食到此为止！

中国的社会主义市场经济有很大的包容性，为了医治自身的疾病，它甚至连毒药都能服下；但如果有谁以为中国的市场经济没有社会主义底线，以为可以借机毒死这个巨人，那就让他试试吧！

一　市场经济的资本主义道路与非资本主义道路

在《亚当·斯密在北京》的第一章，阿里吉提出：“社会主义市场经济难道不是自相矛盾的说法，正如左、中、右各翼普遍相信的那样？如果它并非自相矛盾，那它又是什么，它在什么条件下能够实现？”[①] 阿里吉认为“社会主义市场经济”并不自相矛盾，他引用了罗伯特·布伦纳关于“新斯密马克思主义”的说法来描述中国的市场经济，并表示赞同萨米尔·阿明的看法：“只要仍然承认平等拥有土地的原则并切实加以贯彻，通过社会行动成功地影响一个尚不确定的演变过程为时未晚。”[②]

让我们检验一下阿里吉的看法。

首先，用“新斯密马克思主义”来称呼邓小平关于“社会主义市场经济”的思想是否恰当？

斯密在《国富论》中研究中国古代的市场经济与近代荷兰的市场经济时，区分了市场经济的“自然”道路和“非自然”道路，认为中国古代的市场经济属于前者，而近代荷兰的市场经济属于后者。阿里吉认为：“斯密所说的经济发展的‘非自然的’道路，就是马克思所说的资本主义道路。”[③] 斯密把资本主义道路视为“非自然的”道路，把非资本主义道路视为“自然的”道路，表明他并不是新（古典）自由主义者所曲解的那个把“资本

① 乔万尼·阿里吉：《亚当·斯密在北京》，路爱国、黄平、许安结译，社会科学文献出版社，2009，第7页。

② 转引自乔万尼·阿里吉《亚当·斯密在北京》，路爱国、黄平、许安结译，社会科学文献出版社，2009，第15页、第6页。

③ 乔万尼·阿里吉：《亚当·斯密在北京》，路爱国、黄平、许安结译，社会科学文献出版社，2009，第68页。

的自由”与“市场的自由”相混淆的斯密；相反，按照斯密的本意，政府应当站在劳动者立场上，而让资本相互竞争，以降低利润率①。在阿里吉看来，所谓“新斯密”，其实是本来意义的斯密；所谓“新斯密马克思主义”，实际上是从研究资本主义市场经济的马克思回到研究不同类型的市场经济的斯密。

如果中国古代就已经建立了发达的市场经济，那为什么还需要“马克思主义”？在阿里吉看来，这是因为，“非自然的”市场经济伴随着军事主义、工业主义和帝国主义，是一种扩张型的经济；而中国古代“自然的”市场经济却与自然经济联系在一起，是一种内敛型的经济。内敛型的经济是自足的，但是在扩张型的经济面前，却败下阵来。马克思主义的作用在于使中国重新获得民族独立，并通过建立社会主义制度，为重新发展商品经济、市场经济铺平道路。

阿里吉认为，中国改革开放以来之所以能获得巨大的进步，恰恰是由于毛泽东时代所奠定的良好基础。以人均寿命、医疗卫生和教育程度为例，中华人民共和国建国初期，人均寿命只有 35 岁，而到“文革”结束时，人均寿命达到了 68 岁。从全世界范围看，在当时的经济水平上，这是一个惊人的成就；由于经济发展水平低，中国不可能具备西方那种发达的医疗条件，但通过中西医结合、建立“赤脚医生”等制度，使得那些常见、易治的疾病得到了有效的控制；同时，毛泽东时代大力普及基础教育，通过扫盲等活动，识字率大幅上升。相对于同等经济水平的发展中国家，中国人民健康、长寿、文化水平高，这使中国的市场经济在起点上远远高于其他国家。更重要的是，毛泽东时代树立了“人民当家做主”的观念，形成了扁平化的社会格局，由于“商品是天生的平等派”，这种扁平化的格局无疑为市场经济的迅速成长扫清了道路。

其次，市场经济可否与“社会主义”兼容？

邓小平曾经讲过：市场经济不等于资本主义，社会主义也有市场；计划经济不等于社会主义，资本主义也有计划。对于不懂理论的人来说，这似乎颇有些诡辩的味道，因为“社会主义有市场”不等于“社会主义也有市场经济”，更不等于已经存在“社会主义市场经济”；同样，“资本主义有计

---

① 阿里吉专门研究了斯密的立场与新自由主义立场的这种区别，参见乔万尼·阿里吉《亚当·斯密在北京》，路爱国、黄平、许安结译，社会科学文献出版社，2009，第 39～40 页。

划”不等于“资本主义也有计划经济”，更不等于已经存在“资本主义计划经济”。实际上，邓小平谈的“社会主义也有市场”，只是讲“市场经济”与“社会主义”可以兼容[①]，而不是说，当时中国已经存在“社会主义市场经济”了；恰恰相反，当时提出这样的理论，是为了论证中国有可能建立“社会主义市场经济”。可能性不等于现实性，从市场经济与社会主义可以兼容的前提出发，到建立“社会主义市场经济”体制，还有漫长的路要走。因此，在当时，“社会主义市场经济”到底能否成功建立，首先是一个实践的问题，而不是一个纯粹理论的问题。

今天人们公认，中国的市场经济体制不仅已经建立，而且它并不是西方那种资本主义模式的市场经济，以至于直到今天，还有一些发达国家不承认中国的“市场经济”地位。现在人们争论的焦点是：这个在人类历史上从来没有存在过的怪物，这个让人爱恨交加的市场经济体制，它究竟是什么性质的？有的人认为是“权贵资本主义”，有的人认为是“精英市场经济”，有的人认为是“市场列宁主义”。这同样不是纯粹的理论争论，不是纯粹的事实判断；而是与下一步的实践选择密切相关的政策主张，一个预设了价值立场的事实判断。

做这个判断时，我们必须既考虑过去，又考虑未来。

毛泽东并非不知道中国的落后。他担心的是，商品经济和市场经济的发展会导致两极分化。如果像新（古典）自由主义者主张的那样，政府对市场不加干预，两极分化就是必然的结果，因为市场竞争与自然界的弱肉强食遵循的是同样的原理——大鱼吃小鱼、小鱼吃虾米的结果，必然是少数人的资产阶级化和绝大多数人的无产阶级化。对毛泽东关于“走资本主义道路的当权派”的指责，邓小平必须以事实做出否定的回答。从“新斯密马克思主义”的立场看，“社会主义市场经济”能否成立，恰恰是毛、邓能否达成一致的要害之所在。从斯密对市场经济的“自然”道路和“非自然”道路的划分看，他显然并不主张政府做旁观者。斯密反对把货币积累置于人民幸福之上，他的“看不见的手”只适用于商品市场，而不适用于资本市场。相反，斯密反对放任资本的狼性，主张政府按照满足需要的原则，对资本进行调控。

斯密的自由主义经济学后来分化成以凯恩斯为代表的镶嵌型自由主义

---

① 其实，西方“市场社会主义”者对此早已经做过论证。

和哈耶克为代表的新古典自由主义两派。在阿里吉看来，改革开放以来中国政府并没有像大卫·哈维所批评的那样，搞“有中国特色的新自由主义”即哈耶克主义，而是采取了凯恩斯主义的宏观调控政策，从而暗合了斯密关于“自然的”市场经济道路的主张。在这个过程中，的确出现了毛泽东所担心的事实，即严重的两极分化现象，但由于中国并没有完全放弃毛泽东的社会主义成果，断言中国已经蜕化成为资本主义国家为时尚早。目前的中国存在的是一种过渡形态的混合型经济，这是一种不稳定的形态，它的前途有可能是资本主义，也有可能是共产主义。其关键则是阿明所指出的原则，即在坚持公有制的基础上，对资本主义成分进行全面的社会主义改造。

我们马上就会看到，坚持土地公有制和不断壮大国有经济，是中国市场经济的两条社会主义底线。只要突破了这两条底线中的任何一条，中国的市场经济就不再是“社会主义”的，中国的市场经济就走上了资本主义的邪路。

二 土地公有制与中国市场经济的“社会主义”属性

众所周知，《资本论》只是马克思原来的“政治经济学批判”研究计划的一部分。在《政治经济学批判》第一卷第一分册中，马克思研究的是“商品和货币”，原计划在第二分册研究“资本”，后来“资本”分册独立成篇，就是今天的《资本论》。由于《政治经济学批判》第一卷第一分册和作为第二分册的《资本论》时间上相距遥远，而且“第二分册”实际上成为独立的专题研究著作，为了便于人们把握作为资本分析前提的商品分析和货币分析，马克思把《政治经济学批判》第一卷第一分册的内容概括为《资本论》的第一篇“商品和货币”，然后通过短短的第二篇“货币转化为资本”，阐发了从非资本主义市场经济转化为资本主义市场经济的（辩证）逻辑条件：劳动力成为商品。

不仅如此，在第七篇第二十四章“所谓原始积累”中，马克思分析了从非资本主义市场经济向资本主义市场经济过渡的历史条件：“货币和商品……需要转化为资本。但是这种转化本身只有在一定的情况下才能发生，这些情况归结起来就是：两种极不相同的商品占有者必须互相对立和发生接触；一方面是货币、生产资料和生活资料的所有者，他们要购买他人的劳动力来增殖自己所占有的价值总额；另一方面是自由劳动者，自己劳动力的出卖者，也就是劳动的出卖者。自由劳动者……同生产资料分离了，失去了生产资料。商品市场的这种两极分化，造成了资本主义生产的基本条件。资本关系以劳动者和劳动实现条件的所有权之间的分离为前提。”① 在这一意义上，“所谓原始积累只不过是生产者和生产资料分离的历史过程”②，也就是非资本主义市场经济转化为资本主义市场经济的过程。

那么，为什么西欧进入了资本主义社会，而中国改革开放以来建立的市场经济就是非资本主义性质，甚至是社会主义性质的呢？

这主要是与土地所有制问题联系在一起的。

正如马克思所指出的那样，在西欧，“资本主义社会的经济结构是从封建社会的经济结构中产生的，后者的解体使前者的要素得到解放”③。以农村为例，马克思在这一章的第二节专门研究了“对农村居民土地的剥夺”。从中我们可以看到，英国对农村居民土地的剥夺，不仅包含伴随当代中国房地产业发展的“暴力拆迁”现象，而且中国正在进行的土地集中也曾经在英国如火如荼地依次推进过，对此马克思总结说：“掠夺教会财产，欺骗性地出让国有土地，盗窃公有地，用剥夺方法、用残暴的恐怖手段把封建财产和克兰财产转化为现代私有财产——这就是原始积累的各种田园诗式的方法。这些方法为资本主义农业夺得了地盘，使土地与资本合并，为城市工业造成了不受法律保护的无产阶级的必要供给。”④

有些《资本论》的研究者，如布伦纳，据此区分了市场经济的发展和资本主义本身的发展。在布伦纳看来，只有完成了生产资料和劳动者分离、因而劳动者只能依靠出卖劳动力为生的市场经济才是资本主义市场经济，只要劳动者与生产资料的分离没有完成，那么这种市场经济就仍然是非资本主义市场经济。阿里吉评论说：“虽然这个区分主要依据起源于欧洲的资本主义发展历史，但它与阿明的评估是一致的，即：在当代中国，只要仍然承认平等拥有土地的原则并加以贯彻，通过社会运动使之向非资本主义方向演变尚为时不晚。因为只要这个原则在实践中得到维护，布伦纳关于资本主义发展的第二个条件（直接生产者必须丧失对生产资料的控制）就远没有完全

① 《马克思恩格斯文集》第 5 卷，人民出版社，2009，第 821 页。

② 《马克思恩格斯文集》第 5 卷，人民出版社，2009，第 822 页。

③ 《马克思恩格斯文集》第 5 卷，人民出版社，2009，第 822 页。

④ 《马克思恩格斯文集》第 5 卷，人民出版社，2009，第 842 页。

建立起来。因此，不管追逐利润的市场交换如何扩张，中国发展的性质并非是资本主义的。”①

需要补充说明的是：非资本主义不等于社会主义，社会主义以满足人民群众日益增长的物质文化需要为生产目的，因此“追逐利润的市场交换”的过度扩张虽然并不必然导致资本主义，但它必然背离社会主义。后文会看到，这是我们强调不断壮大的国有经济是社会主义市场经济第二条底线的原因所在。现在先让我们来研究一下阿里吉如何看待“平等拥有土地的原则”与农民的无产阶级化的关系。

阿里吉曾在《罗得西亚的政治经济》和《历史视角下的劳动供给》中，分析了罗得西亚农民全面无产阶级化给资本积累造成矛盾的途径。所谓“无产阶级化”，是指农民逐渐失去生产资料，特别是土地，从而不得不日益依靠出卖劳动力为生的过程。阿里吉指出：“只要无产阶级化是局部的，那么它就创造了非洲农民贴补资本积累的条件，因为他们生产了自己的部分生存品（从而愿意接受比较低的工资）。不过，农民越是无产阶级化，这种机制就越趋向瓦解。只有在支付全部生活工资时，全面无产阶级化的劳工才会（感到）受到剥削。因此，无产阶级化其实使对劳工的剥削更困难而非更容易，而且往往要求政权变得更加压制。”② 中国农民以不同的方式经历了同样的无产阶级化过程。用这种观点说明中国传统农民到当代“农民工”的转化，就能够理解中国市场经济独特的“社会主义”性质。

所谓“平等拥有土地”，根据《资本论》的描述，是指英国资本主义普遍发展之前普遍存在的自耕农与土地的关系。正如乔治·亨利对美国农业发展过程的描述一样，阿里吉认为，非洲罗得西亚的农民开始也是自耕农，因此对于他们，做工只是贴补家用的一种手段而已。只是随着工资收入在全部家庭中占比逐渐变大，才开始了农民的无产阶级化过程。一旦失去土地，农民就不得不完全依靠出卖劳动力为生，从而实现彻底的无产阶级化。但是中国不同，农村土地是公有的，因此家庭承包土地与“土地私有化”是截然不同的两码事，我更愿意称为土地的“私用化”。公有制下的土地制度与自耕农占有制不同：后者是私有制，因而农民可以自由出卖土地，随着两极分

① 乔万尼·阿里吉：《亚当·斯密在北京》，路爱国、黄平、许安结译，社会科学文献出版社，2009，第 15 页。

② 乔万尼·阿里吉：《亚当·斯密在北京》，《资本的曲折道路（代序）》，路爱国、黄平、许安结译，社会科学文献出版社，2009，第 3 页。括号中的部分是我加的说明。

化的加剧，必然导致土地兼并和农民失去土地，因而成为完全的无产者；前者则意味着农民只能出让土地的经营权，不能出卖土地的所有权，因为随着承包期满，需要根据人口的增减重新分配土地的承包额度，以确保公有土地使用权的平等。因此，只要土地公有制仍然存在，农民的彻底无产阶级化就永远不会完成，因为农民始终有土地这种生产资料的使用权。

一旦把问题放到毛泽东的语境中，我们就可以看到，自耕农制度下的无产阶级化类似于中国“新民主主义社会”的两极分化过程。如果没有任何外部因素的干扰，那么，其自然结果必然是走向农民的彻底无产阶级化，并最终形成资本主义市场经济。但是由于改革开放以来的市场经济是以土地的公有制为前提的，因此不可能实现土地所有权的兼并。这是中国农民在缺乏社会保障的条件下仍然能够维持最低生存条件的秘密之所在，由此，土地公有制构成了社会主义市场经济的第一个经济基础。

把“土地私用化”变为“土地私有化”，意味着剥夺下一代农民对土地的使用权；这一社会主义经济基础的崩溃，其必然结果是农民的彻底无产阶级化。为了避免农民的彻底无产阶级化，就必须明确土地经营权流转的界限，只允许使用权的集中，坚决反对土地的私有化，不允许土地所有权的集中。

三　国有企业与中国市场经济的“社会主义”属性

如果说，土地公有制是社会主义经济基础的第一道防线，那么国有企业就是第二道防线。前者是对所谓“原始积累”的制约，后者是对资本积累的制约。虽然在过剩经济时代到来之前，无论土地公有制还是国有企业，在保证人民群众基本生活条件的意义上，都有利于资本主义的发展而不是妨碍资本主义的发展。

无论是私人企业，还是外资企业，都是资本主义企业，因为它们都以“利润”或剩余价值剥削为特征。在土地公有制条件下，农民工因为有土地收益作为补充，能够接受比城市工人更低的工资，这有效压低了资本主义企业的劳动力成本，因而事实上构成了对资本主义的贴补。另外，农民工因为有农村土地作为根据地，不必过分担心失业的威胁，因而在工资收入的讨价还价方面比彻底无产阶级化了的农民处于更加有利的地位，由此决定了他们对城市工人的压力没有彻底无产阶级化了的农民那样大。而所有这一切，又都有助于资本主义企业剩余价值的实现。

按照马克思的理论，资本主义生产的内在矛盾，突出地表现为剩余价值生产和剩余价值实现的矛盾：一方面，为了提高剩余价值率，资本家必须千方百计压低工人工资，因为它构成了资本主义企业的“劳动力成本”；另一方面，工人的工资水平决定着他们的有效需求水平，为了实现需求拉动必须不断提高工资水平，否则会导致产品积压，妨碍剩余价值的实现。由于单个企业生产的有计划有组织和整个社会生产的无政府状态的矛盾，资本主义经济必然会爆发周期性的危机，为剩余价值的实现强制开辟道路。

凯恩斯革命和罗斯福新政本质上都是从需求方面改善剩余价值的实现条件，就此而言，福利国家、福利社会政策延缓了资本主义的灭亡。但是，福利政策以民族国家作为基本单位，随着全球化时代的到来，民族国家面临着资本外流的压力，不得不采取放松管制、减免税收的政策，从而使得福利政策失去资金来源。在《21 世纪资本论》中皮凯蒂提出以税收政策促进平等，其措施之所以不可行，原因就在这里。

中国比发达资本主义国家更加需要资本，因此中国同样不能把提高对资本主义企业的税收作为实现平等的唯一途径，否则同样会导致资本外流。在这种情况下，我们就能够理解，为什么皮凯蒂会赞赏中国所大量保有的公共资本，认为它为保证中国人民平等享有经济发展和社会进步的权利提供了保障①。为此，皮凯蒂反对公共资本的私有化，认为它会使中国重蹈西方发达国家贫富两极分化的覆辙。

皮凯蒂的看法是富于启发性的。中国的国有经济不是为“效率”，而是为“公平”存在的。因此，那些指责公共资本“没有效率”、试图实现国有企业私有化的人完全不得要领。现在通行的“效率”标准并不是使用价值的生产，而是利润的生产即剩余价值的生产，国有企业的生产本来就是以“满足人民群众的需要”为目的，至于利润，不过是实现这种目的的手段而已。绝不能用资本主义生产的尺子来衡量社会主义企业，否则就是本末倒置。

产能过剩本身说明的是价值生产和剩余价值生产没有效率，它并不能说明国有企业在使用价值生产方面没有效率。正如农业用价值（货币）生产

---

① 托马斯·皮凯蒂：《21 世纪资本论》，巴曙松等译，中信出版社，2014，“中文版自序”，第 XVII 页。

的标准或资本生产的标准衡量没有效率，并不意味着在农产品生产上没有效率一样。正是农产品的使用价值，保证了农民工失业后的温饱不受威胁。同样，中国的国有企业虽然没有效率，但它的继续开工一方面保证了本部门工人的就业，另一方面保证了为国有企业提供生产资料的私人部门能够顺利实现再生产。尤其是在过剩经济时代，正如农村土地的公有制一样，国有企业的存在成为保证经济发展和社会公平的蓄水池。

国有企业也需要提高效率，否则与私有经济相比，国有经济会不断萎缩。迄今为止，国有企业提高效率的方法，并不是像哈维所指责的那样，走了一条“中国式的新自由主义”道路[①]，而是引进了现代企业制度，用阿里吉的话说，“关键的改革并非私有化，而是让国有企业引入竞争机制，相互之间、与外国公司之间、特别是与大量新建的私有、半私有和集体所有制企业之间展开竞争”[②]。因此，与马克思的以资本为基础的发展模式相比，阿里吉认为“中国回归市场经济的大多数特点都更加符合以市场为基础的发展概念”。在他看来，将“中国向市场经济转型”定位为“向资本主义转型”必须谨慎，因为政府对资本间竞争的鼓励，“不仅在外资之间，而且在所有资本之间，无论是国外的还是国内的，是私人的还是公有的”，这是斯密式的特征，而不是马克思式的特征，“确实，改革更侧重于通过打破国家垄断和消除壁垒来强化竞争，而不是通过私有化”[③]。这固然“导致了城市工人在毛泽东时代所享有的就业保障的瓦解，以及很多过度盘剥现象，特别是对流动工人”，但同时也导致“资本持续的过度积累以及对压低利润率形成的压力”[④]，看上去这更像是为了国家利益而让所有人特别是资本家相互竞争的斯密式市场经济，而不像是马克思所描述的那种典型的资本主义市场经济。

这样看来，那些主张把国有企业私有化的人，要么是头脑简单，要么是用心险恶。因为苏东国家的历史已经反复证明，虽然在一开始，对国有企业股权搞平均主义、大锅饭式的瓜分，看起来似乎是绝对公平的，能够使百姓

① 参见大卫·哈维《新自由主义简史》，王钦译，上海译文出版社，2010，第137～174页。

② 乔万尼·阿里吉：《亚当·斯密在北京》，路爱国、黄平、许安结译，社会科学文献出版社，2009，第359页。

③ 乔万尼·阿里吉：《亚当·斯密在北京》，路爱国、黄平、许安结译，社会科学文献出版社，2009，第362～363页。

④ 乔万尼·阿里吉：《亚当·斯密在北京》，路爱国、黄平、许安结译，社会科学文献出版社，2009，第363页。

从国有企业官僚的剥削中解放出来，但由于“马太效应”的存在，由于人们的智力水平和勤劳程度不同，即使在完全公平的法律环境下，那些智力水平和勤劳程度高于其他人的少数人，也会通过竞争逐步吞并其他人的财产，导致大多数人的无产阶级化。这正是马克思在《资本论》中所研究的城市中的原始积累过程。

因此，国有企业绝不能搞私有化，这是中国市场经济的另一条“社会主义底线”。一旦突破这条底线，中国将重蹈西方福利社会失败的覆辙，更不要提“全面建成小康社会”的目标了。

四　简短的结语：中国市场经济的未来

严格地说，土地公有制的保持和国有企业的壮大并不是一个单纯的经济学问题，而更多的是一个社会建设的问题，用马克思的话说，是一个“政治经济学批判”的问题。它的立脚点并不是“经济增长”，更不是“利润增长”，而是“满足人民群众日益增长的物质文化需要”，乃至实现中国梦的终极目标：“人民幸福”。

亚当·斯密是一个道德哲学家。他在《道德情操论》中拒绝把达尔文主义当作社会领域的通行准则。他对市场经济的两条道路的区分与这种道德立场完全一致。从斯密的古典自由主义经济学中生长出两种新的经济学：一是凯恩斯和罗斯福的镶嵌型自由主义（NewLiberalism），试图通过对市场狼性的限制，扩展自由的边界，创建“免于匮乏的自由”；二是哈耶克和弗里德曼式的新古典自由主义（Neo - liberalism），试图把“人对人像狼”的市场原则扩展到社会领域，以资本的自由取代人的自由。目前对经济增长率的过分强调，实际上是中了新古典自由主义的毒害。与镶嵌型自由主义不同，新古典自由主义者故意把利润增长与人民幸福相混淆，为此大力鼓吹土地和国有企业的私有化。事实已经证明，虽然新古典自由主义具有巨大的欺骗性，但它对广大人民群众来说是一条死路。且不说它葬送了苏联和东欧等前社会主义国家，即使在最为成功的英国和美国，它也造成了所谓“中产阶级”的日益萎缩。而中国的成功，正如西方马克思主义者所注意到的那样，恰恰由于它没有完全放弃社会主义改造的成果。改革开放以来中国利用资本主义手段发展社会主义的做法，既采纳了某些新古典自由主义的主张，也采纳了某些镶嵌型自由主义的主张，但在政治制度和意识形态方面不仅始终没有丢弃“社会主义”这面旗帜，反而使前30年的成果成为后30年进一步发展的基础。当前中国和世界面临的问题，不仅在于必须坚守中国市场经济的社会主义底线，以推进全面建成小康社会，而且在于随着过剩经济的全球化，必须扬弃发达国家福利社会建设的成果，把中国的“小康梦”变为全世界人民的“大同梦”。为此，必须大力推进代表“人的全面发展”的人文指标和“人的自由发展”的个性指标的建设，把代表“人的片面发展”的单纯经济指标严格限制在满足人的基础需要的范围内。

（作者单位：上海财经大学马克思主义理论教学科研部）

论社会主义市场经济的"人本"规定*

郭忠义　郭彦辰

有一种颇得舆论认同的理论倾向，就是把社会主义市场经济作为"资本"逻辑展开的制度平台，从马克思对资本逻辑的批判推及对现实社会主义市场经济的批评，却忽略了马克思所指出的关于市场经济制度对人的发展的"人本"价值，忽视了市场经济本身蕴含的"人本"元素和精神文明内涵，进而影响了对社会主义市场经济的认知和评价，甚至影响了完善社会主义市场经济体制的改革信念。结果，在中国特色社会主义文化建构中，导致经济结构与文化结构二元分裂：市场经济找不到内生性人文价值目标，文化精神找不到约束资本肆虐的合理性理念，文化自觉的和文化自信找不到经济制度基础。于是，探索社会主义市场经济精神的"人本"理念，已经成为完善社会主义市场经济制度和精神文明建设的关键所在。

一　国人对市场经济理解的三大观念误区及其辨证

1. 误区之一：市场经济是与社会主义精神文明对立的存在

以快速赶超、实现四化为目标导向中国的经济体制改革，在效率优先约束下，很快确立了市场化取向。改革之初人们发现，凡是引入了市场因素的地方，经济就充满活力。于是认为，市场虽然是资本主义的东西，但能推动

* 本文为国家社会基金项目"中国奇迹的意识形态原因研究"（08BKS056）、辽宁经济社会发展重点项目"中国经验——十六大以来的历史进程及宝贵经验研究"（20131s1ktzdian－13）的成果之一。

生产力发展，可以作为计划经济的补充。在“解放思想，实事求是”的思想路线的指导下，在东欧剧变的巨大压力下，90 年代初，中国共产党人终于突破了一百五十年来共产主义运动关于“市场经济等于资本主义”的理论教条，选择了社会主义市场经济的目标模式。这次的伟大理论创新主要在于将实践标准进一步具体化为“三个有利于”标准，从发展生产力、解放生产力的角度界定社会主义的本质和根本任务，强调经济建设为中心的基本路线的百年国策，明确了经济体制改革的市场化目标，也明确了中国将积极参与全球化融入世界经济体系这一“开放”指向。二十多年铁的事实证明，这是决定中华民族历史命运的伟大历史抉择，也是世界经济史上的重大事件。正如美国卡内基国际和平基金会高级研究员裴敏欣认为，如果要排列二战后世界上最重要的有影响世界格局的国际事件，那么除了冷战结束，中国因改革开放而崛起并成功融入世界经济体系排在第二位不会有争议。

这次由理论创新导致的制度创新，具有不可估量的伟大历史意义，但是 20 年前的特定语境决定了对市场的认知主要侧重于突破“姓社”“姓资”的政治考量和经济效率上的权衡，将市场经济视为物质化的有效率的资源配置方式，而对于它的精神性内核尚无从容的理论探究。

1996 年《中共中央关于加强社会主义精神文明建设若干重要问题的决议》阐明了社会主义精神文明建设的战略意义和富有成效的具体举措。指出“建立社会主义市场经济体制是我国经济振兴和社会进步的必由之路，是一项前无古人的伟大创举。这种经济体制，不仅同社会主义基本经济制度政治制度结合在一起，而且同社会主义精神文明结合在一起”。[①] 然而，理论界没有给出二者结合的明晰的逻辑路径，极易使人理解为二者的外生性简单相加。

首先，从物质文明、精神文明建设“两手抓”的角度立论，强调“在发展社会主义市场经济和对外开放条件下建设社会主义精神文明”、强调社会主义精神文明与市场经济的结合本身就隐含着二者分立的逻辑前提。

其次，《决议》是用社会主义思想道德的三大理念“爱国主义、社会主义、集体主义”统领精神文明建设，但是，没有指出经济全球化背景下的爱国主义与非经济语境中传统的国家至上的爱国主义、产权分立为基础的利

① 《十四大以来重要文献选编》下，人民出版社，1999，第 2048 页。

益多元化下的社会主义与计划经济利益一元基础上的社会主义、市场主体化下的经济单位及个人的集体主义与行政化下的个人、单位（企业）集体主义的重大差别。强调以为人民服务为核心、以集体主义为原则，却没有明确社会主义市场经济背景下为人民服务的互利化和趋利化特性与传统的计划经济条件下为人民服务的无私化祛利化特性的重大差异，没有明确一体化政治集体与竞争化经济集体的差异，没有明确企业化组织中个体与集体利益冲突、零和博弈状态下集体主义的伦理准则。

于是，在顶层设计上，没有实现传统社会主义道德理念的时代化进展，没有找到市场经济原生性精神文明元素与社会主义精神文明内生性结合的人文基础和逻辑环节，造成了在人性假设、基本理念上都有重大差异的市场经济与社会主义精神文明的内在断裂。进而形成了一个基本的大众化观念误区：市场经济是物质文明建设，道德科教文化建设是精神文明建设；要两个文明一起抓，用市场经济创造效率和物质文明，用社会主义道德创造精神文明。正是这种误区，导致了精神文明与市场经济制度的分裂，由这种分裂导致了真实的物化人格与虚假的道德人格的分裂，造成了普遍的道德精神与伦理准则的迷失。

人类的许多制度创新和文明形式都已经变作历史的遗迹，而市场经济则从近万年前简单交换行为，演进到古代的商品经济，现代市场经济，最终发展成 20 世纪波澜壮阔的全球化运动，必然蕴含着内生性的与经济制度共生的一以贯之的精神文明理念。马克斯 · 韦伯早就说明，导致现代资本主义（也可视为市场经济）生成的不是生产力、科学技术、人口等物质的要素，而是新教伦理为代表的精神文明。没有市场经济精神的文化自觉，市场经济就不可能走出野蛮而步入文明。

2. 误区之二：对两极分化、社会不公现象的“资本原罪 - 市场趋恶”归因

从空想社会主义把私有制和资本视为万恶之源，到经典马克思主义理论家对资本批判脍炙人口的名言，——“资本来到世间，从头到脚，每个毛孔都滴着血和肮脏的东西。”[①]“资本原罪”成为深入人心的传统社会主义意识形态的核心理念。市场经济因被视为资本逻辑展开的制度平台、以资本为核心的经济运行方式和资源配置方式，而成为“市场经济等于资本主义”

① 《马克思恩格斯选集》第 2 卷，人民出版社，1995，第 266 页。

理论教条的逻辑支撑。尽管改革开放的意识形态摈弃了这一理论教条，尽管关于姓社姓资、姓公姓私的大讨论导致了惊人的思想大解放，但“资本原罪”理念依然在人们的灵魂深处打上了刻骨铭心、难以磨灭的意识形态烙印。

我国哲学社会学界由于受到经典马克思主义与西方马克思主义对资本逻辑批判主题的影响，近年来许多学者都把市场经济视为资本逻辑展开的制度平台，对资本逻辑展开了无情的深刻批判，并把资本逻辑及其现实展开视为中国社会诸多社会问题产生的主要根源，市场经济也被视为两极分化分配不公的根本原因。国家刚刚公布的统计数据 2012 年基尼系数已达 0.474 的高位，民间组织的测算更是达到超过 0.6 的收入差距悬殊边界。那么两极分化的主要原因是否为市场经济呢?

自由竞争必然导致两极分化几乎是尽人皆知的经济学常识，当它与资本原罪观念叠加时，就影响了对市场经济的全面认知，甚至影响了一些人对改革开放的坚定信念。

毫无疑问，自由竞争是市场经济的第一特性，优胜劣汰、两极分化是自由市场经济的首要制度效应。然而，自战后凯恩斯宏观经济学成为显学并主导欧美经济政策以来，现代市场经济已经是国家宏观调控的市场经济。包括英美在内的所有发达市场经济国家的基尼系数都远比中国低得多，社会也相应呈现相对公平的橄榄形结构。说明两极分化不是现代市场经济的必然结果。那么，学界和大众流行的“资本、市场趋恶”观念就值得摒弃。

要实现中国特色社会主义与现实实践的适应与理论发展，有必要再认马克思关于资本的名言，摈弃“资本、市场趋恶”观念。

首先，尽管马克思在《资本论》中以深刻的逻辑分析和生动的历史分析刻画出资本批判的思想主题，但依然坚持辩证法的分析逻辑，对资本及其赖以展开的经济关系的积极作用做了描述，遗憾的是人们对之很少关注并在意识形态斗争中刻意遮蔽。《共产党宣言》中，马克思指出资本及其赖以运行的所有制关系，奇迹般地创造出庞大的生产资料和交换手段的现代资产阶级社会，在不到一百年的时间里“创造的生产力，比过去一切世代创造的生产力还要多，还要大。自然力的征服，机械的采用，化学在工业和农业中的应用，轮船的行驶，铁路的通行，电报的使用，整个大陆的开垦，河川的通航，仿佛用法术呼唤出来的大量的人口，——过去在哪个世纪料想到社会劳动里蕴藏着这样的生产力呢"?[①] 从这个意义上说上说，资本极大地推动了历史发展和人类进步。它所呼唤出的庞大复杂的交换关系和生产关系，一方面导致了人的物化和无产阶级的不成其为人，另一方面，为人的发展包括无产阶级的发展创造了经济和社会条件。马克思在 1867 年的《资本论》第一版序言中就明确指出，在财产关系方面的社会进步，"仍然是无可怀疑的，……在德国，在法国，一句话，在欧洲大陆的一切文明国家，现有的劳资关系的变化同英国一样明显，一样不可避免"。[②] 这种变革历经 100 多年，资本在当代发达国家，已经很大程度地被社会所驾驭并成为社会财富创造和公共福利的物质基础。在发展中国家，资本是贫困国家走出恶性循环、实现经济起飞的首要物质条件。可见，资本本身没有原罪，罪恶在于使用资本的人与资本运行缺少"人本"精神的制度边界。

其次，资本也经历了革命性的蜕变，不仅不是必然导致两极分化的首要的决定性的因素，而且被社会所驾驭的资本还可能成为消除两极分化的因素。马克思对资本罪恶的批判的焦点在于资本通过支配劳动（导致劳动异化）支配人进而支配社会。当代股份制的迅猛发展导致了资本的社会化；经理人阶层的兴起意味着资本与劳动的关系开始发生转换——由资本支配劳动转向劳动支配资本，即人力资源在生产要素中已居于主导地位。可见，资本在当代市场经济系统和社会结构中，尤其是在社会主义市场经济体系中已经退出其支配地位。

再次，萨缪尔森认为，"市场并不一定产生一种被认为是社会公正或平等的收入分配，一个完全自由放任的市场经济可能产生不可接受的、极大的在收入与消费上的不平等"。然而，市场上的"物品跟随的是货币选票，而不是最大的需要。一个富人的猫喝到的牛奶也许正是一个穷人的孩子维持健康所必要的。之所以发生这样的情况，是因为市场失灵吗？根本不是，因为市场机制在完成它的工作，即把物品交给那些有货币选票的人。如果一个国家花费在宠物食品上的支出高于它花费在给穷人以高等教育上的支出，那么，这是收入分配的缺陷，而不是市场的过错。甚至最有效率的市场体系也可能产生极大的不平等。"[③] 可见，市场机制可以产生不平等，但有政府调

① 《马克思恩格斯文集》第 2 卷，人民出版社，2009，第 36 页。

② 《马克思恩格斯选集》第 2 卷，人民出版社，1995，第 102 页。

③ 保罗 · A. 萨缪尔森、威廉 · D. 诺德豪斯：《经济学》，萧琛译，北京经济学院出版社，1996，第77 页。

控的现代市场经济体系可以通过遗产税、高额累进税、转移支付等政策可以缓解市场带来的分配不公，抑制两极分化。我国的社会主义市场经济因公有制为主体、国家掌控经济命脉，不仅有比欧美更强的宏观调控能力，也有可以借鉴发达国家调控市场成熟经验的后发优势。那么，我国的两极分化主因显然不在于市场经济，而在于市场经济体系的不完善，在于各种权力对市场的强势介入并通过扭曲市场秩序和规则，攫取的垄断性灰色或腐败超级收益。中国年近 10 万亿的灰色收益是两极分化的重要原因之一。可见，中国分配不公与两极分化的主因不在于“市场失灵”，而在于各种垄断设租增加的巨额交易成本租金化，在于权力以不当干预为表现的“政府失灵”。

3. 误区之三：市场经济主体的经济人趋利本性必然导致人性迷失和道德滑坡

从 1998 年 1 月山西朔州毒酒案，2008 年 9 月的毒奶粉案，到现今令人倒胃的口水油、地沟油案等众多的食品安全案；从震惊全国的山西黑煤窑奴童奴工事件、屡屡见诸报端的胁迫智障奴工案、令人发指洛阳性奴案，到此起彼伏的煤矿特大事故、络绎不绝的路桥坍塌事故、包茂高速延安段客车追尾事故；无不表现出对利益的贪婪、对他人生命权利的漠视，无不诠释着祸事制造者道德底线的崩溃和人性的沉沦与迷失。于是，很多人就认为是市场和竞争把过去的正常人变成追求利益最大化的“经济人”，又从“经济人”变成魔鬼。

难道这一切真是市场经济惹的祸吗？回答是否定的。

从现实看，在发达市场经济国家，奴隶劳动、强迫劳动、胁迫童工、胁迫智障人劳动早已绝迹，即使是最自由的市场经济国家，也有严谨细密的保护工人基本权利和劳动权利的法律规约，也有对企业生产过程近乎苛刻的法律要求和严格有效的监管机构。“问题奶粉”事件后，国人对洋奶粉需求剧增使香港市场上奶粉屡屡售罄，也说明“问题奶粉”与市场经济制度无必然联系，因为，香港是举世公认的最自由的英美式市场经济体系。

从历史看，马克斯·韦伯早就指出，在古代中国、印度、巴比伦、地中海等世界各地商业资本、金融资本、掠夺性资本、投机性资本，早已产生且持续存在，但这些资本都没有发展出近代工业资本主义的市场主体。“他们的活动在过去主要地具有一种非理性的和投机的性质，或趋向于凭借武力以获利”。[①] 只有西方产生了真正的资本主义形式（可以理解为秉承市场经济精神的市场经济）——“自由劳动之理性的资本主义组织方式”。这种“理性的工业组织只与固定的市场相协调，而不是和政治的或非理性的投资赢利活动相适应”，[②] 更不是以强制性、胁迫性奴隶劳动为手段。数量化管理、遵循法律、崇尚信用企业主体是理性的市场经济组织的基本特征，伦理精神乃是英国工业资本主义兴起的关键所在。在被韦伯作为资本主义精神的人格典型的本杰明·富兰克林身上，虽然具有趋利和致富的动机，却无任何唯利是图的坑蒙拐骗。相反他以耶稣和苏格拉底为榜样，志于养成所有美德的习惯，身体力行“节制、缄默、秩序、决心、节俭、勤奋、真诚、正义、中庸、整洁、冷静、节欲、谦逊”等 13 种品德。可见，道德败坏可能伴随人的趋利行为，但绝不是市场经济的必然产物。相反，市场经济走向文明要以克服道德机会主义行为和告别丑恶卑鄙的野蛮经营为基本条件。

那么，当今国人的道德沦落就不能仅仅局限于市场制度归因，更要探讨投入了巨大的德育成本而绩效堪忧的道德体系本身的缺陷。

马克思主义认为，道德是具有历史性的社会意识，无论怎样具有相对独立性，依然要随着生产方式为核心的社会存在的变迁而变迁。随着市场化、工业化迅速来临，城市化也勃然兴起，与之相应的人的生存方式的变化是由传统的“熟识人”社会，走向现代城市的“陌生人”社会。基于小农经济和家族伦理的传统的儒家社会伦理，难以规范以经济利益关系为连接纽带的现代城市陌生人的伦理关系，正如马克斯·韦伯所言，现代社会需要由价值伦理向职业伦理的变迁。从网传“最美司机”到“最美警花”，人们已经不是需要圣徒般不食人间烟火的完美无缺的道德偶像，而是凡人式的恪尽职业约定和操守、尽职敬业的世俗道德英雄。救火队员、警察、军人那种因职业操守而必须秉持的舍己为人的献身精神，已经不再是每个凡人的道德义务。灭火、擒凶也不是妇女、儿童、手无寸铁的市民必尽的道德责任，因为牺牲自己的生命拯救他人生命固然崇高，但尊重自我的生命与尊重他人的生命起码具有同样的价值。面对“小月月”事件的人性冷漠、面对跌到老人“扶

① 马克斯·韦伯：《新教伦理与资本主义精神》，于晓等译，生活·读书·新知三联书店，1987，第 10～11 页。

② 马克斯·韦伯：《新教伦理与资本主义精神》，于晓等译，生活·读书·新知三联书店，1987，第 11 页。

不扶”艰难抉择，实质是在市场经济条件下的利益网络社会中，意识形态呼唤的“道德人”成本如此之高，已经无法应对“陌生人”社会的道德风险及其附带的巨大的利益损失。它不仅是对每个人灵魂的拷问，更是对道德伦理原则及其规范体系的拷问；不仅是反映了计划经济伦理与市场经济伦理的深刻冲突，而且反映了绝对利他主义原则支配的祛利型道德体系与形式化普遍主义原则支配的调节利益关系的民法体系的深刻冲突。一定意义上说，表现了计划经济背景下生成并曾深入人心的传统社会主义伦理精神的崩溃。

因此，当前我们的道德滑坡不能归结为市场原罪，更不能简单归结为社会主义市场经济所致，那是人文工作者的理论误判和不负责任的思想逃避。我们的道德危机实质是计划经济下流行的道德对市场经济的不适应造成的道德本身的危机。根源在于经济体制改革与制度文明建构缺少伦理精神，缺少对市场经济内生性人本理念的认知，缺少社会主义市场经济伦理灵魂的重生性建构。

看来，我们需要反思市场经济的人本规定，并以之为原则重新建立社会主义市场经济的伦理坐标，为伦理精神找到市场配置资源的物质生活世界的世俗基础，为现实市场化的物质生活世界找到可行的伦理价值原则。

二　市场经济内生性的人本价值原则再认

本文所说的人本，是指与资本和物本不同的人本主义价值理念。所谓人本主义，在西方是一种区别于从神和自然角度出发，也就是从人的角度出发看世界的世界观；[①] 本文所谓“人本规定”则是指基于人、为了人、以人为核心的价值原则及其对制度（包括正式制度和非正式制度）演化、制度设计和安排的精神制导和约束。这种人本价值原则主要以基于西方人文主义、人道主义和马克思的人本思想。

马克思哲学，虽无明确的人本概念界定，但无疑是在西方人本语境下展开的关于人的解放、自由和全面发展的学说，是对西方人本主义思想的批判继承和高扬。毫无疑问，人本规定是贯穿全部哲学和思想的最基本的价值规

① 雅各布·布克哈特：《意大利文艺复兴时期的文化》，何新译，商务印书馆，1997。

定。他继承了文艺复兴以来的人文传统，将人与社会作为思考的重心，批判一切神包括黑格尔及其弟子们的神化的绝对观念及其变种的虚幻。他将自然视作向人而生的人化自然，将人本质视为一个多样性的展开的历史过程，将人的本质视为社会实践的本质，将人置于现实的物质生活关系而非生物性关系中来考察。他将人作为最高的价值和目的，将人的自由和发展作为人类社会的理想归宿和为之终生奋斗的目标。

马克思倾其一生写出的思想巨著《资本论》的核心，是对异化了的人的本质——私有财产资本化的深刻批判，但却隐含着对资本的人本化回归的理想憧憬。从这个角度我们才能更好地理解那段激动人心的名言："共产主义是私有财产即人的自我异化的积极的扬弃，因而是通过人并且为了人而对人的本质的真正占有；因此，它是人向自身、向社会的即合乎人性的人的复归，这种复归是完全的、自觉的和在以往发展的全部财富的范围内生成的。这种共产主义，作为完成了的自然主义 = 人道主义，而作为完成了的人道主义 = 自然主义，它是人和自然界之间、人和人之间的矛盾的真正解决，是存在和本质、对象化和自我确证、自由和必然、个体和类之间的斗争的真正解决"。①

由此可见，马克思的人本理念的基本内涵是指每个人的独立平等的价值和尊严与每个人的自由与全面发展。它有三重规定：人的本质的生成、人的价值的实现、人的自由发展。

首先，人的本质就其现实性上说是一切社会关系的总和，必然随着人类社会关系多样性展开和社会发展的进步实现历史性生成。就此而言，人的本质不是与生俱来的生物性本能存在，而是自由选择的实践性社会生成。这继承了基督教文明的意志自由和近代哲学的个性自由的主体性思想，并强调通过人的对象化实践过程，不断丰富人的多样性本质；通过不断进步的制度安排，为人的独立性的自由创造、多样性的自由发展创造条件，最终实现人的本质的回归和对人的本质的真正占有。

其次，人具有最高的价值和尊严，人类全部历史活动都是以人为目的的自为性活动，因此可以看作人道主义化的过程。这无疑继承了文艺复兴以来的人道主义精神传统，及其现实化制度化的人权学说。过去人们认为，马克思反对普遍的人权和自由平等博爱观念，批判这种资产阶级的权利主张。这

① 《马克思恩格斯全集》第 3 卷，人民出版社，2002，第 297 页。

是一种误读。实际上。每个人都具有平等的价值和尊严是马克思哲学不证自明的先验价值假设。因为，按经验原则不平等才是现实社会历史状态的客观描述，以此为前提马克思就不可能提出超越性的社会主义理想。马克思对现实的所有批判都是基于先验的价值原则，都是基于繁荣、独立、自由、平等、公正、博爱等普遍性价值的认同。他批判的不是这些价值本身，而是资产阶级把这些原则变成形式化的无内容的空洞口号，变成建立在无产阶级贫困、不自由、无公正、受压迫基础之上的资产阶级的专利，和把这种专利美化成全社会利益的意识形态谎言。而马克思追求的正是这些价值原则在全世界全社会成为普遍权利的制度现实。

再次，基于唯物史观和辩证法，人的本质是一个现实的、历史的发展过程。人的全面发展就是人的多样性发展，就是历史中的人相对于群体的独立个性的多样性展开。人的价值和尊严是在社会发展中的实现过程。社会经济、政治、文化生活以人的价值提升和人的自由发展为首要尺度，经济社会发展应以人的自由和全面发展为终极目标和当下目的。

如果按照马克思的人本思想，市场经济不仅是人人熟知的资本逻辑的展开平台，而且还是鲜为人论的人本价值原则的制度摇篮。从经济史来看，市场经济既受人本元素的潜在导引而生成，又在演化进程中生成强化着人本精神原则。正是这些原则不断矫正市场经济自身的非人化演进，并规范引导自身由野蛮走向文明。没有市场经济谈不上人的本质的多样性生成和历史性发展。人的生命、健康、独立、自由、平等、个人财产权利保护、互利博爱等人本精神元素无不与市场经济相关。没有人本精神原则制导，市场经济也不能由野蛮步入文明。

马克思没有提出市场经济的概念，但对以私有制、分工和交换为基础的经济运行方式、包括市场对资源的全社会配置和全球化展开，做出过经典的概括和详尽的阐发，并且对这一经济制度变迁进程对人的本质的体制化生成、人的价值的法理化肯定、人的自由发展的历史化展开做出了独到的描述，实际上说明了市场经济所蕴含的人本精神原则。其主要表现在以下方面。

1. 从人身依附到独立的个人：自由主体的生成

马克思在《1857～1858 年经济学手稿》中，从人的发展角度，把社会发展过程概括为三大形态，他指出：“人的依赖关系（起初完全是自然发生的），是最初的社会形态。在这种形态下，人的生产能力只是在狭窄的范围内和孤立的地点上发展着。以物的依赖性为基础的人的独立性，是第二大形态，在这种形态下，才能形成普遍的社会物质交换，全面的关系，多方面的需求以及全面的能力的体系。建立在个人全面发展和他们共同的社会生产能力成为他们的社会财富这一基础上的自由个性，是第三阶段。第二个阶段为第三个阶段创造条件。因此，家长制的，古代的（以及封建的）状态随着商业、奢侈、货币、交换价值的发展而没落下去，现代社会则随着这些东西一道发展起来。"[①] 这就是说，从地缘依附、血缘依附中的群体人到独立性的人，是人类社会的巨大进步，正是由于基于分工和交换的市场经济才使人完成了历史性的飞跃。

在前市场经济时代，作为主体的人只有以群体和类的方式才表现出相对于自然的主体性质，这种性质常常为巨大的自然力所遮蔽。"我们越往前追溯历史，个人，从而也是进行生产的个人，就越表现为不独立"，[②] 个人消弭与群体之中，"自然联系等等使他成为狭隘人群的附属物"[③]，只能从族群中获得自己的力量和性质，甚至也只在归属于族群的意义上才被看作人。从16～18世纪始的市场经济人们才摆脱这种自然联系进入市民社会，"在这个自由竞争的社会里，单个的人表现为脱离了自然的联系"，[④] 成为自主自立自为的自由主体。尽管是建立在"物的依赖性基础上的人格独立"，但却标志着群体人格向个体人格的转变。人突破了由地缘和血缘所决定的狭隘界域，进行广泛的社会联系和社会交往，变成了自己决定自己生命活动、选择自己命运、负责自己行为的主体，成为自己的主人。这是人类历史的巨大进步。独立人格的生成是自由、平等等所有人本理念实现的主体前提，是社会关系多样性展开和人的全面发展的出发点和重要里程碑。

2. 从身份人到契约人：平等的权利主体的生成

在《论犹太人问题》中，马克思把从"人身依附到人格独立"这一过程的政治表现称为人的"政治解放"，即从政教合一的封建社会的市民，到民主制国家的公民的解放。马克思认为，法国革命和美国革命对生命、自由、安全、财产权利等人权的伸张和宪法化规定，实质上是政治革命和政治解放的结果。"政治解放同时也是同人民相异化的国家制度即统治者的权力

---

① 《马克思恩格斯全集》第30卷，人民出版社，1995，第107页。

② 《马克思恩格斯全集》第30卷，人民出版社，1995，第25页。

③ 《马克思恩格斯全集》第30卷，人民出版社，1995，第22页。

④ 《马克思恩格斯全集》第30卷，人民出版社，1995，第22页。

所依据的旧社会的解体”。[①] 政治革命消灭了市民社会的封建主义性质，“把国家事务提升为人民事务，把政治国家组成为普遍事务，……这种革命必然要摧毁一切等级、同业公会、行帮和特权”。[②] 个人成为具有平等地位的权利主体。

“政治国家的建立和市民社会分解为独立的个体——这些个体的关系通过法制表现出来，正像等级制度中和行帮制度中的人的关系通过特权表现出来一样。”于是，市民社会中以自然权利表征的人权，就获得了公民权的法权形式。“现实的人只有以利己的个体形式出现，才可以予以承认；真正的人只有以抽象的 citoyen〔公民〕形式出现，才可予以承认。”由此可见，“政治解放一方面把人归结为市民社会的成员，归结为利己的独立的个体，另一方面把人归结为公民，归结为法人。”[③]

马克思高度评价这一进程说，“政治解放当然是一大进步；尽管它不是一般人的解放的最后形式，但在迄今为止的世界制度内，它是人的解放的最后形式”。[④] 马克思所述的这一社会进步过程，被著名法学家梅因从法律关系上界定为“由身份到契约”的运动。“梅因用黑格尔的术语，将实现自由这个抽象的一般命题说成是从身份进展到契约的具体的一般命题”。[⑤] 从人格状态上说就是由身份人到契约人，从社会关系上说就是人身依附关系和身份统治关系的逐渐消失，并让位给日益增长的个人之间以契约为纽带的权利义务关系。这种转变也就是费迪南德·滕尼斯所说的从“礼俗社会”到“法理社会”。

这一运动的伟大成果首先是平等的权利主体的形成与平等的社会关系的多向度展开。

首先，前市场经济状态的人是由自然种性决定的身份人，身份标志着权利独占或垄断。身份决定着人的等级，等级决定着权利义务的先天不平等。下等人依附于上等人，当然也就没有自由可言。然而，罗马城市中生成的市场关系开辟了一块独特的平等交易、合意协议的天地，通过罗马法固定下来并在中世纪城市延续。于是，这种仅仅局限于商品交

---

① 《马克思恩格斯全集》第 3 卷，人民出版社，2002，第 186 页。
② 《马克思恩格斯全集》第 3 卷，人民出版社，2002，第 187 页。
③ 《马克思恩格斯全集》第 3 卷，人民出版社，2002，第 189 页。
④ 《马克思恩格斯全集》第 3 卷，人民出版社，2002，第 174 页。
⑤ 庞德：《通过法律的社会控制》，沈宗良译，商务印书馆，1984，第 16 页。

换的市场场域的经济自由，从自由城市（其实市民社会中人们也不同程度地依附于等级化的公会和行帮）借助于市场向社会扩展。人文主义运动、罗马法复兴运动和启蒙运动推动了自由市场经济在18世纪的迅速扩张，冲破了中世纪的等级关系，法国革命中的《人权和公民权利宣言》和北美革命的《独立宣言》成为政治解放的标志。于是，生而平等自由成为时代的精神主题，生命、自由、财产、安全及追求幸福的权利成为不可剥夺的合理诉求。主体间合意契约成为自由选择的基本形式，平等的契约化市场关系扩张为形式平等的政治法律关系，法律面前人人平等成了那个时代的追求。

其次，人的价值和尊严实现了从类主体到个人主体的历史性沉降，平等权利成为个人价值和尊严的现实表征。“人——宇宙的精华，万物的灵长”是文艺复兴时的标志性口号，是人类价值大写的图腾，具体到个体那里还是悲剧性的渺小的存在。政治解放实现了身份人的契约化存在，人的自然权利的法理化存在，人的价值和尊严获了社会化的宪法权利形式，又具体化为个体的权利价值。于是，洛克主张的每个人平等、独立地拥有的生命、健康、自由和财产的人权原则和平等原则，康德所主张的“作为人的每一个社会成员的自由”、平等和独立的自然权利，就成为公民社会的宪法规则和法理秩序的基础。这就使人道主义实现了与法律体系的对接，使建之于平等之上的博爱意识有了普适性的价值意义，并使“人本”规定成为自由选择、自由竞争不可逾越的边界。

再次，法的权利属性使无差别适用的法治之法获得了至高无上的价值的权威，经济自由获得了法律约定的疆域。随着市场经济借助法制规则展开，法律成为自由不可缺少的捍卫者。人本精神原则也就由道德领域进入了经济世界。人们的利益追求也就不能不择手段，而必须尊重每个人所具有并需尊重的天赋权利。

由此可见，从身份到契约、从市民到公民是人的政治解放——人的自由发展的一大进步。正如马克思所说，“任何政治解放都是使人的世界和人的关系回归于人自身。”①

3. 从“狭隘地域性的个人”到“世界历史中的个人”：人的多样性的展开

在《德意志意识形态》中，马克思指出政治解放（也是从群体人到个

---

① 《马克思恩格斯全集》第3卷，人民出版社，2002，第189页。

体人的解放）的历史空间表现就是“地域性的个人为世界历史性的、经验上普遍的个人所代替。”①。狭隘地域性的个人是没有普遍性的、没有真正历史（就生命活动的简单性、重复性、自然性和狭隘性而言）的血缘性地缘性自然个体，不可能达到独立和自由，也不能形成人与人之间全面的多样性关系。

马克思认为，“各个人的世界历史性的存在，也就是与世界历史直接相联系的各个人的存在”。② 历史不外是以物质生产活动为基础的世代交替，各个相互影响的生产和交往活动范围越是扩大，就越打破自然形成的不同民族之间分工的界限，历史就越是成为世界历史。“单个人随着自己的活动扩大为世界历史性的活动，越来越受到对他们来说是异己力量的支配……，受到日益扩大的归根结底表现为世界市场的力量的支配”。③

也就是说，“私人交换产生出世界贸易，私人的独立性产生出对所谓世界市场的完全的依赖性”，④ 产生出人格独立的“世界历史性个人”。也就是说，“所有这一切，都由于竞争的关系而以世界市场的存在为前提，”⑤ 都是世界市场的产物。

“人的自由而全面的发展”与人的解放是一致的，而“每一个单个人的解放的程度是与历史完全转变为世界历史的程度一致的”。⑥ 尽管“个人的真正的精神财富则完全取决于他的现实关系的财富”，尽管产生了如此巨大的异己力量，“但是，……只有这样，单个人才能摆脱种种民族局限和地域局限而同整个世界的生产（也同精神的生产）发生实际联系，才能获得利用全球的这种全面的生产（人们的创造）的能力。各个人的全面的依存关系、他们的这种自然形成的世界历史性的共同活动的最初形式，由于这种共产主义革命而转化为对下述力量的控制和自觉的驾驭。”⑦ 也就是说，只有经过这一市场化过程，人才能形成社会关系的多样性和发展的全面性的制度前提和历史条件，为人的发展的更高阶段奠定基础。

当然，在马克思看来，市场经济的分工会使人产生单向度，产生工作空

① 《马克思恩格斯选集》第1卷，人民出版社，1995，第86页。
② 《马克思恩格斯选集》第1卷，人民出版社，1995，第87页。
③ 《马克思恩格斯选集》第1卷，人民出版社，1995，第89~90页。
④ 《马克思恩格斯全集》第30卷，人民出版社，1995，第109页。
⑤ 《马克思恩格斯选集》第1卷，人民出版社，1995，第87页。
⑥ 《马克思恩格斯选集》第1卷，人民出版社，1995，第89页。
⑦ 《马克思恩格斯选集》第1卷，人民出版社，1995，第89页。

间的狭隘性。但是，同时，市场经济的自由选择，也会促进人发展的多样性和全面性。作为历史的“时间实际上是人的积极存在，它不仅是人的生命的尺度，而且是人的发展的空间”。[①] 因此，成为世界历史中的人，实质上是人的空间多样性的展开，多样性能力的形成。对此，哈耶克的论述值得借鉴：个体差异增强了合作的群体的力量，使其超出个人努力的综合。市场秩序形成的协调合作让人独特的天赋发挥作用，专业化造成并鼓励少数个人的发展，使之足以养活自身并为整体做出贡献，文明就是人类最为丰富的多样性的发展。“由此可见多样性的发展是文化进化的主要组成部分，个人对于别人的价值，大多是由于他和别人有所不同。秩序的重要性或价值会随着构成因素多样性的发展而增加，而更大的秩序又会提高多样性的价值”。[②]

三　人本规定：社会主义市场经济文明的灵魂和制度界标

20 世纪的历史风云，宣告了马克思所批判的自由放任市场经济的彻底破产（即使晚近新经济自由主义的强势回潮也为全球金融危机所否证），见证了大萧条后凯因斯主义和罗斯福新政促成的市场经济的现代演进，见证了斯大林式计划经济实践模式悲壮的失败，更见证了中国社会主义经济体制的凤凰涅槃和中国经济奇迹的创生。如果说，马克思在自由市场经济时期就独具慧眼地看到了市场经济对人的发展的人本价值所在，今天我们更有必要在社会主义市场经济实践基础上高扬社会主义市场经济的人本规定，推进“人的自由而全面发展”的伟大进程。

1. 马克思哲学的人本主线及其自由市场经济背景

上世纪末国内理论界对马克思人学思想的大讨论基本是在资本批判的角度上或概念自身层面上被理解，忽视了马克思人本思想的市场经济制度平台。实际上，不仅马克思主义哲学的变革（如《德意志意识形态》中）凝缩了西方人本主义的发展逻辑，而且，离开市场经济背景也无法理解马克思的人的本质和人的发展。

首先，在超越黑格尔和费尔巴哈中解释人的“个体化生存”。马克思的

① 《马克思恩格斯全集》第 47 卷，人民出版社，1979，第 532 页。

② 弗里德里希·奥古斯特·哈耶克，《致命的自负》，冯克利等译，北京社会科学出版社，2000，第 90 页。

人本思想是在对黑格尔犹如上帝的“无人身的理性”的批判中诞生，是从超人化的理念回归于现实的个人。这一过程又经过费尔巴哈对黑格尔的批判中介。费尔巴哈认为，“近代哲学的任务是将上帝现实化和人化，就是说，将神学转化为人本学”，于是，他不将实体、自我绝对同一性、“黑格尔的绝对精神等抽象的、仅仅被思想的或被想象的本质当作自己的原则，而是将现实的或者毋宁说最现实的本质，真正最实在的存在（Ens realissimum）：人，即最积极的现实原则当作自己的原则”。[①] 他“借助于人，把一切超自然的东西归结为自然：借助于自然，把一切超人的东西归结为人”[②]，然而，费尔巴哈的人是生物学意义上科学抽象的类——孤立的人类个体，而真正的个人是在社会历史中，即在特定生产方式和经济运行方式中的“现实的个人”。然而，“人的本质不是单个人所固有的抽象物。在其现实性上，它是一切社会关系的总和”。[③] 当然最主要的关系是基于市场经济的生产－交换关系。就是在这种关系中，马克思诠释了“现实的个人”这一工业化市场化进程中处于人的发展第二阶段的“个体化存在”方式。《德意志意识形态》和《1857～1858年经济学手稿》中所说的人，都是现实的个人。

其次，马克思在市民社会的市场经济背景下，阐述了人的“集体化生存”方式：从利益“无我”的“虚幻集体”到利益“有我”的“真实集体”。马克思认为，尽管有生命的个人的存在是人类历史活动的第一个前提，“现实的个人”是在世之人的存在方式，但是，分工交换条件下“现实的个人”也必然是依赖于物的力量的“集体化生存”，“只有在集体中，个人才能获得全面发展其才能的手段，也就是说只有在集体中才可能有个人自由”。遗憾的是，“在过去的种种冒充的集体中，如在国家等等中，个人自由只是对那些在统治阶级范围内发展的个人来说才是存在的。……从前各个人联合而成的虚假的共同体，总是相对于各个人而独立的；由于这种共同体是一个阶级反对另一个阶级的联合，因此对于被统治的阶级来说，它不仅是完全虚幻的共同体，而且是新的桎梏。在真正的共同体的条件下，各个人在自己的联合中并通过这种联合获得自己的自由。”[④] 这就是说，一个阶级的个人占有了另一个阶级个人利益的集体是“虚幻的或虚构的集体”。真实的

---

① 费尔巴哈：《基督教的本质》，荣震华译，商务印书馆，1984，第115页。

② 费尔巴哈：《费尔巴哈哲学著作选》上，荣振华、李金山译，商务印书馆，1984，第249页。

③ 《马克思恩格斯选集》第1卷，人民出版社，1995，第60页。

④ 《马克思恩格斯选集》第1卷，人民出版社，1995，第119页。

集体一定是“联合起来的个人”的普遍利益的代表，它只有在控制了经济过程的自发性、偶然性，即个人重新驾驭物的力量、控制了自己的生存条件时才能形成。即便如此，马克思还是认为，在北美合众国那样的共同体中，在现存的交往形式——自由市场经济中个人有可能利用偶然性为自己服务，即实现个人自由。[①]

再次，马克思从市场经济的历史展开中论证人的本质的历史性展开。实际上《德意志意识形态》以现实的个人为历史的前提和逻辑起点，粗略勾勒出市场经济历史发展和人的发展历程，描述出人由群体依赖、物的依赖基础上的人格独立性与自由个性的三大发展阶段。

马克思哲学不是从想象的前提讲人的存在，而是从人的生活方式出发，以经济发展为基石解释人的发展。认为“个人怎样表现自己的生命，他们自己就是怎样。因此，他们是什么样的，这同他们的生产是一致的——既和他们生产什么一致，又和他们怎样生产一致。因而，个人是什么样的，这取决于他们进行生产的物质条件。”[②] 生产什么、怎样生产、为谁生产，讲的正是经济运行过程。随着经济过程的展开，人的本质也随之生成和展开。环境 - 生产力等社会经济交往方式的总和（当然包括市场经济）是“‘人的本质’的东西的现实基础”。[③] 从这个意义上说，市场经济是人的本质实现与自由发展的不可逾越的历史阶段。

由此可见，市场经济是马克思人学视阈的主要社会背景。市场经济演化中不仅为生成人格独立的平等个人主体，也为人本精神之“自由”、“平等”、“法治”理念的展开确立了制度基础，为人的“生命”、“健康”的人口再生产提供了条件。从这个意义上说，市场经济不仅是资本逻辑的展开的制度平台，而且是人本规定实现的制度平台。

2. 人本规定：社会主义市场经济文明的价值灵魂

如果说市场经济本身蕴含着人本精神文明，那么人本精神就更是“社会主义”市场经济的价值灵魂。社会主义作为一种世界性思潮，是针对自由市场经济非人化迷失、资本逻辑的非人化展开现象提出的社会理想。社会主义市场经济的“社会主义”绝非可有可无，而是在理念和实践两个方面

---

① 《马克思恩格斯选集》第 1 卷，人民出版社，1995，第 122 页。

② 《马克思恩格斯文集》第 1 卷，人民出版社，2009，第 520 页。

③ 《马克思恩格斯文集》第 1 卷，人民出版社，2009，第 545 页。

宣示：社会主义的概念内涵本身就是市场经济的内生性人本价值理念的发展，也是市场经济优化与现代发展的价值灵魂。

尽管社会主义的概念内涵有深厚的思想渊源和千人千面的复杂且矛盾的定义，我们还是根据马克思的人本思想和社会主义正反经验界定社会主义市场经济的人本规定，并作为社会主义市场经济精神的核心理念。那么，社会主义市场经济的人本规定必须以人的自由而全面的发展为目标，以“物的依赖性基础上的人格独立”这一人的发展阶段为现实基础，以人的平等的制度平台上自由个性的丰富性展开为现实价值导向，以不危害人的生命、健康和安全为基本的行为边界。据此本文认为，社会主义市场经济具有三大人本规定，即人道规定、平等规定和自由规定。

所谓人道规定，就是以人的自由全面发展为终极目标，就是以人为目的、高扬人的尊严和价值，就是“以人为本”规定经济发展过程。具体说来，有三大原则。第一，生命权优先原则。生命权是人存在的发展的首要权利，一切危害生命和健康的经济行为都须禁绝，任何市场主体不能为他人提供有害无益的商品和服务，这是市场经济伦理的首要原则和底线。同时，市场主体的生产过程必须有尽可能好的和危害最低且有健康补偿的生产环境，生产过程具有保护生态、防止环境污染经济责任和道德义务，万元工业产值事故死亡率、重大事故发生率应成为文明的基本指标和控制指标。第二，人格尊严原则。社会主义市场经济固然是资源配置方式，人作为人力资源可以像其他生产要素那样按照物的标准定价和交换，然而，人作为人还有不能交换的先验的人格尊严和价值，有要求被按“人”来对待的权利。因此，市场经济规则、法律、企业规章、交易合同、生产和流通过程都不能践踏人的价值和尊严。故奴隶劳动、胁迫劳动、超强度劳动、童工、欺骗性劳动、非自愿无偿劳动，无必要安全保护的劳动都应禁绝。政府负有监管市场、规制有违人道的经济行动和决策的代理责任，有通过宏观调控和社会保障保证人的基本尊严的公共责任。第三，博爱原则。社会主义社会固然需要尊重市场主体的理性算计和利益最大化诉求，但是，“社会主义”从来有着道德内涵，应培育每个人的博爱慈善意识，企业要有更高的价值追求和社会责任。社会主义市场经济体制本身必须有相应的扶贫、助弱、救危、解困之相应救助慈善机制；必须有逐步增长的社会福利和日益完善的社会保障机制，以维护人的基本尊严。

社会主义本身具有先天的平等规定，其词根源自拉丁语 *sociare*（社会），意指联合与共享。后来它既指一种同伴关系和友谊关系，又指一致同意基础上形成的契约关系。正是因此一些西方学者把平等主义视为社会主义的首要价值。本文所谓平等规定，是指社会共同体成员人人拥有同等的价值尊严和基本权利，在平等劳动基础上共享经济发展的成果和社会财富，反对等级差别和特权。恩格斯在《反杜林论》中详尽地阐述了平等的社会主义性质及其与市场经济的内在相关性。指出，平等曾被卢梭理论高扬、在法国大革命中政治实践，今天几乎在所有国家的社会主义运动中仍然起着巨大的鼓动作用。现代平等观念，“从人就他们是人而言的这种平等中引申出这样的要求：一切人，或至少是一个国家的一切公民，或一个社会的一切成员，都应当有平等的政治地位和社会地位”。[①] 随着在新航路的开辟和世界市场的形成，世界贸易要求平等的市场主体和平等交易的权利，自由通行和平等交换成为市民等级的首要的迫切需求，于是，市民阶级是现代平等观念的代表。“社会的经济进步一旦把摆脱封建桎梏和通过消除封建不平等来确立权利平等的要求提上日程，这种要求就必定迅速地扩大其范围。只要为工业和商业的利益提出这一要求，就必须为广大农民要求同样的平等权利。……所以这种要求就很自然地获得了普遍的、超出个别国家范围的性质，而自由平等也很自然地被宣布为人权。”[②] 由此可见，市场经济是平等观念的现实基础，是平等观念社会主义的核心价值。这就意味着中国社会主义市场经济必然包含着平等的精神规定，它包括三大原则：第一，共富原则。社会主义市场经济与自由市场经济的根本差异是贫富分化还是共同富裕。社会主义本质是“解放生产力，发展生产力，消灭剥削，消除两极分化，最终达到共同富裕”，因此，共享经济发展成果，提高全民的财富和福利水平是社会主义市场经济的价值目标。第二，综合的平等原则。既坚持“在法律面前人人平等”，主张形式平等和机会均等，又主张实质平等，促成社会禀赋均等，强调国家和政府利用公共权力宏观调控经济过程，即用高额累进税、遗产税等手段促成相对平等的共享经济发展成果的结果。第三，反对特权原则，即反对政治权力过多干预市场经济过程，反对各种特权对经济过程的超经济强制，尤其反对公权力资本化、权力与资本结盟、权力对经济过程的非法干预、公权私用和以权谋私。

---

① 《马克思恩格斯全集》第 3 卷，人民出版社，2002，第 444 页。

② 《马克思恩格斯全集》第 3 卷，人民出版社，2002，第 447 页。

所谓自由规定，是指社会主义市场经济奉行经济自由原则和个性自由原则，以促进人的本质的多样性展开和自由个性生成为现实目标，使人不断摆脱资本控制实现自由而全面的发展。它有三大原则：第一，财产权保护原则。市场经济实质是自由交易产权的经济制度，尊重和保护产权是经济自由的首要条件，也是个性自由、选择自由的基础。70 多年社会主义经济的正反经验证明，没有产权保护就难以保障生命权更谈不上自由发展，因此，我国宪法明确规定了公有财产和私人财产同等不可侵犯原则。由于我们是处于社会主义初级阶段，即“物的依赖基础上的人格独立”阶段，没有物权即产权保护，就无人格独立和发展。第二，法治原则。法治原则是社会主义平等原则的制度化现实，也是“自由”理念的制度保证。20 世纪人类实践尤其是社会主义建设实践证明，法治是自由的制度前提。没有法治的自由可能造成多数人的暴政，造成每个人都可能随时失去自由，最终可能造成人人不自由。一旦宪法秩序破坏，每个人为所欲为的表面自由状态，会造成人人自危的“霍布斯丛林”。社会主义市场经济是在法治秩序下的市场主体的平等竞争，是在竞争中发挥每个人的自由创造精神，在创造活动中发展每个人的可能性空间，实现多样性生活中追求人全面而自由的发展。第三，选择自由原则。市场经济是个人分散决策、平等自由竞争的经济制度，创新是竞争制胜的关键要素。自由竞争的实质是市场主体面对竞争风险自主经营、自负盈亏、自主选择、自主创新的竞争，市场经济是主体性自觉与实现的经济平台。所谓“选择自由”原则，就是权利平等的每个人在普适法律框架内，在不危害他人的道德底线之上，根据自己的兴趣、偏好、能力和环境自由选择自己想做的事情、追求自己的幸福生活而不受外在强制力干预的自由。这一原则是马克思所谓人的主体性和实践本质的现实形式，是人的自由而全面发展的主体条件。历史证明，计划经济造成绝大多数人的客体化和主体性迷失，无“选择自由”就没有“人的自由而全面发展”。社会主义市场经济则为人的主体性、创造性和多样性发展提供了制度平台，成为和平时期人民群众创造历史的真正舞台。

3. 人本原则是历史规定，更是逻辑规定

历史与逻辑的统一，是马克思哲学的基本方法。由历史规定上升为逻辑规定并规定实践进程，是马克思哲学的思想进路。然而，在市场经济精神的理解中，国内学者往往用马克思历史规定遮蔽逻辑规定，甚至取代逻辑规定，貌似坚持马克思的基本立场，却违背了马克思的方法论原则。马克思对资产阶级学者把“自由”、“平等”、“博爱”、“正义”看作永恒精神的观点进行了无情的批判，揭示了资产阶级意识形态把阶级意识说成是人类意识、把阶级利益说成全社会利益的双重虚假性，科学解释了上述观念的经济原因和历史生成。于是，人们就因此否定上述观念的普遍性价值和当代意义，或者陷入姓“社”姓“资”的精神怪圈，否定历史各个阶段生发的精神文明的人类性质，陷入文化虚无主义；或者用具体价值取代普遍价值自绝于全球化的人类文明陷入文化精神的孤独，将马克思所说的“人的全面而自由的发展”推到遥不可及的未来。

无疑这是对马克思的严重误读。其方法论错误在于，用概念的历史规定否定逻辑规定。最后必然否定历史规定自身：历史成为无精神的历史，无逻辑的历史。显然，这不合马克思的历史与逻辑相一致原则。马克思批判的是传统哲学只讲形式的逻辑规定而忽视内容和历史规定，必然导致虚假性谬误；但是绝不意味着马克思只讲历史规定，不讲逻辑规定。无逻辑规定的历史是不可思议的。一定意义上说，否定逻辑规定，就是否定人的主体性和精神能动性，否定人类以理性为基础的全部精神文明。

实际上，马克思在阐述人本理念的历史规定性时，从未否定其逻辑规定，从未否定这些价值的普遍性，从未否定这些价值在人类社会进步中的作用。在马克思看来，历史本体——人以生产方式为基础的现实物质生活方式制约和决定人的精神生活及其理性化过程，精神生活中的理性化的普遍性概念一经形成便相对独立地支配精神生活并反作用于物质生活过程。前者是历史规定，后者是逻辑规定。正是逻辑规定以精神能动的方面，支配人的实践过程，实现“改变世界”的哲学使命。

首先，马克思的共产主义理想是人为了人对人的本质的真正占有，是保存了以往发展的全部财富的人向自身、向社会的人的真正复归，是完成了的自然主义与人道主义的统一。那么，向人而生的自然和历史发展过程就必然是人本规定的逻辑展开过程（见手稿）。从理论上说，这种理想和实现理想的人都只能是“作为‘世界历史性的’存在”,① 必然具有普遍性的逻辑规定。

其次，马克思讲述了资产阶级反封建时提出的平等、自由的权利要求，超出了阶级边界扩及广大农民阶层，“获得普遍的、超出个别国家范围的性

① 《马克思恩格斯选集》第 1 卷，人民出版社，1995，第 89 页。

质”[①]具有了普遍性的“人权”外观，但从未否定这是一种历史的进步。同时，主张“工人阶级的解放斗争不是争取阶级特权和垄断权，而是争取平等的权利和义务”,[②] 主张“加入协会的一切团体和个人，承认真理、正义和道德是他们彼此间和对一切人的关系的基础。”[③] 可见，无论是历史分析还是现实实践斗争，马克思都强调了人本规定的普遍性、真理性价值，指出了其社会化过程的进步性质。

如果说，人本规定是一种普遍的逻辑规定，那么，它就是在社会主义市场经济丰富表象深层的精神文明内核，就是制约着社会主义市场经济制度自然演化和人为设计的价值规定，就是社会主义市场经济法则的基本宪章，就是我们经济生活社会生活的内在准则，就是“五位一体”的现代化建设的不可或缺的精神基石。

（郭忠义，辽宁大学哲学与公共管理学院教授；郭彦辰，中国人民大学社会与人口学院博士研究生）

① 《马克思恩格斯选集》第 3 卷，人民出版社，1995，第 447 页。
② 《马克思恩格斯选集》第 2 卷，人民出版社，1995，第 609 页。
③ 《马克思恩格斯选集》第 2 卷，人民出版社，1995，第 61 页。

市场经济与社会主义相结合的三个命题及其哲学基础

——三十年改革开放的经济哲学思考

张雪魁

胡锦涛总书记在纪念改革开放三十周年大会上的讲话，将我国改革开放的基本经验总结为“十个结合”，其中之一就是市场经济与社会主义相结合。准确深入地把握这个结合的本质内涵，需要研究两个基本问题：一个是市场经济与社会主义是如何被结合起来的，另一个是这种结合的哲学基础是什么？本文是对这两个问题的一个初步回答。

一　市场经济与社会主义相结合的三个哲学命题

市场经济有三个最基本的要素：货币、资本和私产。此三者与社会主义相结合的历史过程，构成了市场经济与社会主义相结合的三个基本经济哲学命题：社会主义与货币；社会主义与资本；社会主义与私产。

第一个命题，社会主义与货币

青年马克思曾援引莎士比亚的名言对货币发出情感控诉：“这东西，只这一点点儿，就可以使黑的变成白的，丑的变成美的；错的变成对的，卑贱变成尊严，老年变成少年，懦夫变成勇士。”① 但是，情感终归是情感，后来马克思深刻地认识到：只要交换价值还是产品的社会形式，废除货币本身

---

① 《马克思恩格斯全集》第 3 卷，人民出版社，1995，第 360 页。

就是不可能的，“必须清楚地了解这一点，才不致给自己提出无法解决的任务”。①

马克思这一著名货币哲学命题的真理性，一再地被世界社会主义实践所证明。十月革命前，列宁曾认为“社会主义要求消灭货币的权力”，② 并断言“只要仍然有交换，那谈什么社会主义就是可笑的”。③ 这就是从根本上否定了货币与社会主义相结合的可能性。十月革命后，“战时共产主义政策”要求“尽量迅速地实行最激进的措施，为消灭货币做好准备”④，然而摒弃了货币基本职能的苏联社会主义实践很快就遭遇挫折，陷入困境。列宁以一个政治家、理论家的勇气正视了问题的存在，“新经济政策”随之应运而生。这个政策的核心就是要“建立比较正确的货币制度的基础”，勇敢地实施战时经济政策大后退：“我们退得很不够，必须再退，再后退，从国家资本主义转到由国家调控买卖和货币流通。”⑤ 社会主义在苏联的实践由此出现重大转机，获得新生。邓小平对列宁的货币实践给予了极高的评价：“社会主义究竟是个什么样子，苏联搞了很多年，也并没完全搞清楚。可能列宁的思路比较好，搞了个新经济政策，但是后来苏联的模式僵化了。”⑥ 新经济政策的实施使得社会主义的实践迎来第一个辉煌时期，它的基本经验就是货币与社会主义相结合。

货币在中国社会主义实践中的命运同样历经曲折与坎坷。新中国成立近60年来，前一个三十年的头十年，毛泽东对货币在社会主义实践中的作用有着比较清醒的认识：“价值规律是一所伟大的学校”，“违反它，要碰得头破血流”。⑦ 在这一时期，货币与社会主义的关系总体上处理得比较好，中国社会主义实践取得了伟大成就，顺利完成了第一个五年计划。但在此后二十年中，一切与商品经济有关的市场要素都经历了“革命大批判”，货币的职能几乎被完全取消，社会主义实践在中国遭遇了前所未有的大挫折。十一届三中全会以来的三十年，是货币与社会主义的关系处理得最好的三十年，改革开放取得的伟大成就令世界震惊，中国特色社会主义道路为社会主义在

① 《马克思恩格斯全集》第30卷，人民出版社，1995，第95页。

② 《列宁全集》第9卷，人民出版社，1959，第443页。

③ 《列宁全集》第15卷，人民出版社，1959，第112页。

④ 《列宁全集》第36卷，人民出版社，1985，第91页。

⑤ 《列宁全集》第42卷，人民出版社，1987，第228页。

⑥ 《邓小平文选》第3卷，人民出版社，1993，第139页。

⑦ 转引自黄楠森《马克思主义哲学史》第7卷，北京大学出版社，2005，第480页。

人类历史上的实践开辟了崭新前景。其间货币作为“需要和对象之间、人的生活和生产资料之间的牵线人”[①]，真正发挥了“周而复始地进行流通的永动机”[②] 的作用。

货币在社会变迁中的历史作用丝毫也不亚于它对经济发展做出的贡献。历史唯物主义认为，人类历史存在三种相继演进的基本形态：“以人的依赖关系”为基础的社会形态、“以物的依赖关系”为基础的社会形态和以“人的自由个性全面发展”为基础的社会形态。[③] 在此过程中，货币是撬动历史进步的一个杠杆。改革开放以来，货币不断革新着国人的生活观念——致富不是罪恶，时间就是金钱，赚钱成为一种美德，等等。中国人的生存状态被深深地镶嵌在货币逻辑之中，每个人都不得不面向货币筹划人生，人们的生活越来越货币化，人与人之间的关系越来越理性化，整个社会关系变得越来越世俗化。货币逻辑削弱了“以人的依赖关系”为基础的原有社会形态，“以物的依赖关系”为基础的社会形态逐步得以确立，人们的自由个性不断发育成长。这是中国公民个体化进程中的一个必经阶段，是中国公民社会逐步走向成熟的一个重要标志。

随着人们经济生活和社会生活的全面货币化，精神生活货币化的趋势也在不断加快。人们越来越感受到，货币以其近乎无情的客观性衡量着一切对象，甚至宰制着人们的情感世界和精神家园，人们似乎都成了单向度的货币人。货币的两面性带给人们的精神张力使得国人时常感到困惑和迷茫。这也是邓小平比较担心的方面：“不加强精神文明的建设，物质文明的建设也要受破坏，走弯路。”但他同时也指出，“我们为社会主义奋斗，不但是因为社会主义有条件比资本主义更快地发展生产力，而且因为只有社会主义才能消除资本主义和其他剥削制度所必然产生的种种贪婪、腐败和不公正现象。”[④] 这就要求必须用社会主义核心价值体系来教育人们，尽快树立起一种成熟、健康的货币经济观、社会观和价值观。

三十年改革开放证明，货币的命运连着社会主义的命运，每当货币面临生存危机的时候，社会主义事业就要遭遇挫折；反之，只有在货币的作用被认知、认同和运用之后，社会主义方能从挫折中奋起。与此同时，如何有效

---

① 《马克思恩格斯全集》第 3 卷，人民出版社，1995，第 359 页。
② 《马克思恩格斯全集》第 30 卷，人民出版社，1995，第 153 页。
③ 《马克思恩格斯全集》第 3 卷，人民出版社，1995，第 107～108 页。
④ 《邓小平文选》第 3 卷，人民出版社，1993，第 143～144、372 页。

地缓解货币意识膨胀带给人们的价值观混乱和冲突，已是一项关系到社会主义前途的大课题。

第二个命题，社会主义与资本

世界上没有一个思想家像马克思那样如此严厉地批判资本，也没有一个思想家对资本驱动人类文明进程的巨大作用，能够达到马克思的认知水平。马克思批判资本来到人间从头到脚都滴着血和肮脏的东西，同时他又高度肯定资本所具有的世界历史意义："资本一出现，就标志着社会生产过程的一个新时代"。[①]资本驱动现代社会生成的深层动力源于资本无限增殖的本性：资本是一种"无止境的过程"，"它的本性是要经常地越出自己的界限"。[②]

中国三十年改革开放的伟大历史进程，存在一个最深层的驱动力就是资本意识的觉醒。从高度集中的计划经济体制向社会主义市场经济体制的转变，迅速解放了资本的意志，极大地释放了资本的能量。资本意志的觉醒意味着中国开启了一场新的伟大革命。新中国成立初期，毛泽东对此已经有了一定的认识，在《论十大关系》中，他指出"各个生产单位都要有一个与统一性相联系的独立性，才会发展得更活泼"。[③] 但此后有一个时期私营资本作为资本主义的尾巴被彻底割掉了，直到实施改革开放战略之后沉睡十年的资本意识才被唤醒。邓小平多次强调："改革开放迈不开步子，不敢闯，说来说去就是怕资本主义的东西多了，走了资本主义道路"；"改革开放胆子要大一些，敢于试验，不能像小脚女人一样"。[④] 中国经济改革的深层逻辑起点，就是要以资本的力量来推动社会主义物质文明建设。而资本在国家经济生活领域中主导地位的确立，意味着资本与社会主义相结合的实质性步骤已经完成。

资本意识的全面觉醒，推动了中国经济的高速发展和社会体制的大规模变迁，深刻地改变着人们的生存状态、生存理念和交往方式。中国社会转型得益于资本力量的牵引，整个经济社会关系的理性化进程大大加快，公民社会在资本意识的启蒙之下悄然成型。这一切就像一场无时无刻不在发生的悄悄的革命。事实上，这场无声的革命既是资本意志不断得到贯彻的根本需

① 《资本论》第1卷，人民出版社，1975，第193页。

② 《马克思恩格斯全集》第30卷，人民出版社，1995，第227~228页。

③ 《毛泽东选集》第5卷，人民出版社，1977，第299页。

④ 《邓小平文选》第3卷，人民出版社，1993，第139页。

要，又是资本逻辑向经济社会生活领域渗透的必然结果。

同时不应忘记，“资本是一个活生生的矛盾”。[①] 如果放任资本逻辑的泛滥以致模糊了经济改革的价值取向，它必将放大改革的负面效应，从而可能引发一系列前所未有的结构性矛盾。资本与社会主义相结合遇到的第一位的理论课题必然是：应该如何看待和处理当今时代的劳资关系？对于这个理论问题，邓小平的观点是十分明确的：“我们社会主义的国家机器是强有力的。一旦发现偏离社会主义方向的情况，国家机器就会出面干预，把它纠正过来。开放政策是有风险的，会带来一些资本主义的腐朽东西。但是，我们的社会主义政策和国家机器有力量克服这些东西。”在具体谈到资本利用问题时，他特别强调：“因为从政治上讲，我们的国家机器是社会主义性质的，它有能力保障社会主义制度。”[②]

这就提出了一个重大的理论观点：国家政权必须超然于资本的意志之上，不能盲目地与资本共舞，甚至沦落为资本意志的奴隶。一般说来，资本意志本身就要求政治权力保持中立性，不干涉资本按照自身的规律来运行；但是，资本与政治权力从来就有相互结盟的惯性力量，政治权力的资本寻租和资本权力的政治寻租带有很大的危险性。邓小平说：“改革，现代化科学技术，加上我们讲政治，威力就大多了。”[③] 意思是说，整个改革开放过程都要强调“讲政治”，这是确保资本与社会主义相结合的政治正确性的一个根本保障。我们适时地提出“创造条件让更多群众拥有财产性收入”、增加劳动所得在初次分配中的比重、出台新劳动合同法、要求政府与资本相分离等，就是要通过根本性制度安排来纠正劳动与资本力量的对比，平衡劳资关系，有效地实现对资本的牵制。

三十年改革开放证明，改革开放的时代，是一个不遵循“资本的逻辑”就会走向死亡的时代；同时也是一个如果不在“资本的逻辑”的基础上建立“资本的伦理”和“资本的政治”，“资本的逻辑”就会崩溃的时代。彻底地遵循“资本的逻辑”就要求资本节制自身的欲望，这是社会主义制度对资本提出的基本原则；而这个基本原则得以贯彻的唯一可靠的保障，就是通过社会主义制度安排迫使资本讲政治。

---

① 《马克思恩格斯全集》第 30 卷，人民出版社，1993，第 405 页。

② 《邓小平文选》第 3 卷，人民出版社，1993，第 135 页。

③ 《邓小平文选》第 3 卷，人民出版社，1993，第 166 页。

第三个命题，社会主义与私产

在马克思看来，私有产权是生产力发展的必然结果，又是生产力发展不充分的产物。这是私有产权与社会主义能够结合且必须结合的理论基础。邓小平一再强调贫穷不是社会主义，我们仍然处于并将长期处于社会主义初级阶段，原因就在于我们的生产力还不发达。在这样一个相对落后的生产力水平上，私有产权的存在是必然的，保护私有产权应该成为中国特色社会主义的一项根本职能。我们通过修宪明确把保护私有财产写进宪法，并对“物权”进行专门立法，其根本理由就在于此。不理解私有产权与社会主义制度相结合的这种必然性，就不可能真正地理解中国三十年改革开放的内在逻辑，不可能真正理解改革作为一次革命驱动生产力获得巨大解放的深层动因。

但是，中国的经济改革不是对资本主义私有产权制度的盲目崇拜，不仅如此，中国的经济转型在某种程度上恰好颠覆了产权学派所主张的私有化能解决一切问题的理论逻辑。准确地说，中国三十年经济改革不是私有化的过程，而是对产权社会化不可逆趋势的适应过程；就本质而言，它是私有产权与社会主义不断相结合的过程。在此过程中，社会主义政权为私有财产参与社会财富的创造提供了宽广的活动空间，私有产权的激励机制得到充分发挥，企业家个人才能作为一种私有产权不但得到承认，而且被空前地释放出来，整个经济体制充满了生机与活力，财富创造竞相迸发。

财富被创造的过程就是世界生成的过程，改革开放三十年的财富创造史，不但彻底改变了中国的经济图景，而且孕育着一个日渐成熟的中国公民社会。马克思曾说：“一个除自己的劳动力以外没有任何其他财产的人，在任何社会的和文化的状态中，都不得不为另一些已经成了劳动的物质条件的所有者的人做奴隶。他只有得到他们的允许才能劳动，因而只有得到他们的允许才能生存”。[①] 私人财产是所有个人免受控制的物质基础，也是个人自治赖以植根和获取营养的土壤。在当代中国，日益积聚的私有财产在不断地为公民个体创造着相对自主而较少受国家控制的私人领域，行政自由裁量权的空间被迫不断压缩，从而形成对政府意志的限制。这是中国行政体制改革得以不断推进的深层原因，也是公民社会不断成长的内在动力。

不可忽视的是，就像货币和资本一样，私产同样具有两面性。马克思批

① 《马克思恩格斯选集》第 3 卷，人民出版社，1995，第 298 页。

判资本主义财富的基础是对自由劳动时间和人类文明的窃取，而财富创造的终极意义在于使“人类全部力量的全面发展成为目的本身”。[①] 作为一个伟大的马克思主义者，邓小平一再地强调和倡导社会主义财富观：“如果走资本主义道路，可能在某些局部地区少数人更快地富起来，形成一个新的资产阶级，产生一批百万富翁，但顶多也不会达到人口的百分之一，而大量的人仍然摆脱不了贫穷，甚至连温饱问题都不可能解决。只有社会主义制度才能从根本上解决摆脱贫穷的问题。”他还旗帜鲜明地指出：“坦白地讲，我们不会容许产生新的资产阶级。”[②]

三十年改革开放证明，个人财富的创造和累积，以一种无法替代的方式急速地促进着中国社会的发展和变迁，翻新着个体公民的生存状态和精神面貌。这是私有财产与社会主义相结合的一个伟大胜利。同时历史昭示我们，凡是私人财富集聚的地方，总会存在贫富分化，这是私有财产制度的一个痼疾。医治这个痼疾的根本途径，就是要在“财富的逻辑”基础上建立“财富的伦理”和“财富的政治”，以社会主义制度来保证财富不逾越道德底线。这将是私有财产与社会主义相结合的一个更大的胜利。

二　市场经济与社会主义相结合的三个哲学基础

市场经济与社会主义相结合的另一重要课题，是如何认识和把握市场经济与社会主义相结合的哲学基础。这里从马克思主义哲学的角度，试做三点分析。

（一）市场经济与社会主义相结合的马克思主义人学观基础

依据恩格斯的说法，马克思主义实际上是“关于现实的人及其历史发展的科学”。[③]《德意志意识形态》指出，“全部人类历史的第一个前提就是有生命的个人的存在”，而共产主义社会则表现为人的多样化的存在，即“最后表现在以当时的生产力为基础的个人多种多样的活动方式中。”[④]《共产党宣言》指出，“代替那存在着阶级和阶级对立的资产阶级旧社会的，

---

① 《马克思恩格斯全集》第 30 卷，人民出版社，1995，第 480 页。

② 《邓小平文选》第 3 卷，人民出版社，1993，第 20、172 页。

③ 《马克思恩格斯选集》第 4 卷，人民出版社，1995，第 341 页。

④ 马克思、恩格斯：《德意志意识形态》节选本，人民出版社，2003，第 11、100 页。

将是这样一个联合体，在那里，每个人的自由发展是一切人的自由发展的条件。”[①] 在《资本论》中，马克思还把共产主义社会理解为“以每一个人的全面而自由的发展为基本原则的社会形式”。[②] 这说明，在最终意义上，全部马克思主义哲学归结为一点，就是一种关于个人全面而自由的发展的学说，而全部人类历史也就是个人不断走向自由而全面发展的历史。在此意义上，“努力促进个人的全面发展”就理所当然地成为“马克思主义关于建设社会主义新社会的本质要求”。[③]

然而，在很长一个历史时期内，社会主义国家对于如何促进个人的全面发展并没有清醒的认识。造成这一状况的原因很多，其中一个非常重要的方面就是，没能正确把握马克思主义人学观与市场经济的内在关系，即将马克思的物化学说片面化，并以此模糊、排斥甚至否定市场经济所具有的积极的人学意义。我们在前文提到马克思的“三大社会形态”理论，马克思关于个人的全面发展的理念就是在这个理论框架内提出来的，其完整表述是：“人的依赖关系（起初完全是自然发生的），是最初的社会形态，在这种形式下，人的生产能力只是在狭隘的范围内和孤立的地点上发展着。以物的依赖性为基础的人的独立性，是第二大形式，在这种形式下，才形成普遍的社会物质变换、全面的关系、多方面的需求以及全面的能力的体系。建立在个人全面发展和他们共同的、社会的生产能力成为从属于他们的社会财富这一基础上的自由个性，是第三个阶段。第二个阶段为第三个阶段创造条件。”[④] 在这里，所谓“第二个阶段”即以市场经济为主导的社会形态，“第三个阶段”即未来共产主义的社会形态。马克思明确指出“第二个阶段为第三个阶段创造条件”，这说明，虽然马克思在很多著作中对市场经济社会普遍存在的异化现象进行了深入的批判，但这并不妨碍他同时承认，唯有在第二大社会形态，即以市场经济为主导的社会形态中，个人之间的“全面的关系”、“多方面的需求”和“全面的能力”才会形成起来，从而为第三大社会形态中的“个人全面发展”奠定基础。

这就是说，市场经济与马克思主义人学观有着内在的相契合的诸多方面。首先，市场经济促进了个体的历史生成。马克思认为，真正独立的个体

① 《马克思恩格斯选集》第1卷，人民出版社，1995，第249页。

② 《资本论》第1卷，人民出版社，1975，第649页。

③ 《江泽民文选》第3卷，人民出版社，2006，第294页。

④ 《马克思恩格斯全集》第3卷，人民出版社，1995，第107～108页。

乃是近代市场经济社会的产物，“只有到十八世纪，在‘市民社会’中，社会联系的各种形式，对个人来说，才表现为只是达到他私人目的的手段，才表现为外在的必然性。”① 其次，市场经济促进了个人的自由发展。市场经济是建立在明晰产权基础上的社会合作和劳动分工体系，其最核心的价值就是要赋予人民经济自由，引导和鼓励个人自由而又负责人地进行自主的经济活动。正是在此意义上，市场经济是实现人的自由发展的一个基本条件："交换价值的交换是一切平等和自由的生产的、现实的基础。作为纯粹观念，平等和自由仅仅是交换价值的交换的一种理想化的表现；作为在法律的、政治的、社会的关系上发展了的东西，平等和自由不过是另一次方上的这种基础而已。”② 再次，市场经济促进了个人的全面发展。市场经济通过调动人的多方面需求，引导出人的多样性活动，推动个人的全球性参与，在最广泛的交往实践中使人的关系趋向全面，有力地推动了个人的全面发展。正如马克思所说，以市场经济为基础的现代社会造就了“个人的需要、能力、享用、生产力等等的普遍性”③。

由此看来，市场经济在促进个人的生成以及自由而全面的发展上，与马克思主义人学对未来社会的设想具有内在一致性：“培养社会的人的一切属性，并且把他作为具有尽可能丰富的属性和联系的人，因而具有尽可能广泛需求的人生产出来”，这同样是市场经济存在和发展的一个条件。④ 这就使得市场经济与社会主义相结合有了一定的马克思主义人学基础。中国三十年改革开放的一个关键布局就是引入了市场经济，实现了市场经济与社会主义相结合，在整个改革过程中，通过不断地“放权”、“分权”、“让利”、“搞活”、“松绑”，直至建立起比较完善的现代市场经济体系，极大地拓展了人们经济活动的自由空间，国民的个体人格获得了快速成长，中国社会的个体化进程不断加快，有力地促进了个人的自由而全面的发展。这是中国社会主义市场经济实践为马克思主义人学做出的一大贡献。

（二）市场经济与社会主义相结合的马克思主义实践观基础

马克思主义实践哲学有两个基本维度：认识论的维度和本体论的维度。

---

① 《马克思恩格斯全集》第 3 卷，人民出版社，1995，第 25 页。
② 《马克思恩格斯全集》第 30 卷，人民出版社，1995，第 199 页。
③ 《马克思恩格斯全集》第 30 卷，人民出版社，1995，第 478 页。
④ 《马克思恩格斯全集》第 30 卷，人民出版社，1995，第 389 页。

从认识论的维度看，实践作为人类认识活动的中心环节，在认识形成中发挥着核心作用，一方面，实践是检验真理的唯一标准，另一方面，人类的实践又是丰富多彩的，每一种理论都要面对不止一种人类实践的检验。从本体论的维度看，生存和发展是一切人类面临的前提性问题，而生存和发展又是一种实践状态，也就是说，“全部社会生活在本质上是实践的”。[①] 因而，生存论的本体论维度乃是马克思主义实践观的第一维度。[②] 其要义是说，社会必须尽可能地为个人开辟广阔的实践空间，而每一个人都必须在实践活动中解决自身的生存和发展问题。由此不难看出，无论是认识论的维度还是本体论的维度，马克思主义实践观都是开放的、多元的实践观，它从根本上拒斥人类实践路向选择的决定论和一元论。

值得深思的问题是，既然马克思主义实践观是开放多元的实践观，为什么在很长一个历史时期内，社会主义与市场经济却被描述、论证、定格、固化为两种截然对立的历史实践呢？显然，这与错误地理解马克思主义实践观不无关系。简言之，在把握马克思主义实践观时，人们容易犯两种相互关联的错误：一方面，在认识论上，将马克思主义开放多元的实践概念误解为封闭一元的实践概念，其要害是，“以抽象认识论的方式”[③]否定不同人类实践之间的共生性和共赢性。另一方面，这种误解认识论的马克思主义实践观的结果，也必然导致对本体论的马克思主义实践观的否定，即否定个人生存实践的优先性和人类生存状态的多样性。对于个体生存的优先性，马克思曾说：“……一切人类生存的第一个前提，也就是一切历史的第一个前提，这个前提就是：人们为了能够‘创造历史’，必须能够生活。”[④]对于人类生存状态的多样性，马克思在批评西塞罗对伊壁鸠鲁思想的曲解时指出，不应该把个人的生存（像德谟克里特的原子那样）“托回到决定论的范围里去”，而应该（像伊壁鸠鲁的原子那样）“超出这种决定论”。[⑤]这说明，马克思坚决反对将个人的生存状态安置于某种给定不变的意识形态和制度架构之中，抹杀个体自由而多样化的生存实践。

---

① 《马克思恩格斯选集》第1卷，人民出版社，1995，第56页。

② 俞吾金：《对马克思实践观的当代反思》，《哲学动态》2003年第6期。

③ 俞吾金：《重新理解马克思》，北京师范大学出版社，2005，第23～32、401页。

④ 《马克思恩格斯选集》第1卷，人民出版社，1995，第78～79页。

⑤ 《马克思恩格斯全集》第1卷，人民出版社，1995，第34页。

正如马克思所说，“凡是把理论引向神秘主义的神秘东西，都能在人的实践中以及对这个实践的理解中得到合理的解决。”① 20 世纪初叶以来人类的三大基本实践，即资本主义实践、传统社会主义实践和社会主义市场经济实践，无情地揭开了笼罩在资本主义和传统社会主义身上的神秘面纱，现在我们不得不以理性批判的目光审查我们走过的历史。以中国社会主义市场经济开启新的社会主义历史实践为标志，在此之前，苏联模式是衡量各国社会主义实践的唯一标尺，因而，资本主义对社会主义的批评都以苏联模式为靶子；反之，社会主义对资本主义的批评都以市场经济为目标。然而，无论是资本主义实践还是传统社会主义实践，二者都没能真正证伪对方，反而是在互相批评对方过程中彰显了各自所存在的无法克服的问题。在此之后，作为一种新型社会主义实践方式，市场经济与社会主义相结合代表了一种崭新的人类实践道路。市场经济与社会主义相结合较好地克服了传统计划经济和资本主义市场经济的双重弊端，与此同时，较好地利用了计划经济和市场经济的双重优点，从而在公平与效率、市场调节与政府调控、私有经济与公有经济、按劳分配与按要素分配等多个方面取得了有机统一，实现了对传统计划经济和资本主义市场经济的双重扬弃和超越。正是在社会主义制度中引入了市场经济，才使得中国实现了持续快速的经济增长，积累了巨大的物质财富，翻新了中国人民的精神面貌，从而大大改变了中国人的生存境遇。

毫无疑问，社会主义市场经济成功实践，不但为检验各种理论的真理性树立了新坐标，而且为人类发展开辟了新道路。用这个人类实践的新坐标来观察世界和检验理论，教条的马克思主义将会失去理论话语空间，傲慢的资本主义经济学也不得不面对社会主义市场经济成功实践的拷问。在这个新坐标下，一方面，人类必须从对马克思主义和社会主义的错误的和教条式的理解中解放出来，另一方面，人类也必须从对市场经济和资本主义的错误的和教条式的理解中解放出来。用这个人类实践的新道路来展望人类历史的前景，我们得到一个最重要的启发就是：人类实践是不断发展的，同时也是开放的，人类可以而且必将在解决自身的生存和发展中创造出更加丰富多彩的实践形式。这其中，社会主义市场经济实践标志着人类历史开启了一个新的纪元。

① 《马克思恩格斯选集》第 1 卷，人民出版社，1995，第 56 页。

（三）市场经济与社会主义相结合的马克思主义历史观基础

在《资本论》中，马克思明确指出，“社会经济形态的发展是一种自然历史过程”，人类“既不能跳过也不能用法令取消自然的发展阶段”。[①] 另外，马克思又坚决地反对把他“关于西欧资本主义起源的历史概述彻底变成一般发展道路的历史哲学理论”，反对“使用一般历史哲学理论这一把万能钥匙”匡衡人类历史。所以他强调：“使用一般历史哲学理论这一把万能钥匙，那是永远达不到这种目的的，这种历史哲学理论的最大长处就在于它是超历史的。”[②] 由此可见，在马克思主义历史观视野中，人类社会发展的真实图景既是一个自然历史过程，又是一个创造性的开放过程，任何企图把某种抽象的历史运动公式，强加给千差万别的历史现实的做法，都是有悖马克思主义历史观的。

马克思主义历史观的核心是历史唯物主义学说。既然我们已经澄清了马克思主义历史观不是一般的“历史哲学理论”，历史唯物主义当然也不是一种决定论（历史决定论或经济决定论）的学说，它真正重视的是对任何历史运动的决定性的前提的澄明，而不是撇开一切具体的历史条件来大谈特谈社会发展的规律或必然性。在此意义上，不但历史唯物主义不应被教化为一种意识形态，而且历史唯物主义本身就是我们进行意识形态批判的理论工具，它的根本使命是帮助我们认清自己真实的历史处境，并据此运用适当的方式来改变社会现实，选择正确的发展道路。

正是在此意义上，马克思主义历史观为我们考察市场经济、资本主义、计划经济与社会主义的实践图景，提供了根本的方法论指导。市场经济与资本主义的结合已有二百多年的历史，马克思看到了这种结合的历史必然性，并对这种结合所取得的历史功绩给予了极高评价：资本主义在它的不到一百年的阶级统治中所创造的生产力，比过去一切时代创造的全部生产力还要多、还要大。与此同时，市场经济与资本主义相结合的历史实践也制造了巨大的人类悲剧，如周期性的经济危机，瓜分资源的世界战争，对无产者的剥夺，物化和异化，等等。为了摆脱资本主义市场经济带给人类的梦魇，人类开创了社会主义计划经济的历史实践，计划经济与社会主义相结合曾经创造

① 《资本论》第 1 卷，人民出版社，1975，第 11 ~ 12 页。

② 《马克思恩格斯选集》第 3 卷，人民出版社，1995，第 341 ~ 342 页。

了人类历史新的辉煌，但它同样没能避免人类悲剧的发生，在不到一百年的历史实践中，苏联式计划经济模式在许多国家制造了短缺、饥荒和对人性的泯灭。苏联解体和东欧剧变之后，人类历史来到了又一个十字路口，西方历史终结论者借机宣称，人类历史将终结于资本主义[①]，市场经济与资本主义相结合“是唯一可行的社会制度”，除此之外，“人类别无选择”。[②]

这种极端论调背后隐含的一个逻辑预设就是：市场经济 = 资本主义。在资本主义理论体系中，这个逻辑预设被先验地接受下来，固化为一种形而上学，即马克思所批判的“一般历史哲学理论”。然而，按照马克思主义历史观，市场经济与社会主义可否结合？计划经济与资本主义可否结合？这些都应该是开放性的课题，是可讨论和可实践的。邓小平以其超人的哲学智慧和巨大的政治勇气，创造性地运用唯物史观，冲破了人类思想史上的这个禁锢：“计划经济不等于社会主义，资本主义也有计划；市场经济不等于资本主义，社会主义也有市场。”[③] 这一著名论断体现了马克思主义历史观的精髓，为市场经济与社会主义相结合提供了哲学基础。社会主义市场经济理论就是遵循这一哲学基础所进行的伟大理论创新，它第一次科学地回答了计划经济、市场经济、社会主义和资本主义四者之间的内在关系，不但是当代马克思主义中国化的光辉典范，而且是现代市场经济理论社会主义化的光辉典范。

社会主义与市场经济相结合及其在中国的成功实践证明，人类应当遵循历史规律，但完全没有必要臣服于必然性。这正如马克思所说：“在必然性中生活，是不幸的事，但是在必然性中生活并不是一个必然性。通向自由的道路到处都敞开着，这种道路很多”。[④] 这说明，世界是丰富多彩的，世界发展的活力恰恰在于多样性的共存；各国文明的多样性，是人类社会的基本特征，也是人类文明进步的根本动力。

（作者系上海社会科学院研究员）

① 弗朗西斯·福山：《历史的终结及最后之人》，黄胜强、许铭原译，中国社会科学出版社，2003。

② 米瑟斯：《自由与繁荣的国度》，韩光明等译，中国社会科学出版社，1995，第 120 页。

③ 《邓小平文选》第 3 卷，人民出版社，1993，第 373 页。

④ 《马克思恩格斯全集》第 1 卷，人民出版社，1995，第 26 页。

社会主义与市场经济关系的哲学追问

夏国军

政治体制、经济政策的贯彻实施，从一般视角看，是哲学理念的落地，即世界观、人生观、价值观的落地；而从具体社会现实的视角看，是不同哲学理念的落地，即不同的世界观、人生观、价值观的落地。落地之后，它们又分别转型为不同的文化观、政治观、经济观，但它们之间到底是何等的不同这对于任何一个作为自组织的社会形态而言均影响巨大：假如它们之间是“不同却和”式的不同，那么它们合力打造的社会形态就是一个趋近有序、和谐的社会系统；假如它们之间是“互不相容”式的不同，则它们以彼此间的斥力营造出来的社会形态就是一个无序、动荡的社会系统。据人心思定之常理，显然前者是人类所青睐的理想的社会目标，而后者则不然。

新中国之制定推行改革开放的国策，目标恰在于一个国家和谐有序、民族长盛不衰、人民富足安康的美好社会主义。这在客观上呼唤政治学、经济学和哲学等精神联盟的建立及其实践合力的形成，但这绝非易事。中国改革开放36年，经济建设业绩骄人，但由于一直以来始终摸着石头过河，因此始终面临着政治观、经济观乃至文化历史观如何在社会主义体制下兼容这个重大课题的挑战，甚至社会主义政治体制与市场经济运行模式的关系问题在未来相当长的一段时期仍将是一个常议常新的话题。结果，认识上出现偏差，实践上走入误区就在所难免了。如今中国的经济改革已步入攻坚期和深水区，亟须在认识上正本清源，科学地解答下述问题：社会主义市场经济与资本主义市场经济有何异同？为什么社会主义市场经济模式比资本主义市场经济模式更容易受到指责？社会主义的本质与市场配置资源的“决定性作用”相悖吗？大力发展社会主义市场经济如何消除人的异化现象？这些问题的探讨，深层次地反映了当下中国经济体制改革步入攻坚期与深水区的实践诉求，也是哲学在场性以思想追问的形式联袂政治与经济理论去实现历史脱域性进步的重要显现。

认知幻象解蔽

首先，成功度/渡过中国经济改革的攻坚期和深水区，需要对这样一种认知幻象进行解蔽：“社会主义社会”、“资本主义社会”、“市场经济模式”与“计划经济模式”这四个概念同属一个范畴系列。这在逻辑上是一个严重的错误，在一次划分中同时使用了至少两个不同的标准，结果造成划分子项间的相容。这种认识上的幻象在实践中极易给人们造成误导。实质上“社会主义社会”和“资本主义社会”这两个概念同属社会制度范畴，而“市场经济模式”与“计划经济模式”这两个概念同属经济运行模式范畴。借用亚里士多德的术语类比地讲，“社会主义社会”和“资本主义社会”这两个概念同属目的因范畴，而“市场经济模式”与“计划经济模式”这两个概念同属形式因范畴；因此，两类范畴之间的差异与关联显而易见：形式因寓于目的因之中，目的因支配形式因，是一种内在的推动力，而形式因则服务于目的因，是目的因得以显现的载体和必要条件。

其次，作为上述认知幻象的逻辑后承，还有这样一种认知幻象：社会主义制度必然或只能与计划经济运行模式交融，而资本主义制度必然或只能与市场经济运行模式勾连。换言之，计划经济运行模式是社会主义制度的专利，而市场经济运行模式是资本主义制度的专利。这是一种僵化有害的逻辑。如今资本主义已经实现了充分发展，其发展实际为人们就资本主义制度与市场经济的关系做出后验性评断提供了大量可资借鉴的事实依据。在自由资本主义时期，市场作为形式因拥有绝对的自主权，表面上完全主导着商品的生产、交换、分配和消费，但最终的结果却不尽资本家之意，经济危机频频爆发，而且危机的规模逐日升级，直至 1929 ~ 1933 年有史以来波及整个资本主义世界最严重的经济危机的爆发。究其根源，自由资本主义时期经济危机的爆发在根本上源于深隐于后的资本家追逐高额利润的贪欲的无限膨胀，资本家的贪欲作为目的因和强大的动力因是导致资本主义市场混乱失序、供需关系严重失衡（供远远超越于求）的罪魁祸首。为了摆脱自有资本主义时期的经济危机，凯恩斯主张国家通过财政和货币政策增强需求，以实现总供给与总需求的平衡，保证资本主义经济的平稳推进。[①] 凯恩斯的主张旨在呼唤国家垄断资本主义的产生，旨在呼唤政府以计划干预的方式强力介入市场经济，旨在为自有资本主义时期严重失衡的市场经济系统注入更多的负熵流，使之渐趋有序、规范和平衡。第二次世界大战后，政府计划干预无论从广度还是从深度上已经渗透到资本主义的生产、流通、分配和消费的各个环节。究其实质，国家垄断资本主义只是“在资本主义体系本身的基础上对资本主义的私人产业的扬弃”。[②] 但用事实说话，国家垄断资本主义一度呈现出来的生命力验证了政府对市场经济计划干预的有效性、必要性，而这进一步验证了市场经济模式绝非资本主义社会的专利。甚至在马克思恩格斯看来，资本国有化将有助于为社会主义革命提供直接的物质前提，是无产阶级社会主义革命的入口处；[③] 在列宁看来，国家垄断资本主义的生产社会化、资本社会化和管理社会化为全社会共同占有生产资料和共同组织社会化生产准备了充分的物质条件和经济条件，因此“国家垄断资本主义是社会主义的最充分的物质准备，是社会主义的前阶”。[④] 马克思主义经典作家们的论断预设了社会主义社会与市场经济模式的关联。社会主义社会作为较之资本主义社会的高级社会形态应该具有更先进的生产力，具有更完善的市场经济，能够有效抑制总体供需关系的失衡，消除贫富两极分化，实现全体人民的共同富裕。其实，经济运行模式主要关涉的是资源配置的路径与方式，它们服务于特定社会制度的经济生活目标，但不存在与特定社会制度固定捆绑的问题。无论在何种社会经济制度下，不同国家所推行的经济运行模式，都会存在着共同的基本特征。因此，社会主义社会同样需要发展经济，需要市场经济运行模式；并且社会主义市场经济模式同样包括如下基本要素：独立的企业制度、完善的市场体系、开放的市场空间、健全的法制规范、必要的政府计划干预等。问题的关键不在于什么社会制度选择了什么经济运行模式，因为尽管经济运行模式与经济制度不乏相通之处，但经济制度

① 见凯恩斯《就业、利息和货币通论》，高鸿业译，商务印书馆，2013，第36～40页。

② 《马克思恩格斯全集》第46卷，人民出版社，2003，第497页。

③ 见《马克思恩格斯全集》第46卷，人民出版社，2003，第497～499页。

④ 《列宁选集》第3卷，人民出版社，1995，第266页。

本身有着一定的政治性内在规定，经济运行模式在没有与特定的社会经济制度结合之前，它仅仅是无阶级属性的形式而已。因此，问题的关键在于，选择经济运行模式这种形式因为之服务的作为目的因的社会制度的本质是什么，也就是说，这关涉的是目的与手段的关系问题，而解答这一问题的关键着眼点显然在目的，而不在手段。否则，选择手段作为深入探讨问题的关键点，这无异于本末倒置，现象遮蔽本质。所以，借助市场经济运行模式这种中性的形式来界定资本主义制度或社会主义制度的实质，这完全是一种有害的认知幻象。

制度属性辨证

欲深入推进中国经济体制改革乃至全方位的改革，必须正确认识社会主义与市场经济的关系及其实质，而欲正确认识社会主义与市场经济的关系及其实质，必须从哲学的高度对由表及里深入探究社会主义社会制度的属性。从社会哲学本体论的角度讲，社会主义社会的最高存在是人民群众以及人民群众的诉求、利益和幸福等，这一切决定着社会主义制度的实质、生命力、社会主义政治、经济、文化建设等路径的选择和方针的拟定；前者是后者的最高价值取向，如果后者偏离了前者的既定轨迹，社会主义的改革大业必将受阻而变得艰难曲折。这是指导社会主义市场经济建设的最高精神原理，也是最高目的，由此主导，社会主义市场经济的轴心目标即为人民群众的整体利益。当然，这并不否认社会主义劳动者的个体利益，只不过社会主义个体劳动者的利益只有依托人民群众的整体利益才有保障。

与社会主义市场经济运行模式相比对，资本主义市场经济的轴心目标则是资本家集团的利润。从社会哲学本体论的角度讲，资本家集团及其利润是资本主义社会的最高存在和最高目的，它们是资本主义社会压倒一切的力量，由之决定，资本主义社会制度只不过是资本家集团及其利润的政治、法律乃至军事保护伞，而占据绝对数量比重的产业工人在资本主义社会的命运只能是被盘剥和压榨，严重时他们被盘剥的只剩下自身的劳动力这唯一的财富，而维持自身的生计与种的繁衍也只有出卖自己的劳动力这唯一可行的途径。即便如此，更不幸的是，资本主义经济体制就连这唯一的一扇门也对很多产业工人关闭了。产业工人在资本主义的血泪史归咎于深埋于资本主义理性精神表面之后的资本家追逐利润的无限贪欲，即马克斯·韦伯所谓的

"经济伦理"，"这种伦理的至善，赚更多的钱和竭力避免所有的本能的生活享受，是超越任何幸福论的……（包括追求幸福），更不用说享乐主义的成分了。从个人幸福、效用的角度看，这看起来完全是超越的绝对的非理性的——这就成了目的本身。"① 这种经济伦理注入资本家的血液，他们就会形成这样的价值观：人受钱欲主宰，追求财富就是人生的终极目的。因此，他们所主导的经济活动"取决于对充分利用交易机会赚取利润的预期，即取决于（形式上）正常的盈利机会……在资本主义方式下，只要理性地追求财富，相应的行动就会以资本核算的形式加以调整。这就意味着，行动要调整到系统地利用作为获取财富手段的物品或者个人劳务，以致在业务结束时，企业的货币资产的余额超过了资本（即在获取财富时用作物质生产手段的估算值）……（在现代）重要的事实常常是，以货币作单位的计算是通过现代记账方法进行的"。② 现代记账程序在技术上是最完美的理性资本核算程序，但究其实质这种经济理性是由资本家的贪欲所主导的非理性，它的理性成分仅仅体现在表面化的计算形式上。

然而，这种形式理性极具渗透力、隐蔽性、欺骗性和破坏力，如今它已经以一个全胜者的姿态实现了对整个资本主义经济领域的彻底渗透，以致容易给人造成这样一种认识上的错觉，即现代资本主义的经济体系是高度理性化的，甚至在相当的意义上和在一定的范围内可以说，"整个经济史就是一部经济理性主义的发展史"。③ 实质上，理性主义只是罩在表面上的温情脉脉的面纱，深藏其后的是资本主义制度为之保驾护航的资本家贪欲的"理性狡计"，因此也被称之资本主义制度的"理性狡计"，即资本家集团及其利益的政治护卫者，资本主义制度为了达到其资本增值最大化的目的而在技术上可能的并在实际上实行的数量计算或核算。一般而言，这种计算是对手段与目的的抽象计算；具体而言，所追求的诸种目的与达到目的手段本身，常常是自相矛盾和相互对立的。计算的结果即资本主义社会占据主导地位的经济行为的产物是拥有如下内涵之文化载体的生成：不完美、非正义、痛苦、罪恶、徒劳无益。韦伯指出，这种文化载体"显得越来越没有意义。从一个纯伦理学的角度看，如果以神的'意义'这一宗教假设来判断的话，

① 韦伯：《经济通史》，姚曾廙译，上海三联出版社，2006，第251页。

② 韦伯：《经济通史》，姚曾廙译，上海三联出版社，2006，第251页。

③ 韦伯：《经济通史》，姚曾廙译，上海三联出版社，2006，第255页。

那么，这个世界看上去就会是支离破碎和无甚价值”。[①] 假如从肯定的方面讲这种文化没有什么意义的话，从否定的方面看它则具有这样的价值：它是资本主义制度实质及其功能的透视镜。

社会主义制度的本质属性在于人民性，后者是社会主义国家的最高存在性，因此社会主义制度旨在满足广大人民群众的多元化需求：首先，通过经济建设满足人民群众的物质层面的需求，这是基础性、必要性需求；其次，通过精神文明建设满足人民群众的求知、审美、社会交往、个体的自由全面发展等精神层面的需求；最后，让人民群众获得一种物质上富足、心灵上宁静、精神上愉悦的多维的、厚重的幸福感。社会主义制度创设的文化内涵并不绝对排斥工具层面上的为簿记制所渗透的形式理性，但堪称社会主义文化内涵浓墨重彩的一笔实质理性。“实质理性直接决定与过去、现在或未来的价值假设群（value postulates constellations）有关的行为模式的次序。”[②] 但是，在任何事件中，社会主义文化的实质理性取向都不会在单纯的手段——目的的基础上以实现资本增值最大化为目的构成行动模式的次序。实质理性相对于人民性呈现出来的是一种肯定的美，而相对于形式理性呈现出来则是一种否定的美。但这种否定绝非完全排斥，而是一种内容与形式的对立统一，它们所展现出来的是一种知与行、灵与肉的内在和谐。

社会主义制度与资本主义制度在属性上的差异折射出社会主义社会与资本主义社会两种社会形态间的不同。尽管社会主义制度与资本主义制度都无法绝对摆脱“人对物的依赖”这个关系命题，但依赖导致的结果却大相径庭：资本主义制度对物的依赖导致社会财富在极少数人手中的积聚，因此只有这极少数人能够获得幸福，但这是一种建立在商品拜物教或资本拜物教基础上的幸福；这也是一种局部的幸福，更是一种社会异化的幸福，是建立在对绝大多数社会公民物质财富的剥夺和精神摧残基础上的幸福，从而转换一个视角看这种幸福却是最大的恶。而社会主义制度对物的依赖旨在为人民群众创造涵盖物质层面和精神层面的普遍的幸福、覆盖每一人民群众个体的整体的幸福，这也是一种人类理想的幸福，更是最大的善。社会主义制度催育的幸福应该相当于当年柏拉图苦苦寻求的最高正义即“城邦正义”[③] 的应有

---

① 韦伯：《经济通史》，姚曾廙译，上海三联出版社，2006，第 240 页。

② 韦伯：《经济通史》，姚曾廙译，上海三联出版社，2006，第 242 页。

③ 柏拉图：《理想国》，郭斌和、张竹明译，商务印书馆，2002，第 57 页。

之义。

概言之，放眼于人类文明长河的坐标系，资本主义制度扮演着祛魅和返魅的双重角色：所谓祛魅体现在资产阶级革命曾以“理性、自由、平等、博爱”的口号向统治整个欧洲一千多年之久的基督教势力宣战，对人类的精神解放做出过不可磨灭的贡献；然而资产阶级革命取得胜利之后，资产阶级大肆宣扬商品拜物教或资本拜物教，对其当年革命时期的同盟军实施物质和精神的双重盘剥和摧残，这无异于文明的返魅。社会主义制度的重要历史使命之一就在于终结或消除资本主义制度的狡计造成的这种祛魅和返魅的反复性、曲折性，推进人类文明祛魅的精神解放进程，一方面达到“天人合一”的境界，另一方面从观念上正确引导民众正视人民的幸福目标与资本/财富支撑的目的与手段的关系。

市场职能审定

从发生学的视角看，市场是商品交换的逻辑后承，是商品交换借以实现的空间场所和领域。哪里有商品交换，哪里就必然要有市场。因此，市场是商品经济的重要范畴。进一步讲，市场是人类文明进步的产物，当人们的物质财富有剩余，萌生物物交换的念头和需求时，市场便具备了产生的精神条件；而当人们的交换行为借助特定的空间如愿实施时，市场便具备了产生的物质条件。社会分工的程度越高，社会生产部门划分得越细，商品交换的概率就越大，商品交换的品类就越多，市场的不可或缺性就会越发凸显。比如，资本主义社会和社会主义社会中的情形就是这样。

然而，无论市场在商品经济活动中扮演多么重要的角色，它本身不具备任何阶级属性、价值属性、伦理属性等，而只具备工具属性或媒介属性。从具象角度讲，市场是资源配置、使用价值对换的杠杆；从抽象角度讲，市场是交换价值以及交换价值所反映的价值得以实现的纽带。它无法独立构成评判某种社会制度优劣、经济体制好坏的标准。市场充其量就是一种形式因，它为特定的目的因所支配并对支配它的目的因做出积极的反应。正所谓“金就砺则利，木受绳则直”。

在资本主义商品经济中，市场发挥着举足轻重的作用，这尤其表现在受资本家贪欲的驱动而达成资本家对剩余价值、高额利润追逐的心愿上。市场是资本主义产生和存在的前提条件，也是资本主义进一步发展的重要且必要的因素。几次工业革命的爆发为资本主义商品生产升级换代提供了巨大的动力源泉，较以往呈几何倍数增长的商品的交换要求越来越广阔的市场，于是市场规格突破国度限界而形成国际市场。但这一切活动还只是表象性的，毕竟资本主义经济生产的终极目的不在于商品数量的激增，也不在于市场空间的拓展，而在于资本家投入资本的无限增殖。商品、市场在资本主义商品经济活动中扮演的角色只是帮助资本家实现资本增殖的物质性的形式转换器。因此，市场是相对消极的，而推动市场运转的背后推手才是积极的，这个推手就是特定社会制度中的生产资料所有制及其影响。此诚如韦伯之所言，“具有资本核算程序的盈利取向的行为模式的机构载体，是工业企业，而不是自由市场的运作”。[①] 也就是说，在实际的盈利活动中，市场交易毋庸置疑发挥了很大的作用。但是，生产商品的决策、采用的生产方式、盈利的预期等等事前就为资本家在企业内部计算好了。因此，市场上显现出来的商品交换关系实际上是对相对隐蔽的商品生产者之间关系的折射；而关系主导者及资本家的利益需求愿望就成了决定资本主义市场交换关系实质的一只看不见的手，换言之，这只手就是流淌在资本家血液里的资本逻辑，就是资本主义的资本拜物教。

深隐于背后的这只看不见的手也是造成资本主义经济发展由完全的市场经济向不完全的市场经济转型的直接根源。在自由资本主义时期，市场是完全自由的，因为经济决策权分散掌握在众多的资本家手中，整个社会的商品生产处于无政府状态，企业完全消极被动地屈从于来自市场的反馈，即通过市场价格的波动自发地调节社会生产和销售。但是，市场的张力由于经常不堪资本家无限膨胀的贪欲的重负而陷入失序状态直至瘫痪，资本主义经济发展因而不时地受到经济危机的冲击。颇具讽刺意味的是，经济危机居然成了自由资本主义时期社会再生产的调整器。这是荒诞的，更是资本家阵营所不能容忍的，因为经济危机造成的最严重的后果是资本家利益的巨大损失。为了确保资本家资本增值的可持续性，20 世纪 30 年代大危机之后，资本主义世界加强了政府对经济发展的干预，并制定和推行了许多国家干预经济的措施，尽可能消减自由市场经济的盲目性及其造成的损失。自此之后，以市场为载体展示的关系增加了一个背后的制导源，即由国家的干预生成的计划元素。因此，资本主义的经济发展模式完成了由完全的市场经济向不完全的市

① 韦伯：《经济通史》，姚曾廙译，上海三联出版社，2006，第 245 页。

场经济的过渡。

上述对资本主义经济发展转型的分析既有助于进一步揭示市场的本质又有助于人们认清市场在资本主义经济发展中的职能定位。无论资本主义制度选取何种经济发展模式，市场始终是资本主义经济发展必不可少的基本的调节手段，是表面化的资源配置方式，是显示资本主义社会经济、政治、文化关系的窗口，所以但凡资本主义市场或市场经济暴露出来的问题实质上皆为资本主义政治制度、经济体制等所决定的社会关系的问题，而不纯粹是市场本身的问题。因此，欲消解资本主义市场（经济）问题必须首先消解深层次的资本主义的体制问题。

市场仅是商品经济发展不可或缺的中性的资源配置途径，而不存在对任何特定社会制度的固定隶属关系。因此，对于像资本主义社会一样需要大力发展商品经济的社会主义社会而言，市场同样被用作必不可少的资源配置手段。不过，受社会主义制度本质属性所限，社会主义的市场不能再像资本主义市场那样充当少数利欲熏心者的资本角逐场，它不能有剥削性，也不能有盲目性。它只是社会主义各个生产部门之间资源配置的渠道，是不同人民群众个体之间为满足生活需求而互通有无的场所，也是维系社会主义公平正义的杠杆。市场在社会主义经济发展中的职能定位与发挥，取决于深层次的问题处理和原则恪守。

首先，应当从体制层面坚决捍卫社会主义的公平正义。这需要第一，坚持社会主义制度的人民属性不动摇；第二，生产资料归全体人民所有，全部公共资源归全体人民所有，但需要由人民利益的最高政治代表国家来统管，也正是在这个意义上才可以说全部公共资源归国家所有；第三，严格贯彻多劳多得、少劳少得的按劳分配原则；第四，推行社会失业保障制度、医疗保险和养老保障制度等；第五，坚持教育公平原则，择业机会均等原则，确保每一个人民个体都享有平等地接受教育的权利，尤其是义务教育，确保每一个社会主义劳动者在公开、公正、公平的氛围下获得同等的竞岗择业机会；第六，兼顾人民群众的整体利益和个体利益，兼顾人民群众的整体幸福和个体幸福，每一个人民个体平等地拥有追求自己美满生活所需经济条件的权利；第七，社会主义社会的资本不再是能够带来剩余价值的价值，不再是资本主义社会那种阴毒的隐形杀手，而是在阳光下运行的公开投资，主导其运行轨迹的万有引力只能是人民群众的日益增长的物质和精神生活需求；第八，坚决遏制企业成本外化行径，企业利润的追求不能以牺牲生态环境为代价，更不允许个别性、局部性的企业利益凌驾于整体性、至上性的人民群众利益至上；第九，划定资本的禁飞区，社会主义国家与政府的权力、人民的教育事业、婚姻家庭、伦理纲常等坚决不能由资本引渡到市场而演变为商品范畴；第十，加强社会主义法治建设，增强全体国民有法必依、执法机构执法必严的自觉意识。

其次，必须妥善处理政府与市场的关系问题。对此，资本主义经济发展已经为社会主义社会发展市场经济留下可资借鉴的经验教训：经济发展完全对市场放任自流行不通，结果只能是整个经济秩序的混乱不堪和经济危机频发。这说明市场需要政府的规约。但是，政府又不能对市场统得过死，不能事无巨细均要插手，不能大包大揽，否则由市场这个窗口折射出来的经济景象就会像一潭死水一样颓废萎靡。这是继往异化的计划经济留下来的深刻教训。也就是说，政府对市场的规约，过犹不及，适度最可取。何以适度？得其要妙确非易事。但是，如下几条原则是值得借鉴的：第一，政府在管控市场时从逻辑的重要性须首先坚持这样的利益导向，即始终维护政府利益—国家利益—人民群众利益的三位一体，其中人民群众的利益是这个利益家族的内核。在社会主义社会，任何游离于这个利益血脉之外的利益主体均不具有正当性；第二，政府要肯定市场的相对独立性，承认市场在配置资源上的灵活性，尊重市场运作的规律性，即政府不能简单甚至粗暴地凌驾于市场之上将其统死；因此第三，政府只能对市场政策把脉，法制监管，宏观统筹等；总之，第四，政府必须上升到哲学的高度清楚地认知，政府与市场的关系问题关涉到经济基础与上层建筑的矛盾问题。无论发展什么样的市场经济，无论如何发展市场经济，社会主义的经济基础是不可撼动的。

概言之，上述对所谓深层次问题的探析以及有关原则的阐释，换个角度看，实质上隶属于古老的规约人性、寻求正义的话题范畴。早在遥远的古希腊哲人们就已对该话题高度关注，柏拉图对人性从统治阶级的角度做出了有史以来的最强规约，因为他近乎扼杀了统治阶级群体作为正常人所拥有的情欲和财欲，进而描绘出了差不多迄今最理想的共产主义蓝图。然而它也是最违背人性的共产主义蓝图，所以亚里士多德扬弃柏拉图的极端理路而改走中庸路线，承认所有人拥有财富之欲望的合理性，肯定财富对人生的重要意义，认为中产者占据社会人口的绝对比重能够决定社会结构的稳定性，社会的公平和正义也水到渠成。亚里士多德的正义论或许较之柏拉图的更合乎人性，但二者在社会哲学本体论的层面存在一个相同的问题，即社会阶级结构上的二元分立及其派生的异化性。上述从社会主义制度视角对人性问题的探讨首先从根本上消除了社会阶级结构上的二元分立，人民群众及其利益是社会的一元本体，社会主义的人性升华彰显为人民性，兼顾整体利益与个体利益的融通性，从源头上消除产生异化的可能性，而这一切正是社会主义市场通过其作为资源配置手段特有的运作范式所应展现的深层内涵，为这种关系的良性可持续发展保驾护航乃是政府的重要职责。

应然的思想徜徉不可无视实然的现实问题。如今中国的社会主义市场经济建设仍处于初级阶段，资本的有效管理乃至高效运营、生态环境的有效保护、社会财富的公正分配、对市场经济的错误认知的消解，等等，还是中国经济体制改革面临的一系列攻坚课题。事实上，应然的理论构思绝没有排除实然的问题走向，相反，它在对社会主义与市场经济关系做哲学追问的同时，同样关心精神如何落地的问题，关心社会主义制度作为目的因如何与市场（经济）作为形式因水乳交融，从而彰显社会主义的优越性，实现人类文明的更大进步。

（作者系上海财经大学人文学院博士生导师）

社会主义市场经济制度创新及实践

资本积累的趋势与贫富差距的缩小

——由《21 世纪资本论》引发的思考

丰子义

法国经济学家托马斯·皮凯蒂的《21 世纪资本论》之所以受到全世界的普遍关注，一个重要原因，就在于它触动了一个世界性的敏感问题或难题：财富与收入的不公正。皮凯蒂在其著述中，对世界近 300 年来财富与收入不平等的现状进行了详细的描述，同时也对其他思想家尤其是马克思的相关思想提出了不同的看法。究竟如何看待当代世界的资本积累和贫富差距？如何看待皮凯蒂与马克思的理论分歧，进而寻求合理的解释和把握？本文对此作一粗浅分析。

一

皮凯蒂在谈及财富分配问题时，涉及了许多重要的思想家，马尔萨斯、亚当·斯密、李嘉图、库兹涅茨、马克思尽在其中。与其基本论题直接相关，皮凯蒂重点指向库兹涅茨和马克思。他一方面否认库兹涅茨的倒 U 曲线[①]，另一方面又否定马克思提出的平均利润率下降规律。对于库兹涅茨倒 U 曲线，学界已有较多研究，这里不再赘述。本文所要重点讨论的是皮凯蒂与马克思的理论关联与冲突。

皮凯蒂通过对资本主义数百年发展的大量实证材料研究，得出了这样一

---

① 该曲线反映的大致内容是：收入差距在经济发展的起步阶段时较小，随后逐渐拉大，到经济发展到一定阶段后，差距又会降下来。

个基本结论：资本的回报率远远高于经济增长率，而经济增长率又远远高于劳动者的工资增长率，因而财富分配不公是市场经济发展的必然趋势，而且这种势头还在不断扩大。由此出发，皮凯蒂对马克思的资本积累论和平均利润率下降规律提出质疑。他是这样概括马克思的理论的："事实上，他的主要结论可以被称为'无限积累原则'，即资本将不可逆转地不断积累并最终掌握在一小部分人手中，是一个没有天然界限的过程。这就是马克思对于资本主义终将灭亡预言的分析依据：资本收益率稳定降低（这样将遏制资本积累并导致资本家之间的激烈冲突）或是资本在国民收入中的比重无限制地增长（这迟早将变成工人运动的导火索）。不论发生何种情况，社会经济均衡或是政治稳定都将变成奢望。"① 与这样的概括、理解相适应，皮凯蒂明确认为，马克思主义者的研究强调利润率下降，这是"一个被证明是错误的历史预言"②。也就是说，平均利润率下降并不成为规律。尽管皮凯蒂在资本积累将会导致危机这一最终结论上与马克思大致相同，但在其所说的"分析依据"上却截然相反：马克思强调的是资本收益率下降即平均利润率下降，皮凯蒂则强调的是资本收益率上升。这就形成了理论上的冲突：资本主义的经济发展趋向，究竟是马克思所讲的利润率下降规律，还是皮凯蒂提出的资本收益率趋高的结论？或是兼而有之？

其实，马克思与皮凯蒂的理论之间只是表面上的冲突，并无实质上的矛盾。这里关键是要全面理解马克思的平均利润率下降规律及其实现形式。首先应当看到，马克思不是仅凭理论推演，而是根据资本主义条件下经济技术的发展所带来的资本有机构成变化而揭示出这一规律的。按照马克思的话说就是："在资本主义生产方式的发展中，一般的平均的剩余价值率必然表现为不断下降的一般利润率。因为所使用的活劳动的量，同它所推动的物化劳动的量相比，同生产中消费掉的生产资料的量相比，不断减少，所以，这种活劳动中物化为剩余价值的无酬部分同所使用的总资本的价值量相比，也必然不断减少。而剩余价值量和所使用的总资本价值的比率就是利润率，因而利润率也必然下降。"③ 然而，马克思在肯定平均利润率下降的同时，又强调利润率的下降并不排斥利润绝对量的增大，二者是同时并存的。这是资本

---

① 托马斯·皮凯蒂：《21 世纪资本论》，巴曙松译，中信出版社，2014，第 10 页。

② 托马斯·皮凯蒂：《21 世纪资本论》，巴曙松译，中信出版社，2014，第 53 页。

③ 《马克思恩格斯全集》第 25 卷，人民出版社，1974，第 237 页。

积累引起的双重后果，或是资本积累的“二重性的规律”[①]。

平均利润率的下降为什么会伴随绝对利润量的增大？马克思在《资本论》第三卷中具体分析了利润率下降趋势起反作用的多种因素：一是劳动剥削程度的提高。平均利润率同社会利润量成正比，同社会资本总量成反比。劳动剥削程度的提高无疑可以增加社会利润总量，从而提高利润率。二是工资被压低到劳动力的价值以下。在一定时期内，由工人创造的新价值包括支付给工人的工资和归资本占有的利润两大部分，二者之间存在着此消彼长的关系。当工资被压到劳动力价值以下时，自然会增加利润量，提高利润率。三是不变资本各要素变得便宜。劳动生产率总是不断提高的。当生产资料生产部门的劳动生产率提高时，生产资料的价值就会降低，不变资本要素就会变得便宜，从而引起资本有机构成的下降，进而阻止平均利润率的下降。四是相对过剩人口的出现。相对过剩人口是资本积累的必然产物，它会从两方面延缓资本有机构成的提高，并通过剩余价值率的提高占有更多的利润量：一方面是导致劳动力市场的供过于求，资本家可以借机压低工人的工资，提高剩余价值率；另一方面是相对过剩人口所造就的大量廉价劳动力，会使资本家宁愿使用手工劳动而不使用机器，以致形成资本有机构成的降低。五是开展对外贸易。资本通过对外贸易可以从国外获取廉价的不变资本要素、进口廉价的必要生活资料等，减少资本的支出总量，导致利润率的提高；特别是与经济落后国家的贸易，能够带来较高的利润率。六是股份资本的增加。股份公司在扣除了一切费用之后，提供给股东的不是平均利润而是或多或少的股息，股息通常低于平均利润。这样的差额会阻止平均利润率的降低。总之，平均利润率下降的趋势与利润量的增长（即资本收益率的提高）并不是什么相悖的，而是内在一致的，不存在非此即彼的问题。

实际上，皮凯蒂所说的资本收益率增长与马克思所说的利润率下降规律虽然都讲的是一种趋势，但二者不属于一个层次。简单说来，皮凯蒂所讲的资本收益率变化体现的只是资本积累发展的表层，是对资本长期积累现象的描述。皮凯蒂“发现”的基本内容是：资本收益率从长期看总是高于国民收入的增长率，尽管在“二战”期间由于政府的强制干预使这个比值下降，但随着时间的推移，资本收益率近几十年又出现了快速攀升的势头，贫富差距逐渐扩大。这就是对资本长期积累现状的一种描述，它并未揭示这种变化

① 《马克思恩格斯全集》第25卷，人民出版社，1974，第245页。

的内在联系以及各种因素相互作用的机理，所以很难看出其“规律”来。与之相反，马克思所讲的平均利润率下降规律反映的是资本积累发展的深层，即不是对现象或现状的描述，而是对资本积累过程本质性、规律性的揭示。它深刻反映了生产力的发展引起资本有机构成提高进而导致社会剩余价值总额与社会预付资本总额的比率下降这样一种内在联系和必然趋势，因而是一种规律性的把握。这样的规律不是仅仅靠数据所能统计出来的，而必须靠“抽象法”，靠资本积累过程内在联系的剖析与揭示。由此揭示出来的趋势和规律与表面呈现出来的现象形态既可能一致，也可能不一致（如皮凯蒂的“发现”与马克思的“规律”的不一致）。但是，这种不一致也是正常的，诚如马克思所说：“如果事物的表现形式和事物的本质合二为一，一切科学就都成为多余的了。”[①] 马克思正是通过各个环节的说明，包括上述各种反作用因素的分析，阐明了利润率下降规律与利润总量增长的一致性，从而也解决了皮凯蒂向马克思提出的问题。

其实，对于资本收益率不断增长趋势的描述能否成为一条规律，就连皮凯蒂本人也深表怀疑。在阐述资本/收入比的长期变化趋势时，皮凯蒂引申出了资本主义第一定律和第二定律。第一定律的内容是：资本收入在国民收入中所占的比重（α）等于资本的平均收益率（r）乘以资本/收入比（β），即 $\alpha = r \times \beta$；第二定律的内容是：资本/收入比（β）等于储蓄率（s）除以增长率（g），即 $\beta = s/g$。[②] 对于这些定律，皮凯蒂也不以为然。就以第一定律来说，皮凯蒂直言不讳：“这条定律其实是个纯粹的会计恒等式……我们其实可以将它视为关于资本收入在国民收入中所占比重的定义（或是个关于资本收益率的定义，取决于哪个参数更容易测量），而不是一条定律。”[③] 这就是说，数学上的计算公式不简单等于经济学意义上的规律。当然，这并不意味着贬低或轻视统计与计量的价值。

进一步说来，资本收益的增长趋势与利润率的下降规律不仅是表层与深层的关系，同时也是结果与原因的关系。即作为结果的资本收益率不断提高，恰好是由利润率下降规律这样的动因引起的，或者说，是由利润率下降的规律推动的。正是全社会范围内一般利润率的不断下降，给每个资本造成

① 《马克思恩格斯全集》第 46 卷，人民出版社，2003，第 925 页。

② 参见托马斯 · 皮凯蒂《21 世纪资本论》，巴曙松译，中信出版社，2014，第 168、172 页。

③ 托马斯 · 皮凯蒂：《21 世纪资本论》，巴曙松译，中信出版社，2014，第 172 页。

巨大压力，驱使资本想方设法寻找出路，以追求更高的利润率或收益率，这就使“胜出”的资本占有越来越多的利润和社会财富。在平均利润率下降和资本积累的关系问题上，马克思当年就曾经批评过李嘉图将二者相对立的倾向。李嘉图认为利润率的下降会抑制资本积累。马克思则认为，在资本主义生产发展过程中，一方面资本积累会引起资本有机构成的提高，从而导致平均利润率的下降；另一方面，平均利润率的下降又会促使资本进一步提高对工人的剥削程度，并通过剥夺小资本家和小生产者以加速资本的集中和积聚，从而加速资本的积累。因此，“利润率的下降和积累的加速，就二者都表现生产力的发展来说，只是同一个过程的不同表现”[①]。马克思还进一步批判了李嘉图对平均利润率下降原因的解释。在其分析利润率下降的原因时，李嘉图将其归结为自然原因，认为是由于人口增加导致最差的土地投入耕种，造成了农业生产率的下降，使得耕种土地的收益递减，从而引发谷物价格上涨，刺激了工资上涨所致。马克思认为，平均利润率的下降不能归咎于自然，而是源于资本主义生产方式。李嘉图把资本主义生产方式视为永恒的，他不可能认识到平均利润率的下降是生产力的发展在资本主义生产关系中遇到的限制，是生产力的进一步发展与资本主义生产关系发生冲突的表现。马克思研究利润率趋于下降规律的意图，就在于揭示资本主义基本矛盾，阐明未来社会发展的走向。

二

利润率下降与资本收益不断提高的关系，虽然就其实质来说，始终不会有什么改变，但在不同的历史条件下，又具有不同的作用方式和特点。从宏观的角度来考察，在当代社会发展过程中，利润率下降规律对于资本收益率提高的推动作用除了上述马克思所列举的几种因素外，下述因素或方式起着非常重要的作用：

一是创新。资本主义经济的发展是和追求科技创新紧密联系在一起的。18 世纪后期到 19 世纪中期发生的工业革命，为资本主义生产关系的确立奠定了物质基础；19 世纪 60 年代到 20 世纪初发生的科技革命推动了生产社会化的进一步发展，使资本主义进入了垄断阶段；“二战”后尤其是 20 世

① 《马克思恩格斯全集》第 25 卷，人民出版社，1974，第 269 页。

纪 80 年代后兴起的科技革命，又使资本主义经济走向新的国际金融垄断阶段。科技革命对于资本积累和资本主义经济的影响是巨大的，其影响主要体现为劳动生产率的提高。对单个企业来说，通过科技创新提高劳动生产率，可以使其获得超过本部门平均利润的超额利润；对整个社会来说，新的科学技术的采用，可以导致全社会劳动生产率的提高，增加资本的相对剩余价值，扩大利润总量。

这只是就其一般意义而言的，它是以假定生产的部门和产品不变为前提的，没有考虑部门的扩展和产品的创新。实际上，现实的资本积累是在新产品不断创新和分工体系不断扩大的条件下进行的。创新是资本的内在要求和动力所在。在创新的推动下，社会生产力的发展不仅仅表现为个别产品劳动生产率和有机构成的提高，同时体现为新产品和新部门的出现。新产品和新部门的出现对于遏制平均利润率的下降是非常重要的，因为要遏制这种下降，必须为过剩的资本寻找出路，即需要创造新的产品和新的部门。通过产品创新建立起来的新部门为资本积累提供了新的空间。一方面，由于新产品的社会价值通常是由劳动生产率低的企业决定的，因而生产这种新产品的整个部门会出现超额利润，从而引起平均利润率的提高。另一方面，产品创新和新兴产业部门的建立又扩大了社会劳动分工体系，使得产品多样化、社会需要多样化，由此扩大了社会总劳动的规模和商品价值总量，为剩余价值和利润的增加开辟了新的源泉。

当然，产品创新和产业创新对提高利润率的促进作用也是有时效性的，不可能是持久的。因为在创新的过程中，一些旧的产品和部门会不断遭到削弱乃至淘汰，从而导致利润率的下降。而且，随着新产品在技术上的垄断性的逐渐丧失，由产品创新引起的超额利润也会逐步消失，各部门间的利润差别同时逐步消除，以致形成平均利润率的下降。为了避免这种下降的影响，又会刺激新一轮的创新。二者就是在这样的相互交织、相互推动的过程中推进的。

二是全球化。资本积累始终是与全球扩张相伴而行的。西方发达国家的资本回报率之所以能够维持在高水平，一个重要原因就缘于全球化。全球化是一个发展过程，在每一发展阶段，资本积累方式都有其不同的特点。在自由资本主义时期，尤其是在原始积累时期，资本的积累主要是通过殖民扩张、奴隶贩卖、海外贸易等进行的，后来又是通过不平等的国际分工、国际交换和国际剥削等进行的。对于这样的资本积累，马克思在《资本论》中作过详细的描述和深刻的揭露。可以说，没有资本主义的殖民掠夺和国际剥削，就不可能有资本的原始积累，就没有资本统治地位的确立。在垄断资本主义时期，资本积累主要是通过资本输出和国际垄断资本对世界的经济瓜分来实现的。按照列宁的观点，在这一时期，伴随垄断组织的出现，开始形成了金融资本和金融寡头的统治，资本输出具有了特别重要的意义，国际垄断资本同盟从经济上瓜分世界，资本主义列强从领土上瓜分世界，由此形成了巨大的资本积累。“二战”后，资本积累的主要形式是采取“经济殖民主义”，其具体方式是通过投资、贷款、交换等将不发达国家置于西方资本主义体系的控制之下，用经济的手段来获取资本回报。如不少拉美国家先后陷入“债务陷阱”，而西方发达国家借机将其纳入资本循环体系，成为剩余资本的吸收器。到时机成熟后，金融资本就会利用金融手段制造主权国家债务危机，而债务国的资本资产便在债务偿还的严格规定下遭到劫掠。自 20 世纪七八十年代以来，经济全球化发展到了前所未有的程度，与此同时，资本积累也达到了前所未有的程度。通过贸易自由化、金融全球化、生产与投资全球化等方式，发达国家的资本从欠发达国家和地区获取了大量收益。这种高收益主要来源于欠发达国家的廉价劳动力、廉价的土地和自然资源，以及未受到保护的生态环境。如在经济全球化过程中，发达国家处于产业链的高端，它们攫取了生产和销售所带来的绝大部分利润；跨国公司将财富、资本带到全球进行配置，从欠发达国家寻找到了高额利润。像现在中国劳动力成本在上升，许多公司就把工厂搬到东南亚一些国家，由此使发达国家的资本回报始终保持在高位状态。总的说来，发达国家资本的高利润率（高收益率）是以欠发达国家的低利润率为前提和代价的。正是通过这种不平等的扩展，阻止了利润率的下降。

对于经济全球化所造成的贫富差距，皮凯蒂在其《21 世纪资本论》中也做了大量描述和揭露。他通过统计认为，“自 2010 年以来全球财富不公平程度似乎与欧洲在 1900 ~ 1910 年的财富差距相似。最富的 0.1% 人群大约拥有全球财富的 20% ，最富的 1% 拥有约 50% ，而最富的 10% 则拥有总额的 80% ~ 90% 。在全球财富分布图上处于下半段的一半人口所拥有的财富额绝对在全球财富的 5% 以下”①。造成这种不平等的一个重要原因，就在于发达国家对其他国家经济的一定操纵与控制。就像皮凯蒂所说，“一般而

① 托马斯·皮凯蒂：《21 世纪资本论》，巴曙松译，中信出版社，2014，第 451 页。

言，全球的收入分配比产出分配更不平等，原因是人均收入最高的国家更可能拥有其他国家的部分资本，因而能够得到来源于人均收入更低国家的资本收入。换言之，发达国家的富裕包含两个层面，不仅国内产值更高，国外投资也更多，因此发达国家的人均国民收入大于人均产出。落后国家则正好相反"①。

三是竞争。利润率下降的规律既是在竞争中形成的，其遇到的阻止作用也是在竞争中产生的。资本要赢利，必然离不开竞争。马克思指出："竞争不过是资本的内在本性，是作为许多资本彼此间的相互作用而表现出来并得到实现的资本的本质规定，不过是作为外在必然性表现出来的内在趋势。"②资本家进行生产的目的就是获取更多的利润，要达到这样的目的，就必须形成有利的生产条件。为了抢夺有利生产条件的"制高点"，必然会形成竞争，这就是资本家总是千方百计竞相采用新技术。因为最先采用新技术的资本家，其生产的商品的个别生产价格会低于社会生产价格，在按等于或高于生产价格出售商品时，会获得超额利润。但是，竞争的压力也迫使其他资本家这样做，结果又会引起生产条件的普遍改进和资本有机构成的提高，导致平均利润率的下降。这样的下降又刺激了资本积累的欲望，促使竞争加剧，最后竞争的结果是：劳动生产率的提高使资本物质要素增加，生产部门多样化，信用制度和股份公司的发展使货币转化为资本变得更为容易，需要的扩展以及巨额资本的不断增长，等等。所有这些，都会阻止利润率的下降。因此，竞争在引起利润率下降的同时，会驱使资本获得更多的利润量。在竞争过程中，利润的下降与增长是并行不悖的。

市场经济本质上就是竞争经济，它所奉行的是"丛林法则"。在激烈的竞争中，生产条件和社会资本日益集中在少数资本家手中，由此导致垄断的出现。垄断的发展，既加速了资本积累，同时又加速了两极分化。资本积累的结果是，一极是财富的积累，一极是贫困的积累，这就是资本积累的一般规律。两种积累所导致的直接后果，必然是贫富差距的拉大。这样的两极分化自然包含着深刻的经济危机，加剧资本主义社会发展的内在矛盾。

从市场经济发展和经济运行的规律来讲，竞争并非坏事，有竞争才有压力，才有活力，才能有效促进经济和财富的增长。但实际存在的问题是，如

① 托马斯 · 皮凯蒂：《21 世纪资本论》，巴曙松译，中信出版社，2014，第 68 页。

② 《马克思恩格斯全集》第 46 卷上，人民出版社，1979，第 397 ~ 398 页。

何保持合理的竞争，如何促进竞争的健康发展。在当代社会经济发展过程中，资本收益的增长和财富的积累究竟在多大程度上是靠合理的竞争取得的？实际情况并不尽如人意。现实生活中许多违背正常竞争的现象屡见不鲜，以致引起全社会、全世界的深恶痛绝。为此，在竞争过程中，必须恰当地处理好这样两种关系：一是竞争与公平。合理的竞争必须是公平的竞争。公平的竞争，关键是规则公平。在目前全球化条件下，国家间的竞争虽然已有不少规则，但许多规则基本上是由一些大的国际经济组织，如国际货币基金组织、世界银行、世界贸易组织制定的，而这些组织又基本上被少数西方发达国家左右的。这些规则主要维护的是西方发达国家的利益，不可能在实施上体现真正的公平，由此产生的竞争必然带来的是收益的巨大落差。因此，建立合理的国际竞争秩序，制定和完善竞争规则，这是消除国际经济发展不平等的重要一环。二是竞争与诚信。从一定意义上说，市场经济就是信用经济。因为脱离了信用制度，现代市场经济是无法得到正常运转的。合理的竞争不能靠欺诈、投机，应当坚守诚信。恩格斯在1892年《英国工人阶级状况》德文第二版序言中谈到英国的工业发展时，就曾经这样指出："工厂主靠对工人偷偷摸摸的办法来互相竞争已经不合算了。事业的发展已经不允许再使用这些低劣的谋取金钱的手段；拥有百万的工厂主有比在这些小算盘上浪费时间更为重要的事情要做……"[①] 他还将诚信问题上升到经济规律来认识，认为"现代政治经济学的规律之一（虽然通行的教科书里没有明确提出）就是：资本主义生产越发展，它就越不能采用作为它早期阶段的特征的那些小的哄骗和欺诈手段"[②]。这就是说，竞争必须讲诚信，靠不合理竞争获得的财富毋宁说是一种掠夺。

三

研究资本积累的趋势和分配收入的不公正并不是目的，最终的目的是要解决这种不公正、不平等。对于目前日益加剧的不公正、不平等，皮凯蒂在书中和其他不同场合提出了不少意见。这些意见尽管多少带有一些"乌托邦"色彩，但其中一些意见所提出的问题、所考虑问题的思路、所阐发的

① 《马克思恩格斯选集》第4卷，人民出版社，1995，第420页。
② 《马克思恩格斯选集》第4卷，人民出版社，1995，第421页。

一些原则和措施，对于我们研究和应对贫富差距扩大的问题还是有益的。用马克思的观点来看待《21 世纪资本论》，有关解决贫富差距的这样一些观点、方法是需要值得高度重视的：

其一，贫富差距的缩小既在分配领域，又不能限于分配领域。面对日益严重的贫富分化，如何加以解决？皮凯蒂开出的药方就是向资本性收入征收高额累进税，包括所得税、财产税等。应当说，加强高税收，对于缓解贫富差距肯定是有用的。马克思和恩格斯当年在《共产党宣言》中谈到无产阶级如何利用自己的政治统治一步步夺取资产阶级的全部资本时，就曾把“征收高额累进税”作为主要措施之一，并认为“这些措施在经济上似乎是不够充分的和没有力量的，但是在运动进程中它们会越出本身，而且作为变革全部生产方式的手段是必不可少的”[①]。但是，仅靠税收又是不能彻底解决问题的。马克思固然承认税收的抑制作用，但没有对其寄予过多的期望。因为分配是由生产决定的，“一定的分配关系只是历史规定的生产关系的表现”[②]。生产关系的核心是“生产条件本身分配”，即生产资料的所有制，而产品和收入的分配是由生产条件的分配决定的。马克思指出：“在分配是产品的分配之前，它是①生产工具的分配，②社会成员在各类生产之间的分配（个人从属于一定的生产关系）——这是同一关系的进一步规定。这种分配包含在生产过程本身中并且决定生产的结构，产品的分配显然只是这种分配的结果。”[③] 也正是由于分配是由生产方式、生产关系决定的，所以马克思在看到《哥达纲领》提出德国工人党的奋斗目标是废除工资制度和“铁的工资规律”以实现公平分配时，明确提出，首要的不是废除“铁的工资规律”，而是废除雇佣劳动。“如果我废除了雇佣劳动，我当然也就废除了它的规律，不管这些规律是‘铁的’还是海绵的。”[④] 由此说来，解决贫富差距，不能仅仅限于税收等分配领域，必须关注其背后的生产关系、经济制度。只要劳动与资本的关系得不到合理的解决，财富和税收的不平等就难以从根本上消除。

这是我们在公正问题上需要坚持的基本原则。但是，这样讲，并不是要轻视乃至否定高税收的意义。改变资本主义经济制度、推翻不合理的劳资关

---

① 《马克思恩格斯选集》第 1 卷，人民出版社，1995，第 293 页。

② 《马克思恩格斯全集》第 25 卷，人民出版社，1974，第 997 页。

③ 《马克思恩格斯选集》第 2 卷，人民出版社，1995，第 14 页。

④ 《马克思恩格斯选集》第 3 卷，人民出版社，1995，第 310 页。

系，这是一项长期的、艰巨的历史任务，需要世代的努力。在现阶段，合理的税收是引导资本发展、实现公平正义的必要手段。尽管皮凯蒂提出的建议具有改良的性质，但从历史发展的观点看，应该承认他提出的问题和意见具有时代意义和现实意义，即如何把资本的发展与缩小贫富差距妥善地结合起来。这就是既要发挥资本创造财富、增加人民福祉的积极作用，又要限制它的盲目发展引起贫富两极分化的破坏性效应。

其二，不平等问题的解决不能仅靠市场经济，必须借助于非市场的力量。不平等的产生，是与市场经济的发展直接联系在一起的。资本主义的自由市场机制是催生这种不平等的土壤和温床。对于市场经济的作用后果，西方学界的主流往往表示乐观，如通常的教科书强调市场机制能实现资源最优化配置，增进全社会利益；库兹涅茨强调贫富差距会随着市场经济的发展和经济增长过程而呈现出先扩大后缩小的趋势，等等。与这样的看法相反，皮凯蒂认为，市场本身无力解决不平等，而且，市场越完备越有效率，资本再投资就越有可能获得较为丰厚的回报；如果整个经济体的增长在一定时期放缓，这就会使得资本收益率大于经济增长率的可能性大为增加。皮凯蒂强调指出："这种不平等机制与市场竞争不完全没有关系，因而也不会因为市场变得更加自由或竞争变得更加完全而消失。因此认为完全的自由竞争会让继承财富消失并让世界形成精英治理的公序良俗，这种想法属于危险幻想。"① 这就是说，贫富差距是市场机制固有的矛盾，再完善的市场机制也不可能解决这一问题。因此，不能靠市场本身，而必须借助于非市场的力量来解决不平等。为此，皮凯蒂提出，政府必须承担起应有的社会职能。像加强税收改革，就是政府的一项重要社会职能。除了税收，还有其他方式，"有很多很多方法都可以应对不平等的问题，不仅仅是累进税，还有教育、社会、政治机构"②。皮凯蒂总结说："我的一个重要结论是，需要收入和财产增加透明度，需要建立在透明度基础上的公共机构，让市场、公共资产和全球化为公共利益服务。这条经验对发达国家有用，对新兴国家尤其是中国也同样有用。"③ 应当说，这样的看法还是比较中肯的。

解决日益扩大的不平等，确实需要政府有所作为。在资本发展和财富、

① 托马斯·皮凯蒂：《21世纪资本论》，巴曙松译，中信出版社，2014，第437页。
② 引自《中国改革》2014年12月对皮凯蒂的专访。
③ 引自《中国改革》2014年12月对皮凯蒂的专访。

收入分配问题上，不能仅仅依靠市场这只“看不见的手”，更重要的是要依靠政府“看得见的手”。加强对市场的监管、加强对资本发展的监控，对于引导经济健康发展、促进收入公正是非常必要的。近些年爆发的金融危机以及引发的经济危机，事实上就宣布了市场原教旨主义和新自由主义的破产。在皮凯蒂所说的“财富”里，有不少就是虚拟的金融资产，即泡沫资产，如炒作大宗商品所形成的金融资产。用这种投机资本来创造财富，显然对国家、对人民是不利的，最后损害的还是劳动者的利益。要切实保护劳动者的利益，必须对资本的盲目发展加以监管。

其三，不平等、不公正问题的解决，需要切实确立尊重劳动的基本理念与社会机制。这本来不是什么新的提法和要求，但在今天却成了严重问题，以致必须重申这种主张并予以贯彻。皮凯蒂通过长时段、大数据的统计发现，真正通过诚实劳动而进入高收入行列，几乎不可能，唯一可能的是来自资本的利润或投资所得，因而没有特别大的资产存量就不可能获得极高的收入水平。他还进一步发现，巨额财富的主要来源是来自上一代的遗产所得，其次是来自统计上不可能发生的随机偶然所得。这样一来，仅在一代人的时间内想指望通过提高工资从而成为真正富人，近于幻想，“通过劳动、努力和才能去获得（经济上）巨大成功的年代”已不复存在。因此，皮凯蒂指出：“我们正在倒退到承袭制资本主义的时代，在这样的制度下，经济的制高点不仅由财富决定，还由承袭的财富决定，因而出身的重要性要远远高于后天的努力和才能。”皮凯蒂所提出的问题确实是发人深省的。假如一个社会变成食利型的社会即“由小型食利者组成的社会”，那么这个社会终究是会衰退的；假如通过诚实劳动而很难致富，那么这样的社会便无什么公正可言。

在新的历史条件下，强调劳动的地位和作用有其特殊的意义。在我国，伴随市场经济的发展，劳动受重视的程度和劳动在社会中的地位不容乐观：不少人只关心的是如何获取和占有财富，而不是如何生产和创造财富；劳动者付出的劳动与获得的报酬不尽合理；劳动者的权益受到不同程度的侵害，在工资、劳动安全和保险等方面得不到应有保护和尊重，等等。这些不良现象的出现，严重侵害到社会公正，以致阻碍经济社会发展。要建设和谐社会、推进现代化建设顺利进行，必须在全社会培育出一种实业精神，这就是如习近平在 2015 年“五一”讲话中所说，要在全社会“树立辛勤劳动、诚实劳动、创造性劳动的理念，让劳动光荣、创造伟大成为铿锵的时代强音，让劳动最光荣、劳动最崇高、劳动最伟大、劳动最美丽蔚然成风”[①]。因为社会的发展、文明的进步，根本上靠劳动、靠劳动者创造。无论时代条件如何变化，劳动创造财富的事实没有变，因而尊重劳动的价值准则也不能变。要使尊重劳动落到实处，重要的是要使劳动得到合理的收入和报酬。在分配上，基本的原则应该是，“努力实现居民收入增长和经济发展同步。劳动报酬和劳动生产率提高同步，提高居民收入在国民收入分配中的比重，提高劳动报酬在初次分配中的比重”。[②] 要解决劳动的不公正问题，又必须合理协调劳动关系。具体来说，就是要依法保障职工基本权益，健全劳动关系协调机制，正确处理劳动关系矛盾纠纷，构建和发展和谐关系。这也是解决社会不平等的必然途径。

（作者单位：北京大学哲学系）

---

① 《人民日报》2015 年 4 月 29 日。

② 《人民日报》2012 年 11 月 18 日

分配公正：从原则到语境

——社会主义市场经济体制下分配公正问题的探讨

魏小萍

分配公正问题日益引起人们的普遍关注，与社会主义经济体制改革不断走向深入，并且由有计划的商品经济体制向市场经济体制转轨，以及与由此带来的经济收入贫富分化现象有着直接关联。我们在这里撇开利用权势、贪污腐败、坑蒙拐骗等不合法手段带来的非法致富现象，以及经济体制转轨过程中双轨制、法制不健全的暂时存在而带来的暴富现象，讨论在法制条件下市场经济本身存在着的贫富分化趋势和分配公正问题。这一分化可以由两种条件产生：优胜劣汰的市场竞争机制和按劳分配所带来的收入差异，而明显的收入差异一旦能够合法地转化为资本，准资本投入生产领域必然要产生按资分配的合法性问题，由于按资分配潜在包含的巨大分配差异，矫正分配必然成为按资分配的辅助措施。在这种情况下，新自由主义理论在很多场合被人们自觉或者不自觉地所接受。因而，对马克思的分配公正理论与自由主义的分配公正理论进行比较分析，对于我们以马克思主义为指导思想，从理论上正确认识社会主义市场经济条件下存在着的以按劳分配为主体、不同分配方式并存的现实问题显然是十分必要的。

一　马克思对资本主义分配方式的批判指向生产关系

马克思虽然从来没有抽象地论证过分配公正理论，但是对资本主义生产关系导致的分配方面的非公正性批判，是其批判资本主义生产关系的核心成分。马克思的批判首先开始于哲学层次。在《1844年经济学哲学批判手稿》中，马克思用异化劳动理论批判以资本、地产和劳动相分离为前提的资本主义生产关系，认为这种生产关系使工人的劳动成为一种异化劳动，其劳动产品的一部分被资本拥有者所占有，因而发生了劳动者与其劳动产品、与劳动过程、进而人与人之间的关系以及人与类的异化。

马克思对资本主义剥削关系的批判以劳动价值理论为核心，批判的结果是形成了剩余价值理论，在某种意义上可以说剩余价值理论是借助于数学手段对早期异化劳动理论的经济学论证。

劳动价值论以对工人工资的破解为契机，分析了在资本主义雇用劳动制度下，劳动力的价值与价格的背离，背离的差价正是资本的利润，它是超出于劳动价格的价值部分，即剩余价值。因此，在马克思看来，资本家的利润不是由总资本生成，马克思将总资本分为不变资本（c）和可变资本（v），只有可变资本（v）所带来的剩余劳动（m）才是利润的真正来源，可变资本和剩余劳动的比例就是剩余价值率。

马克思因此用剩余价值率的概念取代了利润率的概念，这也就是说，资本家用资本购买生产手段（c）、劳动力（v）投入生产活动，然后通过出售产品获得的大于原初投入货币（G）的货币（G’），是原货币加上工人的剩余劳动（m）所构成。

在与马克思主义者的辩论中，诺契克曾经对此评论过，马克思的劳动价值理论蕴涵着其分配公正原则是劳动产品的自我所有原则：资本家占有工人的剩余劳动是不公正的，因为它属于工人所有。诺契克是想说，马克思批判资本主义所依据的原则本身蕴涵着自己所说的“自我所有原则”。

正是这样，马克思并不是批判这一原则，而是批判这一原则在劳动者与劳动手段发生分离的情况下走向了自身的反面。在马克思看来，资本家之所以能够通过雇用工人无偿占有工人的剩余劳动，是因为劳动者与劳动手段发生了分离，并因此而不得不受雇于物质财富占有者。马克思所批判的正是这种社会关系，这是社会学层次的论证。

如果说马克思对资本主义剥削关系的批判以资本、劳动的分离为前提，那么马克思的研究就一定会由分离的事实延伸至分离之所以形成的程序。这一程序一直是马克思关注的对象，例如在他的早期、中期和晚期始终对人类生产关系的历史进程和早期状况抱有极大兴趣。

历史性与普遍性并不是一种对立关系，如果说马克思的分配公正含义具有历史性和相对性，这或许应该理解为分配公正的含义和实现的条件受着历史发展的限制；同时分配公正在一定的条件中是相对于历史的非公正而言，例如资本主义的分配关系要比奴隶制和封建制的分配关系更加进步；而不能反过来理解，由于历史条件的限制，非公正也就是公正的，例如说资本家剥削工人是无可非议的，这是马克思的立场。

马克思批判资本主义的语境是150年以前处于野蛮、落后阶段的资本主义，资本主义在自身的发展中通过各种不同形式的社会福利政策和社会保障体系在某种程度上对巨大的分配差异实行着矫正分配的措施。由此产生了两个理论问题：其一，马克思对资本主义分配不公正的批判在今天是否仍然有意义？其二，强调公平正义的新自由主义理论对于正在形成贫富分化的社会主义市场经济是否具有借鉴意义？由此需要我们对自由主义分配公正的理论进行认识。

二　自由主义论证的方法：公正链条的建立

与马克思主义理论相对而言的自由主义理论有着更加源远流长的历史，尽管其具体观点存在着区别，但是对于资本主义生产关系没有异议。与马克思将生产手段的私人占有和社会分化作为异化劳动和剥削现象的前提不同，诺契克以正义的链条来论证这一前提条件的合法性，在他看来，只要这一占有的来源是公正的，那么借助于这一手段获取利润，也就是无可非议的，这就是所谓的公正链条。其核心是“自我所有原则”①。然而在“自我所有原则”前提下形成的公正链条，至多只是论证了私有财产积累起点的合法性，然而他并不能够根据同一原则由此进一步论证其转化为资本、或者说雇用他人劳动的程序，后者只能够通过社会经济发展的博弈理论、效率理论来论证。这里，显然存在着链条的中断，因为这涉及借助于既有劳动占有活劳动的问题。

① Self-ownership, See Robert Nozick, “Anarchy, State, and Utopia”, BLACKWELL, 1974, Reprinted 1997. pp. 172, 281 -3, 286, 290.

对于资本主义体制下由此产生的分配不平等及其政府调节对策，罗尔斯完全从不同的立场出发进行论证，罗尔斯因此与诺契克分别代表着两种不同观点，前者是现代自由主义右翼的代表，后者是其左翼的代表。

罗尔斯从平等原则出发提出了“公平正义”[①]，这一理论有两个前提，其一是以劣势者人群（或者最少受惠者）的处境为出发点的差异原则，根据这一原则，不平等的分配只要是有利于劣势者处境的同时改善就是公正的；其二是以总体概念来体现自由、平等与正义的关系。

他在这里把平等的自由（机遇平等）与分配差异加以调和，因为在他看来后者是符合效率原则的最佳分配方案，“没有任何其他分配方案能够使其中一个人的处境更好而不使另一个人的处境更糟”。至于生产资料是不是私人所有，在罗尔斯看来并不是至关重要的[②]，尽管他意识到不同阶级成员，在事业的起点上是不平等的[③]。

在马克思看来，生产手段的私人占有方式是资本主义剥削以及异化现象存在的根源，而这是通过人与人、人与物的双重对象性关系的相互制约而得以说明的，即一个人只有借助于对生产手段的占有才能够占有和奴役他人的劳动。

在诺契克和罗尔斯这里，一方面，用公正的链接来看待私人占有权的合法性，另一方面，双重关系是分别对待的：人与人之间的契约关系是公正的前提，双方自愿进入契约关系，并且接受契约条件；人与物之间的付出与回报关系是公正关系的体现。

在自由主义理论那里回避了双重对象性关系中，人借助于对物的占有优势而能够占有他人劳动这样一个现象背后的问题。与马克思的理论相比，我们能够很容易注意到，在诺契克和罗尔斯这里贫富的问题就是财富在人与人之间进行分配多寡的问题，而这种分配又是建立在契约基础上的，以双方自愿接受为前提的。

我们可以通过一份简表来更加清晰地分析这一区别。

---

① Justice as Fairness, See John Rawls, “A Theory of Justice”, Cambridge, Mass.: Harvard University Press 1971, p. 251.

② John Rawls, A Theory of Justice, Cambridge, Mass.: Harvard University Press 1971, p. 62.

③ See John Rawls, “A Theory of Justice”, Cambridge, Mass.: Harvard University Press 1971, p. 78.

马克思的劳动价值论	前提:劳动产品的自我拥有原则(人-物关系的直接性)。 占有生产手段是占有他人劳动的条件(人-物关系间接性的形成)。 占有他人劳动是物质财富分配不公正的原因。 双重关系性质同时发生变化: (1)一无所有者为了获取生存资料的劳动而与生产手段占有者发生劳动力与劳动报酬的交换(人与物的联系有赖于人与人的关系)。 (2)资本拥有者借助于资本支配和占有雇佣劳动者的剩余劳动。人与人的平等关系为奴役关系所取代(人与人的平等关系受制于人与物关系的分化)。
自由主义的分配理论	前提:劳动产品的自我拥有原则(人-物关系的直接性)。 生产手段占有前提的合法性是资本获利合法性的根据,这作为物质财富分配不平等的主要原因本身并非不公正。 这一关系是以契约原则为基础的人与人之间的平等交易。 (a)被遮蔽的关系。 (b)普通物品的交易和劳动力成为商品与劳动报酬交易之间的区别。 双重关系性质所发生的变化。

这其中,(a)和(b)为马克思所分析、批判和揭示,而不被自由主义理论所认可,在后者看来,资本利润与劳动报酬都是公平交易的结果。双方分歧的核心问题是生产手段与劳动者的关系。

在自由主义看来,生产手段的拥有或者说资本本身(并非资本利润)的占有可以是遵循同一游戏规则获得的结果,或者说它可以是曾经的活劳动,因而资本的投入并且获得利润是天经地义的事。他们用起点的合法性、程序的合规则性来论证结果中分配方式的公正性、合法性。然而问题正是在这里,生产手段占有或私有财产占有的社会分化必然使自由、平等的契约原则走向自身的反面。

显然,马克思与诺契克和罗尔斯之间的根本区别并不在于劳动产品的自我拥有原则,这是分配公正原则的前提,而是在于由这一原则向生产手段占有的延伸,以及由这一延伸所产生的生产手段占有的社会分化及其由此产生的社会矛盾。

马克思的生活时代与诺契克、罗尔斯的生活时代相差了一个多世纪,今天的资本主义社会已不同于马克思所面对的那个资本主义社会,对于今天发达的资本主义国家来说,最低生活保障的存在已经使人们在进入劳动契约关系时有着更大的选择性、自主性,而且劳动条件也早已不再残酷。但是问题的性质并没有发生变化,产业工人的减少和中间阶层(知识阶层、白领阶层）的增加并没有改变资本的运行原则与贫富分化的自然趋势。在自由主义左翼那里，需要矫正的或许只是现实中存在着的财富分配的严重不平等及其由此带来的相应结果，他们从不对资本主义体制本身提出质疑。

三　如何实现分配公正？解决问题思路的分歧

当代资本主义社会中产阶级的普遍存在不仅没有改变马克思所批判的异化现象，同样没有改变资本主义社会贫富差距的不断拉大以及由此带来的一系列社会问题。

经济上的贫富分化通常是由两方面的因素造成的，其一是在交易中由于个人因素，例如个人能力、贡献大小等而产生的分配差异；其二是在交易中由于阶级存在而带来的分配差异。如果将第二种情况看作是第一种情况的自然结果，这两种情况在自由主义理论那里都没有作为非公正的现象来理解。在罗尔斯那里，一个社会如果能够为愿意努力的人改变自身经济地位上的弱势处境提供平等的机遇就是公正的。罗尔斯从结果的角度为此进行辩护，认为由此带来的经济效率将弥补由于财富和权利不平等对第二个公正原则的侵犯[①]，因为一定的经济效率将同时改变弱势者的处境。并且提出了倾向于弱势者的权利倾斜和分配矫正。

尝试着在资本主义前提下统一效率原则和公正原则不仅使罗尔斯理论成为西方学者普遍关注的对象，同样罗尔斯理论也为今天西方世界的马克思主义学者所关注，不过他的理论又因为充满了内在矛盾而常常被人们看作是一种乌托邦。

马克思从来没有否认资本主义体制存在的历史合理性，然而马克思从来没有从分配公正的角度看待资本主义的剥削关系，这一现象存在的根源在马克思看来是资本主义私人占有制。对问题认识的不同，决定了解决问题的思路也就不同。马克思认为只有以生产资料公共占有的方式才能解决分配公正和经济效率的统一问题。在马克思所设想的公有制社会，凭借着生产手段占有他人劳动的可能性不再存在，劳动者“在改变了的环境下，除了自己的劳动，谁都不能提供其他任何东西，另一方面，除了个人的消费资料，没有

① See John Rawls, “A Theory of Justice”, Cambridge, Mass.: Harvard University Press 1971, p. 229.

任何东西可以成为个人的财产。”[①] 在这种情况下，分配公正是否就不再成为问题了呢？问题并不是那么简单。

首先，这实际上并不完全意味着劳动者个人能够获得过去被资本所有者作为剩余劳动占有的部分，这部分将为社会占有和支配，其次，分配公正并不等于分配平等。

马克思虽然没有为社会主义描绘出一个理论蓝图，但是马克思在当时仅仅从理论上就已经认识到了分配公正即使在生产资料公共占有条件下的复杂性。他在《哥达纲领批判》中通过对不折不扣劳动所得观点的批判分析了这一问题，我们先来看看马克思的分析思路：

首先，从理论上来看，在消灭阶级以后，“每一个生产者，在作了各项扣除之后，从社会方面正好领回他所给予社会的一切。他所给予社会的，就是他个人的劳动量。”[②]

因而，（1）分配公正应该是可以实现的。

然而，我们还要考虑，“一个人在体力或智力上胜过另一个人，……其次，一个劳动者已经结婚，另一个则没有；一个劳动者的子女较多，另一个的子女较少，如此等等。”[③]

因此，（2）分配公正并不意味着分配平等。

不过，这里提到的不是按劳分配权利的不平等，而是消费品分配的不平等。

由于情况（1）的存在，就产生了如下的结论：

（3）按劳分配权利的平等意味着实际消费品分配的不平等。

马克思因此认为，按劳分配这一平等的权利仍然是狭隘的市民权利[④]，因为即使在生产手段公共占有的条件下，同样蕴涵着实际上的差异分配。这被马克思和恩格斯看作是不同于共产主义阶段的社会主义阶段的分配原则，这种分配承认在个人的劳动付出与收获之间的比例关系，即多劳多得。

然而从理论上来看，即使是蕴涵着不平等的按劳分配原则在社会主义阶段要真正得到贯彻也并非易事，这不仅因为按劳分配意味着差异分配，差异的结果原则上是否能够转化为资本？如果是，将出现公有制的突破问题；如

① 《马克思恩格斯全集》第 19 卷，人民出版社，1963，第 21 页。

② 《马克思恩格斯全集》第 19 卷，人民出版社，1963，第 21 页。

③ 《马克思恩格斯全集》第 19 卷，人民出版社，1963，第 22 页。

④ MEGA2，DIETZ VERLAG BERLIN，I/25，第 14 页。

果不是，就封闭了个人将积累劳动投入社会再生产并获利的可能性。在马克思的时代，由于生产力和科学技术发展规模的程度，这种差异或许是微不足道的，而在今天，这已经是一个不可回避的话题。

而且按劳分配不仅包括体力劳动，同时包含具有开拓性、创造性的智力劳动，如何衡量这种劳动的尺度将成为一个非常困难的难题，这一难题涉及对价值概念的理解与衡量尺度、方法。在市场体制下它通过市场效应得到认可。

因此，在现实中，几乎所有传统社会主义都程度不同地存在着以平均主义分配方式取代按劳分配原则的现象。这样的分配方式虽然更好地体现了社会主义的平等主义观念，而按劳分配作为社会主义分配公正原则却没有得到确切地体现，这同样被认为是对分配公正原则的漠视①，因为它违背多劳多得原则，即个人对自己劳动产品的拥有原则，这是社会学层面上的分析。无视人们付出的差异性在很大程度上抑制了发展经济的动力；另一方面，即使存在着一定程度的分配差异，这些积累了的差异也不能够以个人的投资方式进入社会再生产渠道，这同样抑制了生产力的发展，因而解放了的生产关系并没有像预想的那样带来应有的经济发展速度。

当人们将经济发展速度的相对迟缓归咎于超前的生产关系与落后的生产力不相适应时，恰恰忽视了传统社会主义体制本身在分配公正理论上存在着的问题。社会主义市场经济体制的改革在很大程度上正是针对其弊端而展开的。分配公正是劳动的灵魂，它直接左右着人们劳动的积极性，进而影响社会发展的经济效率和速度。然而随着社会主义改革的进程，市场经济的引入在强化分配公正（差异分配）的同时又必然引起死劳动与活劳动、既有劳动与现有劳动的分配问题及前者对后者经济支配权的形成。

四　超越公正：寻求平等思路的差异

如果说马克思主义与自由主义在分配公正的原则上没有分歧，两者的分歧存在于实现分配公正的途径，然而无论对于哪一种分配公正的途径来说，分配公正首先面临的问题都是公正与平等的矛盾关系。这在西方学者那里体现为自由与平等的悖论，我国学术界以效率与公平的概念体现这一对矛盾关

① *Market Socialism：The current debate*, New York Oxford University Press, 1993.

系，即通过差异分配激发的效率对公平（或平等）的威胁。

从理论上来说，在生产手段公共占有的条件下，这种差异的积累向生产手段转化因而成为能够获取他人劳动的途径其合法性是不存在的，那么当这种差异非常大的情况下这种差异如何转化为社会再生产的能力就将成为问题，这一问题不解决自然也就会成为生产力发展的一个制约因素。现实中，传统社会主义的变迁、改革，都对这一问题做出了肯定性回答。

马克思没有具体地分析过问题的这一方面，但是他非常清楚地意识到问题的存在，因为他对生产关系的形成和变化发展总是从历史的角度进行认识。马克思解决这一问题的思路是分配公正原则的转换，即由各尽所能、按劳分配转化为各尽所能、按需分配，马克思将前一个阶段看作是初级阶段，将后一个阶段看作是高级阶段。在马克思这里，这一转换基于物质生产力的高度发展和物质财富的巨大丰富。

这已经是对分配公正原则的超越，因为它打破了个人付出与收入之间的直接关联，不计个人付出（这在任何历史条件下都会存在着差异），平等地满足人们的需要。

在罗尔斯那里，正义的社会“不如说是一个所有人都能够在其中得到其全部好处的社会，或者说在这样的社会中不存在着相互冲突的要求，人们的所有需要都能够不经强制而构成一个相互协调、和谐的活动计划。这样的社会在某种意义上来说是超越正义（公正）的”。① 超越正义（公正），正是要超越互利的公正原则，用社会调节分配和社会保障体系的方式，实现某种程度上的平等，即他所说的“公平正义（公正）”。从理论程序上来看，自由主义左翼首先从机遇平等的意义上来理解分配公正；其次才是矫正平等，即通过税收政策调节收入差距、通过社会福利政策取得有限范围的按需分配（例如最低生活保障、基础教育、基本医疗等等），通过社会保障体系避免因各种原因形成新的贫困。

同样是超越公正，其前提条件却是不同的，罗尔斯的超越正义，与马克思的按需分配原则除了生产手段占有方式的不同，还存在着同时性与历史性的区别。在罗尔斯那里，差异分配与调节分配（按需分配）同时并存，他是在阶级社会中寻求社会整体的和谐发展，在维护资本主义分配体制的同时，以超越正义的方式寻求某种程度和意义上的平等；而在马克思那里，按

① John Rawls, *A Theory of Justice*, Cambridge, Mass.: Harvard University Press 1971, p. 281.

需分配需要充足的物质条件，是按劳分配的历史替代，两者是纵向发展关系。

显然，马克思主义与自由主义对分配公正理解的分歧并不仅仅局限于对是否公正、如何公正的理解，这一分歧同样在对平等问题的认识上继续延伸。在马克思那里，按劳分配是对异化劳动、剥削现象（按资分配）的取代，按需分配是对按劳分配的超越；而罗尔斯在认可资本主义体制的条件下，一方面用权利向弱势者的倾斜去平衡平等问题，另一方面以经济效率同样改善弱势者的处境为资本主义分配方式进行辩护。

五　社会主义市场经济体制下分配公正的实现有赖于综合途径

以上的比较分析已经足以说明，分配公正虽然在现象上表现为劳动付出与回报中物质财富分配的合理性问题，但是在这一现象背后，它实际上涉及的是人们在劳动中的双重对象性关系以及在这种对象性关系中形成的经济效率。

社会主义市场经济体制在通过强化分配公正激活经济发展动力的同时又形成了新的问题，我们可以从以下几个方面来综合其中的问题：

首先，是市场经济体制不可避免产生的经济成分多元化现象，虽然其形成的原因是多方面的，例如产权明晰化的要求、外来投资、民营资本的形成等。除此之外，差异分配可以是分配差异转化为生产手段占有分化的合法途径之一，如果这一分化的起点是合法的，除了其他因素，按资分配本身就自然会成为按劳分配的合法结果，在这种情况下，人们就面临着如何认识按资分配的问题。尽管我们知道，转型过程中在个人手上形成的第一桶金绝大多数并非是公正程序下按劳分配差异分配的积累产物，但是从理论上来说这样一种可能性作为合法程序的结果是存在的，现实中在一定程度上也是存在的。

这样，我们就会同样面临自由主义理论所面对的实际问题，如果由按劳分配带来的差异分配转化为生产手段（资本）的起点是合法的，那么积累劳动与活劳动的结合途径就是财产（准资本）所有者借助于准资本雇用他人劳动的途径，作为既有劳动或者死劳动是否能够获得报酬呢？还是这一准资本的报酬就是活劳动的剩余劳动呢？退一步说，差异分配的积累也需要有一个能够转化为社会再生产的途径，而这样的途径或许就只能够借助于与他人劳动的结合得以实现。

其次，是劳动者身份的多元化现象：其一，契约劳动者本人可能同时是资本获利者，例如股票持有者、房屋出租者；其二，在股份制体制下，“人力资本”也通过非一般的方式参与股份的占有和分配，“人力资本”概念的出现实际上所要表达的是拥有特殊知识、技能、管理阶层的人员如何与资本拥有者竞争参与分配的问题，这已不仅仅是利润的分配，而直接是资本的再分配。

这就使得社会主义市场体制下的分配公正问题变得复杂起来，在这种情况下，人们自然要问，用合法劳动积累了的分配差异（货币积累）投入生产（转化为资本）而带来的按生产要素分配是否仍然要承受占有他人劳动（“剥削”）的道德谴责？这是其一；掌握科学技术、文化知识、高级管理等创造性、风险性、管理性劳动所获得的高收入是个人创造的价值回报，还是占有了低收入者的部分剩余劳动？这是其二。在这两种情况中，我们如何界定事实判断和道德判断的区别？这里，问题本身是值得分析的，前者或许是剩余劳动的分配和支配问题，后者或许是剩余劳动量的计算问题。

无论生产手段（或准资本）占有方式多元化的途径或程序是什么，一旦它成为合法的存在，按劳分配的差异就将进一步发展为按资分配的差异，而这一差异将随着社会经济的发展、个人拥有资本量的增加而增加，相反，劳动者基本收入的增加则是有限的。两者之间的差异趋势是可以用数学公式来描述的，或者说它不仅仅简单地受着人们主观愿望的支配，这是市场经济体制下贫富差距在合法性程序下不断拉大的自然过程，也是分配公正自身存在着的悖论。

鉴于这种情况，资本主义体制下针对市场经济的自然结果所采取的宏观分配调控措施虽然对于我们所面对的现实问题具有一定的借鉴意义，但是其作用仍然是有限的。它不能够从根本上改变由于生产手段占有分化产生的弱势者处境及其贫富分化的趋势，同时对于经济权利上的优势转化为政治权利上的优势并不能够起到任何有效的遏制作用，而这样一种权利优势的转换显然又会成为主导矫正程度的因素。因此，将克服市场体制下贫富分化的希望完全寄托于矫正公正措施的实施显然是对矫正公正的作用抱有了奢望，更不用说矫正公正本身并无助于商品拜物教这一异化问题的解决，这是仅仅凭借于借鉴不能够解决的问题。

综上所述，社会主义体制下的分配公正由传统计划经济体制下的被漠视到市场体制下强化与悖论的并存，再到辅之以矫正公正，从理论上为我们提出了很多新的课题。罗尔斯的公平正义理论在实践效用上的有限性正好说明了马克思和恩格斯将希望寄托于生产关系变革的理论在我们的时代仍然具有重要的现实意义；传统社会主义实践的挫折和我国社会主义改革实践又从更深层次上提出了新的理论问题。这些问题不仅关系到社会主义市场经济的可持续发展问题，而且关系到社会主义市场经济体制下和谐社会的建立。我们的时代是一个改革的时代，在马克思主义求真务实和实事求是精神的指导下，大胆地进行理论研究和创新正是时代赋予我们的使命。

（作者系中国社会科学院哲学研究所研究员、研究室主任）

和谐社会与市场规范理性

唐凯麟

党的十六届六中全会审议通过了《中共中央关于构建社会主义和谐社会若干重大问题的决定》，指出社会和谐是中国特色社会主义的本质属性，是国家富强、民族振兴、人民幸福的重要保证，是全党和全国各族人民的重大战略任务。在当代中国，和谐社会的建构离不开发展与完善社会主义市场经济，社会主义核心价值体系也只有具体地体现在社会主义市场经济的实际运行中，才能更好地成为全民族奋发向上的精神力量和团结和睦的精神纽带。因此，进一步规范市场经济，大力培育与张扬市场规范理性，乃是促进社会和谐的重要任务，也是人民群众最关心、最直接、最现实的利益问题。

一

所谓市场规范理性，是指人们在市场活动中自觉地确立和遵守市场规范、维护市场运行秩序的自觉意识。现代市场经济是一种理性的经济，也是一种规范的经济。现代市场规范是主体理性的产物，又是保障市场主体行为理性化的基本机制。只有在一定市场规范的约束下，主体的市场行为才可能是理性的。同时，市场规范要有效地约束和引导人们行为的理性化，市场规范本身必须是理性的，即合乎一定市场经济的规律性和目的性，市场主体必须具有一种自觉地认同规范、遵守规范的理性意识。

我国的市场经济是一种现代的社会主义市场经济。作为一种现代市场经济，它不同于资本主义早期的那种自发的市场经济，它是同现代的科学技术、现代的宏观管理以及现代的国际市场联系在一起的；作为一种社会主义条件下的经济运行方式，它又必须受社会主义的总体目标所制约，必须服务于社会主义实现共同富裕、增强综合国力、促进社会和谐的目标。这就更加要求现代中国社会主义市场经济必须是规范有序的，必须建立起一套合乎理性、公平合理的市场规范系统。只有这样，现代中国的市场经济才能高效地运行起来，健康地向前发展，并推进中国的社会主义现代化进程，为构建社会主义和谐社会奠定坚实的物质基础和社会基础。

应该看到，自中国提出建立社会主义市场经济的改革目标以来，已经取得了举世瞩目的伟大成就，各种市场机制包括市场规范正在逐步建立和健全起来。但是由于社会主义市场经济是前无古人的，其建立和完善绝非轻而易举，加之传统计划体制观念的影响和制约，现代中国市场经济的各种规范还远没有达到完善的程度，人们自觉的规范意识也还相当淡薄。在当前中国的市场领域中，初期市场经济引发的各种自发冲动和盲目行为还随处可见，非理性的违规行为还充斥于市场交易中。例如，“假冒伪劣品”泛滥市场、屡禁不止；走私贩私、偷税漏税等不法行为屡见不鲜；强买强卖、欺行霸市的现象也时有发生；违规操作、不讲诚信还十分盛行；权钱交易、侵吞国有资产的现象还严重存在，等等。这些都表明当前中国市场规范理性的缺乏和尽快健全规范理性的紧迫性与必要性。

当前中国市场规范的非理性状态，首先表现在一些领域和方面仍无规可依，缺乏可行的规范。例如，从宏观上看，如何去调节政府行为对经济活动的干预问题，就仍然缺乏明确规范，政府应该干预哪些，不干预哪些，干预的方式、程度应该如何，往往只有一般化、笼统的规定，而缺乏一个明确的、有约束力的法规。因而导致一些地方政府该管的不去管，不该管的却抓住不放，使得市场机制无法正常运转。从微观上看，有些具体的方面和活动还是法制难及的“盲区”，司法和工商行政部门常常会遇到一些在现有法规中无法处理的难题。应该看到，市场规范理性的缺乏更严重地表现在市场道德的失范上。如果说，市场经济的法制虽然不够完善，但总体框架和基本内容还是建立起来了的话，那么，社会主义市场经济的道德规范体系却还有待进一步确立。这不仅表现在理论界对社会主义市场经济的道德规范体系仍见仁见智、莫衷一是；而且表现在市场的实际活动中，人们缺乏可遵循和愿遵循的道德规范，行为选择没有自觉的道德依归，使得一些人感到惶惑而在市场中不知所措，也使得一些人只凭一种欲望的冲动和利益的计算而肆意市场，为所欲为。这种道德的失范严重地损害了市场的有序运行。

其次，当前中国市场规范的非理性还表现在有规不依现象相当严重，一些法律和法规缺乏有效的约束力，权力、金钱和人情使严肃的法规软化，甚至形同虚设。应该说这方面的混乱和问题的严重性更甚于无法可依、无规可循。因为这种现象严重地破坏了法律法规的尊严，破坏了人们对法律法规的认同心理。如果有权、有钱、有关系者就可以超越于法规之上，那么，无权、无钱、无关系者就会以逆反的心理和越轨行为来对抗这些法规，这些法规也就失去了其社会基础，变成没有约束力的一纸空文。市场规范的一个基本理性原则，就是规范的要求对任何人一视同仁，法律面前人人平等。有法不依、有规不循的行为严重地违背和破坏了这一理性原则，其必然后果就是市场非理性行为的泛滥和市场秩序的混乱。

最后，当前中国市场规范的非理性还表现在不适应市场经济要求的规范还较为普遍地存在，严重地干扰了市场理性规范作用的发挥，阻碍着市场经济的有效运行。这些不合理的规范有些是计划体制遗存下来还未来得及改变的，有些则是一些地方和部门为了牟取自己不合理的利益而新设立的。应该说，后者在当前是更为严重、危害更大的非理性规范。例如一些地方保护主义的政策和规定，严重危害着健全的市场机制的建立；一些地方和部门乱收费、乱摊派、乱罚款的规定，仍以不同方式在实施着，严重阻碍着市场经济的正常运行；一些职能部门任意设置一些毫无必要的关卡和规定，来获取或明或暗的“好处费”，使得市场成本加大，市场活动受阻。诸如此类的不合理规范在当前中国社会生活中的存在，必然阻碍着市场的有效运行，干扰以至破坏理性的市场规范的实施。

由上可见，当前确立和完善市场规范，是非常重要的一项任务，是实现中国市场理性化的一个关键环节。市场经济作为一种社会化的交换经济，一方面，人们之间的经济行为都是相互联系、相互依存的，社会的生产、交换、分配和消费等各个环节，工业、农业和服务业等各种产业，都处于紧密联系、相互制约之中。因此，它要求社会的各种经济主体、各方面的经济活动必须处于一种相互协调之中。另一方面，市场经济又是以经济主体之间利益的区别和独立性为前提的一种自由经济。每一个市场主体都有着自己独立的利益，并努力追求自己利益的最大化，同时，市场机制赋予了每个市场主体自由地参与市场竞争的权利。市场经济中这种既相互依存、相互联系，又相互独立、自由竞争的利益关系，客观上要求必须有一套统一的、公平的社会规范来调节和约束人们的行为，协调各种利益关系。否则，自由竞争将导致无序和混乱，社会经济的依存关系将遭到破坏，市场机制将无法运行。所以，如果说社会主义和谐社会的建构有待于市场经济的有序化和完善化，那么，市场经济的有序化和完善化则呼唤着市场规范理性。

二

现代中国市场规范理性的形成和确立，有待于两个方面的努力：一是建立起一套合乎理性的市场规范体系；二是培育起市场主体自觉的规范意识。这两个方面是紧密联系、相互依存的，而其中主体自觉的规范意识的培育则是更为根本，也是更为困难的。因为只有当大多数的市场主体都有了一种自觉的规范意识时，社会提出的规范体系才可能实在地发挥其作用，人们也才能积极地去完善社会规范体系。同时，相对于提出一套合理的规范体系而言，使这些规范转化为大多数人自觉的意识将是一项更为长久、更为艰难的任务。因此，在市场规范理性的形成和确立中，理应对此予以更大的关注和重视。

所谓自觉的市场规范意识，就是要求市场主体树立起一种自觉地去认识市场规范、自觉地去遵守和维护市场规范的观念和态度，并自觉地把这种观念和态度转化为一种实际的行为方式和行为习惯。这种自觉的规范意识的形成不是轻而易举的，它需要主体在市场的实践和认识的不断反复中逐步深化和升华。就认识角度而言，主体自觉的规范意识的形成必须弄清以下几个方面的关系。一是规范与市场的关系。要真正明确市场经济作为一种社会化交换经济，必须是一种规范经济。离开了规范就没有社会化的交换，离开了规范就没有市场的正常运行，一句话，没有规范就没有市场经济。二是规范与自由的关系。有人认为市场经济就是不受任何约束的一切以自己意志为转移的自由经济。实际上这是对市场自由竞争的一种误解。市场经济确实提倡自由竞争、自主经营，但这种自由和自主是在一定规范的框架中的自主和自由，而不是任意妄为，而且一定的统一规范，正是保障每一个市场主体自由的基本条件，如果没有一个统一的规范，人人都任意妄为，那么任何人的自由都将受到危害而无法保持。因此市场自由的基本法则就是：要自由就要守规范。三是规范与效率或效益的关系。市场效率或效益的提高当然需要主体的自由，但同时也需要规范。没有规范的自由必然导致混乱，而混乱是无所谓效率的。当然，违规的行为有时也可能给个别主体带来一时暴利，但这里且不说对整个社会效益的破坏，就个体而言，这种一时的得利也许将以长久的失利为代价。实践证明，违规行为可能得手于一时，但不可能得逞于一世。任何视法纪为儿戏的人，最终会受到法纪的严惩。

自觉的市场规范意识体现在多个层次和方面。首先体现在宏观上的依法治市意识和微观上的守规经营意识上。我国是一个有着悠久的“人治”传统的国家，在社会主义计划经济体制下，虽然确立了一些根本性的政策法规，但在具体的社会管理，包括经济管理中，“人治”还是常用的方式。这种“人治”一方面强调以被管理者的思想觉悟为基础，另一方面以领导者的认识和意志为主导。我们不否认“人治”的管理思想中包含着一些注重人的主观能动性的合理因素，但它缺乏一种统一的、公平的规范系统，常常是因人而异，因事而别，不仅造成效率低下，而且也容易滋生凭人情、靠关系来处理问题的弊端。而如果说“人治”的管理方式在计划经济体制下还勉强行得通的话，那么它与市场经济的要求则显然是背道而驰的。市场经济既是一种自主经营的经济，又是一种社会化的交换经济。作为自主经济，它要求排除“长官意志”的干扰，由经营者在法律法规的范围内按照市场法则来经营；作为社会化交换经济，它要求必须有一套统一的、确定的法律和规范系统来约束主体的行为，规定人们的交易准则。所以，市场经济必须是一种法制经济。这就要求我们的政府部门要从根本上转变管理观念，确立依法治市的意识，把政府的职能由直接干预经济活动过程转变为给市场经济建立完善的法制体系，并保护这些法律规范在经济运行中的有效实施。政府对市场经济的宏观调控也必须依法来进行，妥善地运用法律手段和法律所规定的方式去处理各种经济问题。应该说，自改革开放以来，特别是我们党提出“依法治国”的方略以来，我国各级政府依法治市的意识在不断增强。但由于传统观念的影响和利益机制的驱动，以主观意志而不是以法律规范来处理经济问题的现象还依然存在。因此，进一步提高政府部门，特别是领导干部的法制观念，确立依法治市的自觉意识是非常必要的。这是自觉的市场规范意识得以确立的一个具有前提性的重要任务。

与政府在宏观上应该确立依法治市的理性意识相适应，广大的市场主体在微观的经济活动中，则必须树立守规经营的自觉意识。如前所述，市场经济作为一种自由经济、一种法制经济和规范经济，它要求每一个参与市场经济活动的主体都应该有一种自觉的规范意识，按照社会确立的统一规范去生产，去经营，去处理各种交换关系。必须认识到这不仅是维护市场经济正常运行的必要条件，而且也是主体在市场交易中获得成功的基本保证。缺乏自觉的规范意识，不遵守社会统一的规范，就会阻碍自己对统一的社会市场的有效进入，就会败坏自己的市场声誉，最终就可能被市场所淘汰。在当前中国的市场经济活动中，市场主体的规范意识在逐步提高，守规经营者还是占了大部分。但是必须看到各种违规行为还严重存在，不少经营者甚至还缺乏基本的规范意识，为贪图一时之利，可以视法律为儿戏，置道德于不顾，这种现象严重地破坏了市场运行的秩序，阻碍了市场经济的有序发展。因此，加强对市场主体规范意识的培育，也是当前中国完善社会主义市场经济的一个十分重要的环节。只有当宏观上各级政府确立了严格的依法治市的观念，微观上各经营主体树立了守规经营的意识，中国市场的规范理性才能确立起来，市场经济才会真正健康有序地向前发展。

自觉的市场规范意识，从构成上看包括立规意识、守规意识和护规意识三个要素。立规意识既体现在宏观上政府及有关管理部门要有一种依法治市积极立法的意识，也表现在微观上市场主体在交易过程中要有合同意识、契约意识。对于前者，本文已有说明，这里主要就后一个方面作一些分析。应该说，在中国人的传统观念中，契约意识是比较淡薄的。中国人讲究内在的诚信，办事凭良心，讲人情，不习惯于去立一个严格的、非人情化的契约，甚至于把订立契约看成是不信任的表现而加以排斥。如果说这种观念和习惯在自然经济条件下还行得通的话，那么在市场经济中则常常会碰壁。市场经济是一种社会化的、复杂的交换经济，它与自然经济条件下人们之间的交换关系有着很大的不同。在自然经济条件下，人们之间的交换关系范围小，交换双方常常是熟人，交换关系也比较简单，因而失信的风险比较小，交换关系中可能出现的歧义也比较少，所以人们常常可以凭“一句话”就实现交易。市场经济却不一样，交换关系扩大到整个社会，人们在交易中打交道的常常是陌生的对象，而且交换关系复杂多样。因此，要降低交易风险，保障交易的顺利实现，就必须坚持“口说无凭，立字为据”的原则，在交易中应该通过法定的程序来设定交易的契约，明确规定双方的责权利关系。这样既降低了交易风险，也减少了由于交易中的不确定性而可能带来的种种麻烦和成本，节约交易费用。在我国的市场经济活动中，有不少人至今仍缺乏契约意识，由此造成了许多不应有的经济矛盾和经济损失，影响了市场交易的正常进行。因此，培育和树立市场主体的立规意识、契约意识是培育市场规范意识的一项重要任务。

与立规意识紧密相连的是守规意识，即遵守法规、契约等规范的自觉精神。设立规范就是要求人们的行为要遵守规范，一切行为要按规矩办事。如果人们缺乏守规意识，社会规范就很难有效发挥作用，甚至会形同虚设。因此，相对而言，守规意识是一种更为根本的规范意识。在当前中国的市场经济活动中，有法不依、有规不循、违规背约的现象还大量存在，这在我们前面的考察中已经多次指出并进行了分析。而要增强人们的守规意识，除了宣传教育以外，更为根本的是要建立一套完善的规范实施机制，特别是要加大对违规行为的惩处力度，使违规行为需要付出的成本远远大于其可能获得的收益，使人们真正意识到任何违规行为在总体上都是不合算的。当然，在这里正面的舆论引导也是十分重要的。这样，人们的守规意识就会逐步强化起来，整个市场的规范意识就会得到强化。

作为一种自觉的规范意识，主体不仅要做到自己守规，而且要积极地去维护整个社会规范的有效实现。要勇于对那些违规行为进行劝阻、批评和斗争，自觉地维护法律、道德的尊严，维护市场经济的秩序。这表现在两个层次：一是当与自己相关的交易对象违规时，要依法追究其责任，迫使其遵守既定规范，保护自己的合法权益，而不能轻易地让违规者达到其不正当目的。要认识到，这不仅是在维护自己的利益，也是在维护法规契约的尊严，在维护整个市场经济运行的秩序。二是当与自己没有直接交易关系的对象违规时，也应该主动地去阻止，在可能的条件下尽自己的努力去维护市场的法律与规则。要认识到，这不仅是在尽一个公民或市场主体应尽的义务，而且实际上也是在维护自己的利益，因为违规行为如果得不到制止，市场秩序就会混乱，到头来就可能殃及自己正常的市场活动的进行和效益的实现。在市场经济中，人们之间的利益关系都在通过不同的方式发生这样或那样的联系。因此，人人都应该积极地去承担维护市场法律和规则的义务，树立一种自觉的护规意识。

三

现代中国市场规范理性的形成和确立，也有赖于市场规范体系的建立。俗话说：“无规矩不成方圆。”市场规范体系是人们行为的规范准则，只有在一定规范体系的引导、约束下，人们的行为才可能规范而有序，整个市场活动才可能实现理性化。前面着重讲了市场主体的规范意识，实际上主体的规范意识并不是自发产生的，而是在市场实践的基础上，通过社会规范的有效约束和潜移默化的影响而形成的。因此，深入探讨现代中国市场规范体系的构成，努力去建构一个合乎中国社会主义市场经济的规范体系，是保障市场主体行为理性化，培植和张扬市场规范理性的必然要求和重要途径。

现代中国市场规范体系包含着丰富多样的内在规定，涉及市场经济的不同领域和方面，因而就具体规范而言，是多样而各具特点的。但它们都有着一个共同的基础，这就是中国社会主义市场经济。因此，现代中国市场规范体系的建构必须遵循一些共同的基本原则。这些原则主要有：客观性原则、目的性原则、公平原则、效率原则。

所谓客观性原则，就是要求现代中国市场规范体系的建构，必须从中国社会主义市场经济的客观实际出发，必须反映市场经济的客观规律，体现中国国情的客观特征，合乎市场活动领域的客观情况。只有在这样的基础上建构起来的市场规范体系，才会是与中国市场经济内在相关的，而不是外加的，才可能适应中国市场经济发展的需要，有效地发挥其积极作用。

所谓目的性原则，是指市场规范体系的建构必须体现出社会主义的价值目标，符合市场主体的积极目的。规范作为人活动的一种准则，是为了人的目的而确立起来的。因此，它不仅要符合客观性原则，还必须体现目的性原则。这就是说，现代中国市场规范体系的建构应该既考虑到社会主义的宏观价值目标，如生产力的发展、共同富裕、人际和谐等，又应该考虑到有利于微观市场主体追求自我利益、自我发展的要求。只有在合乎这样一些目的的基础上建构起来的市场规范体系，才能有效地发挥作用，优化市场经济的运行。

所谓公平原则，从总体上说就是要求市场规范体系的建构要体现出“在规范面前人人平等”的原则。马克思说：“商品是天然的平等派。”[①] 市场经济与等级、特权是相对立的，作为社会主义的市场规范体系更应该体现出公平原则。具体说来，一是市场规范体系应该赋予每一个市场主体以平等的市场权利，提供均等的竞争机会；二是市场规范设定的各项准则应该是公正、合理的，能够保障人们在市场中投入与收益的合理联系；三是市场规范

① 《资本论》第1卷，人民出版社，2004，第104页。

体系的实施机制对任何主体应该是一视同仁的，不能有任何超出法律规范之上的特权者。公平是市场经济的价值规范应具有的基本特性，是保障社会规范的有效实施、促进市场机制有效发挥作用的基本条件。

所谓效率原则，是指市场规范体系应该体现出效率优先的原则，把提高市场经济的效率作为整个规范体系的基本目标之一。中国推行社会主义市场经济的直接目的也就是要优化资源配置，提高经济效率，促进生产力发展。市场规范的建构也就是要去保障和促成这一目的的实现。同时，市场规范体系本身在操作和实施上也应该是有效率的，规范应该准确、简明、严密、可操作性强，相关实施机制完备。

以上四条原则是现代中国市场规范体系建构的根据和基础，也是市场规范理性本质特征的体现。依据这些原则建构起来的市场规范体系大致是由三个部分构成的，即法制规范、道德规范和技术规范。这三个方面既相互区别，各有其特殊规定和功能，又相互联系，相互作用，共同构成完备的现代中国市场的规范系统，约束和引导着市场主体的基本行为方式，成为市场规范理性的有机构成要素。

法制规范包括有关市场经济的法律、法规和政策等由国家和政府部门制定的规范。它是现代中国市场规范体系的基本构成和核心部分。它规定了中国市场经济运行的基本方向、方式和方法，规定了市场主体在市场活动中的基本责权利关系和行为方式。同时，作为法制规范，其基本特征是具有强制性的，它要求相关对象都必须遵守，不能违背，并借助一套强有力的机制强制性地加以执行和维护。此外，法制规范还具有明确、具体、可操作性强的特征。

道德规范是关于市场经济中人们行为是非善恶的一套准则，它以善恶为评价标准，规定哪些是应该做的，哪些是不应该做的，由此来调节市场经济活动中人们之间的关系，促进市场经济健康有序地运行。相对于法制规范而言，道德规范是非强制性的，它主要是通过人的内心信念、社会舆论和传统习俗来维持的，它强调的是主体的自律。同时，道德是针对主体行为中的善恶是非来设定的规范，因此，它不像法律那样明确具体，具有一般化、普适化的特征。在市场经济活动中，法律规范的制约是严格的、外在的，作用范围也是很有限的。道德规范则以主体内在的良心、荣辱为依据，唤发起主体的自律，其作用是经常而广泛的。它渗透在人们市场活动的各个方面和环节中，有效地调节着人们的行为选择，促进市场的良性运行和协调发展。

在市场活动中，注重道德规范的作用，强调道德自律，是中国传统商业文化的一个特色。中国历史上长期存在和发展的儒商和儒商精神就是其具体的体现。儒商精神的核心就是“义利统一”，强调“以义驭利”、“君子爱财，取之有道”，提倡“良贾仁贾”、“义以为利”，这些表明了中国传统儒商在商品经济活动中高度的道德自觉。儒商这种注重道德作用和道德自律的精神在我们今天社会主义市场规范理性的建构中仍具有积极的意义，是一种值得重视的精神资源。作为现代社会主义市场经济的规范理性，应该把法制的外在约束与道德的内在自律有机地结合起来，促成市场经济更加规范、有序和高效地运行。

技术规范包括生产中的技术规范、交易中的技术规范以及市场经济管理中的技术规范等。现代市场经济是以现代科学技术为基础的，生产经营的各个环节都渗透着科学技术的运用，都必须遵守一定的技术规范。技术规范的作用表现在：一方面它是生产经营正常进行的必要条件，是促进生产效率和经济效益提高的重要方式；另一方面它也是进行有效的市场交换的必要条件。市场经济是一种社会化的交换经济，如果没有统一的技术规范，交易就会造成很多麻烦，甚至无法进行。对于现代中国市场经济来说，技术规范应该逐步实现现代化、国际化。现代化是指技术规范应紧跟现代科学技术的发展，体现出现代水平和现代要求，只有这种现代化的技术规范才能引导和促进中国市场经济的现代化。国际化是指技术规范要与国际接轨，要采用国际上通行的优化技术规范来作为范本，制定出我们自己的技术规范，这样我们的生产和经营才能走向世界，进入国际市场。实现中国市场经济技术规范的国际化、现代化是中国市场经济发展的必然趋势和必然要求，特别是在我国已经“入世”的今天，就显得更加迫切和重要。

总之，现代中国市场规范体系是由多方面、多层次的规范构成的一个复杂而有序的大系统，这一规范系统的建构是一项极为艰巨的社会系统工程。它需要理论的研究、实践的探索，需要国家和政府的引导与设立，也需要人民群众的创造与维护，需要经过千百万人市场经济实践的反复检验、修正和完善。但这一系统的建构是必然的、必须的。应该说，现代中国市场规范体系正随着市场经济的发展在逐步建立和健全，并将随着市场经济的进一步发展而逐步完善起来。需要指出的是，市场规范体系的完善和市场理性的培植是一个双向互动的辩证过程，这一过程乃是一个中国社会主义市场经济体制的不断发展和完善的过程，也是一个促进中国社会主义现代化不断向前推进、和谐社会不断建构的过程。如果说，在当代中国的市场经济条件下，人们都毫无例外地要以这样或那样的方式参与市场活动，而经济关系又是人们的一切社会关系的基础，那么，努力培植与张扬人们的市场规范理性，促进社会主义市场经济和谐有序地发展，就是建构社会主义和谐社会的一个不容忽视的、十分现实的重要任务。

（作者系湖南师范大学道德文化研究中心主任，教授、博士生导师）

社会主义市场经济的财富分配原则

徐大建

社会财富的分配涉及每个人的利益和生产积极性，因此，财富的合理分配历来关系到社会的和谐稳定乃至繁荣富强的重大问题，是财富伦理的首要问题。

那么什么样的财富分配才可以说是合理的呢？社会主义市场经济条件下的财富合理分配原则应当是什么呢？现有的大多数理论文献都抽象地认为，财富分配应当遵循“按劳分配”或者“按贡献分配”的原则，但既没有说清楚理由，更没有说清楚两者的区分和联系，因而并没有为具体的财富分配政策提供有说服力的理论基础。本文试图依据历史唯物主义原理，进一步澄清社会主义市场经济条件下的财富合理分配原则这一问题。

一　财富分配的含义和原理

广义的财富可以包括各种使用价值，既包括人生的终极价值如身心健康、情爱友谊和创造活动等，也包括实现各种终极价值所需要的物质性使用价值和非物质性使用价值，如食物、住房、交通工具、金钱、知识、美德等等。人们可以说，身心健康、情爱友谊、知识和美德是最大的人生财富，也可以说，房子、车子和钱财才是通常所说的财富。不过，身心健康、情爱友谊和创造活动之类的人生终极价值是不可分配的，它们无法通过争抢获得而只能靠自己的努力获得，知识和美德之类的非物质性使用价值也很难说是可以分配的，它们也无法通过争抢获得而只能靠自己的努力获得。所以一般而言,可以分配的重要使用价值大致只有罗尔斯所说的两类“基本善”

（basic goods），一类是非物质性的政治权利或法权，另一类是包括社会地位在内的物质财富，它们都可以被称为社会价值。本文所讨论的财富分配，主要是指人们追求自己的各种终极价值所需的物质财富，包括商品和服务，可是由于物质财富的分配方式在很大程度上是由法权决定的，所以必然也要涉及法权。

就事实而言，人们在不同的历史时期主张或实施过不同的财富分配方式，如按德行分配或按身份分配、按贡献分配或按生产要素分配，按劳分配或按劳动力价值分配、按需分配等等。不过这一事实并不妨碍人们提出这样的问题：不同的财富分配方式各自的依据是什么？什么才是合理的财富分配方式？

历史唯物主义认为，在现实中，财富的分配方式并不是由人们任意决定的，而是存在着其客观基础，即财富的分配方式是由人们的生产方式及其包含的所有制形式决定的："唯物主义历史观从下述原理出发：生产以及随生产而来的产品交换是一切社会制度的基础；在每个历史地出现的社会中，产品分配以及和它相伴随的社会之划分为阶级或等级，是由生产什么、怎样生产以及怎样交换产品来决定的。"[①] 换言之，生产方式就是我们生产社会生活所必需的物质财富的资源配置方式，具体表现为怎样组织生产、由谁来指挥生产等，因此必然蕴含着包括生产资料所有制形式的各种产权安排，也就必然蕴含着商品或财富的分配方式。

在前市场社会，社会经济以农业为主导，人们的生产方式表现为基于小农经济和庄园经济的家长制计划指挥模式，生产以消费为主要目的，生产资料归家族或家长所有，由家长或领主主导资源配置，组织安排生产；因此生产出来的财富也必然由家长或领主支配，按照家族中个人的身份地位和劳动贡献进行分配。相反，在现代商品经济社会，社会经济以工商业为主导，人们的生产方式表现为各生产主体之间进行平等交换性质的市场经济模式，生产以利润为目的，生产资料归个人或企业所有，由个人或单位领导进行资源配置，组织安排生产；因此生产出来的财富也由个人或单位领导支配，按照个人对商品生产所需要的要素如劳动和资本所做的贡献进行分配。

在历史唯物主义看来，就财富分配由生产方式决定而言，财富分配方式

① 《马克思恩格斯文集》第 3 集，人民出版社，2009，第 547 页。

并无正当合理与否的问题，或者说，财富的分配“只要与生产方式相适应，相一致，就是正义的；只要与生产方式相矛盾，就是非正义的。”[①] 不过，从社会历史发展的角度来看，从生产方式是否合理的角度来看，我们却不能说，财富的分配方式在任何时候都是正当合理的。因此历史唯物主义还认为，现实的财富分配方式是否正当合理，归根结底要看决定它的生产方式及其包含的所有制形式是否适应或促进了生产力的发展：“当一种生产方式处在自身发展的上升阶段的时候，甚至在和这种生产方式相适应的分配方式下吃了亏的那些人也会欢迎这种生产方式。”“只有当这种生产方式已经走完自身的没落阶段的颇大一段行程时，当它多半已经过时的时候，当它的存在条件大部分已经消失而它的后继者已经在敲门的时候——只有在这个时候，这种越来越不平等的分配，才被认为是非正义的，只有在这个时候，人们才开始从已经过时的事实出发诉诸所谓永恒正义。”[②]

具体地说，决定了财富分配方式的生产方式在其历史发展过程中，由于其自身具有的内在矛盾，一方面会经历一个生产发展从上升到下降的过程，另一方面会逐渐导致财富分配的两极分化和社会的贫富悬殊，由此造成严重的社会矛盾和冲突，破坏阻碍生产力的发展。其经典案例就是马克思对资本主义生产方式的长期发展必然导致资本主义经济危机和无产阶级革命的分析。一方面，资本主义生产方式由于其自身内在的矛盾必然会造成越来越严重的经济过剩危机，破坏生产力的发展，另一方面，这样的经济危机又同时伴随着越来越严重的贫富两极分化和社会矛盾，最后引起无产阶级革命和生产方式的变革。

根据这样的分析，我们可以得出一个财富分配方式是否正当合理的双重标准。第一个标准，是看决定它的生产方式处于上升阶段还是处于下降阶段，即社会经济发展是处于平稳发展的阶段还是处于停滞不前乃至危机重重的阶段，这个标准可称为财富合理分配的效率标准。第二个标准，则要看它本身有没有尽量照顾到了每个社会成员的利益，即社会政治状况是否和谐稳定，这个标准可称为财富合理分配的公平原则。

就这两个标准的关系而言，效率标准是根本的标准。其一，当生产方式处于上升阶段、社会经济平稳发展时，每个人都会从中受益，不至于产生严

① 《马克思恩格斯文集》第3集，人民出版社，2009，第379页。
② 《马克思恩格斯文集》第9集，人民出版社，2009，第155页。

重的分配不公现象，而一旦出现了严重的财富分配不公现象，就必然会随着时间的推移导致社会动乱，破坏经济发展，所以分配公平事实上是经济可持续发展的必要条件，也即效率标准蕴含着公平标准；其二，分配公平虽然是经济有效发展的必要条件却不是充分条件，即财富的公平分配不一定能够促进生产力的发展，例如吃大锅饭形式的公平分配在一定历史条件下就会阻碍生产力的发展，乃至导致社会的衰亡。不过，效率标准是根本的标准并不意味着我们可以因此忽视公平标准。其一，尽管效率标准从长期看蕴含着公平标准，但两者毕竟不能等同，在短期内高速经济发展与财富分配不公是能够同时存在的，忽视公平标准必然会破坏经济的可持续发展。其二，更重要的是，经济发展的根本目的并不是它自身，而是促进每个社会成员的利益。

总结起来说，在财富分配的正当合理问题上，我们首先要遵循效率标准，即决定财富分配方式的生产方式应当促进了生产力或国民经济的平稳有序发展，否则就要调整生产方式，由此改变财富分配方式；其次还要遵循公平标准，即由生产方式决定的财富分配方式应当形成了和谐稳定的社会政治状况，否则就要直接调整财富分配方式。

二　社会主义市场经济的财富分配原则

社会主义市场经济是一种市场经济。一般而言，“市场经济是一种经济体系，在此体系内，主要由个人和私有厂商对生产和消费做出决策，由价格、市场、盈亏以及激励和报酬来决定生产什么，怎样生产和为谁生产。厂商生产能够获得最大利润的商品（由此决定生产什么），使用成本最小的生产技术（由此决定怎样生产）。个人依靠劳动和资产挣得工资和财产收入并按自己的意愿花费这些收入，从而决定了消费（由此决定为谁生产）”。[①]

根据这样的定义，可以说市场经济作为一种生产方式大致包含了三个要素：首先，人们的生产合作方式是以契约为主要形式的平等交易；其次，其组织形式表现为权力分散而不存在外部强制的平面网络组织，体制的参与者都是独立的经济实体，对所交易的产品和服务拥有所有权并能自主做出决策；再次，这样的合作方式和产权安排决定了它是以自愿的供求交易、公平

---

① Samuelson & Nordhaus, *Economics*, *Seventeenth Edition* [M]. McGraw - Hill Irwin, 2001, p. 8.

的自由竞争以及由供求与竞争两者共同形成的价格机制来解决资源配置问题的，一方面，社会的需求状况和各种资源的稀缺程度通过市场竞争而在商品的市场价格上反映出来，体制成员主要通过收集市场价格信息获得资源配置所需的各种信息，然后根据这些信息独立做出决策，并通过交易者的一致同意订立和执行合约而完成决策，另一方面，市场经济体制主要是通过同行之间的竞争来解决激励－约束问题的。

简要地说，市场经济这种生产方式所蕴含的人与人之间的生产关系的要点是，生产以利润和消费为目的，生产资料归个人或企业所有，由个人或企业领导进行资源配置，组织安排生产，因此生产出来的财富也由个人或企业领导支配，按照物质财富的形成所需要的劳动、资本和其他各种因素所做的贡献进行分配。换言之，市场经济的生产方式所决定的财富分配方式是“按贡献分配”而不是“按劳分配”，更精确些说，“按劳分配”只是作为一个要素包含在“按贡献分配”之中而不能成为一个独立的财富分配方式。

按照上述财富分配的效率原则，由市场经济的生产方式所决定的“按贡献分配”方式在目前的人类历史发展阶段还是正当合理的，因为相对于农业社会的自给自足生产方式和工业社会的计划经济生产方式而言，市场经济已在实践中显示了更加强大的生产力。根据历史唯物主义原理，只要人类历史上还没有出现比市场经济更有效率的生产方式，那么我们就应当在总体上仍然坚持“按贡献分配”的财富分配方式。

市场经济之所以具有较高的生产力或经济效率，大致有以下两个原因。首先，市场经济在物质资源配置方面听从市场价格指挥的做法有较高的效率，这主要表现在，①信息成本低；②信息不易扭曲并且传播迅速。这就使各种资源能够得到及时有效的配置。其次，市场经济在人的激励机制方面也比较有效。一般来说，人的激励大致可以从两个方面去寻找原因，一是出于努力和贡献与报酬的匹配程度，匹配程度越高，对人的激励也越大；二是出于竞争的压力，只要有成功的希望，竞争就总是能在一定的程度上激励人。在理想的竞争市场中，由于交易意味着等价交换，因此除了一部分人由于各种原因而失败之外，多数人都能够得到与自己的努力或贡献大致相匹配的报酬，这种较高程度的匹配必然能有效地激励人；并且，市场体制所特有的激烈竞争对于人的激励也是不可忽视的，它能迫使人们为了自身的利益而自觉地激励－约束自己，这样的激励方式成本低而且更加有效。

然而，按照上述财富分配的公平原则，市场经济条件下的“按贡献分配”方式却需要在自身内予以不断调整。因为，在现实的市场经济中，对物质财富的生产做出贡献的因素非常复杂，不仅仅包含通常所说的用时间进行衡量的劳动和用货币衡量的资本等生产要素，还包括人的各种天赋能力，以及各种市场不确定性乃至投机欺诈行为等非生产因素，因此“按贡献分配”可以有不同的形式。由于包含了所有这些贡献因素的“按贡献分配”模式必定会随着时间的推移造成贫富悬殊而不符合财富分配的公平原则，并且最终会破坏生产力的发展，变成不合理的财富分配方式，因此必须根据财富分配的公平原则进行调整。

马克思曾对自由放任的市场经济必然导致社会贫富两极分化做过深刻的分析。在马克思看来，商品经济的核心是资本增值，在机器大工业时代，资本家谋取利润的手段必然是扩大生产规模和扩张生产能力；而在市场经济生产无政府状态条件下，这种扩张又必然会造成生产过剩趋势，从而引发激烈的竞争；一方面，竞争表现为商品价格的竞争，并由此表现为社会劳动生产率或者新技术和生产规模的竞争，这种竞争通过信用的发展使得较大的资本战胜较小的资本，最终导致资本的增长和集中；另一方面，社会劳动生产率的提高必然表现为不变资本的相对增加和可变资本的相对减少，最终导致劳动力使用的相对减少。因此波动和周期性危机是资本主义市场经济固有的常态，其长期趋势必然是垄断和贫富两极分化。①

马克思的分析实质上揭示了，资本参与劳动成果的分配是造成社会贫富悬殊的主要原因之一。不过，除了资本的原因之外，造成贫富悬殊的主要因素还有：①人们通过管理、产品创新、把握市场机会等各种活动来利用资本进行生产的能力；②市场经济本身所具有的各种不确定性乃至天灾人祸；③各种投机欺诈行为等等。首先，仅仅拥有资本并不能支配劳动，因此也不能攫取剩余劳动创造的剩余价值，资本只有与利用资本的能力相结合才能支配劳动，从而攫取剩余劳动创造的剩余价值，这种能力的运用虽然本身也是一种劳动，但往往由于其支配作用而能够获得与其不相匹配的剩余价值。其次，在市场经济中，其固有的各种不确定性也在很大程度上影响着剩余价值的实现，由此会造成大量一夜暴富或倾家荡产的情况，这种因素对财富分配的影响之大常常是人们想象不到的。最后，市场经济中还存在着各种无法依靠市场经济本身予以根治的投机欺诈行为，也在很大程度上影响着剩余价值

① 《马克思恩格斯全集》第 44 卷，人民出版社，2001，资本论第 23 章。

的实现，不断地制造各种不劳而获的财富。所有这些因素，都会逐渐地积累不公平的贫富差异和尖锐的社会矛盾。

因此，根据财富分配的公平原则，我们就需要通过政府干预对市场经济的“按贡献分配”财富的方式进行调整，实施社会主义市场经济的财富分配方式，即强调共同富裕的原则，在“按贡献分配”的财富分配方式之中强调按劳分配的要素。邓小平指出，“社会主义的本质，是解放生产力，发展生产力，消灭剥削，消除两极分化，最终达到共同富裕”。[①]“社会主义的优越性归根到底要体现在它的生产力比资本主义发展得更快一些、更高一些，并且在发展生产力的基础上不断改善人民的物质文化生活。……如果走资本主义道路，可以使中国百分之几的人富裕起来，但是绝对解决不了百分之九十几的人生活富裕的问题。而坚持社会主义，实行按劳分配的原则，就不会产生贫富过大的差距。”[②]

具体地说，在“按贡献分配”时，我们要在形成劳动成果的各种贡献要素中突出“劳动”的分配要素，压制“资本”和“天赋能力”的分配要素，消除“市场不确定性”和各种“欺诈投机行为”的分配要素。为此，我们应当实施各种保护社会弱势群体权利的法律，如保护劳工、消费者、投资人等社会群体权益的各种法律法规，来强调“劳动”的分配要素并消除各种“欺诈投机行为”的分配要素；应当实施“遗产税”、“高额累进税”、社会福利保障和义务教育等制度来压制“资本”和“天赋能力”的分配要素并消除“市场不确定性”的分配要素。

三 中国目前存在的财富分配不公问题及改进措施

根据以上的分析，在讨论中国目前应当奉行什么样的财富分配方式时，便需要注意三点。首先，由于中国目前实行社会主义市场经济体制，那么其基本的财富分配方式便必然是为市场经济体制所决定的“按贡献分配”方式。其次，根据财富分配的效率原则，由于中国的社会主义市场经济生产方式取得了高速经济发展并且这种经济发展仍然在持续，我们便应当在总体上坚持“按贡献分配”方式。最后，根据财富分配的公平原则，由于中国目

① 《邓小平文选》第 3 卷，人民出版社，1993，第 373 页。

② 《邓小平文选》第 3 卷，人民出版社，1993，第 63 ~ 64 页。

前存在着较大的贫富差异和社会矛盾,[①] 已开始妨碍经济的可持续发展和人民生活水平的提高，我们便应当根据实际情况具体分析造成贫富悬殊的各种分配因素，对市场经济的“按贡献分配”方式进行社会主义性质的调整和修正。

需要调整和修正的第一个方面，是我们通常所说的初次分配。所谓初次分配，一般是指由现实的市场经济运行所决定的财富分配。由于任何市场经济都是法治经济，是在一定的法律法规下运行的，因此，初次分配的调整和修正主要是规范市场秩序的法律法规的调整和修正，目的有两个，一是坚持“按贡献分配”的原则，铲除各种投机欺诈行为产生的非贡献所得，二是在此基础上进一步突出劳动的分配要素。根据中国目前的实际情况，这方面的调整修正应当主要包括以下四点。

（1）加强党纪国法，严厉打击利用政治权力谋取经济利益的腐败行为。不可否认，造成中国目前贫富悬殊的一大原因是钱权交易性质的腐败行为。近年来中国出现了不少短期内暴富的富豪，他们一不靠办企业，二不靠科学技术，三也没有真正意义上的“资本运作”，却在短短几年、十几年就成为几亿、几十亿的富翁，靠的就是“权钱交换的腐败”。这种由“权钱交换的腐败”造成的贫富悬殊现象，可以从当今揭示出来的“农村圈地运动的腐败”、“国企改制中的腐败”、“城市拆迁运动中的腐败”、“金融领域中的腐败”等大案要案中生动地表现出来。仅原铁道部部长刘志军贪腐案，就涉案金额近百亿元人民币和多家上市公司。而据统计，仅 2007 年 11 月至 2012 年 6 月，全国纪检监察机关就立案 64 万多件，给予党纪政纪处分 66 万多人，涉嫌犯罪被移送司法机关处理 2.4 万多人。[②]

（2）消除行业垄断，缩小垄断行业与非垄断行业的工资收入差别。根据近年人力资源和社会保障部工资研究所最新发布的数据显示，中国收入最高和最低行业的差距达 15 倍。而在高收入行业中，除了少数行业的高收入是凭借技术、管理、创新之外，不少都是依靠行政权力，包括行政许可权、行业准入权、资源占有权、价格制定权、行政执法权等，对生产、市场、经

① 据国家发改委宏观经济研究院有关研究，2007 年我国基尼系数达到 0.454，据世行 2008 年公布的数据，中国的基尼系数已由改革开放前的 0.16 上升到目前的 0.47，超过美国、俄罗斯，更超过印度的 0.36，已接近拉美国家的平均水平。参阅蔡继明《我国当前分配不公的成因和对策》，《中共中央党校学报》2010 年第 3 期。

② 《大案要案危害严重必须坚决查处》，《重庆晨报》2012 年 11 月 11 日。

营、管理等进行高度控制，凭借对政策、资源、审批等的高度垄断形成的。电力、电信、金融、保险、烟草等行业职工的平均工资之所以远远高于其他行业职工平均工资，便是其凭借垄断获得独占的市场或无偿占有资源，生产经营环境条件明显优于其他竞争性行业企业，能够轻易获得超额利润，加之对这些行业企业的薪酬调控政策措施落实不到位，从而拥有丰厚的资金来源提高本行业企业职工的工资福利水平。所以，垄断是造就行业收入差距拉大，并将这种差距不断扩大的最主要原因。[①]

（3）打击房地产和金融投机。近十年来由于生产过剩，大量资本从生产领域转向金融领域，进行投机炒作，房地产投机造成房价过度上涨，股票投机造成股价大幅震荡，使得财富向少数人高度集中，而普通民众买房难，成为“房奴”或者“蜗居”的“蚁族”，大量中小股票投资者损失惨重，也是全社会贫富差距不断拉大的一个重要原因。

（4）保护劳动收益。近十五年来中国的 GDP 快速增长，但劳动收入占比逐年下降，资本收益上升，表现为最低工资过低，城乡收入和不同岗位收入差异扩大。1997 至 2007 年，政府财政收入在 GDP 的比重从 10.95% 上升到 20.57%，企业盈余从 21.23% 升至 31.29%，劳动者报酬却从 53.4% 降至 39.74%。中国的最低年收入不到世界平均水平的 15%，全球排名 159 位，最低工资甚至低于 32 个非洲国家。[②] 为了保护劳动收益，需要建立起工资诉讼机制和工资集体谈判机制，在最低工资标准、强化征缴五险等方面进行监管和完善。

需要调整和修正的第二个方面，是我们通常所说的二次分配。所谓二次分配，一般是指在初次分配的基础上，政府运用各种税收和社会福利保障制度，来压制“资本”和“天赋能力”的分配要素并消除“市场不确定性”的分配要素。根据中国目前的实际情况，这方面的调整修正应当主要有以下两点。

（1）调整税收制度。中国目前的累进税制度起征点过低，税率差别不大，导致中低收入者个税过重而富人个税偏轻。为了压制“资本”和“天赋能力”的分配要素并消除“市场不确定性”的分配要素，应当大幅提高

① 苏海南：《缩小行业间收入差距根本途径是打破行业垄断》，《中国经济报告》2011 年第 2 期。

② 刘世荣：《国外工资状况概览——世界工资研究报告》，《中国改革报》2010 年 3 月 16 日。

个税起征点，扩大税率差别，并在适当时机试行遗产税制度。

（2）修正完善社会福利保障制度。中国近十年来虽然在建立保护穷人的社会福利保障体系上取得了很大的成绩，有效地遏制了社会矛盾的激化，但这一体系还不完善并且存在着城乡差别和地区差别，因此需要在保护社会贫困群体尤其是下岗工人和失地农民的方面进一步予以完善。

需要调整和修正的第三个方面，是某些学者所说的三次分配，主要指教育卫生等公共服务或公共品的分配。[①] 教育卫生等公共产品是社会提供给全体公民的，对人民的生活水平或生活质量具有重大影响，每个人都能享受到这种服务对缩小实质上的贫富差异具有重大作用。但我国目前的户籍制度和地区发展的不平衡，使得一部分往往是贫困的人群享受不到另一部分往往是富裕的人群能够享受的公共服务，从而在实质上扩大了贫富差异。克服这一点需要改革户籍制度，缩小地区发展的不平衡。

总的说来，中国目前存在的贫富悬殊，大都不是市场的风险和天赋能力的差异造成的，而主要是钱权交易性质的腐败和投机不法行为侵害老百姓的基本权利造成的。因此在财富分配问题上，中国目前最为紧迫的事情，首先是强化权利平等原则，在人的平等权利和制止侵权上面下功夫，其次是帮助最贫困的群体。

贫富悬殊与财富的合理分配已成为影响我国可持续发展的关键问题之一。但现有的文献缺乏有说服力的论证来为具体的财富分配政策提供坚实的理论基础。本文依据历史唯物主义原理，从效率和公平两个方面澄清了社会主义市场经济的财富分配原则，说明了“按贡献分配”与“按劳分配”各自的地位，对剩余价值的形成和财富分配不公的诸要素做了不同以往的理论分析，并结合现实分析了中国目前存在的财富分配不公的各种原因及改进措施。

（作者系上海财经大学人文学院教授、博士生导师）

---

① 青连斌：《国民财富的四次分配》，《人民论坛》2009 年第 19 期。

构建当代中国马克思主义政治经济学的哲学思考

张　雄

如何构建当代中国马克思主义政治经济学，已成为国内学界颇为关注的新视点。三种过热的学术状态令人担忧：一是对政治经济学学术传统未加反思，对当代中国马克思主义政治经济学概念的内涵未加查审，匆忙编教材，急于构体系；二是用“新瓶装旧酒”的方式阐发当代中国马克思主义政治经济学的思想原理及方法，简单照搬《资本论》的体系框架，集体无意识地复制传统政治经济学的公理和观点，把鲜活的政治经济学应对的改革实践的质料，生硬地塞进教条主义的分析框架中；三是仅仅用宣传的样式直接替代严谨的科学研究的理路。殊不知，以习近平同志为总书记的党中央强调构建当代中国马克思主义政治经济学，有着极为深刻的思想内涵和价值指向，从内容到方法，从指导实践的逻辑到具有示范性制度创新的文本澄明，从问题研究的场域到学术批判的对象，都有着崭新的形态和价值坐标。笔者以为，广泛深入的大众化宣传固然不可少，但科学理性的经济学、政治学和哲学的跨学科研究更值得期待。

一　准确把握当代中国马克思主义政治经济学范畴的内涵

范畴是人的思维对客观事物本质的概括的反映，范畴的内涵是范畴所反映事物的本质属性的总和，它具有抽象性和深刻性。当前，在准确把握当代中国马克思主义政治经济学范畴内涵问题上，首先要划清两个界限。

其一，划清当代中国马克思主义政治经济学与西方传统的古典政治经济学的界限。古典政治经济学的产生，寓意着人类从单纯的感性需要及满足方式，过渡到有思想地认知“需要体系”并自觉组织生产与交换形式，这是人类文明的一大进步。16 世纪查理五世的大臣们用积极的国家财政管理行动，框定了政治经济学发生认识论原理：关注国家财产增值，以公共利益作为行政方针。亚当·斯密首次标定了政治经济学研究的双重价值目标：为国家造福，为人民理财。[①] 尽管表述有一定的抽象性和虚假性，但比起今天的西方主流经济学过于偏重实证研究的工具理性倾向，似乎要清醒得多。马克思在《1857～1858 年经济学手稿》中指出：“17 世纪经济学家无形中是这样接受国民财富这个概念的，即认为财富的创造仅仅是为了国家，而国家的实力是与这种财富成比例的，——这种观念在 18 世纪的经济学家中还部分地保留着。这是一种还不自觉的伪善形式，通过这种形式，财富本身和财富的生产被宣布为现代国家的目的，而现代国家被看成只是生产财富的手段。”[②] 马克思所说的伪善形式，实际上揭示了资产阶级政治经济学从它诞生那天起，就以抽象的国家概念，隐藏了它与资产阶级利益和属性捆绑在一起的这一实质。而当代中国马克思主义政治经济学，追求经济学的国家意识和人民意识的知行统一。它是在社会主义公有制和人民当家做主的国家政治制度背景下，伴随着生动的社会主义市场经济制度创新的诉求过程产生与发展的，经济活动的实体属性与理论预设中的价值目标保持有机的统一：不断满足人民群众日益增长的物质和精神生活的客观需求，与揭示经济现象的本质、提高稀缺性资源的配置效率、增加社会物质财富和提高国民福祉目标的一致性。用哲学的话说，就是追求事实判断与价值判断的统一。

其二，划清当代中国马克思主义政治经济学与斯大林社会主义计划经济模式所衍生的政治经济学的界限。斯大林模式的政治经济学有着两点弊端：一是简单照搬《资本论》的条条框框，具有比较浓厚的教条主义色彩，政治经济学中所表述的几大规律尽管有着特定时代的合理性，但本质上说，它不具有微观竞争的动力论原理、资源配置的效率量度以及货币流转的现代金

---

① 张雄：《政治经济学批判：追求经济的“政治和哲学实现”》，《中国社会科学》2015 年第 1 期。

② 《马克思恩格斯全集》第 30 卷，人民出版社，1995，第 49～50 页。

融功能等，因此，斯大林模式的政治经济学只能是远离当代人的真实需求、缺乏反映世界历史进程的经济学。二是这种政治经济学是一部计划经济的政治经济学，而不是社会主义市场经济的政治经济学。它是彻头彻尾的计划经济的产物，没有真实反映社会主义经济发展的市场诉求的逻辑。最大的弊端是，过分强调计划性和指令性，把多样性、异质化的人的需求变成大一统的刚性计划，必然带来对人性的约束和压抑。而当代中国马克思主义政治经济学，既具有时代性、人民性和创新性，又体现了经济动力论、经济效率论和经济价值论三者统一。毋庸置疑，改革开放之前的中国，尽管我们也深受斯大林模式的影响，但以毛泽东为首的老一辈无产阶级革命家，在追求中国风格、中国精神、中国道路的政治经济学思考方面，为我们留下了诸多重要文本、批注和文件，这些都有着十分重要的实践价值。如关于社会主义社会基本矛盾理论，关于统筹兼顾、注意综合平衡的思想，关于以农业为基础、以工业为主导、农轻重协调发展的理念等。“党的十一届三中全会以来，我们党把马克思主义政治经济学基本原理同改革开放新的实践结合起来，不断丰富和发展马克思主义政治经济学，形成了当代中国马克思主义政治经济学的许多重要理论成果。……这些理论成果，是适应当代中国国情和时代特点的政治经济学，不仅有力指导了我国经济发展实践，而且开拓了马克思主义政治经济学新境界。”① 这段论述，就当代中国马克思主义政治经济学发展和意义而言，有三个要义：一是改革开放的实践诉求；二是反映中国国情和时代特点；三是马克思主义政治经济学新境界。理解新境界，需要深刻把握当代中国马克思主义政治经济学的范畴内涵。党的十八大以来，以习近平同志为总书记的党中央，立足中国改革开放的国情和世情，尤其是全面综合改革实践，深入研究世界经济和中国经济所面临的新情况、新问题，力求揭示新特点、新规律，力求实现把实践检验上升为系统化的经济学说，重点解决当代社会主义市场经济背景下强国富民的问题。对照习近平总书记重要讲话精神，我们可否把当代中国马克思主义政治经济学范畴的内涵定义为：它是中国共产党人追求全球经济正义、实现社会主义强国富民的经济学说。

（1）追求全球经济正义，这是马克思政治经济学最具宽广的世界历史

① 中共中央宣传部编《习近平总书记系列重要讲话读本》，学习出版社、人民出版社，2016，第36页。

眼光和追求全人类解放的无产阶级革命的宏大目标。《资本论》的轴心原理之一就是实现全球经济正义。北京大学中国经济研究中心汪丁丁教授在《新政治经济学讲义》中把新政治经济学核心议题表述为"正义"范畴[①]，笔者表示赞同。在当代，"经济正义"是一个被定义了的话语，谁拥有资本的实力，谁就对这个世界拥有解释和评价经济正义的话语权。当我们没有进入 WTO 的时候，对 WTO 有很多幻想，进入之后才发现有的东西应该进，有的东西不应该进，这是一个量度资本实力的话语权体系的空间。某些强力大国在其中为什么如此任性？因为它有华尔街这样一个强有力的世界金融体系和堡垒，这个堡垒把世界上几乎非常重要的资本实力都聚集在这里，把世界上一流的玩资本的大师们、专家们、工程师们都聚集在这里。资本的人格化或人格化的资本直接或间接地通过所谓的协议或条文充当了规则与法的解释者和仲裁者。当代中国马克思主义政治经济学不是狭隘的民粹主义学说，它应当有着在积极构建并参与人类利益共同体中，秉持全球经济正义的原则，在极度经济理性化和资本私有化的世界里，通过以先进的制度创新为示范，努力探索并践行一种超越以资本为轴心的国家制度的新制度形式，用政治理性的制度创新，不断影响并改变世界经济发展的人本主义价值坐标，矫正经济非正义倾向，变少数富人经济学为人民大众经济学。因此，当代中国马克思主义政治经济学理应包括追求全球经济正义原则的内容和原理。这里需要进一步澄明的思想观念是，一些西方经济学家容易把经济理性直接等同于经济正义。这是个认识幻象。在他们看来，资本在配置资源的过程中，只要遵守市场规则，追求最大化实现资本的收益率，这就是经济正义行为。应当看到，西方整个近代化过程，资本主义经济制度的发育，诉求着合理性、合法性的证明。从政治正义直接推出经济正义，又从经济正义来证明政治正义的合理性与合法性问题，这是不争的事实。但这是个现代性幻象，西方要寻找一个跟自由放任市场经济制度相呼应的政治制度和政治哲学教条，便运用虚假的正义教条及意识形态来澄明。实际上，经济正义与政治正义有着关联性，政治正义不解决，经济正义难以实现。经济正义不是在一个真空的世界里存有，它的实践境遇直接受政治制度的影响并受其干预。最大化实现每个人的公平公正的权利与少数利益集团最大化追求资本收益率，两者之间难以相通。私有制国家政治制度决定了相应市场规则的阶级属性，在"让富

① 汪丁丁：《新政治经济学讲义》，上海人民出版社，2013，第 29 页。

人更富”的市场规则里，广大人民群众有经济正义可言吗？今天，中国共产党人需要从政治正义和经济正义这两种关系中去寻找制度沟通的合理性及平衡点，用一种新型的政治正义原则来整合并调节经济正义的实现。这是当代中国马克思主义政治经济学最值得期待的制度创新点。

（2）所谓社会主义“强国富民”的政治经济学，主要回答社会主义政治经济学的出发点和落脚点问题。社会主义核心价值观为什么要把国家“富强”概念放在12个核心概念的首位，主要是强调一个真理，即中华民族历史发展的经验教训告诉我们，中国只有坚持以经济建设为中心，不断推进解放和发展社会主义生产力这一中心任务，国家的富强才是战胜内部的贫困和外部的挨打最可靠的保障。国家富强问题的解决，也是中国在国际上做出应有贡献的根本条件。中国共产党人在与资本主义的相处中，如果不持有足够的资本实力，社会主义的一切政治都将变为空谈，社会主义的政权存在都会出现危机。这是数以百年世界历史发展给我们最深刻的启示。共产党并不惧怕资本的最大化，关键是要有一个代表广大人民群众根本利益的国家政治制度，合理的市场运行机制，合理的法制环境，合理的分配制度，让资本在阳光下最具有特殊意义的思想深度。当代资本主义经济学其出发点和落脚点是“让富人更富”的原则。如果说，资本主义政治与经济运转的轴心是“维护富人的资本利益”，那么，社会主义政治与经济运转的轴心则是“人民”。对于国家来说，一切财富都要转化为人民性的财富，国家所取得的财富都要与人民共享，这里所说的人民，包括纳税人在内的广大人民群众。这是当代中国马克思主义政治经济学与资本主义经济学最大的不同点。从西方亚当·斯密开创的“国富论”资产阶级政治经济学，到当代中国共产党人开创的“人民财富论”马克思主义政治经济学，它标志着政治经济学发展进入了新时代。

二 构建当代中国马克思主义政治经济学的哲学基础

任何政治经济学的构建都离不开哲学。哲学对政治经济学支撑作用主要反映在两个方面：一是为政治经济学提供必要的方法论。方法论是一般方法的更高抽象，所有的科学门类的建构，都有着各自哲学方法论。一般方法是方法论反思的对象，方法论深层次地决定了政治经济学的方法系统的总关系和总原则。它在本体论上回答着一般方法的存在论问题和本质问题。更有价值的方法论是唯物辩证法，它以彻底的唯物主义和彻底的辩证法相结合的优势，深刻地揭示经济运动中的变与不变、肯定与否定、现象与本质等矛盾关系的辩证规律。二是为政治经济学的构建和发展，提供哲学特有的批判精神。马克思的唯物史观，就其具有的经济哲学属性而言，有着独特的政治经济学批判精神。该批判精神有助于政治经济学问题意识的显现、历史意识的时空检测以及时代精神的追问，还有对政治经济学前提与方法的真与假、对与错的鉴别，以便使政治经济学通过反思到达真理域。政治经济学批判精神不断为我们阐明：政治经济学本质上不是工程学，不是以简单的技术数据来昭示市场的机运或风险预警，而是在揭示经济发展规律的基础上，更深层次地确保经世济民、治国理政的理性决策，更多是思想的力量和数据的人本主义价值判断。那种认为"经济学与价值无涉"的政治幼稚病，实质上缺乏对政治经济学批判精神的深刻认知。值得一提的是，政治经济学的发展若没有自我反思、自我批判精神，就会因循守旧，僵化臃肿，丧失经济匡时的实践功能。当年，英国亚当·斯密构建的政治经济学是在道德哲学基础上创立的，"经济人与道德人的统一"是该政治经济学的哲学内蕴。斯大林模式的政治经济学是在《联共（布）党史简明教程》第四章第二节《论辩证唯物主义和历史唯物主义》哲学基础上创立的，"原则定义质料"是该政治经济学的哲学内蕴。笔者以为，当代中国马克思主义政治经济学的哲学基础，应当是马克思的唯物史观政治经济学批判学说，"富强与正义"是该政治经济学的哲学内蕴。毋庸置疑，唯物史观的《资本论》表达的正是马克思的政治经济学批判学说。马克思之所以把《资本论》直接表述政治经济学批判，因为《资本论》是在对资产阶级国民经济学深刻批判的基础上诞生的，它的政治经济学批判的内涵集中反映在：对资本主义生产关系的透视，注重从一般经验事实，上升到社会存在论、本质论和范畴论的批判。如对私有制、雇佣劳动、资本的有机构成等重要领域的认知，全部上升到异化劳动、资本的内在否定性、剩余价值论和资本主义危机论等本质论批判，书中对资本主义生产关系的解剖，不是一般制度经济学的探究，而是深刻的唯物史观批判。因此，《资本论》不是一般的政治经济学著作，而是闪烁着唯物史观政治经济学批判思想火花的经济哲学著作。这里有三个问题值得思考。第一，唯物史观与政治经济学批判有何关联？第二，马克思的政治经济学与政治经济学批判的关系如何认知？第三，当代中国马克思主义政治经济学的哲学基础，为什么是唯物史观政治经济学批判学说？这是国内学术界尚未引起足够重视的理论视点，也是国内马克思主义哲学值得深入探讨的新领域。首先，唯物史观的诞生与发展，伴随着政治经济学批判全过程，唯物史观的《资本论》表述应当是马克思政治经济学批判学说。这个结论，需要我们重新审查马克思早期思想转变的历史。伊林·费彻尔指出："马克思的目的始终是'政治经济学批判'，这既意味着对资本主义生产方式批判，又意味着对它在资产阶级国民经济学说中的理论反映进行批判。"① 费彻尔给了我们重要启示：了解马克思的马克思主义，离不开政治经济学批判视阈。在计划经济的背景下，我们不会认知这个思想命题的重要性，而在社会主义市场经济的背景下，我们愈来愈感到该命题对我们传统见识的颠覆意义。只有受过现代性货币、资本和金融体验的社会主义国家，才能真正深刻地感到马克思政治经济学批判对唯物史观的创立以及政治经济学革命有着多么实质性的影响。从马克思到马克思主义，单从唯心主义与唯物主义的思想追问出发，去求解青年马克思思想转变的动力因是远远不够的。忽视现代性背景下的深厚而又复杂的政治与经济关系的批判，极易导致我们理解上的片面性。青年马克思智慧地将斯密的"世俗时间"与黑格尔的"精神时间"综合在一种代表无产阶级先进意识的历史哲学的思想体系中，它不属于工具论上的技术问题，而属于关涉解剖"市民社会"与提升历史进步的重大历史哲学问题。因此，马克思的政治经济学批判本质上与唯物史观是一回事：唯物史观经济基础决定上层建筑的思想，最早来自市民社会决定国家的政治经济学批判；唯物史观关于生产力是社会发展最终动力的思想，最初来自青年马克思对李斯特的《政治经济学的国民体系》一书的政治经济学批判；马克思的唯物史观的历史前提——"个人"范畴及原理的思想，来自他对资产阶级国民经济的批判，对蒲鲁东的抽象经济学方法论的政治经济学批判，该批判奠定了科学认知的方法，实现了根本性变革：动物式的"自然人"被历史化的"现实的人"所替代，感性的人被生产关系的人、从事历史实践变革的人所替代。马克思正是通过对"市民社会"这一典型的现代性特质的政治经济学的批判，才使唯物史观变得鲜活、具体、可感。毫不夸张地说，马克思的政治经济学批判，之所以是追求经济的"政治和哲学实现"，是因为马克思自觉运用唯物史观的分析方法，通过对国家与市民社会关系的解剖，由对政

① 费彻尔：《马克思与马克思主义：从经济学批判到世界观》，赵玉兰译，北京师范大学出版社，2009，第51页。

治异化的批判，上升到对劳动异化的批判，进而对私有制展开全面批判，把长期被资产阶级经济学家所遮蔽的社会存在论本质加以澄明，用历史的普遍性去提升历史特殊性的存在意义和价值，在关注和求解现代人生命被物化、异化和幻化的深层原因的同时，去揭示当代风谲波诡的货币化生活世界背后的深层本质，旨在矫正人类世俗化历史发展的方向，从而实现历史进步的规律与趋势。其次，在马克思看来，“政治经济学批判”其要义是追求经济的“政治与哲学的实现”，应当说，这与习近平总书记所倡导的当代中国马克思主义政治经济学内在精神是一致的。构建当代中国马克思主义政治经济学需要政治经济学批判精神的介入，它有着两个方面的支撑。

第一，政治经济学批判可以提供多学科交叉研究的学术资源。面对全方位经济社会发展的综合改革，当代中国马克思主义政治经济学构建，不可能只是单向度的经济学家冥思苦想的结果，它需要综合当下中国哲学社会科学最新的研究成果，而政治经济学批判始终坚持哲学、政治学与经济学互动的传统，对经济所关涉的思想维度、政治维度以及历史价值维度的偏重，使得单一的经济学分析的视角，直接被转入综合系统分析的哲学社会科学的优势学术资源中，从而使思想家、理论家和政治家在考量物质生产力的发展、社会财富运动的同时，对追求历史进步的原则以及人类自由与解放给予高度关注。① 笔者以为，我们今天讨论政治经济学批判，尤其在中国的深化改革的紧要关头，以政治经济学批判为主题探讨哲学社会科学如何出场的问题，非常重要。笔者以为，我们的经济学和哲学虽然发展态势良好，但在接地气这一块，存在着较为严重的学术滞胀问题，不少经济学者热衷于讨论经济学建模的数学关联问题，不少哲学学者更喜欢讨论文本诠释的历史间距问题。毫无疑问，这些研究的学术成果应是当下时代不可或缺的学问，但由于过多的人过于考虑西方文本及逻辑思想的表述问题，以至于这么波澜壮阔的中国历史转折的重大时刻，失去了我们哲学和社会科学的在场性。为什么会有此种景观的出现，根本原因在于，我们从事了多年的哲学社会科学研究，尚未完全受到资本的冲击，没有受到货币化生存世界的体验，这样的哲学社会科学是没有未来可言的。因此，我以为，我们必须要正视哲学社会科学的研究方向，关注政治经济学批判，这既代表了哲学的出场，又代表了经济学的出场，中

① 参见张雄《政治经济学批判：追求经济的“政治和哲学实现”》，《中国社会科学》2015 年第 1 期。

国当下的社会主义市场经济的改革，急切地需要我们弘扬当年马克思的政治经济学批判精神，单搞经济学，单搞哲学，单搞政治学，无法拯救中国的市场。

第二，构建当代中国马克思主义政治经济学，需要对传统的政治经济学进行全面而又深刻的自我反思，对改革开放涌现的重大现实问题进行深刻的反思，而这需要有政治经济学批判精神。政治经济学理论与实践的深度创新，离不开政治经济学批判。政治经济学批判是以政治经济学为对象的哲学批判，它既是思辨的政治经济学，又是一种深刻的社会存在论的追问。所以，经济的发展目标和立场，应该从更高、更深的政治与哲学的寓意中去把握。因而，构建当代中国马克思主义政治经济学，我们要深入研究的领域有：关于社会主义本质的理论；关于以人民为中心的发展思想的理论；关于社会主义初级阶段基本经济制度的理论；关于树立和落实创新、协调、绿色、开放、共享的发展理念的理论；关于发展社会主义市场经济使市场在资源配置中起决定性作用和更好地发挥政府作用的理论；关于我国经济发展进入新常态的理论；关于推进供给侧结构性改革的理论；关于推动新型工业化、信息化、城镇化、农业现代化相互协调的理论；关于用好国际国内两个市场、两种资源的理论；关于促进社会公平正义、逐步实现全体人民共同富裕的理论，等等。① 构建当代中国马克思主义政治经济学，我们需要深入反思和批判的问题如下。

（1）劳动与资本的关系。要重新审视劳动范畴，德国古典哲学从康德到黑格尔都对劳动范畴进行过批判，如劳动的主体性、劳动的能动性和劳动的伦理学等思想的提出，明显比英国的古典政治经济学要深刻得多。当前，最需要反思的是21世纪的资本范畴，它与马克思时代的资本有着诸多的变化。21世纪的资本追求剩余价值的禀性没有变，资本的社会关系本质没有变，资本的财富杠杆效应没有变。但是，21世纪资本逻辑的发展有了巨大变化：随着全球资本金融体系的强力推进，资本变得更加抽象、更加具有脱域性，资本的主体定位异质多元，运作方式虚拟迷幻。尤其是伴随着工具理性的智能化，资本的精神向度更趋主观性和任性。如果我们连这个现实都不去研究，连这个事实都不敢承认，还在那里搞一些空洞的概念演绎，这不是一个科学的态度。当下中国劳动与资本的关系是最值得研究的问题，如资本与劳

① 参见中共中央宣传部编《习近平总书记系列重要讲话精神学习读本》，中共中央出版社，2013，第36页。

动的相容性和对抗性表现在哪些方面？社会主义政治制度与经济制度在推进合理的劳资关系的矛盾解决方面应有哪些制度和政策安排？资本与劳动双向积极性的调动需要找到什么样的平衡点？

（2）效率与公平的关系。资本主义国家所强调的效率与公平，是以资本为本位的。构建社会主义市场经济，我们的效率与公平到底是一个什么内涵？这个问题需要深刻的思考。不管是一次性分配、二次性分配、三次性分配，怎么分配都要回归到这个问题上。就是说，按照马克思《资本论》的那个原意，要追求全球经济正义，这个经济正义不是乌托邦，而是这个地球上绝大多数人民群众、每一个劳动者。这就回归到唯物史观人民群众原理的逻辑上。改革发展措施的制定和出台，必须使绝大多数社会成员的利益得到程度不同的增进，否则，我们就背离了改革发展的初衷。应当指出，公平与效率在社会主义市场经济的体制内不是截然对立的两极，而是彼此依赖、相辅相成的。社会主义的公平，已不是原来意义上的平均主义“大锅饭”式的公平，不是普遍贫穷的公平，而是与经济社会发展水平相协调的公平，与改革开放相呼应的公平。公平始终与效率相伴随，效率是重视公平、改善公平、增进公平、缩小差距的基础和前提。任何时候，忽视公平强调效率，或牺牲效率追求公平，都是片面的，也是不可取的。

（3）市场与政府的关系。这又回到了黑格尔的《法哲学原理》上。《法哲学原理》实际上就是对现代性国家的批判，现代性市民社会的批判，以及现代性公民的批判。黑格尔在回答市场与政府关系问题上，既看重市场的欲望驱动，更看重国家（政府）对市场的引导和提升功能。现代性社会，我们回避不了货币化生活世界，回避不了资本与权力互动的现实，不仅要看到，资本让权力运动，还要看到权力向资本的运动，权力做不到的，资本跟上，资本做不到的，权力跟上，这就是现代性社会。在这样一个背景下，我以为，市场怎么做，政府怎么做，这是我们社会主义国家政治经济学必须要回答的。市场配置资源的决定性作用到底怎么理解，有人说，国企应该让它回到市场上，它的关停并转由市场决定，它的生死存留由市场决定，它的大多数人的失业由市场决定，这句话是否太离谱了？把中国的这么一个深厚的政治经济学发生的事件就这么浅薄地回答了。如果这样，政府不管，全部交给市场，那就回到了亚当·斯密的教条里，政府就是守夜人，社会主义国家能这样做吗？显然不能。完全把市场自由化，完全把央企摆上市场，让它们在市场上去死，这不是社会主义制度的优点。市场与政府究竟如何相处，中国改革的实践，或许已经部分地回答了这一问题。理论要及时概括，也要对尚存的问题展开深度的批判和思考。

（4）经济自由与法的关系。十八届三中全会讲到了市场在资源配置中起决定作用，这是一个重大的思想解放，也是马克思主义政治经济学的重大突破。它似乎赋予了市场更多的经济自由。但是同时四中全会推出依法治国的战略部署确定经济自由与法的关系都不能削弱。只有在充分而又完备的法制环境中，经济自由才是合理的、可持续的，也是可预期的。

（5）经济制度与政治制度的对接关系。所谓的政治经济学，我认为一个非常重要的方面就是在注重经济制度改革的同时，更关注相关政治制度的对接问题。尤其在中国，改革每推进一步，不能完全让资本说话；如果完全让资本说话，这个社会就不是社会主义社会。经济改革每前进一步都要考虑到与政治制度的对接，与政治政策的对接。股市的“熔断机制”就是没有考虑到这一点。所以我们应认识到不能在大学校园里只开设西方经济学课程，不开马克思主义政治经济学课程，这样是有缺陷和不全面的。我们可以清楚地看到甚至连西方经济学家都认识到，由《国富论》所开创的自由放任的市场经济、政府守夜人这样一个教条，发展到今天，没有逃脱马克思的预见。马克思早就预言，这种自由的市场经济必然发生周期性的经济与政治危机，这个定论是真理。现在的世界，面临着许多危机，而且每一次重大的金融危机与经济危机其最后的结果就是通过战争解决，别无选择。因为经济的平衡态破坏以后，靠什么力量把它平衡翻转过来呢？靠世界的整体理性是无力的，只能通过非理性的政治，发动战争来平衡它。这是一种野蛮式的平衡。但我们也看到人类在20世纪爆发的两次世界大战打得很惨烈，所以人类对后来发动世界性战争变得越来越理性化。而今天最大的困惑仍然是不平衡，是世界整体的资本市场不平衡。那么，我们要靠什么力量来矫正？单靠“一带一路”？“一带一路”所蕴含的儒家的传统哲学观念“和合”思想，承认别人跟我们不一样，但是我们大家共同求利益、共同求和谐、共同求发展，这一儒家最纯粹的思想目前还没有在全球覆盖。所以，我们如果期待这一问题的解决，首先要解决这个不平衡的问题。我们要高度警惕一场新的世界战争的发动，要尽量进行和谐沟通，通过这个办法，避免世界性战争的爆发。所以我们应该认识到，经济制度与政治制度的对接关系是我们政治经济学必须要关注的大问题。

（作者系全国经济哲学研究会会长，上海财经大学人文学院教授）

市场经济的意识形态还原与中国实践意义

刘荣军

自20世纪下半叶以来，在西方国家流行的经济社会发展理论中，一个最值得回味的事情就是，几乎所有的关于资本主义制度的理论论证都会以市场经济作为其理论支撑，力图利用市场经济所带来的巨大的经济社会发展效应为资本主义制度本身进行辩护。这种论点在20世纪八九十年代之交东欧剧变、苏联解体之后更是形成了一种弥漫全球的关于历史终结论的热潮。然而，几乎与此同时，中国特色社会主义的发展亦是伴随着社会主义市场经济体制的逐步确立、不断完善而日益成熟的。而社会主义市场经济的发展过程，历史地看，是一个从计划经济向“有计划的商品经济”再向“社会主义市场经济”的发展过程；面向未来地看，更是一个使市场在资源配置中“起基础性作用”向“起决定性作用”① 的深化发展过程。由此，如何破除附着在市场经济上的意识形态神话，还原市场经济对于现代社会特别是中国特色社会主义道路发展的现实意义，就成了一个具有重大现实意义的理论问题。

一　现代社会生产与市场经济的意识形态还原

现代西方国家经济学家为资本主义制度进行历史辩护的“市场经济论”，就是通过资本主义与市场经济的共同发展来渲染资本主义与市场经济的不可分割性。在他们看来，资本主义是建立在市场经济与市场理性上的

① 《中共中央关于全面深化改革若干重大问题的决定》，人民出版社，2013，第3、5页。

"生产的合理化机制"，具有历史合理性与天然永恒性。资本主义不仅能够通过市场化的生产制度及其与之相适应的市场交换这种交换制度为人类社会生产创造出更为丰富、更为充裕的物质财富，而且还能够通过市场经济本身提供出人类思想深处关于自由与平等的社会发展理念，因而市场经济从一开始就具有非常革命的反封建取向的社会历史意义，同时也赋予了资本主义以永恒性的魅力。因此，只要市场经济作为人类历史发展过程中的合理性不可取代，则资本主义也就是不可取代的。这种"市场经济论"的实质就在于，将市场经济看成了资本主义本身的内在行为和意识结构，从而把对市场经济本身的肯定或批判当成了对资本主义制度本身的肯定或批判。

对西方国家这种市场经济论的意识形态神话，马克思曾以资产阶级经济学家所标榜的市场经济的"平等竞争"、"自由竞争"观念为例对其理论意图与阶级本质给予了一针见血的批判。他说："揭示什么是自由竞争，这是对于资产阶级先知们赞美自由竞争或对于社会主义者们诅咒自由竞争所做的唯一合理的回答。……断言自由竞争等于生产力发展的终极形式，因而也是人类自由的终极形式，这无非是说资产阶级的统治就是世界历史的终结。"①在马克思看来，资产阶级经济学家与社会主义理论家对自由竞争的市场观念都是非历史的、反历史的，它们的唯一区别就在于：前者因着对于自由竞争的"赞美"而把资产阶级社会这一历史的社会发展看成了人类社会生产的绝对形式，而后者则因着对于资产阶级社会的憎恨而连同自由竞争的历史作用一同给予了"诅咒"。而马克思则认为，市场经济是经由自然经济向产品经济过渡的必然的经济形式，其自由竞争的观念乃是历史的产物。

由此出发，马克思从社会发展三形态的理论中论述了市场经济的历史必然性及其合理性。他关于人类社会必然从"人的依赖关系"的前资本主义社会过渡到"以物的依赖性为基础的人的独立性"的资本主义社会再过渡到"建立在个人全面发展和他们的共同的、社会的生产能力成为从属于他们的社会财富这一基础上的自由个性"的未来共产主义社会的观点，以及"家长制的、古代的（以及封建的）状态随着商业、奢侈、货币、交换价值的发展而没落下去，现代社会则随着这些东西同步发展起来"② 的现代社会

① 《马克思恩格斯全集》第 31 卷，人民出版社，1998，第 43～44 页。

② 《马克思恩格斯全集》第 30 卷，人民出版社，1995，第 107～108 页。

与传统社会相区分的观点，无疑就是对人类社会生产过程中以（商品）市场经济为根本特征而存在的“现代社会”这“第二个阶段”之必然性的合理论证。正是在这种意义上，马克思才站在历史唯物主义的高度对资本主义所发展起来的以商品生产、货币交换和资本逻辑为根本特征的现代市场经济的反封建取向给予了高度肯定。马克思说：“在 16 世纪和 17 世纪，由于地理上的发现而在商业上发生的并迅速促进了商人资本发展的大革命，是促使封建生产方式向资本主义生产方式过渡的一个主要因素。世界市场的突然扩大，流通商品种类的倍增，欧洲各国竭力想占有亚洲产品和美洲宝藏的竞争热，殖民制度，——所有这一切对打破生产的封建束缚起了重大的作用。”①

进一步说，既然商品交换与市场经济能够把人和社会的发展带入一个“以物的依赖性为基础的人的独立性”的“物化”时代，那么，市场经济也就赋予了人的全面发展以双重的历史哲学意义：一方面，在工具理性上，市场经济能够通过社会分工与商品交换（前者的灵魂是“效率”，后者的灵魂是“平等”）这两种重要的经济活动和经济行为，最大限度地提高劳动生产率、发展社会生产力，由此创造出了人的全面发展的物质条件和经济前提；另一方面，在价值理性上，市场经济能够以其社会化大生产的形式培育出个性化的“独立人格”所需的主体精神与自主能力，由此奠定了人的“自由个性”及其“自由活动”的思想基础。用马克思的话来说，正是发达的（商品）市场经济才形成了“普遍的社会物质变换、全面的关系、多方面的需要以及全面的能力的体系”②。在马克思的历史哲学视野里，只有市场经济条件下的社会形态才能为人的全面发展创造出必要的社会历史条件：由自然经济形成的自然血缘关系、狭隘地域关系、统治服从关系等等束缚个人发展的片面的固定的“人的依赖关系”，只有在市场经济的冲击下才能被彻底摧毁；而由充实和丰富个人内涵从而使它走向独立所需要的那些条件，也只有通过市场经济的发展才能创造并被提供出来。所以，市场经济对于人的全面发展的历史哲学意义，已经内在地蕴含在马克思的“三大社会形态”理论之中了。

然而，倘若把马克思对市场经济的这种历史态度理解为马克思对市场经济的一般看法，那就大错特错了。在马克思那里，市场经济之社会历史意

---

① 马克思：《资本论》第 3 卷，人民出版社，2004，第 371 页。

② 《马克思恩格斯全集》第 30 卷，人民出版社，1995，第 107 页。

义，无论是在市场经济对人的自由发展的积极意义上，还是在市场经济对人的异化发展的消极意义上，都是既从历史的肯定意义上又从历史的否定意义上进行理解的。正因此，当马克思把市场经济的历史意义放在“世界历史”的进程中进行考察的时候，他虽然也看到了市场经济与资本主义之间在发生发展意义上的相互关系及其互动效应，但他并没有对市场经济做出具有历史永恒性的联想。恰恰相反，马克思对市场经济的发展，始终抱有一种缜密的历史主义唯物主义态度，认为“市场经济”仅仅只是与“世界历史”进程中的“世界市场”相适应的有利于人的发展和社会发展“生产体制”。正是在这种意义上，马克思虽然也曾做出过“世界市场是资本主义生产方式的基础和生活环境”[①] 这样的深刻论断，并把资本主义与市场经济联系起来，提出了资本主义在与市场经济的耦合发展中具有“为新世界创造物质基础的使命”的历史哲学命题：“资产阶级历史时期负有为新世界创造物质基础的使命：一方面要造成以全人类互相依赖为基础的普遍交往，以及进行这种交往的工具，另一方面要发展人的生产力，把物质生产变成对自然力的科学统治。资产阶级的工业和商业正为新世界创造这些物质条件，正像地质变革创造了地球表层一样。只有在伟大的社会革命支配了资产阶级时代的成果，支配了世界市场和现代生产力，并且使这一切都服从于最先进的民族的共同监督的时候，人类的进步才会不再像可怕的异教神怪那样，只有用被杀害者的头颅做酒杯才能喝下甜美的酒浆。”[②] 但是，从历史发展的长时段角度考察，马克思始终坚信市场经济之于人的发展和社会发展的历史相对意义，认为市场经济作为现代社会中最能促进财富生产与人的发展的生产制度，它始终都只能是人类社会发展的一个必经阶段，因而其退出历史舞台只能以市场经济的充分发展为其前提条件。马克思说：“一旦交换价值不再成为物质生产的限制，而物质生产的限制取决于物质生产对于个人的完整发展的关系，那么，这全部历史及其痉挛和痛苦也就终止了。”[③]

从某种意义上说，正是看到了市场经济对人和社会发展的双重意义，即市场经济既有把人变得“人的独立化”的积极意义也有把人变成“物的依赖性”的消极意义；既有把社会推进到现代社会的积极意义也有把社会变

① 《资本论》第 3 卷，人民出版社，2004，第 126 页。

② 《马克思恩格斯选集》第 1 卷，人民出版社，1995，第 773 页。

③ 《马克思恩格斯全集》第 31 卷，人民出版社，1998，第 11 页。

成市民社会的消极后果，因而承认市场经济既是人的全面发展不可逾越的历史阶段也是社会发展不可逾越的历史阶段，所以，马克思才能站在历史唯物主义的原则高度上分析了以市场经济为核心的现代资本主义社会，必然会随着世界历史的发展和世界市场的开拓而最终被具有世界历史意义的共产主义社会所取代的客观规律。毫无疑问，在马克思的视野里，市场经济及其所带来的文明作用，虽然在资本的意义上被放大了，但它毕竟同资本主义生产方式一样具有历史地产生也历史地消亡的客观趋势。正如马克思（和恩格斯）所说："贸易——它终究不过是不同个人和不同国家的产品交换，——怎么能够通过供求关系而统治全世界呢？用一位英国经济学家的话来说，这种关系就像古典古代的命运之神一样，遨游于寰球之上，用看不见的手把幸福和灾难分配给人们，把一些王国创造出来，又把它们毁掉，使一些民族产生，又使它们衰亡；但随着基础即随着私有制的消灭，随着对生产实行共产主义的调节以及这种调节所带来的人们对于自己产品的异己关系的消灭，供求关系的威力也将消失，人们将使交换、生产及他们发生相互关系的方式重新受自己的支配。"①

既然以商品贸易和产品交换为表现的市场体系在资产阶级经济以及与之相适应的生产时代中能够产生"通过供求关系而统治全世界"这种类似于"古典古代的命运之神"一样的历史效果，因而在扬弃市场经济这种历史产物之前就必须首先消灭现代资产阶级社会的"基础"即"私有制"，唯此，才能真正区别开"有个性的个人"和"偶然的个人"（"阶级的个人"）、"真正的共同体"和"虚假的共同体"，从而实现"各个人在自己的联合中并通过这种联合获得自己的自由"② 的理想境界。从原则的高度来认识，这正是共产主义运动这种世界历史性的伟大事业的光辉前景。正如马克思（和恩格斯）所说："共产主义只有作为占统治地位的各民族'一下子'同时发生的行动，在经验上才是可能的，而这是以生产力的普遍发展和与此相联系的世界交往为前提的。……无产阶级只有在世界历史意义上才能存在，就像共产主义——它的事业——只有作为'世界历史性的'存在才有可能实现一样。而各个人的世界历史性的存在，也就是与世界历史直接相联系的

① 《马克思恩格斯选集》第 1 卷，人民出版社，1995，第 87 页。
② 《马克思恩格斯选集》第 1 卷，人民出版社，1995，第 119 页。

各个人的存在。”[①] 从这种宏观视野来把握马克思以《资本论》及其手稿为核心的整个政治经济学研究和政治经济学批判的核心任务，就在于通过揭示“资本主义生产方式以及和它相适应的生产关系和交换关系”[②]，还原资本主义“由何而来”、“因何而在”、“向何而去”的历史唯物主义的生成逻辑、发展路径与历史趋势。

总之，马克思对于现代社会的论述虽然存在着资本主义与市场经济这样两个相互耦合着的逻辑，但这样的逻辑论述充其量也只是说明马克思在发生发展的意义上揭示了资本主义与市场经济的“同步发展”，但却并不能说明马克思承认市场经济就是资本主义制度本身的必然产物；退一步说，即使市场经济本身就是伴随着资本主义制度的产生而产生发展的，但这也不能说明市场经济就只能为资本主义制度所独有。站在人类历史发展高度来认识，人类社会生产过程在财富生产与创造中所创造的任何先进生产力与先进文化（文明），都可以被后来的任何个人与社会制度所继承，因而可以变成人类发展的文明基因。所以，马克思从来就没有将市场经济看作资本主义生产方式的独特产物，而是在看到了人们“利用资本本身来消灭资本”的资本逻辑的同时，也看到了人们“通过市场手段来获得最终抛弃市场力量”的历史逻辑。在这种意义上可以说，当布罗代尔针对“市场经济与资本主义”的关系做出如下论述时，他无疑是机敏而睿智的：“通常，人们对于资本主义与市场经济不加区别，之所以如此，是因为二者从中世纪至今总是同步发展的，是因为人们经常将资本主义说成是经济进步的驱动力和经济进步的充分的展现。其实，一切都驮在物质生活的巨大脊背上。物质生活充盈了，一切也就前进了，市场经济也就借此迅速地充盈起来，扩展其关系网。资本主义一贯是这种扩充的受益者。”[③]

当然，从社会发展的深层次来考察，与其说市场经济是伴随着资本主义发展起来的，还不如说它是伴随着现代社会而发展起来的。就是说，现代社会的发展逻辑与资本主义的发展逻辑在历史进程中具有某种同一性的重叠。因此，尽管在马克思的时代，现代社会在现实层面上指的就是现代资本主义社会，但是这并不表明马克思所说的现代社会永远只能是现代资本主义社

① 《马克思恩格斯选集》第1卷，人民出版社，1995，第86~87页。

② 《资本论》第1卷，人民出版社，2004，第8页。

③ 布罗代尔：《资本主义的动力》，王燕平等译，生活·读书·新知三联书店，1997，第42页。

会。至少，从与传统社会相区别的意义上，马克思所讲的“现代社会”无疑包含了比现代资本主义社会外延更宽泛、内涵更深厚的意义，因而在现实层面上已经包括了现代资本主义与现代社会主义两种社会制度。就此而言，只要市场经济在人类现代社会发展中的历史任务还没有完成，那么即使它在资本主义社会中已经到了“山穷水尽”的地步，它也会在社会主义社会的“柳暗花明”中获得新的经济与社会发展功能。

总之，马克思关于市场经济对于人类历史发展具有不同于资本主义对于人类历史发展的意义历史哲学阐述，为现代社会特别是现代社会主义社会的发展提供了现实基础，但是无论如何，这都与那些通过渲染市场经济与资本主义有着必然的“亲缘关系”与“血缘关系”的理论，诸如强调“核心”与“边陲”的“世界体系理论”，强调“中心”与“外围”的“依附理论”等等，具有完全不同的历史哲学蕴含。而那些打着市场经济的旗号而为资本主义大唱赞歌的所谓“自由市场论”、“自由竞争论”、“市场民粹主义”、“历史终结论”等，更是不可与马克思有关市场经济的历史哲学的阐述相提并论。就是在今天，当包括中国在内的一些社会主义国家通过历史的发展而理性地选择了社会主义市场经济的改革方向后，既不表明发展市场经济就是发展资本主义的既有模式，也不表明发展市场经济就是发展人类社会发展的永恒模式。因此，理性的选择并不等于永恒的选择。马克思关于市场经济的历史哲学态度，对于破除任何形式的市场经济意识形态神话都具有强大的理论意义。

二　社会主义市场经济与中国特色社会主义伟大实践

社会发展的必然性往往隐含在社会历史现象的背后，历史条件的制约也必然会被历史的发展所突破。20 世纪社会主义运动在革命顺序上的颠倒必然为日后的社会主义建设、改革与发展设置出种种历史限制。对于 1978 年以后的中国来说，对这些历史限制的突破是在改革开放的最初十四年里首先发生的，其最大的收获无疑是对当代中国发展的历史方位的两个科学把握：社会主义初级阶段理论的提出与社会主义市场经济体制改革目标的确立。这两个基本方位的正确把握启示我们，经济文化比较落后的社会主义中国，在实现了对资本主义的政治跨越之后，必然会经历一个相当长的社会主义初级阶段，去实现国家的工业化和经济的社会化、市场化、现代化，这是不可跨越的历史阶段。以这种科学的态度来考察邓小平关于“社会主义原则，第一是发展生产，第二是共同富裕”① 的论述，我们在充分感知这一论述的伟大与深刻之际，也确实感受到了社会主义市场经济对中国特色社会主义实践创新的恰切引领与有效推动。

（一）社会主义市场经济之动力激励机制的历史性开启

从根本上说，中国特色社会主义的发展问题，既是现代化的发展，也是市场化的改革。社会主义市场经济体制改革目标确立的伟大历史意义，首先就在于它全面启动了我国社会发展的动力问题，或者说全面开启了我国生产力发展的动力系统，并由此使中国特色社会主义的发展进程完成了从“国家革命的逻辑”向“社会发展的逻辑”的转变②。因此，如果说 1978 年开始的改革开放从体制改革入手启动了生产力发展的动力系统，那么 1992 年被明确提出的社会主义市场经济体制则由于其对物（生产资料）和人（劳动者）的双重解放作用而成为大力发展社会生产力和充分创造物质财富的最佳手段，成为最为有效的社会生产体制。

事实也说明，社会主义市场经济体制目标的确立，从一开始就蕴含着对人的解放，蕴含着对人的物质利益与人的需要的正当性与合法性的社会确认——要“大力发展生产力”就必须“以经济建设为中心”，就必须最广泛最充分地调动解放生产力和发展生产力的一切经济社会发展主体的能动性、积极性与创造性；由此，人的解放与发展同生产力的解放与发展就在中国实践意义上获得了一种同构、互动与共生的统一关系。这种实践语境既充分而现实地展现了马克思历史唯物主义的生产力本原，又具体而深入地凸显了通过社会主义市场经济体制进行物质生产与财富创造的动力之源。正如邓小平所说：“不讲多劳多得，不重视物质利益，对少数先进分子可以，对广大群众不行，一段时间可以，长期不行。革命精神是非常宝贵的，没有革命精神就没有革命行动。但是，革命是在物质利益的基础上产生的，如果只讲牺牲精神，不讲物质利益，那就是唯心论。”③

之所以说市场经济是最为有效的发展社会生产力、创造物质财富的社会

① 《邓小平文选》第 3 卷，人民出版社，1993，第 172 页。

② 刘荣军：《改革开放与当代中国的发展逻辑》，《思想战线》2009 年第 4 期。

③ 《邓小平文选》第 2 卷，人民出版社，1994，第 146 页。

生产体制，就是因为市场经济能够最大限度地发挥财富之于人的发展的主体性作用和财富之于社会发展的动力性作用的重大社会功能，能够最大限度地发挥生产力作为社会发展的“最活跃、最革命”的因素以及人作为生产力的“最活跃、最革命”的因素——作为发展主体和历史主体的劳动者，马克思称之为“最强大的一种生产力”[①]，列宁称之为“全人类的首要的生产力”[②] ——因而能够将生产力的发展和人的发展统一起来，使社会历史的发展逻辑既以生产力的发展也以人的发展为主线得到了全面展开。如前所述，市场经济对于社会生产和人的发展的这两重历史意义，其实已经内在地蕴含于马克思的“三大社会形态”理论之中了。

根据马克思三大社会形态的理论，生产力发展与人的发展同市场经济之间的这种联系，既是社会实践所决定的必然趋向，也是社会形态演进过程中所表现出来的客观事实。就前者而言，社会实践作为对象化的“现实的、感性的活动本身”，决定了个人必然趋向全面性普遍性发展。而社会生产和社会交往作为实践的两种基本活动，分别体现了以物为对象的关系和以人为对象的关系，因而必然使作为人的全面发展条件的经济形式演化为市场经济；就后者而言，市场经济作为生产力发展的不可逾越的经济形式，决定了人的发展必然经由“以物的依赖性为基础的人的独立性”才能由“人的依赖关系”过渡到人的“自由个性”。因此，只有市场经济条件下的社会形态才能为人的全面发展创造出必要的社会历史条件。

具体来说，市场经济从两个基本维度上充实着人的“自由个性”的形成与发展：一是自主性维度。个人的发展，就是生命潜能和现实人性的解放，其实质是要在一切人之间建立一种真正的人格平等关系，其核心是要确立个人独立的自我人格，形成具有自我特征的个性。而市场经济能够通过个人劳动的自主性全方位地培植个人的独立人格，通过商品交换的开放性赋予人以平等自由的主体地位，通过公平合理的竞争性提高了人的自主活动能力；二是动力性维度。作为主体性的人的发展，就是通过个人强大的意志力量和能动作用，为个人和社会创造新的期望和出路。然而说到底，人仍是一种动物。如果没有外在的压力和刺激来引起和激发人所应有的能动性、积极性和创造性，每个人都可能有一种惰性，都会自动放弃自己的意志行为和能

① 《马克思恩格斯选集》第 1 卷，人民出版社，1995，第 194 页。

② 《列宁选集》第 3 卷，人民出版社，1995，第 821 页。

动作用而满足于肌体感官的暂时快乐和安逸。但人若处于一种边际状态，即任何一个能给人带来危机感又尚有希望和出路可争取的状态，人的意志力量和能动作用就会最大限度地发挥出来[①]。而市场经济之所以能激发个人的能动性、积极性和创造性，正是因为它把每一个人都置于一种永恒的边际状态，通过生存的压力、生活的压力、发展的压力而使个人获得了发展的动力。可以说，建立在市场经济基础上的理想人格之所以是真实的、现实的，就是因为它不仅体现了人的自主、自强、自立精神，而且体现了人的进取、开拓、创新精神，因而是一种主体性的、积极性的自由人格。正是这种现实的、主体性的自由人格，一方面为社会生产力的大力发展和社会物质财富的充分创造做出了巨大的贡献，另一方面也为自身的全面而自由发展奠定了坚实的物质基础和经济前提。

以这种历史唯物主义视角来审视，社会主义市场经济体制的确立及其完善，毫无疑问是我国改革开放三十六年来所取得的最大的体制性成果：党的十四大明确提出了建立社会主义市场经济体制的改革目标，从根本上解除了把计划经济和市场经济看作是属于社会基本制度范畴的“姓资姓社”的思想束缚；党的十五大确立了邓小平理论的历史地位和指导意义，以“什么是社会主义、怎样建设社会主义”这个根本问题为核心提出了一切符合“三个有利于”的所有制形式都可能而且应该用来为社会主义服务的理论，从根本上消除了所有制结构不合理对生产力发展的“姓公姓私”的思想羁绊；党的十六大以“三个代表”重要思想为基础，明确提出了必须树立“尊重劳动、尊重知识、尊重人才、尊重创造”的符合社会主义市场经济的发展观念，既提倡人们“不能简单地把有没有财产、有多少财产当作判断人们先进与落后的标准，而主要应当看他们的思想状况和现实表现，看他们的财产是怎么得来的以及对财产怎么支配和使用，看他们以自己的劳动对中国特色社会主义事业所做的贡献”，又鼓励人们“要形成与社会主义初级阶段基本经济制度相适应的思想观念和创业机制，营造鼓励人们干事业、支持人们干成事业的社会氛围，放手让一切劳动、知识、技术、管理和资本的活力竞相迸发，让一切创造社会财富的源泉充分涌流，以造福于人民”；由此，当党的十七大明确指出改革开放使我国成功实现了从高度集中的计划经济体制到充满活力的社会主义市场经济体制、从封闭半封

① 舒化鲁：《经济学上的新探索——主体主义经济学述要》，《生产力研究》1995 年第 4 期。

闭到全方位开放的两个“伟大历史转折”时，毫无疑问就包含了“改革开放历史新时期”的“开启”恰恰是对改革开放前既从内部“挖除了”与市场经济的联系，又从外部“割断了”与世界市场（包括资本主义）的联系的历史性错误的纠正。这一系列有关社会主义市场经济的理论创新与理论突破说明，只要社会主义能够实现社会主义制度的优越性与市场经济的灵活性（活力）的有机结合，实现生产力发展的制度优势与市场活力的有机结合，就能够使社会主义市场经济成为当今世界上更具活力、更加开放也更有竞争性的社会生产体制。

（二）社会主义市场经济之分化抑制机制的价值性规制

从社会发展的总体角度来考察市场经济，它所蕴含的效率与公平的关系问题毫无疑问是衡量社会发展与进步的两个重要价值尺度，也是任何国家在深化市场经济进程中不可回避的重大关系问题。就此来说，社会主义市场经济既是发展生产力、提高生产效率的一种重要而有效的社会动力激励体制，但同时也是一种社会分化抑制体制。人们常把“经济社会发展”放在一起论析，但其实经济发展与社会发展的表现形式是不完全一样的，经济的高度增长必然带来社会的深度分化；经济发展得越快，社会分化得也越快。从一定意义上说，合理、合法、合度的收入差距与社会分化不仅是客观的、必要的，而且大多时候也不一定就是坏事，这是一切社会发展所表现出来的外在形式。但是另一方面，如果贫富差距与社会分化过大也必然会抑制经济社会的持续、健康而和谐的发展，使社会发展失去活力。所以，问题的关键并不在于社会主义市场经济是否必然会带来社会分化，而在于这种社会分化是否做到了改革的力度、发展的速度与社会可承受的程度的有机统一。

事实上，如果说随着改革开放的深入人心和市场经济的快速发展，绝对贫困现象在我国正在逐渐消除的话，那么我国目前存在的主要是大量的相对贫困。对此，马克思早在《雇佣劳动与资本》中就深刻地指出来了：“一座房子不管怎样小，在周围的房屋都是这样小的时候，它是能满足社会对住房的一切要求的。但是，一旦在这座小房子近旁耸立起一座宫殿，这座小房子就缩成茅舍模样了。这时，狭小的房子证明它的居住者不能讲究或者只能有很低的要求；并且，不管小房子的规模怎样随着文明的进步而扩大起来，只要近旁的宫殿以同样的或更大的程度扩大起来，那座较小房子的居住者就会在那四壁之内越发觉得不舒适，越发不满意，越发感到受压抑。”[1] 然而，吊诡之处恰恰在于，相对于绝对贫困下人们的心理预期还比较平衡与稳定来说，相对贫困下人们极易产生贫富不均的心理失衡问题，这种心理失衡在市场经济尚不十分健全并且社会不公平、非正义现象大量存在的情况下极易被放大化，因而也就最容易引发社会不满情绪与社会信任危机，积聚到一定程度就会爆发群体性社会问题。以基尼系数为例，1978 年时我国基尼系数还只有 0.317，可是此后就开始逐年上升，2008 年更是达到了 0.491 的最高值。据国家统计局 2014 年 1 月 20 日公布的数据，2013 年我国的基尼系数为 0.473，虽然连续五年缩小而且创下了九年来的最低，但依然高于 0.4 的国际警戒线。另据有关部门统计，如果把全社会的人按最贫、较贫、中等、较富、最富分成五个层次，那么最贫的 1/5 的人的收入只占全社会的 4.27%，而最富的 1/5 的人的收入却占到了全社会的 50.13%。这充分说明，我们国家的贫富差距已经远远突破了合理的限度，若不采取积极措施，还有可能继续恶化。

客观而公允地说，造成当下中国经济社会发展中贫富不均、两极分化等问题的根源，有些是市场经济本身的失灵行为或市场取向的逐利行为造成的[2]，但更多的则与中国在市场经济的运作过程中制度规范滞后、利益再分配不透明、权力腐败与权力寻租等现象密切相关。就目前的中国来说，导致人们社会心理失衡的主要原因并非来自市场竞争引起的收入差距，而恰恰是非市场因素所导致的机会不平等或起点不平等，是对“社会主义市场经济”的精神实质缺乏整体把握而导致的社会后果。正如经济学家刘国光所指出的：“‘社会主义市场经济’是一个完整的概念，是不容割裂的有机统一体。好像这些年来，我们强调市场经济，是不是相对多了一点；强调社会主义，是不是相对少了一点。在说到社会主义市场经济时，则强调它发展生产力的本质即效率优先方面，相对多了一些；而强调它的共同富裕的本质即重视社会公平方面，则相对少了一点。这是不是造成目前许多社会问题的深层背景之一？在中国这样一个法制不完善的环境下建立的市场经济，如果不强调社

---

① 《马克思恩格斯选集》第 1 卷，人民出版社，1995，第 349 页。

② 布坎南就曾以善意的口吻提醒我们：“在转型期社会里（例如眼下的我国大陆），不同于在成熟市场社会里（例如英国和美国），经济学家似乎掌握着太大的‘话语霸权’，似乎无意中压制了道德哲学的声音。仅此一点便足以提醒中国的经济学家：没有了道德哲学的经济学正如同失去了目的的手段：‘不讲道德的经济学’移植到中国语境里，很有可能塑造出‘未启蒙的利己主义’经济行为。”转引自马涛《警惕“经济人假设”的滥用》，《社会科学报》2006 年 4 月 20 日。

会主义，如果忽视共同富裕的方向，那建立起来的市场经济，必然是人们所称的权贵市场经济，两极分化的市场经济。”[①] 如果说这种“权贵市场经济”也就是吴敬琏所说的“权贵资本主义”[②]，那么很显然，中国的经济学家已经深切地感受到了必须用社会主义匡正市场经济的必要性。

坦率地说，社会主义市场经济的问题既是一个经济问题，又是一个社会问题，还是一个文化问题。目前社会上穷人对富人的“仇富”心态的形成与发展，从深层次上看，折射出来的正是人们如何看待市场经济中财富的“来路”与“去路”、“取之道”与“用之途”以及“从何处来”与“到何处去”这两极之间的关于市场经济本身的社会文化问题。一个让人失望的社会现实是，今天不少富人不仅在市场经济的创富过程中采取了太多的败德行为甚至违法之举，其财富来源的合法性与合道德性受到了公认的质疑，而且在日常生活中的奢靡消费与穷人之间的极端贫困形成了鲜明对比，由此放大了或者说强化了贫富之间的经济对立与社会对抗，“仇富心理”成为社会中的一股强大的暗流。就此来说，在今天这样一个财富涌动的时代，我们不仅要关注市场经济对于社会财富的创造、积累与保护问题，更应该给人们的心灵注入一种理性的市场经济观和市场责任观，让人们思考如何科学合理地品味隐含在市场经济背后的市场经济文化、市场经济伦理与市场经济责任的深义：市场经济的创富过程，不仅是一种物质占有过程，更意味着背负起更大的社会责任。创造财富的人只有勇于、善于和乐于把自己创造的财富拿来回馈社会与扶助弱者，他才是一个在证明自己的本质力量的同时获得社会的承认的有意义的人。因此，如果说市场经济中财富创造得越多的人他的创富能力也就越强的话，那么能够创造更多财富的人，也就应当拥有更多的社会责任与社会关怀，用财富反哺社会，从而为国家的富裕、社会的稳定、人民的幸福做出更多的贡献。

以此来看，我们党和国家之所以在我国改革开放产生了巨大成果的 21 世纪之初就不失时机地提出构建社会主义和谐社会的历史任务与发展要求，

① 《中国经济学奖刘国光、吴敬琏获奖理由及答辞》，《经济理论与经济管理》2005 年第 4 期。

② 吴敬琏教授在 2000 年就提出要建立“好的市场经济”，也就是建立在法治基础上的市场经济，警惕滑入“权贵资本主义”的泥坑。参见《中国经济学奖刘国光、吴敬琏获奖理由及答辞》，《经济理论与经济管理》2005 年第 4 期。由于吴敬琏不仅鲜明地坚持市场取向的改革主张，而且主张只有在法治的基础上才能建立一个符合全体公民利益的市场经济，所以获得了“吴市场”与“吴法治”的称号（参见吴敬琏、马国川《从“吴市场”到“吴法治”》，《读书》2008 年第 9、10 期）。

正是因应了我国改革与发展“向共同富裕转型”的现实需要：党的十六大提出了贯彻“三个代表”重要思想，要“努力形成全体人民各尽其能、各得其所而又和谐相处的局面”和“社会更加和谐、人民生活更加殷实”的发展目标；在此基础上，党的十六届四中全会首次提出了“构建社会主义和谐社会”的概念，党的十六届六中全会则在《关于构建社会主义和谐社会若干重大问题的决定》中系统地阐述了构建社会主义和谐社会的指导思想、目标任务和基本原则；党的十七大以科学发展观为引领，突出强调了积极构建社会主义和谐社会是贯穿中国特色社会主义事业全过程的长期任务，强调既“要通过发展增加社会物质财富、不断改善人民生活，又要通过发展保障社会公平正义、不断促进社会和谐”，强调要在深化对社会主义市场经济规律的认识中促进经济社会又好又快地发展；党的十八大以中国特色社会主义为统领，在提出的夺取中国特色社会主义新胜利必须牢牢把握的八项基本要求中有五项（必须坚持解放和发展社会生产力、推进改革开放、维护社会公平正义、走共同富裕道路、促进社会和谐）都非常直接地而且本质重要地涉及了社会主义市场经济的问题。这充分说明，社会主义市场经济在经历了最初的黄金发展期而进入矛盾凸显期后，必须把发展生产与共同富裕、科学发展与社会和谐统一起来，从而有效地规制并防范社会主义市场经济的分化抑制机制的进一步扩大。这既是对邓小平晚年有关共同富裕设想的自觉实践，也是对中国特色社会主义发展要求和根本原则的积极探索。

（三）社会主义市场经济之整合治理机制的总体性建构

以社会主义市场经济为改革方向的中国改革开放，在经历了最初的黄金发展期并遭遇了此后的矛盾凸显期后，无可置疑地进入了当下的改革攻坚期和发展关键期；由此，如何高举中国特色社会主义伟大旗帜，进一步解放思想、深化改革，确立适应社会主义市场经济、具有中国特色社会主义的社会整合机制与国家治理理念，就成了在我国进入全面建成小康社会决定性阶段的重大任务。正是在这种新的历史条件下，在党的十八大以中国特色社会主义为统领制定的“全面建成小康社会和全面深化改革开放的目标”的基础上，党的十八届三中全会通过了《关于全面深化改革开放若干重大问题的决定》，在“全面深化改革的重大意义和指导思想”中更加明确、更加深刻地阐述了全面深化改革的发展方向、总体目标和核心问题。

首先，全面深化改革的发展方向，就是高举中国特色社会主义伟大旗帜，“坚持社会主义市场经济改革方向，以促进社会公平正义、增进人民福祉为出发点和落脚点，进一步解放思想、解放和发展社会生产力、解放和增强社会活力”①。这里既有继承，也有发展创新。一方面，全面深化改革是对改革开放三十多年来社会主义市场经济改革方向的坚持与守护，其最终目的就是通过市场经济的改革实现社会主义既“发展生产”又“共同致富”、既“科学发展”又“社会和谐”的根本任务。另一方面，全面深化改革是对经历了三十多年的改革与发展的辩证扬弃，是对过去那种先“发展生产”再“共同致富”、先“经济建设”再“社会和谐”的发展思路的辩证扬弃，因而强调“坚持社会主义市场经济改革方向”首先必须“以促进社会公平正义、增进人民福祉为出发点和落脚点”。它说明，中国特色社会主义所实现的发展，不再是把手段（生产物质财富）作为纯粹目的的发展，而应是把手段作为手段服从于、服务于真正的目的（增进人民福祉）的“以人为本”的发展。就此而言，能否在“促进社会公平正义、增进人民福祉”的基础上朝着“进一步解放思想、解放和发展社会生产力、解放和增强社会活力，坚决破除各方面体制机制弊端”的方向迈出积极的实质性的步伐，这既是衡量我们能否在坚持社会主义市场经济改革方向的同时开拓中国特色社会主义事业新局面的重要标志，也是衡量我们能否在坚持中国特色社会主义发展道路的同时在全面深化改革的“新改革”与“再改革”过程中正确对待社会主义市场经济的重要标志。从归根结底的意义上说，它构成了我们在坚持社会主义市场经济改革方向的基础上全面深化改革的新的逻辑前提和历史前提。

其次，全面深化改革的总体目标，就是“完善和发展中国特色社会主义制度，推进国家治理体系和治理能力现代化”②。这一总体目标的确立体现了我们党和国家适应社会主义市场经济改革方向的实践需要而对国家治理模式进行的自觉调整与理性重构。道理很简单，随着社会主义市场经济改革方向的深入发展，以往那种以科层制官员为治理主体的治理体系以及与之相适应的治理理念、治理手段与治理方式的滞后性越来越凸显出来。这种国家治理体系的滞后再加上传统思想观念的束缚和既有利益固化的藩篱，使得改革失去了最初的动力和活力，既无法保障经济体制改革的成果，也无法促进

① 《中共中央关于全面深化改革若干重大问题的决定》，人民出版社，2013，第3页。
② 《中共中央关于全面深化改革若干重大问题的决定》，人民出版社，2013，第3页。

国家治理能力的提升，许多重要的改革无法推进或者没有完全到位，许多旧体制的遗留物还顽强地不肯退出，新体制存在重大缺陷，由此影响了改革的系统性、整体性与协同性发展。在这种情况下，以“推进国家治理体系和治理能力现代化”为目标“完善和发展中国特色社会主义制度”，恰恰凸显了我们党和国家在治理理念和治理方式上的巨大政治勇气和智慧。如果说，这种国家治理体系和治理能力的现代化建设，要求我们首先必须建立起一种坚持党的领导、人民当家做主、依法治国相统一的现代国家治理体系，以此强化国家在促进经济社会发展、应对重大突发事件、维护国家安全利益、提升人民幸福指数等方面的治理能力的合法性、正当性、科学性与艺术性，那么这种治理体系和治理能力恰恰正是一种以民主和法治为基础的市场经济的治理体系与治理能力，即一种以社会权利对抗和平衡国家权力为根本特征的集社会整合机制、社会治理机制和社会动员机制于一体的成熟的国家治理体系和高超的国家治理能力，其直接指向当然是通过社会主义市场经济改革方向，更加注重改革的系统性、整体性与协同性，让一切劳动、知识、技术、管理、资本的活力竞相迸发，让一切创造社会财富的源泉充分涌流，让发展成果更多更公平惠及全体人民。从这个意义上说，“推进国家治理体系和治理能力现代化”的“总体目标”恰恰正是“坚持社会主义市场经济改革方向”的逻辑展开、现实要求与努力方向。

最后，全面深化改革的核心问题，就是围绕经济体制改革这个重点问题，“处理好政府和市场的关系，使市场在资源配置中起决定性作用和更好发挥政府作用”，从而“发挥经济体制改革的牵引作用”①。站在当代中国发展进步的实践语境来考察，全面深化改革并不只是一个完善社会主义市场经济的纯粹的经济发展问题，而是一个与经济、政治、社会、文化等紧密联系的综合性社会发展问题，是一个关于人的发展和社会发展相统一的经济哲学与社会政治哲学问题。这一问题虽然在现实经济社会发展中直接表现为政府与市场的关系问题，但其背后投射出来的却是国家、社会与个人的关系问题。就此来说，在市场经济条件下，不仅“商品是天生的平等派”而且“资本是天生的平等派”②，因而市场经济本身所蕴含着的关于自由、平等、竞争、开放等精神的运作逻辑与基本原则，必然会衍生、拓展并辐射到经济

① 《中共中央关于全面深化改革若干重大问题的决定》，人民出版社，2013，第5页。

② 《资本论》第1卷，人民出版社，2004，第104、457页。

社会政治生活的其他领域。正如马克思所说："如果说经济形式，交换，在所有方面确立了主体之间的全面平等，那么内容，即促使人们去进行交换的个人和物质材料，则确立了自由。可见，平等和自由不仅在以交换价值为基础的交换中受到尊重，而且交换价值的交换是一切平等和自由的生产的、现实的基础。作为纯粹观念，平等和自由仅仅是交换价值的交换的一种理想化的表现；作为在法律的、政治的、社会的关系上发展了的东西，平等和自由不过是另一次方上的这种基础而已。"① 市场经济自身所蕴含的这种平等精神与自由理念，既孕育了市民社会的个体主体性也内含着现代社会的社会公共性，这对于社会主义合法性的落实、社会权利的强化以及公民国家的建构具有一种"世俗基础"的现实意义；与此相适应，对政府与市场的关系这个经济体制改革的核心问题的把握与处理，也就具有了一种"划定界限"的社会功能（如同要使"上帝的事情归上帝、恺撒的事情归恺撒"那样，改革就是要使"国家的事情归国家、社会的事情归社会"）。所以，能否把握好、处理好政府与市场的关系问题，就成了我们能否发挥经济体制改革对于社会公共领域、国家治理体系以及公民道德建设等方面的"牵引作用"、能否全面深化改革的着力点与突破口。

总之，从总体上来看党的十八届三中全会关于"全面深化改革"的发展方向、总体目标和核心问题的总体设计，可以发现，这种总体设计实际上是围绕着"坚持社会主义市场经济改革方向"做出的全局性战略决策，它以环环相扣、层层推进的发展思路阐述了我们党和国家对于国家治理体系与治理能力现代化的这一现代经济社会发展之整合治理机制的科学构想，申明了中国特色社会主义伟大实践从现在到建党一百周年甚至建国一百周年这样一个时期的历史任务与发展方向。我们相信，只要我们始终坚持社会主义市场经济改革方向，我们就会在全面建设小康社会的进程中推进实践创新、理论创新和制度创新，开拓出中国特色社会主义事业更加广阔的前景。

（作者系西南大学政治与公共管理学院教授、哲学博士）

① 《马克思恩格斯全集》第 30 卷，人民出版社，1995，第 199 页。

参考文献

张传平：《市场逻辑与社会主义》，人民出版社，2002。

侯惠勤：《马克思的意识形态批判与当代中国》，中国社会科学出版社，2010。

孙承叔：《资本与历史唯物主义》，复旦大学出版社，2013。

海尔布隆纳：《资本主义的本质与逻辑》，马林梅译，东方出版社，2013。

程恩富：《经济体制改革的顶层设计与未来发展走向》，《马克思主义研究》，2013年第8期。

邓正来、郝雨凡主编《转型中国的社会正义问题》，广西师范大学出版社，2013。

论经济平等*

龚天平

经济平等一直是经济伦理学研究的重大主题。近代社会契约论、康德人类尊严原理都把平等当作一种基本的伦理价值。在当今中国，它同样也是引领社会主义市场经济活动的经济伦理，其基本含义是指经济权利平等，包括经济机会平等、经济规则平等和经济结果正义等三个维度。本文试图论述这一原则，以揭示其内涵及当代中国社会主义市场经济下经济平等伦理观的内容。

一　当代思想家对“经济平等”的论说

经济平等是政治经济学家们都会涉及的语汇，但是又众说纷纭。美国经济学家巴里·克拉克认为，政治经济学可分为古典自由主义、激进主义、保守主义和现代自由主义四个流派，而它们各有各的平等观。古典自由主义认为，平等是所有公民拥有同样的机会去进行经济活动，拥有同样的由宪法确定的公民权利①；激进主义认为，平等既包括机会均等，也包括结果均等，为了实现平等，可以对财产收入征税，乃至没收财产，并由政府帮助处于不利境遇中的人②；保守主义认为，人们只是在作为共同体成员的正式地位上才是平等的，它要求在保护人们的权利和惩罚其罪行时，无偏见地执法③；

---

* 本文为国家社科基金项目“中国企业经济伦理实现机制研究阶段性成果之一”。

① 巴里·克拉克：《政治经济学——比较的视点》，王询译，经济科学出版社，2001，第59页。

② 巴里·克拉克：《政治经济学——比较的视点》，王询译，经济科学出版社，2001，第80页。

③ 巴里·克拉克：《政治经济学——比较的视点》，王询译，经济科学出版社，2001，第103页。

现代自由主义认为，社会平等包含机会均等和法律面前人人平等两大要素，但它们都会受到财富和收入不平等的损害，因此要实现社会平等，需要更大程度上的结果均等[①]。当代功利主义者和著名思想家罗尔斯、德沃金、阿马蒂亚·森及分析的马克思主义者科恩、罗默等在论述自己的正义理论时，也对经济平等给予极大关注。虽然他们在言说经济平等时，因各自关注的问题不一样而大相径庭，但正如阿马蒂亚·森所言，都是围绕“什么的平等”即平等的对象、重心和内容而展开的。当代经济平等理论中功利主义关注福利平等，自由主义在乎权利平等，阿马蒂亚·森侧重能力平等，分析的马克思主义者重视经济平等。在探讨社会主义市场经济下的经济平等之前，很有必要先阐述一下这些理论。

（一）功利主义的效用或福利平等

功利主义是由英国伦理学家边沁和穆勒（密尔）创立的一种根据行为、政策和制度的最终效果来判定其道德价值的伦理学理论，它认为一个行为、一项政策和一种制度如果造成了比其他行为、政策和制度更好的效果，或者产生了最大化效用，或者给最大多数人创造了最大化福利，它就是道德的。在它那里，幸福、快乐、效果、效用、福利等是指同质的功利，这一概念后来被经济学边际效用论转化成效用即偏好的满足，被福利经济学转化成福利。功利主义受到了很多批评，其中之一是，它只关注效用总和或偏好满足最大化而不关心其分配，因此看上去似乎没有关注平等。但实际上并非如此。边沁说：“每个人都只能算作一个，没有人可以算作一个以上。”穆勒说：“一个人的幸福，如果程度与别人相同（种类可恰当地容有不同），那么就与别人的幸福具有完全相同的价值。”[②] 它将所有人都视为同质的，认为每个人效用上的损益都具有同等重要性，即它对每个人效用收益都赋予相同权重，因而也采取了某种形式的平等主义。

尽管功利主义效用或偏好或福利平等追求的是实质平等，强调每个人在道德上都具有同等重要性，从而符合正义原则的平等要求，但仍然是有问题的。它要求按每个人的偏好都能得到平等的满足来分配经济资源，然而，不

① 巴里·克拉克：《政治经济学——比较的视点》，王询译，经济科学出版社，2001，第124~125页。

② 穆勒：《功利主义》，徐大建译，上海人民出版社，2008，第63页。

同的人偏好是不同的，因而满足其偏好的资源也不相同。特别是对于一些特殊的、不正当的偏好，如吸毒贩毒、虐待，也要平等地满足吗？功利主义福利平等论者没有对此进行区分，没有考虑人们偏好的差异性，因而又不符合正义原则的差异性要求。

（二）自由主义的权利平等

这种平等理论主要以罗尔斯和德沃金为代表。与功利主义效用或福利平等观不同，罗尔斯把平等当作其正义原则的基本规定，认为处于“无知之幕”后的任何个人和团体都会选择的社会正义原则包含这样一个“一般观念”，即所有的社会“基本善”都应平等分配，除非不平等分配有利于最不利者[①]。那么，什么是“基本善”？在罗尔斯那里，“基本善”是指“自由和平等的人作为公民所需要的那些东西”，具体说来有：基本的权利和自由、在各种各样机会的背景条件下的移居自由和职业选择自由、政府官职和社会职位、收入和财富、自尊的社会基础。“这些社会基础包括诸如公民拥有平等的基本权利这样的社会事实，也包括对这一事实的公共承认，还包括每个人都赞成差别原则，而差别原则本身是互惠性的一种形式。”[②] 因此，基本善是客观的。显然，罗尔斯追求“基本善”平等，但是，“基本善”平等并不只是收入和财富、经济自由和权利等经济平等，还包括政治平等、社会平等，因为他的“基本善”的具体内容非常丰富而包容，正是这一点证明了其正义论的宏伟！

德沃金明确主张平等主义，认为平等乃“至上的美德”。在他看来，这种平等是资源平等。他把包括功利主义和罗尔斯平等理论在内的几乎所有当代平等理论都称为福利平等，而把自己的理论称为资源平等。“资源平等就是在个人私有的无论什么资源方面的平等”[③]，这种资源仅仅是可分配的、能被私人占有的资源，而不包括公共资源。与罗尔斯主张通过国家再分配来实现平等不同，他主张依靠市场，通过“拍卖”、“保险”、“税收”等来实现平等。其中“拍卖”是为了达成开端的资源平等，“保险”是为了保证整

① 罗尔斯：《正义论》，何怀宏等译，中国社会科学出版社，1988，第 303 页。

② 罗尔斯：《作为公平的正义——正义新论》，姚大志译，中国社会科学出版社，2011，第 75 ~ 76 页。

③ 德沃金：《至上的美德：平等的理论与实践》，冯克利译，江苏人民出版社，2003，第 67 页。

个生产、分配和消费过程的资源平等。德沃金由于把资源平等当作最高价值，因而其平等理论在当代经济平等理论之林独树一帜，但是，尽管他极力表明他与罗尔斯平等理论论证上的区别，然而，他通过税收来实现平等的方式及达到的结果与罗尔斯并无实质差异。

（三）阿马蒂亚·森的能力平等

阿马蒂亚·森（也有译为阿玛蒂亚·森）认为，上述平等理论都具有共同的评价信息单一之缺陷，即局限于一种狭隘的评价信息基础，忽视人际差异，只关注每个人某一方面的平等，而忽视了其他方面的平等。它们对平等与不平等的考察不是充分、完备的。他主张有着更为广阔、完备的信息基础的可行能力平等。所谓可行能力，他说："一个人的'可行能力'指的是此人有可能实现的、各种可能的功能性活动组合。"① 那么功能性活动又指什么？它是反映"一个人认为值得去做或达到的多种多样的事情或状态"②的范畴，既包括一个人最基本的衣、食、住、行，足够的营养，免遭可避免的疾病的困扰，避免过早死亡等，也包括正常社交活动、参与社区生活、培养有利于实现事业抱负的技能、自尊等，即它是指一个人获得自己福利的能力，或者说一个人具有的实现自己有理由选择的生活之自由的能力。这样，可行能力与功能性活动、实质自由紧密联系起来。他说："可行能力……是一种自由，是实现各种可能的功能性活动组合的实质自由"或"选择有理由珍视的生活的实质自由"③。因此，在阿马蒂亚·森那里，平等就是要有利于人们平等地发挥自己的功能性活动，即人们能平等地行使可行能力。

（四）分析的马克思主义者的经济平等

这种平等理论主要以科恩和罗默为代表。科恩认为，有追求"结果平等"和追求"机会平等"两种形式的平等主义，由于他主张"自我所有"观念，因而同意后一种平等主义。机会平等是允许结果不平等的，但它受到"平等原则"和"共享原则"的限制，因而他又称之为"社会主义的机会平等"④。他认为有三种形式的机会平等：一是"资产阶级的机会平等"，即消

① 阿马蒂亚·森：《以自由看待发展》，任赜、于真译，中国人民大学出版社，2002，第62页。
② 阿马蒂亚·森：《以自由看待发展》，任赜、于真译，中国人民大学出版社，2002，第62页。
③ 阿马蒂亚·森：《以自由看待发展》，任赜、于真译，中国人民大学出版社，2002，第62页。
④ G. A. 科恩：《为什么不要社会主义？》，段忠桥译，人民出版社，2011，第24页。

除了由社会造成的地位对生活机会的限制，扩大了人们的机会，但还没有扩展到社会生活其他方面的机会平等，因而是形式的机会平等；二是“左翼自由主义的机会平等”，即消除了不仅由社会环境造成的限制性结果，也要消除由出生和培养的那些环境造成的限制性结果，但仍然允许不同自然天赋和运气对生活的限制的机会平等；三是他主张的“社会主义的机会平等”，即试图纠正所有非选择的即反映社会不幸和自然不幸的不利条件的机会平等，这种机会平等也允许结果不平等，但这是由于人们爱好和选择的差异造成[①]。在科恩看来，由社会环境和自然天赋造成的不平等是不正当的，需要解决；而由运气、爱好和选择造成的不平等则是正当的，不需解决。但如果这种不平等大量产生并积累到造成社会紧张、威胁社会稳定时怎么办呢？科恩诉诸“共享原则”来限制“平等原则”，即限制这种不平等。至于“共享原则”的内容及限制“平等原则”的方法，他并没有做清晰交代，但可以肯定的是，与他的社会主义理想有着密切关系。然而，遗憾的是，科恩在讨论西方马克思主义者需要回答的社会主义的可欲性，特别是社会主义的可行性时，并没有给出令人满意的答案。这导致他的社会主义的机会平等理论是不完善的。

罗尔斯之前的平等主义者所提倡的平等是形式的机会平等，形式的机会平等因否定了封建等级制度决定的阶级差别和固定地位，将人看作自由自主的独立个体，强调所有人都拥有获得同样对待的权利和机会，而具有重要的历史进步意义。但是，形式的机会平等会导致严重的不平等。这引起了追求实质的机会平等的当代平等主义者的不满。功利主义的福利平等、罗尔斯的基本善平等、德沃金的资源平等、阿马蒂亚·森的能力平等都属于这种平等理论。分析的马克思主义者罗默对这几种平等理论都进行了批判，提出了“优势平等”。他认为，社会资源应如此分配：“当人们面对相同环境的时候，所分配的社会资源使他们能够获得平等的优势；当他们的行为是由自由选择所决定的时候，则允许他们获得不平等的优势。”[②] 但对“优势”是什么，罗默并没有交代清楚。因而，其优势平等理论仍然存在一些难以解决的深层问题。

上述各种经济平等理论应该说都有合理之处，但是，影响社会成员经济

---

① G. A. 科恩：《为什么不要社会主义？》，段忠桥译，人民出版社，2011，第 24 ~ 27 页。

② 姚大志：《当代西方政治哲学》，北京大学出版社，2011，第 238 页。

平等还是不平等的因素非常复杂，既有社会环境、自然天赋、运气，也与人们主观选择、爱好、抱负有关，然而归根结底还是由社会环境决定的。历史唯物主义认为，平等不是抽象的，而是具体的、历史的。“平等观念本身是一种历史的产物，这个观念的形成，需要全部以往的历史，因此它不是自古以来就作为真理而存在的。”① 生产资料所有制形式决定人们平等与不平等，私有制是不平等的根源。只有保障生产资料平等占有，人人平等才可能实现。在生产资料平等占有即公有制下，实行按劳分配，并辅之以互惠互助和政府宏观调控，以实现社会总体的结果平等和分配正义。上述各种经济平等理论并不去挖掘社会成员经济不平等的社会历史根源，而是囿于资本主义私有制前提来讨论经济平等与不平等，因而使它们都提不出实现经济平等的根本途径和消除经济不平等的办法。

历史唯物主义主张以生产资料公有制和按劳分配来实现社会成员的经济平等，这无疑是科学的，也是符合人们的道德价值判断标准的。但也必须明白，经济平等的实现是一个历史过程。因为经济平等的实现必须建立在生产力高度发达的基础上，然而现实中坚持这种经济平等理论的社会主义国家生产力发展水平并没达到这一要求。为了发展生产力，社会主义国家比如我国还实行以生产资料公有制为主体、多种经济成分共存，以按劳分配为主体、多种分配方式并存的经济制度。所以，社会成员平等占有生产资料、人人获得符合正义原则的分配结果平等还缺乏充分的现实基础。但人们追求经济平等的步伐不会停止，历史的发展终将为此开辟道路，并向人们敞开经济平等美好理想的大门。因此在如何看待经济平等问题上，我们更相信马克思主义的承诺！

二　当代中国经济平等伦理观的实质

当代中国经济平等伦理观的确立，首先要坚持历史唯物主义基本原理，因为我们是在马克思主义理论指导下，把社会主义基本制度与市场经济体制内在结合，实现中国特色社会主义现代化。其次要立足中国现实，当代中国正在发展社会主义市场经济，而且是社会主义初级阶段的市场经济，社会主义初级阶段是指我们已经是社会主义，但还处于生产力不发达、市场经济还

① 《马克思恩格斯文集》第9卷，人民出版社，2009，第355页。

有待于进一步健全和发展的阶段，这要求经济平等伦理观既要体现社会主义基本制度和价值取向，又要适应市场经济的客观要求。再次要契合中国优秀传统伦理道德文化，中国有着几千年伦理道德文化传统，其中既有精华如关于自由、权利、公平正义、平等的合理看法，也有糟粕如关于“不患寡而患不均”的平均主义观念，这要求经济平等伦理观既要符合民族心理习惯，但又不能回复平均主义。我认为，当代中国经济平等伦理观的核心内容首先是经济权利平等。

（一）平等意味着权利平等

平等是一个分配意义上的范畴，指人们在道德和法律上所享有的不受其他任何条件影响的相等待遇、相同地位。马克思说：“平等是人在实践领域中对他自身的意识，人意识到别人是同自己平等的人，人把别人当作同自己平等的人来对待。”① 相等的“待遇”和相同的“地位”又指什么呢？我认为，应该是指权利，相等待遇、相同地位是指平等权利。平等与不平等并非就人格而言，而是指人后天所获平等还是不平等。而后天所获是需要付出相应努力的，付出相应努力又需要具有平等的机会和权利，因而平等实质上又归结到权利平等。只有权利平等才有公正可言。公正只是在社会意义上才对平等具有管制性，才能提出指令性建议或规定。正如艾德勒所言：“如果大自然是公正的话，人就会在各个重要方面生而平等，这种说法也是没有意义的。因为大自然在它所赐予的天赋上，是没有正义与不正义可言的。只有人在他们所提出的有关条件的平等或结果的不平等问题上，才有正义与不正义。”②

但是，权利平等还需要联系社会领域的具体内容进一步诠释。因为权利是具体而非抽象的，是一个人所拥有的那些由社会道德和法律认同和规定为合理的、正当的资格、自由和利益。马克思说：“权利决不能超出社会的经济结构以及由经济结构制约的社会的文化发展。”③ 恩格斯也说：“平等应当不仅仅是表面的，不仅仅在国家的领域中实行，它还应当是实际的，还应当在社会的、经济的领域中实行。”④ 权利在社会中表现为经济权利、政治权

① 《马克思恩格斯文集》第 1 卷，人民出版社，2009，第 264 页。

② 艾德勒：《六大观念》，郗庆华译，三联书店，1989，第 194 页。

③ 《马克思恩格斯文集》第 3 卷，人民出版社，2009，第 435 页。

④ 《马克思恩格斯文集》第 9 卷，人民出版社，2009，第 112 页。

利、文化权利、受教育权利等，当权利平等表现在经济领域时就是经济权利平等。顺便指出，道德和法律既是对社会成员权利的认可同时也是对社会成员义务的规定，人们享有相应权利也要承担相应义务，有权利平等同时也有义务平等，这是社会公平正义。

（二）经济权利平等是社会成员都有同等地追求满意的生活所需之经济条件的权利

经济权利平等，即经济平等，是指人们应拥有平等地从事经济活动、谋求经济成就和社会财富的权利，或者说社会成员都有追求自己满意的生活所需要的经济条件的平等权利。经济条件包括从事维持自己生命存在的物质生活资料的活动权利、从事使自己生命健康的活动权利、接受知识和技术教育的权利、充裕的自由活动时间如娱乐、学习、文化艺术创造活动时间等。艾德勒说，经济平等就是“每个人都有权得到过好日子所需要的经济物质”，“所有人都应有过好日子所需要的财富，即经济物质。至少要有满足生活的经济物质。就这种经济物质来讲，没有一个人是被全部剥夺的，因为全部被剥夺就意味着死亡。不过，没有一个人是应该贫困的，所谓贫困就是指没有足够的财富去生活”①。

经济权利平等主要通过人们对生产资料的公平占有，即所有权平等来实现。生产资料所有制是经济权利平等的前提条件和物质基础。就生产资料占有形式来看，人类社会迄今为止出现过私有制和公有制两种。原始社会是生产资料公有制，但是由于生产力发展水平低，人们维持生存需要的物质生活资料的分配是平均分配，人们没有必要获得谋求财富的权利，因此，无所谓权利平等与不平等。奴隶社会、封建社会是私有制，即奴隶主阶级和封建地主阶级占有生产资料，广大奴隶阶级和农民阶级没有任何生产资料，因而没有任何谋求财富的条件，因此，与这两大社会形态里的奴隶主阶级和封建地主阶级所拥有的权利平等相伴随的是大量的权利不平等。现代意义上的权利平等观念在资本主义时代被提出，但是资本主义社会是生产资料资本主义私有制，也没有什么真正的权利平等。这又是为什么呢？

在资本主义社会，商品经济得到迅速发展，而商品是一种用来交换的劳

① 艾德勒：《六大观念》，郗庆华译，三联书店，1989，第205页。

动产品。“商品是天生的平等派……”① 在这一活动中，市场上的商品所有者都作为具有独立意志的平等的权利主体来从事商品交换。“每一个主体都是交换者，也就是说，每一个主体和另一个主体发生的社会关系就是后者和前者发生的社会关系。因此，作为交换的主体，他们的关系是平等的关系。在他们之间看不出任何差别，更看不出对立，甚至连丝毫的差异也没有。”② 那么商品所有者为什么要交换？马克思认为，这是由于人与人的差异性导致的。“只有他们在需要上和生产上的差别，才会导致交换以及他们在交换中的社会平等化”③。这样权利平等就构成了商品交换活动得以进行的前提。

但是，由于生产资料的资本主义私有制，即资本家是生产资料所有者，工人只是自己劳动力所有者，他们在市场上作为平等的商品所有者发生交换关系，表面看来，他们都是具有自主意志的独立的平等主体，然而实际上他们权利上并不平等。因为资本家占有生产资料，而工人除了自己的劳动力外一无所有；资本家因为占有生产资料而主动，工人除了出卖劳动力外别无选择；资本家向工人购买劳动力是为了获得扩大再生产或满足享受需要的资本增殖，工人向资本家出卖劳动力是为了生存；资本家用资本购买工人的劳动力是为了榨取剩余价值，工人出卖劳动力仅仅是为了获得一份养家糊口的工作。马克思曾这样揭露这种权利平等掩盖下的真实权利不平等：“原来的货币占有者作为资本家，昂首前行；劳动力占有者作为他的工人，尾随于后。一个笑容满面，雄心勃勃；一个战战兢兢，畏缩不前，像在市场上出卖了自己的皮一样，只有一个前途——让人家来鞣。”④ 因而，要说资本主义私有制下有权利平等，那只是资本的权利平等，即剥削工人劳动力的权利平等，但这不是真正的权利平等。

社会主义社会以生产资料公有制即人人都是生产资料的主人而取代了私有制，否定了资本主义私有制，这给广大人民谋求财富提供了平等权利。但是，在社会主义初级阶段，由于受生产力发展水平的限制，同时也由于一定程度的资本主义因素的存在，所以尽管社会主义制度的建立表明人类在追求权利平等的道路上前进了一大步，但也还不是真正的权利平等。真正的权利

① 《马克思恩格斯文集》第5卷，人民出版社，2009，第104页。
② 《马克思恩格斯全集》第30卷，人民出版社，1995，第195页。
③ 《马克思恩格斯全集》第30卷，人民出版社，1995，第197页。
④ 《马克思恩格斯文集》第5卷，人民出版社，2009，第205页。

平等只有到了共产主义社会才能实现。

从生产资料所有制这一发展历程来看，私有制只为少数人提供了发财致富的权利，大多数人由于没有基本的经济条件而处于贫穷之中，这是严重的经济权利不平等。所以，社会主义社会以公有制取代私有制特别是资本主义私有制，就是为了给人们提供平等的经济权利，因而在人类历史上具有深刻的公平意义和道德价值。党的十八大报告提出，在加快完善社会主义市场经济体制中，“要毫不动摇巩固和发展公有制经济，推行公有制多种实现形式”①，其重要原因就在于维护社会主义市场经济下经济权利平等。当然，由于受生产力发展水平等诸多社会因素的制约，当今我国还不能完全实行公有制，为了解放和发展生产力，提高人民生活水平，我国还必须“毫不动摇鼓励、支持、引导非公有制经济发展，保证各种所有制经济依法平等使用生产要素、公平参与市场竞争、同等受到法律保护”②。非公有制经济是公有制经济的有益补充，它们的存在和发展恰恰证明了社会主义市场经济下的经济权利平等。

三　社会主义市场经济下的经济平等

经济权利既表现为经济活动的机会，也表现为经济机会的规则保障。经济主体在规则保障下获得经济活动机会并从事经济活动又会导致一定结果，对这种结果的评价也是经济平等的必要构成。因此，经济平等应该具有三个维度，即经济机会平等、经济规则平等和经济结果正义，我国社会主义市场经济下的经济平等也应该包括这三个维度。

（一）经济机会平等

经济平等在经济活动中首先表现为经济活动的机会，即经济主体从事、参与竞争和经济活动、获取收入和财富、谋求经济成就的“可能性空间和余地”③ 的平等，即经济机会平等。美国著名经济学家阿瑟·奥肯通过这样

① 胡锦涛：《坚定不移沿着中国特色社会主义道路前进为全面建成小康社会而奋斗——在中国共产党第十八次全国代表大会上的报告》，人民出版社，2012，第20页。

② 胡锦涛：《坚定不移沿着中国特色社会主义道路前进为全面建成小康社会而奋斗——在中国共产党第十八次全国代表大会上的报告》，人民出版社，2012，第21页。

③ 吴忠明：《社会公正论》，山东人民出版社，2012，第6页。

一个断言来说明了它的重要性："源于机会不均等的经济不平等，比机会均等时出现的经济不平等，更加令人不能忍受。"[①] 经济机会平等是社会主义市场经济健康发展的一个必要条件，也是经济平等的正义原则的基本要求。它主要包括以下两种平等。

第一，参与机会平等。这是指经济机会要开放，即向所有人开放社会职位，让每个人都有获得收入和财富、取得经济成功的机会。罗尔斯说："在社会的所有部分，对每个具有相似动机和禀赋的人来说，都应当有大致平等的教育和成就前景。那些具有同样能力和志向的人的期望，不应当受到他们的社会出身的影响。"[②] 阿尼森也将其表述为"向有才能的人开放职位"，它"包含着这样一种精神，这种精神呼唤这样一种社会，在其中，种群的、信仰的、族群的、性别的以及类似形式的偏见和顽固，都不能阻止任何人在经济和政府中追求和达到值得拥有的位置"[③]。

从经济伦理角度看，参与机会平等有两方面的含义：一是参与经济活动的起点平等，即任何经济主体都可以凭借自己的能力、潜能和条件拥有同样的参与经济活动的起点。社会在占有和使用生产资料、经济活动资源上应该对其任何具有同样智力和劳动能力的社会成员、具有大致相同水平及能力和同等规模及层次的经济主体赋予同样的机会，即在经济机会上一视同仁。二是经济机会实现的过程平等。要实现参与机会的过程平等，需要各种经济规则和制度来予以保障，这就涉及经济平等之经济规则平等。这一点在后文详述。

那么，市场经济活动中到底有哪些供社会成员和经济主体平等参与的机会？一是就业机会，这是参与机会平等中最基本的要求。所有的就业岗位都应该公开，让所有满足岗位要求和条件的社会成员以相应能力和水平在同等规则下公平竞争，不能设立性别、民族、地域、出身、户籍、学历、学校类别等限制条件，否则就是就业歧视。二是市场准入和竞争机会。各种经济主体，无论所有制形式如何，都应该拥有平等的进入市场参与竞争的机会，反对行业垄断、市场垄断。

第二，发展机会平等。这是指所有社会成员和经济主体都应该拥有平等

---

① 阿瑟·奥肯：《平等与效率》，王奔洲等译，华夏出版社，1999，第 73 页。

② 罗尔斯：《正义论》，何怀宏等译，中国社会科学出版社，1988，第 73 页。

③ 罗伯特·L. 西蒙：《社会政治哲学》，陈喜贵译，中国人民大学出版社，2009，第 96 页。

的发展机会，他们的发展和提升不因区域、行业、工种、贫富程度等差异而受到影响和约束。这主要表现在平等接受教育和培训、平等地享有卫生健康和医疗保健设施、平等地获取公开而明晰的信息等机会，这些机会是社会在考虑发展政策、建立公平保障体系、保证社会成员和经济主体平等发展权利时必须创造的条件，也是必须担当的责任。

（二）经济规则平等

经济规则平等是经济平等的又一重要维度。所谓规则，即规范和准则。规则包括正式规则如制度，也包括非正式规则如伦理道德和意识形态等。但是，经济规则是一种正式规则。诺思说："正式规则包括政治（和司法）规则、经济规则和契约。这些不同层次的规则——从宪法到成文法、普通法，到具体的内部章程，再到个人契约——界定了约束，从一般性规则直到特别的界定。"[①] 经济规则主要用来约束人的经济行为，在市场中主要用来约束经济主体的市场行为。同时，经济规则也界定产权。"经济规则界定产权，其中包括了对财产的使用、从财产中获取收入以及让渡一种资产或资源的一系列权利。"[②] 经济规则平等，就是要求市场中所有的经济主体都在经济规则面前得到平等对待，它意味着市场经济活动中"每个人的地位和前景都具有同样的重要性"，意味着规则在分配权利与义务、利益与负担时必须"平等考虑每个人的立场"[③]，而不能因人而异。这些经济规则又称尺度，因此规则平等又可称尺度相同，即市场经济活动中各种制度、规则应该是公平合理的，而且是平等地适用于所有经济主体的，这些制度、规则类似于一把尺子被一致地运用于所有经济主体。它有如下三方面的要求。

第一，经济规则公开。这是指经济规则必须是公开的、透明的，而不能是秘而不宣的。秘而不宣的规则就会演变成潜规则，潜规则就会导致腐败、特权、垄断等不公正的现象产生。规则就是规则制定部门对社会成员和经济主体的承诺，它必须把相关操作程序和信息通过正式渠道向相关对象公布，

---

① 道格拉斯·C. 诺思：《制度、制度变迁与经济绩效》，杭行译，格致出版社，上海三联书店、上海人民出版社，2008，第 65 页。

② 道格拉斯·C. 诺思：《制度、制度变迁与经济绩效》，杭行译，格致出版社、上海三联书店、上海人民出版社，2008，第 65 页。

③ 乔治·恩德勒等：《经济伦理学大辞典》，李兆雄、陈泽环译，上海人民出版社，2001，第 180 页。

并得到他们的理解和合理回应，从而保证自己知情权、参与权、监督权等的有效行使。

第二，经济规则公正。这是指经济制度、规则应该保障经济主体权利与义务的对等性、相称性，使人们的付出与获得等量等值，而不能失衡。同时，这种制度和规则对所有经济主体必须一视同仁，使人们同等投入获得同等回报。

第三，交易必须遵循等价交换规则。这是指市场交易中所有经济主体都必须遵循等价交换原则，这既包括交易双方内在价值即社会必要劳动的等价，也包括交易双方效用价值即效用满足的等价。

如果说机会平等强调的是起点公平，那么规则平等强调的则是过程公平。在经济竞争中，如果做到了起点公平，但如果过程不公平，规则不平等，那么一定导致结果不公平、不平等，这是由规则所规定的权利和义务被扭曲运用后必然出现的结局。正是在此意义上，阿马蒂亚·森既强调经济平等的机会层面，因为这“使我们有更多的机会去实现我们的目标——那些我们所珍视的事物”，它所关注的“是我们实现我们所珍视的事物的能力，而不管实现的过程如何”，即人们在给定的个人与社会境况下所享有的机会，这是经济平等的前提；同时他又特别强调其过程层面，认为我们要“将注意力放在选择的过程上”[①]，即确保行动和决策权利的规则，这是经济平等的关键。

（三）经济结果正义

由于受各种社会因素和人的各种差异性条件的制约，市场经济竞争中做到了机会平等、规则平等，但并不一定能保证人们获得相同的结果，即结果平等。事实上，如果人们获得的是相同的结果，反倒说明分配不公正、不正义。因为这会导致平均主义，而平均主义显然不正义。正义的形式特征就在于平等的人平等对待，不平等的人不平等对待。因此，正义允许结果不平等。艾德勒说：“正义只要求所有人都应成为政治或经济物质的拥有者，但它并未要求所有人应在拥有的程度上相同。”[②] 但是，社会又不能对结果不平等弃置不问，否则其长期积累必定导致两极分化和贫富悬殊，从而对社会秩序稳定造成威胁。而社会秩序稳定也是社会公平正义的必要内涵。因此，

---

① 阿马蒂亚·森：《正义的理念》，王磊、李航译，中国人民大学出版社，2012，第212页。

② 艾德勒：《六大观念》，郗庆华译，三联书店，1989，第207页。

经济平等也就必然要求经济结果正义。

经济结果正义是指社会经济的最终分配应该使人们获得符合正义原则的收入和财富，它同意社会经济的分配在不同的人之间具有差别，但这种差别必须以均衡、合理为限度，即不是贫富悬殊、两极分化。对这种限度，艾德勒表述为："（1）无论是谁，占有得再少，也要够他生活的目的。（2）不论是谁，占有得再多，也是够用而已。"[①] 经济结果正义应该是机会平等和规则平等的必然结果。我国在发展社会主义市场经济中如果真正做到了机会平等和规则平等，那么社会经济的分配就不会出现两极分化，而只会是均衡、合理的结果。党的十八大报告提出的"要坚持社会主义基本经济制度和分配制度，调整国民收入分配格局，加大再分配调节力度，着力解决收入分配差距较大问题"[②] 等措施，目的就在于保证机会平等和规则平等，防止贫富悬殊、两极分化，从而使发展成果更多更公平惠及全体人民，实现共同富裕即经济结果正义。

总之，经济机会平等、经济规则平等、经济结果正义首先是相互区别的，它们分别代表经济竞争中的起点平等、过程平等和结果正义，各有其实质要求和特定内涵。但是，它们又是相互联系、紧密结合的，机会平等是起点平等，决定着经济平等何以可能，制约着规则平等和结果正义；规则平等是过程平等，是机会平等实现的保障，也是结果正义的条件；结果正义是经济竞争的最终结果，是机会平等和规则平等的最终实现，也是对机会平等和规则平等的客观评价。它们相互依存、不可或缺，共同构成社会主义市场经济下以人的经济权利为焦点的经济平等价值体系框架。当然，社会主义市场经济下的经济竞争和分配并不是一个单一的、静止的现象，并没有一个直观的"镜像"式规定，而是复杂的、相互继起的过程。因此，我们应从起点到过程再到结果，全面地动态地考察经济平等，而非局限于某一维度或某一环节；必须把它看作动态的、过程的，将其贯穿于市场经济活动的起点、中间和结果之中；也把它看作全面的、综合的，将其体现于机会、规则和分配结果之上。

（作者系中南财经政法大学哲学院教授）

① 艾德勒：《六大观念》，郗庆华译，三联书店，1989，第213页。

② 胡锦涛：《坚定不移沿着中国特色社会主义道路前进为全面建成小康社会而奋斗——在中国共产党第十八次全国代表大会上的报告》，人民出版社，2012，第15页。

人的自由发展视野下的资本固有逻辑研究*

朱成全　刘帅帅

引　言

资本代表的不只是单纯的物，而是以物为基础的人与人之间的社会关系。解读“资本”发展的逻辑，必然无法回避其历史维度和价值维度。资本的这一本质属性使我们从人的自由发展角度来研究其发展的固有逻辑成为可能。

简单来说，马克思自由观是人的自由发展、人的全面发展和人的充分发展的统一，即人自觉自愿地全面发展自身的需要、能力、个性以及社会关系，充分发展自身的天赋、潜能，“每个人的自由发展是一切人的自由发展的条件”。不同于西方主流经济学把自由作为既定前提（资本主义制度本身已经保证了合理的自由）来研究稀缺资源配置和物质财富生产，马克思偏重于对自由的“不断地追问”，从人的自由角度来批判资本主义制度，认为其必定被“自由人联合体”的社会所取代。也就是说，马克思把自由作为目的，而西方主流经济学把自由当作功利最大化的前提、手段。

在马克思理论的概念体系中，“资本”作为手段是一定历史阶段推进人的自由全面发展的必由之路。因此，承认资本、发展资本是当前发展社会生产力的不二选择，但这不意味着片面夸大资本地位作用，任由资本自发调节

* 本文为国家社科基金项目“中国企业经济伦理实现机制研究”（12BZX079）阶段性成果之一。

生产，把资本奉为解决发展问题的最高准则。如果对资本发展不加限制，必然会产生严重的，甚至达到社会不堪承受程度的问题，比如说两极分化问题。当代主流西方经济学极力排斥马克思等学者赋予资本的人文属性，刻意无视资本作为以物为媒介的社会关系的本质，执意从经济学“科学”化的角度把资本理解为物。这种庸俗的拜物教理论很大程度上导致了物欲横流的社会现状。社会的发展归根结底应该是人的发展，是人越发自由的过程。放纵资本就好比打开了“潘多拉魔盒”，使人物化、异化，使人的自由发展走入歧路。以功利主义为基础的西方主流经济学理论实际上是在以放任资本固有逻辑中的破坏性为代价换取物质财富的高速增长，使人日益沦为片面发展的社会体系中物的附属品，间接导致人向“单向度的人”发展。

本论文的目的就是以自由来审视资本，将自由看成是目的，资本是手段，具体探讨自由及其平等、公平、正义如何在发展资本积极作用的同时，消除资本的副作用，最终实现人的自由发展的现实途径。

一　马克思人的发展历史阶段思想蕴涵资本的固有逻辑

一般认为，马克思的理论体系分三个组成部分：哲学、政治经济学和科学社会主义。贯穿其中的红线就是人的自由全面发展理论，它体现在整个体系的各个方面、各个层面，是整个体系的核心。“自由”与“全面”并列，主要是由于二者强调的重点不同，“自由针对的是资本主义社会中劳动的不自由、人格的依附性、个性的模式化等现象。全面针对的是资本主义社会中由异化劳动所导致的人的身体部分及能力等片面、畸形的发展，以及少数人的发展总是以牺牲多数人发展为前提和条件的不平等发展”①。

（一）人的发展三阶段

马克思理论中的资本、财富与人的自由全面发展的关系是基于对人的发展历史阶段的概括。可以这样说，人的发展历史阶段就是不断实现人的自由全面的过程。

马克思认为，人的发展经历了三个阶段，通过第一阶段、第二阶段，最

① 朱成全、汪毅霖：《财富与自由：原理及其启示》，《财经问题研究》2012 年第 3 期。

终达到第三阶段，即进入人的自由发展阶段。

第一阶段是对人的依赖关系占统治地位的阶段，此阶段适应于自然经济形态的社会。个人在此阶段中很难体现出独立性，而不得不直接依附于某个社会共同体。个人之间社会联系的发生限于共同体内部，这种联系只能是在狭窄的整体范围内各孤立地点之间发生的地方性联系。第二阶段是以物的依赖关系为基础的人的独立性的阶段，此阶段适应于资本主义商品经济形态的社会。个体在此阶段中具有了相对独立性，大大摆脱对血缘、土地等关系的依赖，社会形成整体的能力的体系、全面的关系、普遍的物质变换以及多方面的要求。但是，社会关系以物的关系的形式存在，人的发展受到异己的社会关系的压抑和束缚。第三阶段是“建立在个人全面发展和他们共同的社会生产能力成为他们的社会财富这一基础上的自由个性”[①] 的阶段，此阶段适应于未来的共产主义社会。共产主义的本质就是在生产力高度发达的基础上社会关系不再成为异己的力量，个人能够在全面、丰富的社会关系中自由全面地发展。

三大历史阶段，人的发展从低级走向高级演进，在这个过程中财富的衡量标准也在变化——从“物的发展”逐渐转向“人的发展”。第一阶段，立足于现实的生产劳动，以产品数量衡量财富；第二阶段，仍以物，尤其是资本、产品来衡量财富。但是，这一阶段在一定程度上“在产生出个人同自己和同别人的普遍异化的同时，也产生出个人关系和个人能力的普遍性和全面性”[②]，在向人的自由发展阶段过渡；到了第三阶段，财富的衡量最终变成人的发展，尤其是人的自由发展。充分发挥人的自由能力，是以人的发展来衡量财富的基本要义，最终以人的发展衡量财富意味着“真正的财富就是所有个人的发达的生产力”[③]。在这个过程中，“人的发展尺度和劳动尺度之间并不是简单的新旧交替关系，而应视为一种扬弃”[④]。

马克思在讨论资本、财富和人的自由全面发展关系采用的既不是新古典的原子式个人主义，也不是从虚拟集合体出发的伪整体主义，而是通过人的需要理论把个人发展有机嵌入社会整体之中。人的需要是分层次的，具体来说，需要分为物质财富需要、社会关系需要、精神需要等。马克思认为，物

---

① 《马克思恩格斯全集》第 46 卷上册，人民出版社，1979，第 104 页。

② 《马克思恩格斯全集》第 46 卷上册，人民出版社，1979，第 109 页。

③ 《马克思恩格斯全集》第 46 卷下册，人民出版社，1980，第 222 页。

④ 丰子义：《关于财富的尺度问题》，《哲学研究》2005 年第 6 期。

质需要是人的自由全面发展的前提和基础，但只是必要条件，绝不是充分条件。当人类发展处于生产力落后的第一个阶段，必然要优先进行获取物质资料的生产活动以满足物质需求。进入第二个阶段后，生产力有一定进步，劳动时间缩短、自由时间增加，人的需要会向上发展，但仍受到资本的限制。在第三阶段，剥削制度消亡，生产力高度发达，人的需要会不断丰富。到这个阶段，相对于物质，人的需要更多体现在社会关系和精神生活等方面。人的需求层次的提高对于人的发展来说既是向上迈进的表现，也是向上迈进的动力。

（二）资本的固有逻辑

资本是在剖析人的发展第二阶段——资本主义社会经济形态时处于核心位置的概念，可以被视为第二阶段的标签。资本的出现是社会简单商品经济发生质变的标志，从此商品经济发展到一个新阶段——市场经济阶段。在市场经济中，经济活动、经济利益、经济关系在整个社会中占据支配地位，市场经济条件下社会财富的资本化趋势加快了要素流通速度，提高了要素配置效率。

资本不是单纯的物，而是一种以物为媒介的人与人之间的社会关系，它是由非自由的社会关系向自由的社会关系发展的中间阶段。资本增殖的行动就像一台日夜奔腾的发动机，拉动着市场经济的车轮不停向前运动；而市场经济的不断发展，又反过来推动了资本形式的发展和丰富。市场经济中社会财富的资本化以雇佣劳动为基础，使人一定程度上摆脱了政治的、地域的、宗教的束缚，极大地提升了人的自由度；它通过自由交换而非强制的手段，把各生产要素组合为社会化大生产，摧毁了传统的小农经济；资本通过市场促进了社会财富的流动和经济发展的全球化。总之，资本在充分利用物的有用性机制上，找到了充分利用人的有用性的机制。[①] 然而，资本主义生产在创造巨大的社会财富的同时，“比其他任何一种生产方式都更加浪费人和活劳动，它不仅浪费人的血和肉，而且浪费人的智慧和神经。”[②] 资本主义生产关系虽然使生产力提高，使社会必要劳动时间缩短，但却并未增加大部分

---

① 孙承叔：《关于马克思交换理论的哲学思考》，《复旦大学学报（社会科学版）》2004 年第 1 期。

② 《马克思恩格斯全集》第 46 卷下册，人民出版社，1980，第 218～219 页。

人的自由支配时间。所以，在资本发威的资本主义社会，社会财富创造无法摆脱第二阶段的特征，人的发展无法摆脱物的束缚，达不到“自由”和“全面”。总之，在人的自由全面发展的视角下，资本固有逻辑可被概括为一个自我扬弃的过程，首先，它是人不断被资本束缚的同时，不断夯实自我解放的物质基础的过程；其次，它是人类发展在自由与非自由的矛盾中螺旋上升的进程，即在克服资本束缚基础上实现自由。简言之，资本固有逻辑即资本内在地否定自己，成为自由的手段和基础之机制。

需要注意的是，这个扬弃过程必然会体现出肯定性的和否定性的辩证统一，只有当资本自身成了生产力发展的桎梏时，资本才会消亡。“如果我们在现在这样的社会中没有发现隐蔽地存在着无阶级社会所必需的物质生产条件和与之相适应的交往关系，那么一切炸毁的尝试都是唐·吉诃德的荒唐行为”①。因而，虽然马克思认为理想社会的标准是：“给所有的人提供健康而有益的工作，给所有的人提供充裕的物质生活和闲暇时间，给所有的人提供真正的充分的自由。”② 但是，他坚持强调理想社会不是唾手可得的，“自由王国只是在由必需的和外在的目的规定要做的劳动终止的地方才开始；因而按照事物的本性来讲，它存在于真正物质生产领域的彼岸”③。这个彼岸的自由王国就是“作为目的本身的人类能力的发展”④。

二　当代资本主义社会的“两极分化”与西方主流经济学的困境

相比马克思的时代，当今资本主义，尤其是发达资本主义国家的社会结构日益复杂，劳工和资本家队伍都发生了分化。尤其是白领工人阶层日渐壮大，他们也可以占有一定的社会资本，不再自由得一无所有，但是，这一切并未改变资本主义社会在创造巨大财富的同时走向两极分化的发展趋势。以美国为例，斯蒂格利茨 2011 年 5 月在《名利场》发文指出，美国现状是“1% 的人拥有，1% 的人统治，1% 的人享受”；⑤ 2011 年 9 月 17 日，规模空

---

① 《马克思恩格斯选集》第 46 卷，人民出版社，1995，第 106 页。

② 《马克思恩格斯全集》第 21 卷，人民出版社，1980，第 570 页。

③ 《马克思恩格斯全集》第 25 卷下册，人民出版社，1974，第 926 页。

④ 《马克思恩格斯全集》第 25 卷下册，人民出版社，1974，第 927 页。

⑤ 转引自吴易风《西方“重新发现”马克思述评》，《政治经济学评论》2014 年第 2 期。

前的“占领华尔街”运动在美国纽约爆发，这场运动则是美国社会两极分化加剧的集中体现。

（一）“两极分化”是资本固有逻辑的必然表现

20 世纪 50 年代，西蒙·库茨涅兹提出了著名的“库茨涅兹假说”：贫富差距在资本主义初期不断扩大，但随着经济发展，两极分化趋势会逐渐缓和。从此，“良性资本主义”大行其道，福山甚至据此宣告了“历史的终结”[①]。然而，对长期历史数据的研究表明，“良性资本主义”只是一个天真的美好愿景，两极分化才是资本主义发展中有趋势意义的现象。

首先，资本收益速度长期高于劳动力。通过在时间序列中比较“GDP 年增长率”和“投资年回报率”，可清楚地看到劳资双方的两极分化趋势从未消失。在没有显著外部冲击影响的资本主义社会，资本回报率总是大于经济增长率。在有据可查的近 300 年，投资回报率平均每年达到 4% ~5%，而 GDP 年均增长则为 1% ~2%。[②] 资本增值的速度远远超过了整体经济规模的增长速度。5% 的投资回报率意味着资本翻番需要约 14 年，而 2% 的经济增长率意味着国民整体收入翻番需要约 35 年。这意味着，资本在国民收入分配中的比重在不断上升，相应的劳动力收入份额自然是不断下降。“一方面工人的收入在资本迅速增加的情况下也有所增加，可是另一方面横在资本家和工人之间的社会鸿沟也同时扩大。”[③]

其次，资本主义社会的阶层固化日益加深。单是资本收益快于劳动力这一点还不足以断定两极分化趋势的必然性，如果资本主导权可以在社会范围内保持大规模的自由流动，那么“良性资本主义”仍然可以继续适当乐观。可惜现实不是这样。资本主义社会的代际继承是资本积累的重要途径，而且越来越重要。2013 年美国富人榜前十名中就有六位是继承者，而不是创业者。[④] 虽然目前还没有蜕变出“承袭制资本主义”，但无疑未来会有越来越多人成为富翁的原因只是生在富翁家。图 1 显示的是 1790 年以来遗产占整个社会资源的比例，从中可以很直观地感受到，资本主义的阶层固化趋势虽

① 弗兰西斯·福山：《历史的终结》，黄胜强等译，远方出版社，1994。

② Thomas Piketty, *Capital in The Twenty-first Century*, The Belknap Press of Harvard University Press, 2014, pp. 73 - 77, pp. 164 - 198.

③ 《马克思恩格斯选集》第 1 卷，人民出版社，1995，第 355 页。

④ 保罗·克鲁格曼：《美国走向拼爹时代》，《纽约时报》2014 年 3 月 27 日。

在一段时间有所缓解，但是现在又朝着“富（穷）人相对越来越富（穷）”的方向奔去了。可以预见，个人社会经济地位依赖于家庭出身的程度将越来越高，“拼爹”程度不断升高的背后就隐藏着社会财富阶层日益固化的现实。

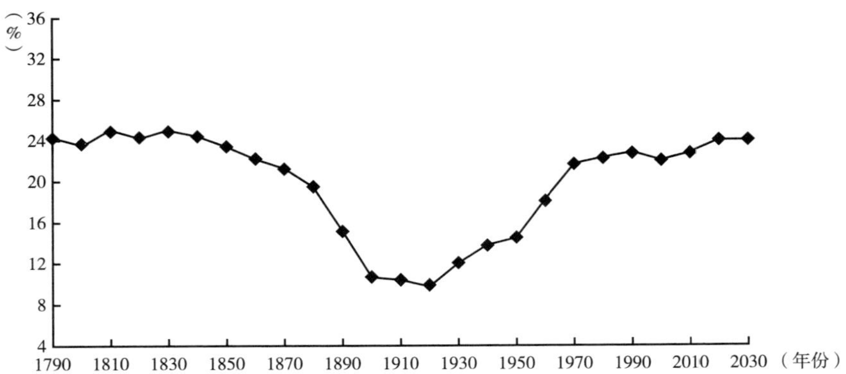

图 1　The share of inheritace in the total ressources (inheritance and work) of cohorts in 1790 - 2030

资料来源：Thomas Piketty，*Capital in The Twenty-first Century*，The Belknap Press of Harvard University Press，2014，p. 405。

基于以上两点即可结论：库茨涅兹观察到的两极分化缓和在长期历史跨度中只是阶段现象，不具有趋势意义。两极分化缓和，主要是被战争、工人革命运动等因素影响的结果，用主流经济学的语言来说：都是外生变量。这些因素能够不同程度地打破和重组固有的社会阶层利益格局，如同重新洗牌，使劳资双方回归到占有资本相对平等的状态。此外，冷战时代意识形态竞争的影响也不容忽视。在竞争压力下，资本主义本性能够进行一定程度的自我克制——虽然无法克服。从 1989 年开始，美国家庭收入中位数实际停滞甚至下跌，但是同一时期美国顶尖 1%、0.1% 以及 0.01% 富人阶层的收入却突飞猛进，这一变化的起点与冷战结束几乎同时，很难说是巧合。① 20 世纪后 20 年特别是冷战结束以来，发达国家国民收入中劳动力份额又不断下降，各主要资本主义经济体内部两极分化程度持续上升。2001 到 2006 年

① 于时语：《“拼爹资本主义”再现?》，《21 世纪经济报道》2014 年 3 月 1 日。

短短五年中，美国 GDP 中的企业资本利润部分从 7% 急增到 12% 。[①]

社会两极分化趋势是资本固有逻辑的产物。一方面，资本收益速度超过劳动力是资本主义阶段最基本的、无处不在、无时不有的潜在力量。攫取剩余价值是资本的根本要求，掌握实权的资本家为了更快攫取更多的利益总是倾向于降低劳动力相对于资本的价格。另一方面，资本主义社会财富阶层在没有强大外力干扰的情况下趋于固化，这同样是资本主义的内生结果。因此，只要没有战争、大规模社会运动等外生变量的“洗牌”效果，资本的分配优势加上阶层的不断固化会执着地把社会带向两极分化。资本主义生产具有无限扩大的趋势，两极分化趋势亦如影随形、不断强化，这是资本的固有逻辑决定的。

（二）西方主流经济学的困境

面对经济社会现实的两极分化趋势，西方主流经济学一直无法发出合乎其主流身份的有力声音，而马克思写于 150 多年前的《资本论》比任一主流经济学家的数学模型都要鞭辟入里。这不能不说是一个极大的讽刺。出现这种讽刺正是两种理论范式对“资本”赋予的不同内涵导致的。

与古典以及新古典早期的经济学研究传统大相径庭的是，以“新古典”研究纲领为标志的当代西方主流经济学对“资本”的解析可以说乏善可陈。资本只是作为参与分配的生产要素之一在微观的分配论中予以提及，以及在以生产要素论为基石的增长理论中出现。除此之外，“资本”似乎是被刻意回避一样，不见于任何当代主流经济理论之中；而且，即便在以上两个领域中，“资本”二字也如天外来客一般被使用。随便翻开一本 20 世纪 60 年代以后编著的主流经济学理论教科书，都找不到专门论述“资本”的章节。

这种多少有些奇怪的状况其实不难理解。20 世纪 50 年代，“两个剑桥”关于资本概念的大论战之后，主流经济学的“资本”概念就已经在逻辑上遭受了致命的打击，萨缪尔森们也不得不承认，他们的“资本”概念只不过是一个“神话”，逻辑上更是彻头彻尾的循环论证。之后的学者当然无法继续以循环论证的方式解析资本，于是，几乎所有关于资本的基本理论论述都从书本上被删除。但是，“资本”概念何其重要，如果剥夺了“资本”作

① 于时语：《“拼爹资本主义”再现?》，《21 世纪经济报道》2014 年 3 月 1 日。

为生产要素的资格，生产要素分配论和以劳动价值为基础的分配论也就不会有本质的不同，新古典的所有经济增长理论也会被一扫而空。所以，“资本”这个词只能像凭空跳进主流经济学一样，出现在那些美丽的经济数学模型中，肩负起标明坐标轴的重任。

西方主流经济学之所以出现这样的尴尬，究其根本，是对“资本”的庸俗化理解所致。以功利主义思想为底色的生产要素论使资本概念绝对物化，脱离了社会关系、历史视角以及以人的发展为导向的价值诉求，当然会陷入难以克服的困境。大多数情况下，主流学者们谈到“资本”的时候，其实和“成本”这个概念没有什么大的不同。然而，“资本”和“成本”岂可相提并论，理解“资本”时如果把眼光仅仅落在物质利润的计算上，那就必然只能是一场循环论证。

进一步来说，对资本概念理解的庸俗化，是对“财富”理解庸俗化的必然延伸。新古典经济学的奠基人马歇尔的财富定义大致可以代表当代主流经济学的立场，他把“一切人们要得到的东西，即满足人类欲望的东西”[①]定义为“财货”，而“财富”是“所有他的外在的财货中那些能用货币衡量的部分构成的”[②]。也就是说，当代主流经济学语境中的“财富”就是对以金钱衡量的物质产品和服务的占有。这个功利主义的定义彻底剔除了“财富”本有的伦理意蕴。功利主义的财富和发展有四个无法自我消解的问题：一是忽视物质财富分配的公平问题，包括人际公平和代际公平；二是忽视物质财富增长以外的其他重要生活条件，例如生态平衡；三是忽视个体在利用物质财富的能力上有差异，包括先天差异和后天差异；四是忽视非歧视、不被剥削、免受奴役等人类价值诉求。所以，“对发展的恰当定义，必须远远超越财富的积累和国民生产总值以及其他与收入有关的变量的增长。这并非忽视经济增长的重要性，而是我们必须超越它”。[③] 必须认识到，财富不是目的，只是人实现自由的手段，西方主流经济学忽略经济学的伦理底蕴，回避财富的人文维度，无视资本发展的内在固有逻辑，客观上助长了现实生活中唯 GDP 论、拜金论的蔓延以及公共政策目标的扭曲。不同于西方主流经济学把人视为工具的态度，马克思认为，资本是走向自由之历史进程中的必

① 马歇尔：《经济学原理（上卷）》，朱志泰译，商务印书馆，1965，第 74 页。

② 马歇尔：《经济学原理（上卷）》，朱志泰译，商务印书馆，1965，第 76 页。

③ 阿马蒂亚·森：《以自由看待发展》，任赜、于真译，中国人民大学出版社，2002，第 10 页。

由之路，通过自身的扬弃实现人作为手段和目的的统一。因此，必须认真反思功利主义思想以及由之产生的对资本的庸俗理解，重拾马克思主义传统，以追求人的自由发展为研究资本问题的出发点，回归资本的人文本质。

三 阿马蒂亚·森对人的发展理论的发展

马克思之后，阿马蒂亚·森等少数学者坚持“经济学的良心”，努力树立以人的发展而非物的丰富为核心的发展标准。森和马克思对人的发展有内在一致的理解，二者都认为发展是人能力和生活水准的提高，极力反对功利主义的狭隘观念。马克思对约·斯·穆勒等人的功利主义经济理论进行了系统批判，森也批判西方主流经济学的功利主义及拜物教。森指出，虽然人的发展受到物质富裕的很大影响，但和人的发展最直接相关的不是物质财富，而是每个人的能力。这与马克思思想中能力发展的观点非常相近，就如马克思所言，“任何人的职责、使命、任务就是全面地发展自己的一切能力”。①

森的理论在发展马克思自由观并融合罗尔斯等人思想的基础上深刻揭示了“平等”的内涵，以“实质自由”现实性地回答了“如何促进平等”，把平等与人的自由发展在微观机制上统一起来。

（一）森对马克思自由观的发展

马克思人的发展理论中对消极自由和程序自由没有深入阐释，而森的自由观在某种程度上补充了这一点。马克思自由观着重指出的是：人的发展第三阶段表现出的人的自由全面发展作为发展结果的重要意义。马克思眼中的自由不是虚幻的，而是带有物质保障的、彻底的自由，如果自由只意味着信仰、财产等曾经只能由统治阶级拥有的权利，那么追求自由的重要性就大打折扣，不会成为一种强大的价值诉求。马克思追求的自由是在经济、政治、思想等方面实现的真正的自由，是一种积极自由。森的自由理论和马克思很相似，都具有深厚的人文关怀。他认为，“由于两个不同的原因，自由在发展过程中居于中心地位：①评价性原因：对进步的评判必须以人们拥有的自由是否得到增进为首要标准。②实效性原因：发展的实现全面地取决于人们

① 《马克思恩格斯全集》第3卷，人民出版社，1960，第330页。

的自由的主体地位"[①]。"发展可以看作是扩展人们享有的真实自由的一个过程"[②]。"自由不仅是发展的首要目的，也是发展的主要手段"[③]。"实质自由"这个概念不仅涵盖了对马克思论述的人的发展具有工具和目的双重价值意义的深入领会，还把在人的发展中体现出的程序重要性和结果重要性，以及消极自由和积极自由进行了比较成功的融合。积极自由代表实现潜能的机会与能力，消极自由代表不受他人干涉的权利。森统一了二者，定义"实质自由"为享受人们有理由珍视的那种生活的可行能力，既包含了自由之手段意义，又体现了自由的目标价值。

此外，阿马蒂亚·森在吸取马克思理论思想的营养以及批判功利主义经济学的基础上实现了一个意义重大的突破，即初步奠定了对以自由为标准的人的发展程度进行量化的基础，而且这种量化的实践已经进入现实的人类生活。基于以自由看发展理论制定的"人类发展指数"（HDI）已经广泛应用于世界各国各地区的发展水平度量，成为经联合国开发计划署认定的、最具有权威性的、度量人类发展的指标。HDI 的影响因素包括寿命、生活水平和知识，分别通过预期寿命、经购买力调整的人均 GDP、成人识字率和综合入学率来量化测度。"人类发展指数"基于森的人的自由发展理论，有很强的多维度综合性和情境适应性，对提高人的发展理论的可操作性做出了意义深远的贡献。

（二）森对"平等"的深入剖析

自由与平等，恰如一枚硬币的两面，彼此密不可分。一般来说，平等可被视为自由的逻辑前提，是自由的当然之义，自由即是"自由的平等"。虽然近代以来对二者关系有一定学术争议，但无论自由意味着"消极自由"还是"积极自由"，无论平等代表着"形式平等"还是"实质平等"，两者都从来没有在学术语境中脱离彼此。任一观点持有方都无法否认，要求平等终归要追求自由，追求自由当然从要求平等入手，而有关"公平正义"的判断标准就是"平等"，符合"平等"诉求即是"公平正义"的。因此，在人的自由发展的视野中，"平等"理所当然是一个极其重要的概念。资本的固有逻辑会持续不断产生把经济社会拉向两极分化的不平等状态的力量，

① 阿马蒂亚·森：《以自由看待发展》，任赜、于真译，中国人民大学出版社，2002，第 2 页。
② 阿马蒂亚·森：《以自由看待发展》，任赜、于真译，中国人民大学出版社，2002，第 1 页。
③ 阿马蒂亚·森：《以自由看待发展》，任赜、于真译，中国人民大学出版社，2002，第 7 页。

所以，如果要以“自由”为标准来规范人的发展第二阶段，就必然要把目光集中在减少不平等或追求公平正义这个实践中的着力点上。

马克思没有专门论述过“平等”，但他的很多著作都反映了其平等观。在建立唯物史观的过程中，马克思对资本主义的社会不平等进行了深刻批判，在马克思看来，资本主义具有历史进步性，但是，在其形式平等的外表下隐藏了实质不平等，资本主义是建立在一种奴役性生产关系之上的社会关系。马克思坚信人类能够最终超越资本主义的形式平等，由全体社会成员享有权利义务统一的、真正的社会平等，并指出未来社会真正平等的核心原则是“各尽所能，按需分配”，是实现人的自由全面发展。

阿马蒂亚·森在构建其自由理论的过程中，对“平等”给予了高度重视。在批判功利主义的过程中，森指出，其效用平等观以主观效用（虽然不同的功利主义者对效用的理解也不一样）的标准来衡量平等是不可能的。功利主义者认为，需要关注的重点是“分别代表各人利益的效用的总和”①，使个人效用之加总最大化。可实际上，这样的标准会导致“忽略幸福分配中的不平等”②，“在追求个体效用值之和最大化时根本不关注这个总和在个体之间的分配状况，因而在测量或评价不平等时，该方法尤其不适合”③。在效用平等观的支配下，如果可以获得更大的全体效用之和，那么任何分配形式都是可能的，包括那些被普遍认为不平等的形式。从另一个角度来看，功利主义效用平等观其实是对资本固有逻辑消极纵容，甚至积极鼓励的一种态度，“并没有降低不平等反而加剧了不平等”④。

森认为，虽然平等观念已广为接受，但由于个人之间的差异以及评价标准的多样，平等的具体实现面临着巨大的困难。所以，森非常注重吸收他人的理论思想来充实自己的平等观，其中最具代表性的是罗尔斯的理论。罗尔斯因其著作《正义论》而为人熟知。《正义论》也以反思功利主义效用平等观为出发点，通过恢复并强调社会契约论的逻辑论证方式，试图代替近代以

① 阿玛蒂亚·森：《论经济不平等/不平等之再考察》，王利文、于占杰译，社会科学文献出版社，2006，第92页。

② 阿马蒂亚·森：《以自由看待发展》，任赜、于真译，中国人民大学出版社，2002，第52页。

③ 阿玛蒂亚·森：《论经济不平等/不平等之再考察》，王利文、于占杰译，社会科学文献出版社，2006，第14页。

④ 阿玛蒂亚·森：《论经济不平等/不平等之再考察》，王利文、于占杰译，社会科学文献出版社，2006，第14页。

来在道德哲学领域占绝对统治地位的功利主义思想，就如罗尔斯自己所说，“我的目的是确定一个能够代替一般的功利主义，从而也能够代替它的各种变化形式的作为一种选择对象的正义论。”[①] 可以说，罗尔斯的努力方向是修正古典自由主义，这与马克思的历史唯物主义方法完全不同，《正义论》使当代自由主义的研究主题成功实现了从自由向平等的逻辑切换。罗尔斯平等观的核心是序列的两个正义原则，第一或首要的正义原则是“平等的自由”，即“每一个人都拥有和其他所有人的同样的自由体系相容的、最广泛平等的基本自由体系的平等权利”[②]。这一原则主要作用于社会政治领域，旨在保障所有人的包括思想、政治等基本自由。但是，基本自由会被天赋、社会地位等因素影响，所以罗尔斯设置了第二正义原则，主要作用于社会经济领域，包括公平的机会平等原则和差别原则。公平的机会平等原则要求从程序上保证拥有同等能力的人可以享有同等的参与社会管理的机会；差别原则主要针对社会地位以及物质财富占有的不平等，它强调经济上不平等分配的前提必须是使处境最不利的社会成员获得最大的利益。概括来说，第一正义原则体现了“自由”，第二正义原则强调了“平等”。

森对罗尔斯“公平正义”的基本态度是扬弃，他首先质疑罗尔斯的绝对自由优先（第一正义原则），提倡在不同情境下正义的多元性。打比方来说，任何制度都不能强求人为了某种理由的自由而在饿死与卖身之间选择饿死。其次是针对罗尔斯对人际差异——不同的个人之间在转化机会上普遍存在的差异的忽略。“两个人即使持有相同的基本善，但他们追求各自的善的观念的自由却有可能差别较大……实际上，在‘基本善’域内来评估平等或效率时，总是会优先考虑自由的手段而不是对自由的程度的评估——在许多情况下这都是一个缺陷。当涉及有关性别、居住地、阶级及遗传特征的一般差异的不平等时，这种分歧在实践意义上的重要性就更为突出”[③]。再次，森批评罗尔斯把对平等考察的“注意力集中于获得成就和自由的手段（如‘资源’、‘基本善’或收入）”[④]，而非自由本身。他说，“我们又为什

① 罗尔斯：《正义论》，何怀宏等译，中国社会科学出版社，1988，第 21 页。

② 弗里德里希·沃特金斯：《西方政治传统：现代自由主义发展研究》，黄辉、杨健译，吉林人民出版社，2011，第 266 页。

③ 阿玛蒂亚·森：《论经济不平等/不平等之再考察》，王利文、于占杰译，社会科学文献出版社，2006，第 231 页。

④ 阿玛蒂亚·森：《论经济不平等/不平等之再考察》，王利文、于占杰译，社会科学文献出版社，2006，第 263 页。

么会对工具层面的物质获得如此痴迷，而对真正重要的目的（所有人都有同样的实质自由或可行能力）置之不理呢？”[①]

与马克思关注人的能力发展一脉相承，森的平等观是从现实生活出发，从个人能力的角度阐述不平等的实质：不平等是个人在实现美好生活能力上的不同造成的。其他平等理论往往关注个人占有多少物质财富，而忽视这些物质财富能为人营造什么样的生活。针对于此，森直接关注人的现实生活，提出了由“生活内容”、“能力”和“自由”三个互相关联的概念构成的“能力评价体系”。其中“生活内容”是指“一个人处在什么样的状态和能够做什么”[②]，即人愿做什么、能做什么和能如何生活。这个独特的视角体现出森对“功利主义以及罗尔斯方法的批评”[③]。森坚信，评价平等的标准必须超越单纯的物质内容而涵盖能力、自由等价值诉求。森的平等观以人的能力为核心，把对平等的关注聚焦于实现个人选择生活内容的自由上，既继承了马克思的思想精髓，又扬弃了罗尔斯的正义论，具有强大的综合性与包容性。

森提出了以个人能动性发挥为基础的“实质自由”，把人的自由发展与平等在微观机制上统一起来。“实质自由”即是“可行能力”，个人的“可行能力”是其能够使用的功能集合。第一，实质自由概念从现实生活出发，关注视角不局限于生活手段而转向了生活机会。可行能力是个人有效可及的功能集合，而非个人实际选择的、前述集合之一的功能组合。森强调的是实质自由的机会、过程以及选择的评判。[④] 第二，实质自由拒绝先验制度主义。其内涵不包括目标的完备排序，而是强调多样性价值的不可比较性和重要性。所以，“实质自由”没有陷入罗尔斯等人经历过的认识论困境，又综合了其公平正义思想，有更强的现实性。

四 人的自由发展视野下扬弃资本的现实途径

现代经济社会仍处于马克思意义上的人的发展第二阶段，资本仍然要发

① 阿马蒂亚·森：《正义的理念》，王磊、李航译，中国人民大学出版社，2012，第248页。

② 阿玛蒂亚·森：《论经济不平等/不平等之再考察》，王利文、于占杰译，社会科学文献出版社，2006，第257页。

③ 阿玛蒂亚·森：《论经济不平等/不平等之再考察》，王利文、于占杰译，社会科学文献出版社，2006，第160页。

④ 阿马蒂亚·森：《正义的理念》，王磊、李航译，中国人民大学出版社，2012，第212~218页。

挥其快速积累物质财富的能力，同时也会不断推动社会的两极分化趋势。在这个过程中，需要找到能够尽量拓展人的自由，维护人的平等，发展人的能力的扬弃资本之现实途径。

（一）完善在公共政策领域对人的自由发展的指标评价体系

基于马克思主义的实践立场，理论存在的意义不仅仅是解释世界，更重要的在于改造世界。而要在实践领域更直接地体现出理论思想的价值，必须把规范研究和实证研究更好地结合起来，尽量增强理论的可操作性。森以其思想为基础，从实证研究的角度参与设计了联合国所提出的“人类发展指数”（HDI）。HDI 由健康、教育和体面生活三个维度构成，既包括人的物质需要，也重视人的精神追求。

尽管 HDI 体现出以人为本的价值导向，但仍需进一步完善。HDI 存在的问题主要有四点：第一，各观察维度被赋予的权重相等是否合理；第二，计算公式采用最简单的算术平均是否合适；第三，调整 GDP 的方法反映收入分配的变化是否有效；第四，三个人类发展维度是否足够。前三点的思路是修正，最后一点则需要扩展，修正和扩展都离不开更深入挖掘和把握自由发展的思想内涵。目前的 HDI 虽然体现了对自由的关切，但是，它关注更多的是自由的工具性价值，所以，应以自由本身价值为切入点来改进 HDI。马克思的人的自由全面发展思想不仅深刻揭示了自由发展的内涵，而且从宏观方法论的角度指出了实践方向，把马克思与森的思想结合起来，用马克思的自由发展观来拓展 HDI 可以有效改善 HDI 研究中重“科学”轻“人文”的错误导向。同时，HDI 的研究，也为马克思自由发展思想实证研究提供了在中观层面极有启发性的建模思路，及在微观层面极有实践意义的实证技术，有助于促进马克思思想的进一步具体化、经验化。

具体来说，在评价体系建构上采用层次分析法（AHP），以扩展后的 HDI 为最高目标层，把原有的三个维度拓宽、扩展为四个维度，构建“四维耦合的发展模型”。第一，物质文明，通过经济发展水平、人民生活水平、社会基础建设来量化；第二，精神文明，通过教育、科技和道德文化水平来量化；第三，政治文明，通过政治稳定、政治参与、法治程度、执政能力来量化；第四，生态文明，通过水、大气、土壤和其他环境来量化。具体见下表。

扩展后的人类发展指数指标评价体系

一级指标	二级指标	三级指标
物质文明指标体系	经济发展水平	人均国内生产总值
		人均进出口额
		第三产业占 GDP 比重
		城镇人口比重
	人民生活水平	出生时预期寿命
		恩格尔系数
		居民消费水平
		人均粮食产量
		人均居住面积
	社会基础建设	每万人执业(助理)医师
		每百万人铁路营业里程数
		每万人公路里程数
		每万人长途光缆线路长度
精神文明指标体系	教育水平	成人识字率
		毛入学率
		预算内教育支出占 GDP 比重
		大专以上学历人口比重
	科技水平	R&D 经费占 GDP 比重
		每万人专利申请授权数
		人均参观科普展览数
	道德文化水平	人均公共图书馆藏量
		互联网普及率
		电视综合人口覆盖率
		主要金融机构不良贷款率
政治文明指标体系	政治稳定	基尼系数
		公安机关受理治安案件数
		失业保险覆盖率
		贫困率
	政治参与	全国人大代表议案完成和进入立法程序的比例
		工会参与率
	法治程度	行政申诉改变原决定的比例
		律师从业人数
	执政能力	财政收入占 GDP 比重
		行政管理费占财政支出的比例
		受贿金额占 GDP 比重

续表

一级指标	二级指标	三级指标
生态文明指标体系	水环境	人均水资源总量
		工业废水达标率
		城市污水处理率
	大气环境	人均二氧化碳排放量
		万人二氧化硫排放量
		万人均烟尘排放量
	土壤环境	城市人均公共绿地面积
		森林覆盖率
		自然保护区占辖区面积
	其他环境	环境污染治理投资总额占 GDP 比重
		万元 GDP 能耗
		生活垃圾无害化处理率

（二）破解以自由看发展的集体决策约束

如果要制定和推行以人的自由发展为导向的公共政策，那么必须破解集体决策领域的两个难题：社会选择问题和公共选择问题。前者由阿罗提出，指个人决策难以加总成逻辑一致的集体决策；后者由布坎南提出，指政府不会自发地尽力执行集体决策。

首先来看社会选择问题。阿罗基于比较合理的前提论证：自由选择的个人偏好无法通过民主方式产生出不存在逻辑悖论的公共偏好。破解“不可能定理”的出路是降低社会中个人偏好的差异性，寻求社会共识。通过达成“以自由看发展”的社会共识而制定的社会福利政策将有更持久的稳定性和更高的有效性。扩大共识最有效的具体方法是“对话”，包括教育、宣传以及文化传承等。政府应该对社会成员进行关于自由和平等观念的教育和宣传，通过意识形态的传播培养“趋社会性”情感，培育个人价值取向和社会政策方向一致的心理基础。人的偏好既有高尚的，也有低级的，政府在保护社会成员基本权利、发展经济的同时还负有教育和引导社会成员追求健康、高级的偏好，拒绝或减少低级享乐的责任。动态来看，高级、健康的偏好才能真正有助于人的自由发展。所以，马克思说，教育不仅是提高社会生产的一种方法，而且是造就自由全面发展的人的唯一的方法。教育宣传可以提高和扩展社会成员对社会事务的认知水平和视野，避免因无知造成的对实现人的需要全面发展的阻碍。

其次来看公共选择问题。布坎南质疑政府公职人员的行为动机，认为执政者很可能为私利把公共利益抛诸脑后，必须用正式以及非正式的制度加以督促。资本发威的现代社会，市场经济不断发展，公众对公共治理的要求也随之演变。要在公共政策领域实现向“自由”的转向，必须对政府提出更高要求。除了必须用制度约束权力之外，破解公共选择难题的具体途径是政府做到两个转变。一是由“经济建设型政府”转变为“公共服务型政府”。要完善行政方式，转移行政重心，注重保障“人的自由发展”的制度创新，如行政绩效评价体制。行政绩效必须从经济、社会、文化、教育、生活以及生态等多个领域进行综合性的评价，指标设定的宗旨在于为推进每个人的自由全面发展提供助力。要从提升“自由”的动机出发，改变拜物教性质的唯“GDP”绩效评价体制，使用与人的自由、平等、幸福更密切相关的评价标准。二是由“管制型政府”转变为“服务型政府”。任何制度、政策的制定和实施都根本取决于人的观念，观念跟不上，再高明的制度创新都只是一张纸。因而要不断完善行政理念，注重在制度创新的过程中公职人员的自由、平等价值观的树立。

（三）依据“实质自由”确定合理的社会福利政策

到目前为止，几乎所有国家的福利政策思想和实践都面对着一堵厚墙——经济效率如何与人的自由、平等相统一。西方主流经济学家对福利政策的指责主要集中在经济效率领域，依据的主要是阿瑟·奥肯提出的平等与效率相悖的理论。而破壁之道，就在于对资本逻辑和人的自由发展理论内在联系的准确把握。既不能阻碍资本在物质财富创造上的历史使命，又必须一定程度上有效抑制资本带来的社会两极分化趋势，最大程度兼顾效率与公平。

在顺应资本固有逻辑基础上更加积极地促进其扬弃过程中人的平等和自由发展，强调实质自由正是其题中应有之义。在此基础上，确定社会福利政策的合理目标：打造能够保障社会成员终生有效可及的实质自由（可行能力）的经济环境。现代经济社会各种挑战与机遇层出不穷，着眼于可行能力，培养有承担风险能力的、有素质的人本身就是保持经济效率的核心要素之一。因此，社会福利政策的出路就体现在整合人的发展与经济效率上。

作为西方主流经济学一部分的福利经济学早已陷入难以摆脱的困境。无论是庇古的旧福利经济学、卡尔多－希克斯补偿标准，还是柏格森－萨缪尔森社会福利函数，都无法消除功利主义效用平等观的先天缺陷：效用概念过于主观随意及信息基础过窄。尽管阿罗不可能定理早已否定了功利主义经济福利理论的现实有效性，但目前流行的主要福利政策明显仍是由功利主义思维所主宰，偏重于从税收再分配的角度对弱势贫困群体施以直接补贴或救济。若从“实质自由”的角度来看，这种福利政策既损害了效率，即资本逻辑的适当发挥，也没有切实维护平等。它实际上是以贫困或弱势人群的收入为着眼点，没有把视角深入贫困表象之下更为深入的问题——能力。收入少只是贫困的表面现象，而真正需要关注的根本问题是贫困或弱势人群的能力缺失或自由匮乏，因为贫困的根源主要在于能力不济以及权力不彰。所以，真正有效的福利政策不能主要着眼于以税收手段调节物质财富，更重要的是关注贫困或弱势人群在教育、就业以及权利保障等领域对其生活有实质影响的可行能力的发展，即关注人的实质自由。具体来说。这种福利政策的功能应重点体现在可能机会的再分配，提高对人力资本投入的重视，加强社会成员的公共参与、市场参与程度等方面，而这些都是使长期经济发展保持适当效率的内在要求。这样就从根本上在有限空间内统一了平等与效率之间的关系，有效回应了主流经济学家对以税收等手段调节国民收入再分配的效率漏洞和福利依赖的发难。

首先，致力于社会公民在现实经济生活中处理风险的基本能力的提升，消除或减少各种社会性和经济性的歧视。社会福利政策要把政策取向从单纯经济上追求结果平等变革为追求包含着可行能力和可能性再分配的机会平等，即注重通过促进机会平等提高社会公民的基本能力。这与主流经济学意义上的机会平等不同，当代西方主流经济学的机会平等主张福利政策的范围只是提供基本的生存安全保障。

其次，致力于为社会公民提供终身教育学习的社会条件，社会投资的重点要放在人力资本领域，大力投入各种培训与教育。新型社会福利政策的关键词是教育，让教育真正成为社会公民获取和提高自身基本能力的主要途径。此外，还要大力发展各种有针对性的培训，在全社会树立起终身教育、终身学习的风尚。以此逐渐提高社会公民的适应能力，保证社会公民拥有可持续性的经济参与能力。

再次，致力于强化社会公民的公共参与和市场参与能力，使之能够担当适当的社会责任，成为负责且有竞争力的个体。新型社会福利政策的资金投入“不是使用稀缺的资源通过使人们获得收入转支而维持贫困，而是主张偏好于帮助贫困群体受到雇佣或自雇的项目。贫困群体不仅仅是获得金钱，而且成为工作、纳税，对经济发展具有贡献的自尊的公民”①，能够使作为劳动者的社会成员主动积极参与劳动市场。而且，还要促进包括劳动者在内的所有社会成员公共参与的积极性，既要提高人的社会竞争力也要增强其社会责任感。

当然，必须承认，以上公共政策导向在如何平衡效率与公平、短期与长期利益，如何全面衡量政策效果等方面仍然存在争议和不确定性。目前所有付诸实践的类似政策仍然偏重于经济效率，因而倾向于忽视难以被成本-效益框架内化的一些“实质自由”需求。所以，进一步的研究方向就在于探讨如何斩断公共政策对功利主义至上的经济价值取向的依赖，切实发展人的自由。这样，“以人为本”才能突破口头上的必要性实现一个稳固的基础，我们才能充满信心地展望以自由规范资本逻辑的未来。

（朱成全，博士生导师；刘帅帅，博士，讲师）

① James Midgley. “Growth, Redistribution, and Welfare: toward Social Investment.” *Social Service Review*, 1999, 73 (1): 13.

中国模式中的市场与政府关系

——政府主导下的社会主义市场经济

冯新舟　何自力

作为两种基本的资源配置方式，市场和政府在推动经济发展过程中发挥着非常重要的作用，二者之间的关系也一直是理解国家经济发展模式的根本问题。基于此，要正确理解中国模式的实质，就必须深入剖析中国模式中的市场与政府关系。中国模式的核心在于建立起了中国特色的社会主义市场经济制度，它是市场经济与中国国情、社会制度等相结合的产物，不仅具有明晰的产权、市场竞争、价格机制等市场经济的一般特点，更因其社会主义特色而富有活力和魅力。同时，市场经济与社会主义的有机结合主要体现在政府与市场二者的地位和关系上。中国模式中的市场与政府关系本质上是政府主导下的社会主义市场经济模式，在发挥政府主导作用、保证国家性质的前提下，充分发挥市场在资源配置中的决定作用。现阶段，中国这种模式因其较为正确地处理了市场与政府的关系，增强了经济活力，兼顾了公平与效率，因此取得了巨大的经济成就。

一　基本经济制度中坚持公有制为主体、多种所有制经济共同发展

1. 坚持公有制经济的主体地位

生产资料所有制是一个国家基本经济制度的核心内容，是一个国家社会性质的本质体现，同时中国模式中的市场与政府关系也是一个国家在经济发展过程中处理市场与政府关系的基础。中国是社会主义国家，坚持公

有制的主体地位是保证市场经济社会主义性质的必然要求。同时，尽管社会主义国家仍然是阶级矛盾不可调和的产物，是统治阶级的统治工具，但不同于资本主义国家为资本家企业主的利益服务，社会主义国家代表的是以无产阶级为主体的广大人民群众的根本利益。政府干预经济活动的出发点和落脚点是为了推动国民经济的持续健康发展，进而满足广大人民群众日益增长的物质文化需要，维护社会公平和正义。可以说，中国的社会主义性质赋予政府拥有资本主义国家政府所没有的诸如制定国家经济发展整体规划、通过各种手段引导市场实现国家发展战略目标、维护社会公平正义等经济职能，而生产资料公有制是政府实现上述经济职能的前提和基础。

第一，坚持公有制经济的主体地位有利于政府实现其确定的国家经济发展整体目标。基于国家的社会主义性质，中国政府要制定国家经济发展整体规划、确定国家经济发展的整体目标，从而满足广大人民群众日益增长的物质文化需要。发展公有制经济并确保其在国民经济中的主体地位，可以充分发挥中国的制度优势，集中有限的社会资源办大事，促进石油，天然气、煤炭、军事工业等关系到国计民生的战略性产业的发展，实现国家发展战略目标，维护全体社会成员的利益，体现社会主义制度的优越性。在中国，基于儒家文化和家族血缘关系或宗族、同乡、同学等准血缘关系的民营经济尽管具有决策效率高、凝聚力强等优势，但就目前来看，由于它很难突破血缘纽带成长为可以和西方国家巨型跨国公司抗衡的企业，因此无法承担起提升中国经济国际竞争力、带动整个国民经济快速发展的重任。以国有企业为代表的公有制经济，可以克服民营经济的缺陷，集中社会优势资源发展国民经济中亟待发展的产业，并在法人治理结构方面突破家族血缘关系的束缚，建立高效的现代企业制度，形成一批可以与西方国家巨型跨国公司竞争的大型企业，进而有实力实现自主创新，提高中国企业国际竞争力，推动国家工业化进程，促进中国经济高速发展。

第二，坚持公有制经济的主体地位有利于维护社会的公平和正义。与资本主义国家相比，社会主义国家对于政府为社会提供公共物品、维护社会公平和正义等有着更高的要求。坚持公有制经济的主体地位，有助于政府更为有效地实现这些目标。目前中国国民经济中的大部分行业是竞争性的，可以充分发挥市场的调节作用，民营经济可以自由进入，政府管得太多反而会影响市场主体的积极性，也不利于正常竞争秩序的形成。但是有一部分带有公共属性的行业，如天然气、自来水、电力等，它们在国民经济中居于基础地位，具有自然垄断属性，有的是超乎其他行业正常发展的基础和条件，有的关系到社会公众的生存、发展和福利。如果这些行业被私人资本控制，行业发展仅仅依靠市场调节，势必出现这些行业为了谋求垄断利润，凭借其垄断地位制定较高价格，损害其他行业部门以及社会公众利益的情况，导致公共物品供给不足，催生两极分化，破坏社会的公平和正义，甚至还会因为这些行业缺乏限制的大幅度价格变动引起整个国民经济的动荡。因此，这些行业的发展不适合完全采用市场调节的办法，最适合公共行业运营的是国有企业，国有企业的公有制属性决定其在兼顾企业赢利目标的同时，可以承担起按照社会目标为整个社会提供高质量服务和产品的责任，甚至当赢利目标和社会目标冲突时优先实现社会目标。

冷战结束后，当俄罗斯、捷克、乌克兰等原社会主义国家承受着因国家转型过程中公共行业大规模私有化导致的国家政治经济生活被少数寡头控制、社会高度不公等不良影响时，中国的国有经济牢牢控制着国家的经济命脉，为整个社会提供了必要的公共产品和服务，为整个国民经济的可持续发展提供了充足的基础资源，为实现社会公平、正义提供了坚实的经济支撑。目前，中国国有企业在石油、天然气、煤炭、钢铁、电力等行业均占据主导地位，为中国经济协调、稳定发展发挥了非常重要的作用。

第三，坚持公有制经济的主体地位有助于政府抵御经济危机。在西方资本主义国家的经济发展史上，经济危机多次出现，不同程度地损害了资本主义世界的经济，严重时甚至导致一国经济的崩溃。按照马克思的观点，经济危机的本质是资本主义基本矛盾运动导致的生产相对过剩，是市场失灵的一种表现。在市场的调节下，以几次工业革命为代表的技术进步推动了西方资本主义国家的工业化经历了由初级阶段以劳动密集型的采矿业和轻工业为主，到中期阶段以资本密集型的重化工业和加工制造业为主，再到现阶段以技术密集型产业和战略性新兴产业为主的发展过程。应该看到的是，西方资本主义国家的工业化是以资本主义生产关系为基础的，工业化过程在促进经济飞速发展的同时，也成为私人资本逐利的工具。为了谋求利润最大化，资本家企业主不断采用先进技术，提高资本有机构成和资本积累率，使得利润率较低的行业部门逐渐萎缩，利润率较高的行业部门迅猛发展。现在，西方资本主义国家普遍形成了高新技术产业、金融业、服务业等占据国民经济较大比重的产业结构，这些产业本来只有与重化工业、制造业等产业相结合才能创造出更大的价值，只是为第一、第二产业服务的，现在却因为可以带来较高利润而占据主导地位，导致西方资本主义国家的去工业化和产业空洞化。相较于资本家企业主通过把资本集中于高新技术产业获取暴利，以制造业为代表的第二产业本来是解决就业的重要的行业，现在却因为行业的衰落导致这些行业的工人陷入失业或实际工资降低的窘迫境地，社会贫富差距拉大，有效需求不足。另外，市场自发调节下金融业等虚拟经济的繁荣与制造业等实体经济的衰落同时发生，导致二者发展脱节，虚拟经济的发展没有实体经济作为支撑，必然成为空中楼阁，抵御不了风险，当资金链条断裂时就会爆发金融危机。因此，美国、英国、意大利、希腊等国才成为2008年国际金融危机和欧洲主权债务危机的重灾区。

中国的工业化起步较晚，1949年时几乎没有像样的工业。之后，中国建立起门类较为齐全的工业部门，并在改革开放后的三十多年时间里，逐步形成了劳动密集型产业为基础、资金密集型产业为骨干、技术密集型产业为目标的产业发展格局[①]。在工业化进程中，中国坚持公有制经济的主体地位，充分发挥国有企业在资金、技术、人力资源等方面的优势。改革开放以来，在国有企业的支撑下，中国建立起了门类齐全、规模庞大、竞争力强的重化工业生产体系，重化工业的许多指标都达到了世界领先水平。例如，2000年以后，中国钢、煤、水泥的产量一直居世界第一位，发电量居世界第二位。中国已经成为全球最大的制造业生产国，制造业占全球比重达到19.8%，220余种工业产品产量都位居世界前列。同时，尽管高新技术产业利润率较高，中国产业升级也需要高新技术的支撑，但是国有企业需要实现政府制定的整体经济发展目标，并承担社会责任，不会把资金过度地投入高新技术产业，而是更加注重产业结构的合理化以及产业发展和变迁对国计民生的影响，这样就能够杜绝各产业在国民经济中比例严重失衡现象的发生。根据世界银行公布的数据，中国制造业在国民经济中的比重一直维持在1/3左右的水平。正是基于国有企业为代表的公有制经济在中国工业化进程中的重要作用，中国的产业结构

① 何自力：《对“大市场、小政府”市场经济模式的反思——基于西方和拉美国家教训的研究》，《政治经济学评论》2014年第1期。

才没有像西方资本主义国家那样比例严重失衡。而且，当面临国际经济危机的侵扰时，公有制经济还为政府抵御危机提供了必要的基础支持。2008 年国际金融危机尽管也波及中国，但是由于中国经济虚拟化程度相对不高，产业结构也维持在一个较为合理的水平，第一、第二产业仍占据国民经济的主导地位，再辅之以政府四万亿元的刺激计划，经济很快从金融危机的影响中走出来，所有这些都依赖于公有制经济的支撑。中国经济在国际金融危机中的优良表现证明，坚持公有制经济的主体地位有助于政府抵御经济危机。

2. 促进多种所有制经济共同发展

如果说坚持公有制经济的主体地位是中国充分发挥政府对经济调控作用、为社会提供必要公共物品、维护社会公平正义的基础的话，那么，在现阶段，促进多种所有制经济的共同发展则是引入市场竞争机制、充分发挥市场在资源配置中决定作用的基础。多种所有制经济的共同发展塑造了平等交换的市场主体，有利于增强市场经济的活力和效率，有利于调动各个经济主体的积极性和创造性，有利于发挥各种生产要素的作用①。促进多种所有制经济共同发展，是在坚持国有经济、集体经济等公有制经济主体地位的基础上，着力推动个体经济、私营经济和外资经济等非公有制经济及混合所有制经济的共同发展。

改革开放的实践表明，个体经济、私营经济等非公有制经济的发展大大增强了中国市场经济的动力和活力，方便了居民生活。现阶段，我国在社会制度许可的范围内，支持、鼓励非公有制经济的发展，并为不同所有制经济创造平等的竞争环境，是让公有制经济参与竞争并不断提高运营效率的必由之路，是公有制经济发展的动力。另外，在公有制经济控制关系国计民生和经济安全的基础性经济部门及产业的同时，在服装、食品、加工制造、零售等行业引入非公有制经济，充分发挥个体经济、私营经济规模小、经营机制灵活、市场触觉灵敏、适应性强等优势，可以丰富社会物质资源，为居民生活提供便利。

发展混合所有制经济是中国实现公有制与市场经济的结合、通过引入竞争机制增强国有经济活力、充分发挥市场调节作用的重要形式，它是现阶段中国实行公有制为主体、多种所有制经济共同发展基本经济制度并致力于建

① 张宇：《中国模式的含义与意义》，《政治经济学评论》2009 年第 1 期。

立社会主义市场经济体制的产物，反映了生产高度社会化以及当前中国社会生产力水平对不同所有制经济形式之间合作和共同发展的客观要求。在混合所有制经济中，国有资本、集体资本、私人资本交叉持股，相互融合，国有资本和集体资本在其中占主体位置，从而决定了混合所有制经济的社会主义性质[①]。发展混合所有制经济，一方面是通过引入私人资本投资参股的方式放大国有资本功能，同时充分发挥市场在企业日常经营决策中的决定作用，改善国有企业的经营管理，提高自主决策水平，实现国有资本的保值增值，从而增强国有经济的影响力、控制力和竞争力；另一方面是通过把公有制经济与非公有制经济的市场交换关系内化在一个企业中，降低交易费用，取长补短，提高运营效率。混合所有制企业中的公有制经济成分只有与市场上的其他所有制经济竞争并努力降低企业内部交易成本，才能继续与非公有制经济成分合作生产，否则非公有制经济就会采用“用脚投票”的方式在市场上进行交易获取需要的产品。

外资经济是中国经济的重要组成部分，不仅是进行现代化建设的重要资金来源，而且在吸收就业、扩大出口、增加财政收入方面发挥着重要的作用。中国 2014 年吸收外资规模达到 1196 亿美元，首次超过美国，成为全球第一。2014 年中国外商投资企业进出口总额同比增长 3.4%，占全国进出口总额的 46.1%。根据国家统计局和税务总局数据，2014 年 1～11 月，规模以上外商投资工业企业实现利润总额 1.37 万亿元，增长 10.3%，高于全国工业企业利润平均增幅 5 个百分点；2014 年 1～9 月，外商投资企业缴纳税收 19 万亿元，增长 8.60%，比全国企业税收增幅高 1 个百分点，占全国税收收入的 19.40%，比 2013 年同期提高 0.2 个百分点[②]。可见，鼓励外资经济的发展为中国社会主义市场经济提供了活力，强化了市场竞争，提高了中国企业的竞争力：宏观上，对中国社会主义市场经济体制提出了更高要求，中国需要在关税、补贴制度等方面与国际接轨才能更好地融入全球市场；微观上，对中国企业提出了更高要求，中国企业要与外资企业竞争，需要不断创新或吸收国外先进技术、管理经验，不断提高运营效率。

---

① 何自力：《发展混合所有制经济是新形势下坚持公有制主体地位的重要途径》，《求是》2014 第 18 期。

② 《2014 年中国吸收外资规模首居世界第一》，http：//www.ce.cn/xwzx/gnsz/gdxw/201501/31/t20150131—4480545.shtml。

二 经济运行中坚持政府主导的市场经济体制

党的十八届三中全会通过的《中共中央关于全面深化改革若干重大问题的决定》指出："经济体制改革是全面深化改革的重点，核心问题是处理好政府和市场的关系，使市场在资源配置中起决定性作用和更好发挥政府的作用。"① 建立社会主义市场经济体制，就是要让市场在政府的宏观调控下对资源配置起决定作用。在经济运行中，中国逐步形成了政府主导型的市场经济体制。中国政府的主导作用不仅仅体现在像西方发达市场经济国家那样制定和实施市场规则，提供平等竞争环境，利用财政、货币政策平衡市场总供求等方面，更重要的是，中国政府是国家经济建设和市场化的发动者和组织者，承担着推动经济发展、实现国家现代化的重任。

中国政府通过控制投资方向和投资规模主导经济运行方向。中国是后发国家，起点低、基础差，即使经过改革开放三十多年的快速发展，仍面临着偏远地区、广大农村基础设施薄弱、自主技术创新能力不高、产业升级任重道远、城镇化水平有待进一步提高等难题，这些难题因市场调节的盲目性无法依靠市场机制来解决，需要政府依据国民经济发展的情况以及全球经济发展趋势确定重点投资领域和投资项目，有组织、有计划地集中社会资源发展关系国家经济发展全局、关系人民生活水平的基础性、战略性产业，为国民经济可持续发展和追赶先进国家打下坚实基础。中国的经济总量尽管自2010年起已经位居世界第二位，但社会的主要矛盾仍然是人民日益增长的物质文化需要同落后的社会生产力之间的矛盾。按照社会资本再生产理论，增加社会物质财富、满足人民日益增长的物质文化需要的根本途径是扩大再生产，扩大再生产的起点在于资本积累，而要实现资本积累就需要扩大投资。科学的做法是既要通过增加生产要素的量扩大投资规模解决更多劳动力的就业问题，又要通过推进技术进步、革新制度、控制投资方向等方式改善投资结构，提高投资效率和劳动生产率。只有这样，才可以在推动经济增长、提高经济发展质量的同时，让更多人分享到经济发展的成果，满足其日益增长的物质文化需要，也才能够促进第一部类和第二部类的协调发展。但是，上述做法的实现需要在公有制条件下由政府主导来完成。

---

① 《中共中央关于全面深化改革若干重大问题的决定》，《人民日报》2013 年 11 月 16 日。

中国政府通过加强供给管理，统筹和协调经济运行。所谓供给管理，就是政府基于国民经济各个产业部门发展状况和趋势的分析，制定产业发展规划和实施方案，在此基础上，通过国有企业直接参与投资活动来实施产业发展规划，通过财政和货币政策以及产业政策来引导包括国有企业在内的所有经济主体的投资活动，使各个经济部门之间保持协调的比例关系，实现国民经济健康协调稳定地运行[①]。加强供给管理必须由政府主导才能实现预期的目标，因为只有政府运用国家的力量才能掌握大量客观、翔实的关于经济运行中的产业结构、产品结构、地区结构等方面的数据，了解市场现状和未来发展趋势，并根据掌握的情况制定科学的经济发展规划，统筹协调各产业、各地区的发展，通过引导或强制的手段确保规划的落实，最终实现总供给和总需求在结构和总量上的平衡。市场主导供给管理的结果必然是市场主体为了自身利益把资本投入可以为自己带来更多利益的产业和地区，从而导致产业部门间、地区间的畸形发展。因为市场主体没有义务也没有能力从全局上考虑经济运行结构的平衡以及国民经济的可持续发展，市场在供给管理中的作用是盲目的。当然，社会主义市场经济条件下政府主导供给管理并不是重回计划经济的老路，而是要让市场在政府的主导下在资源配置中发挥作用，政府调节和市场调节分别发挥各自优势，弥补各自缺陷，相互补充。

中国政府通过宏观调控和微观规制克服市场缺陷。市场是有缺陷的，“市场调节具有自发性、盲目性、事后性等特点，它对于保证经济总量平衡，防止经济剧烈波动，对于合理调整重大经济结构，对于防止贫富悬殊、两极分化，以及对于生态环境和自然资源的保护等等，所有这些，市场调节或者是勉为其难的，或者是无能为力的”[②]。中国特色的社会主义市场经济既要充分发挥市场在资源配置中的决定作用，又要强调国家宏观调控和微观规制来克服市场缺陷。在宏观调控方面，政府通过宏观财政政策、货币政策促进总供给和总需求的平衡，防止经济剧烈波动；通过制定侧重公平的再分配政策、增加转移支付等，防止贫富差距扩大；通过促进加工制造业等，吸纳劳动力较多的产业发展，保持社会的相对充分就业等等。在微观规制方面，政府要引导不能产生即时经济效益却可以提升相关产业未来竞争力的战

① 何自力：《对“大市场、小政府”市场经济模式的反思——基于西方和拉美国家教训的研究》，《政治经济学评论》2014 年第 1 期。

② 国光：《关于社会主义市场经济理论的几个问题》，《经济研究》1992 年第 10 期。

略性领域的微观主体，做出符合国家经济发展战略的经济行为，保证国民经济的可持续发展；政府要规制金融行业、战略资源产业等行业中微观主体的短视行为，确保国家经济安全或产业安全；政府要规制垄断行业以及某些外部性较强行业的微观主体的行为，保证市场主体的平等地位和切身利益等等。具体来说，中国政府需要从全局上统一规划，调控石油、煤炭等与经济发展、经济安全紧密相关的地下资源和地上资源的配置；需要在文化、教育、医疗等关系民生、关系社会公平正义实现的非物质资源配置领域，坚持国家主导和公益性、普惠性原则；需要更充分发挥国家在再分配中的作用等等。

三 收入分配中坚持市场初次分配与政府再分配相结合

收入分配是实现效率和公平的主要手段。社会制度、社会发展阶段、资源禀赋不同，收入分配的形式和内容就会不同。目前，中国尚处于社会主义初级阶段，与基本经济制度相适应，实行按劳分配为主体、多种分配方式并存的分配制度。中国的收入分配制度要追求效率，社会主义初级阶段的国情以及当前社会主要矛盾要求中国扩大再生产、增加物质财富，就需要通过合理的收入分配制度来实现资源的优化配置，提高经济运行的效率；同时，中国的收入分配制度也要追求公平，中国的社会主义性质要求实现共同富裕，收入分配制度要尽可能地减少居民的贫富差距。实践中，中国坚持市场初次分配与政府再分配相结合，初次分配和再分配都要兼顾效率和公平，再分配更加注重公平，既反映了市场经济的一般要求，又体现了社会主义特色。

中国坚持市场初次分配，就是充分发挥市场在初次分配中的调节作用。市场机制调节初次分配，是通过价格机制在全社会范围内高效率地配置劳动力、资本和技术等生产要素，让资源流入最急需的生产部门，最大限度地增加社会财富总量，做大收入分配的蛋糕，同时贯彻按劳分配和按生产要素贡献分配的原则，实现提供劳动力和其他生产要素的市场主体收益最大化，并形成收入差距，进一步激励市场主体更为高效地配置资源。目前，中国正处于社会主义初级阶段，确实存在资本等要素收益高于劳动收益的现象，社会主义按劳分配的初次分配原则还未能得到充分体现，这也成为影响中国经济效率和公平的重要因素，也是中国在推动经济发展过程中亟待解决的重大问题。在初次分配中，因个人天赋、劳动能力、劳动努力程度不同而形成的收入差距是天然的、合理的。正如马克思所说："一个人在体力或智力上胜过另一个人，因此在同一时间内提供较多的劳动，或者能够劳动较长的时间；而劳动，要当作尺度来用，就必须按照它的时间或强度来确定，不然它就不成其为尺度了。这种平等的权利，对不同等的劳动来说是不平等的权利。它不承认任何阶级差别，因为每个人都像其他人一样只是劳动者；但是它默认，劳动者的不同等的个人天赋，从而不同等的工作能力，是天然特权。"① 这种合理的收入差距有助于实现初次分配对于经济效率的追求，它可以激发劳动者的劳动积极性，优化资源配置，进而增加社会产出。但是，如果初次分配中的收入差距脱离了合理界限，不仅不能激发劳动者积极性，还会因损害了社会公平而降低经济效率，例如，因现行体制、制度中的不合理规则而造成的诸如东部地区居民收入明显高于西部地区居民收入、城市居民收入明显高于农村居民收入、垄断行业职工收入明显高于非垄断行业职工收入等现象；因腐败行为的存在而造成的收入差距等等。这些情况下，政府调节对于克服明显有失公平的收入差距至关重要。具体来说，中国政府正在逐步建立统一开放的劳动力、要素市场，通过改革户籍制度、加强基础设施建设，确保劳动力、要素的自由流动，逐步消除东西部地区间、城乡间在要素价格、劳动力就业、择业上的差别；正在逐步打破行业垄断，清除市场准入壁垒，消除因行业垄断而产生的个人额外收入；正在不断完善市场规则，加强市场管理，打击非法牟利的行为；正在严厉打击腐败，以更大力度纠正损害群众利益的不正之风，加强反腐败和党风廉政建设方面的制度建设，切实规制政府官员的寻租行为，避免因"权钱交易"等腐败行为导致的分配不公等。总的来说，中国初次分配以市场调节为主，侧重追求效率；初次分配中的政府调节是对市场调节的补充，重点在于克服影响效率的不公平。

再分配是中国政府调控经济的一项重要内容。再分配要兼顾效率和公平，但更注重公平。目前，中国收入差距不断扩大。根据国家统计局公布的数据，2014 年中国基尼系数达到 0.469；2014 年城镇居民和农村居民的人均可支配收入分别为 28844 元和 10489 元，前者是后者的 2.75 倍；2013 年东部地区和西部地区的人均可支配收入分别为 32472 元和 22710 元，前者是后者的 1.43 倍；2014 年金融业的平均工资最高，达到 108273 元，是全国平均水平的 1.92 倍，最低的是农、林、牧、渔业，为 28356 无，最高行业

① 《马克思恩格斯文集》第 3 卷，人民出版社，2009，第 435 页。

是最低行业平均工资的 3. 82 倍。贫富差距过大不仅显失公平，更会影响经济运行效率，也不符合社会主义国家对于共同富裕的追求。为了实现社会收入分配最终结果的公平合理，中国政府对收入再分配采取多项举措：在税收方面，中国对居民征收个人所得税，尤其是对工薪收入施行超额累进征收，完善财产税，从而实现“抽肥补瘦”式的再分配①。在社会保障方面，中国在推进侧重于扶助低中收入阶层并覆盖全体社会成员的社保体系建设的基础上，不断完善失业保险制度和基本养老保险制度，建立兼顾各类人员的退休待遇确定机制和正常调整机制，发展企业年金和职业年金，健全全民医保体系，加大保障性住房的供给，从而充分发挥社会保障体系在市场经济运行中的“安全阀”和“减缓器”作用，缓解居民因失业、年老、疾病导致的收入降低，避免收入差距进一步扩大②。在转移支付方面，中国从较为富裕的地区、个人征收大量税收作为政府财政收入，又把财政收入进行转移支付，用于扶助欠发达地区和一部分低收入、困难人群。当前，中国正在加大对中西部地区特别是革命老区、边疆地区、贫困地区的财政支持力度，加大在教育、扶贫方面的支出，并向农村、边远、贫困地区倾斜，加强对残疾人、鳏寡孤独等困难群体的救助和帮扶，大力发展社会慈善事业等等。这些转移支付方式的运用是“抽肥补瘦”式再分配的体现，有效缩小了贫富差距，维护了社会公平，客观上也提升了经济效率③。

四　对外经济中坚持市场调节与政府调节相结合

20 世纪 80 年代以来，经济全球化成为最为重要的时代特征并深刻改变着世界经济的面貌。生产全球化以水平型国际分工为基础，以资本、技术和劳动等生产要素的跨国流动为前提，以跨国界组织生产为核心，使世界各国的生产成为全球生产体系的组成部分；贸易全球化以及以世界贸易组织（WTO）成立为标志建立起来的全球一体化贸易体系使得一国的产品可以销往世界各地，全球市场正在形成；企业经营全球化以及跨国公司的迅猛发展，使生产、资本和商品的国际化不断深化；金融全球化通过资本在国家间

① 贾康：《强化再分配机制加强收入分配调节》，《人民日报》2013 年 2 月 7 日。

② 贾康：《强化再分配机制加强收入分配调节》，《人民日报》2013 年 2 月 7 日。

③ 贾康：《强化再分配机制加强收入分配调节》，《人民日报》2013 年 2 月 7 日。

以存借、投资、援助等形式流动，把世界各国经济联系在一起。可以说，在全球化背景下，任何国家都不能脱离世界经济孤立地发展，2008 年国际金融危机对世界经济的影响以及欧洲主权债务危机对欧盟区域的影响就是典型的例子。针对这种情况，中国只有对外开放，积极参与全球产业分工合作，充分利用自身优势，引进外资，吸收国外先进技术和管理经验，才能跟上时代步伐，在促进自身经济的全面发展的同时为全球经济做出贡献。

改革开放以来，中国对外经济发展取得了巨大成就。1978 年，中国货物进出口总额仅为 206 亿美元，在世界货物贸易中排名第 32 位，所占比重不足 1%；2013 年中国货物进出口总额达到 4.16 万亿美元，在世界货物贸易中排名第一，所占比重达到 11.05%。中国逐步建立了自力主导型的多方位开放体系，在坚持独立自主、依靠本国力量的基础上，形成面向发展中国家和发达国家，涉及三大产业，包含商品、服务、资本、技术，覆盖东中西地区的多方位、多层次、多区域开放格局，较为正确地处理了引进国外资金、技术与高效利用本国资金、自主创新之间的关系，实现开发国际市场与扩大内需并重，促进开放模式从追求引进数量向追求引进质量转变①。在这个过程中，中国坚持市场调节与政府调节相结合。一方面，中国鼓励竞争性行业全面参与全球市场竞争：一是支持企业“走出去”，充分利用自身竞争优势，把握行业技术、产品变化及发展趋势，占领国外市场。通过与国外同类企业竞争，倒逼本国企业采用先进技术，提高生产效率，创建自主品牌，增强国际竞争力。同时，通过参股控股、投资合作、资源开发、高科技研发等方式在全球范围内进行对外投资，参与国际分工协作，顺应全球市场发展方向，促进产业升级；二是坚持“引进来”，引进国外具有竞争力的产品、技术和先进的管理经验，引进有利于促进中国技术进步和产业结构升级的外资。另一方面，中国政府对于涉及国家核心竞争力和经济安全的行业和部门予以保护，鼓励自主创新，自力更生谋发展。

当然，中国在对外开放过程中也暴露出许多问题。例如，中国在国际产业分工中处于价值链的低端，附加值较低，在对外贸易中缺乏行业标准的制定权、产品的定价权，对外贸易以加工贸易为主，贸易顺差以降低劳动力成本、提高能耗、加重污染为代价获得；中国在享受引进国外现成先进技术带来生产力提高的好处的同时，自主创新能力亟须加强；中国对外贸易依存度

① 程恩富：《中国模式的经济体制特征和内涵》，《经济学动态》2009 年第 12 期。

过高，2014 年达到 41.5%，高于日本的 32.7%、美国的 23.2%，不利于抵御各种经济风险；中国拥有巨额外汇储备且结构不合理；中国大规模引进外资且缺乏对外资质量的监管，使得中国成为国外高能耗、重污染产业的转移目的地，同时也加剧了外商对中国经济的控制，不利于中国经济安全等等。对此，中国正通过政府调节来解决这些问题。一是加快产业升级，积极发展以新能源、新材料、低碳产品等为代表的战略新兴产业，并结合我国实际，兼顾劳动密集型产业，避免“产业空洞化”带来的经济风险；二是鼓励自主创新，打造自主品牌，通过增强自身核心竞争力，参与到国际产业链中具有高附加值的设计、销售等产业中，进而在行业标准的制定、产品定价方面增加发言权；三是通过培育国内消费需求，扩大内需，降低对外贸易的依存度，增加抵御国际经济危机的能力；四是平衡对外贸易中的收支，稳定汇率，通过增加非美元货币的持有量实现外汇储备的多元化，拓宽对外投资渠道，降低美元汇率变动对中国金融安全的影响；五是调整利用外资的政策，促进利用外资由引进数量向引进质量转变，利用外资以满足产业升级、技术创新、环境保护的需要为目的，并在涉及国家战略资源开发、国家安全的行业或部门中坚持利用自有资金独立自主谋求发展，确保经济安全。

总之，市场经济没有姓“资”姓“社”之分，也不是某种社会制度所独有。不同国家、不同社会制度都可以利用市场经济。同时，市场经济也不能脱离特殊的社会形态、历史环境而独立存在。不同的发展阶段、不同的社会形态、不同的自然条件等因素导致不同国家的市场经济在性质、内容等方面存在很大不同。政府干预，也不是计划经济体制独有。世界经济发展的历史已经证明，市场经济要健康运行，离不开政府对经济的适度干预。市场与政府的关系，或者说二者之间的组合，会因每个国家的历史、政治、经济和文化等因素而不同。正如美国学者斯蒂格利茨所说：“政府与市场二者间需要一个平衡，但这种平衡在各个国家的不同时期和不同的发展阶段又各不相同，因此这个问题还没有统一的结论”，“政府如何作为会因国家而异”①。目前，世界上也没有一种市场与政府的组合是完美的、普适的。唯一可以确定的是，市场与政府关系只要符合一国经济发展的实际，能够促进该国经济健康、持续发展，它对于这个国家就是合理的。中国模式中市场与政府关系

---

① 姜红：《不平等现象加剧是新兴国家面临的一大挑战——访诺贝尔经济学奖得主、哥伦比亚大学教授约瑟夫·斯蒂格利茨》，《中国社会科学报》2014 年 4 月 28 日。

的本质是政府主导下的社会主义市场经济。现阶段，这一模式较为正确地处理了市场与政府的关系，促进了中国经济快速可持续发展，证明它是适合中国的，是合理的，需要坚持下去。

（冯新舟，中国纪检监察学院教研部助理研究员、博士；何自力，南开大学经济学院教授、博士生导师）

参考文献

亚当·斯密：《国富论》，谢祖钧译，北京：新世界出版社，2007。

丰海英：《政府经济行为研究》，北京：中国经济出版社，2007。

曹沛霖：《政府与市场》，杭州：浙江人民出版社，1998。

吴季松：《中国经济发展模式：摸着科学与知识的石头过河》，北京：北京航空航天大学出版社，2012。

陈振明：《非市场缺陷的政治经济学分析——公共选择和政策分析学者的政府失败论》，《中国社会科学》1998 年第 6 期。

何自力：《如何认识西方“大市场小政府”市场经济模式》，《红旗文稿》2014 年第 11 期。

黄泰岩：《市场与改革》，成都：四川人民出版社，1989。

郑永年：《国际发展格局中的中国模式》，《中国社会科学》2009 年第 5 期。

中国社会主义市场经济总供求模型*

王健　惠锐

西方经济学的总供求模型，不仅是20世纪50年代以后发达市场经济国家分析宏观经济运行及制定宏观经济政策的经典理论，而且成为中国改革开放以来，特别是20世纪90年代确定建立社会主义市场经济体制以后，分析宏观经济运行和制定宏观调控政策的通用理论。如国内学者和媒体经常提到的投资与消费分析，就是源于西方经济学总供求模型的总需求分析；国内专家提出的刺激经济增长的宏观调控政策，也源于西方经济学总供求模型的经济政策主张。

然而，照搬照抄西方经济学总供求模型分析中国宏观经济问题，常常难以解释中国宏观经济的投资消费结构失衡等现实问题，中国的“经济学家意识到了西方的经济学解释不了中国的经济实践。”①

西方经济学，包括宏观经济理论和微观经济理论，都是为现代资本主义市场经济服务的意识形态：西方经济学从概念、定律和数学公式对复杂的经济现象进行抽象和总结，形成系统理论：分析方法与时俱进，表达形式简洁明快，具有较强的实用性，容易在学术界交流、被官方认可。马克思主义经济学，特别是《资本论》科学地阐明了资本主义市场经济中的内在矛盾和发展趋势，作为资本主义社会深刻的“病理学家”，马克思以犀利深刻的笔触揭示了资本主义市场经济的普遍规律，其经济学理论仍然是当今人类宝贵的精神财富。

---

* 本论文是国家社科基金重点项目《实施扩大内需战略的重点和路径研究》（批准号：12AZD036）研究成果。

① 郑永年：《没有知识体系的中国，不可能强大》，《中国青年》2013年第12期。

就脱胎于传统经济、处于经济转型时期的中国宏观经济而言，需要发展马克思经济学，分析中国宏观经济的实践，特别是在经济方式发展转型进入攻坚克难时期，更需要以中国化的马克思主义经济学分析宏观经济运行并提出宏观调控政策。

本文首次从马克思再生产理论视角，借鉴西方经济学总供求模型，构建全新的、结合社会主义市场经济实际的中国社会主义市场经济总供求模型（以下简称“中国总供求模型”）。全文在比较和融合西方经济学总供求模型和马克思再生产理论的基础上，构建中国总供求模型的理论框架：一是模型理论分析的假设；二是构思模型的基本原理及其方程组；三是宏观经济均衡条件及方程式；四是概述中国总供求模型的应用。

一　中国总供求模型理论分析的假设

中国总供求模型，在深入比较和兼收并蓄西方经济学总供求模型和马克思再生产理论的理论分析前提和假设的基础上，设置理论分析的假设。

（一）西方经济学总供求模型的前提和假设

①成熟的市场，产品和劳动等都实行等价交换。②价格是市场机制的核心。③社会资本与劳动力的构成不变。④社会平均利润率不变。⑤忽略外贸，仅在一国范围内考察经济。

（二）马克思简单再生产理论的假设

马克思简单再生产阐明社会总资本是以什么形式运行、在什么条件下实现，论述了社会总资本简单再生产和流通的基本规律。①产品交换价格与价值一致。②产品通过市场进行交换，实行等价交换原则。③反映技术构成的资本有机构成不变。④剩余价值率不变。⑤忽略对外贸易，仅考察一国范围内的经济。⑥不考虑政府干预经济。

（三）中国总供求模型的前提和假设

中国总供求模型的假设，吸纳了西方经济学总供求模型与马克思再生产理论中相同或具有共性的假设。

①成熟的市场，产品和劳动市场实行等价交换。②价格是市场机制的核

心。③社会资本与劳动力的构成不变。④社会平均利润率不变。⑤忽略外贸，仅在一国范围内考察经济。

其中假设①、②、⑤是西方经济学总供求模型与马克思简单再生产理论相同的假设。③、④是西方经济学总供求模型中与马克思简单再生产理论具有共性的假设。本模型的假设③社会资本与劳动力的构成不变，是吸收西方经济学总供求理论的假设，这个假设与马克思再生产理论的资本有机构成不变的假设，具有共性。资本有机构成，是以资本技术构成为基础并由技术构成决定的资本价值构成。资本技术构成反映了资本量与劳动力数量之比，它是由生产的技术水平决定的。资本有机构成不变，实际上假定生产的技术水平不变，总供求模型不考虑资本与劳动力构成的变化，实际上也是假定生产的技术水平不变。因此，简单再生产理论的资本有机构成不变假设，与总供求模型的不考虑资本与劳动力构成变化假设，仅是表达的术语不同，实际上是相同的，即两大理论的假设具有共性。

本模型的假设④社会平均利润率不变，源于西方经济学的总供求理论，这个假设，与马克思剩余价值率不变的假设具有共性。按照马克思的价值转型理论，利润和剩余价值，本来是同一个东西，在来源上是资本家剥削工人的结果，在数量上是一致的。所不同的是：剩余价值相对于预付可变资本而言，利润是对全部预付资本而言。与简单再生产理论剩余价值率不变的假设相比，总供求模型社会平均利润率不变的假设，仅是所对应的预付资本的构成不同，在数量上是一致的。因此，从来源和本质而言，剩余价值率不变等价于社会平均利润不变，所以，两大理论的假设具有共性。本模型就是采用两大理论有共性的假设。

二　中国总供求模型的基本原理

本文在确定中国总供求模型的假设后，融合西方经济学总供求模型和马克思再生产理论的基本原理，根据中国特色社会主义市场经济条件下宏观经济的特点，构建中国总供求模型的基本理论及其数理方程。

（一）总供求模型的基本原理

1. 总需求分析

总需求分析阐述价格与总需求的关系，阐明随着价格变动，社会需求总产品价值的变化。由于产品市场和货币市场共同决定社会总需求，因此，在满足产品市场和货币市场同时均衡时，分析价格和总需求之间的关系。

（1）产品市场均衡

就产品市场供给而言，国民收入由消费和储蓄两部分组成，即产品市场供给（AS）等于消费（C）和储蓄（S）之和：AS = C + S。

从产品需求视角，国民收入由消费和投资构成，产品市场需求（AD）是消费（C）和投资（I）的函数：AD = C + I。

当产品市场供给等于需求时，即 AS = AD 时，国民收入流量的循环就可以顺利地实现。产品需求和产品供给相等，C + I = C + S，等式两边都减去 C，则有投资等于储蓄，即国民收入均衡的条件是：

$$S(y) = I(r) \tag{2.1.1}$$

（2）货币市场均衡。设产品价格为 P，在名义货币供给量为 M 时，实际货币量等于 M/P，货币的需求为 L（r，y），式中 r 为利率，y 为国民收入，则货币市场均衡的条件为：

$$M/P = L(r,y) \tag{2.1.2}$$

（3）总需求。从（2.1.1）和（2.1.2）两个方程中解得 y = y（P）中 P 和 v 组合点的轨迹，就得到总需求。总需求与价格呈反方向变动。

2. 总供给分析[①]

总供给分析，阐述价格与总供给的关系，阐述随着价格变动，社会提供的总产品价值（即国民收入）的变化。假定经济社会在既定的技术条件下，使用资本和劳动进行生产，那么，社会总供给（y）就是劳动（N）和资本（K）的函数，即

$$y = y(N,K) \tag{2.1.3}$$

该式被称为总供给函数。在短期内，资本设备难以变动，可以视为常数，而劳动可以变动，总供给函数可以简化为：$y = y$（N）。该式说明总供给决定于就业量，而就业量又决定于劳动的供给和需求。

综上所述，总供求模型由（2.1.1）~（2.1.3）共三个方程组成。

---

① 吴易风：《马克思主义经济数学模型研究》，中国人民大学出版社，2012，第 175 页。

（二）马克思简单再生产的基本原理①

第 I 部类产品及价值 $W_1 = C_i + V_i + M$，（2.2.1）

第 II 部类产品及价值 $W_2 = C_2 + V_2 + M$：（2.2.2）

简单再生产能够持续进行，两大部类的当年全部产品必须通过交换来实现。第 I 部类的生产资料价值 C 在第 I 部类内部实现；第 II 部类的可变资本 V 和剩余价值 M 在第 II 部类内部实现；第 I 部类的可变资本和剩余价值 V + M 与第 II 部类的不变资本 C 相交换实现；两大部类都在实物和价值上得到补偿和实现。简单再生产能顺利实现的条件有：

$$W_1 = C_1 + C, \tag{2.2.3}$$

$$W_2 = V_1 + M_1 + V_2 + M_2 \tag{2.2.4}$$

$$V_1 + M_1 = C_2 \tag{2.2.5}$$

（三）中国总供求模型的基本原理及其方程组

在融合西方经济学总供求模型理论和马克思再生产理论的基础上，修正西方经济学总供求模型的理论缺陷，结合中国社会主义市场经济实际，构建中国总供求模型及其方程组。

1. 西方经济学总供求模型的缺陷

（1）产品总供求两式中的消费 C 相等，脱离宏观经济实际

以价值视角分析产品市场供求，则年终统计生产出来的消费品价值恒等于被消费者购买的消费品价值，即产品供给公式 AS = S + C 和产品需求公式 AD = I + C 两式中的消费 C 是相等的。

实际上，产品总供求公式中的消费 C 并非总是相等的。从产品供给而言，消费 C 的准确表达为 Cs，那么，产品供给的公式为 AS = S + Cs；从产品需求而言，消费 C 的准确表达为 C_D，那么，产品需求的公式为：$AD = I + C_D$。两式中的消费 Cs 和 C_D 在宏观经济运行中通常是不相等的，经常出现消费品供大于求 $Cs > C_D$ 或者供小于求 $Cs < C_D$ 的现象，在市场上表现为消费生产过剩或者消费品生产不足，仅在极偶然的情况下相等。

① 吴易风：《马克思主义经济数学模型研究》，中国人民大学出版社，2012. 第 175 页。

(2) 供求模型的“存货调整”难以解释产品价值更替

总供求模型中的总需求分析，以“存货调整”的办法解决消费品供求不一致对国民收入的影响。在西方的国民收入统计中，从价值视角分析：存货的增加被认为是正投资，存货的减少被认为是负投资。如果消费品供给大于需求，即 $Cs > C_D$，卖不出去的消费品就会成为厂商的存货．即投资增加，消费品供求相等 $Cs = C_D$，可以统一用 C 表示；如果消费品需求大于供给，即 $Cs < C_D$，厂商的存货减少，即投资减少，消费品供求相等 $Cs = C_D$，可以统一用 C 表示。

然而，考虑到有形磨损和无形磨损，就价值更替而言，耐用消费品的存货和投资之间难以实现完全的转换。厂商当年没有销售出去的耐用消费品可以作为库存用于次年的销售。但是，考虑到耐用消费品在库存期间的有形磨损（库存时自然力和人力等因素的损坏）导致耐用消费品价格下降，以及无形磨损（出现了同类同质的便宜产品或者出现了同类同价更高质的产品），都会导致耐用消费品价格下降，因而，库存的耐用消费品次年全部售出时，厂商获得价值少于上一年销售的价值，换言之，价值更替无法实现，存货和投资之间的转换有一部分没有实现。虽然现代技术进步可以让易腐败变质（新鲜的牛奶和水果等）非耐用消费品变得易于库存，但是，增加了非耐用消费品库存的成本。厂商当年库存的易腐败变质（新鲜的牛奶和水果等）非耐用消费品于次年全部售出时，在销售收入中必须扣除保鲜的成本，厂商实际获得价值少于上一年销售的价值，换言之，价值补偿无法实现，存货和投资之间的转换有一部分没有实现。

(3) 从实物更替考虑，理论缺陷更明显

总供求模型在分析宏观经济时，忽略了实物更替。事实上，在宏观经济运行中，价值补偿的运行依附于实物的生产和交换，因此，在宏观经济分析中，既需要分析价值补偿，也需要分析实物更替。

就实物更替而言，当消费品的供给 Cs 和需求 C_D 不相等时，消费品的存货和投资之间实际上只能实现部分的转换。耐用消费品可以实现转换，厂商当年没有销售出去的产品可以作为库存用于次年的销售；但是，非耐用消费品则难以实现转换，厂商当年没有销售出去的易腐败变质（新鲜的牛奶和水果等）非耐用消费品有很多实际上无法保存到次年销售，这些产品要么加工成其他产品予以储存销售，要么只能浪费掉，即实物无法完全得到更替。

2. 对西方经济学总供求模型的修正

由于消费品和投资品不能完全替代，因此，更加符合市场经济条件下宏观经济实际的经济均衡条件，应从总供求模型的 I = C 修正为：$I + C_D = S + Cs$；或者修正为 I = S 与 $C_D = Cs$ 两式同时成立。

将此分析思路应用于中国总供求模型，具体表现为：第 1 部类和第 II 部类的产品供给价值为 P_iX_i（i = 1，2）；第 I 部类和第 II 部类的产品需求为 I_i 和 C_i（i = 1，2）；P_iX_i 与 $\sum I_i$ 可能相等（即投资品供给等于需求）也可能不相等（即投资品供给大于或小于需求）；P_2X_2 与 $\sum C_i$ 可能相等（即消费品供给等于需求）也可能下相等（即消费品供给大于或小于需求）。此修正实际上沿袭了马克思再生产理论从实物更替与价值补偿两方面研究宏观经济的思路。此分析思路不仅符合市场经济现实，而且能更清晰地分析经济结构. 更能从本质上阐明宏观经济运行的普遍规律。

3. 中国总供求模型的分析视角和分析方法

中国总供求模型，在兼容西方经济学总供求模型和马克思再生产理论的分析视角和分析方法的基础上，形成独特的分析视角和分析方法：从供求结合出发，以实物更替和价值补偿视角，侧重运用结构分析方法研究宏观经济。

（1）中国总供求模型从供求结合出发研究宏观经济

西方经济学总供求模型和马克思再生产理论研究宏观经济的出发点不同，都具有明显的时代特征。西方经济学总供求模型诞生于资本市场经济进入需求决定供给的时代，有效需求不足是市场经济中的主要矛盾，所以，西方经济学的总供求模型从需求出发研究社会总生产。马克思分析的资本主义市场经济正处于供给决定需求的时代，所以，马克思从供给出发研究社会总生产。

中国总供求模型，需要根据中国经济现实，融合西方经济学总供求理论和马克思再生产理论的特点，从供求结合出发研究宏观经济。当今中国经济，既有大量供给决定需求的经济部门如电视机、智能手机、电脑等等，都是典型的供给决定需求的经济部门，这些部门的产品容易形成抛弃型消费，也有更多的需求决定供给的经济部门（如钢材、水泥、平板玻璃等等，都是传统的需求决定供给的经济部门，这些部门的产品容易出现产能过剩）。因此，中国宏观经济不仅具有供给决定需求的特征，而且更具有需求决定供给的特点，需要从供求相结合出发研究社会主义市场经济宏观经济运行的双重特性：结构性的产能不足与产能过剩并存。

（2）中国总供求模型以马克思再生产理论的实物更替与价值补偿的视角分析宏观经济

本模型以马克思再生产理论的实物更替与价值补偿的视角，研究宏观经济运行中各部类比例关系，各部类所生产的产品在实物形式上得到更替在价值上得到相应的补偿的条件。由于中国宏观经济运行存在的结构性的产能不足与产能过剩并存的特性，因而，既需要以实物更替和价值补偿视角分析宏观经济中供求基本平衡经济部门的运行，也需要以实物更替和价值补偿视角分析宏观经济中结构性产能不足经济部门的运行，特别是实物更替问题，更需要以实物更替和价值补偿视角分析宏观经济中结构性产能过剩经济部门的运行尤其是价值补偿问题。

（3）中国总供求模型侧重应用结构分析法研究宏观经济运行

中国总供求模型不仅要应用总量分析法研究，而且更侧重应用结构分析法研究社会主义市场经济条件下宏观经济运行。由于中国宏观经济运行的特殊性，在以总量分析法研究宏观经济总量的同时，更需要以结构分析法研究宏观经济不同经济部门存在着相互依赖、互为条件的关系，阐明宏观经济的基本结构、产能不足与产能过剩经济部门的成因，提出调整和提升经济结构的对策，使宏观经济各部门的产品都顺利地实现实物更替和价值补偿。

4. 中国总供求模型的基本原理及数理方程

（1）中国总供求模型的基本原理

模型在分析总供求的基础上．阐明中国宏观经济运行特点：社会产品价值的实现，无论是生产资料价值还是消费资料价值，都通过市场以货币为媒介进行交换：第Ⅰ部类的生产资料价值 P_1X_1 在第Ⅰ部类内部与投资 I_1 相交换，实现价值补偿和实物更替：第Ⅱ部类的消费资料价值 P_2X_2 在第Ⅱ部类内部与消费 C_2 相交换，实现价值补偿和实物更替：第Ⅰ部类的生产资料价值 P_1X_1 与第Ⅱ部类的投资 I_2 相交换，实现价值补偿和实物更替：分析经济结构失衡、产能过剩和产能不足并存、经济周期波动等宏观经济问题：阐明中国宏观经济运行的基本特征和政策效应，健全促进宏观经济持续稳定增长的宏观调控政策体系。

（2）中国总供求模型的数理方程

以现代经济数学方法，构建中国总供求模型基本原理的数理方程为：

$$AS = \sum P_i X_i(I_i, Ni)(i = 1,2) \tag{2.3.1}$$

式中 P. 是各部类产品的价格，X. 是各部类的产品，Ii 是各部类投资，N. 是各部类劳动力数量。

$$总需求:AD = AI + AC = \sum I_i(\sum P_i X_i, r_i) + \sum C_i,(\sum P_i X_i, \beta_i)(i = 1,2) \tag{2.3.2}$$

$$总消费:AC = AC(\sum P_i X_i, \beta) \tag{2.3.3}$$

$$总投资:AI = AI(\sum P_i X_i, r) \tag{2.3.4}$$

式中 AD 是总需求，由总消费和总投资构成，AC 为总消费，决定于收入和边际消费倾向 β，C_i 是各部类的消费，社会总消费 $AC = C_1 + C_2$；AI 为总投资，决定于产出和利率 r，li 是各部类的投资，社会总投资 $AI = I_i + I_2$。

$$货币需求:LF = LF(I_i, I_2, C_1, C_2) \tag{2.3.5}$$

货币需求 LF，是两大部类投资（I_1，I_2）和消费（C_1，C_2）的函数。

$$货币供给:m = M/P \tag{2.3.6}$$

m 是实际货币供给，*M* 是名义货币供给，*P* 是物价水平；$P = \alpha P_1 + (1 - \alpha) P_2$，$\alpha$ 是第一部类产品价格指数权重。

三　中国总供求模型的均衡条件

由于理论假设、分析视角和分析方法，特别是基本原理及其方程组，与马克思再生产理论和西方经济学总供求模型相比有差异，因而，中国总供求模型的均衡条件具有社会主义市场经济的特点。

考虑到消费品和投资品不能完全替代，因而，在中国宏观经济中，消费的供给和需求常常是不相等的。在劳动力市场均衡的前提下，当总供求相等时，即 AS = AD 时，有：

$$\Sigma P_i X_i(I_i, N_i) = \Sigma I_i(\Sigma P_i X_i, r) + \Sigma C_i(\Sigma P_i X_i, \beta)$$

则宏观经济均衡条件为：

$$P_1 X_1(I_1, N_1) = \Sigma I_i(\Sigma P_i X_i, r_i)(i = 1,2) \tag{3.1}$$

$$P_2 X_2(I_2, N_2) = \Sigma C_i(\Sigma P_i X_i, \beta_i)(i = 1,2) \tag{3.2}$$

$$C_1(\Sigma P_i X_i, \beta_1) = I_2(\Sigma P_i X_i, r_2)(i = 1,2) \tag{3.3}$$

其中：$C_1 = AC(\Sigma P_i X_i, \beta) - C_2$ (3.4)

$$I_2 = AI(\Sigma P_i X_i, r) - I_1 \tag{3.5}$$

$$LF(I_1, I_2, C_1, C_2) = M/P \tag{3.6}$$

(3.1) ~ (3.4) 式阐明中国宏观经济均衡条件。

其中 (3.1) ~ (3.3) 分别与马克思简单再生产实现的基本条件 (2.2.3) ~ (2.2.5) 一一对应，第Ⅰ部类的生产资料价值 C 在第Ⅰ部类内部实现；第Ⅱ部类的可变资本 V 和剩余价值 M 在第Ⅱ部类内部实现；第Ⅰ部类的可变资本和剩余价值 V + M 与第Ⅱ部类的不变资本 C 相交换实现。(3.1) ~ (3.3) 式阐明产品市场均衡条件。(3.4) 式阐明货币市场均衡条件。当此四式成立时，说明生产资料和消费品的实物和价值分别得到了更替和补偿，宏观经济能够顺利地运行。

四　中国总供求模型的应用性和学术性

中国总供求模型以实物更替和价值补偿双重视角分析宏观经济运行的特征，阐明宏观经济基本结构，能够比西方经济学总供求模型更好地分析中国宏观经济运行特征和经济结构变化，提出切合中国宏观经济运行特点的对策，因而具有强烈的应用性和学术探讨性。

（一）中国总供求模型的应用

中国总供求模型可以直接应用于中国宏观经济分析，既可以解释中国经济高速增长的“奇迹”，也可以解释中国经济出现的问题。

1. 应用中国总供求模型解释中国经济高速增长

改革开放以来，中国经济持续高速增长，已经发展成 GDP 世界第二的经济大国。促进中国经济增长中，内需刺激经济增长的因素包括消费和投资，其中，投资是经济增长的第一大动力。不仅国内投资多，而且外商在华投资规模也在递增，投资增速快于经济增长速度，2001 ~ 2012 年投资增长 6.375 倍，同期 GDP 增长了 3.85 倍①。在促进经济增长的三驾马车——投

① 国家统计局：《中国统计年鉴（2013）》，中国统计出版社，2013。

资、出口和消费中，投资是经济增长中最重要的动力。

2. 应用中国总供求模型分析中国经济的问题

第一，以中国总供求模型分析产能过剩。改革开放以来，特别是近 20 年，投资推动中国经济高速增长，然而过度投资形成的过度供给导致产能过剩，许多属于第 I 部类的投资品产业，特别是用本部类的投资品产业供大于求，出现产能过剩。与过剩产能相对应的是，这部分产品价值无法通过市场交换得到实现，实物更替也遇到困难。属于第 I 部类的钢铁、电解铝、电石、铁合金、焦炭、汽车、水泥、电力、纺织、家电、房地产等传统产业产能过剩尤为突出。2012 年钢产能 7.17 亿吨，国内消费只有 5.6 亿吨，在建仍有几千万吨①。水泥产能达到 22.1 亿吨，当年消费量仅为 15.4 亿吨，在建生产线超过 400 条，新增产能将超过 6 亿吨。不仅传统产业产能过剩，而且光伏、风电等新兴产业也竞相投资，出现了严重的产能过剩，投资效益急剧下降，企业亏损已是常态，若不是有大量的政府补贴，许多企业经营已难以维持。在中国的过度投资中，每年都有大量的外商直接投资，这些投资形成的生产能力增加了国内产能过剩，挤压了民族企业的市场。

第二，以中国总供求模型分析国内消费不足问题。中国经济在高速增长过程中出现了投资率偏高、消费率偏低的特点，即消费不足的问题。从 2001 年开始，我国的资本形成率一直保持 36% 以上，2012 年高达 48.8%，远远高于其他所有 OECD 国家②，消费率③创历史新低。中国居民消费率由 2001 年的 45.3% 下降到 2012 年的 35.7%，低于 20 世纪 80 年代高于 50% 的水平④。由于中国投资迅速扩大，特别是投资 I 中的第 I 部类的投资 I_1 大于第二部类的投资 I_2，那么，经济中的资本有机构成相应地提高。资本有机构成 $I_i/(w_iL_i)$ 是由技术构成 iiXi/Li 决定并反映着技术构成 i_iX_i/L_i 变化的资本价值构成。资本有机构成提高导致投资就业率下降，即新增投资能带动的就业 Li 减少，居民的工资收入 wi 增长速度低于经济增长速度，居民收入占 GDP 比重下降，消费率随之下降；投资过快增长导致产能过剩，进一步压

---

① 吴凯、王剑锋：《2012 年我国粗铜产量达到 7.17 亿吨》，《中国经济网》2013 年 1 月 18 日。

② 世界银行网站，2014 年。

③ 消费率，即消费占 GDP 比重。消费率是用以表示家庭消费行为的指标，消费率高意味着人们愿意将增加的收入用于消费，消费率低意味着人们更倾向于把增加的收入用于储蓄而非增加消费。

④ 国家统计局：《中国统计年鉴（2000）》，中国统计出版社，2000。

低了就业率和居民实际收入 w_i/P_i，消费率进一步下降；因而，相对于投资和经济增长而言，消费增加缓慢，即消费不足。

第三，应用中国总供求模型，结合大数据时代的信息技术，还能进一步细化模型，将两部类模型扩展成多部门或多产业模型，分析经济结构、产业结构和劳动市场结构特点，以及财政政策和货币政策效应，进而提出优化经济结构稳定经济增长的宏观调控政策。

（二）中国总供求模型具有学术探索性

中国总供求模型，是马克思经济学中国化的有益探索。西方经济学总供求模型，作为宏观经济学的经典理论，是对发达市场经济国家宏观经济运行规律的抽象和总结。然而，诞生于19世纪的马克思经济学，充分展示了马克思对市场经济运行的规律具有特殊的洞察力，在资本主义发展初期已经揭示了市场经济条件下宏观经济运行的基本规律，由此可见，就分析宏观经济基本规律的理论而言，虽然跨越时代，然而“太阳底下没有新东西”。基于马克思经济学穿越时代理论光芒的科学论断，吸收西方经济学总供求理论关于宏观经济分析的理论精华，以现代经济数学方法构建全新的中国总供求模型，拓展了中国宏观经济研究领域，以定量化的马克思经济学分析中国宏观经济，努力探索在社会主义市场经济条件下发挥光大马克思经济学①。

中国总供求模型，将中国化的马克思经济学数学化，使马克思经济学能够对中国宏观经济进行定量研究和实证分析。当前，中国宏观经济研究领域有两大特点：一是认为西方经济学的宏观经济理论和模型实用性强，因而，直接将中国的统计数据代入西方经济学宏观经济理论模型对中国宏观经济进行定量研究和实证分析，并参照西方经济学的宏观经济理论的政策主张提出中国宏观调控政策。二是认为马克思经济学是中国经济的指导性理论，以马克思经济学的基本原理对中国宏观经济进行定性研究，虽然国内学者已经将马克思经济学数学模型化，然而，由于这些数学模型还处于理论研究阶段，尚未密切联系中国社会主义市场经济实践建立数学模型，所以，仍然将统计数据代入西方经济学的宏观经济模型对中国宏观经济进行定量研究和实证分析，并提出宏观调控政策。但是，本文结合中国宏观经济实际，以现代经济

---

① 王健：《基于马克思再生产理论的中国特色宏观经济模型》，《国家行政学院学报》2013年第6期。

数学方法构建全新的中国总供求模型，不仅将马克思经济学中国化，而且将中国化的马克思经济学数学化，应用此模型可以定量分析中国宏观经济，把国民经济统计数据代入此模型可以对中国宏观经济进行实证分析。

中国总供求模型，增强了中国在国际经济学界的话语权。对于现代经济数学方法，尽管国内和外国经济学界众说纷纭，争论不休，然而，在当代经济学理论和分析方法的演进过程中，现代经济数学方法确实发挥了极为重要的作用，已成为国际经济学界公认的、通行的经济学定量分析的方法，甚至成为各国经济学家进行国际交流的通用的学术语言。这个新颖的模型，突破当前国内学术界流行的以西方经济学的宏观经济理论体系认识、解释、分析中国宏观经济运行的惯例，立足中国特色社会主义市场经济实践，以定量化的、中国化的马克思为指导，以现代经济数学方法分析中国宏观经济运行的总量、结构变动的规律及政策影响，将国内经济学界流行的西方经济学话语体系转化为中国经济学的话语体系，增强中国经济学在国际经济学界的话语权。

（王健，中国人民大学经济学院博士生导师，国家行政学院经济学教研部博士生导师；惠锐，中国人民大学博士生。）

市场制度的形塑：西方的历史考察与审视*

张 斌　王 姝

市场的历史源远流长，市场经济则是以市场交换法则的普遍性为前提的，只有切实地为交换而交换意义上的市场才真正具有现代商业的意义。因此，某种意义上讲市场经济是近代社会的产物，对市场经济的这种判定也同时意味着其与资本主义发展有着一定的关联。在资本主义扩张的强势话语下，人们对市场经济的理解不可避免地存在着诸多误读，最为流行的是把市场经济等同于资本主义经济，换言之，市场经济模式就是资本主义市场经济。事实上，市场经济与资本主义制度的结合仅是市场经济的多种形态之一。资本主义市场经济的漫长发展历史证明其轴心逻辑在于市场制度的生成。市场制度既是对近代社会契约观构建社会体制的回应，也是古典政治经济学新秩序构建的核心。市场制度所暗含的西方经济政治的意识形态，在资本主义全球化进程中被有意无意地遮蔽。当前，我们深化社会主义市场经济体制改革，发挥市场在资源配置中的决定性作用必须要强化对市场经济的本质把握，尤其是有效区分资本主义制度与市场经济的内在逻辑联系。运用好市场，又要避免因市场经济可能带来的西方制度陷阱，成为当前我国市场改革进程中的重要理论与实践课题。本文重点对西方市场发展及市场制度的生成进行梳理与审视，以便厘清西方市场经济与资本主义的勾连，揭示市场制度的本质，为进一步完善中国特色社会主义市场经济体制提供借鉴。

---

* 本文是国家社科重大项目（13&ZD035）、安徽省社科项目（AHSK11－12D18）、上海财经大学创新基金项目（CXJJ2012411）的阶段性成果。

一 中世纪市场的发展

市场在西方社会发展中曾起到了举足轻重的作用。考察 11 世纪的经济发展情况时，历史学家佩尔努曾形象地指出“在路上往来行走的已经不再只是教士和朝圣者了；又有一种人也开始了往来奔走，但他们却没有虔诚的信仰，只有赚钱的欲望，这就是最初的商人、日后的资产者”。[①] 这种为赚钱欲望的奔走却无意中促进了新兴城镇的诞生与发展，现代市场也由此孕育而生。

10 世纪以来西欧市场的发展已开始呈现出许多新的特点，不过，其时的市场处于基督教义的约束与商业贸易利润的挣扎之间。这也意味着资本主义萌发时欧洲社会的神学性质不容忽视。一段时间内，基督教义的道德约束为市场制定了种种规程，这种规范也显示了基督教义顺应社会经济的新变化即新兴城镇发展的努力。基督教义要兼顾俗性，尽可能用神性消解俗性，融合俗性。但市场显然是一个俗性彰显最为集中的舞台，神性的“祛俗”企图不仅没有达到，反倒被“祛魅”。市场的扩张是商业发展的直接后果，这个过程也日渐凸显资本主义的分水岭。宗教信仰出于对“共同利益”的道德关注以及对商人尤其是为商而商的拒斥，而对市场进行了若干符合“大众”利益的规定，这对塑造“健康而诚实”的市场经济，部分地消解其后资本积累所带来的市场失范起到非常重要的影响。“与人们经常认为的相反，劳动是在自由竞争的制度下进行的。……不管是谁，只要他遵守当地习惯所规定的并由市政章程所明确的准则，他就可以在城市定居并从事某一职业。”[②] 而所有这些章程的主要动机是出自对当地人民“共同利益”的关心，为了保证这种共同利益，“在城市的所有市场里，消费者和生产者都享有优先权”，这在一定程度上也就意味着“市镇取消了夹在消费者和生产者之间的中间商人”。[③] 另外，所有市政规定的目的在于限制投机逐利、打击任何

① 雷吉娜·佩尔努：《法国资产阶级史：从发端到近代（上）》，康新文译，上海译文出版社，1991，第 8 页。

② 雷吉娜·佩尔努：《法国资产阶级史：从发端到近代（上）》，康新文译，上海译文出版社，1991，第 103 页。

③ 雷吉娜·佩尔努：《法国资产阶级史：从发端到近代（上）》，康新文译，上海译文出版社，1991，第 103 页。

囤积居奇的企图和任何形式的垄断。正是出于这一目的，生产者只能在市场上出售产品，以便进行监督。因此，当时最主要的市场原则是支配价格也即支配贸易的应当是共同的利益，而不是利润。总体而言，“健康而诚实”的经济只不过是基督教道德准则的实行，这种道德准则当时已经深入整个社会。尽管这个主要原则并不合乎市场本质的逐利要求和扩张动机，而且当时的为货币而贸易的行为随着市镇田园性质的褪色日渐高涨起来。但当时的市镇对市场发展制定的种种规程在资本主义市场的早期发展起到了非常积极的作用。主要体现在人们的市场意识上。辩证地看，恰是神学的若干规定保护了俗性世界的小心翼翼，不至于使之一展现就受到商业资本逐利本性的侵蚀，从而发生价值观世界崩盘的危险。反过来，俗性社会的日渐稳固与发展也要求神学进行自身的变革，以适应新时代的社会条件，且还要力图保持它主张的亘古不变的至高权威。[①]

商品市场的代表者即资产者必然会出现反教会的趋势，哪怕他们本身曾经是最为虔诚的基督教徒。资产者在神圣的教规教义面前小心地隐藏着追逐货币资本的无限欲望，也有少数资产者半夜醒来能够意识到自己是欲望的俘虏，是上帝的罪人，他们或通过施舍或做出各种虔诚的表示，甚至抛弃财富奔向清心寡欲的生活，但是为财富而财富的滚滚车轮已经形成了历史的洪流，传统已是一去不复返。13 世纪的传教士们对资产阶级百般指责，《劝诫资产者》和《劝诫兑换商和商人》对在城市中制造敌视、无视邻城损失、人们相互妒忌、相互欺诈以及对外无休止的战争等进行了抨击。事实上，自 13 世纪中叶开始，城镇内部的历史就一直是一部极其动乱的历史。个中主要缘由不难解释，即适应市场发展的个体化的代到来了，对于资产者而言，这是黎明前的黑暗。朝圣的场所依然没有改变，不过赋予它的意义却已经不完全是原来的了。人们更多的是信奉最后的审判，而不是耶稣的第二次降

① 事实上有关对神学的保护陈述有过誉之嫌疑。杜兰指出 13 世纪与历史上任何时代一样，讲求物质主义。与伪造文书相同，在中古时期，使用劣质货、不足的升斗尺寸及容易使人上当的赝品来欺骗顾客竟是常态。尽管对盗窃等行为的律令、刑罚超乎寻常，但是仍层出不穷。这使得信仰时代与怀疑时代在人性上没有什么两样。黑格尔分析认为这是由于基督的内在性没有得到应有的提升，反而转过来完全向外，并且离开了它自己。以致基督教的“自由”在宗教和世俗方面都被歪曲带到了恰恰相反的途径；一边到了最严酷的束缚；一边到了最不道德的放纵过度即每一种热情都放任到了野蛮的极度。参见威尔·杜兰《世界文明史：信仰的时代》，赵丰译，东方出版社，1999，第 1154 ~ 1155 页；黑格尔《历史哲学》，王造时等译，上海世纪出版集团，2006，第 323 页。

临。基督的形象依然罩着光轮，但更多地是以扬善惩恶的审判神的形象出现；一直只是处于陪衬地位的东西日益占据了重要的地位，这就是人们衡量善行恶举的天平。在评价上帝与人类的关系方面，司法意识，乃至商人的意识占据了重要地位。到 15 世纪中世纪行将结束之时，“尤其在 1450 年之后，经济全面勃兴……驱动作用来自匠人的店铺，或者说更多地来自城市市场。这一点是确切无误的”。[①] 16 世纪留给人们的印象则是商品交易会的鼎盛时代，17 世纪的经营活动，则摆脱了地中海这个引力圈，扩展到了大西洋的广阔天地。世界历史的真正意义开始展现出来了。总而言之，到中世纪末时，市场制度所要求的诸多要素基本具备，剩下的只是更为具体明确的实施规范而已，而这些规范要么成为惯例，要么成为法理。

二　市场制度的初奠

17 世纪经济的一个重要变化是“商品交易会让位于证券交易所，让位于商场”，同时，（在荷兰）“也是店铺繁生之际”，在那里（马德里）“一切都变成了店铺”。[②] 梳理总结市场蓬勃发展的现实动因，细心体察这些变化，我们便可以看出经济与政治的互动作用，从更实际的层面把握市民社会的特质，从而理解市场制度铸就的市场社会时代到来的深层背景。这恰恰是我们认识市场，并对市场制度进行区别的重要前提，当我们还沉浸在关于市场与计划、资本主义市场经济与社会主义市场经济等概念的纠缠时，回溯市场制度生成的关键因素有助于我们拨开迷雾，明确认识。佩尔努对城市（市场）经济的发展进行了可贵的总结，拓展这种历史学层面的总结，我们发现更具有经济和政治的意义。近代以来，经济与政治关系的交叉颠倒终于通过市场得以实现，政治经济学的出现是对这种实现的理论证明，资本主义制度则是这种实现的最大成果。

首先，持续的商业贸易活动积累了大量的财富。这个“大量的财富”具有政治权力与经济权势的双重意义。资产者对自己占有的财产拥有完整的权力，他们在城里或郊区买下大量房产或土地，这些靠金钱获得的财产极少受习惯法的限制，这也是资产阶级所有权同封建领主权的根本区别所在。除

① 费尔南·布罗代尔：《资本主义的动力》，杨起译，三联书店，1997，第 16 页。

② 费尔南·布罗代尔：《资本主义的动力》，杨起译，三联书店，1997，第 17 页。

了拥有地产权势之外，他们的市政职务也给他们带来了权势，一些富有的资产者独揽市政大权获得了权势，而这种权势又成为造成社会不平衡的原因，特别是他们手中掌握的城市司法权和征派捐税权。另外，这些富有的资产者大都追求有利可图的婚姻，通过联姻，城市便逐渐落入几个大家族的掌握之中。[①] 越是工业和贸易发展较好的城市，这种情况就越突出，动乱也就越多。换言之，越是商品（资本）活动活跃充分的地方，其带来的冲突也就越激烈。资产者与封建主的这种尖锐的矛盾冲突基本至于封建制度的结束，在法国以路易十一的统治为标志。当然，冲突斗争的结局一开始并非是资产阶级国家，而是王权集权制，这是西方世俗社会发展进程中的突出现象。这个“新式国家”不再像封建法国那样，以负责维护习惯法的国王本人所体现的互助感情来维系它的统一，而是用一种现代的方式，借用君王的权威为维系它的统一。君王高踞在一个集权国家之上，拥有自己的行政体系，并能够施行自己的经济发展计划。在这样一个新兴的国家体制中，“每个机构都把上升的机会留给了资产阶级。贵族和社会最下层的平民则几乎完全被排斥在外，从此他们便很难进入国家政权的要害部门”。[②] 当然，这也为日后资产阶级起来反对君权无疑埋下了伏笔。王权为何如此行为的理由与这个社会越来越倾向于现实主义的态度有密切关联，也即神学信仰的逐步退隐，现实经济政治利益的诉求成为主导。当斯密把国民经济学的使命定义为“富国裕民”时，便在理论上实现了国家财富观与现实个体世俗欲望的贯通。我们在关注资产阶级合法性的同时，不应忽视其时的社会经济生活中最为基础也是最为根本的变革。作为现代性发育重要里程碑的经济学与政治学的分离恰恰是以完成二者内在的关联为前提的，是比较意义上的分离，而非实质意义上的分离。[③] 斯密呼吁国家财富增加的一个重要前提就是国王至高权威的动员资源的存在。

其次，资产者利用所掌握的政治权力颁布合乎自身利益的条例法规，清理不利于市场发展的诸多限制。历史上，王室城市接纳资产者经历了一个发

---

① 参见雷吉娜·佩尔努《法国资产阶级史：从发端到近代（上）》，康新文译，上海译文出版社，1991，第 118～119 页。

② 参见雷吉娜·佩尔努《法国资产阶级史：从发端到近代（上）》，康新文译，上海译文出版社，1991，第 282～283 页。

③ 大卫·库尔珀语义中的政治学与经济学的分离也是多指韦伯社会学意义上社会功能的分离，这与理性化和合理化进程是一致的，尽管他没有明确分析这种分离的社会历史背景根源。参见大卫·库尔珀《纯粹现代性批判》，臧佩洪译，商务印书馆，2004，第 41 页。

展过程。要想成为资产者就必须符合一定的条件，比如在城里居住一个月以上，在城里拥有房产、住宅和家庭，缴纳居留税，举行忠诚宣誓并接受资产者所应承担的全部义务。如果说这些条件还带有王室对新型资产者的接纳限制的色彩，那么资产者通过向王室缴纳赋税，给予王室大量的财产支持，则显示了这个新型阶级逐渐懂得财富与政治的通约性，他们逐渐学会并熟练使用“政治艺术”，在向王室“献媚”的过程中谋取了大量的特权，除了拥有一定的经济和社会势力外，还拥有政治和行政的权力，而这些特权反过来终究又会绑架王室。[①] 其中最为根本的理由就在于资产者对财富（资本）渴求的无止境，换言之，是市场无边界性扩张的内在诉求使然。财富通约政治权力的流行也表征着启蒙运动所倡导的自由、平等、博爱终被市场交易所兑换，自由与平等无不是交换的自由与平等。这是我们区别市场与市场制度时最需要注意的地方，也是理解社会主义市场经济模式与资本主义市场经济模式本质区别的关键之处。

再次，基督教社会自身的世俗化。资产阶级“胜利”的过程也是艰辛和漫长的，以至于“在整个中世纪，为了反对资产阶级，民主分子和贵族多次结成这种奇妙的联盟。”[②] 但当资产阶级与王权本身的历史紧密联系在一起的时刻到来时，资产阶级的时代也真正到来了，影响市场开拓的封建羁绊因素便纷纷消解与坍塌，神学也不得不顺应这种趋势，不断地改变着自身，宗教的革新不再是可有可无。这种趋势是伴随着民族国家兴起，与王权的斗争、与资产者的斗争开始的，其结果就是不断地迈向世俗化。14 世纪中叶时期，有息借贷在西欧各国已经相当普遍，意大利早在 12 世纪末就已经十分普遍。由此产生的问题在于，延续既定的道德原则，原有的各项惩罚措施基本失效，因为应当惩罚的人太多，教会处在一种无能为力的境地，不仅如此，金钱产生利息的法律依据也被 14 世纪初法学家们的继承人所提出和论证。“整个经济形势（即资本主义工商业）将迫使教规学者和神学家进一步深化《圣经》经文、教父们的观点和以前几个世纪做出的关于高利贷

① 法国资产者开始运用三级会议来试图控制财政机构和管理用于供养军队的税款。保护既得财富和保证使握有财富者执掌政权的寡头政治的倾向成为资产者参政的根本目标。参见雷吉娜·佩尔努《法国资产阶级史：从发端到近代》，康新文译，上海译文出版社，1991，第 216 页。在英国，资产者则通过与王室签订宪章来确保自己的权力边界，实现王室的权利。

② 雷吉娜·佩尔努：《法国资产阶级史：从发端到近代（上）》，康新文译，上海译文出版社，1991，第 142 页。

的规定。一种新的教义将从中脱胎而生，它既考虑了新的经济力量和借贷所具有的各种不同形式，又维持了最初关于高利贷的禁律”。[①] 教规学者对待交换、公司契约、租金还贷乃至投资的态度都已经接受并进行了相关深入的探讨。与此同时，资产者的思想与行为也发生了巨大的变化。资产者的乐善好施行为也与早期即12世纪和13世纪不同，资产者的思想意识已变得极其个人主义化。更为明显的是基督教会本身开始朝向世俗性发展，社会不停地摇摆于纯粹的禁欲主义和更世俗的利益之间。这种世俗利益是与大量财富的管理，甚至琐屑的谋生动机密不可分。即使那些体现着最严格的隐修原则的教规，到头来也不得不向现实需要让步。居于教阶顶端，在某种程度上居于教俗两个组织之间的是高级教士如修道院院长、主教和大主教。在财富、权力和指挥能力上，这些教会大领主相当于最大的军事贵族。[②]

最后一点就是史学家所指出的“阶级斗争”的兴起。资产者与穷人的“阶级斗争”被史学家称为“新型的骚乱”，这预示着因为财富的差异而导致平民百姓和资产者之间鸿沟的出现，资产者成为富人的同义词。为富不仁的背后却是对经济权势的无限追逐，资产者带着政治强权的商业欺诈、巧取豪夺在积聚财富的同时生产着它的对立面即“无产阶级”。随着资本积累的加速，奴隶贸易、殖民主义开始“全球化”。资产阶级对财富欲望不再是心血来潮，而是需要制度的保证，固化的制度保证了对财富追逐的热情澎湃。市场的制度化转向便也由此开始与加强。其结果则是世界资本主义化的趋势成为潮流，市场大统的时代也将到来。还有一个世俗的后果则是穷人愈加穷困，富人愈加富有。佩尔努对13世纪后半叶大资产阶级所具有的一切特征有着精彩的描写，资产阶级能够为他的家族挣得特权地位，最为关键的是其在财富上拥有优势地位，这是一切的前提。不仅如此，这还是新型资产者代表所谓的新社会与传统社会决裂的根本理由，这个过程充满了史诗般的宏大。至此，抽象的时代来临了，尽管这种抽象充满了“欺骗”、“谎言”或者根本上就是“天真的幻觉”。波兰尼指出19世纪的一些偏见“构成了斯密关于原始人倾向于从事牟利性活动这个假设的基础”，进而导致斯密对“互通有无、物物交换、互相交易的秉性”的误读与本质，这“几乎完全是

① 雷吉娜·佩尔努：《法国资产阶级史：从发端到近代（上）》，康新文译，上海译文出版社，1991，第205页。

② 有关教士的世俗化，请参见〔法〕马克·布洛赫《封建社会》（下），张绪山译，商务印书馆，2012，第26章。

人为发明的”。[①] 国民经济学就是在这种情况下诞生了，而且以其合乎时代的发展而迅速得到普及。市场在经历血腥的原始资本积累以及工厂制度后，变得越发制度化。但是，被贴上了“现代文明”标签的是市场制度，而非市场本身。

三 自发调节的市场制度之形塑

罗桑瓦隆指出，市场观念形成于 18 世纪。显然，18 世纪市场观念中的“市场”绝不仅仅是一种“技术性”的观念，它深层次反映了随着商业社会发展而萌发的新愿望，即整个社会实行自我调节。无论是经济自由主义还是政治自由派无不显示出这种渴求。当然，诚如波兰尼、罗桑瓦隆等指出的那样，对市场的这种期冀本就是一种乌托邦，对市场制度而言则更是如此。但对于现代资本主义制度而言，自发调节的市场制度观念的形塑确实是一个里程碑。

布罗代尔对 18 世纪的欧洲市场发展有个简练的总结：随着经济发展全面加速，交易的一切工具都合乎逻辑地使用起来了，证券交易所扩展了它们的活动，伦敦模仿阿姆斯特丹并试图取而代之，而阿姆斯特丹此时取向专业化发展，欲成为国际贷款之要地，日内瓦和热那亚参与这些危险的游戏，巴黎摩拳擦掌，开始亦步亦趋。[②] 此时的交易会竟成了传统经济的代名词，那些仍活跃着交易会的地区无非是告诉世人其处于经济的边缘地区。18 世纪市场发展的重要特征是“无孔不入”，抛开受到市政当局严厉监管的公开市场，“隐蔽市场”得到广泛传播与发展，其实远在 18 世纪之前，隐蔽市场在英国就得到了长足的发展。总之，依“市场规章而建立的一条自主的、极长的、行动自由的而且是肆无忌惮地利用这种自由的商业链”被构建起来了。[③] 这条商业链的灵魂就是市场的自发调节性。自发调节使人们相信市场能够回应现代性社会发展所面临的诸多矛盾与诉求，通过塑造一只“看不见的手”实现自发调节权力的非人格化。这种权力本质上是中立的，这样就可以建立一个抽象的社会调节模式，从而社会关系也被非人格化，个体

① 卡尔 · 波兰尼：《大转型——我们时代的政治与经济起源》，冯钢、刘阳译，浙江人民出版社，2007，第 38 页。

② 费尔南 · 布罗代尔：《资本主义的动力》，杨起译，三联书店，1997，第 18 页。

③ 费尔南 · 布罗代尔：《资本主义的动力》，杨起译，三联书店，1997，第 18 页。

完全靠自己的竞争、能力获得个人独立的理想。换言之，市场就是一组工具组合，其运作完全靠客观的自然"法则"，人与人之间在逻辑程序和职业上是天然公平的。精算化、理性化、功能化、合理化都是这种社会调节模式的重要特征。如此一来，市场社会的经济体系可以独立地运转并发挥作用。尤其是可以恰当地处理经济体的诉求与国家政治的平衡关系。政府作为守夜人的职责便可以在这种模式下定型。显而易见，作为一种制度，市场制度的塑造是对英法思想家们基于社会契约制度构建的回应与发展，其发展与建立必然与整个社会发展的态势密切相关，同时又是新型社会得以最终形塑的重要内驱力。[①] 市场制度凭借经济自由的理念、自发调节的信心，最终还是度过了早期民族国家权力保障的艰难阶段。市场制度是经济性社会演绎的突出表现，对现代性的发展影响深远。以至于，在当今时代我们都习惯透过一个人对市场的态度解析其对待历史与未来的观念与立场。

当斯密破解了市民社会全部机制的秘密即财富之后，表明斯密已经超越了他的前辈，在社会协调机制的构建方面前进了一步，有关经济意识形态的定位也逐渐明晰，即经济意识形态是在现代性最内部、最必要的运动中确立下来的。作为哲学的经济，逐渐显示它具体解决了 17 世纪和 18 世纪最具决定性的问题，即社会的建立和社会调节问题。[②] 商品关系是经济意识形态反映的社会现实，市场观念则是经济意识形态发展的主要方向。斯密把市场观念融会到政治观念中完成了划时代的构建。市场成为一种没有立法者的调节社会秩序的法律。斯密政治经济学的核心要旨是作为自发自律的市场原则也即"看不见的手"的奠定，进而延伸的是三个转变，即个人转变为理性经济人、社会翻转为市场、价值演化为交换价值。在斯密看来，社会和人性都是空白的，一切实存都要还原到具体的人进行评价。具言之，在经济人的前提下，所有关系都被还原到商品关系，也即同时所有价值都被还原为交换价值。这是市民社会的经济性本质所在。斯密的宏大叙事实质是去神性，留人性，保留的主要是人性的欲望，进而通过市场的自发调节，力图以自然律达

① 诺思就曾谈到工业革命是由市场规模扩大开始的，这迫使以完善规定的普通法来取代中世纪和王权对企业家的约束；市场规模的扩大也使组织变革，脱离了家庭和手工业生产那种纵向合并而进到专业化。参见〔美〕道格拉斯·C. 诺思《经济史上的结构和变革》，厉以平译，商务印书馆，1992，第 164 ~ 165 页。

② 皮埃尔·罗桑瓦隆：《乌托邦资本主义——市场观念史》，杨祖功等译，社会科学文献出版社，2004，第 43 页。

到推动社会进步的目的。在古典政治经济学那里，政治与经济是分离的，因为市场的存在，经济是作为独立的经济体实存的，这便意味着经济是一个分离的社会领域，不是受制于政治，而是政治被经济充盈。在市场制度的框架下，个人的自利有助于国家收入最大化目标的实现，社会的风险在于国家治理是否能够实现对经济诉求的满足，也即国家的财富与人性的物质欲的一致，同时，实现国家治理与财富获取的同构。斯密相信市场制度的确立使得"人类社会就像一部大机器，机器的和谐与规则运动产生大量良好的效果"。市场制度必然将一个社会制度性地分离为经济和政治两个领域，只是，这种分离是重建的分离。斯密并没有直接点出，他只是经常使用在 18 世纪还处于比较空泛意义上的"国家"这个词汇。我们认为国家一词相比市民社会更多地具有了从一种法律、政治含义过渡到了一种经济含义。相比斯密，波兰尼的表述就比较明确了，"市场模式是能够创生一种特定制度的，这种制度就是市场。从根本上说，这正是由市场控制经济体系会对整个社会组织产生致命后果的原因所在：它意味着要让社会的运转从属于市场。与经济嵌入社会关系相反，社会关系被嵌入经济体系中。经济因素对社会存续所具有的生死攸关的重要性排除了任何其他的可能结果。因为一旦经济体系通过分立的、以特定动机为基础并被授予特殊地位的制度来运转，社会就必须以使该体系得以根据自身的法则运转的方式来形塑自身。这正是人们熟知的那个断言的意涵：市场经济只有在市场社会中才能运转。"①

波兰尼将市场处于支配地位的社会形态称为市场社会，它是一种全新的生产组织形式，逐利动机排除了生存动机而成为支配性的动机，这种生产组织形式破坏了社会的实质，社会被边缘化。这一类型社会的出现，是人类历史上发生的大转型或者说巨变。它意味着市场观念代替了契约观念，不是从政治而是从经济上理解社会，工业革命及商业逻辑的普遍化真正地预示着市场社会的形塑，本质上来说市民社会就是市场社会。波兰尼指出"只有 19 世纪的文明史建立在不同的或独特意义上的经济之上的，即它选择将自己建立在某个动机之上，而这个动机在人类历史上是很少被当作是正当有效的，更从未被提高到这样的高度，即成为日常生活中人们行动、行为的正当性标

① 卡尔·波兰尼：《大转型：我们时代的政治与经济起源》，冯钢、刘阳译，浙江人民出版社，2007，第 50 页。

准：这个标准就是获利”。[①] 获利的动机是自我调节的市场体系的逻辑前提，后者就是从这个原则中被引发出来的。而这个原则就是市场社会的首要原则。

以上分析表明，不是市场，而是市场的制度化最终夯实了西方市场社会的基础。市场制度便也成为新世界的生存和行为法则。作为社会存在的市场社会则具有本体论的意蕴，它是社会存在的一种方式。首先，整个社会构成了市场，市场是一种经济组织机制，还是一种经济调节机制。其次，价值被翻转为交换价值。以往人们依据社会中的等级秩序来界定价值尊卑，现在通过在市场中可以被计算的交易价值来界定。不仅如此，交换价值关系到整个国家，可以说是交换构筑了国家，衍生出新型的国家关系。其中的社会意义还在于财富成为划分阶级阶层的重要标志。另外，市场社会中的人被界定为理性经济人。斯密经济学之后所谓经济科学及其发展只是其理论形态而已，从古典经济学恪守的经济自由主义到边际革命最终确定了经济自由不可逆的道路，这说明了作为资本主义社会本质内核的经济性的最终奠定。整个过程与政治哲学所力图论证的国家自由力量是遥相呼应的。市场制度的形塑奠定了资本主义市民社会构建的信心，同时也掩盖了其乌托邦的一面，这是资本主义市场经济最大秘密所在，在这个秘密下，资本增值逻辑表面上仅与市场经济有关，而与资本主义制度本身无关。

结　论

纵观西方社会市场中世纪以来的历史变迁以及市场制形塑的历史进程，西方社会对市场经济的制度建构无不直接或间接地在成就资本主义制度。我们在察审资本主义市场经济运行时必然不能忽视市场制度与其政治制度的内在勾连，识别并破除这种勾连的假象是还原对市场、市场经济正确认识的必备前提，也是社会主义市场经济能够超越性资本主义市场经济的内在依据之一。

首先，市场制度的生成是作为新世界的现代社会即资本主义社会的主体逻辑之一。市场制度蕴含的经济自由与政治自由是资本主义社会新的信条。

① 卡尔·波兰尼：《大转型——我们时代的政治与经济起源》，冯钢、刘阳译，浙江人民出版社，2007，第50页。

市场制度的市场（自由交换）观念则是作为资本主义经济意识形态成为资本主义核心价值观的有机构成，这样人们被灌输认同的则是这种新型的乌托邦，而在实际生活中，却被视为对市场调节规则的认同与遵守。进言之，我们评价市场制度需要把市场的术与制度的魂相区别开来。前者属于经济治理术的范畴，后者则表征着政治价值观的内涵。作为术层面的法则，工商精神、契约观念、信用体系、法律规范等是市场调节系统的有机构成部分，共同构成市场调节配置资源的一套机器。而作为在政治价值观层面的市场制度则透视着市场制度建构的商品化倾向，这种力求通过经济自由通约并直达政治自由的信念事实上导致了人与物、政治与经济的分离。事实上，作为机器的市场体系的实践效度最终必然受限于政治价值观的偏斜，甚至术越是发达，导致的问题将会越加严峻，后果也越加严重。新世纪的这场金融危机的爆发就是例证。另外，市场制度的本性还在于资本的扩张逻辑，这是资本主义社会最为本质所在。“这是一个着了魔的、颠倒的、倒立着的世界。在这个世界里，资本先生和土地太太，作为社会的人物，同时又直接作为单纯的物，在兴妖作怪。”① 市场仅仅作为工具还承载不了资本扩张的诉求，市场制度必然应运而生。资本扩张借助市场制度扩展到政治、文化以及社会等所有可能的领域，以打造一个全新的资本世界，资本主义的历史成就与现实困境其根源都在于此。

其次，当前我们正处于全面深化改革的关键阶段，经济体制改革的核心问题是处理好政府与市场关系问题。党的十八届三中全会指出要让“市场在资源配置中起决定性作用和更好发挥政府作用”。对“市场的决定性作用”，引发了理论与实践上的诸多疑虑和争论。消解这些疑虑和争论的首要前提在于我们是否能够科学认识市场经济，尤其是对西方市场制度的正确评价，只有实现科学评价才能更好地厘清相关概念范畴的关系。“从理论上对政府和市场关系进一步做出定位，这对全面深化改革具有十分重大的作用”。② 在实践中，我们还需要进一步剖析透过市场制度得以凸显的资本主义经济政治制度困境，借以比较分析，才能形成对社会主义市场经济的全面科学认识和判断，从而坚定深化改革的决心和勇气，以开拓社会主义市场经济发展的新局面。一方面，我们要重视作为组合工具的市场体系在配置资源

① 《马克思恩格斯文集》（第 7 卷），人民出版社，2009，第 940 页。

② 习近平：《习近平谈治国理政》，人民出版社，2014，第 76 页。

上的效率，资本主义经济发展的实践证明市场的这种无可替代的历史性作用。市场经济是商品经济不可逾越的发展阶段，重视市场成为首要选择，“计划多一点还是市场多一点，不是社会主义与资本主义的本质区别，计划经济不等于社会主义，资本主义也有计划；市场经济不等于资本主义，社会主义也有市场。计划和市场都是经济手段。”① 从治理能力现代化的要求来看，市场的决定性作用与更好发挥政府作用的平衡应是重塑治理结构的重要内容，二者作用的有效发挥则是衡量治理能力现代化的重要尺度之一。“市场在资源配置中起决定性作用，并不是起全部作用”，② 对于西方市场制度蕴涵的资本逻辑而言，我们需要发挥社会主义制度的优越性，既要重视资本，创造条件培育资本市场，促进其阳光运行与发展，又要避免资本逻辑的陷阱。社会主义制度的优越性是资本主义制度无法比拟的，对于限制资本逻辑来讲，资本主义制度越发乏力，金融危机的现实清晰地证明了这一点。根本的理由在于资本逻辑与西方政治制度是一体的，市场制度则是其坚实的平台。这也预示着我们完全可以构建一个与社会主义制度契合的市场制度，在制度的层面上它是姓“社”的，是与社会主义核心价值观相呼应的，是国家治理体系的有机构成，也是完善和发展中国特色社会主义制度的应有之义。最后，社会主义运动在全球范围内的发展以及与资本主义制度的竞争也取决于自身的不断发展，保持自身的开放性、包容性和活力，必须更好地吸收和借鉴世界范围内的人类文明成果，市场所蕴含的文明因子与社会主义关于人的全面自由发展价值取向是高度耦合的。

因此，正确认识市场，科学定位市场，一定离不开对西方市场制度的历史考察与恰当评价。在某种意义上说，对市场制度的观察与探究也就是对资本主义制度历史生成的全面梳理与深刻总结，对于我们全面认识和把握资本主义市场经济制度，坚定中国社会主义市场经济体制改革方向，进一步推进全面深化改革有着重大现实意义。

（张斌，安徽财经大学马克思主义研究中心副教授；王姝，上海财经大学人文学院博士生）

① 《邓小平文选》（第3卷），人民出版社，1993，第373页。

② 习近平：《习近平谈治国理政》，人民出版社，2014，第77页。

图书在版编目（CIP）数据

中国经济哲学评论. 2017：社会主义与市场经济专辑 / 张雄，鲁品越主编. -- 北京：社会科学文献出版社，2017.5

ISBN 978 - 7 - 5201 - 0670 - 2

Ⅰ. ①中… Ⅱ. ①张… ②鲁… Ⅲ. ①政治经济学 - 研究 Ⅳ. ①F0

中国版本图书馆 CIP 数据核字（2017）第 074910 号

中国经济哲学评论 2017 · 社会主义与市场经济专辑

主　　编 / 张　雄　鲁品越

出 版 人 / 谢寿光
项目统筹 / 周映希
责任编辑 / 周映希　赵子光

出　　版 / 社会科学文献出版社 · 区域与发展出版中心（010）59367143
地址：北京市北三环中路甲 29 号院华龙大厦　邮编：100029
网址：www. ssap. com. cn
发　　行 / 市场营销中心（010）59367081　59367018
印　　装 / 三河市东方印刷有限公司

规　　格 / 开 本：787mm × 1092mm　1/16
印 张：30. 25　字 数：522 千字
版　　次 / 2017 年 5 月第 1 版　2017 年 5 月第 1 次印刷
书　　号 / ISBN 978 - 7 - 5201 - 0670 - 2
定　　价 / 98. 00 元